AMERIKA 1492

Die Indianervölker vor der Entdeckung

Herausgegeben und mit
einer Einleitung versehen von
Alvin M. Josephy

Idee von Frederick E. Hoxie

Aus dem Amerikanischen von
Brigitte Walitzek

S. Fischer

Die amerikanische Orginalausgabe mit dem Titel
»America in 1492« ist 1992 im Verlag Alfred A. Knopf,
New York, erschienen.
© 1991 The Newberry Library
© 1991 für die Landkarten Hugh Claycombe

Für die deutsche Ausgabe
© 1992 S. Fischer Verlag, Frankfurt am Main
Alle Rechte vorbehalten

Umschlaggestaltung: Buchholz/Hinsch/Walch
Satz: Fotosatz Otto Gutfreund, Darmstadt
Druck: Wagner GmbH, Nördlingen
Bindung: G. Lachenmaier, Reutlingen
Printed in Germany 1992
ISBN 3-10-036712-X

Gewidmet

den indianischen Völkern der beiden Amerikas
und der Erinnerung an D'Arcy McNickle,
einem Mitglied der Konföderierten Stämme
der Salish und Koutenai von Montana,
der in seinem der Wissenschaft und dem Dienst
an der Öffentlichkeit gewidmeten Leben
Amerika erforschte – so wie es war,
und so wie es sein könnte.

Inhalt

Das Zentrum des Universums/Einleitung von Alvin M. Josephy   9

Teil Eins
Wir, die Menschen, 1492

1 Das Werden des einheimischen Amerikaners
   in der Zeit vor Kolumbus/Von N. Scott Momaday   21

2 Die Jäger des Nordens/Von Robin Ridington   29

3 Die Lachsfischer/Von Richard D. Daugherty   63

4 Die Hüter der Erde und des Himmels/Von Peter Iverson   107

5 Die Waldlandbauern/Von Peter Nabokov und Dean Snow   147

6 Die Maisvölker/Von Miguel León-Portilla   181

7 Ein Kontinent in Bewegung/Von Louis C. Faron   217

8 Im Reich der vier Weltgegenden/Von Alan Kolata   267

Teil Zwei
Amerikanische Zivilisation, 1492

9 Die Vielfalt der Stimmen/Von Joel Sherzer   311

10 Religiöse Formen und Themen/Von Sam Gill   341

11 Eine Verwandtschaft des Geistes/Von Jay Miller   377

12 Amerikanische Grenzen/Von Francis Jennings   421

13 Systeme des Wissens/Von Clara Sue Kidwell   459

14 Die Welt der Kunst/Von Christan F. Fesst   503

Nachwort von Vine Deloria   535

Anhang

Genetische Klassifizierung der amerikanischen Sprache   557
Weiterführende Literatur   563
Die Autoren   576
Anmerkung zur Bildauswahl   579
Danksagungen   579
Namen-, Orts-, Sachregister   583

Das Zentrum des Universums
Eine Einleitung

Von Alvin M. Josephy, jun.

In den grünen Bergen im Nordosten Dominicas, einer der schönsten der Inseln Unter dem Winde, die die Karibik gegen den rauhen Atlantik abschirmen, lebt eine winzige, fast vergessene Gruppe von Kariben. Vor fünfhundert Jahren gehörten ihre Vorfahren zu den ersten Bewohnern der westlichen Welt, die den weißen Mann zu Gesicht bekamen. Heute gehören sie, wie auch die Angehörigen anderer kleiner karibischer Stämme auf der St. Vincent Island, in Belize und im Norden Südamerikas, zu den bemerkenswertesten – und diskreditiertesten – Menschen der Welt.

Dabei gibt es allen Grund, den Kariben Respekt und Hochachtung zu zollen. Seit der Ankunft von Christoph Kolumbus unter ihnen haben spanische, französische und englische Invasoren, Kolonisatoren, Piraten und Imperialisten ein halbes Jahrtausend lang alles versucht, sie auszurotten, haben sie in Massen mit Feuer, Stahl, europäischen Foltern und Bluthunden abgeschlachtet, sie zu Tausenden als Sklaven zu Tode geschunden und ganze Siedlungen durch Pocken, Masern, Diphtherie und andere Krankheiten des weißen Mannes ausgelöscht, gegen die die Indianer keine Widerstandskraft besaßen. Aber der Lebenswille der Kariben (ihr Name bedeutete tapferes Volk) und die erstaunliche innere Kraft ihrer Kultur halfen einigen von ihnen, den furchtbaren, fünfhundert Jahre währenden amerikanisch-indianischen Holocaust zu überleben – den größten und längsten in der Geschichte der Menschheit. Und ihr Stamm existiert immer noch.

Gleichzeitig haftete den Kariben – und das ist in den Augen der Welt heute noch so – ein furchtbares Stigma an, falsch und unverdient, das ihnen von einem verblendeten, ehrgeizigen Kolumbus angehängt wurde. »Kannibale«, so heißt es in Wörterbüchern, »kommt von Caribal oder Canibal (dem Stammesnamen der Kariben), von denen Kolumbus berichtete, sie seien Menschenfresser.« Wie andere Völker in anderen Teilen der Welt – und entsprechend einer religiösen Vorstellung, die dem symbolischen Verzehr des Fleisches und Blutes Jesus Christus' vergleichbar ist – mag es auch bei den Kariben des Jahres 1492 Zeremonien gegeben haben, zu denen u. a. das rituelle Verspeisen bestimmter Körperteile eines Feindes gehörte. Aber es gibt erstens keine zuverlässigen Aussagen von Personen, die behaupten, Zeuge einer solchen Zeremonie gewesen zu sein, und zweitens nicht den geringsten Beweis dafür, daß die Kariben Menschenfleisch als normale Nahrung oder gar als Delikatesse betrachteten. Alles nur Schauergeschichten, mit denen die ursprünglichen – und möglicherweise mißverstandenen – Erzählungen ausgeschmückt wurden, die Kolumbus von den Arawak, den Feinden der Kariben, zu Ohren kamen.

Nichtsdestoweniger hielt Kolumbus daran fest und berichtete, die Kariben seien ebenjene grausamen, menschenfressenden Wilden, die, wie es in seiner zerlesenen Ausgabe der *Reisen des Marco Polo* hieß, auf den ostindischen Inseln lebten, von denen er glaubte, er hätte sie erreicht. Ausgehend von dieser Schlußfolgerung, war es für ihn nur ein kleiner Schritt, den spanischen Monarchen die gewinnträchtige Versklavung dieser verderbten Lebewesen vorzuschlagen und zu rechtfertigen. Zunächst zögerte die Krone. Aber Kolumbus' Reisen brachten ihr nur enttäuschend wenig Gold oder sonstige Reichtümer ein, und schließlich sah der Hof die Dinge auf seine Weise: Die Kariben, aus deren Name der Begriff Kannibale und die selbst in den Augen der Europäer zum Inbegriff für die Werke des Teufels geworden waren und für alles standen, was dunkel und böse war, sollten Spanien und den Admiral durch die Arbeit ihrer Hände reich machen. »Eingedenk dessen, daß sie [die Kariben] ihren üblen Angewohnheiten des Götzendienstes und des Kannibalismus verhaftet sind«, verkündete Königin Isabella im Jahre 1503, »erteile ich hiermit die Erlaubnis und Genehmigung ... sie zu fangen ... und sie, unter Entrichtung des uns zustehenden Anteils, zu verkaufen und ihre Dienste zu nutzen...« Auf diese Weise nahm der ruchlose amerikanische Sklavenhandel seinen offiziellen Anfang. Nachdem er auch von den anderen europäischen Mächten übernommen worden war, spielte er eine ausschlaggebende Rolle bei der fast vollständigen Vernichtung der Kariben und Arawak und der völligen Ausrottung anderer Stämme auf den beiden amerikanischen Kontinenten.

Die nie hinterfragte Akzeptanz des Bildes vom wilden und unmenschlichen Kariben diente unverkennbar den Eigeninteressen eines auf Expansion ausgerichteten spanischen Reiches. In späteren Jahren zirkulierten ähnliche Berichte auch in den anderen europäischen Hauptstädten und waren sozusagen Wasser auf die Mühlen des Imperialismus in der Neuen Welt. Aber das Bild vom blutrünstigen Kariben und seiner Artverwandten diente nicht nur politischen Zwecken. Geschichten von der unmenschlichen Grausamkeit der Indianer, oftmals gespickt mit grausigen Details, die dramatischen, aber größtenteils fiktiven Berichten aus vergangenen Zeiten entnommen waren, halten sich bis auf den heutigen Tag. Ein herausragendes Beispiel unter den Chroniken der frühen Erkundung der Neuen Welt ist das vielgelesene *Admiral of the Ocean Sea* des berühmten amerikanischen Historikers Samuel Eliot Morison. Im Jahrhundert nach Kolumbus, schrieb Morison, hatten die Kariben von Dominica »die Angewohnheit, jeden zu töten und zu verspeisen, der sich an ihre Küste wagte. Einmal jedoch wurde den Eingeborenen vom Verzehr eines Mönches derart übel, daß sie von Stund an niemanden mehr anrührten, der geistliche Kleidung trug. Wenn die Spanier dazu gezwungen waren, Dominica anzulaufen, um ihre Wasservorräte aufzufüllen, schickten sie entweder einen Mönch an Land, oder sie staffierten die Bootsmannschaften mit Säcken und ähnlichem aus, um die Eingeborenen zu täuschen.«

Eine Folge dieser lächerlichen Geschichte ist, daß einerseits alles, was den Rest der Welt an den karibischen Völkern interessierte, der, gleich ob begründete oder unbegründete, Glaube war, sie seien Kannibalen, und andererseits alles, was es sonst über sie oder ihre Kultur zu wissen gegeben hätte, als unwichtig und unbedeutend abgetan wurde. Diese historische Stereotypisierung steht im Kontext der letzten 500 Jahre beispielhaft für die verunglückte Sammlung größtenteils falscher, verzerrter oder halbwahrer Bilder, die den Mantel der Wissenschaft trug und das Bild der Öffentlichkeit von den Indianern und ihrem Universum entscheidend prägte. Seit 1492 haben sowohl die Spanier wie auch die anderen Europäer, die ihnen auf dem Fuß folgten, die indianischen Gesellschaften Amerikas mit ganz seltenen Ausnahmen nur von ihrem eigenen, euro-egozentrischen Gesichtspunkt aus betrachtet und beurteilt. Da sie die indianischen Lebensweisen und Bräuche ausschließlich an dem maßen, was ihnen persönlich vertraut war, war es ihnen natürlich unmöglich, sie zu verstehen oder gar zu erkennen, wie hoch entwickelt und komplex sie waren, und sie reagierten, indem sie vieles von dem, was sie nicht verstanden oder was ihnen seltsam oder auch nur anders vorkam, entweder schlichtweg nicht beachteten oder als minderwertig, wild und barbarisch verurteilten.

Auf lange Sicht gesehen hatte kein Einfluß, dem die Indianer durch die »Entdeckung« von 1492 ausgesetzt waren, weitreichendere Auswirkungen bis in die hintersten Winkel der beiden Amerikas als die von Kolumbus in die Wege geleitete Einführung des westeuropäischen Ethnozentrismus in ihre Welt. Dieser Ethnozentrismus, der das religiöse, politische und gesell-

Das Zentrum des Universums

schaftliche Universum der weißen Machtstrebenden hoch über die vielen Universen der vielen einheimischen Völker von der Arktis bis zur Tierra del Fuego an der Südspitze des Kontinents stellte, war ein arrogantes, von überlegener Feuerkraft und grenzenloser Unverfrorenheit getragenes Übel, für den es kein Zweifeln und kein Wanken gab. Er herrscht noch heute unvermindert auf den beiden Kontinenten an, und seine Auswirkungen waren selbst da noch zu spüren, als die Eroberung der beiden Kontinente längst abgeschlossen war. Die Unfähigkeit, den inneren Zusammenhalt und die tiefe Menschlichkeit der indianischen Traditionen zu erkennen, führte dazu, daß die Regierungen der Hemisphäre die indianischen Bevölkerungen fortgesetzt mit ungleichen und menschenunwürdigen, wenn nicht gar schlimmeren Methoden behandelten, angefangen bei Kanada und den Vereinigten Staaten bis hin zu Guatemala und Brasilien, wo der Völkermord an der indianischen Bevölkerung noch heute praktiziert wird.

Der Ethnozentrismus der Euroamerikaner hatte – und hat – viele Formen und Gesichter. Die folgenden Beispiele aus Vergangenheit und Gegenwart verdeutlichen das ganze Ausmaß seiner Gehässigkeit: Da gab es den im sechzehnten Jahrhundert lebenden spanischen Bischof Landa, der in Yucatán Maya-Bücher vernichtete, und nordamerikanische Regierungsbeamte des neunzehnten und zwanzigsten Jahrhunderts, die bewußt und absichtlich indianische Sprachen und indianische Kulturen zerstörten; da gab es Wissenschaftler, die behaupteten, die Begräbnishügel im Osten des nordamerikanischen Waldlandes seien nie und nimmer von einheimisch-amerikanischen Stämmen errichtet worden, und den französischen Wissenschaftler Jacques Soustelle, der in den 50er Jahren unseres Jahrhunderts gelehrsam verkündete, die Hochkulturen des vorkolumbischen Mesoamerika seien viel zu fortgeschritten gewesen, um wirklich indianischen Ursprungs sein zu können; da gab es spanische Mönche, französische Priester und englische Missionare des siebzehnten Jahrhunderts, wie z. B. John Eliot in New England, die versuchten, die Indianer dazu zu zwingen, den Glauben und die Werte ihrer Väter als Hexerei aufzugeben, und zeitgenössische Landerschließer, die indianische Friedhöfe und Heiligtümer mit Bulldozern plattwalzen und sich darauf berufen, die indianischen Religionen seien doch sowieso nur Hokuspokus. Im günstigsten Fall haben der weiße Ethnozentrismus und die weiße Ignoranz die Selbstachtung der indianischen Völker mit Füßen getreten; im schlimmsten Fall lieferten sie die Rechtfertigung für offenen Haß und Rassismus, für ungeheuerliche Massaker und für die Ausplünderung und Enteignung der Indianer.

Aber es waren nicht nur die amerikanischen Völker, die dem europäischen Ethnozentrismus zum Opfer fielen, sondern auch die amerikanische

Natur und der sicherlich lohnende Versuch, die einzigartige und besondere Beziehung zu verstehen, welche die Indianer zu ihr hatten. Die Geschichte lehrt noch heute fälschlicherweise, das vorkolumbische Amerika sei eine Wildnis gewesen, jungfräuliches Land, im wahrsten Sinne des Wortes unbewohnt, unbekannt und ungenutzt, das nur darauf gewartet habe, von den weißen Forschern und Pionieren mit ihrer überlegenen Intelligenz und ihrem heldenhaften Mut erobert und »entwickelt« zu werden. »Jahrtausendelang«, kann man in der 1987er Ausgabe von *American History: A Survey,* aus der Feder dreier berühmter amerikanischer Historiker, Richard N. Current, T. Harry Williams und Alan Brinkley, lesen, »in einer Zeit, in der die menschlichen Rassen sich entwickelten, Gemeinschaften gründeten und in Afrika, Asien und Europa den Grundstein für nationale Zivilisationen legten, gab es in den beiden Kontinenten, die wir als Amerika kennen, weder den Menschen noch seine Werke... Die Geschichte dieser neuen Welt ... ist die Geschichte der Schaffung einer Zivilisation, wo es vorher keine gab.«

Dieses Bild, das die fast 75 Millionen Indianer, die demographischen Schätzungen zufolge im Jahre 1492 in Amerika lebten (fast sechs Millionen davon vermutlich allein im Gebiet der heutigen Vereinigten Staaten), einfach außer acht läßt, schreibt den Mythos von der euroamerikanischen Überlegenheit fort. Es sagt nichts über die Herausforderungen, welche die Indianer, die ersten Pioniere, die ersten Bewohner einer wahrhaft unbewohnten Hemisphäre, vorfanden und annahmen, nichts über die vielen tausend Jahre der Besiedlung, nichts über die vielen, beeindruckenden Neuerungen, Erfindungen und Anpassungen, die ihre Gesellschaften und Zivilisationen leisteten und die sie in die Lage versetzten, in den so unterschiedlichen amerikanischen Umwelten zu leben und ihr Leben zu bestimmen, nichts über die Besonderheit, Vielfalt und Komplexität ihrer vielen Kulturen, die ohne westeuropäischen Rat und Beistand entstanden waren, und nichts über indianische Errungenschaften und Institutionen wie komplizierte Kalendersysteme, Handelsverbindungen zu Wasser und zu Lande, die Hunderte und sogar Tausende von Kilometern überspannten, Städte, die größer waren als alles, was es zur entsprechenden Zeit in Europa gab, und politische und gesellschaftliche Systeme, die lange vor dem europäischen Zeitalter der Aufklärung die Würde, den Wert und die Freiheit des Menschen erkannten und anerkannten.

Man sollte jedoch nicht ins andere Extrem verfallen und so tun, als sei das vorkolumbische Amerika ein Paradies gewesen, in dem es das Böse nicht gab. Das war es, wie dieses Buch verdeutlichen wird, ganz und gar nicht. Aber wir sollten uns darüber klar sein, daß der westeuropäische und später der amerikanische Ethnozentrismus, der unter den Indianern die schlimmsten Verheerungen anrichtete, gleichzeitig auch negative Auswirkungen auf die Weißen hatte, indem er ihnen nämlich die Kenntnis von und den Zugang zu vielen Dingen verwehrte, welche die Indianer sie zu ihrem eigenen Nutzen hätten lehren können. Episoden wie die, die aus Plymouth, New England, bekannt ist, wo Wampanoag-Indianer die an Land kommenden Pilgerväter sozusagen unter ihre Fittiche nahmen und ihnen zeigten, was sie tun mußten, um in ihrer neuen Heimat überleben zu können, waren schnell vergessen. Beispiele für ein interrassisches Miteinander, wie die Heirat zwischen John Rolfe und Pocahontas im Virginia des Jahres 1614, blieben die Ausnahme. In den folgenden Jahren, in denen Indianer weiße »Fährtensucher« durch die Prärien, Berge und Wüsten ihrer Heimat führten und indianische Ressourcen zum Unterhalt der europäischen Kolonien beitrugen, gab es nur wenige Weiße, welche die einheimisch-amerikanischen Traditionen und Werte verstanden und respektierten, und noch weniger, die in ihnen eine Bereicherung für ihr eigenes Leben und Wirken sahen.

Trotz der Greuel der letzten fünfhundert Jahre gab es aber auch einen beharrlichen, wenn auch leisen Unterton der Neugier und der Offenheit in der europäischen Vereinnahmung der Neuen Welt. Und trotz der Gewalttaten und der Vertreibungen, denen die einheimischen Völker in diesen Jahrhunderten ausgesetzt waren, gab es Indianer, die bereit waren, ihr Wissen mit den wenigen Neuankömmlingen zu teilen, die sich ernsthaft für sie interessierten. Auf diese Weise wurde eine zwar unvollständige, aber dennoch ganz ansehnliche Sammlung von Informationen über die einheimischen Kulturen der Hemisphäre zusammengetragen. Obwohl vieles natürlich für immer verloren ist, gibt es heute die Möglichkeit, die Dinge, die mitgeteilt und aufgezeichnet wurden, zusammenzutragen und zu analysieren, um in Worten neu zu schaffen, was so viele Europäer zu zerstören suchten.

Zum Anlaß des fünfhundertsten Jahrestages der Reise des Christoph Kolumbus richtet sich die allgemeine Aufmerksamkeit plötzlich auf Fragen, die in der Vergangenheit nur höchst selten gestellt wurden. Wie sah das Leben in den beiden Amerikas im Jahre 1492 in Wirklichkeit aus? In welcher Hinsicht ähnelten die amerikanischen Kulturen und Zivilisationen denen, die es im fünfzehnten Jahrhundert in Europa, Asien und Afrika gab, und in welchen Punkten unterschieden sie sich voneinander? Wenn man bestehende Stereotype und Fehleinschätzungen beiseite läßt, wie zum Beispiel, daß es im vorkolumbischen Amerika nichts gab, was erhaltenswert gewesen wäre, oder aber, daß das vorkolumbische Amerika ein Garten Eden war, bevölkert von glücklichen, edlen Wilden, was bleibt dann von der Realität? In einer wurzellosen, ziellos dahintreibenden modernen Zeit gewinnen die Informationen, die von Indianern und Nicht-Indianern gesammelt und vorgelegt wurden, einen neuen Wert. Es wäre denkbar, daß die Erkundung der beiden Amerikas des Jahres 1492 wichtige und wertvolle Informationen über so grundlegende Themen wie die Beziehung des Menschen zu seinen Mitmenschen, zur Natur und zum Übernatürlichen an den Tag bringen wird. Es wäre denkbar, daß die Indianer, die vor 500 Jahren die beiden Kontinente bewohnten, von denen wir heute sagen, daß es »unsere« sind, der Menschheit von heute, die sich müht, eine Welt für morgen zu schaffen, viel zu geben haben.

In diesem Buch, das dem Leser vielleicht in vieler Hinsicht so fremd vorkommen wird wie die Geschichte eines anderen Sterns, verlassen wir das Zentrum des Universums des weißen Mannes und begeben uns in die Zentren der Universen der verschiedenen indianischen Völker des Jahres 1492. Es beschreibt Amerika und seine Traditionen am Vorabend der Reisen des Christoph Kolumbus. Sein Bezugspunkt ist Amerika und nicht Europa, und dieser Blickwinkel verdeutlicht, nicht unerwartet, die längst überfällige Notwendigkeit, die Geschichte Amerikas und der westlichen Hemisphäre endlich so umzuschreiben und vollständiger und zutreffender so zu strukturieren, daß auch die Indianer und die Beiträge ihrer Kulturen und Traditionen, die so lange mißverstanden, verleumdet und ignoriert wurden, darin Aufnahme finden.

Noch einige erläuternde Anmerkungen zum vorliegenden Buch. Jedes der Kapitel wurde von einer anerkannten Kapazität auf dem betreffenden Gebiet geschrieben und gibt so genau wie möglich wieder, was derzeit über die indianische Welt des Jahres 1492, des Zeitpunkts vor dem Holocaust, bekannt ist. Aber es gibt nur wenige schriftliche Aufzeichnungen aus den ersten Jahren des Kontakts zwischen Indianern und Weißen, und für große Teile der Hemisphäre liegen Informationen überhaupt erst ab einem späteren Zeitpunkt vor. Dazu kommt, daß viele Stämme vernichtet und ausgerottet wurden – manche durch die Ausbreitung europäischer Krankheiten, bevor der weiße Mann selbst bei ihnen auftauchte – und nur wenige oder gar keine Dokumente ihrer Existenz hinterließen. Und dann gab es natürlich immer wieder Veränderungen und neue Anstöße – darunter Wanderungen, Akkulturationen, Zerstörungen durch die Weißen und verfälschte Dokumentationen –, die das, was im Jahre 1492 existierte, verdunkelten und verschleierten. In einigen Kapiteln, vor allem in jenen, die sich mit Sprache und gesellschaftlichen Zusammenhängen befassen, so wie sie 1492 waren oder gewesen sein könnten, oder mit Regionen und Völkern, über die es wenig oder keine Aufzeichnungen gibt, hatten die Autoren die schwierige Aufgabe, mit großer Behutsamkeit zu extrapolieren – zurückzuprojizieren

Das Zentrum des Universums

und auf der Grundlage relevanter linguistischer oder ethnographischer Unterlagen aus späteren Zeiten, die in manchen Fällen durch archäologische Funde oder andere Belege gestützt werden konnten, Rückschlüsse zu ziehen. Was dabei herauskam, ist häufig Interpretationssache und mag in Zukunft verändert oder verbessert werden. Die Autoren haben jedoch in jedem einzelnen Fall versucht, bei ihrem Rückblick auf das Jahr 1492 so vorsichtig und behutsam wie möglich mit dem vorliegenden Material umzugehen.

Möglicherweise wird dem Leser auch auffallen, daß dieses Buch mit vielen Stereotypen aufräumt. So gibt es zum Beispiel keine Ausführungen über den allseits bekannten, federgeschmückten Indianer der nordamerikanischen Plains, der zu Pferde auf den Kriegspfad zieht, weil die Indianer das Pferd, das erst von Kolumbus und seinen Nachfolgern nach Amerika gebracht wurde, einfach nicht kannten. Die Plains-Indianer der damaligen Zeit hatten nicht die geringste Ähnlichkeit mit dem stereotypen Bild, das wir heute von ihnen haben, sondern waren Bodenbauern, die an den Ufern der Flüsse Gärten bestellten und die Jagd auf Hirsche, Büffel und andere Tiere zu Fuß betrieben. Außerdem waren die Sioux und viele andere Stämme, die im neunzehnten Jahrhundert zum Inbegriff des Indianers auf dem Kriegspfad wurden, im Jahre 1492 noch gar nicht auf den Plains ansässig. Alles in allem möchte dieses Buch, während es weitverbreiteten Stereotypen ein Ende setzt, das ganze Spektrum der menschlichen Aktivitäten ausleuchten, angefangen bei der Religion bis hin zur Kindererziehung und zum Handel. Es enthält relativ wenig über Krieger und Kriege.

Zum Schluß sollte noch betont werden, daß die einzelnen Kapitel dieses Buches die amerikanische Welt des Jahres 1492 behandeln und keine andere Zeit der Vergangenheit. Abgesehen von gelegentlichen kurzen Hinweisen auf zeitlich frühere Ereignisse, die als Hintergrundinformationen zum Thema des betreffenden Kapitels unerläßlich sind, erhebt dieses Buch nicht den Anspruch, die Geschichte der indianischen Gesellschaften von ihren Anfängen zu erzählen. Es will sie nur so schildern, wie sie im Jahre 1492 waren. Desgleichen wird nur, wenn unbedingt notwendig, ein Abstecher in die Zeit nach 1492 unternommen, denn, wie bereits gesagt, hat das Buch nur das Ziel, dem Leser ein zutreffendes Porträt der indianischen Welt am Vorabend der ersten Reise des Christoph Kolumbus zu vermitteln und, wenn möglich, sein Verständnis für diese Welt zu wecken. Aus diesem Grund wurde es in zwei Teile unterteilt. Der erste Teil führt den Leser Kapitel für Kapitel geographisch durch die westliche Hemisphäre des Jahres 1492, von der nordamerikanischen Arktis bis zum südlichen Zipfel Südamerikas. Hier wird für jedes Gebiet beschrieben, welche Völker dort lebten und wie ihr

Leben und ihre Kultur aussahen. Der zweite Teil befaßt sich mit Themenkomplexen – mit indianischer Sprache, Religion, gesellschaftlicher Organisation, Handels- und sonstigen Beziehungen zwischen den Stämmen, Wissenschaft, Technik und Kunst –, und zwar hemisphärenweit, also nicht auf einen bestimmten Stamm oder eine Gruppe von Stämmen bezogen, sondern auf die allgemeinen kulturellen Eigenheiten und Werte der verschiedenen einheimischen Völker der beiden Kontinente. Diese Kapitel schildern Aspekte der amerikanischen Kulturen, die ihnen allein eigen waren und sie von den Traditionen Asiens, Afrikas und Europas unterschieden.

Schließlich richtet das Buch sich in erster Linie an den ganz normalen Leser. Wir hoffen jedoch, daß auch Fachleute und Spezialisten, seien sie nun indianischer oder nicht-indianischer Abstammung, vieles in ihm finden werden, was neu und provokativ ist, denn die folgenden Seiten wollen nicht nur diesen besonderen Augenblick der amerikanischen Geschichte so genau wie möglich darstellen und festhalten, sondern auch dazu beitragen, einen neuen Kurs für die Zukunft Amerikas zu entwerfen.

Das Zentrum des Universums

Teil Eins

Wir, die Menschen
1492

Guiliano Dati gestaltete diesen Holzschnitt für die italienische Ausgabe von Christoph Kolumbus' Bericht über seine erste Reise nach Amerika, der 1493 veröffentlicht wurde. Das Bild zeigt König Ferdinand, der seine Herrschaft über eine Gruppe verängstigter karibischer Einheimischer proklamiert. Obwohl der Holzschnitt die ehrgeizigen europäischen Ansprüche betont, enthält er auch zutreffende Elemente: an den Seiten offene Gebäude, tropisches Laubwerk und Menschen mit langen Haaren (The Newberry Library).

1. Kapitel

Das Werden des einheimischen Amerikaners in der Zeit vor Kolumbus

Von N. Scott Momaday

Donnerstag, 11 Oktober 1492

Der Mond, in seinem dritten Viertel, ging kurz vor Mitternacht im Westen auf. Ich schätze, daß wir etwa 9 Knoten machten und zwischen Einbruch der Nacht und 2 Uhr morgens etwa 67 ½ Meilen zurücklegten. Dann, zwei Stunden nach Mitternacht, feuerte die *Pinta* einen Kanonenschuß ab, das ausgemachte Signal für das Sichten von Land.

Freitag, 12 Oktober 1492

Im Morgengrauen sahen wir nackte Menschen...

(Aus dem Logbuch des Christoph Kolumbus)

Erst im Jahre 1498, als er das heutige Venezuela erkundete, erkannte Kolumbus, daß er einen Kontinent entdeckt hatte. Auf seiner letzten Reise im Jahre 1502 erreichte er Mittelamerika. Es ist so gut wie sicher, daß er nichts von der großen Landmasse ahnte, die im Norden lag und fast bis nach Asien und ans Ende der Welt reichte, oder daß er eine Landkette gefunden hatte, die zwei der sieben Kontinente der Erde miteinander verband. In der kurzen Zeit, die ihm noch blieb (er starb 1506) war das ganze gewaltige Ausmaß seiner Entdeckung im wahrsten Sinne des Wortes unbekannt und unvorstellbar. Christoph Kolumbus, der Admiral des Ozeanischen Meeres, starb in dem Glauben, Asien erreicht zu haben. Aber seine Leistung war größer, als er selbst es sich erträumt hatte. Er war über den *Orbis* hinausgesegelt, jenen Kreis, von dem man glaubte, er umschreibe die Grenzen der Erde. Er hatte die Grenzen der mittelalterlichen Geographie hinter sich ge-

Das Werden des einheimischen Amerikaners in der Zeit vor Kolumbus   21

lassen. Seine Reise in die Neue Welt war auch eine Reise in die Zeit; sie war der Übergang vom Mittelalter zur Renaissance.

Es gibt Augenblicke, auf die man den Finger legen und von denen man sagen kann: »In dieser Stunde, an diesem Tag, wurde die Geschichte der Welt für alle Zeiten verändert.« Ein solcher Augenblick ereignete sich um zwei Uhr am Morgen des 12. Oktober 1492, als eine Kanone, abgefeuert von der spanischen Karavelle *Pinta*, das Sichten von Land verkündete. Das gesichtete Land war wahrscheinlich Samana Cay, eine der Bahamasinseln. Es war die Neue Welt.

Mit eben diesem Begriff, dem Begriff »Neue Welt«, würde ich die Diskussion gern einleiten, nicht nur, weil er landläufig eine übliche Bezeichnung für die beiden Teile des amerikanischen Doppelkontinents ist, sondern auch, weil er zu den großen Ungereimtheiten der Geschichte gehört. Der britische Schriftsteller J. B. Priestley bemerkte nach einem Besuch in den Vereinigten Staaten, der Begriff Neue Welt sei eine Fehlbenennung. Für ihn sei der amerikanische Südwesten die älteste Landschaft, die er je gesehen habe. Und tatsächlich ist die Neue Welt sehr alt, und das ist die Ironie daran.

Im allgemeinen kann man von den Amerikanern sagen, daß ein sehr realer Teil der Ironie in ihrem eurozentrischen Geschichtsverständnis liegt. Kolumbus und seine Zeitgenossen wußten sehr viel über die Vergangenheit, ihre ureigene Vergangenheit, denn sie war schriftlich aufgezeichnet worden. Sie war geprägt von einer Kontinuität, die sich bis auf die Schöpfungsgeschichte im Alten Testament zurückführen ließ. Die meisten Amerikaner haben ebendieses Vergangenheitsverständnis einfach übernommen, und folglich beginnt die Geschichte Amerikas, im Unterschied zur Geschichte anderer Länder und Gebiete, für die meisten Menschen mit dem Auftreten der Europäer in der »Neuen Welt«. Über die beiden Amerikas und ihre Völker aus der Zeit vor Kolumbus ist nur relativ wenig bekannt, auch wenn wir ständig mehr dazulernen. Jenseits des Jahres 1492 herrscht in den beiden Amerikas eine prähistorische Dunkelheit voller Geheimnisse, die ebenso tiefgründig und provokativ sind wie die von Stonehenge, Lascaux und Afrasiab.

Wer waren die »nackten Menschen«, die Kolumbus und seine Männer im Morgengrauen jenes Herbsttages vor fünfhundert Jahren sahen? Kolumbus, der erste Ethnograph der Neuen Welt, berichtet uns das eine oder andere über sie. Sie hatten eine breite Stirn, eine aufrechte Haltung und einen wohlgestalteten Körper. Sie waren freundlich und brachten ihren Besuchern Geschenke. Sie waren geschickte Bootsbauer und Ruderer. Sie bemalten ihre Gesichter und ihre Körper. Sie stellten Kleidungsstücke und Hänge-

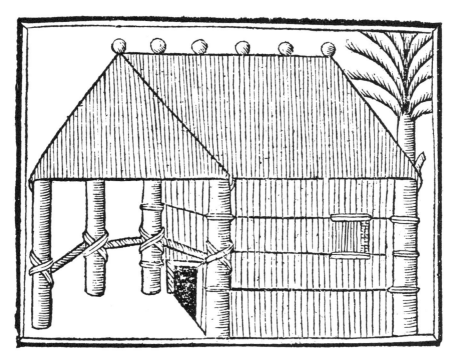

Im Gegensatz zu Giuliano Datis phantasievollem Bild legte Gonzalo Fernandez de Oviedo y Valdes seinen europäischen Lesern im Jahre 1547 dieses Bild eines karibischen Wohnhauses vor. Die Illustration, die mehrere Perspektiven in sich vereinigt, zeigt ein Haus mit soliden Eckpfeilern, einem offenen Eingang und einem in die Strohwand eingeschnittenen Fenster (The Newberry Library).

matten aus Baumwolle her. Sie wohnten in festen Häusern. Sie hatten Hunde. Und auch sie lebten ihr tägliches Leben im Element der Sprache, und sie handelten in Worten und Namen. Wir wissen nicht, welche Namen sie ihren seefahrenden Gästen gaben, aber am 17. Oktober, dem sechsten Tag seines Aufenthaltes bei ihnen, bezeichnete Kolumbus sie in seinem Logbuch als *Indios*.

Im Jahre 1492 waren die »Indianer« in Nord-, Mittel- und Südamerika weit verbreitet. Sie waren die einzigen menschlichen Bewohner eines Drittels der gesamten Landfläche der Erde. Und sie lebten seit ungezählten Jahrtausenden in der Neuen Welt.

Die sogenannten Paläo-Indianer, die Vorfahren der amerikanischen Indianer der modernen Zeit, waren ursprünglich aus Asien gekommen und hatten den nordamerikanischen Kontinent über die sogenannte Beringbrücke erreicht, ein breites, heute überflutetes Gebiet, das Sibirien mit

Das Werden des einheimischen Amerikaners in der Zeit vor Kolumbus

Alaska verband. In der letzten Eiszeit (vor 20 000 bis 14 000 Jahren) war der nördliche Teil der Erde vom Eis beherrscht. Trotzdem waren große Teile Asiens und Beringias eisfrei. Zwischen dem Kordilleren- und dem Laurentischen Eisschild gab es von Alaska bis zu den Great Plains der heutigen Vereinigten Staaten eine Art Korridor, einen Durchgang für die Jäger und die Tiere, die sie jagten. Gruppen von Menschen hatten das Einzugsgebiet der Lena in Nordostsibirien erwiesenermaßen schon vor mindestens 18 000 Jahren erreicht. Im Laufe der nächsten 7 000 Jahre überquerten diese Nomaden die Beringbrücke und breiteten sich über den ganzen amerikanischen Doppelkontinent aus.

Diese Ausbreitung gehört zu den großen Kapiteln der Menschheitsgeschichte. Sie war eine Explosion, eine Revolution von einer kaum vorstellbaren Größenordnung. Im Jahre 1492 gab es in der Neuen Welt ungezählte einheimische Gesellschaftsformen, ungezählte Sprachen und Dialekte, Architekturen, die sich mit jedem Bauwerk der Alten Welt vergleichen lassen konnten, astronomische Observatorien und Sonnenkalender, profunde Kenntnisse in den Bereichen Naturmedizin und Heilkunde, eine sehr hoch entwickelte Oraltradition, Dramen, Zeremonien und vor allem ein geistiges Verständnis des Universums, ein Bewußtsein für das Natürliche und das Übernatürliche, ein Gefühl für das Heilige. Es gab jeden nur denkbaren Beweis für den langen, unaufhaltsamen Aufstieg des Menschen zur Zivilisation.

Es sei mir erlaubt, an dieser Stelle meinen persönlichen Standpunkt darzulegen. Ich bin selbst Indianer und der Meinung, daß ich aus ebendiesem Grund einen gewissen Vorteil habe, wenn es um das Thema Amerika vor Kolumbus geht, den Vorteil altangestammter Erfahrung, den Vorteil einer kulturellen Kontinuität, die weit in die Vergangenheit zurückreicht. Meine Vorfahren haben Tausende von Jahren in Amerika gelebt. Diese lange Zeit liegt mir im Blut. Sie hat eine Bedeutung für mich, so wie diese lange, ununterbrochene Anwesenheit für jeden einheimischen Amerikaner eine Bedeutung hat.

Ich bin Kiowa. Die Kiowa sind Plains-Indianer, die heute in Oklahoma leben. Aber sie sind erst relativ spät auf die südlichen Plains gekommen und haben den Arkansas River erst im 18. Jahrhundert von Norden her kommend überquert. Im Jahre 1492 lebten sie in der Nähe des Quellgebiets des Yellowstone River im westlichen Teil des heutigen Montana. Ihre Wanderung auf die südlichen Plains ist die jüngste unter all den vielen Wanderungen, die zur weiten Verbreitung der einheimisch-amerikanischen Völker führten, und ihre Plains-Kultur ist die letzte, die sich in Nordamerika entwickelte.

24   *Amerika 1492*

Ihrem Entstehungsmythos zufolge kamen die Kiowa durch einen hohlen Stamm auf die Welt. Ich frage mich, wo dieser Stamm war und was sich an seinem anderen Ende befand. Wenn ich mein Blut durch die Generationen hindurch zum ersten Menschen in Amerika zurückverfolge, sehe ich vor meinem inneren Auge eine Prozession schamanistischer Gestalten, ähnlich den seltsam anthropomorphen Formen auf den Felsen des Barrier Canyon in Utah, aus den Nebeln hervortreten. Sie scheinen aus dem Ursprung der Geologie selbst zu kommen, aus der Zeitlosigkeit in die Zeit.

Als der Mensch den nordamerikanischen Kontinent betrat, war er fraglos eine sehr gefährdete Spezies. Von unserem, dem Standpunkt des 20. Jahrhunderts aus betrachtet, besaß er nur sehr wenige Hilfsmittel, auf die er zurückgreifen konnte. Er war der Gnade der Elemente mehr oder weniger schutzlos ausgeliefert, und die Welt, in der er lebte, war hart und unerbittlich. Das nackte Überleben muß all seine Kräfte in Anspruch genommen haben. Aber er besaß ein paar unentbehrliche Hilfen. Er wußte, wie man jagt. Er besaß Werkzeuge und Waffen, so primitiv sie auch sein mochten. Er konnte Feuer machen. Er hatte wahrscheinlich Hunde und Travois, vielleicht sogar Schlitten. Er hatte ein gewisses Bewußtsein für Gesellschaft, Gemeinschaft, Zusammenarbeit. Und als einziger unter allen Geschöpfen der Erde konnte er denken und sprechen. Er hatte ein moralisches Bewußtsein, eine unbezähmbare Sehnsucht nach Ordnung, Schönheit, richtigem Verhalten. Er war überaus empfänglich für alles Geistige.

Die Kiowa sind, wie ich glaube, ein gutes Beispiel für eine gelungene Migration und Ausbreitung. Obwohl ihre Wanderung vom Yellowstone in die Wichita Mountains erst relativ spät erfolgte (aber nichtsdestoweniger im Grunde prähistorisch ist), wurde sie sicherlich in zahllosen ähnlichen Wanderungen durch die im Prinzip selbe Landschaft über einen Zeitraum von mehreren tausend Jahren vorweggenommen. Die Erfahrungen der Kiowa, von den frühesten Anfängen bis in die Gegenwart, mögen also dazu dienen, Rückschlüsse auf die Erfahrungen anderer Stämme und anderer Kulturen zu ziehen. Vielleicht verhelfen sie uns zu einem gewissen Verständnis für die amerikanischen Indianer und dafür, wie ihr Leben in Amerika im Jahre 1492 aussah.

Der hohle Stamm aus dem Ursprungsmythos der Kiowa ist in der vergleichenden Mythologie nichts Ungewöhnliches. Die Geschichte vom Baum des Leben läßt sich überall auf der Welt finden und steht in den meisten Fällen als Symbol für Umbruch, Ursprung, Evolution. Es ist natürlich verlockend, den hohlen Stamm mit dem Übergang nach Amerika und der Besiedlung des amerikanischen Kontinents gleichzusetzen und in ihm eine metaphorische Anspielung auf die Landbrücke zu sehen.

Das Werden des einheimischen Amerikaners in der Zeit vor Kolumbus

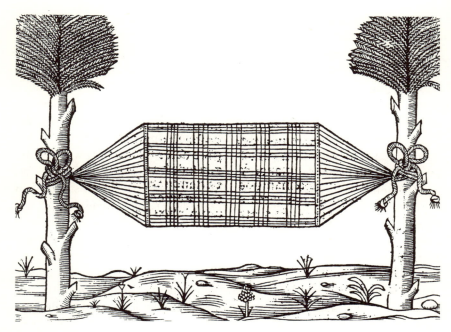

Oviedo stellte den europäischen Lesern die Hängematte vor. Die überall in den Tropen zu findende Hängematte begeisterte die Europäer, da sie leicht, kühl und bequem war. Wie in seinen anderen Illustrationen kombiniert Oviedo auch hier Seitenansicht und Draufsicht (The Newberry Library).

Wir erzählen Geschichten, um unser Sein und unseren Platz in der Ordnung der Dinge zu bestätigen. Als die Kiowa die Great Plains betraten, mußten sie neue Geschichten über sich selbst erzählen, Geschichten, die sie dazu befähigten, eine unbekannte und beängstigende Umwelt in ihre Erfahrung einzugliedern. Sie waren in dieser Umwelt ganz besonders gefährdet, und sie erzählten eine Geschichte von Uneinigkeit und schließlich von Spaltung innerhalb des Stammes, ausgelöst durch einen Streit zwischen zwei großen Häuptlingen. Sie begegneten in der Natur furchterregenden Mächten und Merkmalen, und sie erklärten sie sich in Form von Geschichten. So erzählten sie die Geschichte von *Man-Kah-Ih,* dem Sturmgeist, der die Sprache der Kiowa spricht und den Kiowa kein Leid zufügt, und sie erzählten die Geschichte des Baums, der die sieben Schwestern hinauf in den Himmel trug, wo sie zu den Sternen des Großen Bären wurden. Auf diese Weise erklärten sie sich nicht nur den großen Monolithen, den Devil's Tower in Wyoming (auf Kiowa *Tsoai,* »Felsenbaum«), sondern stellten gleichzeitig eine Verbindung zwischen sich selbst und den Sternen her. Als sie auf die Plains kamen, freundeten sie sich mit den Crow an, die ihnen den Sonnentanz-Fetisch *Tai-Me* gaben, der von diesem Augenblick an zu ihrem mächtigsten Zauber wurde, und sie erzählten, wie *Tai-Me* in der Stunde ihrer Not zu ihnen gekommen war. Sprache war ihr Element. Worte, gesprochene Worte waren Ausdruck ihres tiefsten Glaubens, ihrer tiefsten Gefühle, ihres tiefsten Lebens. Als die Europäer, die seit Hunderten von Jahren die Schrift und seit neuestem auch die Druckerpresse besaßen, nach Amerika kamen, konnten sie sich einfach nicht vorstellen, daß das gesprochene Wort heilig sein sollte, konnten sie den tiefverwurzelten Glauben des amerikanischen Indianers an die Macht der Sprache einfach nicht verstehen.

Ich habe die Geschichte des Pfeilmachers schon viele Male erzählt. Als Kind habe ich sie öfter gehört, als ich sagen kann. Sie stand im Mittelpunkt meiner mündlichen Tradition, lange bevor ich wußte, was diese Tradition eigentlich war, und genauso sollte es sein. Die Geschichte war nie niedergeschrieben worden. Sie hatte, vielleicht Hunderte von Jahren, nur auf der Ebene der menschlichen Sprache existiert.

»Wenn ein Pfeil gut gemacht ist, kann man Spuren von Zähnen an ihm sehen. Daran erkennt man ihn. Die Kiowa machten gute Pfeile, und sie zogen sie mit den Zähnen gerade. Dann legten sie sie an den Bogen, um zu sehen, ob sie gerade waren. Es waren einmal ein Mann und seine Frau. Sie waren nachts allein in ihrem Tipi. Der Mann machte im Licht eines Feuers Pfeile. Nach einer Weile sah er etwas. Das Tipi hatte eine kleine Öffnung an der Stelle, an der zwei Häute zusammengenäht waren. Jemand war dort draußen und sah herein. Der Mann fuhr mit seiner Arbeit fort, sagte aber zu seiner Frau: ›Draußen ist jemand. Habe keine Angst. Wir wollen leichthin miteinander sprechen, wie von ganz gewöhnlichen Dingen.‹ Er nahm einen Pfeil und zog ihn mit den Zähnen gerade; dann legte er ihn, so wie es recht war, an den Bogen und nahm Ziel, erst in diese Richtung, dann in jene. Währenddessen sprach er, wie zu seiner Frau. Aber dies ist, was er sagte: ›Ich weiß, daß du dort draußen bist, denn ich kann deine Blicke auf mir fühlen. Wenn du ein Kiowa bist, wirst du verstehen, was ich sage, und du wirst deinen Namen nennen.‹ Aber es kam keine Antwort, und der Mann machte weiter wie bisher, richtete den Pfeil hierhin und dorthin. Schließlich fiel sein Ziel auf die Stelle, an der sein Feind stand, und er ließ die Sehne los. Der Pfeil traf den Feind mitten ins Herz.«

Erst als ich schon viele Jahre mit der Geschichte gelebt hatte, ging mir auf, daß sie von Sprache handelte. Der Erzähler der Geschichte ist unbekannt und des Lesens und Schreibens unkundig, aber er lebt in seinen Worten und hat schon ungezählte Generationen überlebt. Der Pfeilmacher ist ein Mann aus Worten, und auch er ist ein Geschichtenerzähler. Er erringt

Das Werden des einheimischen Amerikaners in der Zeit vor Kolumbus   27

den Sieg über seinen Feind durch die Macht der Sprache über das Unbekannte. Was er tut, ist weit weniger wichtig als das, was er sagt. Seine Pfeile sind Worte. Sein Feind (und das Wesen draußen *ist* ein Feind, denn der Geschichtenerzähler sagt es uns) wird durch das Wort besiegt. Die Geschichte ist prägnant, schön und lebendig. Ich kenne in der Literatur nichts, was lebendiger wäre.

Mit der Entwicklung mündlicher Traditionen geht das Entstehen von Zeremonien einher. Der Sonnentanz war der auffälligste Ausdruck des religiösen Lebens der Plains-Kulturen. Und es war ein in sich geschlossener, komplexer und tief empfundener Ausdruck.

Innerhalb der Symmetrie dieses Musters aus Sprache und Religion entstand die Kunst. Die ganze Welt der amerikanischen Indianer ist von einem tiefen Gefühl für Ästhetik geprägt. Angefangen bei den uralten Felsenmalereien bis hin zum zeitgenössischen Theater, in der Form von Perlen-, Federn- und Lederarbeiten, Holzschnitzerei, Keramik, Bilderhandschriften, Musik und Tanz, kann die Kunst der amerikanischen Indianer sich durchaus mit der großen Kunst der Welt messen. In den Museen und Galerien der ganzen Welt finden sich unvorstellbare Schätze dieser Kunst.

Die verschiedenen Ausdrucksformen des menschlichen Geistes, die für den amerikanischen Indianer von heute bestimmend sind und es für seine Vorfahren vor fünfhundert Jahren und noch früher waren, sind geprägt von einem Gleichgewicht zwischen Mensch und Natur, das von jeder Gesellschaft, die damit in Kontakt kam, wahrgenommen werden mußte, auch wenn es weder geschätzt noch anerkannt wurde. Die nackten Menschen, die Kolumbus im Jahre 1492 sah, waren Angehörige einer Gesellschaft, die durch und durch würdig und wohl gemacht war. Sie waren Menschen der immerwährenden Erde, erfüllt von Ehre und Würde und einer unübertroffenen Großzügigkeit des Geistes.

2. Kapitel

Die Jäger des Nordens

Von Robin Ridington

Es ist Frühling an den baumlosen Küsten des Nördlichen Eismeeres, der
Frühling des Jahres 1492. Die Jäger zur See haben ungeduldig darauf gewartet, daß die wandernden Herden der Grönlandwale in ihre Sommerge-
wässer am Rande des polaren Packeises zurückkehren. In der langen dunklen Nacht des arktischen Winters haben die nordischen Jäger, die in erster
Linie die Jagd auf Meeressäuger betreiben, in Häusern aus Grassoden gelebt, deren Dächer aus Walknochen bestehen, und während sie ihre Jagd-
ausrüstungen instand setzten, erlebten die Menschen dieser eng verbundenen Gemeinschaft auch ein Gefühl der Erneuerung der Welt. Jetzt hat ein
Posten das erwartete Signal gegeben.

Das zerbrechlich wirkende Fellboot besteht aus durchscheinender, aber
fester Walroßhaut, die straff über einen leichten Rahmen aus Treibholz gespannt ist, der von Lederriemen zusammengehalten wird. Zehn Männer in
wasserabweisender Kleidung aus Robbenhäuten rudern es mühelos etwa
im Tempo eines leichten Trabs durch das sonnengesprenkelte Wasser. Das
Boot, ein Umiak, hat eine Tragfähigkeit von über einer Tonne, ist aber so
leicht, daß die Männer es mühelos aus dem Wasser und auf ein speziell dafür gedachtes Gerüst über der Hochwasserlinie hieven können. Jetzt, im immer länger anhaltenden Licht des langen arktischen Tages, vertrauen die
Männer auf ihre Kenntnis des Meeres und seiner Reichtümer. Sie wissen,
daß die Gerätschaften und die Kenntnisse, die ihre Vorfahren ihnen hinterlassen haben, auch dieses Mal dafür sorgen werden, daß sie mit den großen
Walen, die an ihrer Küste vorbeiziehen, in Kontakt treten können. Sie wissen, daß der Umialik, der Anführer der Jagd, Kontakt mit den Geistern der
Wale aufgenommen hat, und sie freuen sich jetzt schon auf die zeremonielle
Begrüßung, die seine Frau dem Wal bereiten wird, wenn die Jagd erfolg-

1736 veröffentlichte Hans Egede nach seinem 15jährigen Aufenthalt als Missionar im westlichen Grönland einen Bericht über das Leben der Eskimo. Dieser Bericht war die erste zuverlässige europäische Beschreibung des Lebens an der Davis-Straße. Hier zeigt Egede verschiedene Methoden der Seehundjagd: Ein Mann sitzt vor einem winzigen Atemloch auf einem Hocker (eine Methode, die im Winter angewandt wurde), das Anpirschen an einen Seehund, der sich neben seinem Atemloch ausruht, das Ausspähen eines Seehunds, während ein Partner mit einer langen Harpune bereitsteht, und das Einkreisen einer Öffnung im Eis, um die dort versammelten Tiere zu harpunieren (The Newberry Library).

reich war und sie eines der großen Tiere nach Hause bringen, damit die Menschen zu essen haben.

In fast zweitausend Kilometer Entfernung kommt eine andere Gruppe von Jägern mit einem bereits enthäuteten und zerlegten Elch, der noch vor wenigen Stunden an den Weidenschößlingen der Lichtung äste, welche die Menschen in den vergangenen Jahren durch Abbrennen gerodet haben, in ihr Waldlager zurück. Die Frau eines Jägers übernimmt die Verteilung des Fleisches. Mit ihrer scharfen, steinernen Klinge findet sie die Gelenke, an denen das Tier sich mit Leichtigkeit zerlegen läßt, und verteilt die einzelnen Stücke an die Frauen und Kinder der verschiedenen Familien der Gruppe. Die Mitglieder dieser Gruppe haben in den heißen Monaten des allmählich zu Ende gehenden Sommers des nördlichen Waldlandes zusammengelebt und kennen die Lebensgeschichten jedes einzelnen so gut, wie sie die Lebensgeschichten der Tiere kennen.

Am Abend hängen die Trockengestelle über den Feuern der einzelnen Familien voller Fleisch, das in dünne, gewellte Streifen geschnitten wurde. Verwandte aus anderen Gruppen, die zu Besuch kommen, können ganz genau sagen, von welchem Teil des Tieres das Fleisch stammt, das die kenntnisreichen Frauen in dünnen Streifen von den Knochen abgeschält haben. Die Menschen unterhalten sich leise, während sie sich die frisch gebratenen Elchrippen schmecken lassen und den Geschichten über die Aufregungen der Jagd lauschen. Als die Sternbilder in dem halben Dämmerlicht, das um diese Jahreszeit als Nacht gilt, vage sichtbar werden, tanzen Menschen jeder Altersgruppe im Kreis um das gemeinsame Feuer. Die Jäger lassen ihre Stimmen zu den straff gespannten Handtrommeln erklingen, worauf sie pulsieren wie der Schlag eines Herzens. Das Singen und Trommeln wird dauern, bis das Halbdunkel in eine frühe Dämmerung übergeht.

Bald wird das Tageslicht in diesem nördlichen Land wieder kürzer werden und die Sonne jeden Tag »einen Schneehuhnschritt« weiter südlich auf- und untergehen. Das Wasser wird zu Kristall werden und die Nacht die Sterne wieder sichtbar machen. Wasser und Land werden miteinander verschmelzen und zu einer einzigen Schneelandschaft werden. Die Geschichte dieses Landes und des Lebens, das sich darauf abspielt, wird in den Spuren niedergeschrieben werden, die Menschen und Tiere im Schnee hinterlassen. Sie wird in den Traumfährten geschrieben werden, auf denen Jäger und Tiere einander begegnen. Sie wird in den Schneehäusern und Hütten gelebt werden, in denen diese Menschen ihre Gemeinschaften bilden. Die Geschichte wird von Jahr zu Jahr und von Generation zu Generation weitergegeben werden, wie schon seit Tausenden von Jahren. Die Menschen werden ihr Leben auch weiterhin wie eine Geschichte leben, der sie alle neuen Erfahrungen hinzufügen.

Die Jäger des Nordens

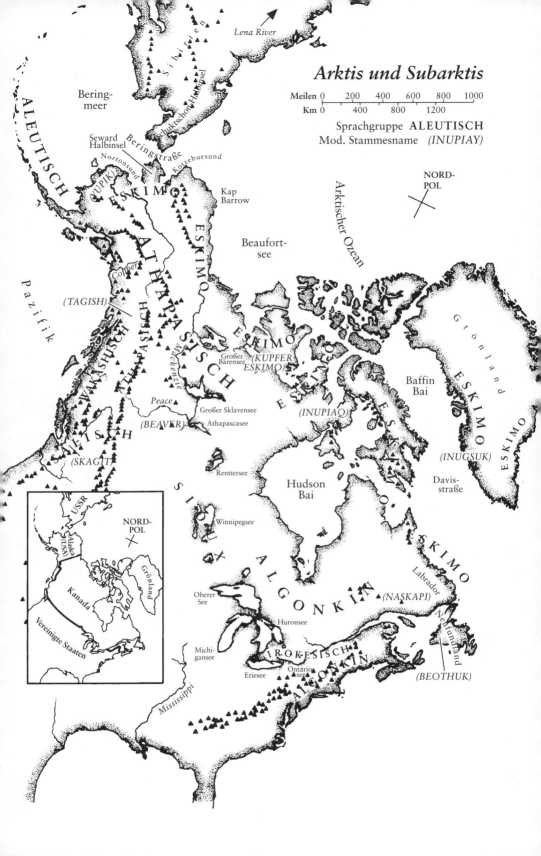

Im Jahre 1492 war das ganze nördliche Drittel Nordamerikas von jagenden Völkern bewohnt. Sie lebten von den Tieren, mit denen sie sich das Land teilten, und sie lebten gut. Sie lebten gut, weil sie das Land und die Tiere auf die gleiche Weise kannten, wie sie sich gegenseitig kannten, und das schon seit Tausenden von Jahren. Gruppen, welche die Jagd auf die großen Meeressäuger betrieben, hatten die arktischen Küsten Kanadas und Grönlands vor vier- bis fünftausend Jahren besiedelt. Andere Gruppen, die zu Lande jagten, lebten seit mindestens 12 000 Jahren weiter im Inland. Kein anderer Teil der Neuen Welt war den Menschen seit so langer Zeit bekannt wie dieser.

Der nördliche Teil Nordamerikas ist Teil einer größeren, zirkumpolaren Region, die sich auf der anderen Seite der Beringstraße in Sibirien und Nordeuropa fortsetzt. Im Jahre 1492 sah es dort nicht sehr viel anders aus als heute. Die gewaltige Landmasse hatte ein kontinentales Klima und wurde im langen Winter und Frühjahr vorwiegend von arktischer Kaltluft beherrscht. Im Sommer schwankten die Temperaturen zwischen dem Gefrierpunkt und guten zwanzig Grad, während sie im Winter bis auf 40 Minusgrade absanken. Die nichtarktischen Luftmassen, die aus dem wärmeren Süden herbeiströmten, waren für die höheren Sommertemperaturen in den südlichen Teilen der Region verantwortlich.

Geographen teilen die gesamte zirkumpolare Region in zwei Zonen auf, die Arktis und die südlich davon liegende Subarktis. Die Landformen der beiden Gebiete werden als Tundra bzw. Taiga bezeichnet.

In diesen nördlichen Gebieten fielen die Temperaturen in acht bis neun Monaten pro Jahr bis weit unter den Gefrierpunkt ab, und der Unterboden der arktischen Tundra war permanent gefroren. Auch wenn die Sommertemperaturen über den Gefrierpunkt stiegen und die oberste Erdschicht sich mit Wasser vollsaugte, herrschte in der darunterliegenden Schicht Dauerfrost, und der Boden war hart wie Stein. Da das Wasser nicht abfließen konnte und sich folglich an der Oberfläche staute, wurde jede Fortbewegung schwierig. Auch im Sumpf- oder Moorgelände der subarktischen Taiga war ein Fortkommen im Sommer mühsam und beschwerlich und das Aufspüren von Wild unter diesen Bedingungen bedeutend schwieriger als im Winter, in dem der morastige Boden gefror und von Schnee bedeckt war. Sowohl in der Tundra wie auch in der Taiga bildeten die stehenden Tümpel ideale Brutstätten für Schwärme von Moskitos und Stechfliegen, und die Thermalwirkung der Bekleidung ließ nach, sobald sie naß wurde. Im Jahre 1492 warteten die Bewohner des Nordens genau wie ihre Nachfahren von heute auf den Wechsel der Jahreszeiten und die bequemeren Fortbewegungsbedingungen, die das kalte Wetter mit sich brachte. In der Arktis

Die Jäger des Nordens   33

Hans Egede berichtete, daß die Grönland-Eskimo beim Walfang »ihre beste Ausrüstung anlegten«, da sie glaubten, die Wale haßten »schmutzige Angewohnheiten«. Bis zu fünfzig Männer und Frauen saßen in jedem der Fellboote – die Männer, um sich an ihre Beute anzupirschen, die Frauen, um Risse im Boot zu flicken. Sie versahen die Leinen ihrer Harpunen mit aufgeblasenen Seehundhäuten, um ihre Beute nicht aus den Augen zu verlieren und die Flucht der Tiere zu verlangsamen. Wenn ein Wal getötet war, wurde er von der ganzen Bootsbesatzung gemeinsam ausgeschlachtet (The Newberry Library).

konnten Nahrungsmittel und andere Vorräte dann mit Hilfe von Hunde-
schlitten transportiert werden, und in der Subarktis kam man mit Schneeschuhen und Toboggan schnell und zügig voran. Für die Jäger des Nordens
war die Kälte ihrer Umwelt also eine hochgeschätzte Hilfe.

Die Jagd und das Sammeln sind so alt wie der Mensch selbst. Bis vor
etwa 10 000 Jahren waren alle menschlichen Kulturen auf diese beiden Formen der Subsistenzsicherung angewiesen. Aber während die Jagd in vielen
Teilen der Welt durch die Landwirtschaft und die Industrie abgelöst wurde,
blieb sie für die einheimischen Völker der nordamerikanischen Arktis und
Subarktis bis vor nicht allzulanger Zeit das vorherrschende Element, und
für viele von ihnen ist sie noch heute ein wichtiger Teil ihrer materiellen
Lebensgrundlage. Übrigens entwickelten sich alle Ideen und Institutionen
aller einheimisch-amerikanischen Kulturen der Hemisphäre im Laufe der
Jahrtausende aus der Kultur jagender Vorfahren heraus.

Die Jagd war jedoch nicht nur eine Methode der Subsistenzsicherung, sie
war auch Ausdruck einer inneren Einstellung des Menschen zu sich selbst
und zu allen anderen Lebewesen und Kräften einer lebenden und fühlenden
Umwelt. Tiere waren weit mehr als nur Nahrung zum Erhalt des menschlichen Körpers; sie waren fühlende Teile einer Schöpfung, und die Menschen mußten eine Beziehung zu ihnen aufbauen, die von Vertrauen und
Verständnis geprägt war. Die Jäger berührten nicht nur die Körper der
Tiere, die ihnen Leben gaben, sondern auch ihren Geist. Sie fühlten sich für
die Tiere, die sie jagten, ebenso verantwortlich, wie sie sich füreinander verantwortlich fühlten. Da sie die Autonomie der Tiere ebenso respektierten
wie die der Menschen, nahmen sie kein Tier gegen seinen Willen.

Metaphern, die die Beziehung des Menschen zu den Tieren und zu den
natürlichen Kräften ausdrückten, waren für die Anpassungsstrategien der
Menschen, die von der Jagd lebten, von wesentlicher Bedeutung. Die Völker des amerikanischen Nordens des Jahres 1492 hatten Denkweisen und
Institutionen entwickelt, die ein Gleichgewicht zwischen individueller Autonomie und der Interdependenz eines gemeinschaftlichen Lebens herstellten. Sie werteten Wissen zwar als Quelle persönlicher Macht, wußten aber
auch, daß die Geschichten, die einer Gemeinschaft insgesamt gehörten, die
Grundlage allen Wissens waren. Sie teilten Informationen auf die gleiche
Weise, wie sie Fleisch teilten.

Allen jagenden Völkern gemeinsam war der Brauch, sich zu Zeremonien
zusammenzufinden, um zu singen und zu tanzen. Sie kamen zusammen, um
Verwandtschaftsbande zu festigen, aber auch, um ihre Verbundenheit mit
all jenen zu bestätigen, die vor ihnen gewesen waren. Sie kamen zusammen,
weil sie die Bewohner eines gemeinsamen Landes waren. Das Schlagen der

Die Jäger des Nordens

Drei Fellboote mit Eskimos, denen William Smyth im Sommer 1826 am Kotzebue Sound begegnete. Smyth begleitete die arktische Expedition des britischen Marineoffiziers F. W. Beechey. Die Bootsleute benutzen individualisierte Paddel und sind mit Lippenpflöcken geschmückt; die Frauen haben Kinntätowierungen (The Newberry Library).

Trommeln und der Klang der Gesänge waren ein Grundton jenes Landes. Das Tanzen im Kreis war Ausdruck dafür, daß die Menschen, die zusammenlebten, die Prüfungen einer gemeinsamen Welt auch gemeinsam auf sich nahmen. Das Tanzen war auch die Bestätigung für ihre gemeinsame Verbindung mit der Welt der Geister.

Die Jäger des Nordens hörten die Stimmen der Geister im Summen der ledernen Sangsaiten, die straff über ihre einfelligen Handtrommeln gespannt waren. Die Sänger warfen ihre Stimmen in die fellbespannten Resonanzkörper ihrer Trommeln, um mit dieser Geisterwelt in Kontakt zu treten. In festlichen Zeiten, aber auch in Zeiten der Not, tanzten und sangen die Menschen des Nordens die Lieder, die eine Verbindung schufen zwischen ihnen, ihren Vorfahren und den Tieren. Wenn das Dauerlicht des nördlichen Frühlings die Nachtwelt zum Tage machte, verbanden die Inuit (Eskimo) der Zentralarktis mehrere ihrer Schneehäuser miteinander, um einen gemeinschaftlichen Raum zum Singen und Tanzen zu schaffen. In der Subarktis errichteten die Athapaskisch und Algonkin sprechenden Völker zum Tanzen große, spitz zulaufende Hütten, die mit Häuten oder mit Rinde gedeckt wurden.

Wenn die Bewohner der nördlichen Wälder aus ihren weitverstreuten Lagern zu den Tanzplätzen strömten, fanden sie in der Tanzhütte viele Verwandte, die sie oft seit einem Jahr nicht gesehen hatten. Die Menschen tanzten im Kreis um das warme, helle Feuer. Die tanzenden Körper berührten einander. Von Zeit zu Zeit hielten die Sänger inne, um ihre Trommeln zu stimmen. Sie hielten die Instrumente in die Wärme des Feuers und schlugen sie leise an, bis der Ton, je mehr die Häute sich unter dem Einfluß der Hitze straff über die Rahmen aus Birkenholz spannten, wieder heller wurde. Die Trommeln wurden straff, ihr Klang wurde hell, und allmählich ging das Stimmen in einen Rhythmus über, der sich herausbildete und behauptete, wie das Schlagen des eigenen Herzens. Dann übernahm irgend jemand die Führung. Vielleicht hatte er das Lied anläßlich einer Visionssuche von einem Tier gelernt. Vielleicht war es von einem der Jäger oder von einem der religiösen Führer, die als Träumer bekannt waren, erträumt worden. Der Sänger sammelte sich und begab sich auf die Fährte des Liedes. Sein Rhythmus war ruhig und gleichmäßig wie der Rhythmus von Füßen, die einer Fährte folgen. Die Melodie war kompliziert und verwoben, so wie das Wissen, das ein Jäger aus der vor ihm liegenden Fährte ableitet, in seinem Bedeutungsmuster komplex war. Die Lieder führten die Menschen in eine mythische Zeit, eine Zeit der Tiermächte, eine Zeit der natürlichen und spirituellen Kräfte. Die Lieder führten die Menschen in die Zeit ihrer Vorfahren.

In der Arktis mußten die Menschen sich nicht nur an die Kälte anpassen, sondern auch an wechselnde Zeiten von ewiger Nacht und ewigem Tag, in denen die Sonne über lange Zeiträume hinweg entweder über oder unter dem Horizont verweilte. Die tiefsten Gedanken der Menschen rankten sich um diesen fundamentalen Wechsel zwischen Dunkelheit und Licht. Die Dunkelheit einer Wintersonnenwende und ihr Gegenteil, die Mitternachtssonne eines Sommertages, waren Ausdruck für die Auseinandersetzung der Seele mit der Angst und der Einsamkeit, aber auch mit der Hoffnung. Ein altes Lied, das der Polarforscher Knud Rasmussen 1921 aufzeichnete, beschreibt die Gefühle, die für die Inuit der kanadischen Zentralarktis mit ihrer Umwelt verbunden waren:

Es ist Angst
In der Sehnsucht nach Einsamkeit,
Wenn man unter Freunden ist
Und sich sehnt, allein zu sein.
Iyaiya-yaya!
Es ist Freude
Im Gefühl des Sommers,
Der in die große Welt kommt
Und in dem die Sonne
Ihrem alten Weg folgt.

Die Jäger des Nordens

Iyaiya-yaya!
Es ist Angst
Im Gefühl des Winters,
Der in die große Welt kommt
Und in dem der Mond,
Jetzt Halbmond, jetzt voll,
Seinem alten Weg folgt.
Iyaiya-yaya!
Wohin führt all dies?
Ich wünsche mir, weit im Osten zu sein.
Und doch werde ich nie
Meine Verwandten wiedersehen.
Iyaiya-yaya!

Ein großer Teil der nordamerikanischen Arktis ist Küstengebiet, das schon immer von einem maritimen Klima und den Auswirkungen des Eises geprägt war. Genau wie heute wurden der nördliche Teil Alaskas und die an die Beringstraße angrenzenden Gebiete auch im Jahre 1492 von warmen, pazifischen Meeresströmungen aufgewärmt, während die Gewässer, welche die hocharktischen Inseln des heutigen Kanada umgaben, oft das ganze Jahr hindurch unter einer Schicht aus polarem Packeis lagen. Im Winter bedeckte das Eis fast alle Wasserflächen der ganzen Arktis. Im Frühjahr brach es auf den Flüssen und Seen zwar auf, das Meer jedoch gab seine großen, übereinandergetürmten, schwimmenden Eisfelder meist erst sehr viel später und dann nur widerwillig frei. In den südlicheren Gewässern siegten die wärmeren Temperaturen und die Kraft des Windes schließlich in den meisten Fällen über das Eis, aber es gab auch Jahre, in denen treibendes Packeis die Buchten und Fahrrinnen zwischen den Inseln so lange unpassierbar machte, bis der Winter wieder zurückkam.

Im Sommer waren die arktischen Landflächen deutlich von den sie umgebenden Wasserflächen zu unterscheiden, aber den ganzen langen Winter hindurch erweckten Land und See den Eindruck einer einzigen, zugefrorenen Masse. Die Menschen konnten sich im Winter auf dem Meer bewegen und sogar dort leben und auf diese Weise die hohe Produktivität der maritimen Ökologie nutzen. Zwei Tierarten, die Ringelrobbe und die Bartrobbe, waren für die Jäger der zentralarktischen Küsten von ganz besonderer Bedeutung. Die ständige Verfügbarkeit maritimer Ressourcen im Winter spielte bei der Anpassung des Menschen an die Küstengebiete des Nordens eine wesentliche Rolle. Die winterliche Robbenjagd auf dem vereisten Meer war eine der wichtigsten Anpassungsstrategien der Zentralarktis.

Die arktischen Landmassen waren im Jahre 1492, wie auch heute, größ-

Im Bau befindliche Iglus, aufgezeichnet von Captain William Parrys Expedition in die Arktis zu Beginn der 1820er Jahre. Die Eskimo-Familien legten ein kreisförmiges Fundament von etwa drei bis fünf Metern Durchmesser und schichteten dann spiralförmig Schneeplatten auf, bis die Kuppel fertig war. In der unteren linken Ecke ist der tunnelartige Eingang zu sehen, der nachträglich angelegt wurde (The Newberry Library).

tenteils baumlos; im Sommer wuchsen jedoch Flechten (Rentierflechte) und blühende Pflanzen in üppiger Fülle. Sie boten Nahrung für die Karibuherden, die den Jahreszeiten folgend zwischen Taiga und Tundra hin und her pendelten, aber auch für die Moschusochsen, die eher in ihrem angestammten Revier blieben. Ansonsten gab es in der Tundra Grizzlybären, Wölfe, Vielfraße, Polarhasen, Polarfüchse, Wiesel, Erdhörnchen, Lemminge und verschiedene Arten von Mäusen. Die arktische Umgebung bot den kleinen Landsäugetieren weit weniger Schutz als die der Subarktis. Raben, Schneehühner und Schneeulen waren die einzigen Vögel, die den ganzen Winter über in der Arktis blieben, im kurzen arktischen Sommer kamen jedoch fünfzig und mehr verschiedene Arten von Land- und Küstenvögeln aus dem Süden zurück, um hier zu nisten und zu brüten.

Ohne das schützende Dach des Waldes war der Schnee, der in der baumlosen Tundra fiel, vielen äußeren Umbildungen ausgesetzt. Der Wind verschob ihn und preßte ihn zu einer Vielfalt von Formen zusammen. Manche Arten von Schnee hatten Eigenschaften, die mit denen geologischer Ablagerungen vergleichbar waren. Die Temperaturschwankungen waren in der

Die Jäger des Nordens

Arktis zwar nicht so extrem wie in der Subarktis, dafür aber machte das Fehlen des schützenden Waldes den Wind zu einem allgewaltigen Faktor. In der Mythologie der zentralarktischen Völker kamen die Winde, *annorait* genannt, aus zwei Löchern im Himmel. Der kanadische Anthropologe Diamond Jenness schrieb, daß den Überlieferungen der Kupfer-Eskimo zufolge bei Sturm »die Schamanen sie [die *annorait*] manchmal nehmen, mit einer Schnur aus dem Halsfell des Karibu zusammenbinden und in ihre Löcher zurückstopfen. Dann dürfen die Eskimo sich an schönem Wetter erfreuen, bis die bösen Geister der Toten, welche die Vernichtung der noch lebenden Menschen wünschen, sie losbinden und aufs neue loslassen.«

Obwohl die Winde des arktischen Winters Bedingungen schaffen konnten, unter denen jedwede Fortbewegung unmöglich war, schufen sie dennoch auch Arten von zusammengepreßtem Schnee, den man zu Blöcken schneiden und zum Bau von Schneehäusern verwenden konnte. Diese eleganten und ökonomischen Behausungen waren ein idealer Schutz vor dem Wind und der bitteren Kälte. Die arktische Bevölkerung des Jahres 1492 verfügte über ein umfangreiches Vokabular für die verschiedenen Arten von Schnee und Eis und über komplizierte Gerätschaften und Techniken zur Bearbeitung von Schnee. So gehörte dazu die Schneesonde, ein aus mehreren Teilen zusammengesetztes Gerät, das der Anthropologe Asen Balikci folgendermaßen beschrieb: »Ein etwa ein bis anderthalb Meter langer, dünner Stab aus Geweih, mit einer ovalen Zwinge unten und einem kleinem Griff oben.« Mit Hilfe dieses Geräts konnte man den weichen Oberflächenschnee durchstoßen und darunter nach Schichten suchen, die zu Blöcken verarbeitet werden konnten. Ergänzend dazu gab es die Schneeschaufel, die dazu benutzt wurde, sich zu der kompakten Schneeschicht durchzugraben, die mit der Sonde lokalisiert worden war. Sobald der potentielle Hausbauer das geeignete Baumaterial gefunden hatte, benutzte er sein *pana*, ein Messer aus Karibugeweih, um die Schneeblöcke herauszuschneiden und in die richtige Form zu bringen.

In der subarktischen, südlich der Tundra gelegenen Taiga gab es riesige boreale Wälder aus Fichten, Lärchen, Balsamtannen, Kiefern, Espen und Pappeln. An der nördlichen Grenze des Waldes war Dauerfrost nichts Ungewöhnliches. Damals wie heute beherrschte der Dauerfrost etwa 50 Prozent der Landfläche des heutigen Kanada und 20 Prozent des gesamten nordamerikanischen Kontinents.

Die winterlichen Schneebedingungen der Taiga unterschieden sich drastisch von denen der offenen arktischen Tundra. Unter dem Schutz des Waldes konnten äußere Faktoren wie Wind oder Sonneneinstrahlung den Schnee nicht so stark beeinflussen und verändern, und der Wald selbst bildete den ganzen langen Winter hindurch eine Art schützendes Dach für eine Vielzahl von Pflanzen und Tieren. Die vielen Tiere, die in diesem Schutz lebten, hinterließen Spuren im Schnee. Die menschlichen Bewohner der Region lasen diese Spuren, als seien sie die Lebensgeschichten der Tiere, und interpretierten sie, auch als Episoden in der Geschichte ihres eigenen Lebens.

In diesem nördlichen Wald waren die Temperaturschwankungen größer als in der Hocharktis. Die tiefsten Wintertemperaturen, die je in bewohnten Gebieten der Erde gemessen wurden, stammen aus den subarktischen Regionen Nordamerikas, während es im Sommer durchaus auch einmal über 25 Grad warm werden konnte. Dennoch hatte die Subarktis höchstens 100 bis 120 frostfreie Tage im Jahr, was sie völlig ungeeignet machte für den Anbau von Nutzpflanzen und die Anwendung landwirtschaftlicher Techniken, über welche die einheimischen Völker weiter im Süden des Kontinents im Jahre 1492 seit langem verfügten.

An pflanzlicher Nahrung standen den Bewohnern des subarktischen Waldes Beeren zur Verfügung, wohlschmeckende Pflanzen wie der Bärenklau und die nahrhafte, innere Frühlingsrinde von Bäumen wie der Pappel. Im Prinzip aber waren sie Jäger und Fischer, die sich hauptsächlich von Bibern, Elchen, Karibus, Hirschen, Weißfischen, Hechten, Wasservögeln, Schneehühnern und Pelztieren ernährten. Die Jäger kannten die lokalen Bestände der Tiere, die sie für ihre Ernährung brauchten, und sie behandelten die Tiere und alle anderen Ressourcen mit großer Sorgfalt und Behutsamkeit. Sie verstanden und respektierten die Belastbarkeit ihres Landes und wußten, wie sie mit seinen Ressourcen umgehen mußten – indem sie zum Beispiel Feuer legten, um das Wachstum von subklimatischen Pflanzen, wie den Weiden, zu fördern, von denen sich die Elche und andere Wildtiere nährten.

Die Jäger des nördlichen Teils des nordamerikanischen Kontinents des Jahres 1492 lebten also in unterschiedlichen, von unterschiedlichen Bedingungen geprägten Umwelten, und sie sicherten ihren Lebensunterhalt in jeder dieser Umwelten durch ihre genaue Kenntnis der Pflanzen, Tiere, Vögel und Fische, mit denen sie sich das Land teilten. Die Unupiaq sprechenden Völker Nordalaskas und der Beringstraße betrieben mit ihren Umiaks die Jagd auf Walrosse und Wale. In der Zentralarktis zogen die Inuktitut sprechenden Bewohner weit auf das zugefrorene Meer hinaus, um Seehunde zu jagen, indem sie geduldig an den Atemlöchern warteten, welche die Tiere den ganzen Winter über offenhielten. Die Algonkin sprechenden Völker der östlichen Subarktis zogen, den Jahreszeiten folgend, von ihren sommerlichen Fischfanglagern zu den Plätzen, an denen sie im Herbst Beeren sam-

Die Jäger des Nordens

Als Captain James Cook im 18. Jahrhundert seine letzte Entdeckungsreise antrat, wurde er von John Webber begleitet, einem vorzüglichen Zeichner und Graveur. Webbers Zeichnung vom Inneren eines halb-unterirdischen aleutischen Hauses auf der Insel Unalaska bietet uns einen Einblick in das häusliche Leben. Jede Familie bekam entsprechend ihrem gesellschaftlichen Rang einen bestimmten Bereich zugewiesen (der durch eine korbähnliche Steinlampe gekennzeichnet ist). Die Familien tragen Kleidungsstücke aus den Häuten vieler Tiere: Seehunde, Fische und Vögel (The Newberry Library).

melten, und von da weiter in Gegenden, in denen sie im Winter den Elch und das Karibu jagten. In der westlichen Subarktis betrieben die Angehörigen der athapaskischen Sprachfamilie einerseits den Fischfang und andererseits die Jagd auf Karibus, Elche und Bergtiere wie Schafe, Ziegen und Murmeltiere. Sie benutzten eine Vielzahl von Techniken, von denen manche relativ komplex und einträglich waren, so z.B. der Fischfang mit Hilfe von Wehren, die quer über die Flüsse errichtet wurden, oder das Eintreiben von Karibus zwischen aufgestellte Zäune.

Im ganzen riesigen nördlichen Teil des Kontinents zogen Gruppen von Menschen in ihren eigenen Revieren, den Jahreszeiten folgend, von einer Nahrungsquelle zur nächsten. Alle wußten, wie wichtig es war, ihre Aktivitäten nach der Verfügbarkeit der lokalen Ressourcen auszurichten. Wenn Saiblinge oder Karibus ihre jährlichen Wanderungen antraten und plötzlich in großer Zahl zur Verfügung standen, schlossen die Menschen sich zu gemeinschaftlichen Arbeitsgruppen zusammen, um sie besser einbringen zu können. Wenn Tiere wie der Elch die einzige Nahrungsquelle darstellten, teilten sie sich in kleinere Gruppen auf, die beweglicher waren und schneller von einem Jagdrevier ins nächste überwechseln konnten. Die jagenden Völker kannten die Jahreszeiten sehr genau, und sie planten und realisierten ihre Handlungen und Aktivitäten auf der Grundlage der Kenntnisse, die vergangene Generationen ihnen hinterlassen hatten.

Auf Nicht-Einheimische machen die nördlichen Regionen von Tundra und Taiga oft einen leeren, fremden und unfruchtbaren Eindruck. Sie können sich dort nur dank der Vorräte ernähren, die aus anderen Gebieten herbeigeschafft werden, und sie sichern ihr sonstiges Überleben nur mit Hilfe von Erzeugnissen, die sie vor dieser Umwelt schützen. Sie leben hier nicht wirklich, obwohl sie glauben, daß der Norden ihnen gehört. Die nördlichen Völker des Jahres 1492 dachten anders. Für sie war das Land kein Ding, das man verkaufen oder über das man sonstwie verfügen konnte. Sie wußten, daß sie zu diesem Land gehörten, daß sie für es verantwortlich waren und daß sie sich ihm gegenüber verantworten mußten. Die Männer und Frauen der Arktis und der Subarktis kannten, benannten und erträumten die ineinander verwobenen Wesensmarkmale des riesigen und komplexen Netzes nördlicher Wälder, Seen, Flüsse, Tundren und Küsten. Manche von ihnen kannten das Eis des Meeres und fühlten sich den warmblütigen Lebewesen verbunden, die in den kalten, dunklen Gewässern darunter lebten. Andere gehörten zu den Tieren des Waldes. Alle aber kannten sie die Stellen, an denen die Pfade der Tiere sich mit denen der Menschen kreuzten.

In ihrem Universum, bestehend aus sichtbaren Landschaften und natürlichen Kräften, sahen die nördlichen Völker auch Zeichen von Ereignissen, die in einer mythischen, bedeutungsschweren Zeit stattgefunden hatten. Für sie waren die Felsen und die Berge, die Flüsse und die Seen, die Sonne, der Mond und die Sterne – genau wie die Pflanzen und die Tiere – fühlende Wesen, mit denen sie ständig die Entfaltung lebensspendender und -erhaltender Beziehungen aushandelten. Sie lebten in Regionen, die erfüllt waren vom Wissen um die gegenseitige Abhängigkeit von Menschen, Tieren und natürlichen Phänomenen. Sie studierten das Land und die Tiere, sie studierten sich gegenseitig, und sie gaben die Ergebnisse ihrer Studien in der Form von Mythen und mündlichen Überlieferungen weiter, die Ausdruck waren für das Verständnis eines Volkes für das Leben des Menschen und für das Land, das sie bewohnten.

Für die Inuit des westlichen Teils der zentralarktischen Inseln war das Gelände, auf dem sie sich bewegen konnten, »eine ebene, ununterbrochene Fläche von Land und See – die Erde –, den größten Teil des Jahres von Schnee und Eis bedeckt; ohne festgelegte Grenzen, aber weiter reichend als

Die Jäger des Nordens

irgendein Mensch weiß«. Über dieser Fläche, die den Körpern der Menschen zugänglich war, befand sich eine weitere, ununterbrochene Fläche, der Himmel, der an jeder Ecke von einer hölzernen Säule getragen wurde. Über diesem Himmelsreich und jenseits davon befand sich, laut Diamond Jenness, ein anderes Land, »reich an Karibus und anderen Tieren, wie unsere eigene Erde«. Mit diesen Tieren wanderten Wesen umher, die teils Mensch und teils Geist waren, die Sonne, der Mond und die Sterne. Der Mond war ein Mann. Die Sonne war eine Frau, die jeden Tag über den Himmel und dann unter der Erde hindurch wanderte. Jeden Winter folgte sie einer großen Macht, Sila genannt, hinab in die Dunkelheit des Meeres. Manchmal hörten die Menschen ein Zischen, wenn ihr Körper vom Himmel ins Meer glitt.

Für die arktischen Völker des Jahres 1492 war Sila der Naturgeist, der die Welt, das Wetter und alles Leben auf der Erde nährte. In der langen Nacht des Winters, in der die Sonne in Silas Welt des Meeres wohnte, hatten die Arktisbewohner reichlich Gelegenheit, die Bewegungen dieser himmlischen Wesen zu studieren, die hoch über der offenen, baumlosen Schneelandschaft ihren Weg zogen. Die Berge auf dem Mond, so sagten sie, waren die Hunde von Menschen, die durch die Kraft eines Angakoq in das Himmelsreich hinaufgehoben worden waren. Der Angakoq war der Schamane der Inuit, ein Mensch, der die Geheimnisse der Reisen des Geistes kannte. Ebenso waren die Sterne Menschen oder Tiere, die genau wie die Schamanen von der Erde in die Welt des Himmels eingegangen waren. Aber anders als die Schamanen konnten sie nicht in menschlicher Gestalt auf die Erde zurückkehren. Herabstürzende Sternschnuppen waren die Ausscheidungen größerer Sterne. Die drei hellen Sterne im Gürtel des Orions waren drei Seehundjäger, die nach der Verfolgung eines Eisbären, der sich in die Himmelswelt geflüchtet hatte, nicht wieder auf die Erde zurückkehren konnten. Die wogende Pracht des Nordlichts, der arktischen Aurora, war ein Zeichen der himmlischen Geister, das gutes Wetter verhieß.

Für die Jäger des Nordens waren die Vögel und die Tiere Wesen mit besonderen Talenten und Kräften. Der Angakoq konnte mit ihnen sprechen und manchmal sogar sehen, wie sie sich von tierischer in menschliche Gestalt verwandelten. Jenness verzeichnete eine Geschichte der Kupfer-Eskimo über eine derartige Begegnung, in der es um die Erfahrung zweier Brüder, Annarvik und Angivranna, geht. Die beiden sichteten auf der anderen Seite eines Flusses einen Braunbären und wollten den Fluß überqueren, aber kaum daß sie die Hälfte des Weges hinter sich gebracht hatten, wurden die Ohren des Tieres plötzlich größer und bedeckten schließlich seinen ganzen Körper. Annarvik kehrte um und floh ans Ufer zurück. Als er zurückblickte, war neben dem Bären ein Mann aus dem Erdboden aufgetaucht, der soeben ins Wasser stieg. Er verschwand unter der Wasseroberfläche, und kurz darauf verschwand auch der entsetzte Angivranna, von seinem Gegner in die Tiefe gezogen. Kaum daß er untergegangen war, versank der braune Bär im Erdboden, aber an derselben Stelle erschien ein geheimnisvoller Mann. Annarvik floh ins Lager zurück und erzählte den anderen, was Angivranna zugestoßen war. Der Braunbär hatte ihn getötet, sagten sie, weil er ein zu guter Jäger war.

Auch die Bewohner der Subarktis betrachteten die Tiere und die natürlichen Kräfte ihrer Umgebung als Personen. Die subarktischen Jäger rechneten damit, ihrer Beute vor dem eigentlichen körperlichen Kontakt der Jagd in ihren Träumen zu begegnen. Träume waren eine Möglichkeit, die Informationen des Jägers über das komplexe Muster potentieller Beziehungen zwischen Mensch und Tier zu verbildlichen und zu ordnen. Die Bewohner der Subarktis personifizierten die Geister von Tieren oft als Wildhüter oder Wildheger, mit denen die Jäger eine Beziehung aushandeln mußten, wenn sie auf der Jagd Erfolg haben wollten. Die Alten lehrten die Jungen, wie man solche Kontakte herstellte, indem sie sie allein in den Busch schickten, um Visionen zu suchen. Dort würden sie lernen, die Sprache eines tierischen Freundes zu verstehen. Sie würden das gewöhnliche menschliche Leben verlassen und in eine mythische Zeit eintreten, wo sie die Macht dieser Tierwesen erfahren würden.

Die Völker der Subarktis wußten auch, daß die Jagd im Prinzip eine geistige und spirituelle Tätigkeit war. Sie wußten, daß eine Jagd nur dann Erfolg haben konnte, wenn der Jäger nicht nur seine Umwelt, sondern auch den Geist der Tiere kannte und verstand. Von daher galt Erfolg bei der Jagd als Beweis für das Wissen und für die geistige Kraft eines Jägers. Die Menschen glaubten, daß umgekehrt die Tiere den Geist des Jägers verstanden und sich nur großzügigen Menschen gaben, zu denen sie eine geistige Verbindung hergestellt hatten. Wissen, geistige Kraft und individuelle Intelligenz waren zentrale Bestandteile der adaptiven Fähigkeiten der Jäger des Nordens, und sie erwarteten von jedem einzelnen, daß er in der Lage war, die komplexen und intelligenten Tiere der nördlichen Welt zu verstehen. Die Bewohner der Subarktis waren individualistisch, aber nicht egoistisch. Sie teilten das erbeutete Fleisch in dem Verständnis miteinander, daß die Tiere sich Jägern gegenüber, die ihr Fleisch großzügig teilten, ebenfalls als großzügig erweisen würden. Die Tiere suchten solche Jäger in ihren Träumen auf.

Die jagenden Völker der Subarktis waren individualistisch und oft egalitär, fühlten sich aber auch verantwortlich füreinander und für die fühlen-

Die Jäger des Nordens

den Wesen ihrer Umgebung. Ihre Metaphern bezogen sich auf Beziehungen, die von persönlicher Überzeugungskraft und Verhandlung geprägt waren und nicht von Autorität und Hierarchie. Es war üblich, soziale Beziehungen zu menschlichen und übermenschlichen Wesen mittels eines Vokabulars von »übermenschlicher Kraft« auszuhandeln. Männer wie auch Frauen konnten persönliche, machtspendende Beziehungen zur Welt der fühlenden Wesen aufbauen. Dies geschah oft durch eine Begegnung mit einem Tierfreund, einem helfenden Geist oder einem Herrn der Tiere anläßlich einer Visionssuche in der Kindheit. Ein Mensch, der bei einer Visionssuche übernatürliche Kräfte erworben hatte, zeigte dies, indem er Kompetenz und soziale Kraft an den Tag legte. Ein Mensch mit Kraft fühlte sich der sozialen Welt der Menschen und der Welt der übermenschlichen Wesen eng verbunden. Man sagte von ihm oder ihr, er oder sie »wisse etwas«. Für die subarktischen Völker waren Schamanen Menschen mit besonderen Kräften, die sie dazu befähigten, im Namen anderer Kontakt mit der Geisterwelt aufzunehmen, und die ihre Kräfte dazu nutzten, Krankheiten zu heilen und die Ursachen von Unglücksfällen und Mißgeschick herauszufinden.

Kinder, die von ihren Visionssuchen zurückkehrten, mußten ihr neu erworbenes Wissen und ihre neu erworbenen Kräfte für sich behalten. Wenn sie erwachsen waren, würden sie irgendwann die Gelegenheit finden, ihre Kräfte zu demonstrieren und die Geschichte ihrer Visionssuche ganz allmählich zu enthüllen. Man konnte andeuten, daß man »etwas wußte«, indem man beispielsweise ein Medizinbündel hinter seiner Schlafstelle aufhängte, persönliche Tabus in bezug auf Essen oder Verhalten befolgte, Gesänge sang, die Krankheiten heilen konnten, und beim Geschichtenerzählen vorsichtige Andeutungen auf die bei der Visionssuche erworbenen Kräfte fallenließ. Diese Geschichten wiederum ließen Ereignisse aus Geschichten über die mythische Zeit aufleben. Die Völker der Subarktis teilten ihre Geschichten auf dieselbe Weise miteinander, wie sie Fleisch teilten. Jeder einzelne Mensch bereicherte die Lebensgeschichten der anderen und wurde von ihnen bereichert. Das Leben jedes einzelnen war eine Geschichte, die allen anderen in seiner oder ihrer sozialen Welt bekannt war. Wie eine Frau aus dem Stamm der am Yukon ansässigen Tagish, die der athapaskischen Sprachfamilie angehören, der kanadischen Anthropologin Julie Cruikshank erzählte, wurde das Leben eines Menschen »wie eine Geschichte gelebt«. Die Lebensgeschichte jedes einzelnen Menschen leistete einen Beitrag zur immerwährenden Geschichte des Lebens in einer eng verbundenen, auf Verwandtschaft basierenden Gemeinschaft.

Im Jahre 1492 lebten die meisten Bewohner der Subarktis in kleinen, nomadischen Gruppen, welche die beste Voraussetzung dafür waren, die saisonalen und regionalen Schwankungen in der Verfügbarkeit von Ressourcen zu nutzen. Die Mitglieder miteinander verwandter Gruppen besaßen viele gemeinsame Informationen über die sozialen und natürlichen Bedingungen ihrer Umwelt. Sie gaben diese Informationen durch mündliche Überlieferungen weiter. Die Zusammensetzung der Gruppen war flexibel. Menschen, die miteinander verwandte Dialekte sprachen, hatten im gegenseitigen Einvernehmen gleichen Zugang zu bestimmten, größeren Gebieten. Man heiratete untereinander. Obwohl es bei den Bewohnern der Subarktis keine richtiggehenden Stämme als formale, politische Einheit gab, wußten die Mitglieder einer bestimmten Gruppe im allgemeinen, wie sie mit den Mitgliedern anderer Gruppen verwandt waren. Sie betrachteten sich selbst als Menschen eines bestimmten Gebietes.

Die meisten der mehreren Dutzend athapaskisch sprechenden Sprachgruppen benutzten eine Variation des Begriffs Dene, »das Volk«, wenn sie ihre Identität als Gruppe bezeichnen wollten. Die Eskimovölker der Arktis identifizierten bestimmte Gebiete mit dem Namen einer Gruppe von Menschen, die das Recht hatten, dieses Gebiet zu nutzen. Diese Gruppen trugen einen Ortsnamen, gefolgt von dem Suffix »miut«, was »Menschen dieses Ortes« bedeutet. Die Menschen hatten Zugang zu vielen Orten, waren aber nicht auf bestimmte Gebiete beschränkt. Sie bewegten sich zyklisch mit den Jahreszeiten und ungehindert von einem Gebiet ins nächste, je nach der Verfügbarkeit der Ressourcen. Es war durchaus nicht ungewöhnlich, daß Menschen im Laufe ihres Lebens in Gebieten lebten, die Hunderte von Kilometern voneinander entfernt lagen.

Die meisten Mitglieder einer nördlichen Jägergruppe konnten ihre Verwandtschaft auf einen gemeinsamen Verwandten innerhalb der Gruppe zurückführen. Normalerweise bildeten Geschwister und ihre Ehepartner den Kern einer Gruppe. Die Zusammensetzung des Kerns der Gruppe veränderte sich im Laufe der Zeit durch Tod, Heirat oder Geburten. Oft schlossen sich Menschen sich im Laufe ihres Lebens verschiedenen Gruppen an. Jeder hatte Zugang zu jeder Gruppe, in der er oder sie Geschwister, Ehepartner, Eltern oder Kinder hatten. Im allgemeinen benutzten die Jäger des Nordens ein Verwandtschaftssystem, durch das viele Menschen als Verwandte klassifiziert wurden. Auf diese Weise hatte man nicht nur durch richtige Geschwister Zugang zu einer Gruppe, sondern auch durch Cousins und Cousinen, die man als »wie ein eigener Bruder« oder »wie eine eigene Schwester« bezeichnete und dementsprechend behandelte.

Im Norden lebten die Menschen aber nicht nur mit ihren menschlichen Familien zusammen, sondern auch in der Gemeinschaft animalischer und spiritueller Verwandter. Von daher ist das Verständnis für die individuellen

Die Jäger des Nordens

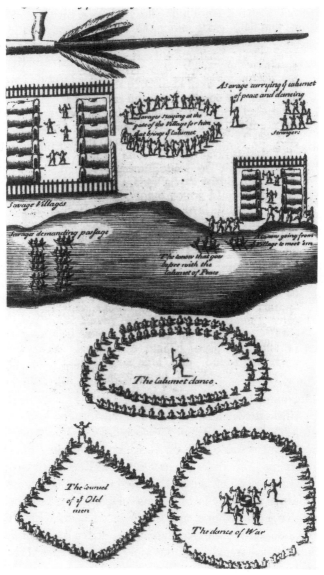

Diese Illustration aus dem Bericht Baron Lahontans über seine Reisen in Französisch-Kanada zeigt die vielen Verwendungen der Pfeife oder des Kalumets bei den am St. Lorenz ansässigen Indianern. Lahontan, der zum erstenmal im Jahre 1683 nach Kanada reiste, veröffentlichte sein Buch im Jahre 1703 in England und in Frankreich. Die Zeichnung zeigt die Pfeife als Instrument der Diplomatie bei der Begegnung zweier Gruppen auf einem Fluß oder bei gegenseitigen Besuchen, und ihre Verwendung bei Zeremonien und Feiern (The Newberry Library).

Erfahrungen mit diesen Wesen der Schlüssel zum Verständnis dafür, wie die einheimischen Völker animalische und natürliche Phänomene als Teil ihrer Gemeinschaft sahen. Da es diese Tradition noch heute gibt, können wir neuere ethnographische Berichte heranziehen, um uns ein besseres Bild von den Menschen des Jahres 1492 zu machen. Ich war im Jahre 1964 selbst dabei, als ein alter Mann namens Japasa vom der athapaskischen Sprachfamilie angehörigen Stamm der Biber-Indianer (Dunne-za), die in der Gegend des Peace River im westlichen Kanada leben, seinen Verwandten eine Woche vor seinem Tod die Geschichte seiner Visionssuche erzählte. Sein Sohn, Johnny Chipesia, übersetzte sie ins Englische. Die Geschichte beschreibt die Erfahrungen einer Visionssuche, wie sie auch bei den einheimischen Völkern der Subarktis des Jahres 1492 gang und gäbe gewesen sein muß.

Mein Vater sagt, als er ein Junge war, ungefähr
neun Jahre alt, ging er allein in den Busch.
Er verlor seine Leute. In der Nacht regnete es.
Er war naß und kalt vom Regen,
aber am Morgen war er warm und trocken.
Zwei Silberfüchse waren gekommen und hatten ihn beschützt.
Von da an nährten die Füchse ihn und kümmerten sich um ihn.
Er blieb bei ihnen, und sie beschützten ihn.
Die Füchse hatten drei Junge.
Der männliche und der weibliche Fuchs brachten Nahrung für die Jungen.
Sie brachten auch Nahrung für meinen Vater.
Sie kümmerten sich um ihn, als seien sie alle gleich.
Die Füchse trugen Kleider wie die Menschen.
Mein Vater sagt, er konnte ihre Sprache verstehen.
Er sagt, sie hätten ihn ein Lied gelehrt.

Während er die Geschichte erzählte, fing der alte Mann an zu singen. Das Lied schien Teil seiner Geschichte zu sein. Es muß das Lied gewesen sein, das die Füchse ihm gaben, eines der Lieder seiner Visionssuche. Er sang das Lied, weil er wußte, daß er seinen Träumen bald auf den Yagatunne folgen würde, den Pfad zum Himmel. Jedes Lied hatte die Macht, Leben zu erneuern oder zu nehmen. Als er sich auf den Tod vorbereitete, tat der alte Mann zwei Dinge. Er offenbarte die Macht, welche die Füchse ihm in einer Zeit jenseits der Zeit, allein im Busch, gegeben hatten, und ließ sie gleichzeitig los.

Mein Vater sagt, er sei zwanzig Tage im Busch geblieben.
Seit dieser Zeit waren die Füchse seine Freunde.

Die Jäger des Nordens

Wann immer er wollte, konnte er eine Falle aufstellen, und einen Fuchs fangen.
Als er damals bei den Füchsen lebte, sah er auch Kaninchen.
Die Kaninchen trugen Kleider wie die Menschen.
Sie trugen Dinge auf dem Rücken.
In der ersten Nacht draußen im Busch
war er naß und kalt vom Regen.
Am Morgen wachte er warm und trocken auf.
Auch der Wind kam zu ihm.
Der Wind kam zu ihm in Gestalt einer Person.
Diese Person sagte:
»Siehst du, du bist jetzt trocken. Ich bin dein Freund.«
Der Wind war seit dieser Zeit sein Freund.
Er kann den Wind rufen. Er kann den Regen rufen.
Er kann sie auch fortschicken.
Einmal, als ich zwölf war,
war ich bei meinem Vater und ein paar anderen Leuten,
und wir wurden von einem Waldbrand eingeschlossen.
Mein Vater sagte allen, sie sollten nach Wolken Ausschau halten,
obwohl es lange nicht mehr geregnet hatte.
Sie fanden eine kleine schwarze Wolke, und mein Vater rief sie an, uns zu helfen.
Zehn Minunten später kamen Donner und Blitz,
und ein heftiger Regen, der das Feuer löschte.
Wir waren wirklich sehr naß, aber wir waren froh, dem Feuer entkommen zu sein.
Vor ein paar Tagen sang mein Vater, der Regen solle kommen.
Er sang, er solle kommen und ihn gesund machen.
Der Regen kam auf der Stelle.
Heute morgen rief er den Wind und den Regen.
Sie kamen auf der Stelle zu ihm.
Dann schickte er sie wieder fort.
Er sagte, er sei zu alt und brauche sie nicht mehr.
Er sagte, es sei Zeit zu sterben.
Er sagte dem Wind und dem Regen, sie könnten ihn jetzt verlassen.
Als er zwanzig Tage im Busch gewesen war,
hatte er seine Leute fast vergessen.
Dann erinnerte er sich an sie.
Die alten Leute mußten von ihm geträumt haben.
Er hörte ein Lied.
Er ging auf das Lied zu.
Jedesmal, wenn er an die Stelle kam, an der das Lied gewesen war,
zog es weiter.
Jedesmal, wenn er ihm folgte, zog er ein Stück weiter.
Schließlich, und indem er diesem Lied folgte,
fand er den Weg zurück zu seinen Leuten.

Die Geschichte dieser Visionssuche zeigt, welche Bedeutung die Völker der Subarktis der Macht des Wissens beimaßen, das durch persönliche, mystische Erfahrungen erworben wurde. »Etwas zu wissen« gab einem Menschen die Macht, Kontakt zu den Tieren herzustellen. Viele subarktische Völker schickten sowohl Jungen wie Mädchen auf Visionssuche. Man lehrte sie, sich allein im Busch zu behaupten.

Die folgende Geschichte, die ebenfalls von den Biber-Indianern stammt, verdeutlicht, welche Art von Selbständigkeit von den Kindern der Subarktis erwartet wurde. Sie zeigt, daß nicht nur Männer, sondern auch Frauen Kontakt zu den Tieren herstellen und dafür sorgen konnten, daß ihre Leute zu essen hatten. Ich hörte die Geschichte von einer alten Frau namens Nacheen. Sie handelt von einem Erlebnis, das sie als junges Mädchen hatte, als es den Jägern ihrer Gruppe nicht gelingen wollte, Kontakt mit den Tieren herzustellen. Statt tatenlos im Lager herumzusitzen, ging das Mädchen mit der Schwester seines Vaters los, um selbst Nahrung zu suchen.

»Einmal lebte ich mit meinen zwei Großvätern, der Schwester meines Vaters (aspe) und ein paar anderen Leuten. Wir waren am Verhungern. Wir zogen von Ort zu Ort. Wir zogen noch einmal an einen anderen Ort, und die beiden Männer gingen nicht einmal hinaus, um den Elch zu jagen. Also beschlossen meine aspe und ich, Stachelschweine zu suchen. Wir machten uns auf den Weg, und aspe ging am Fluß entlang. Ich ging oben über die Hügel. Es war im späten Winter, und der Schnee war tief. Ich sah den Hang hinunter, konnte aber keine Stachelschweine sehen. Die Tage wurden schon länger, aber es wurde trotzdem schon dunkel, also ging ich auf dem kürzesten Weg den Hang hinunter. Unten floß ein Bach, und ich dachte, wenn ich an ihm entlang zum Lager zurückgehen würde, würde ich vielleicht etwas finden. Der Schnee dort unten war tief, und es gab viel Unterholz. Ich trug Schneeschuhe, aber der Schnee war auch für sie zu tief, und ich kam nur langsam voran. Plötzlich sah ich unter einer mittelgroßen Fichte ein paar zerbrochene Zweige. Sie sahen aus, als hätte irgend etwas sie abgebrochen. Ich ging hinüber. Es waren keine Spuren zu sehen. Ich stand genau auf einer Bärenhöhle, aber das wußte ich nicht.

Ich zog meine Schneeschuhe aus und fing an, mich umzusehen. Da war eine kleine Mulde, über der der Schnee eingesunken war. Ich nahm einen Stock und stocherte darin herum. Der Stock versank. Ich spähte in das Loch hinein. Anscheinend war etwas drin, aber ich konnte es nicht richtig sehen. Es war dunkel. Ich stocherte noch einmal mit einem langen Stock. Es fühlte sich an, als wäre etwas in dem Loch drin, aber es bewegte sich nicht. Es gab keinen Ton von sich. Ich überlegte, was es wohl sein könnte. Ich warf viele Stöcke und Steine hinein, aber nichts bewegte sich. Dann sah ich in der Nähe des Eingangs einen Stock, der zerbissen war, und ich steckte ihn in mein Bündel und machte mich auf den Heimweg. Es war spät. Ich war müde.

Die Jäger des Nordens

Es war nach Mitternacht, als ich zurückkam. Mein Großvater war zornig. ›Ich dachte, du hättest ein Stachelschwein oder sonst etwas mitgebracht. Ich dachte, du hättest Fleisch in deinem Bündel, und deshalb wärst du so spät dran, aber du hast nichts gebracht.‹ Ich zeigte meinem Großvater den zerbissenen Stock. ›Ich habe eine Bärenhöhle gefunden, aber ich glaube nicht, daß er noch drin ist.‹ Mein Großvater sagte den anderen: ›He, meine Enkelin hat eine Bärenhöhle gefunden.‹

Noch in derselben Nacht brachen wir auf, um die Höhle im Licht des Mondes zu suchen. Ich trank Tee und ging dann mit ihnen. Wir nahmen einen Hund mit. Als wir ein Stück gegangen waren, konnte er den Bären riechen und fing an zu bellen. Er wollte sich auf ihn stürzen, aber wir hielten ihn fest. Als wir an das Loch kamen, nahmen wir den Bären und töteten ihn. Es war ein großer schwarzer Bär, von der Sorte, die fast wie ein Grizzly ist, und er war sehr fett. Die anderen fingen an, ihn zu häuten, während ich ein Feuer machte. Wir waren so hungrig, daß wir die Leber und die Eingeweide des Bären aßen. Noch in derselben Nacht schleppten wir das Bärenfleisch zurück und aßen es. Am nächsten Tag fühlten wir uns besser und zogen weiter in ein neues Lager. Dann kam ein Chinook-Wind, und es wurde schön und warm. Dann bekamen wir zwei Elche, und da war alles wieder gut.«

Obwohl die Jäger der Arktis und der Subarktis gleichermaßen das Gefühl einer Verbundenheit mit den natürlichen Kräften und den tierischen Wesen ihrer Region hatten, führten die unterschiedlichen Umweltbedingungen, Ressourcen und Ökologien der beiden Gebiete zu unterschiedlichen Formen der Anpassung. Die äußeren Bedingungen von Tundra und Taiga erforderten unterschiedliche Werkzeuge, unterschiedliche Techniken und unterschiedliche Strategien, wenn die Menschen die lokalen Ressourcen bestmöglich nutzen wollten. Das Leben in der Arktis wäre ohne Kleidung mit hohem Thermaleffekt und ohne Lichtquelle unmöglich gewesen, während es in der Subarktis dann unmöglich gewesen wäre, hätte es keine Schneeschuhe gegeben, die auch bei tiefem Schnee ein Fortkommen ermöglichten. Gleichermaßen benutzten die Völker von Tundra und Taiga grundsätzlich unterschiedliche Methoden, sich zu wärmen. In der baumlosen Tundra waren die Menschen fast ausschließlich auf ihre intern erzeugte Körperwärme angewiesen, während die Bewohner der Taigawälder auf die externe Wärme von Feuern zurückgreifen konnten.

Ein wesentliches Merkmal der eskimoischen Anpassung – und dabei griffen die Menschen auf Kenntnisse und Fertigkeiten zurück, die ihre Vorfahren entwickelt hatten, als sie vor Tausenden von Jahren die arktischen Küsten Kanadas und Grönlands besiedelten – war die Verwendung einer hochgradig wärmewirksamen Kleidung. Die Bewohner der Arktis trugen zwei

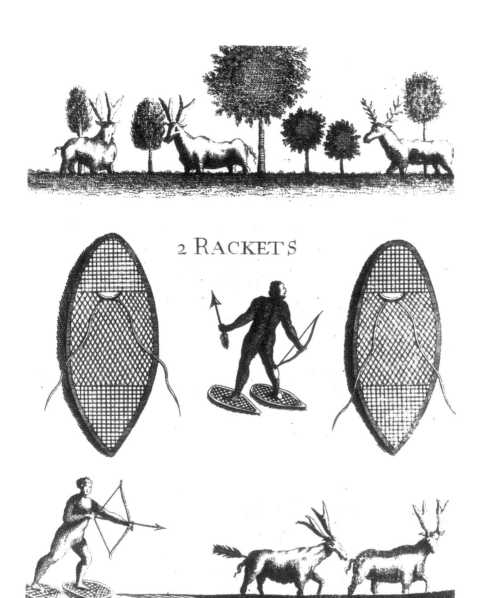

Hier legt Baron Lahontan seinen europäischen Lesern die ersten zutreffenden Zeichnungen von Schneeschuhen vor. Diese einheimischen Erfindungen waren über einen halben Meter lang und mit Schnüren aus Kaninchen- oder Elchhaut bespannt. Sie waren unerläßlich für die Elchjagd im tiefen Schnee der kanadischen Winter. »Die Anstrengung dieser Jagd«, schrieb der junge Soldat, »kam dem Vergnügen daran gleich« (The Newberry Library).

Die Jäger des Nordens

Schichten von Überkleidern (Parkas) aus Karibufellen und dazu ebensolche Hosen und Stiefel. Bei der äußeren Schicht zeigte die Fellseite nach außen, bei der inneren zum Körper hin. Da Karibuhaare innen hohl sind, besaßen sie eine ausgezeichnete Isolierwirkung. Zudem ergab sich durch die Kombination von zwei Überkleidern ein Luftaustausch innerhalb der Bekleidung, während gleichzeitig eine sehr hohe Wärmewirksamkeit gewährleistet wurde. Aus diesem Grund konnte ein eskimoischer Jäger selbst bei extremer Kälte stundenlang bewegungslos am Atemloch eines Seehundes stehen, denn seine Kleidung konnte selbst bei dem sehr niedrigen Stoffwechsel, der bei einer solchen Tätigkeit benötigt wurde, ein Maximum an Körperwärme speichern.

Für die Jagd auf die Seehunde an ihren Atemlöchern brauchte man nicht nur eine materielle, sondern auch eine soziale Technologie. Die winterlichen Lebensgemeinschaften der Arktis, die sich auf die Seehundjagd auf dem zugefrorenen Meer spezialisiert hatten, wurden von formalen und komplexen Regeln zusammengehalten, die auf dem Prinzip der Gegenseitigkeit beruhten und als *nigaiturasuaktut* bezeichnet wurden – ein Wort, das sich auch auf den Beutel aus Seehundfellen bezog, in dem die Partner bei der Jagd ihren Anteil am Fleisch und am Blubber transportierten. Da Seehunde sich immer mehrere Atemlöcher freihielten, waren die Aussichten, daß einer in den wenigen Stunden, die ein Inuit-Jäger reglos in der extremen Kälte stehen und warten konnte, an diesem bestimmten Loch auftauchen würde, nicht besonders groß. Die einzige Möglichkeit, die Erfolgschancen zu vergrößern, lag darin, sämtliche Atemlöcher zu besetzen. Das konnte jedoch nur dann funktionieren, wenn die Jäger eine gemeinschaftlich arbeitende und gemeinschaftlich teilende Gruppe bildeten, in der gewährleistet war, daß jeder einen fairen Anteil an jedem Seehund bekam, der bei der gemeinschaftlichen Unternehmung erlegt wurde.

Wenn die Jäger einen Seehund in ihr Dorf auf dem Eis zurückbrachten, zerlegte die Frau des Jägers, der ihn getötet hatte, das Tier in namentlich bezeichnete Teile, die jeweils einem bestimmten Partner zustanden. Wenn beim nächsten Mal ein anderer Jäger erfolgreich war, gab er das namentlich gleiche Stück Fleisch zurück. Derartige Partnerschaften wurden hauptsächlich zwischen Menschen ausgehandelt, die nicht eng miteinander verwandt waren, da das allgemeine Verständnis sowieso dahingehend lautete, daß nahe Verwandte die grundsätzliche Verpflichtung hatten, miteinander zu teilen. Auf diese Weise konnten auch Familien, die nicht miteinander verwandt waren, auf einer Grundlage der Gegenseitigkeit miteinander leben, da sie eine soziale Technologie besaßen, die auf die Erfordernisse der winterlichen Seehundjagd abgestimmt war.

Die Völker der Arktis planten ihre Häuser, genau wie ihre Kleidung aus Karibufellen, vor allem nach dem Gesichtspunkt einer höchstmöglichen Wärmewirkung. Auf dem Land benutzte man das *karmat*, eine Hütte aus Steinen, Walbarten oder Grassoden, die der besseren Isolierung wegen mit Schneeblöcken abgedeckt wurde. Für die besonderen Bedingungen des Lebens auf dem vereisten Meer hatten die Völker der zentralen Arktis die *igluviga* entwickelt, die kuppelförmigen Schneehäuser, die ganz aus sorgfältig zugeschnittenen Schneeblöcken bestanden. Diese Schneehäuser gaben ihnen die Möglichkeit, den ganzen langen Winter hindurch ausschließlich von dem zu leben, was die maritime Ökologie zu bieten hatte. Die hohe Isolierwirkung des Schnees, der sowohl bei den *karmat* als auch bei den *igluviga* benutzt wurde, sorgte dafür, daß die Menschen mit nichts anderem als ihrer Körperwärme und der kleinen Flamme einer Tranlampe ganz behaglich leben konnten. In großen Teilen der zentralen Arktis war Holz nun einmal ein seltenes und wertvolles Rohmaterial, das in erster Linie gebraucht wurde, um Schäfte für Speere und Harpunen, Rahmen für die Kajaks und Kufen für die Schlitten herzustellen. Zum Bau von Häusern oder als Brennmaterial stand es höchstens an den Mündungen der Flüsse zur Verfügung, die es als Treibholz mit sich führten.

Die ersten Bewohner der zentralen und östlichen Arktisküste werden von den Archäologen als Dorset-Eskimo bezeichnet. Diese nördlichen Jäger waren relativ schnell von Alaska nach Grönland gewandert, denn sie verfügten bereits über die grundlegenden Notwendigkeiten für das arktische Leben, wie z. B. das kuppelförmige Schneehaus, die mit Robbenöl gespeiste Tranlampe und die Kleidung aus Karibufellen. Außerdem besaßen sie den Bogen, das Kajak und den handgezogenen Schlitten. Um sich vor Schneeblindheit zu schützen, hatten die Dorset-Eskimo die Schneebrille erfunden, und sie hatten ihre Harpunen mit abnehmbaren Spitzen versehen, die eine knebelartige Querstrebe besaßen, an der eine Leine befestigt werden konnte. Ihre Werkzeuge und Gerätschaften waren in Form und Funktion elegant, effektiv und wohldurchdacht.

Abgesehen von diesem überkommenen Erbe aus Dorset-Zeiten, verwendeten die arktischen Jäger von 1492 auch Techniken, die ihre jüngeren Vorfahren entwickelt hatten, die Vertreter der Thule-Kultur, die sich um das Jahr 1000 n. Chr. über die Arktis ausbreiteten und die Dorset-Menschen verdrängten. Die Thule-Menschen waren mobiler als ihre Dorset-Vorgänger und wahrscheinlich schon auf die Jagd auf die großen Meeressäuger spezialisiert. Mit ihren Umiaks konnten sie schwere Lasten und Dutzende von Menschen zu Wasser transportieren, während sie auf dem Land und auf dem Eis hundegezogene Schlitten benutzten.

Die Jäger des Nordens

Im Jahre 1492 war das Klima an den arktischen Küsten kälter als zur Zeit der Wanderung der Thule-Menschen, und die Wale konnten die schmalen Kanäle zwischen den zentralarktischen Inseln nicht mehr ungehindert passieren. Überall an der arktischen Küste paßten die Menschen sich auf ganz besondere Weise an die lokalen Ressourcen ihrer jeweiligen Gebiete an. Das umfangreiche und vielfältige Inventar an Werkzeugen und Gerätschaften, das sie von ihren thulischen Vorvätern geerbt hatten, versetzte sie in die Lage, in unterschiedlichen Umwelten leben zu können, die von der Beringstraße mit ihrer reichen maritimen Ökologie bis zur rauhen Hocharktis Nordgrönlands reichten, wo die Polar-Eskimo (die von den Archäologen zur Inugsuk-Kultur gezählt werden) auf dem 79. Grad nördlicher Breite die nördlichsten Bewohner des ganzen Planeten waren.

In der westlichen Arktis, angefangen am Point Barrow an der Nordküste Alaskas bis zum Mündungsgebiet des Mackenzie River, betrieben die Menschen auch weiterhin den Walfang, auf den zentral-arktischen Inseln des nördlichen Kanada hatten sie sich jedoch bis ins Jahr 1492 auf die Robbenjagd auf dem vereisten Meer spezialisiert. Im unwirtlichen Inland jenseits der Nordwestküste der Hudson Bay gab es überhaupt keine menschlichen Bewohner. An der Westküste Grönlands hatten die Inugsuk-Eskimo der damaligen Zeit wahrscheinlich noch Kontakt mit den Nachfahren europäischer Siedlungen, die etwa 1000 n. Chr. von nordischen Kolonisten gegründet worden waren, den Kontakt mit Europa jedoch wahrscheinlich um 1350 herum verloren hatten. Obwohl die Inugsuk Handelsbeziehungen zu den Nordmännern hatten, waren ihre Kultur und ihre Anpassung im wesentlichen eine Spielart des thulischen Musters geblieben. Sie hatten ihren Lebensunterhalt unter Verwendung der traditionellen, einheimischen Technologien auch weiterhin durch die Jagd gesichert, während die Landwirtschaft und Viehzucht treibenden Europäer ausgestorben waren. Im Jahre 1492 war der nordische Einfluß im Leben der Inugsuk-Eskimo zu einem bedeutungslosen Faktor verblaßt.

Die saisonale Runde der wirtschaftlichen Aktivitäten der Arktis bestand aus einer Reihe funktional miteinander verknüpfter Aktivitäten, und die Technologie der hier ansässigen Völker beruhte hauptsächlich auf dem Prinzip, Werkzeuge aus mehreren verschiedenen Teilen herzustellen, die ebenfalls funktional aufeinander abgestimmt waren. Die Technologie der Eskimo-Völker des Jahres 1492 zeichnete sich durch die Vielfalt der Geräte aus, die zur Herstellung anderer Geräte und Artefakte benutzt wurden. Sie hatten Gerätschaften für die Bearbeitung von Schnee, Gerätschaften für die Bearbeitung von Fellen und Häuten und Gerätschaften für die Bearbeitung von Knochen und Steinen. Sie stellten Gerätschaften und Werkzeuge her, die aus mehreren zusammengesetzten Einzelteilen aus einer Vielzahl von Materialien bestanden und in gewisser Weise kleine Maschinen waren. Zu den genialsten und kompliziertesten gehörten der Bogenbohrer, der auf dem mechanischen Prinzip der Umwandlung von linearer Bewegung in Rotationsbewegung beruhte, die aus mehreren Einzelteilen zusammengesetzte Knebelharpune, ohne welche die Seehundjagd auf dem Eis undenkbar gewesen wäre, diverse Arten von Fischspeeren und ein aus mehreren Teilen zusammengesetzter, sehnenbespannter Bogen.

Die mehrteiligen Werkzeuge waren eine Weiterentwicklung eines 4000 Jahre alten Komplexes, der als die Arktische Kleingerätetradition bekannt ist und möglicherweise aus Asien stammte. Die meisten der spezialisierten Werkzeuge und Artefakte, die es 1492 gab, waren Weiterentwicklungen von Gerätschaften, die schon die Thule-Kultur entwickelt und benutzt hatte. Jede Region besaß ihre eigenen Abwandlungen dieses thulischen Grundsortiments, die auf die jeweiligen örtlichen Gegebenheiten und Bedingungen abgestimmt waren. Im Jahre 1492 waren die Eskimo immer noch dabei, in der Folge der Abschwächung der relativ warmen Bedingungen, die zuvor die sommerlichen Wanderungen der Wale durch die zentrale Arktis ermöglicht hatten, ihre Anpassung an eine Vielzahl von lokalen Gegebenheiten weiterzuentwickeln und zu diversifizieren.

Die Eskimo der Küstengebiete der Tundra besaßen eine andere Geschichte, andere Sprachen und sogar ein anderes Aussehen als die einheimischen Völker der subarktischen Taiga. Rein äußerlich ähnelten sie eher den Bewohnern Ostsibiriens als ihren subarktischen indianischen Nachbarn. Sie sprachen eng miteinander verwandte Sprachen und Dialekte der Eskimo-Aleutischen Sprachfamilie, während die subarktischen Völker eine Vielzahl verschiedener Sprachen sprachen, die zwei unterschiedlichen Sprachfamilien angehörten, dem Athapaskischen und dem Algonkin.

Im Jahre 1492 war die ganze Arktis, vom östlichen Grönland bis nach Ostsibirien und den Inseln der Aleuten, von Vertretern der Eskimo-Aleutischen Sprachfamilie bewohnt, die damit auf der Höhe des Polarkreises fast die halbe Welt umspannten. Die Sprachen der Eskimo-Aleutischen Sprachfamilie gliederten sich in zwei unterschiedliche Zweige. Auf den Aleuten wurde Aleut gesprochen. Das Eskimo hingegen gliederte sich in zwei Untergruppen, das Yupik, das fünf Sprachen umfaßte, die von den Küstenbewohnern der Halbinsel Chukchi in Sibirien und im Alaska südlich des Norton Sounds und der Halbinsel Seward gesprochen wurde. Bei dem anderen Zweig handelte es sich dem Linguisten Anthony Woodbury zufolge um das Inuit-Inupiaq, »ein Kontinuum eng verwandter Dialekte, [die] vom Norton Sound aus nördlich und östlich über das arktische Alaska und Kanada bis

Die Jäger des Nordens

Der zeremonielle Kopfschmuck eines athapaskischen Führers aus dem Landesinneren des heutigen British Columbia. Als Untergrund diente eine netzartige Kappe aus Sehnen, an der Strähnen aus Menschenhaar und Reihen von Dentaliummuscheln befestigt wurden (die von der Pazifikküste eingehandelt wurden). Gekrönt wurde das Ganze von einem Band aus den Schnurrhaaren von Hermelin oder Seehund. Eine Schleppe aus verzierten Strähnen erhöhte die dramatische Wirkung. Wenn der Kopfschmuck im Rahmen von Ritualen getragen wurde, wurde er mit Schwanendaunen bestreut, die beim Tanzen durch den Raum schwebten (The Newberry Library).

an die Küsten von Labrador und Grönland verbreitet waren«. Diese eng verwandten Sprachgemeinschaften überspannten die erstaunliche Distanz von 5600 km bzw. 140 Längengrade. Ihre enge Verwandtschaft ist deutlicher Beweis für die erst relativ kürzlich erfolgte Ausbreitung ihrer gemeinsamen thulischen Vorfahren längs der arktischen Küsten, die ungefähr 500 Jahre vor 1492 erfolgte.

Die Kulturgeschichte der Subarktis war komplexer als die der Arktis. Aufgrund dieser größeren Komplexität sprachen die subarktischen Völker des Jahres 1492 eine Vielzahl von Sprachen, die den Familien des Athapaskischen und des Algonkin angehörten. Die neufundländischen Beothuk, die Anfang des 19. Jahrhunderts ausstarben, könnten eine Sprache gesprochen haben, die einer völlig anderen Familie angehörte. Gruppen, die Dutzende von athapaskischen Sprachen sprachen, bewohnten die abwechslungsreicheren, manchmal bergigen Gebiete der westlichen Subarktis. Andere, die eine kleinere Zahl von Sprachen sprachen, die den Algonkin zugerechnet werden, bewohnten das homogenere Seen- und Flußgebiet der östlichen

Subarktis. Trotz der sprachlichen Unterschiede besaßen die subarktischen Völker des Jahres 1492 ähnliche Vorstellungen von individuellem Wissen und individueller Macht in bezug auf ihre Umgebung. Diese Vorstellungen waren ein wesentlicher Bestandteil der Anpassungsstrategien, die sie dazu befähigten, in ihrer Umgebung der nördlichen Wälder ein erfolgreiches Leben zu führen.

Die Bewohner der Subarktis hatten ganz andere Methoden, sich warmzuhalten, als die Völker der Arktis. Ihre Kleidung bestand aus weichen Häuten, von denen die Haare abgeschabt worden waren. Diese Kleidung sorgte für Bewegungsfreiheit und Schutz vor Verletzungen, besaß jedoch nicht die Wärmewirkung, die erforderlich war, um bei niedrigem Stoffwechselumsatz und extrem niedrigen Temperaturen Körperwärme zu speichern. Die Menschen hielten sich warm, indem sie Feuer anzündeten und Unterschlüpfe bauten, wann immer sie nicht in Bewegung waren, und dadurch Wärme erzeugten. Da es reichlich Holz gab, konnten sie, wann immer sie unterwegs Rast machten, große, offene Feuer entzünden. Wenn sie ihr Lager für die Nacht aufschlugen, errichteten sie Windschutzvorrichtungen oder Windschirme, um die Wirksamkeit ihrer Feuer zu vergrößern. Sie kannten jedoch auch dauerhaftere Behausungen in der Form doppelter Windschirme oder konischer, tipi-ähnlicher Gebilde, die mit Rinde oder Häuten gedeckt wurden. Ein zentrales Feuer in der Mitte dieser Behausungen lieferte gleichzeitig Wärme und Licht.

Anders als die modernen »Nicht-Einheimischen«, die heute im hohen Norden leben können, weil sie über die Erzeugnisse der industriellen Technik verfügen – Gewehre, Messer, Fahrzeuge und Kleidung –, wußten die Jäger der nördlichen Wälder des Jahres 1492, daß ihr Leben einzig und allein von der Kenntnis ihrer Umgebung abhing. Ihre Technologie war mehr ein Informationssystem als ein Inventar von Gegenständen. Sie wußten, daß die Gegenstände, die sie aus Steinen, Häuten, Holz und Knochen herstellten, nur die äußeren Manifestationen machtspendender Ideen waren, die sie in den Köpfen hatten. Geschichten über eine mythische Zeit erklärten die Existenz aller Tiere, Orte und natürlicher Kräfte im Zusammenhang mythischer Ereignisse, so wie der Kontakt, den ein Jäger auf der Fährte eines »Jagd-Traumes« zu seiner Beute herstellte, seinen tatsächlichen Kontakt mit dem Tier auf den tatsächlichen Wildwechseln der Welt erklärte. Die Jäger des Nordens sahen die Welt als eine Verwirklichung der Bilder, Gedanken und Ereignisse mythischer Zeiten. Die Schöpfung, so glaubten sie, war das immerwährende und inhärente Produkt geistiger und spiritueller Prozesse. Eine weitverbreitete Schöpfungsgeschichte lautete dahingehend, ein tauchendes Tier, etwa die Bisamratte, hätte die Welt in ihrer Urform gefun-

Die Jäger des Nordens

59

Am Point Hope an der Nordküste des Kotzebue Sound in Alaska gefundene Maske. Die Ipiutak, die diese Maske verwendeten, traten zu Beginn der christlichen Zeit in Erscheinung und gelten allgemein als Vorläufer der modernen Eskimo. Masken dieser Art wurden häufig bei Heilritualen verwendet (Field Museum of Natural History).

den, nämlich als einen Krümel Erde, der nach dem Hinabtauchen in ein urzeitliches Gewässer in mythischen Zeiten unter ihren Krallen zurückblieb. Die Bisamratte hatte die Welt gefunden, erzählte die Geschichte, weil sie vom Mittelpunkt eines Kreuzes hinabgetaucht war, einem Ort, an dem die vier Himmelsrichtungen und die drei Bereiche eines geschichteten Kosmos, Zenith, Nadir und Zentrum, zusammentrafen.

Die Lieder, welche die Bewohner der Subarktis im Jahre 1492 sangen, waren wie Fährten, die sie mit dem Geist »greifen« konnten. Die Fährten ihrer Lieder führten sie in eine Welt des Mythos und des Traums. Sie führten sie in die mythische Zeit der Schöpfung. Die Tänzer von 1492 umkreisten ihre Feuer, ihre beweglichen Zentren des Kosmos. Ihre Spuren trafen sich auf einer Erde, die aus einem urzeitlichen Gewässer an die Oberfläche gebracht worden war, so wie ihr Geist sich mit den Geistern der Menschen traf, die vor ihnen gegangen waren. Ihre Lieder waren Fährten, die sie in die Welt des Mythos und des Geistes führten. Die Jäger und Träumer wußten, daß ihre Fährten sie immer wieder zurückführten, damit der Kreis vollendet wurde. Sie wußten, daß sie, wie die Schwäne, zum Himmel fliegen und zurückkehren konnten. Die Träumer kehrten immer wieder zurück in die Körper, die sie in der Obhut ihrer Leute zurückgelassen hatten. Sie kehrten zurück in die Zentren ihrer Schöpfung. Die Jäger kehrten mit neuer Kraft von ihren Jagdträumen zurück. Sie kehrten von der Jagd zurück und brachten Fleisch, damit die Menschen zu essen hatten. Sie kehrten mit neuem Leben in ihre Zentren zurück.

Die Träumer sagten, der Ort, in den sie sich träumten, sei schön, so wie es schön sei, wenn die Menschen nach einem langen Winter der Abgeschiedenheit wieder zusammenkamen. Die alten Menschen aus vergangenen Generationen kamen den anderen nahe, wenn die Menschen sich in der Tanzhütte nahekamen. Wenn die Menschen tanzten und den Liedern der Träumer lauschten, wußten sie, wie es war, bei ihren Verwandten zu sein, die in den Generationen vor ihnen getanzt hatten. Die Tänzer folgten einer gemeinsamen Fährte um das Feuer herum, in derselben Richtung, die auch die Sonne einschlug. Sie beugten sich in die Hitze hinein, bis ihnen der Rauch in die Augen stieg und sie den Atem anhalten mußten, und sie hielten ihn an wie das tauchende Tier, das die Welt an die Oberfläche gebracht hatte, bis sie den Rauch des brennenden Zentrums hinter sich ließen. Es dauerte lange, sich aus dem Rauch und der Hitze zu lösen, denn eine alte Frau tanzte feierlich auf der Fährte des Liedes, mit kleinen, winzigen »Schneehuhnschritten«, wie die Sonne sie machte, wenn sie von einer Jahreszeit in die nächste überging. Es dauerte lange, weil die alte Frau da vorn am Anfang der Fährte stand, und die anderen tanzten im Rauch und in der Hitze, die zu dem Ort aufstiegen, von dem die Schwäne jedes Frühjahr zurückkamen. Die alte Frau war der Grund dafür, daß die Menschen so eng gedrängt tanzten, sich so nahekamen, daß sie die Bewegungen der anderen fühlen konnten. Sie fühlten, wie die Berührung der Körper von einem Tänzer zum nächsten übersprang.

Jemand gab dem Feuer mit frischem Holz neuen, heiß aufsteigenden Atem, stand dann auf und stampfte im Staub der vielen Fährten, der einen Fährte, mit den Füßen, während die Geister aller lebenden Kräfte um das Zentrum kreisten, das hier geschaffen worden war. Der Geist der Menschen stieg auf mit dem Rauch, während die Füße kreisten wie die Fährte des Jägers. Träume neigten sich der Sonne entgegen. Singen war das gemeinsame Atmen von Menschen. Die Stimmen schwebten zu dem Ort empor, an dem die alten Leute im wabernden Glanz des Nordlichts tanzten, irgendwo hoch über der Tanzhütte. Die Menschen teilten den Atem miteinander, während sie um das Feuer tanzten, in diesem Land des Nordens, in dem Schwan und Bisamratte gemeinsam eine Welt geschaffen hatten. Die Menschen drängten gemeinsam durch die Nacht, die sie in die Dämmerung hinübertrug. In der stillen Weite des Buschs, der das Lager umgab, schwebten die Wellen des Gesangs über die Tiere hinweg, bis der Klang zu einem pulsierenden Herzschlag wurde, der sich mit der Stille vereinte und verhallte.

Die Jäger des Nordens

Im 19. Jahrhundert lebte James Swan in nächster Nähe der an der Küste Washingtons ansässigen Makah-Indianer und zeichnete viele Aspekte ihres kulturellen Lebens auf. Zur Makah-Reservation gehört auch das Dorf Ozette, das in diesem Kapitel beschrieben wird. In dieser Zeichnung trägt ein stehender Makah-Mann ähnliche Kleider wie die, die von den Archäologen in Ozette gefunden wurden, und hält ähnliche Werkzeuge in der Hand. Der Fischspeer und das Paddel stehen stellvertretend für lebenswichtige Aktivitäten. Der geflochtene Korbhut und der Umhang aus Pelz sind Embleme seines Rangs innerhalb einer stratifizierten Küstengesellschaft (The Newberry Library).

3. Kapitel
Die Lachsfischer

Von Richard D. Daugherty

Vor rund 500 Jahren, etwa um dieselbe Zeit, als Christoph Kolumbus seine Fahrten in die Neue Welt unternahm, wälzte sich ein gewaltiger Erdrutsch, der möglicherweise durch ein kleineres Erdbeben ausgelöst wurde, mitten in der Nacht durch eine schmale Schlucht und begrub einen Teil des Dorfes Ozette im Gebiet der Makah-Indianer an der pazifischen Nordwestküste der Halbinsel Olympia im heutigen Staat Washington unter sich. Binnen einiger weniger, schrecklicher Minuten wurden Menschen, Häuser, Kanus, Gerätschaften und vieles andere mehr unter einer dicken Schicht aus Schlamm und Erde begraben.

Jahrhundertelang ruhten sie dort ungestört. Dann aber fanden Archäologen zu Beginn der 60er Jahre unseres Jahrhunderts dieses bemerkenswerte Miniatur-Pompeji der Neuen Welt und förderten über einen Zeitraum von elf Jahren hinweg – und in einer Vollständigkeit, wie sie in der amerikanischen Archäologie ihresgleichen sucht – Einzelheiten des einheimisch-amerikanischen Lebens zutage, wie es in diesem Teil des Kontinents ungefähr um das Jahr 1492 herum ausgesehen haben muß. Dank einer guten Untergrundentwässerung waren die Schlamm- und Lehmschichten über dem Dorf all die Jahre hindurch feucht geblieben und hatten dafür gesorgt, daß der untere Teil der Wände und eine erstaunliche Vielzahl von Gebrauchsgegenständen im Inneren der Häuser in einem ausgezeichneten Zustand erhaltenblieben. Tierisches Gewebe, Haare und Federn hatten sich zwar nicht so gut gehalten, dafür aber befanden sich Gegenstände aus Holz und anderen pflanzlichen Substanzen praktisch noch in dem Zustand, den sie gehabt hatten, als die Geister sich von den Menschen abwandten.

Ozette, am Kap Alava gelegen, dem westlichsten Punkt der heutigen Vereinigten Staaten, war das wohl größte der fünf wichtigsten Dörfer der kü-

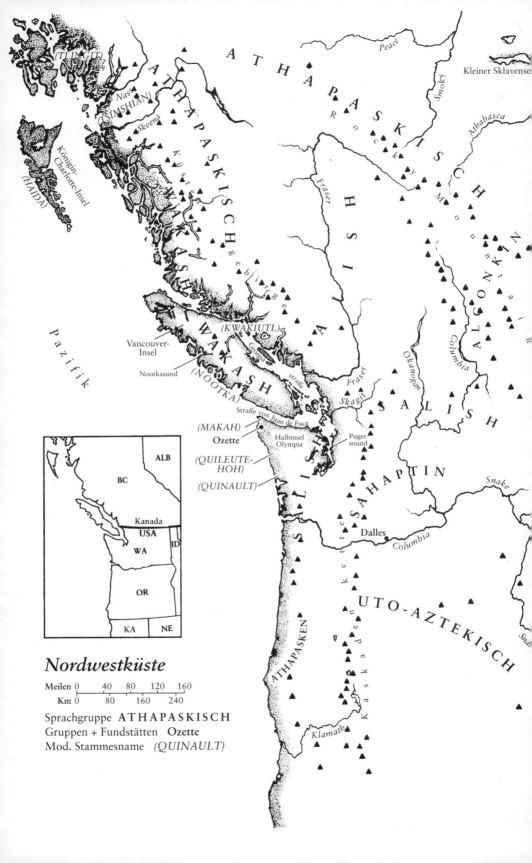

stenansässigen Makah und seit mindestens 2000 Jahren bewohnt. Mit seiner
ständigen Bevölkerung von etwa 300 Menschen (die sich zur Jagdzeit auf die
Meeressäuger wahrscheinlich verdoppelte) war Ozette wahrscheinlich *der*
ideale Ausgangspunkt für die Tiefseefischerei an der nordamerikanischen
Pazifikküste südlich der Aleuten, denn hier kamen im Frühjahr die Wal- und
Seehundherden auf ihrer jährlichen Wanderung nach Norden am nächsten
an der Küste vorbei. In vieler Hinsicht verdeutlicht die spezielle und spezialisierte Lebensweise der Bewohner von Ozette, daß es unter den vielen einheimischen Gruppen, die im Jahre 1492 die amerikanische Nordwestküste bevölkerten, große Unterschiede gegeben hat. Aber im großen und ganzen steht
ihre vielschichtige und dramatische Kultur beispielhaft für sie alle, und wir
werden bald nach Ozette zurückkehren, um einen ausführlicheren Blick auf
das Leben zu werfen, das sich vor dem Erdrutsch hier abspielte.

Der riesige nordwestliche Teil Nordamerikas – also die Küste und das
Landesinnere südlich und westlich der subarktischen Taiga – war im Jahre
1492 von Menschen bewohnt, die zwei grundlegend unterschiedlichen Kulturen angehörten, die sich in den beiden aneinander angrenzenden, aber
dennoch völlig unterschiedlichen Umgebungen entwickelt hatten. Zur ersten Gruppe gehörten die, welche genau wie die Bewohner von Ozette auf
dem relativ schmalen Küstenstreifen direkt am Meer ansässig waren. Die
zweite Gruppe dagegen lebte im Landesinneren, in der trockenen Plateau-
oder intermontanen Region zwischen dem Küstengebirge, der Kaskadenkette und den Rocky Mountains. Obwohl die wirtschaftlichen Aktivitäten
fast aller Stämme beider Gebiete in erster Linie auf die saisonalen Wanderungen der Lachse ausgerichtet waren, hatte die Art und Weise, wie die Bewohner der beiden Gebiete sich an ihre jeweilige Umwelt mit ihren spezifischen Ressourcen angepaßt hatten, im Laufe der Zeit Lebensweisen hervorgebracht, die von ganz unterschiedlichem Charakter waren. Unter dem
Oberbegriff »Lachsfischer« werden die indianischen Bewohner der beiden
Gebiete, die teils relativ häufig zusammentrafen und sich gegenseitig beeinflußten, Thema dieses Kapitels sein, aber zunächst wollen wir uns wieder
jenen zuwenden, die direkt am Meer lebten.

Die Nordwestküste, ein komplexes Gewirr aus Inseln, Küstenebenen,
Vorgebirgen und Bergketten, reicht von der Yakutat Bay in Alaska bis nach
Nordkalifornien und umfaßt die gesamte Region westlich des Küstengebir-
ges in Alaska und British Columbia und westlich der Kaskadenkette in
Washington und Oregon. Ihr Klima wurde (außer in den Bergen) von
gleichbleibenden, gemäßigten Temperaturen und relativ hohen Niederschlagsmengen bestimmt. Die warmen, feuchten Luftmassen, die von der
warmen, vor der Küste verlaufenden Japan-Strömung herbeigeführt wur-

Die Lachsfischer   65

den, zogen landeinwärts und mußten an den Hängen der Küstengebirge aufsteigen. Dabei kühlten sie ab und verloren einen großen Teil ihrer Feuchtigkeit in den niedrigeren Lagen als Regen, während sie im Winter in den höheren Lagen als heftige Schneefälle niedergingen, die Gletscher und Schneefelder speisten, die wiederum zahlreiche Küstenflüsse mit Wasser versorgten. Am nördlichen und mittleren Teil der Küste führte diese Kombination aus milden Temperaturen und hohen Niederschlägen zu einem üppigen, dichten Bewuchs aus Koniferen, sommergrünen Laubbäumen, Moosen und Farnen, während im trockeneren und wärmeren südlichen Teil offene, weit ins Inland reichende Täler mit großen Eichenwäldern nichts Ungewöhnliches waren.

Für die Menschen des Jahres 1492 stellte der lange, schmale Küstenstreifen eine gleichzeitig günstige, aber auch bedrohliche Umwelt dar. Das Meer und die Flüsse waren reich an Nahrung, doch um an sie heranzukommen, brauchte man ausgezeichnete Wasserfahrzeuge, die dazu in der Lage waren, den oft stürmischen und rauhen Gewässern zu trotzen. Die Wälder waren reich an Wild und eßbaren Pflanzen, die Vegetation in großen Teilen der Region jedoch so dicht, daß kaum ein Durchkommen war, und große Teile der dicht bewaldeten Vorgebirge und der zerklüfteten Berge waren für menschliche Niederlassungen gänzlich ungeeignet. Und so lagen die Dörfer denn an den Flüssen, an den Ufern von Buchten und vorgelagerten Inseln, und gelegentlich sogar an geschützten Stellen unmittelbar am offenen Meer. Die Menschen betrieben keine Landwirtschaft, hatten aber im Laufe der Jahrtausende Techniken und Gerätschaften entwickelt, die eigens auf ihre Umwelt zugeschnitten waren, und ihre wirtschaftlichen Aktivitäten auf den Fischfang in den Flüssen und in den küstennahen Gewässern ausgerichtet, in denen es von Lachsen, Heilbutt und anderen Fischen nur so wimmelte. Dazu sammelten sie Meerohren, Muscheln und andere Schalentiere an den felsigen Küsten, betrieben die Jagd auf Land- und Meeressäuger und sammelten wildwachsende Pflanzen. Im Jahre 1492 hatten sie ein so hohes kulturelles Niveau erreicht, wie man es für gewöhnlich nur bei landwirtschaftlichen Bevölkerungen findet, und erfreuten sich einer Stabilität, die bei manchen von ihnen zur Entwicklung eines komplexen sozialen und zeremoniellen Lebens, einer hochentwickelten Technologie und eines der großen Kunststile der Welt geführt hatte.

Den Ergebnissen einer im neunzehnten Jahrhundert durchgeführten Volkszählung zufolge, die hinsichtlich früherer, katastrophaler Verluste durch Pocken und anderer von weißen Forschungsreisenden und Händlern eingeschleppter Krankheiten korrigiert wurden, schätzt man heute, daß die Nordwestküste im Jahre 1492 von rund 130 000 Menschen bevölkert war.

Damit wäre sie eines der am dichtesten besiedelten Gebiete Nordamerikas nördlich von Mexiko gewesen.

In bezug auf Siedlungsweise, wirtschaftliche Aktivitäten, gesellschaftliches und zeremonielles Leben, Sprache, Kunst und Kunsthandwerk könnte man die ganze Küstenregion in drei Unterbereiche gliedern: den nördlichen, mittleren und südlichen Teil.

Der nördliche Teil der Nordwestküste wurde von den Tlingit bewohnt, die an der zerklüfteten Küste und auf den dem südöstlichen Alaska vorgelagerten Inseln ansässig waren. Südlich von ihnen lebten die Tsimshian, zu deren Gebiet die Flüsse Nass und Skeena und die tief eingeschnittenen Fjorde und zerklüfteten Küsten British Columbias zählten. Vor dem Festland, an der Küste der Queen-Charlotte-Inseln und eines Teils der Prince-of-Wales-Insel lagen die Dörfer verschiedener Haida sprechender Gruppen. Die Tlingit, Tsimshian und Haida unterschieden sich von ihren südlichen Nachbarn hauptsächlich durch die Vielfalt ihres sozialen und zeremoniellen Lebens und durch ihre hochentwickelte Technologie, insbesondere was Größe und Bauweise ihrer Häuser und Kanus anging. Außerdem besaßen sie eine ganz spezifische Kunstrichtung, die sich insbesondere in den geschnitzten Wappenpfählen und Hauspfosten äußerte.

Am mittleren Teil der Küste gab es die Kwakiutl, die an der Südküste British Columbias und im Norden der Vancouver-Island lebten; die Nuuchanuth [Nootka], die an der Westküste der Vancouver-Island ansässig waren; die mit ihnen eng verwandten Makah an der nördlichen Küste Washingtons; und die Quileute-Hoh, die sich im Süden an die Makah anschlossen. Vor allem die Nootka, Makah und Quileute-Hoh waren insofern echte Küstenvölker, als sie die Jagd auf die großen Meeressäuger betrieben. Sie verfolgten Wale und Seehunde auf dem offenen Meer, harpunierten sie und schleppten sie in ihre Dörfer, wo sie zerlegt und ihr Blubber zu Öl verarbeitet wurden. Alle Indianer des mittleren Teils der Küste besaßen gesellschaftliche Strukturen und Zeremonien, die sich von denen ihrer nördlichen Nachbarn deutlich unterschieden, obwohl die Kwakiutl viele nördliche Elemente in ihre Kultur aufgenommen hatten.

Zum südlichen Küstenbereich gehörten die hauptsächlich Salish sprechenden Stämme, die südlich der Georgia Strait und des Puget Sound an der Südküste Washingtons lebten; die Chinook sprechenden Völker am Unterlauf des Columbia; und alle Stämme an den Küsten Oregons und Nordkaliforniens. Aufgrund kultureller Einflüsse aus Zentralkalifornien und der im Landesinneren, östlich der Kaskadenkette gelegenen Plateau-Region stellten die Bewohner der Küsten des südlichen Oregon und des nördlichen Kalifornien innerhalb dieses südlichen Bereiches eine spezifische Variante dar.

Die Lachsfischer

Ein Tlingit-Krieger in Stäbchenpanzer und Helm aus Zedernholz steht in Bereitschaft. Ein hölzerner Kragen schützt seinen Hals, und an seiner Seite hängt ein Dolch (entweder aus erhandeltem Metall oder aus Hartholz). An der ganzen Nordwestküste hatten solche Bedeckungen und Muster eine heraldische Bedeutung, welche die Zugehörigkeit zu einer bestimmten Gruppe verriet. Diese Zeichnung wurde von dem spanischen Forschungsreisenden Alessandro Malaspina im 18. Jahrhundert angefertigt (The Newberry Library).

Amerika 1492

Obwohl sie im Hinblick auf ihre ökonomischen Ressourcen nicht so reich gesegnet waren wie die Küstenstämme weiter im Norden, betrieben sie dennoch den Lachsfang, jagten Hirsche und Elche und sammelen viele verschiedene eßbare Pflanzen.

Niemand kann mit Sicherheit sagen, seit wann es an der Nordwestküste Menschen gab oder wann sie anfingen, die speziellen technologischen und sozialen Anpassungen vorzunehmen, sie die dazu befähigten, ihre Welt der Küstenflüsse und der Küstengewässer maximal zu nutzen. Aus archäologischen Funden geht hervor, daß auf der Halbinsel Olympia schon vor 12 000 Jahren Mastodone gejagt wurden und daß die Pfannenstielküste des südöstlichen Alaska schon vor 10 000 Jahren von menschlichen Gruppen bewohnt wurde. Außerdem wurden zwischen dem südlichen Alaska und dem südlichen Oregon zahlreiche Stätten gefunden, die 9000 bis 6000 Jahre alt sind. Es ist jedoch nicht erwiesen, wann genau der Lachs anfing, zu einem wesentlichen Bestandteil der Ernährung zu werden, obwohl Belege vom Unterlauf des Fraser River in British Columbia darauf schließen lassen, daß dies vor mindestens 9000 Jahren der Fall war. Wahrscheinlich begann die Verwendung von Schalentieren, die an den Felsen und auf Sandbänken gesammelt wurden, ebenso früh. Gleichfalls konnte noch nicht belegt werden, ab wann es Wasserfahrzeuge gab, die so weit entwickelt waren, daß die Küstenbewohner auch die Grundfische und anderen Ressourcen der Küstengewässer ausbeuten konnten, obwohl Funde aus Ozette darauf schließen lassen, daß die Jagd auf die Meeressäuger schon 800 n. Chr. (also vor 1200 Jahren) voll ausgebildet war.

Vielleicht werden linguistische Untersuchungen im Laufe der Zeit weiteres Licht auf diese unbeantworteten Fragen werfen. Die verschiedenen Stämme der Nordwestküste sprachen viele verschiedene Sprachen und viele verschiedene Dialekte derselben Sprache. Die Vielzahl der Sprachen und die weite Verbreitung, die einige von ihnen hatten, zeugen jedenfalls von einer langjährigen Besiedlung der Küste und von beträchtlichen Wanderbewegungen innerhalb der Region, die über Tausende von Jahren hinweg erfolgten.

Wie auch immer, im Jahre 1492 jedenfalls war die Fischerei zur wirtschaftlichen Grundlage der Stämme der Nordwestküste geworden. In den Küstengewässern und Flüssen gab es zahlreiche Fischarten, von denen die meisten gefangen und verzehrt wurden, wobei Lachs, Heilbutt, Drachenfisch, Kerzenfisch und Stint zu denen gehörten, die in den größten Mengen gefangen wurden und von größter wirtschaftlicher Bedeutung waren. Allein bei den Lachsen gab es fünf verschiedene Arten, obwohl einzelne Standorte wahrscheinlich nur größere Laichwanderungen von zwei oder

Die Lachsfischer   69

drei Arten kannten. Die Lachse lebten normalerweise im Salzwasser, kehrten jedoch zum Laichen in die Süßwasserflüsse zurück. Die jungen Lachse wanderten dann je nach Spezies für zwei bis vier Jahre hinunter ins Meer, um schließlich wieder in ihre Geburtsflüsse zurückzukehren, um zu laichen und zu sterben.

Die Lachsfischerei war dann am einträglichsten, wenn man die Fische auf ihrem Weg flußaufwärts zu ihren Laichplätzen abfing. Vom Frühling bis zum Herbst gab es jeweils verschiedene Wanderungen, bei denen die Lachse in unglaublicher Zahl die Flüsse hinaufströmten, und die Indianer richteten ihr ganzes ökonomisches Leben danach aus, an ihren bevorzugten Standorten zu sein, wenn die Wanderungen stattfanden. Die Fische wurden entweder in Reusen, Dämmen und Netzen gefangen oder mit der Harpune erlegt. Das Fangen, Ausnehmen, Trocknen und Einlagern großer Fischmengen für den Verzehr im Winter war ein langer und mühsamer Prozeß. Die Männer fingen die Fische, die Frauen nahmen sie aus, und das Trocknen wurde von beiden Geschlechtern gemeinsam besorgt. Die Kinder halfen, wann immer sie gebraucht wurden.

Im Gegensatz zum Lachs wurde der Heilbutt vor der Küste auf sogenannten »Bänken« gefangen, flachen Stellen mit sandigem Grund, wohin die Fische zum Fressen kamen. Für den Heilbuttfang wurde ein sinnreiches Gerät aus mehreren Haken verwendet, die mit Ködern bestückt und an einem Spreizbalken befestigt wurden, bei dem es sich einfach um eine hölzerne Stange von etwa vier Zentimeter Durchmesser und bis zu anderthalb Metern Länge handelte. In der Mitte der Stange wurde eine Leine befestigt, die zu einem steinernen Anker führte, während eine andere Leine aus Seetang zur Wasseroberfläche und zu einem Schwimmer führte. Mehrere dieser Angeln wurden an der Bank ausgesetzt und einen Tag später von den Fischern überprüft. Auf diese Weise wurden Fische gefangen, von denen einige über 400 Pfund wogen. Sie wurden nicht nur frisch verzehrt, sondern auch an der Luft getrocknet und für den Winter eingelagert. Andere Fischarten wie Kabeljau, Barsch und Drachenfisch wurden das ganze Jahr über an den felsigen Küsten mit Haken und Leine gefangen.

Einige der Gruppen am nördlichen und mittleren Teil der Küste lebten in Gegenden, in denen es große Wanderungen von Kerzenfischen gab, einem kleinen, extrem ölhaltigen Fisch. Der Nass River im Gebiet der Tsimshian war ein solcher Standort. Die Fische wurden mit großen, trichterförmigen Netzen gefangen, die einfach in die Kanus ausgeleert wurden. Sobald ein Kanu voll war, wurde es an Land gerudert, wo die Fische in große Gruben gekippt wurden, wo sie blieben, bis sie zum Teil verwest waren, was den Prozeß der Ölgewinnung erleichterte. Sobald sie »reif« genug waren, kamen sie in große, mit Wasser gefüllte Kisten, in die man heiße Steine legte, um das Wasser zum Kochen zu bringen, woraufhin das Öl sich an der Wasseroberfläche absetzte, wo es leicht abgeschöpft werden konnte. Beim Abkühlen verdickte es zu Fett, das ein wichtiger Bestandteil der Ernährung war und in großen Mengen verzehrt wurde. Das von den Tsimshian hergestellte Kerzenfisch-Fett war aber auch bei vielen anderen Stämmen sehr begehrt. Die Haida z. B. kamen von den Queen-Charlotte-Inseln, um Kanus, geschnitzte Holzkisten und Nahrungsmittel gegen das Fett einzutauschen. Die Tlingit aus dem Norden brachten Gegenstände aus einheimischem Kupfer, und die Stämme aus der im Inland gelegenen Plateauregion boten Pelze und gegerbte Häute zum Tausch an.

Die Jagd auf Landsäugetiere spielte an der Küste eine nur untergeordnete Rolle. Für die Stämme jedoch, die in Dörfern weiter flußaufwärts lebten und nicht auf die großen Meeressäuger zurückgreifen konnten, waren die Landsäuger ein wichtiger Bestandteil der Ernährung. Zu den angewendeten Jagdtechniken gehörten die gemeinschaftliche Treibjagd, das Auslegen von Schlingen, das Ausheben von Fallgruben und die Verwendung von Pfeil und Bögen.

Die Jagd auf die Meeressäuger wurde je nach örtlicher Situation von allen Küstenbewohnern unterschiedlich intensiv betrieben und konzentrierte sich hauptsächlich auf Wale, Seehunde, Pelzrobben, Seeotter, Seelöwen und Tümmler. Obwohl Seehunde, Seelöwen und Seeotter von den meisten Küstengruppen gejagt wurden, waren nur die Nootka auf der Vancouver-Island, die Makah, die Quileute-Hoh und zu einem geringeren Maß auch die Salish sprechenden Quinault echte maritime Völker, die im Frühjahr auch auf das offene Meer hinausfuhren, um Wale und Pelzrobben zu jagen.

Die Wale lieferten Öl, Fischbein für Fischhaken, Knochen zur Herstellung von Werkzeugen und Nahrung für die Dorfbewohner. Sogar die Entenmuscheln, die sich auf der Haut der Wale festsetzten, galten als Genuß. Die Pelzrobben lieferten Öl, Fleisch und Felle. Alle Meeressäuger waren Lieferanten für jenes so überaus wichtige Nahrungsmittel, das Öl, das von den Küstenbewohnern selbst in großen Mengen verzehrt wurde und gleichzeitig ein wichtiges Handelsprodukt war.

Der Walfang war jedoch nicht nur ökonomisch wichtig, sondern hatte auch im gesellschaftlichen und zeremoniellen Leben der betreffenden Völker einen hohen Stellenwert. Wir wollen jetzt in das Jahr 1492 und in das von den Makah bewohnte Dorf Ozette zurückkehren. Die Wale werden auf ihrem Weg nach Norden bald in der Nähe der Küste vorbeiziehen, alles ist für die Jagd vorbereitet, und wir wurden eingeladen, daran teilzunehmen.

Es ist Frühling, eine Zeit unbeständiger Witterungsbedingungen an die-

Die Lachsfischer

sem mittleren Teil der Küste. Die Erlen, Weiden und Zimtbrombeerbüsche schlagen aus, und die Farne bekommen neue Blätter. Wir legen die Fahrt ins Dorf in einem Kanu zurück, das normalerweise für den Walfang benutzt wird und etwa 15 Meter lang und an seiner breitesten Stelle fast zwei Meter breit ist. Der Schwager des Mannes, der uns eingeladen hat, sitzt im Heck und steuert mit einem langen, spitz zulaufenden Paddel, während mehrere andere junge Männer das Kanu mit rhythmischen Schlägen vorantreiben. Vom Meer aus betrachtet, sieht die Küste schroff und abweisend aus. Kleine Felseninseln und Felsennadeln, die vom unaufhörlichen Branden der Wellen zernarbt sind und Schwärmen von Möwen, Kormoranen und Papageientauchern als Brutstätten dienen, säumen die Küste. Es ist ein trüber, diesiger Tag mit niedrig hängenden Wolken und einem böigen Wind, und das Wasser ist dunkelgrau, aufgewühlt und voller weißer Schaumkronen. Wir fragen einen der Ruderer, was geschehen würde, wenn der Nebel sich plötzlich um uns schlösse; woher würden wir dann wissen, in welche Richtung wir fahren müßten, um das Land zu erreichen? Er antwortet unbekümmert, das sei an diesem Teil der Küste kein Problem, da die Dünung immer auf das Land zulaufe, und wenn man das wisse, wisse man auch immer, wo das Land sei.

Bald sehen wir drei Inseln, die wie ein schützender Gürtel vor einer Landspitze liegen. Oberhalb des Strandes erkennen wir über ein Dutzend hölzerner Häuser mit flachen Dächern, die anscheinend in zwei Reihen parallel zum Strand stehen. Als wir zwischen den beiden nördlichsten Inseln hindurchfahren, müssen wir ein Riff überqueren, das sehr dicht unter der Wasseroberfläche liegt. Es ist auslaufende Flut, und ein paar große Felsen ragen jetzt schon aus dem Wasser hervor. Bei Ebbe wird das ganze Riff trockenfallen und nur ein paar verstreute Gezeitentümpel zurücklassen. Der Standort ist einfach ideal für ein Küstendorf, denn die vorgelagerten Inseln und das Riff schützen es vor dem Anprall der Winterstürme und sorgen das ganze Jahr über für einen sicheren und geschützten Landeplatz für die Kanus.

Dutzende von großen Kanus, die meisten für den Wal- und Robbenfang bestimmt, liegen am Strand von Ozette, der von Wal- und Seehundknochen übersät ist. Ein Stück weiter liegt der ausgeschlachtete Kadaver eines Buckelwals in der seichten Brandung. Krähen, Möwen und die Dorfhunde haben sich darüber hergemacht und nur die Knochen übriggelassen. Als wir aus unserem Boot aussteigen, werden wir von unserem Gastgeber und mehreren Mitgliedern seiner Familie empfangen, die Handtrommeln und Rasseln aus den Schalen von Kammuscheln bei sich haben und uns ein Begrüßungslied singen. Dann führt der Gastgeber uns in sein Haus, das sich gleich in der ersten Reihe befindet. Die Häuser stehen alle etwas erhöht, auf

Diese geschnitzte Nuu-chah-nuth (Nootka)-Maske mit beweglichen Augen und beweglichem Mund stellt den Geist dar, der den Lachs (verkörpert durch die hängenden hölzernen Fische) an die Westküste der Vancouver Island brachte. Der Lachs, ein Grundnahrungsmittel für die ganze Region, war ein zentraler Bestandteil des wirtschaftlichen und religiösen Lebens. Die hier gezeigte Maske wurde im 19. Jahrhundert von einheimischen Künstlern für zeremonielle Verwendungszwecke hergestellt (Field Museum of Natural History).

einem etwa drei Meter hohen Damm, in den eine Treppe eingehauen wurde. Als wir hinaufgehen, sehen wir, daß der Damm nichts weiter ist als ein riesiger Berg aus Muschelschalen, Knochen, Asche und zersprungenen Steinen, dem Abfall der wirtschaftlichen Aktivitäten des Dorfes, der sich in den vielen Jahrhunderten, die das Dorf bewohnt ist, angesammelt hat.

Das Haus unseres Gastgebers ist ein großes, für mehrere Familien gedachtes Gebäude, das man durch eine zum Meer hin gelegene Tür betritt. Es ist etwa 20 Meter lang und über zehn Meter breit und besteht aus dicken Stützbalken und Brettern aus Zedernholz. Das flache Dach fällt leicht nach hinten ab. Die horizontal verlaufenden Bretter, aus denen die Wände bestehen, sind mit Zedernbast und aufgespleißten Fichtenwurzeln an den Stützbalken festgebunden, und zwar so, daß die Bretter sich von oben nach unten überlappen; die Ritzen dazwischen sind mit Seetang und Moos ausgestopft. Das Dach besteht aus sorgfältig zugehauenen Zedernplanken von

Die Lachsfischer

etwa 25 Zentimeter Breite und drei bis vier Metern Länge. Die eine Seite der Bretter ist so zugehauen, daß an den Kanten ein erhöhter Rand entsteht. Sie sind wie Ziegel verlegt, so daß die erhöhten Ränder übereinandergreifen und auf diese Weise verhindern, daß der Regen ins Haus sickern kann. Schwere Steine und mehrere Wirbelknochen von Walen liegen auf den Dachplanken, damit sie bei Sturm nicht fortgeweht werden. Im Sommer werden die Wand- und Dachplanken zum Teil entfernt und mit auf die etwa 20 Kilometer weiter nördlich gelegene Tatoosh-Island genommen, wohin die Familie unseres Gastgebers um diese Jahreszeit zieht, um den Heilbutt-fang zu betreiben.

Im Inneren des Hauses sind die Wände von niedrigen Bänken oder Schlafstellen gesäumt, die auf kurzen, hölzernen, in den Boden gerammten Pfählen ruhen. Die Vorderseiten der Bänke sind zum Teil mit Einlegearbei-ten aus den Kiemendeckeln des roten Meerturbans verziert. Mehrere Ze-dernplanken, die mit gewebten Matten aus Zedernbast bedeckt sind, liegen vor den Bänken auf dem Boden. Trennwände aus Brettern und Matten tei-len den Innenraum in getrennte Wohnbereiche für sechs Familien auf, von denen jede ihre eigene Feuerstelle hat. Der mittlere Teil des Hauses dient als allgemeiner Durchgang. Ein Teil der Dachplanken wurde mit Hilfe eines langen Stocks zur Seite geschoben, damit Licht einfallen und der Rauch ab-ziehen kann. Da das Haus keine Dachtraufen hat, wurden Abflußrinnen, die mit Brettern verschalt und abgedeckt sind, in den festgestampften Lehmboden gegraben, damit der Innenraum trocken bleibt.

Wir werden im südwestlichen Teil des Hauses untergebracht, gleich ne-ben dem Wohnbereich unseres Gastgebers. Außer ihm und seiner Frau wohnen zwei veheiratete Söhne mit ihren Frauen und Kindern im Haus. Dazu kommen die Mutter unseres Gastgebers, eine ältere Tante und eine Sklavin, die bei einem Überfall auf das Dort eines anderen Stammes ein Stück die Küste hinunter erbeutet wurde. Die persönliche Habe der Haus-bewohner wird unter den Schlafbänken oder in Kisten und Körben aufbe-wahrt, die hinter den Bänken aufgestapelt sind; mehrere Körbe hängen auch an den Wänden. Unser Gastgeber ist der Anführer der Walfangmann-schaft, ein angesehener Mann also, und an der Wand über seinem Bett hän-gen zwei Harpunen und ein großer, geflochtener Korb aus Zedernbast, in dem sich Harpunenspitzen und Leinen befinden. Am Fuß des Bettes stecken sechs Harpunenspitzen im Boden, die bei früheren Jagden abbrachen und später aus dem erlegten Wal herausgeschnitten wurden.

Neben seiner Schlafstelle befindet sich außerdem eine aus Zedernholz ge-schnitzte Walflosse, die mit Einlegearbeiten aus über 700 Seeotter- und Hundezähnen verziert ist, die wiederum das Bild eines Donnervogels ergeben, der eine doppelköpfige Schlange in seinen Krallen hält. An einer Wand hängt eine große, geschnitzte und bemalte Planke aus Zedernholz, die etwa vier Meter lang und über einen halben Meter breit ist und zwei Donnervögel zeigt, die von Wölfen verfolgt werden. An einer anderen Wand hängt eine ähnlich geschnitzte und bemalte Planke, die einen Wal zeigt. Die Farben schwarz und rot dominieren in diesen Kunstwerken, die für unseren Gastgeber eine ganz persönliche Bedeutung haben.

Vor einem der Wohnbereiche steht ein großer Webstuhl, bestehend aus zwei in den Boden gerammten Pfosten mit zwei Rundhölzern dazwischen, um die das Garn gewickelt wird. Spindeln und Spinnwirteln, Weberkämme und Schiffchen und Körbe mit gefärbtem Garn aus Hundehaaren liegen auf einer Matte neben dem Webstuhl bereit. Eine halbfertige Decke auf dem Webstuhl – oder vielleicht ist es auch nur gewöhnlicher Stoff – hat ein Karomuster in grau und schwarz.

Von den Dachbalken hängen lange, dünne Stöcke mit Dutzenden von Stinten, die durch die Kiemen aufgefädelt wurden. Die Fische wurden auf diese Weise im Rauch getrocknet und dann ins Haus gebracht und unter die Decke gehängt, damit sie im Rauch der Herdfeuer, der außerdem die Fliegen fernhält, zu Ende trocknen können.

Die Vorbereitungen für ein Fest zu unseren Ehren sind in vollem Gange. Es wird gedünstete Muscheln geben, gekochtes Robbenfleisch, getrocknete Stinte und Lachse, Robbenöl und Zimtbrombeeren, die in einer Kiste mit Robbenöl konserviert wurden. Schon seit geraumer Zeit brennt ein Feuer in einer großen, mit Steinen ausgelegten Grube. Jetzt, da die Steine heiß genug sind, läßt man das Feuer niederbrennen und legt die Grube mit Seetang aus. Dann werden körbeweise Muscheln hineingeschüttet und mit Seetang abgedeckt, und dann muß man nur noch warten, bis die Muscheln gar sind. Fleisch wird entweder in einer Grube geröstet, über einem offenen Feuer gebraten oder in hölzernen Kisten gekocht, in die man heiße Steine legt. Gekochtes Robbenfleisch wird so zugeschnitten, daß jedes Stück teilweise mager und teilweise fett ist. Fett und ausgelassenes Robben- oder Walöl sind ein wichtiger Bestandteil jeder Mahlzeit. Getrocknetes Fleisch wird in Robbenöl getunkt, bevor man es verzehrt, Beeren werden in Öl konserviert, und zu magerem Fleisch ißt man Blubber.

Nach dem »Willkommensschmaus« erheben sich der Reihe nach mehrere der geladenen Gäste, alles angesehene Persönlichkeiten, und halten für uns Begrüßungsreden. Dann werden Begrüßungslieder gesungen, und einige der Gäste führen uns zu Ehren Tänze auf. Das Fest endet jedoch relativ früh, da wir morgen in aller Frühe aufbrechen werden, um auf Walfang zu gehen.

Ein erfolgreicher Walfänger muß ganz besondere spirituelle Kräfte besit-

Die Lachsfischer

zen. Unser Gastgeber hat seine Kraft von seinem Vater geerbt, der ebenfalls Walfänger war, sie jedoch vergrößert, indem er zusätzlich eine eigene Kraft für den Walfang erwarb. Er verbringt die Nacht vor der Jagd an einem einsamen Ort an der Küste, wo er mit seinen Geisterhelfern spricht und sie um Erfolg für den morgigen Tag bittet.

Es ist noch dunkel, als die Mannschaft sich am Strand versammelt, die Ausrüstung noch einmal überprüft und sie in den Kanus verstaut. Wir steigen in ein Kanu, das sich nicht aktiv an der Jagd beteiligen wird, denn die hoch spezialisierten Fangmannschaften sind so aufeinander eingespielt, daß sie keine tatenlosen Zuschauer in ihrer Mitte brauchen können. Der Anführer der Mannschaft, also der beste Walfänger der Gruppe, hat seinen Platz im Bug des Kanus. Seine Harpune ruht in einer Kerbe in der Bordwand. Sie hat einen schweren, vorn spitz zulaufenden Schaft aus Eibenholz, der aus drei Teilen zusammengesetzt ist, da es schnell einmal vorkommen kann, daß der vordere Teil beim Aufprall auf den Wal beschädigt wird, und dann muß nicht der ganze Harpunenschaft ersetzt werden. In einem großen, gewebten Korb liegen acht Harpunenspitzen, jede davon in einem eigenen kleinen Beutel aus Zedernbast. Die Spitzen haben eine scharfe Schneide aus Muschelschalen und zwei Widerhaken aus den Knochen oder dem Geweih eines Elchs. An jeder ist eine etwa sieben Meter lange Leine aus Walsehnen befestigt. Diese Leine geht in ein dickeres Tau über. Vervollständigt wird die Ausrüstung des Walfängers durch eine lange, schmale Lanze zum Töten des Wals.

Während wir auf das offene Meer hinausfahren, steht der Walfänger im Bug seines Kanus, läßt den Blick suchend über das Wasser schweifen und bittet seinen Schutzgeist noch einmal um Hilfe. Hinter ihm sitzen sechs Ruderer, die später die Leinen und die Schwimmer handhaben werden. Über 30 Meter Leine aus Zeder- und Fichtenbast liegen zusammengerollt in Körben zu Füßen der Männer. Acht Schwimmer aus Robbenhäuten, die aufgeblasen werden, sobald die Walfanggründe erreicht sind, liegen neben den Leinen. Im Heck sitzt der Mann, der das Kanu steuert. Seine Aufgabe ist es, das Kanu so dicht wie möglich an den Wal heranzumanövrieren, wenn er an die Wasseroberfläche kommt, damit der Fänger seine Harpune in die Flanke des riesigen Tieres stoßen kann.

Wir erreichen das Gebiet, in dem die Jagd beginnen soll, das offene Meer jenseits der am weitesten entfernten Insel. Unser Boot ist dicht hinter dem Kanu unseres Gastgebers. Seine Mannschaft bläst jetzt die Schwimmer auf und befestigt sie an der Leine. Unser »Führer« erklärt uns, daß sie nur selten mehr als acht Kilometer auf das Meer hinausfahren, da der tote Wal, sofern die Jagd erfolgreich verlaufen ist, an die Küste zurückgeschleppt werden muß, was eine Menge harter Arbeit bedeutet.

Nuu-cha-nuth (Nootka)-Indianer im Kanu, dem wichtigsten Transportmittel der Pazifikküste. Der mit einem Knauf verzierte Hut des Mannes in der Mitte ist ein Zeichen für seinen hohen Rang, wie auch die abgeflachte Stirn der hinter ihm sitzenden Frau. Oft wurden die Kanus von Sklaven gerudert, die hier zu sehenden Ruderer sind jedoch zu gut gekleidet, um Sklaven zu sein. Die Zeichnung stammt aus dem Logbuch der Brigantine *Hope*, die im Jahre 1790 von Boston an die Nordwestküste segelte (Library of Congress).

Schließlich sichtet unser Gastgeber einen Wal. Etwas später sehen auch wir, wie er auftaucht und Luft ausstößt. Aber schon taucht er wieder ab, bleibt mehrere Minuten verschwunden, kommt erneut an die Wasseroberfläche, stößt Luft aus und taucht erneut. Der Walfänger verfolgt seinen Weg und achtet sehr genau darauf, wie lange er unter Wasser bleibt, denn der Steuermann muß das Kanu möglichst an die Stelle heranbringen, an der der Wal das nächste Mal auftauchen wird. Wenn er sich dabei verschätzt, könnten die Folgen katastrophal sein.

Plötzlich ist der Wal direkt neben dem Kanu. Der Walfänger schleudert seine Harpune in die Flanke des Tiers; die Ruderer werfen die Schwimmer und die Körbe mit den Leinen über Bord und versuchen gleichzeitig, das Kanu aus der Reichweite der Schwanzflosse des Wals herauszumanövrieren. Der Wal taucht, und die Körbe, welche die Leinen enthielten, werden in aller Hast wieder eingesammelt. Ein kleiner, leuchtendbunt gefärbter Schwimmer am Ende der Leine verrät, welche Richtung der Wal eingeschlagen hat. Der Fänger betet, daß er nicht aufs offene Meer hinausschwimmen wird. Sein Schutzgeist ist stark, denn der verletzte, aufgeregte Wal schwimmt tatsächlich auf die Küste zu. Je müder er wird, desto häufiger

Die Lachsfischer

kommt er an die Oberfläche; die schweren Schwimmer aus Robbenhäuten erfüllen ihren Zweck. Schließlich ist der Wal so erschöpft, daß er nicht mehr tauchen kann. Prustend bleibt er an der Wasseroberfläche liegen. Das Kanu mit dem Walfänger schiebt sich vorsichtig näher. Der Fänger stößt die Lanze in das Herz des Wals. Einer der Ruderer springt mit einem kurzen Stück Schnur und einem Messer auf den Kopf des toten Wals, schneidet ein Loch in seinen Ober- und Unterkiefer und bindet ihm das Maul zu, damit er leichter zu schleppen ist. Dann werden die Schwimmer an den Flanken des Wals befestigt, damit er nicht so tief im Wasser liegt, wodurch das Schleppen ebenfalls erleichtert wird. Nun wird die Schleppleine befestigt, und die Walfänger schlagen den Nachhauseweg ein. Das Singen rhythmischer Lieder hilft ihnen bei der schweren Schlepperei.

Da der Wal nicht allzuweit vom Dorf entfernt erlegt wurde, kann er direkt an den Strand vor den Häusern geschleppt werden. Die Verwandten der erfolgreichen Walmannschaft machen sich sofort daran, das Tier zu zerlegen. Alle wissen genau, welcher Anteil ihnen entsprechend ihrer Verwandtschaft zu einem Mitglied der Fangmannschaft zusteht. Unser Gastgeber, der Mann, der den Wal getötet hat, beteiligt sich nicht an dieser Arbeit. Er muß als erstes den Geist des toten Wals besänftigen. Am Abend findet im Dorf eine Zeremonie zur Feier der erfolgreichen Jagd statt, und am nächsten Tag werden wir wieder abreisen...

Im Gegensatz zum Walfang wurde die Seehundjagd von kleineren Mannschaften aus nur drei Personen betrieben, die kleinere Kanus und Harpunen mit zweizinkigen Spitzen benutzten, die ebenfalls an einer Leine befestigt waren. Wenn ein Seehund harpuniert war, wurde er einfach an das Kanu herangezogen und mit einem Knüppel totgeschlagen. Seehunde und Seelöwen wurden für gewöhnlich auf den der Küste vorgelagerten Inseln gejagt, wo die Tier sich oft ausruhten. Der größte Teil des Robbenfleisches wurde, wie auch das des Wals, frisch verzehrt, weil es sich aufgrund seines hohen Fettanteils nur schwer für die Lagerung haltbar machen ließ. Das Öl jedoch konnte mehrere Jahre lang aufbewahrt werden. Schalentiere wie Muscheln, Austern, Napfschnecken und Entenmuscheln, die es an den meisten Teilen der Küste in Hülle und Fülle gab, wurden außer im Sommer das ganze Jahr über gesammelt. Getrocknete Muscheln und bestimmte Schalen, wie z. B. das Gehäuse der Dentaliumschnecke, wurden auch benutzt, um Handel mit den Stämmen des Inlands zu treiben.

In den dichten Wäldern der Küstenregion wuchsen zahlreiche Pflanzenarten, welche die Ernährung der Dorfbewohner ergänzten oder von ihnen als Medizin, Färbemittel oder Rohmaterial für die Herstellung der meisten Bedarfsgüter benutzt wuden. Aus diversen Studien geht hervor, daß manche

Gruppen bis zu 150 verschiedene Pflanzen verwendet haben könnten. Aber obwohl eßbare Beeren, Blattpflanzen, Wurzeln und Schößlinge in verschwenderischer Fülle zur Verfügung standen, gab es kaum stärkehaltige Nahrungspflanzen, die man in größeren Mengen sammeln und für den Verzehr im Winter einlagern konnte. Weiter im Süden wurden Camas-Knollen und Eicheln gesammelt und gelagert und bildeten einen wichtigen Teil der Ernährung. Im nördlichen und mittleren Teil der Küste jedoch waren Beeren die einzige pflanzliche Nahrung, die sich für den Winter einlagern ließ. Manche Sorten wurden in hölzernen Kisten gelagert und mit Robben- oder Walöl bedeckt, während andere in Körben im weichen Schlamm der Flußufer vergraben wurden. Insgesamt jedoch stellten pflanzliche Nahrungsmittel einen nur sehr geringen Teil der Ernährung der Indianer der Nordwestküste. Aufgrund der meist nur saisonalen Verfügbarkeit der meisten Nahrungsmittel war es aber dennoch wichtig, ausreichende Vorräte für den Winter anzulegen. Außerdem waren große Nahrungsmittelvorräte die Voraussetzung dafür, daß die Bewohner verschiedener Dörfer zu den Winterzeremonien zusammenkommen konnten.

Im Jahre 1492 besaßen die Stämme der Nordwestküste hochentwickelte Technologien zur Herstellung der verschiedensten Gegenstände aus Stein, Knochen, Geweih und Muschelschalen. Außerdem verfügten sie über ausgezeichnete Techniken zum Weben der verschiedensten Arten von Körben, Beuteln und Matten, und manche Gruppen stellten prachtvolle Decken aus Bergziegenwolle, Zedernbast oder Hundehaaren her. Die größten Leistungen erbrachten sie jedoch auf dem Gebiet der Holzverarbeitung, wie man an den 500 Jahre alten Häusern und Gebrauchsgegenständen sehen kann, die in Ozette ausgegraben wurden.

Eine detaillierte Untersuchung der Holzarten, welche die Bewohner des Dorfes für die unterschiedlichen Verwendungszwecke auswählten, zeigt deutlich, daß sie sehr genau wußten, welche besonderen Eigenschaften und Charakteristiken die verschiedenen Holzarten hatten, und daß sie jeweils das Holz auswählten, das für einen gegebenen Zweck am geeignetsten war. So wurde z. B. das Holz der Roten Zeder wegen seiner geraden Maserung, seiner leichten Spaltbarkeit und Verarbeitung und seiner hohen Resistenz gegen Witterungseinflüsse für den Bau von Häusern und Kanus und die Herstellung von Pfeilschäften, Kisten und verschiedenen anderen großen und kleinen Gerätschaften verwendet. Aus dem Holz der Roterle schnitzte man Eßgeschirr, Schüsseln und Tabletts, weil es erstens nicht leicht splitterte und zweitens keinen starken, harzigen Eigengeruch oder Eigengeschmack besaß. Wenn es vor allem auf Haltbarkeit oder Belastbarkeit ankam, wie z. B. bei der Herstellung von Rudern, Harpunenschäften, Bö-

Die Lachsfischer   79

Dieses am Rande eines immergrünen Waldes gelegene Dorf war typisch für die Siedlungen an der Südküste des modernen British Columbia. Die Zeichnung von William Alexander, der Captain George Vancouver in den 1790er Jahren auf seiner Reise um die Welt begleitete, enthält viele Elemente, die wahrscheinlich auch im Jahre 1492 existierten: Häuser aus Zedernplanken, mehrere Arten von Kanus und rechts unten ein Fischwehr (The Newberry Library).

gen oder Knüppeln zum Töten von Seehunden und Fischen, fiel die Wahl auf Eibenholz.

Zu den Werkzeugen, die bei der Holzverarbeitung verwendet wurden, gehörten steinerne Schlegel; Keile aus Holz, Knochen oder Geweih; Messer aus Muschelschalen; steinerne Beilklingen, die in Griffe aus Holz, Geweih oder Knochen eingefügt waren; Messer aus Biberzähnen; und Steinbohrer. Sandstein und Stücke getrockneter Haifischhaut wurden als Sandpapier verwendet.

Außerdem stellte sich heraus, daß die Bewohner von Ozette vor dem Erdrutsch – also zu einer Zeit kurz vor der Landung Christoph Kolumbus' in Amerika – Werkzeuge aus Stahl benutzten, denn in den Schlickschichten über dem Dorf wurden kleine, stählerne Beilklingen und große und kleine stählerne Messer mit Heften einheimischer Machart gefunden. Aller Wahrscheinlichkeit nach stammte dieses Metall aus schiffbrüchigen asiatischen Dschunken, die mit der Japanströmung über den Pazifik getrieben und an der zuklüfteten amerikanischen Küste an Land gespült worden waren. Das bedeutet wahrscheinlich, daß vor 500 Jahren an der ganzen Nordwestküste Werkzeuge aus Metall benutzt wurden; seit wie lange vorher ist zur Zeit jedoch nicht bekannt.

Die Häuser der ganzen Nordwestküste ähnelten im Prinzip denen in Ozette, obwohl es auch regionale Unterschiede gab. Im nördlichen Küstenbereich, bei den Tlingit, Haida und Tsimshian, waren die Häuser ganz besonders schön gebaut und ganz besonders reich verziert. Sie hatten einen fast quadratischen Grundriß und gegiebelte Dächer, deren Dachbalken auf oftmals kunstvoll geschnitzten und bemalten hölzernen Pfosten ruhten. Die vertikal verlaufenden Wandbretter steckten oben und unten in geschlitzten Balken, die sorgfältig behauen und an den Enden so verzapft waren, daß sie in die entsprechenden Zapflöcher der Stützbalken an den Ecken der Häuser paßten. Die Tür befand sich genau unter dem Giebel in der Mitte der Fassade.

Diese Häuser standen oft über einer zentralen Grube, die etwa anderthalb Meter tief und zehn Meter lang und breit und mit Brettern verschalt war. Die Vorrats-, Wohn- und Schlafbereiche lagen zwischen den Außenwänden und dem Rand der zentralen Grube. Gekocht wurde auf einer sandgefüllten Feuerstelle in der zentralen Grube.

Die Pultdachhäuser von Ozette waren mehr oder weniger typisch für die der Nootka auf der Vancouver-Island und der Salish sprechenden Stämme am Puget Sound und an der Küste von Washington. Gelegentlich wurden am Puget Sound auch sehr große Bauten errichtet, indem man aneinander angrenzende Häuser, die eine gemeinsame Wand besaßen, einfach miteinander verband. Eines dieser Häuser, das sogenannte »Haus der alten Männer«, war 180 Meter lang und 20 Meter breit.

Südlich der Mündung des Columbia und an der Küste Oregons bestanden die Häuser aus Brettern von Zedern- oder Mammutbaumholz, die vertikal an dem stützenden Gerüst befestigt wurden. Sie hatten Giebeldächer und standen oft über einer Grube. Ähnlich wurde auch an der nordkalifornischen Küste gebaut, hier jedoch hatten die Häuser oft doppelt oder dreifach geschrägte Giebeldächer.

Die Geschicklichkeit der Indianer der Nordwestküste gerade im Bereich der Holzverarbeitung zeigte sich jedoch nicht nur an ihren Häusern, sondern auch an ihren großen, schön gestalteten Kanus, die ihr wichtigstes Transportmittel und eine wesentliche Voraussetzung für ihre wirtschaftlichen Aktivitäten waren: Es gab Kanus in allen Größen, je nachdem, für welchen Verwendungszweck sie gedacht waren. Am nördlichen Teil der Küste gab es große Last- oder Reisekanus, die bis zu 16 Meter lang und an ihrer breitesten Stelle über zwei Meter breit waren.

Zur Herstellung der Kanus wurde meistens das Holz der Roten oder Gel-

Die Lachsfischer   81

Innenansicht eines Nootka-Hauses von John Webber, dem Zeichner, der Captain Cook auf seiner Reise an die Nordwestküste begleitete. Hier hängen Fische zum Trocknen von der Decke, in einer Holzkiste wird gekocht, und Schlafkabinen säumen die Wände. In der Mitte des Bildes ist im Hintergrund eine aus Holz geschnitzte Walflosse zu sehen, ein Emblem für den hohen Status, der Walfängern zukam. Sie hat große Ähnlichkeit mit einem in Ozette gemachten Fund (The Newberry Library).

ben Zeder oder das des Küstenmammutbaums verwendet. Wenn ein passender Baum gefunden, gefällt und auf die gewünschte Länge zugeschnitten war – eine langwierige und mühselige Arbeit –, wurde der Stamm mit Hilfe von großen, hölzernen Keilen und schweren Schlegeln aus Stein oder Holz in zwei Hälften gespalten, an Ort und Stelle provisorisch ausgehöhlt, um ihn leichter zu machen, und anschließend zum nächsten Wasserlauf geschleppt und ins Dorf geflößt, wo die Arbeit in größerer Ruhe und Bequemlichkeit fortgesetzt werden konnte. Mit Beilen und Meißeln wurde der Rumpf annähernd in seine endgültige Form gebracht, dann wurden sorgsam zugeschnittene Teile für den Bug und das Heck mit Pflöcken angepaßt und angenäht. Sobald das Kanu seine endgültige Form besaß und sorgfältig abgeschmirgelt war, konnte es unter der Einwirkung von Dampf gespreizt werden. Dazu wurde es mit Wasser gefüllt, in das heiße Steine gelegt wurden. Außerdem wurden rund um den Rumpf herum in sicherer Entfernung Feuer angezündet. Wenn der Rumpf sich allmählich erhitzte, wurde er mit Wasser übergossen, um den Prozeß des Dämpfens zu beschleunigen. Sobald das Holz biegsam geworden war, wurden hölzerne Ruderbänke, die auf die entsprechende Länge zugeschnitten waren, in das Kanu hineingezwängt, so daß die Seiten auseinander gespreizt wurden. Dabei mußte man mit äußerster Vorsicht vorgehen, denn es kam vor allem darauf an, eine gleichmäßige Krümmung oder Ausbuchtung des Rumpfs zu erreichen, die dazu beitrug, die Wellen abzulenken und das Kanu seetüchtiger zu machen. Im tiefen Wasser wurden die Kanus mit langen, spitz zulaufenden Rudern bewegt, die kleineren Flußkanus hingegen wurden häufig gestakt.

Am nördlichen Teil der Küste hatten die Kanus vorspringende Bugs und Hecks, während die im mittleren Teil und an den Küsten von Washington und Oregon zwar einen vorspringenden Bug, dafür aber ein flaches Heck hatten. Im nördlichen Kalifornien waren sie schwerer, weniger sorgfältig gearbeitet und eher für den Flußverkehr als für die offenen Küstengewässer geeignet.

Die politische und gesellschaftliche Organisation der Stämme der Nordwestküste des Jahres 1492 beruhte auf streng definierten Prinzipien von Blutsverwandtschaft, Klassenzugehörigkeit und Wohlstand. Es war eine in Klassen unterteilte Gesellschaft, in der es einen Adel, das gewöhnliche Volk und Sklaven gab und in der die Stellung eines Menschen in erster Linie durch seine Geburt bestimmt wurde. Höchstes Lebensziel waren die Anhäufung und die Verteilung von Reichtümern und der Erwerb von Status, Privilegien und Prestige. Hochangesehene Personen erlangten ihre Position größtenteils dadurch, daß sie materiellen Besitz, Lieder, Tänze und gewisse gesellschaftliche Vorrechte erbten; sie konnten ihren Status aber auch durch geschicktes »Potlatching« (auf das wir später noch zurückkommen werden) und durch pesönliche Leistungen, z. B. beim Walfang, erhöhen. Unter ihnen stand das gewöhnliche Volk, zu dem auch all jene gehörten, die mit den angesehenen Persönlichkeiten verwandt waren und durch diese Verwandtschaft ein gewisses Maß an gesellschaftlichem Ansehen erlangten. Ganz zuunterst kamen die Sklaven, für gewöhnlich Frauen und Kinder, die entweder bei Überfällen auf andere Dörfer erbeutet worden, durch Kauf oder als Geschenk in die Hände ihrer Besitzer gelangt, oder die Nachkommen eines Mannes von Rang und einer Sklavin waren. Da es ein schreckliches Stigma war, ein Sklave zu sein, hatten sie nicht den geringsten gesellschaftlichen Status und nicht die geringste Hoffnung, es je zu Ansehen bringen zu können.

Die gesellschaftlich angesehenen Männer waren gleichzeitig auch die politischen Führer des Dorfes. Dennoch war die Familie die primäre gesellschaftliche und politische Einheit, und die Kontrolle über die einzelnen Mitglieder der Gemeinschaft lag in den Händen ihrer Familie. Es waren nur selten einmal Entscheidungen zu fällen, die das ganze Dorf betrafen, denn

Die Lachsfischer

es gab keine öffentlichen Institutionen und keine Steuern, und nur selten einmal mußte im Fall eines Angriffs durch einen anderen Stamm eine gemeinschaftliche Verteidigung organisiert werden. Man könnte die angesehenste Persönlichkeit innerhalb einer solchen Gemeinschaft zwar als Dorfoberhaupt bezeichnen, dieses Oberhaupt hatte jedoch keinerlei absolute Macht oder Autorität. Es handelte sich im Prinzip um einen Ehrentitel, und der Respekt, der dem Betreffenden entgegengebracht wurde, galt einzig seinem Status und seinem Prestige.

An der ganzen Nordwestküste gab es drei verschiedene Verwandtschaftssysteme. Bei den Tlingit, Haida und Tsimshian im Norden wurde Abstammung über die mütterliche Seite definiert, und es gab eine komplexe Klan-Struktur. Im mittleren Bereich, bei den Kwakiutl, Nootka, Makah und Quileute-Hoh, wurde Abstammung über beide Elternteile definiert, wobei die väterliche Seite jedoch eindeutig den Vorrang hatte. Beim Rest der Stämme war die Abstammung patrilinear.

Die Tsimshian des Jahres 1492 sind ein ausgezeichnetes Beispiel für die Komplexität des Gesellschaftssystems der Nordwestküste. Sie waren in 14 Stämmen organisiert, von denen elf in Dörfern an den Binnengewässern und drei an der Küste lebten. Diese unterschiedlich großen Stämme besaßen jeweils ein oder mehrere Dörfer, die aus einer Reihe von Haushalten oder »Häusern« bestanden.

Alle Mitglieder der 14 Stämme gehörten einem von vier Klanen an, die auf Blutsverwandtschaft beruhten. Jeder Klan bestimmte und definierte die Abstammung seiner Mitglieder, und wen diese Mitglieder heiraten konnten oder nicht. Die Abstammung wurde in jedem der Klane von der mütterlichen Seite hergeleitet, und Heiraten durften nur zwischen Mitgliedern verschiedener Klane stattfinden. Eine Heirat innerhalb des eigenen Klans galt als Blutschande. Die Klane der Tsimshian hießen Wolf, Adler, Rabe und Grund- oder Schwertwal, und alle vier Klane hatten Mitglieder in jedem der 14 Stämme. Innerhalb jedes Klans gab es eine Reihe von Abstammungslinien oder Lineages, die gemeinsame Ursprungsmythen hatten.

Die Häuser wurden gemeinschaftlich von den Mitgliedern der einzelnen Lineages errichtet, denen sie auch gehörten. Da die Polygamie erlaubt, Heirat innerhalb des eigenen Klans jedoch tabu war, konnte es durchaus vorkommen, daß mehrere Familien, die verschiedene Lineages und mehr als einen Klan verkörperten, ein großes Haus bewohnten. Jeder Haushalt besaß einen Fundus von Dingen, die als sein Eigentum galten. Dazu gehörten Namen, Wappen, Privilegien, Lieder, Tänze und Mythen, auf die alle Mitglieder des Haushalts ungeachtet von Lineage oder Klan einen Anspruch hatten. Die einzelnen Haushalte besaßen auch das Recht, an bestimmten

Orten zu fischen, zu jagen und Schalentiere oder Beeren zu sammeln. Das angesehenste Mitglied einer Lineage mit eigenem Haus, das in diesem Haus wohnte, war das Oberhaupt des Haushalts.

In jedem Dorf gab es einen Haushalt und eine Lineage, die aufgrund ihres Reichtums und ihrer ererbten Privilegien am höchsten angesehen waren. Das Oberhaupt eines solchen Hauses und einer solchen Lineage war der Dorfhäuptling, hatte diese Führungsposition aber nur aufgrund seines Prestiges und seiner Persönlichkeit inne. Ebenso wurde ein Dorfhäuptling, der höher angesehen wurde als die anderen Dorfhäuptlinge des Stammes, als Stammeshäuptling anerkannt. Der Dorf- oder Stammeshäuptling war der soziale und zeremonielle Anführer der Gruppe. Seine Nachfolge wurde in erster Linie durch Erbschaft bestimmt und ging idealerweise an den jüngeren Bruder über. Sie konnte nicht auf einen Sohn übergehen, da die Söhne eines Mannes einer anderen Lineage und einem anderen Klan angehörten, nämlich dem der Mutter.

Abgesehen von diesen Verwandtschaftsbeziehungen und der Zugehörigkeit zu bestimmten Dörfern und Haushalten, wurden die Tsimshian des Jahres 1492 auch in ein System hineingeboren, das mehr oder weniger einem Kastensystem entsprach. Die angesehensten Persönlichkeiten innerhalb des Systems waren die Häuptlinge und die Mitglieder ihrer Lineages, die gern innerhalb ihrer privilegierten Gruppe heirateten, um ihre hohe Stellung nicht zu verlieren. Unter ihnen stellte das gewöhnliche Volk, oder die Mittelschicht, das Gros der Bevölkerung dar. Durch die Anhäufung großer Reichtümer und durch sorgfältiges Potlatching war es möglich – wenn auch selten –, aus den Reihen des gewöhnlichen Volkes in die höchste Statusgruppe aufzusteigen. Ganz unten standen die Sklaven und ihre Kinder. Die primäre politische Einheit – die Großfamilie oder Lineage, mit ihrem eigenen Oberhaupt und ihren Besitzrechten an wirtschaftlichen Ressourcen – regierte sich selbst, schlichtete Streitigkeiten in den eigenen Reihen und kannte keine höhere Autorität. Nur im Kriegsfall schlossen sich lokale Gruppen zur Verteidigung oder zum Angriff zusammen.

Bei den Stämmen des mittleren und des südlichen Küstenbereichs, die entweder ein bilaterales oder ein patrilineares Abstammungssystem besaßen, waren die Verwandtschaftsstrukturen weniger komplex. Dennoch waren, zumindest bei den Gruppen des mittleren Küstenbereichs, Vorstellungen von Rang, Wohlstand und sozialen Privilegien ebenso stark ausgeprägt wie bei den Tsimshian im Norden.

Eine Grundlage der sozialen, ökonomischen und politischen Systeme der Völker der ganzen Nordwestküste war das sogenannte Potlatch, eine Zeremonie, bei der gegessen, gesungen, getanzt wurde, vor allem aber Ge-

Die Lachsfischer

schenke an die geladenen Gäste verteilt wurden und die den Zweck hatte, eine Statusveränderung anzukündigen. Dabei konnte es sich um eine Heirat handeln, die Geburt oder Benennung eines Kindes, das Geben oder Nehmen eines Namens, der in der Geschichte der Lineage von Bedeutung war, oder auch um die Übernahme eines erblichen Titels mit allen mit ihm verbundenen Rechten und Privilegien. Jede derartige Veränderung mußte von der eigenen Gemeinschaft und manchmal auch von Mitgliedern anderer Dörfer gebilligt werden. Dies war der Grund für die aufwendigen Geschenke, denn die Annahme eines Geschenks durch einen Gast bedeutete die stillschweigende Anerkennung des neuen Status, den der Gastgeber oder sein Sprecher bekanntgemacht hatten. Außerdem bot ein Potlatch jungen Leuten die Gelegenheit, sich kennenzulernen und näherzukommen, und war gleichzeitig ein freudiger Anlaß für Verwandte und Freunde aus verschiedenen Dörfern, sich endlich einmal wiederzusehen.

Aber kehren wir in das Jahr 1492 und nach Ozette zurück. Wir sind zu einem Potlatch eingeladen, das von einem hochangesehenen Mann veranstaltet wird, dem Oberhaupt einer großen und wichtigen Familie, die sich seit über einem Jahr auf diesen Augenblick vorbereitet hat. Das Potlatch wird wahrscheinlich mehrere Tage dauern. Die Familie unseres Gastgebers hat genug Essen vorbereitet, um an die 200 Gäste, von denen einige aus Dörfern kommen, die mehrere Tagesreisen entfernt liegen, verköstigen zu können. Außerdem wurden Unmengen von Geschenken angesammelt, die anläßlich des Potlatch verteilt werden sollen, darunter mehrere Kanus und geschnitzte und mit Einlegearbeiten verzierte Holzkisten, zahlreiche Schalen und Schüsseln, Decken, Ketten aus Muschelschalen und andere Kleinigkeiten. Jeder Gast wird ein Geschenk erhalten, das seinem Rang und seinem Ansehen entspricht.

Den ganzen Tag über treffen die Kanus mit den Gästen ein. Alle werden mit großem Zeremoniell begrüßt und zu den Häusern geleitet, in denen sie schlafen werden. Zum Glück ist das Wetter schön und die Temperatur mild. Zu gegebener Zeit versammeln sich alle, und der Anlaß für die Feier wird bekanntgegeben. Dazu gehört zunächst einmal eine ausführliche Darstellung der Geschichte der Familie oder Lineage, durch die bewiesen werden soll, daß der Veranstalter des Potlatch tatsächlich das Recht hat, den neuen Status mitsamt dem dazugehörigen Namen und Titel und allen Rechten anzunehmen. Dann folgen Lieder, Tänze, das Festmahl und die Verteilung der Geschenke an die geladenen Gäste entsprechend ihrer allgemein anerkannten persönlichen Bedeutung. Das Fest, das mehrere Abende dauern wird, zeichnet sich vor allem durch die gewaltigen Essensmengen aus, die dabei konsumiert werden, und durch die prachtvollen Kostüme und Masken der

Tänzer. Irgendwann jedoch ist es vorbei; wir packen die Geschenke ein, die wir erhalten haben, und verabschieden uns zusammen mit den anderen Gästen . . .

Wirtschaftlich gesehen, war ein Potlatch ein sehr ernstes Unterfangen. Materieller Besitz spielte in den Gesellschaften der Nordwestküste eine überaus wichtige Rolle, aber nur insofern, als man durch ihn etwas kaufen konnte, was einen noch größeren Wert besaß: nämlich größeren persönlichen Status. Durch ein bei einem Potlatch entgegengenommenes Geschenk stellte sich der Empfänger in die Schuld des Mannes, der das Geschenk gegeben hatte, und mußte irgendwann ein eigenes Potlatch abhalten und sich durch ein Geschenk von gleichem oder höherem Wert revanchieren. So diente die Institution des Potlatch in gewisser Weise dazu, den überzähligen Wohlstand der Gesellschaft unter ihren Mitgliedern umzuverteilen; das einzige, was sich dabei tatsächlich veränderte, war der Status des einzelnen.

Was nun die Beziehungen der Küstenstämme untereinander anging, so waren sie oft unfreundlich und feindselig. Überlieferungen und die noch heute bestehende Verbreitung der verschiedenen Sprachen sind der Beweis dafür, daß am nördlichen und mittleren Teil der Küste beträchtliche kriegerische Auseinandersetzungen stattgefunden haben. Es gibt kaum einen Zweifel daran, daß Tsimshian-Gruppen, die ursprünglich im Landesinneren ansässig waren, an die Küste vorstießen und dabei wahrscheinlich die Tlingit verdrängten, die dort lebten. Ebenso hatten die Nootka sprechenden Makah, die ursprünglich an der Westküste der Vancouver-Island lebten, die Straße von Juan de Fuca überquert, die dort lebenden Quileute-Hoh vertrieben und sich einen Teil ihres Territoriums angeeignet. Im Gebiet der Makah gibt es noch heute auffällige Landschaftsformationen, die Quileute-Hoh-Namen tragen.

Es gab aber auch noch eine andere Form von Konflikten, die nicht der territorialen Ausbreitung, sondern vielmehr der Erlangung von persönlichem Prestige dienten. Dies waren die ständigen Überfälle kleiner Kriegergruppen, die meistens mit dem Kanu in fremde Gebiete eindrangen, um Sklaven oder andere Beute zu machen, denn Sklaven bedeuteten Reichtum, und ihr Besitz erhöhte den Status einer Person.

Die Religion der Küstenstämme des Jahres 1492 war relativ individualistisch und persönlich und ein wichtiger Bestandteil des täglichen Lebens. Allen Gruppen gemeinsam war der Glaube an übernatürliche Wesen, die überall in der Natur existierten. Beziehungen zwischen Menschen und dem Übernatürlichen konnten sich entweder glücksbringend oder katastrophal gestalten. Die übernatürlichen Wesen erschienen in unterschiedlichen Verkleidungen, manche von ihnen als Tiergeister, andere hingegen als Unge-

Die Lachsfischer   87

heuer. Der Donnervogel, der auf den Gipfeln der Berge lebte und einen ganzen Wal in seinen Klauen davontragen konnte, war das Ungeheuer, das vielleicht am weitesten bekannt war. Andere Wesen aus der Geisterwelt fungierten als Schutzgeister, die denen, die ihre spirituelle Kraft erworben hatten, Schutz gewährten und Glück brachten.

Die meisten Schutzgeister konnten nur ganz bestimmte Formen von Hilfe leisten. So gab es zum Beispiel ganz spezifische Kräfte für die Robbenjagd, für den Heilbuttfang, für das Glücksspiel oder für die Befähigung zum Schamanen. Magische Kräfte erlangte man entweder durch ritualisiertes Suchen oder durch Erbschaft, manchmal jedoch kamen sie auch völlig ungerufen. Sie gingen einher mit einem Lied und einem Tanz. Ein Mensch konnte mehr als einen spirituellen »Helfer« haben, und manche Kräfte galten als mächtiger denn andere.

Außer dem Glauben an Geisterkräfte, die außerhalb des menschlichen Körpers lebten, glaubte man auch an eine Kraft, die man vielleicht die »Seele« nennen könnte und die als das belebende Element im Körper selbst galt. Wenn die Seele den Körper verließ oder von einem übelwollenden Schamanen gestohlen wurde, trat der Tod ein, es sei denn, sie wurde von einem anderen Schamanen gefunden und dem Körper zurückgegeben.

Die wichtigste Rolle in der Religion der Völker der Nordwestküste spielte der Schamane, der den Laien die Welt der Geister erklärte, besondere spirituelle Kräfte besaß und gewisse magische Praktiken kannte, mit denen er Kranke heilen konnte. Obwohl die indianischen Völker die meisten auftretenden Krankheiten mit Hilfe einer großen Zahl medizinischer Kräuter heilten, wurde bei ernsten oder langwierigen Erkrankungen ein Schamane hinzugezogen und dafür bezahlt, die Heilung herbeizuführen. Unter solchen Krankheiten verstand man in erster Linie den Verlust der Seele, den Verlust der magischen Kräfte oder das Eindringen eines fremden Geistes oder Gegenstandes in den Körper, was meist auf einen übelgesonnenen Schamanen zurückzuführen war. In oftmals sehr dramatischen öffentlichen Darbietungen versuchte der eigene Schamane dann, den Kranken zu heilen.

Die Kunst der Nordwestküste, die sich vor allem in den Masken, Kostümen, Rasseln und anderen Paraphernalien der religiösen Zeremonien niederschlug, gehörte zu den herausragendsten der Welt und widmete sich vor allem der Darstellung von Tieren, Vögeln, Fischen und übernatürlichen Wesen, die in der Mythologie und in den Familienwappen eine wichtige Rolle spielten. In den meisten Fällen handelte es sich um zwei- oder dreidimensionale Schnitzereien, die oft zusätzlich bemalt wurden. Manchmal wurden die Schnitzereien auch noch mit Einlegearbeiten aus Muschelschalen verziert. Zu den Werkzeugen, die für die Holzschnitzereien gebraucht wurden,

Obwohl die Völker der Nordwestküste nur wenig Kleidungsstücke trugen, waren Regenbekleidungen überall vertreten. Die ärmeren Leute trugen Umhänge aus gewebtem Zedernbast, während die wohlhabenderen wie dieser Mann Pelzumhänge und gewebte Hüte trugen. Hüte dieser Art waren manchmal mit heraldischen Mustern verziert, die den gesellschaftlichen Rang des Trägers anzeigten (The Newberry Library).

gehörten Messer, Meißel und verschiedene Beile mit Klingen aus Metall, Stein oder Muschelschalen und Griffen aus Holz, Knochen oder Geweih. Zum Eintreiben der Meißel verwendete man Schlegel, die aus kunstvoll ge-

Die Lachsfischer

schliffenen Steinen bestanden oder aber aus Holz oder Knochen geschnitzt wurden.

Ihren dramatischen Höhepunkt erreichte diese Kunst am nördlichen Teil der Küste, wo die Tlingit, Tsimshian und Haida große, massive Totempfähle schnitzten, auf denen die Wappenzeichen von Einzelpersonen oder Klanen dargestellt waren, prachtvolle Häuser mit reich geschnitzten, verzierten und bemalten Fassaden errichteten, große, sorgfältig gearbeitete Kanus bauten und komplizierte, bemalte Holzmasken und Kopfschmuck, Decken und zeremonielle Kleidung herstellten. Obwohl es auch realistische Züge gab, handelte es sich größtenteils um konventionalisierte Darstellungen, die den ganz besonderen Stil der Nordwestküste ausmachten. In vielen Fällen hatte man den Eindruck, ein zweidimensionaler, graphischer Entwurf sei auf eine dreidimensionale Form übertragen worden. So waren viele der Totem- oder besser gesagt Wappenpfähle in Wirklichkeit halb erhabene Reliefarbeiten, die sozusagen um eine zylindrische Form gewunden wurden. Die Verzerrung der anatomischen Züge, die sich dabei notwendigerweise ergab, war eines der charakteristischen Merkmale dieser Kunstrichtung. Wenn die Motive dann auf eine flache Oberfläche übertragen wurden, z. B. auf eine Kiste, wirkte das dargestellte Tier wie in der Mitte gespalten, so daß die beiden Hälften sich flach über die Arbeitsfläche breiteten. Ein weiteres typisches Merkmal des nördlichen Stils bestand darin, daß jede verfügbare Fläche ausgefüllt sein mußte. Augenähnliche Formen, U-Formen und Ovale in eindrucksvollen Anordnungen bedeckten jedes leere Feld der Arbeitsfläche. Die allermeisten Kunstgegenstände wurden in Holz geschnitzt oder auf Holz gemalt, ganz gleich, ob es sich nun um den Bug eines Kanus, einen Hauspfosten, ein Eßgeschirr für ein Festmahl, einen Fischhaken oder ein Dutzend anderer Gebrauchsgegenstände handelte, aber es gab auch Knochen-, Geweih-, Stein- und Muschelschnitzereien.

In der Kunst der Stämme des mittleren Küstenbereichs gab es zwar einige der nördlichen Stilelemente, sie besaßen aber dennoch einen ganz eigenständigen, mehr realistischen Charakter. Am häufigsten wurden Menschen, aber auch Wale, Seehunde, Wölfe und Vögel dargestellt, und zwar meist auf begriffliche, unverzerrte Weise. Viele Gebrauchsgegenstände wurden entweder mit realistischen Formen oder geometrischen Mustern verziert. Vor allem in der zeremoniellen Kunst gab es die konventionalisierte Darstellung wirklicher Tiere oder mythischer Wesen. Die Kunst der Kwakiutl schien eine Mischung aus den Grundformen der Zentralregion und des Nordens zu sein.

Bei den Salish und Chinook war die Kunst in Quantität und Form weniger ausgeprägt. Ein großer Teil der künstlerischen Arbeiten dieser südlicheren Völker beschränkte sich auf rituelle Paraphernalien wie Masken, Rasseln, Trommeln und Geisterfiguren. Nicht etwa, daß sie nicht schnitzen oder malen konnten, Kunst war einfach kein so wichtiger Teil ihres täglichen Lebens. Es gibt wirklich ausgezeichnete Beispiele für die Kunst der Salish in der Form von Masken und Spindelwirteln. Bei den Stämmen im südlichen Oregon und nördlichen Kalifornien gab es bedeutend weniger kunstvolle Schnitzereien und Malereien als bei ihren nördlichen Nachbarn. Dafür aber verwendeten sie beträchtliche Mühen darauf, komplizierte, geometrische Muster in wunderschöne, in Wulsttechnik gearbeitete Körbe zu weben.

An der ganzen Nordwestküste fand die Kunst auch in der Körperverzierung ihren Ausdruck. Außer bei rauhem Wetter trugen die Indianer im täglichen Leben nur wenig Kleidung, so daß große Flächen des Körpers unbedeckt blieben. Und so waren denn Tätowierungen nichts Ungewöhnliches, und in manchen Fällen war der ganze Körper mit kunstvollen Motiven bedeckt. Die Kleider, welche die Menschen bei nassem, windigem oder kaltem Wetter trugen, waren größtenteils schmucklos – für gewöhnlich handelte es sich um einfache Umhänge aus Pelzen, Häuten oder gerupftem Zedernbast –, zeremonielle Bekleidungen hingegen wurden oft aufwendig verziert. Im hohen Norden gab es spitz zulaufende Korbhüte, deren breiter Rand oft mit eingewebten Mustern verziert war, und der Kopfschmuck und die wunderschönen Webdecken, die zu wichtigen Anlässen getragen wurden, waren oft mit Perlen, Pelzstreifen und Anhängern aus Muscheln, Knochen oder Steinen verziert.

Östlich der Stämme des mittleren und südlichen Küstenbereichs und östlich der gewaltigen Bergketten, die sie am Rand des Kontinents einengten, lag ein riesiges Inlandgebiet von völlig anderer Beschaffenheit, das im Jahre 1492 von Völkern bewohnt wurde, deren Kultur sich von der der Küstenbewohner unterschied, deren Lebensunterhalt aber ebenfalls zu großen Teilen von der Fischerei, insbesondere der Lachsfischerei, abhing. Diese große Inlandregion wurde im Norden durch die große Krümmung des Fraser River im heutigen British Columbia und im Süden durch die Quellgebiete der Flüsse im heutigen Oregon und westlichen Idaho begrenzt, die nach Norden in den Snake und den Columbia River entwässerten. Von Westen nach Osten reichte das Gebiet von der Kaskadenkette bis zu den Rocky Mountains.

Physiographisch gesehen, war es eine sehr abwechslungsreiche Region. Im Norden lagen parallele Ketten aus bewaldeten Hügeln und Bergen, dazwischen Täler mit Flüssen und Seen und grasbewachsenen Ebenen. Weiter im Süden, im Osten des heutigen Washington und im nördlichen bis mittleren Oregon, lag eines der größten Basaltplateaus der Welt, vor Millionen

Die Lachsfischer

Eine tätowierte Chinook-Frau hält ein Baby in einem Tragebrett, an dem ein schräges Brett befestigt ist, das den Kopf des Babys in eine ähnliche Form wie den der Mutter bringen soll. Das Resultat war ein Zeichen für Schönheit, Prestige und Rang (The Newberry Library).

von Jahren von geschmolzener Lava gebildet, die sich aus Rissen in der Erdoberfläche über das Land ergoß. Es gab der ganzen Region ihren modernen, bildhaften Namen – das Plateau. Später hatten Vulkanausbrüche an
den östlichen Hängen der Kaskadenkette in Oregon, die Asche über ein gewaltiges Gebiet verstreuten, auch die Schlackenkegel und die großen Obsi-
dianflüsse hervorgebracht, welche die Indianer über Tausende von Jahren
nutzten, um ihre Steinwerkzeuge herzustellen. Den westlichen und östlichen Rand der Region bildeten die bewaldeten Ausläufer der Kaskadenkette und der Rocky Mountains, während sich im Süden des Basaltplateaus
ein weites, trockenes und größtenteils baumloses Grasland anschloß.

Da die von der Küste kommenden, landeinwärts ziehenden Luftmassen
den größten Teil ihrer Feuchtigkeit schon verloren, wenn sie an den Hängen
der Kaskaden und der Küstengebirge aufstiegen, fielen in dieser Inlandregion bedeutend weniger Niederschläge, und diese zum größten Teil im
Winter als Schnee. Die trockensten Gebiete im Süden der Region erhielten
jährlich nur 27 bis 50 Zentimeter Niederschläge, und in der ganzen Region
waren Temperaturen, die im Winter bei 30 Minusgraden und im Sommer
bei über 35 Grad plus lagen, nicht ungewöhnlich.

Die Bevölkerung der Region – die sich im Jahre 1492 auf die Flußtäler
konzentrierte, wo die Winterdörfer und die Standorte für den Lachsfang lagen – war wahrscheinlich kaum größer als 50 000. Die Gegenden, die nicht
unmittelbar an Flüssen oder Seen lagen, wurden nur gelegentlich aufgesucht, um dort zu jagen oder wilde Pflanzen zu sammeln. Es gab keine
Landwirtschaft, und die Wahl der Standorte für die Niederlassungen der
relativ weit verstreut lebenden Gruppen stand im unmittelbaren Zusammenhang mit der Fähigkeit jener Gegenden, eine nichtlandwirtschaftliche
Bevölkerung zu ernähren.

Im nördlichen Teil der Region, dem heutigen British Columbia, lebten
Salish sprechende Gruppen, die Vorfahren der heutigen Okanaga, Shuswap, Thompson und Lillooet, in einem landschaftlich sehr abwechslungs-
reichen Gebiet mit bewaldeten Bergzügen, grasbewachsenen Flußtälern
und großen und kleinen Seen. Südlich von ihnen bewohnten andere Salish
sprechende Gruppen, die Vorfahren vieler moderner Stämme, darunter der
Coeur d'Alene, Kalispel, Spokane, Sanpoil und Südlichen Okanoga, ein
ähnliches Gebiet aus weiten Flußtälern, verstreuten Seen, grasigen Ebenen
und kiefernbestandenen Hügeln. Eine Gruppe jedoch, die nach dem Fluß,
an dem sie lebte, als Columbia bekannt ist, war im trockenen, steppenarti-
gen Big Bend Country des heutigen Washington am südlichen Rand des
zentralen Bereichs der Region ansässig.

Der trockene Süden der Region, ein Gebiet, in dem Grasflächen und Bei-

Die Lachsfischer   93

fußgewächse dominierten, an sandigen Stellen aber auch Wacholderbüsche und auf den Erhebungen Kiefernwälder wuchsen, war das Gebiet Sahaptin sprechender Völker, der Vorfahren von Stämmen wie den Nez Percé, Palouse, Cayuse, Walla Walla, Tenino, Molala, Klickitat, Yakima und Kittita. Außerdem lebten die oberen Klamath räumlich getrennt vom Rest der Plateau-Stämme in den südlichen Ausläufern der Kaskadenkette in Oregon, einer Umgebung, die in vieler Hinsicht eher dem nördlichen Teil der Region ähnelte. Und nicht zuletzt waren an der östlichen Flanke des Plateaus die Vorfahren der Kutenai und der Salish sprechenden Flathead (die ihre Köpfe keineswegs abflachten und im 19. Jahrhundert von den Weißen auf gröbliche Weise fehlbenannt wurden) in einem Gebiet zu Hause, das ganz oder teilweise östlich der Rocky Mountains lag. Sie hatten keinen Zugang zu den Lachsflüssen und entwickelten eine allgemeinere Wirtschaftsform, in der die Jagd eine größere Rolle spielte.

Kehren wir noch einmal in das Jahr 1492 zurück und besuchen wir eines der Plateau-Dörfer, das von einer Salish sprechenden Bevölkerung bewohnt wird. Es liegt weit im Landesinneren, im trockenen, südlichen Teil der Region, und von der Küste aus, wo wir zuletzt gewesen sind, erreicht man es am besten, indem man mit dem Kanu den großen Fluß hinauffährt, den man eines Tages den Columbia nennen wird.

Es ist ein schöner, sonniger Herbsttag, als wir die breite Mündung des Flusses und das Dorf der Küsten-Chinook verlassen, die den Lachsfang in ihren Gezeitenreusen abgeschlossen und angefangen haben, ihre großen Blockhäuser auf den Winter mit seinen Regenfällen vorzubereiten. Wir beginnen unsere Reise in einem für die Küstenflüsse typischen Kanu. Es ist etwa neun Meter lang, aber bedeutend schmaler als die Kanus, die auf dem offenen Meer verwendet werden.

Auf unserem Weg flußaufwärts kommen wir an hohen, schneebedeckten Bergen vorbei, die von bewaldeten Ausläufern gesäumt sind. Der Fluß wird schmaler und schneller, und wir begegnen zahlreichen Stromschnellen. Zwei Tage lang fahren wir landeinwärts und kommen, als wir den langsamen, noch von den Gezeiten bestimmten Unterlauf des Flusses allmählich hinter uns lassen, in ein Gebiet, in dem die bewaldeten Ufer steil zum Fluß abfallen und zahlreiche Wasserfälle hohe Felswände hinunterstürzen. Wir sehen mehrere Indianerlager und -dörfer, die an den Mündungen kleiner Nebenflüsse und Bäche liegen, an denen es immer frisches Wasser und reichlich Feuerholz gibt. Auch in diesen Bächen wandern Lachse in großen Scharen zu ihren Laichplätzen.

Als wir an einer langen, nur dünn bewaldeten Insel vorbeikommen, sehen wir, daß es sich um einen indianischen Friedhof handelt. Zahlreiche Ka-

94   *Amerika 1492*

nus, welche die sterblichen Überreste und die weltliche Habe von Verstorbenen enthalten, wurden auf den felsigen Grund der Insel gezogen.

An einer Stelle müssen wir das Kanu und unsere Sachen schleppen, weil unüberwindliche Stromschnellen uns den Weg versperren. Schließlich lassen wir die dicht bewaldeten Hänge hinter uns und gelangen in ein Gebiet mit hohen, braunen, grasbewachsenen Hügeln und steilen Basaltklippen. Hier gibt es zahlreiche Stromschnellen, die nicht nur zu den berühmtesten Lachsfanggründen des ganzen Flusses zählen, sondern gleichzeitig auch ein bedeutendes Zentrum sind, in dem Inland- und Küstenstämme zusammentreffen, um miteinander Handel zu treiben. Außerdem gibt es hier Glücksspiele und viel Geselligkeit.

Die Methode, nach der hier gefischt wird, unterscheidet sich von allem, was wir bisher gesehen haben. An den Stellen, an denen das Wasser sich durch enge, von fast senkrechten Felswänden eingeschlossene Schluchten stürzt, haben die Fischer kleine Plattformen, die an die schroffen Felsen gebunden und festgekeilt werden und die frei über dem wild schäumenden Wasser schweben. Wenn das Wasser so schnell fließt wie hier, schwimmen die Lachse so dicht wie möglich an den Felswänden entlang, wo die Strömung nicht ganz so stark ist, und die indianischen Fischer auf ihren Plattformen brauchen nichts weiter zu tun, als ihre Tauchnetze mit den langen Griffen gegen die Strömung durch das Wasser zu ziehen, um die flußaufwärts wandernden Fische herauszuholen.

Oberhalb der Stromschnellen steigen wir für den Rest unserer Reise den Fluß hinauf in ein anderes Kanu um, das sich von unserem bisherigen unterscheidet. Es ist nur etwa sieben Meter lang und besteht aus einem halbierten Baumstamm, der einen flachen, abgerundeten, vorspringenden Bug und ein ebensolches Heck hat. Diese Art von Kanu wird in Ufernähe durch das flache Wasser gestakt, wobei der Bootsführer auf dem flachen Heck steht.

Etwas später kommen wir an Felswänden vorbei, auf denen gemalte und eingeritzte Zeichnungen zu sehen sind. Manche dieser Bilder stellen Hirsche, Bergschafe und andere Tiere dar, andere jedoch sind rein geometrisch und bestehen aus parallelen Zickzacklinien, konzentrischen Kreisen oder sonnenähnlichen Formen mit zahlreichen Strahlen, die von einem Kreis ausgehen. Wieder andere zeigen stark stilisierte anthropomorphe Figuren. Niemand kann uns sagen, welche Bedeutung diese Piktogramme und Petroglyphen haben. Sie wurden in fernster Vergangenheit angefertigt, und im Jahre 1492 weiß niemand mehr, was sie zu bedeuten haben.

Allmählich wird das Tal breiter, die braunen Hügel werden niedriger, ihre Hänge sanfter, und es gibt weniger Basaltklippen. Rechts von uns, wo der Fluß einen Bogen nach Norden beschreibt und ein kleiner Bach, von Osten

Die Lachsfischer

kommend, in ihn einmündet, liegt ein großes Dorf. Ein paar Meilen weiter flußaufwärts kommen wir an der Mündung eines größeren Flusses vorbei, der ebenfalls aus dem Osten herbeifließt. Wir werden diesem Fluß nicht folgen, obwohl man uns sagt, daß er uns zu vielen Dörfern bringen würde, die von einer Sahaptin sprechenden Bevölkerung bewohnt sind.

Eine lange Tagesreise, immer noch auf dem großen Fluß, bringt uns an weitere Stromschnellen. Wir beschließen, hier die Nacht zu verbringen und unsere Umgebung ein wenig zu erkunden. Ein Dorf, das aus einem Dutzend langer, mattengedeckter Hütten besteht, das erste dieser Art, das wir sehen, liegt auf einer beifußbewachsenen Niederung direkt am Fluß. Die Häuser sind unterschiedlich groß – das größte ist etwa 20 Meter lang und sieben Meter breit und hat einen dreieckigen Querschnitt. Sie bestehen aus einem Gerüst aus Stangen, die mit mehreren Schichten aus Binsen- und Rohrkolbenmatten gedeckt sind und über einer flachen Mulde stehen. In jedem dieser Häuser leben mehrere Familien, von denen jede ihren eigenen Wohnbereich hat. Matten und Felle bedecken den ganzen Boden, mit Ausnahme der Feuerstellen, die sich in der Mitte unter dem Rauchabzug befinden.

Am nächsten Morgen entdecken wir mehrere Höhlen und Nischen in den Felsen, die den Fluß säumen, und lassen uns sagen, daß sie oft von Jägern oder Reisenden zum Übernachten benutzt, aber nicht ständig bewohnt werden. Die Dorfbewohner benutzen sie jedoch häufig, um Nahrungsmittelvorräte zu lagern, die zum Schutz vor Kojoten und anderen Räubern in mit Matten ausgelegten Gruben vergraben werden.

Am späten Nachmittag erreichen wir unseren Bestimmungsort, ein Dorf, das in der Schlucht eines kleineren Flusses, kurz hinter seiner Einmündung in den großen Fluß, liegt. Der Standort ist ideal gewählt, denn hier ist das Dorf geschützt vor den rauhen, eisigen Winden, die im Winter durch das große Tal fegen. Die Dorfbewohner, die natürlich neugierig auf die Fremden sind, die zu ihnen zu Besuch kommen, haben sich am sandigen Ufer versammelt. Eifrige Hände ergreifen unsere Sachen und tragen sie zu dem Haus, in dem wir wohnen werden. Es sieht aus wie viele, die wir unterwegs gesehen haben – die für die Plateau-Region typische, halb-unterirdische Winterbehausung. Diese Häuser haben einen mehr oder weniger runden Grundriß, einen Durchmesser von fünf bis zehn Metern und bestehen aus einer Konstruktion aus strahlenförmig zusammenlaufenden Stangen und horizontalen Querverstrebungen, die von einem oder mehreren Mittelpfosten gestützt über einer Grube von ein bis zwei Metern Tiefe errichtet sind. Abgedeckt wird das Ganze mit mehreren Schichten aus Binsen- oder Rohrkolbenmatten. Nur das Rauchloch ganz oben in der Mitte bleibt frei. Die überirdische Tür geht auf den Fluß hinaus. Innen ist der Boden mit Matten ausgelegt, wieder mit Ausnahme der Feuerstelle, die sich genau in der Mitte unter dem Rauchloch befindet. Außen wurde rund um die untersten Matten, mit denen das Haus gedeckt ist, Erde angehäuft, damit der Wind nicht hereinwehen kann. Wenn es regnet, quellen die Matten auf und werden dadurch wasserdicht, und im Winter gefrieren sie und werden oft von dickem Schnee zugedeckt. Die Häuser sind sehr warm und hervorragend für den Winter geeignet, in dem die Temperaturen bis weit unter den Gefrierpunkt abfallen.

Außer den Wohnhäusern gibt es im Dorf auch noch andere Gebäude. Ein kleiner, halb unterirdischer Bau ist ausschließlich zum Kochen bestimmt. Sein ganzer Innenraum ist mehr oder weniger eine einzige große Feuerstelle. Außerdem stehen mehrere kleine, mit Matten gedeckte Hütten – die Schwitzhütten – unmittelbar am Fluß.

Jedes Dorf oder Lager hat wenigstens eine Schwitzhütte. Alle, Männer und Frauen, nehmen fast täglich ein Schwitzbad zur körperlichen oder zeremoniellen Reinigung, oder um Krankheiten auszukurieren. In den Winterdörfern sind die Schwitzhütten für gewöhnlich feste, mit Matten gedeckte Bauten, sie können aber auch ganz schnell aus Weidenzweigen hergestellt werden, über die man Matten oder Häute wirft. Will man ein Schwitzbad nehmen, muß man zuallererst Steine erhitzen, und zwar vorzugsweise poröse Basaltfelsen, die nicht so schnell springen, wenn sie mit Wasser übergossen werden. Wenn die Steine glühendheiß sind, werden sie in eine kleine Grube gleich hinter der Tür der Schwitzhütte gelegt. Daneben kommt ein Behälter mit Wasser. Dann kriechen die Badenden nackt in die Hütte und machen die Türöffnung hinter sich zu. Die im Inneren herrschende Hitze richtet sich nach der Zahl der heißen Steine, und die Dichte des Dampfes hängt davon ab, wieviel Wasser auf die Steine geschüttet wird. Die Schwitzhütten stehen immer in der Nähe eines Flusses oder Sees, damit man nach dem Schwitzen gleich ins kalte Wasser springen kann.

Da die Plateau-Bewohner auf ihrer Suche nach Nahrung den Jahreszeiten folgen, beschränkt sich ihr materieller Besitz auf ein hocheffizientes Minimum. Anders als ihre Nachbarn an der Küste kennen sie keine Anhäufung von materiellem Reichtum als Beweis für Wohlstand und höheren Status. Für sie sind alle Menschen gleich, obwohl sie natürlich wissen und anerkennen, daß es in bezug auf Geschicklichkeit und Fertigkeit individuelle Unterschiede gibt.

Ihre Umwelt liefert ihnen alles, was sie zur Herstellung der Dinge brauchen, die sie im täglichen Leben benötigen. Da es hier große Vorkommen an kryptokristallinen Steinen und Obsidian gibt, konnten sie es in der Herstellung steinerner Werkzeuge zu echter Kunstfertigkeit bringen, und die stei-

Die Lachsfischer

nernen Geschoßspitzen, die in dieser Gegend gefunden wurden, gehören zu den bestgemachten der Welt. Wildtiere liefern ihnen Knochen und Geweihe, aus denen sie eine Vielzahl von Gerätschaften herstellen, während die Häute zu Bekleidung verarbeitet werden. Ihre Körbe und Matten sind sorgfältig gearbeitet, die Verzierungen beschränken sich jedoch auf ganz bestimmte Stile. Nur auf dem Gebiet der Holzverarbeitung gehen ihre Bemühungen nicht über das absolut Notwendige hinaus. Vom rein technischen Standpunkt aus gesehen, wären die Bewohner des Dorfes zwar durchaus in der Lage, die ihnen zur Verfügung stehenden Materialien auch kunstvoll zu verarbeiten, aber obwohl manche der Gegenstände, die sie herstellen, verziert sind, kommt es ihnen in erster Linie auf Nützlichkeit an.

Die Bekleidung ist, vor allem im Sommer, einfach und funktional. Die Männer tragen für gewöhnlich ein Lendentuch, ein Hemd aus Hirschleder, Leggins und Mokassins. Im Winter kommen Pelzumhänge und Pelzmützen dazu. Die Frauen tragen vorn und hinten eine kurze Schürze, dazu ein ponchoähnliches Kleidungsstück, das sie aus Bastfasern weben oder aus weichem Hirschleder herstellen. Außerdem tragen auch sie Leggins und Mokassins und geflochtene Hüte, und im Winter einen Pelzumhang.

Eine Zeitlang sind die Dorfbewohner vollauf damit beschäftigt, ihre Häuser für den Winter instandzusetzen und die getrockneten Nahrungsmittelvorräte ins Dorf zu bringen, damit sie für den Winter eingelagert werden können. Das ganze Jahr hindurch haben sie beim Jagen, Fischen und Sammeln einen Teil ihrer Ausbeute getrocknet und versteckt, und diese Vorräte werden jetzt zusammengetragen und ins Dorf gebracht. Getrockneter Lachs, Fleisch und Wurzeln werden in großen Gruben in den Geröllhalden in der Nähe des Dorfes vergraben.

Mit der Zeit lernen wir das politische und soziale Leben dieser Menschen kennen. Das Dorf ist eine eigenständige politische Einheit und keiner übergeordneten Instanz zur Loyalität verpflichtet. In diesem Teil des Plateaus stellt das Dorf oder höchstens eine kleinere Gruppe von Dörfern, die in einem bestimmten Gebiet liegen, einen gemeinsamen Dialekt sprechen und einen gewählten Führer anerkennen, die einzige politische Einheit dar. Man bezeichnet diese Art von Gruppierung am besten als Lokalgruppe. Ihre Mitglieder wählen ihren Anführer aufgrund seines Charakters, seiner Führungsfähigkeiten, seiner Weisheit und seiner Leistungen beim Fischen und bei der Jagd. Im allgemeinen dirigiert ein solcher Anführer die saisonalen Wanderungen der Gruppe, fungiert als Richter und Berater und kümmert sich um das Wohlergehen der ganzen Gruppe, hat jedoch keine absolute Autorität. Außerdem gibt es einen Rat von älteren und einflußreichen Männern und Frauen, die dem Anführer zur Seite stehen.

Das Gebiet einer solchen Lokalgruppe ist meistens eher vage definiert, außer an den Flüssen, an denen die Plätze für den Fischfang liegen. Diese Plätze gehören jeweils einer bestimmten Gruppe und sind all ihren Mitgliedern gleichermaßen zugänglich. Jagd- und Sammelgründe – hauptsächlich die Hügel und Bergwiesen im Westen – werden gemeinschaftlich mit anderen Gruppen genutzt.

Anders als bei den Küstendörfern des Nordwestens, in denen Verwandtschaftsbeziehungen die Grundlage einer straffen Dorforganisation bilden, handelt es sich bei den Lokalgruppen oder Dörfern des Plateaus um eher lockere Zusammenschlüsse kleiner, familiärer Einheiten, denen es freisteht, ganz nach Belieben in ein anderes Dorf umzusiedeln. Tatsächlich teilen sich die Gruppen, außer im Winter, in dem die Leute sich wieder in den Dörfern zusammenfinden, in kleinere Einheiten von ein oder zwei Familien auf, die getrennt ihren saisonalen wirtschaftlichen Aktivitäten nachgehen.

Normalerweise werden Ehen von den Eltern des Paars arrangiert, wobei das Paar selbst jedoch meistens befragt wird. Wenn die beiden aus verschiedenen Dörfern stammen, was häufig der Fall ist, leben sie für gewöhnlich im Dorf des Mannes. Aus wirtschaftlichen Gründen ist es wichtig, familiäre Beziehungen auch zu anderen Gruppen zu haben, da einzelne oder auch ganze Familien in Zeiten der Not Anspruch auf die Hilfe ihrer Verwandten haben. Dieselben Verwandtschaftsbeziehungen bieten einzelnen oder Familien auch die Möglichkeit, ihre Zugehörigkeit zu einer Gruppe zu wechseln.

Mit dem Winter kommt die Zeit des Jahres, in der alle Bewohner des Plateaus ihre wichtigsten religiösen Zeremonien abhalten. Im Mittelpunkt der religiösen Praktiken steht, ähnlich wie an der Nordwestküste, der Glaube an Schutzgeister. Im Unterschied zur Küste müssen die magischen Kräfte in der Plateau-Region jedoch durch eine Reihe von persönlichen Visionssuchen erworben und können nicht ererbt werden. Man stellt sich diese Geister als nicht-menschliche Wesen vor, welche die Gestalt von Tieren oder unbelebten Gegenständen annehmen können. Ein alter Mann aus dem Dorf, der auf gar keinen Fall konkret über einzelne Personen sprechen will, erklärt uns, daß alle Jungen und die meisten Mädchen vor der Pubertät mehrmals hintereinander über Nacht auf Visionssuchen geschickt werden. Vor diesen Visionssuchen erzählt ein Erwachsener ihnen, was es mit der Welt der Geister auf sich hat. Dann bringt man sie nackt an einen einsamen Ort, wo sie bestimmte körperliche Arbeiten, zum Beispiel Steine Aufhäufen, verrichten und die ganze Nacht über wach und wachsam bleiben müssen. Wenn sie Glück haben, erscheint ihnen dabei ein Schutzgeist in menschlicher Gestalt, sagt ihnen, auf welche Weise er ihnen helfen wird, und gibt ihnen ein Lied und vielleicht einen Tanz. Bevor der Geist wieder

Die Lachsfischer

99

Diese Säule mit gemalten Figuren (die unbeholfener gezeichnet ist, als die einheimischen Vorlagen es waren) stieg bei einer Winterzeremonie der Kwakiutl wie durch Zauber hinter einer Decke auf. Ihre Mechanik und ihre Ästhetik waren ein wohlgehütetes Familiengeheimnis. Gesang und Trommelschlag begleitete die Aufrichtung der Säule bei dieser Zurschaustellung des Familienschatzes und des damit verbundenen technischen Könnens (The Newberry Library).

verschwindet, nimmt er für einen Augenblick seine wahre Gestalt an, zum Beispiel die eines Eichelhähers, eines Elches oder eines anderen Tieres oder Gegenstandes. Den jungen Visionären wird eingeschärft, daß sie die Natur ihrer Visionssuche niemals preisgeben dürfen und versuchen sollen, das Erlebnis für den Augenblick zu vergessen. Irgendwann später wird die Geisterkraft zurückkehren und für immer bei ihnen bleiben. Für die Erwachsenen existiert dieser Schutzgeist außerhalb der eigenen Person, ist aber immer in der Nähe, so daß man mit ihm sprechen und ihn um Hilfe bitten

Amerika 1492

kann. Wie ihre Nachbarn an der Nordwestküste glauben auch die Plateau-
bewohner an eine belebende Kraft im Körper selbst, an die Seele.

Gegen Ende des Winters sind die religiösen Zeremonien in vollem Gange.
Die aktive Teilnahme ist nur jenen erlaubt, die spirituelle Kräfte besitzen,
aber dabeisein darf jeder. Die Zeremonien werden in den größeren Häusern
abgehalten und beinhalten das Singen persönlicher Geistergesänge und die
Aufführung von Tänzen. Oft gibt es auch Darbietungen von Schamanen,
die auf diese Weise die besondere Macht ihrer spirituellen Kräfte demonstrieren. Übrigens werden die großen Nahrungsmittelvorräte für den Winter teilweise auch deshalb angesammelt, weil zu den religiösen Zeremonien
immer auch ein Festschmaus gehört und ein Dorf genügend Vorräte haben
muß, um Gäste aus den anderen Dörfern zu bewirten, die an den Zeremonien teilnehmen.

Genau wie an der Küste ist auch in diesem Dorf der Schamane der religiöse Anführer der Gemeinde. Um Schamane zu werden, braucht man die
Unterstützung und die Unterweisung eines anderen Schamanen. Der zukünftige Schamane begibt sich auf Visionssuchen von längerer Dauer und
erwirbt ganz besondere Kräfte. Übrigens können Männer und Frauen Schamanen werden. Von manchen von ihnen weiß man, daß sie ganz besondere
Talente und Fähigkeiten besitzen und daß ihre Kräfte unterschiedlich stark
sein können.

Da die meisten Krankheiten auf irgendeine Weise mit der Welt des Übernatürlichen in Verbindung gebracht werden, ist der Schamane auch der
praktizierende Mediziner. Ein übelgesinnter Schamane kann Krankheiten
verursachen, indem er Kieselsteine, Federn oder andere Gegenstände in den
Körper eines Menschen »schießt«. Auch wenn der Geist eines anderen
Menschen in den Körper eingeschleust wird, kann das Krankheiten zur
Folge haben. Der Verlust des eigenen Schutzgeistes kann zu langwierigen
Erkrankungen führen, und der Verlust der Seele zum Tod. In all diesen Fällen wird ein Schamane herbeigerufen, um die Heilung herbeizuführen.

Der Winter geht seinem Ende entgegen, und die ersten Vorboten des
Frühlings lassen die Dorfbewohner unruhig werden und ungeduldig darauf
warten, ihre engen, rauchigen Winterhäuser verlassen und ihre wirtschaftlichen Aktivitäten wiederaufnehmen zu können, die sie im Sommer bis hinauf in die Berge führen werden. Schon jetzt werden die ersten Vorbereitungen getroffen. Ein paar Familien haben die Dachmatten ihrer Winterbe-
hausungen schon zusammengerollt und auf einem Gerüst auf Pfählen verstaut, wo sie geschützt liegen werden, bis sie im Herbst wieder zurückkommen. Ein Teil der Matten wird aber auch mitgenommen, um unterwegs die
provisorischen Lager aufschlagen zu können.

Die Lachsfischer

Diese aus dem 19. Jahrhundert stammende Zeichnung aus dem Bericht der Charles Wilkes-Expedition des Jahres 1838, der ersten von Amerikanern durchgeführten wissenschaftlichen Reise um die Welt, zeigt einen Kalapuya-Jäger. Er befindet sich im Willamette-Valley im heutigen Oregon und trägt Mokassins, eine Robe aus Elchhaut, eine Mütze aus Fuchsfell und einen Köcher aus Seehundhaut. Hut und Robe waren ein hochwirksamer Regenschutz (The Newberry Library).

Die Fischnetze und die Speere, die im Winter hergestellt oder repariert wurden, werden jetzt noch einmal überprüft, denn das ganze Dorf wird als erstes zu den Lachsfangstationen am Fluß ziehen. Eine dieser Stationen ist ein Wehr an einem kleinen Nebenfluß, wir aber werden an die Stelle ziehen, an der über ein Dutzend Plattformen an den Felswänden kleben. Diese müssen als erstes überprüft und repariert werden, bevor sie benutzt werden können.

Soeben wird ein provisorisches Fischfanglager aufgeschlagen. Es besteht aus Stangen und Matten, die kaum mehr als ein Windschutz sind, und aus den Trockengerüsten, die aus zusammengebundenen Stangen bestehen. Wir werden mehrere Wochen hier bleiben, bis das Frühjahrshochwasser den

Fluß zu hoch und zu schlammig macht, um noch fischen zu können. Während die Männer die Lachse aus dem Wasser schöpfen, bringen die Frauen und Kinder sie zu den Trockengestellen, wo sie ausgenommen und aufgehängt werden. Der Rauch der vielen kleinen Feuer unter den Gestellen verleiht dem Fisch einen zarten, rauchigen Beigeschmack.

Schließlich machen die langanhaltenden Frühjahrsregen den Fluß reißend und schlammig, und wir verlassen das Lager mit einer der Familien und ziehen landeinwärts zu einer sumpfigen Niederung, wo man Enteneier sammeln kann. Aber zuerst müssen die getrockneten Lachse in Kanus verladen, ins Winterdorf zurückgebracht und dort versteckt werden.

Bei den Wanderungen durch das Landesinnere wird nur das Allernotwendigste mitgenommen, denn schließlich muß alles, einschließlich einiger getrockneter Nahrungsvorräte, mühsam mitgeschleppt werden. Die Männer haben ihre Waffen, ihre Werkzeuge zum Herstellen neuer Pfeilspitzen aus Stein und die Kleider, die sie am Leib tragen – mehr nicht. Sie nehmen nicht den direkten Weg zum nächsten Lager, sondern machen unterwegs Jagd auf Hirsche und Kleinwild. Die Frauen tragen ihre Pflanzstöcke, ihre Sammelkörbe, ein paar zusätzliche Kleidungsstücke und die Matten für den Bau der Lager. Auch sie halten unterwegs oft inne, um Wurzeln und andere Pflanzen zu sammeln oder Erdhörnchen und andere kleine Tiere zu fangen.

Als wir die Niederung erreichen, werden Stangen für den Bau der Unterkünfte geschlagen, und es wird ein Feuer angezündet. Das Essen besteht aus dem, was tagsüber gefangen oder gesammelt wurde. Wir werden mehrere Tage hier bleiben und Enteneier und Rohrkolben sammeln. Da die Eier nicht eingelagert werden können, werden sie frisch verzehrt. Sie gelten übrigens als große Delikatesse. Ein Teil der alten, zerschlissenen Matten wird ausrangiert und durch neue ersetzt, die aus den hier gesammelten Rohrkolben gemacht werden.

Dann setzen wir uns aufs neue in Bewegung. Dieses Mal wollen wir zu einer großen Wiese, wo Wurzeln gesammelt, gekocht und weiterverarbeitet werden. Die Frauen sammeln eine ganze Reihe von Wurzeln, aber Camas, Goldensian und Camassie sind die wichtigsten. Neben dem Lachs stellen die Wurzeln den höchsten Anteil an der Ernährung. Sie werden mit einem leicht gebogenen, hölzernen Grabstock ausgegraben, der einen T-förmigen Griff aus Elchgeweih hat. Sobald eine genügende Menge gesammelt ist, werden die Wurzeln in einem unterirdischen Ofen geröstet. Dazu wird ein großes Loch gegraben und mit Steinen ausgelegt. Auf den Steinen entzündet man ein großes Feuer, bis die Steine heiß genug sind. Dann läßt man das Feuer ausgehen, deckt die Steine mit Gras und Blättern ab, häuft die Wurzeln darauf, legt alte Matten darüber und schüttet das Ganze mit Erde zu.

Die Lachsfischer

Wenn die Wurzeln gar sind, werden sie ausgegraben und in einem offenen Schüttrichter über einem glatten, flachen Felsen zu grobem Mehl zerstoßen. Dies geschieht mit Hilfe eines sorgsam geformten Mörsers aus Stein. Später wird dieses Mehl mit getrocknetem und gestampftem Lachs oder mit Hirsch- oder Elchfleisch gemischt, dazu kommt etwas tierisches Fett oder Fischöl und vielleicht noch ein paar getrocknete Beeren, und schon hat man den nahrhaften »Pemmican«.

Außer den Wurzeln sammeln die Frauen auch die innere Rinde bestimmter Bäume, Farnschößlinge, Samen und verschiedene Blätter, die alle eßbar sind.

Nach mehreren Wochen auf der Camas-Wiese, wo wir mit verschiedenen anderen Gruppen zusammengetroffen sind, die ebenfalls gekommen sind, um nach Wurzeln zu graben, wird es allmählich Zeit, unseren Weg in die Berge fortzusetzen. Die Zeit, die wir mit dem Sammeln der Wurzeln verbracht haben, war nicht nur eine Zeit harter Arbeit, sondern auch eine schöne und gesellige Zeit. An den Abenden wurde gesungen, getanzt und gehandelt, die jungen Leute hatten Gelegenheit, sich näher kennenzulernen, und Verwandte und Freunde aus unterschiedlichen Gruppen konnten sich endlich einmal wiedersehen. Das alles hat die Zeit des Wurzelsammelns zu einer ganz besonderen Zeit gemacht.

Wir haben es nicht besonders eilig, in die Berge zu kommen, da wir den allmählich reifenden Pflanzen immer höher und höher hinauf folgen. Außerdem müssen wir warten, bis die Bergwiesen schneefrei sind und die Hirsche und Elche in die subalpinen Regionen hinaufgewandert sind.

Das Fleisch von Landsäugern spielt in der Ernährung der Dorfbewohner eine wichtige Rolle. Sie jagen eine Menge unterschiedlicher Tiere, vor allem aber Hirsche, Elche, Schwarzbären, Kaninchen und Biber. Manchmal schließen die Männer sich zusammen, um gemeinschaftliche Treibjagden auf Hirsche zu veranstalten, meistens aber gehen sie einzeln auf die Pirsch oder lauern den Tieren an Salzlecken oder Wildwechseln auf. Bären werden für gewöhnlich im Winter gejagt, wenn sie ihren Winterschlaf halten. Die wichtigste Jagdwaffe der Männer sind der sehnenbespannte Bogen und die Pfeile mit den steinernen Spitzen.

Es werden aber auch noch andere Tiere gejagt, so z. B. Bergschafe, Bergziegen und Waschbären. Sie liefern nicht nur Nahrung, sondern auch Häute und Felle zur Herstellung von Kleidung, Sehnen, die zur Anfertigung vieler Werkzeuge und zum Nähen der Kleider gebraucht werden, und Horn, Knochen und Geweihe, aus denen Werkzeuge und Gerätschaften hergestellt werden.

Schließlich erreichen wir unser angestrebtes Lager in einem wunderschönen, subalpinen Tal, in dessen Mitte ein klarer, kalter See liegt. Die Unterkünfte werden errichtet und Stangen für die Trockengestelle gesammelt, die sich hoffentlich bald mit Elchfleisch füllen werden. Überall wachsen Heidelbeerbüsche, und die Frauen und Kinder werden bald alle Hände voll zu tun haben, die Beeren zu sammeln und zu trocknen und das Fleisch der erlegten Elche in Streifen zu schneiden und zum Trocknen aufzuhängen. Obwohl es viel Arbeit gibt, ist auch dies eine schöne und erfreuliche Zeit. Es gibt genug zu essen, das Wetter ist warm, die Landschaft spektakulär. Kein Wunder, daß dies für die Menschen die schönste Jahreszeit ist, denn sobald sie an den Fluß zurückkehren, fängt die schwere Arbeit der Herbstfischerei an, und außerdem muß das Dorf dann schon wieder auf den Winter vorbereitet werden.

Hier in den Bergen sammeln die Frauen auch bestimmte Gräser zum Flechten von Körben, und gelegentlich kommen Besucher von der Westseite der Berge, um mit ihnen zu handeln. Sie bringen wunderschöne Muscheln aus den Küstengewässern, Dentalium, Olivella und Meerohren, um sie gegen steinerne Pfeilspitzen zu tauschen.

Die Männer haben Erfolg bei der Elchjagd, so daß große Fleischmengen getrocknet werden können. Die Häute mehrerer Tiere werden mit Pflöcken gespannt, abgeschabt und eingeweicht. Ein paar ganz besonders ausgesuchte Stücke, die für die Herstellung von Mokassins gedacht sind, werden zusammengerollt, um ins Dorf mitgenommen zu werden.

Die Blätter der Birken und Lärchen färben sich allmählich gelb, und einmal hat es schon ein wenig geschneit. Es ist Zeit, an den Fluß zurückzukehren und alles für die große Herbstwanderung der Lachse vorzubereiten. Danach werden wir die Plateaubewohner verlassen und wieder flußabwärts ziehen, zurück zur Mündung des großen Flusses und zu den Völkern der Küste.

Die Lachsfischer

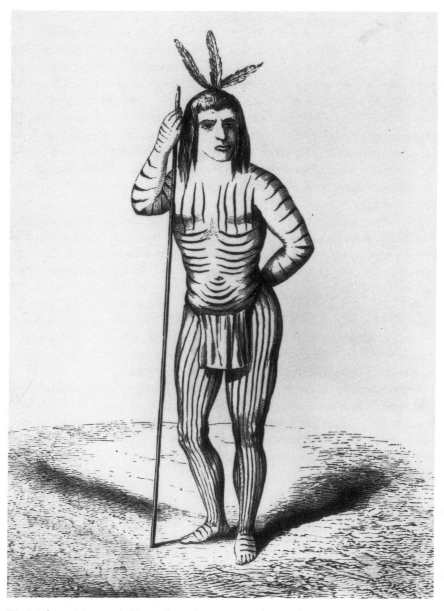

Ein Mohave-Mann mit Körperbemalung. Die Mohave, die am Unterlauf des Colorado lebten, waren sowohl geschickte Bodenbauern wie auch Jäger. Obwohl ihr wüstenähnliches Heimatgebiet den frühen europäischen Reisenden wie das Ende der Welt vorkam, spielten die Mohave eine zentrale Rolle im Handel zwischen Pazifikküste und Südwesten (The Newberry Library).

4. Kapitel

Die Hüter der Erde und des Himmels

Von Peter Iverson

In vielleicht keinem anderen Teil der Neuen Welt besaßen die Menschen ein so ausgeprägtes Bewußtsein für Erde und Himmel. Das weite, sanft gewellte Land des Jahres 1492 war ein Land der Geister und der übernatürlichen Mächte. Riesige Wüsten und Wüsteneien zeugten von seiner Kargheit. Tiefe Schluchten und lange Flüsse sprachen von seiner Unermeßlichkeit. Hier gab es die höchsten Berge, die weitesten Horizonte, die extremsten Klimata. Angefangen bei den Teppichen aus leuchtendbunten Frühlingsblumen bis hin zu den Wäldern aus turmhohen Saguaro-Kakteen wies die Flora in Hinsicht auf Größe, Zusammensetzung, Alter und Verwendungsmöglichkeit dramatische Unterschiede auf. Vögel und Tiere waren von ähnlich wundersamer Vielfalt: Elstern und Adler, Kojoten und Krustenechsen, Grashüpfer, Gabelantilopen, Raben, Krötenechsen und Bisons – dieses Land war Heimat für sie alle.

Gemeint ist die unermeßliche westliche Hälfte des nordamerikanischen Kontinents, die von einem trockenen und halbtrockenen Klima geprägte Landmasse, die ungefähr vom 98. Längengrad und dem östlichen Rand der Plains, an dem das Waldland des heutigen nordamerikanischen Mittelwestens endete, bis nach Südkalifornien reichte, und von den Prärien Kanadas bis nach Mexiko. Innerhalb dieser riesigen Region waren Himmel und Erde anders als in den feuchteren Zonen des Ostens. Je weiter man nach Westen kam, desto mehr sah man es nicht nur, man fühlte es auch. Die Vegetation wurde spärlicher und das Land weiter. Die Wolken veränderten sich, und die Luft wurde trockener und klarer. Wenn man den 98. Längengrad und die Wälder hinter sich ließ, wurden Himmel und Erde größer und weiter, wuchsen zusammen, erschienen allumfassend. In ihrer Blessingway-Zeremonie sagten die Navajo, der Himmel sei der Hüter der Erde und die Erde

die Hüterin des Himmels. Beide verlangten die Art von Ehrerbietung und Verständnis, die in den Ritualen und im täglichen Leben der vielen verschiedenen einheimisch-amerikanischen Gruppen widergespiegelt wurden, die sich der Herausforderung stellten, ihre Zukunft in diesem Teil der Hemisphäre zu schmieden. Sie waren die wahren Pioniere, diese einheimischen Völker, die weder Reiseführer noch selbst unzulängliche Landkarten kannten. Wie alle Pioniere aller Zeiten hatten sie gemeinsame Beweggründe und Sehnsüchte, Ängste und Befürchtungen. Im Jahre 1492 versuchten ihre Gesellschaften auf die unterschiedlichste Weise, im ungünstigsten Fall zu überleben, im günstigsten einen gewissen Wohlstand zu erlangen.

Man sagt von diesem westlichen Land, daß es hier mehr Flüsse mit weniger Wasser gibt als irgendwo sonst auf der Welt und daß man zwar weiter, dafür aber um so weniger sehen kann. Selbst die großen Flüsse wie der Missouri, der Rio Grande und der Colorado haben lange Strecken, an denen ihre Breite alles andere als eindrucksvoll ist, und wenn sie dann breiter werden, machen sie dies dadurch wett, daß sie zum Ausgleich seichter werden: Vom Platte-River heißt es, er bringe es fertig, eine Meile breit und einen Zoll tief zu sein. Außerdem gibt es Bachbetten, Trockentäler, Rinnen und andere Wasserläufe der unterschiedlichsten Bezeichnung, die den größten Teil des Jahres kein Wasser führen und sich bei plötzlichen Stürmen ohne jede Vorwarnung in gefährliche, reißende Sturzbäche verwandeln.

Wenn man den Missouri oder jeden anderen beliebigen Punkt des 98. Längengrades überquert, wird das Land, mit Ausnahme der Brüche, welche die Flüsse säumen, gnadenlos flach. Aber je weiter man nach Westen kommt, desto häufiger wird man von landschaftlichen Formationen belohnt, welche die Monotonie durchbrechen: Mesas, vereinzelte Steilhügel, erodierte Felsformationen und Reihen um Reihen hoher Berge. Man versteht, wieso diese Landschaftsformationen seit jeher so wichtig waren für die Menschen, für die sie religiöse, wirtschaftliche und soziale Bedeutungen annahmen.

Trotzdem wird der Charakter der Region letztendlich nicht von ihren Erhebungen bestimmt, sondern von den gewaltigen Trockengebieten der Ebenen, Becken und Wüsten. Vor allem die Wüste macht auf den, der nicht mit ihr vertraut ist, einen unversöhnlichen Eindruck. Sie scheint leer zu sein. Und tatsächlich hat sie kaum etwas von den pflanzlichen und anderen Formen des Lebens, die einem dort, wo es mehr Feuchtigkeit gibt, so vertraut sind. Es gibt kaum Bäume und noch weniger Seen. Aber die Wüste ist keineswegs ohne Flora und Fauna und nicht ohne beträchtliche Ressourcen für den Erhalt einer kundigen menschlichen Bevölkerung.

Es ist gerade dieses Wesensmerkmal – die Trockenheit –, und zwar oft in

Die Hüter der Erde und des Himmels

der Form von Wüsten, das der ganzen Region ihr unterschwelliges Temperament und eine gewisse Einheitlichkeit verleiht. Aber sie kann nicht durchweg als trocken bezeichnet werden, diese riesige Region, denn einige Teile ziehen genügend Niederschläge an, um mit dem großzügigeren Begriff semiarid belegt zu werden. Was jedoch in diesem Teil Nordamerikas fast allgegenwärtig ist, sind die Unberechenbarkeit und die Spärlichkeit der Regenfälle.

In geographischer und anderer Hinsicht kann die Region in drei sich überschneidende Bereiche von beträchtlicher Größe unterteilt werden: die Prärien und Plains, das Great Basin und den Südwesten. Eine solche Unterteilung ist natürlich relativ willkürlich, denn es gibt in jedem der drei Gebiete gemeinsame Elemente und Qualitäten, und hier lebten einheimische Völker, die zwischen ihnen hin und her wanderten. Trotzdem besitzt jedes von ihnen eine so eigenständige geographische und historische Identität, daß eine solche Aufteilung sinnvoll erscheint, und so wollen wir die einheimischen Völker, die zu Kolumbus' Zeiten in den einzelnen Gebieten ansässig waren, gesondert und unabhängig voneinander betrachten.

Für einen großen Teil der heutigen Weltbevölkerung sind die Stämme, die eines dieser Gebiete bewohnten, nämlich die nordamerikanischen Prärien und Plains, sozusagen zum Inbegriff des amerikanischen Indianers geworden. Der gefiederte Kopfschmuck, der Krieger hoch zu Pferde, das tragbare Tipi-Dorf aus Häuten, sie alle gehören zu dem Bild, das durch den Film und andere Medien fest in allen Köpfen verankert ist. Da es jedoch erst die Spanier waren, die das Pferd nach Amerika brachten, gab es im Jahre 1492 auf den Prärien und Plains keine Pferde – übrigens auch nirgendwo sonst in der Neuen Welt –, und wir müssen dieses Bild beiseite legen und uns in eine Zeit zurückversetzen, in der die Plains-Indianer das Pferd nicht kannten und ihr Leben ohne es gestalteten.

Das Bild, das wir heute von den Plains-Indianern haben, setzt sich zudem aus Völkern zusammen, die im Jahre 1492 noch gar nicht auf den Plains lebten. Sie waren zu dieser Zeit noch im östlichen Waldland ansässig und kamen erst viel später in den Westen und auf die Plains, die sie zu ihrer neuen Heimat erwählten und deren Landschaftsformationen sie ihre geheiligte Bedeutung verliehen. Die Völker, die zu Kolumbus' Zeiten auf den Plains lebten, waren also nicht die berittenen Bisonjäger, sondern Bodenbauern, die den Hunger durch ihre unermüdlichen landwirtschaftlichen Bemühungen besiegt hatten. Jahrhundertelang waren sie, die größtenteils an den baumgesäumten Strömen und Flüssen der Plains lebten, die Herren der Welt gewesen, die sie bewohnten. Sie waren in Dörfern ansässig und unter Namen wie Mandan, Hidatsa und Pawnee bekannt.

Eine wandernde Seri-Gruppe in der Nähe des Golfs von Kalifornien. Diese aus dem 17. Jahrhundert stammende Zeichnung des Jesuiten Adamo Gilg zeigt zwei Männer, die Bögen tragen und mit Lendenschürzen aus Tierhäuten bekleidet sind. Sie werden von einer Frau begleitet, die einen Korb mit einem Baby in einem Tragebrett auf dem Kopf balanciert, während sie gleichzeitig eine zusammengerollte Matte trägt und ein Kind an der Hand führt (The Newberry Library).

Die Mandan lebten am Oberlauf des Missouri, hauptsächlich im heutigen Nord-Dakota. Im Jahre 1492 besaßen sie große Dörfer mit eng aneinanderstehenden Häusern. Auf diese Weise konnten sie sich leichter gegen die Angriffe anderer Stämme verteidigen, die es auf die Nahrungsvorräte abgesehen hatten, die diese tüchtigen Bauern von Jahr zu Jahr einlagerten.

Die Hüter der Erde und des Himmels

Die Mandan kannten zwei Arten von Häusern. Beim älteren Typus trug eine Mittelstange, von der sich weitere Stangen abspreizten, ein geneigtes Dach, das mit Häuten gedeckt wurde. Wahrscheinlich unter dem Einfluß von Völkern aus dem Süden entwickelten die Mandan dann eine neue Form der Behausung, die im Grundriß eher rund war und mit Erde abgedeckt wurde. Diese Häuser, die aus den Zweigen von amerikanischen Pappeln und Weiden errichtet wurden, boten Schutz vor vier verschiedenen Feinden: den Menschen, der Kälte des Winters, der Hitze des Sommers und dem allgegenwärtigen Begleiter der Plains, dem Wind.

Obwohl die Mandan nicht nur Bauern, sondern auch Jäger waren, war die Jagd zu Fuß für die seßhaften Dorfbewohner eine eher mühsame Angelegenheit. Zwar gab es in der Region Bisons in Hülle und Fülle, die Jagd auf die riesigen, angriffslustigen Tiere erforderte jedoch ein beträchtliches Maß an Findigkeit und Zusammenarbeit. Die Männer der Mandan schlossen sich zu großen Gruppen zusammen, um die Bisons über Klippen oder in Pferche zu treiben. Dem Anführer der Jagdgruppe kam eine besondere Ehrenstellung zu. Er wurde von den Dorfältesten in Anerkennung seiner Leistungen im Krieg oder bei der Jagd für diese Aufgabe ausgewählt.

Die Jagd war eine ausgezeichnete Gelegenheit, die jungen Männer in die allgemeine gesellschaftliche Ordnung einzubinden. Bei der Jagd sahen sie das Können und das Wissen der älteren Männer und fingen an zu verstehen, welche Rollen sie selbst einmal spielen würden, wenn sie erst erwachsen waren. Erfolg bei der Jagd veranschaulichte auch die Bedeutung gemeinschaftlicher Bemühungen, indem der Wert der Gruppe über den des Individuums gestellt wurde. Die Bisons lieferten nicht nur Nahrung, sondern auch Kleidung, Bedeckungen für die Häuser, Material für Gerätschaften und vieles andere mehr, was die Mandan zum Leben brauchten. Sie waren auch der Beweis dafür, wie wichtig es war, die Ressourcen des Landes maximal zu nutzen, und für die Vorteile, die aus einer solchen wohldurchdachten Nutzung entstanden.

Es waren die Frauen, die in erster Linie für die Felder verantwortlich waren. In der Nähe des Missouri konnte der Boden am leichtesten bearbeitet werden, da es hier mehr Bodenfeuchtigkeit gab und die Felder relativ geschützt lagen. Das Gebiet am Oberlauf des Missouri war nur dünn besiedelt, und von daher gab es keine größeren territorialen Auseinandersetzungen zwischen den Stämmen. Bei den Mandan waren es jeweils die einzelnen Großfamilien, die für die großflächigen Gärten verantwortlich waren. Sie mußten jedoch beträchtliche Fertigkeiten an den Tag legen, um die gewünschten Ergebnisse zu erzielen, denn die Tatsache, daß sie so hoch im Norden ansässig waren, bedeutete relativ kurze Wachstumszeiten. Der

Winter zog sich oft lange hin oder setzte dem Herbst mit frühen Frösten ein
jähes Ende. Um das Maß voll zu machen, mußten die geplagten Bodenbauern im Frühjahr und im Sommer mit Dürre, Hitze, Hagel, Heuschrecken
und anderen Unbilden rechnen.

Unter diesen Bedingungen mußten die Mandanfrauen Mais anbauen, der
auch widrigen Witterungen standhielt. Im Frühjahr fingen sie frühestmög-
lich an, das Land durch Abbrennen auf die Aussaat vorzubereiten, denn die
Felder für den Mais, der in kleinen Hügeln angepflanzt wurde, wurden jedes Jahr ein wenig verlagert. Von diesem Augenblick an bis zum August, in
dem der erste grüne Mais geerntet werden konnte, erforderte der Mais viel
Arbeit und Mühe, denn die jungen Pflanzen mußten erst ausgedünnt und
im Sommer vor Vögeln, Tieren und hungrigen menschlichen Räubern geschützt werden.

Geerntet wurde in zwei Phasen. Ein kleinerer Teil der Ernte wurde eingebracht, bevor der Mais ganz reif war. Dieser grüne Mais wurde gekocht,
getrocknet, geschält und zum Teil sofort verzehrt, zum Teil jedoch auch in
Behältern aus Tierhäuten eingelagert. Später fand dann die Haupternte
statt, wobei die besten Kolben als Saatgut für das nächste Jahr oder für den
Handel zur Seite getan wurden, während der Rest entweder sofort verzehrt
oder für später in unterirdischen Vorratsgruben eingelagert wurde. Auf
diese Weise schützten die Mandan sich vor den verheerenden Folgen von
Mißernten und dem damit verbundenen Hunger.

Die Mandan bauten jedoch nicht nur Mais, sondern auch andere Gemü-
sesorten an. Um den ersten Juni herum pflanzten die Frauen einen weiteren
Stützpfeiler ihrer Ernährung, den Kürbis, der zur Zeit der ersten grünen
Maisernte geerntet wurde. Die Kürbisse wurden dann in Streifen geschnitten, getrocknet, aufgefädelt und eingelagert. Wieder wurden die besten Samenkörner als Saatgut für das nächste Jahr zurückgehalten. Außerdem
wurden Sonnenblumen und Tabak angebaut, wobei der Tabakanbau in die
Verantwortung der alten Männer fiel.

Wie alle Indianer des Kontinents hielten auch die Mandan religiöse Zeremonien ab, die ihre Bemühungen auf den Feldern unterstützen sollten. Sie
beteten zu den Göttern, sie möchten dafür sorgen, daß die Samen, die sie
pflanzten, auch Früchte trugen. Ihre Rituale spiegelten das Verständnis wider, daß das Leben, genau wie die Feldarbeit, hart, kompliziert und vielen
Gefahren ausgesetzt war. Das Wohlergehen der Gemeinschaft konnte jedoch durch richtiges Verhalten und die korrekte Einhaltung der Rituale gesichert werden. So wie die wirtschaftlichen Aktivitäten den Zusammenhalt
der Gruppe förderten, stärkten bestimmte Zeremonien die Solidarität.

Der Höhepunkt des Mandan-Jahres kam mit der Okipa, einer Mittsom-

Die Hüter der Erde und des Himmels

Das Innere einer Erdhütte der Omaha in der Nähe des Missouri. Pfosten aus Pappelholz stützen die Dachbalken, die wiederum mit Gras, Zweigen und Erde abgedeckt sind. Rund um die zentrale Feuerstelle liegen die Schlafbänke. Hütten dieser Art waren groß genug, um bis zu vierzig Personen aufzunehmen. (Die aus dem 19. Jahrhundert stammende Zeichnung zeigt auch, daß die Omaha den eisernen Haken übernommen hatten, um Töpfe über die Herdstelle zu hängen.) (The Newberry Library)

mer-Zeremonie, die ebenso eindringlich und eindrucksvoll war wie alle religiösen Bräuche der Plains zu allen Zeiten. Die Okipa symbolisierte das ganze Leben des Stammes. Alle nahmen an diesem sprichwörtlichen Akt des Übergangs teil, sei es nun als Zuschauer oder aber als aktive Darsteller. Für die Okipa waren langwierige Vorbereitungen erforderlich, denn die genaue Einhaltung war von wesentlicher Bedeutung für das Wohlergehen der Gemeinschaft im kommenden Jahr.

Die Zeremonie dauerte vier Tage – traditionell eine wichtige Zahl, die den vier Himmelsrichtungen entsprach. Vor Sonnenaufgang weckte einer der religiösen Führer die Menschen und verkündete, bei Sonnenaufgang würde ein Mann, der Einsame Mann, aus westlicher Richtung auf das Dorf zukommen. Alle sahen nach Westen, und bald darauf tauchte der Einsame Mann tatsächlich in der Ferne auf. Nun setzten sich Krieger in vollem

Schmuck in Bewegung, um dem Fremden entgegenzugehen und ihn nach seinem Anliegen zu fragen. Der Einsame Mann erwiderte, er sei gekommen, die Zeremonialhütte zu eröffnen. Im Anschluß daran wurde er von den inzwischen ebenfalls eingetroffenen Führern des Dorfes begrüßt, deren Gesichter schwarz bemalt waren, und von ihnen ins Dorf geleitet. In der Zeremonialhütte begann er, die Geschichte des Volkes zu erzählen, von der Erschaffung der Welt bis in die Gegenwart.

In den nächsten vier Tagen traten immer wieder die bemerkenswertesten Gestalten in Erscheinung. So zum Beispiel übernahmen zu einem bestimmten Zeitpunkt acht Männer, die schwarz, rot oder braun angemalt waren, die Rolle von Büffelbullen. Sie trugen Bisonfelle und ahmten das Verhalten der riesigen Tiere nach. Zu ihnen gesellten sich vier andere Männer, von denen zwei, deren Körper schwarz bemalt und mit weißen Sternen übersät waren, die Nacht darstellten, während die anderen beiden, die als Sinnbild für die Strahlen der Sonne rot mit weißen Streifen bemalt waren, den Tag symbolisierten. Diese zwölf tanzten das eigentliche Ritual, während andere Männer, die Grizzlybären, weißköpfige Seeadler, Antilopen, Schwäne, Klapperschlangen, Biber, Geier oder Wölfe darstellten, ebenfalls daran teilnahmen.

Am zweiten, dritten und vierten Tag unterzogen die jungen Männer sich qualvollen körperlichen Torturen, um in die Gesellschaft der Büffelbullen aufgenommen zu werden. Am zweiten Tag brachte man ihnen an Beinen, Brust und Armen zahlreiche Messerschnitte bei, in die Holzpflöcke eingeführt wurden. An diesen Holzpflöcken wurden Lederriemen befestigt, an denen sie bis unter die Decke der Zeremonialhütte hochgezogen wurden. Zusätzlich wurden ihnen schwere Bisonschädel als Gewichte an Arme und Beine gebunden. Die Männer zuckten und zappelten und schrien vor Qual, bis sie schließlich vor Schmerzen ohnmächtig wurden. Dann wurden sie wieder heruntergelassen. An den folgenden beiden Tagen erduldeten sie ähnliche Marterungen und trugen dann für den Rest ihres Lebens die Narben der Zeremonie als ehrenvolles Zeichen für ihren Mut, ihre Ausdauer und ihre Verbundenheit mit ihrem Volk.

Diese Marterungen waren Teil eines umfassenden Rituals, das den Kampf symbolisierte, den die Menschen auszufechten hatten. Die Okipa versinnbildlichte auf theatralische Weise die Verbundenheit der Mandan mit den Tieren und Pflanzen der Erde und mit der Erde selbst. Sie veranschaulichte die Verflechtung des menschlichen Schicksals mit dem der anderen Bewohner der Erde, und sie stellte die Verbindung zum Übernatürlichen her, indem sie eine heroische Gestalt wie den Einsamen Mann auftreten ließ, der die Menschen lehrte, wie sie ihre Zeremonien durchführen muß-

Die Hüter der Erde und des Himmels

Ein Wichita-Dorf mit strohgedeckten Häusern in der Nähe des Red River im heutigen östlichen Oklahoma. Der Künstler, ein Armeeoffizier, der die Region um die Mitte des 19. Jahrhunderts bereiste, vergrößerte die Rauchlöcher der konischen Behausungen, ansonsten aber spiegelt seine Darstellung der Häuser, die zusammengedrängt zwischen den umliegenden Maisfeldern standen, eine alte Tradition wider. In Wirklichkeit sickerte der Rauch durch das Stroh, das die Behausungen ganz bedeckte (The Newberry Library).

ten. Beim rituellen Öffnen der sogenannten heiligen Bündel während der Zeremonie wurden Gegenstände von höchster religiöser Bedeutung enthüllt, und am Ende der vier Tage empfanden alle Teilnehmer ungeachtet der Rolle, die sie in diesem jährlichen Ritus gespielt hatten, ein individuelles und kollektives Gefühl der Erneuerung.

Linguistisch waren die Mandan mit einer anderen dörflichen Gemeinschaft der Region verwandt. Die Hidatsa waren ebenfalls Bodenbauern und führten ein ähnlich seßhaftes Leben wie die Mandan. Sie waren aus dem Osten in das Gebiet des oberen Missouri eingewandert und glaubten, sie seien ursprünglich aus dem Devils Lake im östlichen Nord-Dakota auf die Erde gekommen. Früher hatten sie unter der Oberfläche dieses Sees gelebt. Dann aber entdeckten Jäger die Wurzel einer Rebe und kletterten an ihr empor zur Erdoberfläche. Die Hälfte des Volkes tat es ihnen nach und kletterte ebenfalls an der Rebe hinauf, um den See zu verlassen. Als jedoch eine schwangere Frau versuchte, die Rebe zu erklettern, riß diese, und die andere Hälfte des Volkes mußte für alle Zeiten unter dem See bleiben.

Als die Hidatsa in den Westen kamen, trafen sie mit den Mandan zusammen, die sie mit dem Mais bekanntmachten. Sie fanden Gefallen an seinem

Rundboote, sogenannte Bullboats, am oberen Missouri. Ein Schweizer Künstler, Rudolph Friedrich Kurz, skizzierte diese Familien im Jahre 1851 vor der Überquerung des Flusses in Booten aus Büffelhäuten, die über einen Rahmen aus Weidenholz gespannt waren. Trocken waren die Boote so leicht, daß man sie bequem tragen konnte (The Newberry Library).

Geschmack, und als ein Anführer der Mandan ihnen einen halben Maiskolben schenkte, nahmen sie ihn und pflanzten die Körner in die Erde. Vielleicht machten die Mandan sie auch mit dem Anbau von Kürbissen, Sonnenblumen und Bohnen bekannt. Jedenfalls waren ihre Anbau- und Bearbeitungsmethoden denen der Mandan sehr ähnlich, und im Laufe der Zeit wurden auch die Hidatsa zu ausgezeichneten Bodenbauern.

Sie bauten fünf verschiedene Sorten von Bohnen an, die sie ama'ca ci'pica (schwarze Bohne), ama'ca hi'ci (rote Bohne), ama'ca pu'xi (gefleckte Bohne), ama'ca ita' wina'ki matu'hica (schildförmige Bohne) und ama'ca ata'ki (weiße Bohne) nannten. Sie pflanzten die verschiedenen Sorten jede für sich an und enthülsten und lagerten sie auch getrennt. Die Saatbohnen wurden mit besonderer Sorgfalt ausgewählt und einzeln auf Reife, Farbe, Dicke und Größe überprüft. Die Bohnen wurden sofort nach der Kürbisaussaat gepflanzt, und zwar in kleinen Hügeln, die etwa einen Meter von-

Die Hüter der Erde und des Himmels

einander entfernt und oft zwischen den Maisreihen lagen. Genau wie beim Mais waren es die Frauen, die im Sommer den Boden bearbeiteten, die jungen Pflanzen versorgten und im Herbst die Ernte einbrachten. Dann wurden die Bohnen gedroschen, geworfelt, getrocknet und in Säcken eingelagert.

So wie die jungen Männer es bei der Jagd taten, lernten die jungen Frauen durch die Arbeit auf den Feldern ihre Rolle als Frau in der Gesellschaft der Hidatsa. In den Jahren, in denen der Mais schnell wuchs, wuchs das Unkraut ebenso schnell, und man mußte jeden Tag frühmorgens mit der Hacke auf den Feldern sein. Die Vögel waren ein ständiges Ärgernis, und zwar vor allem die Krähen, die eine ganz besondere Vorliebe für den jungen Mais hatten. Die Mädchen und Frauen der Hidatsa hegten und hüteten die jungen Pflanzen und entwickelten zu ihnen eine Zuneigung, die sie mit der verglichen, die man für kleine Kinder empfand. Sie sangen dem jungen Mais Lieder, so wie man kleinen Kindern Lieder sang.

Da die jungen Frauen soviel Zeit auf den Feldern verbrachten, wurden sie dort häufig von den jungen Männern aufgesucht. Lange Unterhaltungen galten jedoch als unschicklich, und die Mütter hielten ein wachsames Auge auf ihre Töchter. Zwölfjährige Mädchen neckten gleichaltrige Jungen mit Liedern wie:

Ihr bösen Jungen, ihr seid alle gleich!
Euer Bogen ist wie der Henkel eines Korbs;
Ihr armen Jungen, ihr müßt barfuß über die Prärie laufen;
Eure Pfeile sind nur gut, in den Himmel geschossen zu werden!

Wenn die Mädchen älter wurden, änderten sich natürlich auch ihre Lieder, aber die Neckerei blieb ein hervorstechendes Element der Lieder, die für die Ohren junger Männer bestimmt waren.

Die Wanderung der Hidatsa auf die Plains veranschaulicht einen prinzipiellen Aspekt der Wanderungen anderer Völker. Obwohl die Vorfahren der Cheyenne, Sioux und anderer Völker, die sehr viel später zu den sprichwörtlichen Plains-Indianern werden sollten, immer noch im Osten lebten, fanden bereits gegen Ende des fünfzehnten Jahrhunderts beträchtliche Veränderungen und Umbildungen auf den Plains statt. Ein großer Teil dieser Bewegungen war freiwilligen Ursprungs. Gruppen und Gemeinschaften suchten aus wirtschaftlichen oder sozialen Gründen neue Standorte. Vielleicht war es hier einfacher, den Bison zu jagen. Vielleicht ließ eine bestimmte Pflanze sich besser an einem Fluß anbauen. Vielleicht war ein anderer Stamm so mächtig geworden, daß eine Umsiedlung an einen anderen Ort, wo die Eigenständigkeit nicht gefährdet war, angeraten schien. Vielleicht war die Wanderung ein Aufbruch zu neuen Zielen oder eine Reaktion auf eine wie auch immer geartete Verschlechterung der bisherigen Lebensbedingungen: das Verschwinden jagdbarer Tiere, Mißernten, sonstige Mißbillen, welche die ganze Gemeinschaft betrafen. Auf jeden Fall könnte eine Karte der Plains-Völker vor 500 Jahren wenig mehr als ihr Schlüsselelement andeuten: Veränderung.

Es herrschte längst nicht immer Frieden auf den Plains. Trotz bestehender Handelsbeziehungen und der Vorteile, die ein solcher Austausch für alle Beteiligten brachte, kam es immer wieder zu Feindseligkeiten, denn Kriege boten die Möglichkeit, Ruhm zu erlangen, sich einen Namen zu machen, sich durch besondere Tapferkeit hervorzutun. Dennoch war ein Krieg mehr als ein großes Abenteuer, mehr als eine Art blutloses Schlagballspiel, bei dem auf einem unsichtbaren Spielbrett Punkte gezählt wurden. Die Verlierer konnten getötet oder gefangengenommen werden. Bauern konnten ihr Land oder ihre wertvollen Nahrungsmittel- oder Saatgutvorräte verlieren.

Auf ihren Wanderungen nahmen die Menschen viele Dinge mit, die nicht ausschließlich materieller Natur waren. Wie die Geschichte der Hidatsa über den Devils Lake zeigt, hatten sie auch viel kulturelles Gepäck bei sich. Im Norden brachen die Kiowa auf, um in die südlichen Plains von Oklahoma zu ziehen. Unterwegs nahmen sie Geschichten über den Devils Tower im nordöstlichen Wyoming und über die Black Hills im westlichen Süd-Dakota in die Anthologie ihrer Erzählungen auf, die von Generation zu Generation weitergegeben wurden. Jahrhunderte später erzählten sie im westlichen Oklahoma die Geschichte von den sieben Schwestern, die sich vor einem Bären retteten, indem sie auf die Spitze eines gigantischen Felsens kletterten, die sich auf wundersame Weise in den Himmel hob, wo die Schwestern zu den Sternen des großen Bären wurden. Der merkwürdige, graue Felsbrocken, der Devil's Tower, blieb zurück, zernarbt von den Krallen des Bären, der versucht hatte, die Schwestern zu erreichen.

Auch die Vorfahren der Absaroka, die später als Crow bekannt wurden, lösten sich aus der Verbindung mit den Hidatsa und zogen nach Westen, um in Montana eine neue Heimat zu finden. Unter anderem nahmen sie die Geschichte vom Enkelsohn der Alten Frau mit sich, eine Geschichte, die auch von den Hidatsa erzählt wurde. Der Enkelsohn der Alten Frau war der Sohn der Sonne und einer Hidatsa-Frau. Wie viele solcher Geschöpfe in den Überlieferungen vieler Stämme war auch er ein Kulturheroe, der sich schließlich auf ein großes Abenteuer begab. Er vernichtete die bösen Ungeheuer auf der Erde und wurde nach erfolgreicher Beendigung seiner Mission zum Polarstern, während seine Großmutter zum Mond wurde. Außer

Die Hüter der Erde und des Himmels

dieser Geschichte hatten die Absaroka auch den Tabakanbau von den Hidatsa übernommen. Der Tabak, der für das Wohlergehen der Menschen unerläßlich war, wurde von den alten Männern angebaut. Die Absaroka unterschieden zwischen Tabak für zeremonielle Zwecke und Tabak, der nur zum Vergnügen geraucht wurde. Er wurde schon in den Entstehungsgeschichten erwähnt, und es gab eine eigene Gesellschaft für die rituelle Aussaat der Tabaksamen.

Die Absaroka oder Crow waren nicht die einzigen, die sich mit den Sternen befaßten. Auch die Pawnee, die im mittleren Teil der Plains ansässig waren, führten ihre Herkunft und den Ursprung aller Völker auf den Nachthimmel zurück. Sie unterteilten ihren jährlichen Zyklus durch die zeremonielle Beobachtung dieses Himmels, und sie wußten, daß alles auf der Erde nur in Übereinstimmung mit den Bewegungen der himmlischen Körper lebte und wuchs. In der Kälte des langen Winters schlief die Erde. In dieser Zeit unternahmen die Pawnee das mühselige Unterfangen der Bisonjagd, von der die Männer erst kurz vor Frühjahrsanfang nach Hause zurückkamen, einer Zeit, in der die Sterne den Menschen dabei halfen, den richtigen Augenblick für den Beginn der Zeremonie festzulegen. Im Schutz einer großen Erdhütte beobachteten die Pawnee-Priester den Himmel und die sich verändernden Positionen der Sterne, die sie durch das Rauchloch und durch den Eingang der Hütte erkennen konnten.

Wenn sie den Augenblick für günstig hielten, gaben die Priester das Zeichen für den Beginn der Zeremonie, mit der die Erde aus ihrem Winterschlaf geweckt werden sollte. Die Schwimmenden Enten kündigten durch ihr Erscheinen am Horizont das Kommen des Frühlings an. Sie sprachen zu den Tieren und forderten sie auf, den Winterschlaf von sich abzuschütteln. Kurz darauf kündeten Blitze am Himmel eine ganz bestimmte Art von Donner an, der wiederum das Zeichen dafür war, daß die Zeit für die Schöpfungszeremonie gekommen war.

Die Pawnee verbanden ihre Schöpfungsgeschichte mit einer Sammlung zwölf heiliger Bündel, die jeweils einem bestimmten Stern zugeordnet waren. Das erste Bündel, das des Abendsterns, wurde in der Erdhütte von Old Lady Lucky Leader aufbewahrt. Die Priester öffneten es voller Ehrfurcht auf dem gelben Kalbfell, das alle Bisons symbolisierte. Zwei Maiskolben standen für das wichtigste Anbauprodukt; zwei Eulenbälge symbolisierten die Wachsamkeit der Häuptlinge. Die unermüdlichen Krieger wurden durch Habichtsbälge dargestellt, während verschiedene Farben die Macht der vier Himmelsrichtungen repräsentierten. Feuerstein als Symbol für Feuer und Süßgras für Weihrauch vervollständigten den Inhalt des Abendsternbündels. Die Priester sangen gemeinsam von der Schöpfung und berichteten sorgfältig und methodisch, wie alles gekommen war. Indem sie das taten, erweckten sie die Welt zu neuem Leben.

Im Laufe des Jahres hielten die Pawnee auch noch andere notwendige Zeremonien ab, die insbesondere auf die Aussaat im Frühjahr, die Ernte im Herbst und die Büffeljagd abgestimmt waren. Dieser Zyklus bestimmte ihre Handlungen, gab den Jahreszeiten ihren Rhythmus und dem Leben der Menschen ein Element der Beständigkeit. Vor weiteren 500 Jahren hatten sie zudem ein ungewöhnliches Ritual eingeführt, das sie möglicherweise von einer fast zweitausend Kilometer weiter südlich ansässigen mesoamerikanischen Kultur übernommen hatten. Zu diesem Ritual gehörte auch ein Menschenopfer, von dem Pawnee glaubten, der Morgenstern verlange es von ihnen.

In der Schöpfungsgeschichte der Pawnee war der Morgenstern das männliche Wesen, dessen heroische Suche ihn zum weiblichen Abendstern führte. Ihm verdankten die Menschen die Erschaffung der Sonne, und aus der Paarung der beiden ging ein Mädchen hervor, das auf die Erde hinabstieg. Es tat sich mit einem Jungen zusammen, dem Sohn von Sonne und Mond, und die beiden waren die ersten Menschen. In Anbetracht der schöpferischen Rolle, die der Morgenstern in der Vergangenheit der Menschen gespielt hatte, konnte er als Preis ein junges Mädchen verlangen. In regelmäßigen Abständen erschien er im Herbst einem Krieger in Form einer Vision, und dieser Krieger mußte dann einen Überfall auf ein feindliches Lager anführen, bei dem die Pawnee versuchten, ein Mädchen gefangenzunehmen, um die Forderung des Morgensterns zu erfüllen. Die Opferung des Mädchens fand jedoch nicht gleich statt. Die Pawnee nahmen es zuerst mit auf ihre winterliche Bisonjagd und führten das Ritual der Opferung erst nach dem erfolgreichen Abschluß dieser Jagd durch.

Das gefangene Mädchen mußte eine Zeit langwieriger Vorbereitungen und Riten über sich ergehen lassen. In dieser Zeit trug es die zeremonielle Kleidung, die dem heiligen Bündel des Morgensterns entnommen war: einen Rock aus Kalbleder, eine Bluse, eine Robe aus Büffelhaut, schwarze Mokassins und eine Feder in den Haaren. Der Körper wurde rot bemalt. Nach einer viertägigen Zeremonie wurde es zu einem Altar geführt. Seine rechte Körperhälfte war jetzt als Symbol für den Tag und den Morgenstern rot bemalt, während die linke für die Nacht und den Abendstern schwarz bemalt war. Lieder vom Morgenstern wurden gesungen, bevor das Mädchen gezwungen wurde, ein Gerüst zu besteigen, auf dem es durch einen Pfeil ins Herz getötet wurde. Das Blut des Mädchens fiel auf Zunge und Herz eines Büffels, die anschließend in einem zeremoniellen Feuer verbrannt wurden. Dann brachten die Männer des Dorfes die Leiche des Mäd-

Die Hüter der Erde und des Himmels

Ein Weitchpec-Häuptling (»Mec-ug-gra«) aus einer am Zusammenfluß der Flüsse Trinity und Klamath im nördlichen Kalifornien ansässigen Gemeinschaft. Der in Leder und Pelze gekleidete Mann trägt seine Pfeile in einem Behälter aus Häuten und hält einen Bogen und einen Knüppel in den Händen (The Newberry Library).

chens hinaus auf die Ebene, und die Menschen feierten und jubelten, denn der Morgenstern war wieder einmal besänftigt worden, und die Pawnee wußten, daß er in der kommenden Zeit ihr Wohlergehen sichern würde.

Die Pawnee sicherten ihr künftiges Wohlergehen aber auch durch ihre gärtnerischen Bemühungen. Sie pflanzten zehn verschiedene Sorten Mais an, acht Sorten Bohnen und sieben verschiedene Sorten Kürbis. Da sie einer anderen Sprachfamilie angehörten als die Hidatsa, bezeichneten sie ihre

Pflanzen mit anderen Namen. Bohnen und Kürbisse waren weltliche Pflanzen ohne religiöse Bedeutung, der Mais jedoch war etwas anderes. Eine Sorte, die Wundervoller oder Heiliger Mais genannt wurde, wurde nur zu religiösen Zwecken und nicht zum Verzehr angebaut. Zwei Kolben dieser Sorte waren ausschließlich für die Aufbewahrung in heiligen Bündeln bestimmt. Der eine kam für den Winter in eine Büffelhaut und der zweite für den Sommer in eine andere. Diese Maissorte wurde zeremoniell angepflanzt, und die alten Kolben in den Bündeln wurden jedes Jahr durch neue ersetzt. Durch ihre Erfolge in der Landwirtschaft, wozu noch die Erträge aus der Büffeljagd kamen, war es den Pawnee möglich, ein seßhaftes Leben in relativem Wohlstand zu führen.

Völker wie die Pawnee standen im Jahre 1492 stellvertretend für eine Welt von Plains-Indianern, die Jahrhunderte des Kommens und Gehens zu Fuß, der Anpassung, der Veränderung und der Erfahrungen hinter sich hatte. Weiter im Westen, im Great Basin, hatten sich zur gleichen Zeit drei größere Gruppen einheimischer Völker herausgebildet: die Shoshone, die Ute und die Paiute. Diese drei waren wiederum in viele lokale Gruppierungen unterteilt, die nur locker durch Sprache und übergreifende Traditionen miteinander verbunden waren. Die Region selbst war alles andere als eine in sich abgeschlossene Insel. Einflüsse aus den umliegenden Gebieten machten sich geltend. Die Nähe zur Westküste sorgte dafür, daß schon Tausende von Jahren vor Kolumbus Muschelschalen als Handelsware eingeführt wurden. Häute, landwirtschaftliche Erzeugnisse, Obsidian – leicht verderbliche und andere Waren – wurden ausgetauscht.

In einer gefahrvollen Umgebung wie dieser spielten Handelsnetze eine überaus wichtige Rolle für die Lebensqualität der Menschen, und die Tatsache, daß diese Handelsbeziehungen schon Jahrhunderte vor dem Pferd bestanden, macht ihre Reichweite und Ausdehnung um so eindrucksvoller. Aber natürlich mußten die Menschen Dinge erwerben oder produzieren, die sie gegen andere Dinge, die in ihre Gegend gelangten, eintauschen konnten, und das, obwohl die Bewohner des Great Basin in einer besonders kargen Umgebung lebten, die zu keinem Zeitpunkt große Nahrungsmittelüberschüsse hergab. Man benutzte, was man hatte, begnügte sich mit dem, was es gab, und suchte nach Möglichkeiten, die oft mehr als kärgliche Grundlage aufzustocken.

Im späten fünfzehnten Jahrhundert bewohnten Untergruppierungen der Shoshone ein Teilgebiet des Great Basin, das vom westlichen Wyoming bis an die Grenze Kaliforniens und Nevadas reichte. Die Shoshone waren Jäger und Sammler, die im Laufe eines Jahres die unterschiedlichsten Ressourcen ausbeuteten und dabei beträchtliche Strecken zurücklegten. Die Jahreszei-

Die Hüter der Erde und des Himmels

ten diktierten die Bewegungen der Menschen, und die genaue Kenntnis des Landes und seiner Erzeugnisse war die Grundvoraussetzung für alles Leben. Auf einen Außenstehenden hätte diese Welt abschreckend und unwirtlich gewirkt, für die Shoshone jedoch besaß ihre Heimat genügende Mittel, um ein gutes und erfülltes Leben führen zu können.

Die Westlichen Shoshone lebten mit Ausnahme von ein paar kleineren Gemeinschaften, die im östlichen Kalifornien und im westlichen Utah ansässig waren, in Nevada und gingen das ganze Jahr hindurch Aktivitäten der Subsistenzsicherung nach. Der Frühling bot die Gelegenheit, Waldmurmeltiere und Eichhörnchen zu fangen, welche die Tatenlosigkeit des Winters gerade erst von sich abschüttelten und noch an dem zusätzlichen Gewicht zu tragen hatten, das es für sie schwieriger machte, den Jägern zu entrinnen. Zur Jagd auf Murmeltiere benutzten die Männer geschnitzte hölzerne Haken. Sobald sie ein Tier dazu gebracht hatten, sich in den Haken zu verbeißen, wurde es gepackt und getötet und gleich anschließend geröstet und verspeist. Die Shoshone fingen auch Vögel. Ungefähr zur selben Zeit fand die Paarung der Steppenhühner statt. Die Jäger pirschten sich an die Stellen an, an denen die Vögel sich paarten, wobei ein Mann sich als Antilope verkleidete, um sich ungehindert unter den Vögeln bewegen zu können. Eingehüllt in ein Antilopenfell, schlich er sich an eine geeignete Stelle, während die anderen Männer Netze aus Weidenzweigen in den Beifußsträuchern befestigten. Dann schreckte die »Antilope« die Steppenhühner auf, die sich auf ihrer Flucht in den Netzen verfingen.

Die Frauen der Shoshone durchstreiften das Land auf der Suche nach eßbaren Pflanzen und Heilkräutern. Sie stellten aus Weiden- und anderen Zweigen Samenschläger her und benutzten diese, um Samenkörner von Bäumen, Gräsern und anderen Gewächsen zu schlagen. Im späten Sommer und Herbst wurden Elzbeeren, Würgkirschen und Johannisbeeren reif und gesammelt.

In den höheren Lagen lieferte die allgegenwärtige Pinion-Kiefer oft reiche Ernten. Die Frauen reckten sich hoch hinauf, um auch die höchsten Zapfen zu erreichen und mit Stöcken herunterzuschlagen. In guten Jahren gab es viele Pinion-Nüsse, die ein Bollwerk gegen den Hunger darstellten. Aber es gab nicht nur gute Jahre. Da die Pinion-Nüsse im späten Herbst geerntet wurden, also zu einer Zeit, in der die Menschen wieder zusammenkamen, wußten sie, daß dies mehr oder weniger ihre letzte Gelegenheit war, ihre Nahrungsmittelvorräte für den Winter aufzustocken.

Dennoch waren sie freudiger Stimmung, wenn die Ernte begann. Ihre Bäuche waren voll. Wenn es jetzt auch noch reichlich Nüsse gab, würde der Winter erträglich werden. Der religiöse Anführer versammelte die Men-

Drei Körbe der am Colorado im heutigen nördlichen Arizona ansässigen Pai. Der große Korb links wurde zum Sammeln von Samen verwendet, die anderen beiden waren für Vorräte bestimmt (The Newberry Library).

schen um sich, warf Pinion-Nüsse nach Norden und Süden, Osten und Westen und begann einen dreitägigen Tanz, mit dem um eine gute Ernte gebetet wurde.

Ein Teil der Nüsse wurde sofort verzehrt, entweder roh, geröstet oder als eine Art Brei, der aus Wasser und gemahlenen Nüssen hergestellt wurde. Andere Zapfen wurden in der Erde vergraben und mit Kiefernzweigen abgedeckt. Im Laufe des Winters kamen die Menschen immer wieder zu ihren Verstecken zurück, um neue Zapfen zu holen, und in den schmalen Tagen vor Beginn des Frühjahrs kamen sie noch einmal, um zu holen, was übrig war.

Beeren und Nüsse, Samen und Fische waren zwar die wichtigsten Bestandteile der Ernährung der Shoshone, sie waren jedoch keineswegs Vegetarier. Im Herbst taten die Männer sich zusammen, um die Gabelantilope zu jagen. Wie bei der Ernte der Pinion-Nüsse spielten die religiösen Führer auch hier eine wichtige Rolle. Da sie besondere Macht über die scheuen Tiere besaßen, rieten sie den Männern, wo und wann sie jagen sollten, und nur mit ihrer Zustimmung konnte die Jagd beginnen.

Die Hüter der Erde und des Himmels

In den Tagen vor dem Pferd und dem Gewehr mußten die Männer die Antilopen in Pferche treiben, um sie einfangen und töten zu können. Sie errichteten langgezogene Einfriedungen von zwei bis drei Kilometern Länge aus Beifußsträuchern und Steinen, die manchmal zusätzlich mit Holz abgestützt wurden. Sobald der Pferch fertig und die priesterliche Billigung erteilt war, konnte die Jagd beginnen. Am Abend zuvor steckte ein religiöser Führer einen Pfeil in die Beifußsträucher; wenn am nächsten Morgen Antilopenhaare daran klebten, war dies das Zeichen dafür, daß die Jagd erfolgreich verlaufen würde.

Die Männer verteilten sich meilenweit im Gelände, bevor sie anfingen, die Antilopen auf den Pferch zuzutreiben. Antilopen sind Tiere, die das offene Gelände lieben. Wenn es den Männern gelang, sie in die Pferche zu treiben, gerieten sie in Panik und verloren jede Orientierung. Da sie außerdem nicht die Fähigkeit der Hirsche besaßen, sich durch einen Sprung zu retten, gelang es ihnen nur selten, aus den provisorischen Einfriedungen zu entkommen. Die Männer stürzten sich auf ihre verängstigte Beute, töteten so viele Tiere, wie sie brauchten, und ließen die anderen laufen. Wie die Büffel lieferten auch die Antilopen nicht nur Fleisch, sondern auch Material für die Herstellung von Werkzeugen, Kleidung und Schuhen und für Fäden zum Nähen.

Schon die Kinder beteiligten sich an den gemeinschaftlichen Kaninchenjagden, die idealerweise im Herbst abgehalten wurden, wenn das Fell der Tiere schon dicht war. Je mehr Leute für die Jagd zusammengetrommelt werden konnten, desto größer die Chancen, die Kaninchen in die Netze zu treiben, die zwischen Sträuchern aufgespannt wurden. Die Kinder rannten schreiend hinter den flinken Tieren her, die schneller laufen konnten als sie selbst. Wenn genügend Kaninchen gefangen wurden, gab es nicht nur Fleisch, sondern auch die Aussicht auf Kleidung und warme Decken.

Angesichts einer relativ schwierigen Nahrungsbeschaffung war es nicht weiter verwunderlich, daß die Shoshone-Gemeinschaften des Jahres 1492 weniger aufwendige Formen der Bekleidung und der Behausung und weniger hoch entwickelte religiöse Rituale besaßen als andere indianische Bevölkerungen in anderen Teilen Amerikas. Aufgrund ihrer mehr nomadischen Lebensweise mußten ihre Kleidung und ihre Behausungen einen eher provisorischen Charakter haben und sich vor allem leicht transportieren lassen. Nur in einigen östlichen Teilen des Shoshone-Gebietes standen so viele Büffel, Fisch und Bergtiere zur Verfügung, daß die Menschen nicht ganz so stark auf die Sammelwirtschaft angewiesen waren. Aber auch sonst konnten sie es dank ihrer genauen Kenntnisse des Landes zu einem gewissen Wohlstand bringen.

Die zweite große Gruppe der Great-Basin-Bewohner, die Ute, lebte vorwiegend im gegenwärtigen Utah und westlichen Colorado. Ihre Umgebung war nicht ganz so karg wie die der Shoshone, denn mehr Niederschläge bewirkten ein üppigeres Pflanzenwachstum und eine größere Vielfalt an Tieren. Die meisten Ute konnten nicht nur Antilopen und Kaninchen jagen, sondern auch Büffel, Hirsche, Elche und Bergschafe. Sie konnten mehr verschiedene Beerenarten und diese in größeren Mengen sammeln. Im Westen spielte der Fischfang eine relativ bedeutende Rolle, während im Osten die Jagd von größerer Bedeutung war und die Ute-Gruppen, die in den trockeneren Gebieten des heutigen Utah lebten, hauptsächlich auf das Sammeln angewiesen waren.

Gejagt wurde entsprechend den Jahreszeiten. Die winterlichen Schneefälle in den höheren Lagen boten Gelegenheit, Elche zu jagen, wobei die Männer Schneeschuhe trugen, die aus einem hölzernen Rahmen und einer Bespannung aus Leder- und Pelzschnüren bestanden. In dem ohne Schneeschuhe unpassierbaren Schnee arbeiteten sie in Gruppen zusammen, um ihre Beute in den Hinterhalt zu locken. Außerdem gab es gemeinschaftliche Treibjagden auf Antilopen und Kaninchen. Auf den Seen wurden Enten und Wasserhühner und in der Nähe von Wasserläufen Steppenhühner erlegt. Dabei waren die Erfolgsaussichten im späten Frühjahr und Anfang Sommer am größten, wenn die jungen Vögel noch nicht flügge und die ausgewachsenen Vögel in der Mauser waren. Manchmal schlichen die Männer sich einfach an die Tiere an und schlugen sie mit Stöcken tot, andere Male, wenn diese direkte Methode nicht möglich war, benutzten sie Pfeil und Bogen.

In der Wüste gab es andere eßbare Lebewesen. Hier aßen die Menschen auch Insekten und Kleintiere, die man in anderen Gegenden nicht beachtet hätte. Sie fingen Ameisen, Grillen, Zikaden und Heuschrecken, Klapperschlangen, Krötenechsen und Leguane, die sie zwar nicht unbedingt mit Vorliebe verzehrten, die aber dennoch eine hilfreiche Ergänzung für die Gemeinschaften waren, die nicht oder nicht genügend auf große Säugetiere oder andere ständig verfügbare und zuverlässige Nahrungsquellen zurückgreifen konnten. Wenn man sie trocknete und z. B. mit Beeren und Samenkörnern mischte, ließen sie sich sowohl haltbar wie auch schmackhafter machen.

In manchen Gegenden des Ute-Gebietes lieferten die Seen und Flüsse bis zu einem Drittel der Ernährung der Bevölkerung. Die Männer fischten selbst im tiefsten Winter nach einer althergebrachten Methode, indem sie Löcher in die Eisdecke schlugen und die Fische mit Speeren oder Pfeil und Bogen erlegten. Wenn das Eis schmolz, erweiterten sie ihr Repertoire um Netze und Reusen. An den Flüssen waren die Erfolgschancen größer, und so konzentrierten die Bemühungen sich hauptsächlich auf die Flußläufe. Frischer Fisch galt als Delikatesse. Was davon übrigblieb, wurde wahrscheinlich unter gewissen Vorbehalten für spätere Mahlzeiten getrocknet.

In den meisten Gebieten lieferte das Sammeln wenigstens ein weiteres Drittel der Ernährung der Ute. Ähnlich wie die Shoshone, bloß unter besseren Bedingungen, folgten die Ute-Frauen dem jährlichen Zyklus reifender Beeren, Samen und Nüsse. Himbeeren wurden entweder gleich nach dem Pflücken frisch verzehrt oder in Form von Kuchen für später getrocknet. Die Frauen trockneten auch das indianische Reisgras, droschen und worfelten es und zerstampften es dann zu Mehl, aus dem Kuchen oder Brei gemacht wurde. Übrigens waren die Ute-Frauen ungewöhnlich einfallsreich, wenn es darum ging, neue Möglichkeiten zu ersinnen, die ihnen zur Verfügung stehenden Nahrungsmittel haltbarer oder schmackhafter zu machen, wobei es entsprechend den verfügbaren Ressourcen regionale Unterschiede gab.

Außerdem waren sie sehr geschickt in der Bearbeitung von Hirschleder, stellten aber auch aus den Häuten anderer Tiere wie Kaninchen oder Schafe Kleidungsstücke her. Die Häute wurden erst abgeschabt und eingeweicht, um die Haare zu entfernen, anschließend mit dem Hirn der Tiere eingerieben und zum Trocknen in die Sonne gelegt. Dann wurden sie noch einmal eingeweicht, gespannt und geräuchert, bevor die Arbeit endgültig getan war.

Die Ansprüche, die das tägliche Leben in allen Bereichen von der Nahrungsmittelzubereitung über den Transport bis hin zur Errichtung der Behausungen stellte, waren ebenfalls Ansporn für die kreative Nutzung der Ressourcen, die das Land und seine Tierwelt zu bieten hatten. Elch- und Büffelhäute wurden in Teilen des Ute-Gebietes zur Herstellung von Tipis verwendet, in anderen Teilen wurden die Behausungen aus Weiden und anderem Gebüsch hergestellt. Aus Weiden und *Squawbush* wurden auch Körbe, Tragen und Fallen gefertigt. Aus Holz, Häuten und Fellen wurden Schneeschuhe hergestellt, die in den Wintermonaten eine schnellere und effektivere Fortbewegung ermöglichten.

Die letzte große Bevölkerungsgruppe des Great Basin setzte sich aus drei verschiedenen Zweigen der Paiute zusammen, die heute aufgrund ihrer geographischen Verteilung als die Nördlichen, Südlichen, und die kalifornischen Owens-Valley-Paiute bezeichnet werden. Die Nördlichen Paiute bewohnten ein keilförmiges Gebiet, das sich vom östlichen Oregon durch das ganze westliche Nevada erstreckte, während die Südlichen Paiute in Süd-Nevada, dem südwestlichen Utah und dem nordwestlichen Arizona ansässig waren. Wie der Name schon sagt, lebten die Owens-Valley-Paiute in einem relativ kleinen Gebiet rund um das Owens Valley im östlichen bis mittleren Kalifornien, östlich der Sierra Nevada.

Speicher aus ineinander verflochtenen Zweigen und Gras, in denen Eicheln gelagert wurden. Die Illustration zeigt die von den Miwok in Zentral-Kalifornien hergestellten Speicher in einem Baum, auf Stelzen, auf dem Boden und in einer Wiege hängend. Sie stammt aus *Tribes of California*, einem Bericht des Journalisten Stephen Powers über seine Reisen in der Mitte des 19. Jahrhunderts (The Newberry Library).

Das Gebiet der Nördlichen Paiute umfaßte im Jahre 1492 deutlich unterschiedliche Unterregionen, von denen jede leicht unterschiedliche Wirtschaftsformen hervorbrachte. Am Walker Lake und am Pyramid Lake konnte das ganze Jahr hindurch Fischfang betrieben werden. Die Männer benutzten Netze und Harpunen, um in den Zuflüssen der Seen Seeforellen und *cui-ui* zu fangen. In kleinen Booten stakten die Männer zum Fischen oder Enteneiersammeln durch die seichteren Gewässer in der Nähe der Ufer. Aus Binsen und Rohrkolben stellten sie so täuschend ähnliche Lockvögel her, daß die Enten immer wieder darauf hereinfielen und so nahe herankamen, daß die Männer sie packen und töten konnten.

Erfolge bei der Jagd, beim Sammeln oder beim Fischen waren aber nicht allein von der eigenen Geschicklichkeit und Behendigkeit abhängig, sondern auch von übernatürlichen Mächten. Diese Mächte manifestierten sich in allen Dingen im Himmel und auf Erden. Mit zunehmendem Alter erwarben die religiösen Führer oder Schamanen Macht durch Träume, die ihnen zeigten, wie sie ihre Kenntnisse und Gaben für besondere Zwecke einsetzen konnten. So verhalfen sie den Menschen zu guten Pinion-Ernten, großen Fischfängen oder ertragreichen Antilopenjagden. Sie führten die Gebete an,

Die Hüter der Erde und des Himmels

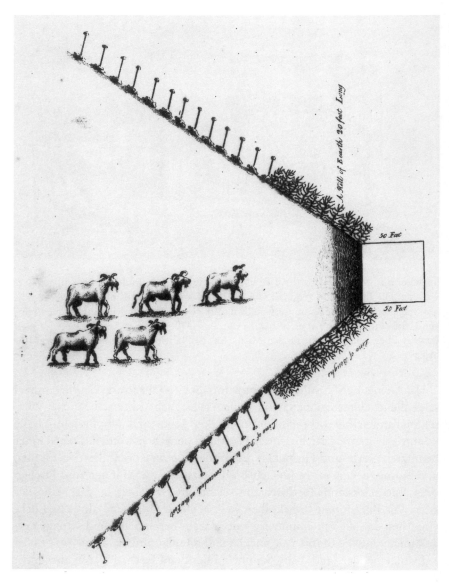

Schaubild einer Büffelhürde, 1790 von Edward Umfreville, einem kanadischen Pelzhändler, gezeichnet. Die Jäger der Plains kannten viele Techniken der Bisonjagd. In der hier dargestellten Methode wurden Zäune aus Gestrüpp und Holz errichtet, durch welche die Bisons in einen Korral aus Bäumen geleitet wurden. Am Anfang des Korrals befand sich eine etwa sieben Meter hohe Rampe. Sobald die Tiere sich in dem aus den beiden Zäunen gebildeten Trichter befanden, hetzten die Jäger sie über die Böschung in den Korral (The Newberry Library).

Amerika 1492

die für eben diese Zwecke vorgesehen waren. Die entsprechenden Zusammenkünfte waren aber nicht so sehr ernste, feierliche Angelegenheiten, sondern vielmehr Festlichkeiten, bei denen es auch Spiele und Wettkämpfe gab.

Krankheiten jedoch waren eine ernstzunehmende Sache, die die Fähigkeiten eines Schamanen oft auf eine harte Probe stellten. Es gab so viele Gründe, aus denen ein Mensch krank werden konnte. Vielleicht hatte er einen Fehler begangen oder sich sonst eine schwerwiegende Unbesonnenheit zuschulden kommen lassen. Vielleicht war er von einer Schlange gebissen worden. Oder vielleicht hatte ein Schamane oder eine andere Person mit besonderen Kräften die Krankheit, ohne daß man es gemerkt hatte, böswillig herbeigeführt, für gewöhnlich, indem der oder die Betreffende einen Stein oder einen anderen Gegenstand in den Körper des Kranken einschleuste. Der Schamane sang und tanzte und versuchte herauszufinden, was die Krankheit verursacht hatte. Sobald diese Ursache gefunden war, konnte er die Heilung bewerkstelligen. Wenn es sich um einen fremden Gegenstand im Körper des Kranken handelte, saugte der Schamane ihn heraus, spuckte ihn aus und vernichtete ihn.

Der Owens River bot den an ihm ansässigen Paiute die Möglichkeit, in einem ansonsten trockenen Gebiet eine Art von bewässertem Anbau zu betreiben, indem sie Wasser zu wildwachsenden Pflanzen leiteten. Mit Hilfe von Bewässerungsgräben dirigierten sie kleine, in den Fluß einmündende Bäche um und überfluteten ganze Wiesen, damit die Pflanzen mehr Wasser bekamen und dadurch schneller wuchsen. Sie schleusten das Wasser durch provisorische Dämme aus Steinen, Gestrüpp und Erde. Die durstigen Pflanzen in den so geschaffenen Sümpfen wurden auf diese Weise künstlich bewässert und erreichten bedeutend mehr Größe, als es unter normalen Umständen der Fall gewesen wäre.

Ihre Erfolge beim bewässerten Anbau befreiten die Owens-Valley-Paiute zwar nicht von der nomadischen Suche nach Wildtieren und eßbaren Pflanzen, trugen aber dazu bei, daß sie dauerhaftere und solidere Häuser errichten konnten. Da sie zumindest einen Teil des Jahres an einem festen Wohnsitz verbrachten, konnten sie ihre Zeit dem Bau von Häusern, Speichern, Windschirmen, Ramadas (Laubhütten) und Gemeinschaftshäusern widmen. Manche davon waren so solide gebaut, daß sie in diesem Tal, das den Menschen, die das Glück hatten, hier zu wohnen, ein seltenes Maß an Stabilität bot, jahrelang genutzt werden konnten.

Die Südlichen Paiute kannten dieses Maß an Sicherheit im allgemeinen nicht. In ihrer unwirtlichen Welt mußten sie auf ihrer jährlichen Subsistenzrunde weite Entfernungen zurücklegen. Sie waren eher Sammler als Jäger und durchstreiften vor allem das Land nördlich des Grand Canyon. Außer-

Die Hüter der Erde und des Himmels

dem waren sie geschickte Körbeflechter. Vor allem aber brachten sie es fertig, den oft mehr als spärlichen Ressourcen ihres Landes ein befriedigendes Leben abzutrotzen und ihre Existenz in einer Umwelt zu sichern, in der dies vielen anderen nicht gelungen wäre.

Trotz seiner Unwirtlichkeit und der relativen Ärmlichkeit seiner Ressourcen war das Great Basin im Jahre 1492 nicht nur keineswegs eine Einöde, sondern ganz im Gegenteil von Menschen bevölkert, die im Laufe vieler Jahrhunderte gelernt hatten, diese Umwelt optimal zu nutzen. Lange vor Kolumbus hatten sie Dinge über ihr Land und seine Ressourcen herausgefunden, die es ihnen erlaubten, dieser Umgebung ein Leben abzuringen. Von der Geburt bis zum Tod schufen die Shoshone, Ute und Paiute eine Ordnung im Muster ihrer Tage und verliehen ihnen Bedeutung. Angesichts einer relativ kleinen Bevölkerung und einer relativ weiträumigen Welt, in der sie ihr Schicksal gestalten konnten und mußten, hatte jeder einzelne Mensch in jeder Phase dieses Kreislaufs eine ganz besondere Bedeutung, angefangen beim kleinsten Kleinkind bis hin zum ältesten Greis. Vom Anfang an mußten Rollen ausgefüllt und Lektionen gelernt, Werte verinnerlicht, Fertigkeiten erworben, Lieder erinnert, Träume wachgerufen und Geschichten erfunden und erzählt werden.

Die dritte große Unterregion, der Südwesten, umfaßte in etwa das heutige West-Texas, New Mexiko, Arizona, Süd-Kalifornien und den nördlichen Teil Mexikos. Vor fünfhundert Jahren, vor der Schaffung dieser von Menschenhand gezogenen politischen Grenzen, waren die Grenzen gekennzeichnet durch Flüsse und Bergketten, Täler und schier endlose Weiten und durch die Anwesenheit der vielen verschiedenen Gruppen, von denen einige seit zahllosen Generationen hier lebten, während andere erst relativ spät dazugekommen waren und gerade erst anfingen, zu einem Teil des Landes zu werden.

Es gab deutliche Bindungen zwischen vielen der Bewohner des Südwestens von 1492 und denen, die vor ihnen gewesen waren. Sowohl im gegenwärtigen Südwesten der Vereinigten Staaten wie auch im nördlichen Mexiko war die Zeit vor dem Ende des fünfzehnten Jahrhunderts von bedeutenden Veränderungen geprägt. Mehrere große Kulturen nördlich der derzeitigen internationalen Grenze waren entweder ganz verschwunden oder mit anderen, weiterbestehenden Gemeinschaften verschmolzen. Ein Volk, das heute unter dem Namen Anasazi bekannt ist, hatte große Siedlungen in Mesa Verde (Colorado), im Canyon del Muerto und im Canyon de Chelly (Arizona), in Betatakin und Keet Seel (Arizona) und vor allem und am eindrucksvollsten im Chaco Canyon im nordwestlichen Mexiko errichtet, in dem es eine blühende Bevölkerung von möglicherweise über 8000 Men-

Drei Frauen im Tal des San Joaquin in Kalifornien, die Grassamen worfeln. Die Frau ganz rechts nimmt die Samen aus einem Vorratskorb und mahlt sie kurz, bevor sie sie auf die flachen Körbe schüttet, die ihre Begleiterinnen in der Hand halten. Sie werfen die Samen in die Luft, damit die Spreu weggeweht wird (The Newberry Library).

schen gegeben hatte. Im 14. Jahrhundert waren die Siedlungen dann innerhalb weniger Jahrzehnte aufgegeben worden und die Menschen waren entweder fortgezogen, um neue zu gründen oder sich anderen Dörfern anzuschließen, oder sie waren einfach verschwunden. Die Architektur ihrer

Die Hüter der Erde und des Himmels

Dörfer, ihr herrlicher Türkisschmuck und ihre beeindruckende geometrische Schwarz-auf-Weiß-Keramik gingen in die Kultur der Pueblo-Indianer ein. Dieser Umschwung zeugt jedenfalls von Problemen des Südwestens, die entweder naturgegeben oder sonstwie unvermeidlich waren – Dürre, Kriege und Krankheiten – und die zusammengenommen vielleicht der Grund dafür waren, daß die Anasazi ihre Heimat verlassen mußten.

Wie auch immer, die Entvölkerung der Anasazi-Siedlungen unterstreicht ein Grundprinzip oder ein alles andere überlagerndes Gesetz, das bereits angedeutet wurde: Das Leben war ständigen Gefahren ausgesetzt und jede Harmonie schwer zu erreichen und zu erhalten. Diese Erkenntnis führte im Südwesten zu einer sowohl konservativen wie auch innovativen Haltung. Die Menschen lebten in einer Welt, die voller Zorn war, und die Geister der Erde und des Himmels mußten ständig besänftigt werden. Die religiösen Führer hatten die schreckliche Verantwortung, Mittler zwischen den Menschen und ihren Göttern zu sein. Sie mußten die Waage halten zwischen der Pflicht, auf die richtige Weise zu leben und das Gute der Vergangenheit zu erhalten, und der Notwendigkeit, Veränderungen aufzugreifen, die das Fortbestehen ihres Volkes sichern würden. Wenn sie manchmal Elemente von anderen Gesellschaften übernahmen, so machten sie sich diese im Laufe der Zeit ganz zu eigen. Und über einen noch längeren Zeitraum hinweg wurden sie zu einem so integralen Bestandteil ihrer Kultur, daß sie als echte Traditionen gelten können.

Der größte Stamm im trockenen Westen der Vereinigten Staaten des ausgehenden zwanzigsten Jahrhunderts veranschaulicht diese Anpassung und Veränderung. Im Jahre 1492 waren die Navajo erst seit kurzem im Südwesten ansässig. Sie waren über viele Jahre hinweg aus ihrem bisherigen Lebensraum im nordwestlichen Kanada und östlichen Alaska in den Süden gewandert. Ihre Sprache gehörte der athapaskischen Sprachfamilie an, so genannt nach einem See in jenem Teil des nördlichen Nordamerika. Sie und die Apache brachten ähnliche Sprachen in den Südwesten – Sprachen, die mit denen, die von den anderen Indianern der Region gesprochen wurden, herzlich wenig zu tun hatten.

Während ihre Sprache sich kaum veränderte, unterzogen die Navajo ihre Kultur ganz beträchtlichen Wandlungen, um sich einen Platz in ihrer neuen Heimat zu schaffen. Sie mußten zu dieser Umwelt gehören. Sie mußten zu diesem besonderen Land und diesem besonderen Himmel gehören. Den Anfang bildeten die Geschichten, die sie erzählten, Geschichten darüber, wie die Navajo in die vierte, die gegenwärtige Welt gekommen waren. Durch diese Geschichten betonten sie den Unterschied zwischen sich selbst und den Apache und verliehen verschiedenen Orten in ihrem neuen Territorium neue Bedeutung. Der Governador Knob wurde zu dem Ort, an dem das Baby gefunden wurde, aus dem später die sogenannte Changing Woman wurde. Der Blanca Peak, der Mount Taylor, die San Francisco Peaks und die La Plata Mountains wurden zu den Grenzen ihres Territoriums, wurden zu den vier heiligen Bergen. Die Lavafelder in der Nähe des heutigen Grants, New Mexico, wurden zum getrockneten Blut des Ungeheuers, das von den beiden Zwillingen, den Söhnen von Sonne und Changing Woman, getötet worden war.

Als Neuankömmlinge im Südwesten betätigten sie sich auch als aufmerksame Beobachter und übernahmen Fertigkeiten und Eigenarten von anderen Stämmen. Sie erlernten den Bodenbau und entwickelten ihre gärtnerischen Fähigkeiten so weit, daß die ersten spanischen Chronisten sie als das Volk der großen, bepflanzten Felder beschrieben. Sie lernten den südwestlichen Himmel und die Sterne kennen, die ihnen zeigten, wann sie ihren Mais pflanzen mußten. Der Mais wurde zu einem wichtigen Symbol in der Gedankenwelt der Navajo und zu einem Spiegel für das Wachstum und die Vitalität ihres Volkes. Vielleicht lernten sie von ihren neuen Nachbarn auch das Weben und die Sandmalerei. Irgendwann spielte es keine Rolle mehr, woher sie diese Fertigkeiten hatten, denn die Weberei und die Sandmalerei wurden im Laufe der Zeit zu einem unbestreitbaren Merkmal der Navajo-Kultur, einmal abgesehen davon, daß sie auch künstlerische und kulturelle Ausdrucksformen von wahrer Schönheit waren.

Zu ihren Nachbarn gehörten die in Dörfern ansässigen Bewohner New Mexicos und Arizonas, welche die Spanier nach der Form ihrer Häuser »Pueblos« nannten. Manche dieser Gruppen, so z. B. die Hopi und Acoma, hatten vor dem Jahre 1492 jahrhundertelang in denselben Dörfern gelebt; andere Dörfer waren zu diesem Zeitpunkt ebenfalls schon seit langem etabliert. Diese festen Dörfer waren im Laufe der Zeit immer größer geworden; neue Kivas (unterirdische, kreisförmige Kammern für zeremonielle Versammlungen) waren hinzugefügt und neue Wohnräume für die ständig wachsende Bevölkerung angebaut worden. Die Räume grenzten aneinander, so daß man von einer Einheit in die andere überwechseln konnte, ohne hinausgehen zu müssen, was sowohl bei schlechtem Wetter wie auch bei einem feindlichen Angriff von Vorteil war. Die Dörfer lagen hoch oben auf den Mesas oder ähnlichen Erhebungen, so daß man eventuelle Angreifer schon von weitem kommen sah und die Dörfer gleichzeitig leichter zu verteidigen waren.

Die Stabilität, die in den Pueblo-Dörfern herrschte, war auf eine erfolgreiche landwirtschaftliche Wirtschaftsweise zurückzuführen. Die Pueblos produzierten Überschüsse an Mais, Bohnen, Kürbissen und Baumwolle.

Die Hüter der Erde und des Himmels

Der Innenraum einer Kiva im derzeitigen westlichen New Mexico. Diese unterirdischen Räume, die steinerne Fußböden und Stützbalken aus amerikanischer Pappel hatten, wurden durch eine Luke in der Decke betreten. Wenn sie nicht für zeremonielle Zwecke gebraucht wurden, dienten die Kivas als Versammlungsort der Männer, wie hier dargestellt. Vor wichtigen Zeremonien bemalten Priester die Kiva-Wände mit rituellen Szenen. Die Vertiefungen in den Wänden sind keine Fenster, sondern Nischen für Opfergaben (The Newberry Library).

Obwohl ihre hochgelegene Plateauregion von kurzen Wachstumsperioden, sandigen Böden und unsicheren Niederschlägen geprägt war, beherrschten die Pueblo-Bauern alle Fertigkeiten und Techniken, die hier benötigt wurden. Die Frauen halfen zwar gelegentlich aus, im Grunde aber waren es die Männer, welche die Arbeit auf den Feldern, von der Aussaat bis zur Ernte, verrichteten. Sie entlockten ihrem täuschend struppigen und dürren, aber tief verwurzelten Mais eindrucksvolle Erträge, und auch ihre anderen Anbauprodukte warfen gleichermaßen verblüffende Ernten ab.

Sie führten diese Erfolge auf Wissen, harte Arbeit und die Einhaltung der vorgeschriebenen Rituale zurück. Obwohl es von Gebiet zu Gebiet im Hinblick auf einzelne Elemente bzw. deren Stellenwert regionale Unterschiede gab, hatten die Pueblo-Dörfer im allgemeinen einen besonders vielfältigen und komplexen zeremoniellen Zyklus entwickelt, der die kreativen und dramatischen Talente und Energien der Menschen das ganze Jahr hindurch in Anspruch nahm. Da ihre wirtschaftlichen Aktivitäten sich in erster Linie um die Landwirtschaft drehten und der Regen für das Wachstum der Pflanzen unerläßlich war, war es nicht weiter überraschend, daß die Menschen vor allem um Regen und gute Ernten beteten. Wenn sie ihnen gebührend huldigten, so glaubten sie, würden der Regen und die Pflanzen auf ihre Bitten reagieren. Darüber hinaus lieferten die Zeremonien auch die Grundlage für ihre gesellschaftliche Ordnung und für die Eingliederung jedes einzelnen in diese Ordnung.

Die Zeremonien dauerten für gewöhnlich über eine Woche und wurden teils in der Abgeschlossenheit der Kivas, teils aber auch auf der offenen, freien Plaza abgehalten. Diese Kombination läßt auf geheime Kenntnisse und Rituale schließen, die nicht preigegeben werden durften, und auf öffentliche Zeremonien, die von ausgelassenen Feiern und zuzeiten auch von Frivolität geprägt waren. In der Abgeschiedenheit der unterirdischen Kammern sangen und beteten die Teilnehmer und bereiteten sich auf die abschließenden Phasen der Zeremonie vor. Das rituelle Wissen mußte bis zu einem gewissen Grad ein Geheimnis bleiben, wenn es seine Kraft nicht verlieren sollte. Von der ersten Einführung in die Pueblo-Gesellschaften bis zu den zunehmenden Verantwortlichkeiten im späteren Erwachsenenleben wurden die Mysterien des Glaubens langsam, sozusagen Schritt für Schritt, enthüllt.

Die Pueblos glaubten, ihr Volk sei aus einer vorherigen Welt in die hiesige gelangt, und sie stellten diesen Prozeß symbolisch dar, wenn sie aus der Kiva auf die öffentliche Plaza hinaustraten. Dort waren dann maskierte Gestalten in vielen Formen zu sehen, welche die verschiedenen Lebewesen symbolisierten, angefangen mit Vögeln – wie z. B. Adlern – bis hin zu den unterschiedlichsten Arten von Menschen, darunter auch Schlammköpfen, die als eine frühe Form des Menschen in Erscheinung traten.

Das dramatische Schauspiel fand vor den Augen der vielen Zuschauer statt, die auf den Dächern der Häuser saßen oder sich rund um die Plaza an den Wänden aufgereiht hatten. Es gab Augenblicke von großer Feierlichkeit, denn das Ritual mußte ganz korrekt eingehalten werden, wenn es Erfolg haben sollte. Es gab ungewöhnliche Gestalten: Riesen und Clowns, Maismädchen und Schmetterlingstänzer. Es gab aber auch Augenblicke unkontrollierter Heiterkeit, so z. B. wenn die rituellen Clowns die Menschen innerhalb und außerhalb der Dorfmauern nachäfften. Aber letztendlich war das Ganze doch eine ernste Angelegenheit, denn die Pueblos glaubten, in ihren Ritualen dafür verantwortlich zu sein, das Gleichgewicht und die Harmonie im Ablauf der Jahreszeiten, das Kommen des Regens und das Wachstum der Pflanzen auf den sandigen Böden ihres windgepeitschten Plateaus zu sichern.

Von klein auf lernten die Pueblo-Kinder die Welt in Paaren kennen: Männer und Frauen, Tag und Nacht, Winter und Sommer. Sie lernten eine Ord-

Die Hüter der Erde und des Himmels

nung verstehen, die auf diesen Unterschieden beruhte. Sie wurden in eine Winter- oder Sommergesellschaft aufgenommen, die jeweils für die Rituale der entsprechenden Jahreshälfte verantwortlich war. Sie erlernten die angemessenen Verhaltensweisen, die notwendigen Tätigkeiten und die lebenswichtigen Verantwortlichkeiten von Männern und Frauen. Von Anfang an verstanden sie, daß sie in eine Gemeinschaft hineingeboren und eingegliedert waren, deren Bedürfnisse, Verpflichtungen und Hoffnungen ihre volle Beteiligung und Loyalität erforderten. Die Zuni und andere Pueblo-Völker sagten, der Atem und der Lebenspfad eines Kindes seien mit denen der Eltern und der Großfamilie verbunden. So wie das Individuum Teil einer bestimmten Gemeinschaft war und blieb, so erkannte es auch, daß der Mensch in einer bestimmten Landschaft verwurzelt war, deren Berge und Gewässer und Himmel eine ganz besondere Bedeutung hatten.

Auch andere indianische Gruppen des Südwestens hatten dieses Gefühl für den ihnen gebührenden Platz entwickelt. Die zweite Gruppe athapaskischer Einwanderer, die Apache, war – anders als die Navajo – nicht so sehr auf die Landwirtschaft als vielmehr auf das Jagen und Sammeln ausgerichtet. Im Jahre 1492 befanden sie sich immer noch auf ihrem Weg nach Süden und fingen gerade erst an, sich in unterschiedliche Zweige aufzuteilen, die heute als Jicarilla, Lipan, Chiricahua, Mescalero und Westliche Apache bekannt sind. Manche von ihnen lebten noch auf den Plains und jagten Büffel und Antilopen, zunehmend aber auch Hirsche und Elche und kleinere Tiere. In den nördlicheren Gebieten sammelten die Frauen Beeren, Eicheln, Pinion-Nüsse und Samen. Sie waren erst ansatzweise in das südliche Berg- und Wüstengebiet Arizonas und New Mexicos vorgedrungen, aber die kulturellen Merkmale, welchen die Apache zu so geschickten Nutzern dieses rauhen und unwirtlichen Landes machen sollten, wurden schon jetzt durch eine halbnomadische Lebensweise entwickelt, die beim Jagen und Sammeln Ausdauer und Geschicklichkeit auf die Probe stellten.

Als die Chiricahua ihre Nische an der späteren Grenze zwischen den Vereinigten Staaten und Mexiko erreichten, gab es dort seit langem andere indianische Gemeinschaften. Die Vorfahren der Pima und der Tohono O'Odham (Papago) hatten bei ihrer Anpassung an die Sonorische Wüste wahre Pionierarbeit geleistet. Die Hohokam hatten Jahrhunderte vor Kolumbus ein hochentwickeltes technisches Verständnis bewiesen, indem sie Bewässerungsgräben anlegten, die in einem Gebiet, in dem jährlich weniger als 250 Millimeter Regen fielen, eine Bodenbewirtschaftung ermöglichten. Andere Völker, die nicht in der Nähe von Wasserläufen wie dem Gila und dem Santa Cruz River lebten, jagten Maultierhirsche und Langnasenfledermäuse und sammelten die Früchte verschiedener Kakteenarten.

Beim Fischfang in einem Boot aus Teichbinsen in der heutigen San Francisco Bay. Die beiden Männer halten Speere in den Händen, um die Fische aufzuspießen. In dieser Zeichnung trägt die Frau in der Mitte des Bootes einen Serape mexikanischen Ursprungs. Louis Choris zeichnete die Szene, als er eine russische Expedition begleitete, die 1788 die Pazifikküste erkundete (The Newberry Library).

Gegen Ende des fünfzehnten Jahrhunderts hatten die Pima sich als hervorragende Bodenbauern etabliert, die Baumwolle, Mais und andere Früchte anbauten. Für gewöhnlich erzielten sie landwirtschaftliche Überschüsse, ergänzten ihre Ernährung jedoch durch das Sammeln Dutzender wilder Pflanzen und zu einem geringeren Maße auch durch die Jagd. Die Frauen webten schöne Baumwolldecken und stellten außergewöhnlich schöne Körbe in Spiralwulsttechnik her. Die Tohono O'Odham hatten weniger Zugang zu zuverlässigen Wasserquellen und waren mehr auf das Sammeln angewiesen. Ihre Ansässigkeit im Herzen der Sonorischen Wüste erlaubte es ihnen, reiche Ernten an Kaktusfrüchten und anderen Pflanzen einzubringen. Sie verstanden sich meisterlich darauf, die Früchte der turmhohen Saguaros einzubringen, selbst wenn sie von den höchsten Spitzen der stacheligen Kakteen heruntergeholt werden mußten, die über sechs Meter hoch werden konnten. Mit Hilfe von langen, mit einem Haken versehenen Stangen aus den Rippen von Saguaro-Kakteen schlugen sie die reifen Früchte herunter und sammelten sie dann von dem sandigen Boden auf. Außerdem jagten die Tohono O'Odham eine Vielzahl von Vögeln und Tieren, darunter Bergschafe, Langnasenfledermäuse, Hirsche, wilde Truthähne, Wachteln, Gänse und Kaninchen. Auf diese Weise konnten die Pima und Tohono O'Odham zum gegenseitigen Nutzen Nahrungsmittel mitein-

Die Hüter der Erde und des Himmels

ander tauschen und taten dies auf einer relativ beständigen Basis. Trotz der anhaltenden, extremen Hitze des sonorischen Sommers und eines besonders anfälligen Ökosystems war es ihnen gelungen, dauerhafte und beständige Kulturen aufzubauen.

Die Yaqui, Mayo, Tarahumara und Seri lebten südöstlich der Pima und Tohono O'Odham im Nordwesten des heutigen Mexiko. Die Yaqui, die an dem gleichnamigen Fluß ansässig waren, legten im fruchtbaren Gebiet in der Nähe des Golfs von Kalifornien zahlreiche feste Siedlungen an. Nur die sporadischen Überschwemmungen des Flusses zwangen sie dazu, gelegentlich in die nähere Umgebung auszuweichen, wo sie weiterhin Bodenbau betrieben und die Früchte von Land und See einbrachten. Sie zogen auf den Golf hinaus, um Schalentiere und in der Nähe der Flußmündung Seebarsche zu fangen. Orgelpfeifenkakteen, Mesquitebäume und andere Pflanzen versorgten sie mit Früchten, Bohnen und Samen. Dank der jährlichen Überschwemmungen des Flusses konnten die Yaqui zwei Ernten an Mais, Bohnen und Kürbissen einbringen. Das dicke Schilfrohr, das an den Ufern des Rio Yaqui wuchs, wurde geschlagen und geschnitten und zum Hausbau und zur Herstellung von Zäunen, Werkzeugen und Gerätschaften verwendet. In dieser fruchtbaren Umgebung konnten die Yaqui sich eine Bevölkerungsdichte von bis zu elf Personen pro Quadratkilometer leisten. Sie wehrten sich energisch gegen Übergriffe anderer Völker, darunter der Mayo, die sich im Süden an sie anschlossen.

Die Mayo bewohnten das Grenzgebiet Sonora-Sinaloa, ebenfalls an der Küste des Golfs von Kalifornien gelegen. Obwohl sie in kultureller Hinsicht viele Ähnlichkeiten mit den Yaqui aufwiesen, waren die beiden Gruppen sich nicht gerade wohlgesonnen. Beide, die Mayo und die Yaqui, rangelten um die Vorherrschaft über die angrenzenden Gebiete, ohne daß eines der beiden Völker bis zum Ende des fünfzehnten Jahrhunderts eine entscheidende Überlegenheit erreicht hätte. Ein Überfall führte zum nächsten; jeder Tote ließ den Ruf nach Vergeltung laut werden. In Anbetracht der Tatsache, daß die Siedlungen relativ dünn gestreut waren, gab es keine massiven oder nationalen Feldzüge, die gegenseitige Abneigung führte aber dennoch ungeachtet der linguistischen Ähnlichkeiten zu dem wachsenden Gefühl einer lokalen Identität und Loyalität.

Im Nordosten der Yaqui und Mayo, in den Tälern, Hügeln und Bergen des mittleren und westlichen Chihuahua, lebten die Tarahumara. Sie schlugen ihre Wohnungen oft in den großen, natürlichen Höhlen der Region auf und schufen sich ihren Lebensraum in einer von Kiefern und Eichen getüpfelten, zerklüfteten Landschaft, in welcher der größte Teil der Niederschläge im Sommer fiel. Nur gelegentlich gab es im Winter einmal leichte

Die am Unterlauf des Colorado gefundene polychrome Schüssel ist mit drei Gesichtern, die Pueblo-Gottheiten darstellen, und mit abstrakten Mustern verziert. In moderner Zeit entwickelten sich diese Figuren zu den Kachinas der modernen Pueblo-Religion (Field Museum of Natural History).

Schneefälle, und ab und zu kam es vor, daß Hagelschauer die jungen Maispflanzen vernichteten. In ihrer relativ abgelegenen Welt nutzten die Tarahumara die Vorteile der größeren Isolation, um eine Kultur zu entwickeln, die sich allen aufgezwungenen Veränderungen von außen widersetzte. Sie waren extrem unabhängigkeitsliebend und ausschließlich auf ihre nähere Umgebung ausgerichtet, und sie lebten in einer Zeit, in der kaum etwas auf Veränderungen hindeutete.

Die Seri müssen in bezug auf Beständigkeit und Dauer ganz ähnlich gedacht haben. Sie lebten nördlich der Yaqui an der Küste des Golfs von Kalifornien und auf der im Golf gelegenen Insel Tiburon. Als Küstenvolk deckten sie einen Großteil ihrer Ernährung aus dem Meer ab und betrieben, anders als die anderen Völker der Region, keine Landwirtschaft. Statt dessen bauten sie kleine Einmannboote, mit denen sie auf den Golf hinausfahren konnten, um Meeresschildkröten zu harpunieren und Schalentiere und Fische zu fangen. Aber in ihrer vom Wasser beherrschten Welt gab es wenig trinkbares Wasser. Wenn der Regen kam, dann in wahren Sturzbächen in der Form heftiger Regenfälle im späten Sommer, und wenig später kehrte mit gleicher Plötzlichkeit die sengende sonorische Trockenheit zurück. So war das Leben der Seri zu gleichen Teilen vom Hunger und vom Durst geprägt.

In einem Gebiet, das von Zentral-Arizona bis in die Mohave-Wüste im östlichen Kalifornien reichte, waren Yuman sprechende Gemeinschaften ansässig. Die Yavapai, Havasupai und Walapai bewohnten das nördliche und westliche Arizona. Andere Yuman sprechende Gemeinschaften wie die Mohave, Quechua und Cocopa, lebten in der Nähe des Colorado. Die Ya-

Die Hüter der Erde und des Himmels

vapai und Walapai sicherten ihren Lebensunterhalt hauptsächlich durch die Sammelwirtschaft und durchstreiften, den Jahreszeiten und dem Reifen der Pflanzen folgend, weite Gebiete Arizonas. Der Winter brachte zwar ein gewisses Maß an Seßhaftigkeit mit sich, dafür aber war der Rest des Jahres eine schier endlose Wanderung über weite Strecken und beträchtliche Höhenunterschiede. Auf ihren Sandalen aus Yuccafasern zogen die Menschen an den Flüssen entlang, die später die Namen Gila, Verde, Hassayampa, Santa Maria und Bill Williams erhalten sollten.

Ihre Nachbarn, die Havasupai, lebten im Schatten des Grand Canyon. Etwa um das Jahr 100 n. Chr. herum waren sie vom Coconino Plateau in den Cataract Creek Canyon umgesiedelt, einen Seitenarm der großen Schlucht, die der Colorado gekerbt hatte, eine ganz beträchtliche Veränderung, denn der Boden des Canyons konnte nur über einen schmalen Pfad erreicht werden, der sich vom Plateau kilometerweit in die Tiefe schlängelte. Falls sie von Feinden in den Canyon abgedrängt worden waren, so hatte dieser Rückzug ihnen eine echte Enklave in der Stille der umliegenden Sandsteinwände eingebracht. Zwei Jahrhunderte später hatten sie angefangen, ihr Jahr zwischen den winterlichen Jagd- und Sammelaktivitäten auf dem Plateau und den Sommern auf ihren bewässerten Feldern am Grund des Canyons aufzuteilen. Sie fingen an, sich das »Volk des blauen Wassers« zu nennen, hatten sie doch seit Jahrhunderten die Teiche und Wasserfälle, Bäche und Flüsse am südlichen Rand des Grand Canyon gekannt.

Die Mohave waren die größte Yuma sprechende Gruppe der Region, die unmittelbar an den Colorado angrenzte. Wie die Yaqui machten sie sich die periodischen Überschwemmungen des Flusses zunutze, um Mais und Bohnen anzubauen. Außerdem fingen die Männer Fische mit bloßen Händen, Netzen und Körben, und die Frauen sammelten Mesquite- und Schraubenbohnenschoten als Ergänzung zu ihrer Nahrungsmittelversorgung. Obwohl ihre Ernährung nicht gerade vielseitig war, war sie doch immerhin ausreichend, daß sie an andere Ablenkungen denken konnten.

So zum Beispiel konnten die Mohave-Männer sich den Luxus leisten, den Krieg zu einem zentralen Element ihres Lebens zu machen. Für viele von ihnen war der Krieg die vergnüglichste und erfreulichste aller Aktivitäten. Sie kämpften nicht so sehr aus territorialen Gründen, sondern vielmehr um Ruhm und Ehre zu erringen, und sie genossen die damit verbundenen Aufregungen und Gefahren. Sie bekämpften die Maricopa und die Cocopa, wobei sie zunächst Pfeil und Bogen, im Kampf Mann gegen Mann aber Keulen aus Mesquite- oder Eisenholz und Stangen aus Schraubenbohnenholz benutzten. Sie wußten natürlich, daß sie sich der Gefahr aussetzten, skalpiert und getötet zu werden, so wie sie selbst versuchten, ihren Feinden

Ein Altarschirm der Hopi. Wandschirme dieser Art, die aus einheimischer Baumwolle hergestellt und mit religiösen Symbolen bemalt waren, wurden in den Kivas ausgestellt und dienten als Hintergrund für rituelle Dramen. Maiskolben säumen die Seiten des Schirms, während der obere und untere Rand mit Vögeln und Erdhügeln verziert sind. Auf dem mittleren Teil sind männliche und weibliche Gottheiten zu sehen (Field Museum of Natural History).

gleiches zuzufügen, aber ihre Einstellung war eingebettet in die Erkenntnis, daß sie nicht unsterblich waren. Sie wußten, daß sie anders als die Berge oder der Himmel, anders als der Mond und die Sonne irgendwann sterben mußten. Und sie konnten nur einmal sterben. Wenn der Tod sie bei einem Überfall oder im Kampf ereilte, hatte es eben so sein sollen.

Die Mohave glaubten, daß manche ihrer Krieger durch Träume mit ganz besonderen Kräften ausgestattet waren. Diese Männer, die sie Kwanamis nannten, träumten schon als kleine Kinder oder manchmal sogar schon im Mutterleib. In ihren Träumen kämpften sie gegen Berglöwen und Bären, lernten die Wildheit des Habichts kennen, und erfuhren, wie man kämpft und im Kampf triumphiert. Andere Mitglieder der Mohave-Gesellschaft wurden in ihren Träumen in die Zeit der Schöpfung zurückversetzt und be-

Die Hüter der Erde und des Himmels

richteten den anderen in stilisierter Form von der Vergangenheit. Träume galten übrigens bei jedem wichtigen Unterfangen als wichtiger Hinweis auf die eigenen Fähigkeiten.

Außer den Great Basin- und Colorado River-Indianern im südlichen Kalifornien gab es auch noch andere Völker, die an den Küsten, in den an den Pazifik angrenzenden Bergen und in den Wüstengebieten westlich der heutigen Grenze zwischen Arizona und Nevada ansässig waren. Die meisten südkalifornischen Indianer sprachen Variationen des zur uto-aztekischen Sprachfamilie gehörigen Shoshone. Ungeachtet dieser linguistischen Verwandtschaft besaßen die Völker der Region jedoch alle ein ausgeprägtes territoriales Bewußtsein und wachten sorgsam über die Ressourcen, welche die Existenz ihrer eigenen Gesellschaften sicherten.

Ein herausragendes Beispiel für diese Sprachgemeinschaft waren die an der Küste ansässigen Vorfahren der von den Spaniern so benannten Luiseño. Abgesehen von dem, was das Meer ihnen bot, sammelten sie auch Eicheln. Diese wurden in Weidenspeichern gelagert und je nach Bedarf verbraucht. Die Eicheln, die einen wichtigen Bestandteil der Ernährung der Luiseño ausmachten, stellten jedoch auch ein Problem dar, denn das in ihnen enthaltene Tannin machte sie so bitter, daß sie im unbehandelten Zustand ungenießbar waren. Folglich mußten die Luiseño-Frauen die Eicheln erst schälen, mit Hilfe eines steinernen Stößels zerstampfen und das Tannin auswaschen, indem sie wiederholt warmes Wasser über das Eichelmehl gossen, das anschließend zum wichtigsten oder einzigen Bestandteil eines Breis wurde.

Obwohl ihre Umgebung ihnen ein relativ bequemes Leben ermöglichte und es für sie vergleichsweise leicht war, Nahrungsmittelvorräte anzulegen, förderten die Luiseno in ihren Ritualen Kraft und Mut und erwarteten diese Eigenschaften von den jungen Leuten, die in ihre Gesellschaft eingeführt wurden. Schließlich konnte es immer wieder zu Konflikten mit den Nachbarn kommen, und es gab diese Konflikte tatsächlich, und die Männer mußten bereit sein, sich feindlichen Auseinandersetzungen zu stellen. Deshalb mußten die jungen Männer beim Übergang ins Erwachsenenalter eine Reihe von körperlichen Proben über sich ergehen lassen. So z. B. mußten heranwachsende Jungen sich in eine Grube legen, wo sie von den erwachsenen Männern mit Ameisen bestreut wurden, die ihnen zahllose Bisse zufügten, und sie mußten diese, wie es ihnen scheinen mußte, schier endlose Zeit der Qual reglos und stumm über sich ergehen lassen. Dann endlich durften sie aufstehen, damit die Männer die Ameisen mit Hilfe von Brennnesseln von ihnen abstreifen konnten.

Obwohl sie linguistisch nicht miteinander verwandt waren, hatten die

Gabrielino (die der uto-aztekischen Sprachgruppe angehörten) und die Chumash (zur Hokan-Sprachfamilie gehörig) viele Gemeinsamkeiten als erfolgreiche und wohlhabende Bewohner der südkalifornischen Küste. Sie galten als überaus geschickte Jäger und Fischer und stellten Plankenboote her, die es ihnen ermöglichten, weit auf den Pazifik hinauszufahren, um Seelöwen, Seehunde und Ottern zu harpunieren und die vielen verschiedenen Fischarten zu fangen, die es vor dem heutigen Santa Barbara gab, darunter Schwertfische, Sardinen, Heilbutt und mehrere Arten von Thunfisch. Die Chumash hatten zudem auf den der Küste vorgelagerten Inseln Brückenköpfe ihrer Kultur errichtet, wodurch sie den ozeanischen Bereich, den sie ausbeuten konnten, noch weiter ausdehnten.

Sowohl auf den Inseln wie auch auf dem Festland sagten die Chumash Dank für die verschiedenen Tiere und Fische, die das Leben der Menschen bereicherten. Auf den Inseln gab es Schwertfisch- und Barrakuda-Tänze, bei denen die Teilnehmer im Kreis herumwirbelten. Geschmückt mit Specht- oder Amselfedern, die Gesichter schwarz, rot und weiß bemalt, tanzten sie zum Schrillen von Pfeifen, die durch die weiche Luft der Inseln gellten. Auf dem Festland stellte der Bärentanz einen Tribut an dieses starke und mächtige Tier dar. Die Tänzer, die Bärentatzen um den Hals trugen, sangen: »Ich bin ein Wesen der Macht. Ich erhebe mich und wandere über die Gipfel der Berge...«

Die Chumash waren außerdem ungewöhnlich begabte Künstler, die aus einem lokal vorkommenden Speckstein namens Steatit realistische Figuren, Schalen und andere Gegenstände herstellten, die Kanten und Ränder steinerner Mörser mit Einlegearbeiten aus Perlmutt verzierten und feste Körbe mit komplizierten Mustern anfertigten. Im Jahre 1492 stand ihre Kultur in voller Blüte und sicherte ihren Angehörigen einen Wohlstand, der dieses hohe Maß an kreativer und künstlerischer Entwicklung möglich machte. Zweifellos sahen die Menschen der Zukunft mit Zuversicht und Selbstvertrauen entgegen. Im milden Klima der großzügigen Umgebung Santa Barbaras konnten sie sich ein Morgen voller neuer Errungenschaften und voller Zufriedenheit vorstellen.

Die Chumash und die Navajo, die Ute und die Mandan, die Pawnee und die Mohave – sie alle gehörten zu den vielen einheimischen Amerikanern, die im Jahre 1492 die verschiedenen Teile des trockenen und halbtrockenen nordamerikanischen Westens bevölkerten. Als Erben einer langen Tradition, die sie von ihren Vorfahren übernommen hatten, versuchten sie, in Harmonie und Ausgewogenheit mit der Erde und dem Himmel zu leben und sie auf die ihnen eigene Weise zu hüten und zu bewahren, zum Wohle ihres Volkes und all derer, die nach ihnen kommen würden.

Die Hüter der Erde und des Himmels   145

Im Jahre 1724 veröffentlichte der Jesuitenpriester Joseph François Lafitau ein zweibändiges Werk über Bräuche und Glauben der irokesischen Völker, bei denen er gelebt hatte. Diese Zeichnung aus Lafitaus *Mœurs Des Sauvages Ameriquains* zeigt Aktivitäten zur Nahrungsmittelproduktion im Frühjahr. Oben pflanzen Frauen Feldfrüchte (vermutlich Mais) in kleine Hügel, wozu sie Hacken benutzen, die aus Muscheln oder den Schulterblättern großer Tiere hergestellt wurden. Darunter sammelt eine andere Gruppe von Frauen den Saft von Ahornbäumen und kocht ihn zu Sirup. In Lafitaus Zeichnung scheinen die Indianer die Vorzüge des Eisens bereits erkannt und die einheimischen Materialien ihrer Hacken und Kessel dadurch ersetzt zu haben (The Newberry Library).

5. Kapitel

Die Waldlandbauern

Von Peter Nabokov und Dean Snow

Als die aus drei Familien bestehende Gruppe jagender Penobscot das zugefrorene Flüßchen erreichte, prüften die Männer das Eis mit ihren anderthalb Meter langen Dauben. Heute würde es sie noch tragen, aber nicht mehr sehr lange. Der Winter, den sie »Pirschen und Anschleichen« nannten, ging seinem Ende entgegen. Der Wärmeeinbruch von vor ein paar Tagen hatte den Schnee angetaut, so daß er an ihren Schneeschuhen aus Elchleder klebte und sie langsamer vorankamen.

Es war Zeit, flußabwärts zu ziehen, den Nebenflüssen bis an den großen Strom und weiter bis ans Meer zu folgen. Auch die anderen Jäger und ihre Familien, die sie seit dem Herbst nicht gesehen hatten, würden jetzt in die Sommerdörfer zurückkehren. An den warmen Abenden würden sie sich erzählen, was in diesem Winter des Jahres 1492 alles passiert war – würden von den Todesfällen berichten, den Geburten, den Abenteuern der Jagd und den tragischen, lustigen und übernatürlichen Ereignissen, aus denen die menschliche Erinnerung und die menschliche Geschichte zusammengesetzt sind.

Die Jägergruppe durchstreifte das wasserreiche, dicht bewaldete Gebiet, das die weißen Männer eines Tages Maine nennen würden. In ihrer eigenen Sprache bezeichneten sie sich selbst als »Menschen des Landes der weißen Felsen«, ein Ausdruck, den die Europäer später zu Penobscot verkürzen würden. Sie gehörten zu einem von sechs lose organisierten östlichen Algonkin sprechenden Stämmen, die später gemeinhin unter dem Namen Wabanaki bekannt werden sollten, »Menschen des Landes des Tagesanbruchs«. Das Gebiet, das sie bewohnten, stellte die nördliche Grenze für den indianischen Bodenbau dar, denn das erst spät einsetzende Tauwetter und frühe Fröste verhinderten, daß sie mehr als nur ganz geringe Mengen Mais, Kürbis und Bohnen anbauen konnten.

Die Waldlandbauern   147

Auf ihren jährlichen Wanderungen durch das Tal des Penobscot River folgten sie althergebrachten Mustern des Fischens und der Jagd, von denen ihr Überleben abhing. Der große Strom hatte zahllose Nebenflüsse, die den Jägern, die sie im Laufe eines Jahres oft mehr als einmal aufsuchten, bis ins Letzte vertraut waren. Jeder dieser natürlichen Bereiche wurde als »Fluß« bezeichnet, womit jeweils ein Stück Fluß mitsamt seinem Umland gemeint war, für das einzelne Familien relativ exklusive Jagd- und Fischereirechte besaßen. Im Herzen ihrer Heimat erhob sich der heilige Mount Katahdin, der von einem furchtbaren Geist namens Pamola bewohnt wurde. Nur die wenigsten Jäger wagten es, über die Baumgrenze hinaus in sein Territorium vorzudringen.

Die Wasserläufe und die ausgetretenen Pfade, die sie miteinander verbanden, dienten den Jägern als Zugang zu ihren dicht bewaldeten »Flüssen», wo sie mit Pfeil und Bogen, Schlingen und Fallgruben die Jagd auf Elche, Hirsche, Biber, Bisonratten und Otter betrieben. Der große Fluß war ihre »Schnellstraße« hinunter an die Küste, wo sie Muscheln und Hummer und Tümmler sammelten und fingen und mit ihren Speeren auf die Robbenjagd gingen.

Eine hohe Mobilität war die Grundvoraussetzung für das Jägerleben, das die Penobscot führten. Folglich waren ihre Gruppen eher klein, und Wohnsitzregelungen wurden eher locker gehandhabt. Im allgemeinen blieb es dem Mann überlassen, ob seine Familie bei seinen eigenen Eltern oder denen seiner Frau lebte. Die Möglichkeiten und Zwänge der Jagd bestimmten alles andere; jede gesellschaftliche Organisation mußte so flexibel sein, daß die Männer das plötzliche Auftauchen jagdbarer Tiere oder plötzliche Wetterveränderungen bestmöglich nutzen konnten.

Die Jäger hatten nichts dagegen, den Winter hinter sich zu lassen. Der »Herr der Tiere« hatte der Gruppe, obwohl die Zeit für Elche eigentlich schon vorbei war, eine Elchkuh geschenkt, die ihr ungeborenes Junges noch in seinem glatten, nassen Beutel trug. Außerdem hatten sie so viele Biber und andere Pelztiere mit dichtem, üppigem Winterfell erbeutet, daß die Toboggans, welche die Männer hinter sich herzogen, sich unter der Last bogen. Auch die Hunde witterten den Frühling und sahen zufriedener aus. Alle freuten sich auf die Zeit des Fischens, in der sie die Alsen, Lachse, Maifische und Störe, die zum Laichen die Flüsse hinaufwanderten, mit Netzen oder Speeren fangen würden.

Aber erst war es an der Zeit, Baumrinde zu sammeln. Die nordöstlichen Algonkin-Kulturen wären ohne die Papierbirke kaum vorstellbar gewesen. Die dünnen, gesprenkelten Platten wurden zu den unterschiedlichsten Jahreszeiten von den Baumstämmen abgeschält. Die Frühjahrsrinde war am

Die Waldlandbauern 149

dicksten und wurde vorzugsweise für den Bau von Kanus verwendet. Dazu wurde der ganze Baum gefällt und die Rinde so großflächig wie möglich abgelöst. Dann nähte man sie auf einen Rahmen aus im Dampf gebogenem Zedernholz und dichtete die Nähte mit dem Pech der Weißkiefer ab, das mit Holzkohle eingefärbt wurde.

Die Sommerrinde war dünner und wurde für Dachmatten und Behälter verwendet. Sie konnte in kleineren Platten vom Stamm abgeschält werden, ohne daß der Baum dadurch zu Schaden kam. Anschließend wurde sie gefaltet und zu Eimern für Ahornsirup, zu Babytragen oder Kochgefäßen zusammengenäht, die mit Pech abgedichtet wurden und in die man heiße Steine legte, um das Wasser zum Kochen zu bringen. Dekorative Gegenstände wurden mit Blumenmustern verziert, die dadurch entstanden, daß man sich vorsichtig bis zu den dunkleren, inneren Schichten der Rinde vorkratzte. Manchmal wurden Gegenstände aus Rinde auch mit Stachelschweinborsten oder Elchhaaren bestickt.

Im späten Frühjahr legten die Familien Gärten an, bevor sie an die Küste zogen, wo es nicht so viele Kriebelmücken gab und man Seevögeleier und Beeren sammeln konnte, wo es in den Salzwasserbuchten von Fischen wimmelte und die jungen Leute an den langen Abenden miteinander flirten konnten. Wenn der Sommer zu Ende ging und die Zeit des »Aufbruchs, um etwas zu finden« kam, zogen die Wälder sie aufs neue in ihren Bann.

Die eigentliche Jagdsaison begann mit der Paarungszeit der Elche. Um die gut genährten Sommerbullen in die Reichweite ihrer Pfeile zu locken, ahmten die Jäger mit Hilfe von Sprechrohren aus Birkenrinde den Ruf der Elchkuh nach. Dann kam der Winter, die Zeit des Geschichtenerzählens, in dem die Familien sich in Wigwams zusammenfanden und die Kinder mit den Heldentaten von Glooskap, der großen Trickstergestalt der Wabanaki-Folklore, in den Schlaf lullten.

Für die Penobscot des Jahres 1492 schien dieser Zyklus aus Pflichten und Vergnügungen so absehbar und dauerhaft wie der Lauf der Jahreszeiten. Sie nutzten die natürlichen Ressourcen ihrer Welt der Flüsse und Wälder auf die denkbar geschickteste Weise. Wälder, Wasserwege und – südlich des Gebiets der Penobscot – offene Wiesenflächen sind noch heute die ökologischen Wahrzeichen des ganzen nordamerikanischen Ostens. Nur gab es im Jahre 1492 wahrscheinlich eine bedeutend größere Vielfalt an pflanzlichem und tierischem Leben, als wir es uns heute vorstellen können.

Wenn wir den frühesten europäischen Augenzeugen Glauben schenken wollen, so ähnelte New England einem Schachbrett verschiedener natürlicher Landschaften mit oft dramatisch gegensätzlichen ökologischen Elementen. »Alles ähnelte einem majestätischen Parke, worin manch alte

150   Amerika 1492

Ein provisorisches Fischfanglager im heutigen Wisconsin. 1838 von dem französischen Reisenden Francis Compte de Castlenau angefertigt, zeigt die Zeichnung eine Reihe von Behausungen aus Binsenmatten, die über hölzerne Gerüste gelegt wurden, ein zum Trocknen aufgehängtes Netz, eine Frau, die an einem Trockengerüst für Fische arbeitet, einen kleinen hölzernen Webrahmen vor einer der Behausungen und ein Kind in einem Tragebrett (The Newberry Library).

Bäume mit hohen, abgestorbenen Kronen in Erscheinung treten, während andere in vollem, sattem Grün stehen«, schrieb James Rosier im Jahre 1605, nachdem er unweit der Indian Island in Maine einen Spaziergang durch die Wälder und Felder gemacht hatte. Allein auf diesem kurzen Spaziergang von weniger als sechs Kilometern streiften Rosier und seine Begleiter, wie der zeitgenössische Umwelthistoriker William Cronon aufzeigte, unter dem Blätterdach mehrerer verschiedener Mikro-Umwelten einher.

Dieses Waldparadies im Norden New Englands, am nördlichsten Rand des Maisanbaugebietes gelegen, war nur ein kleiner Teil der etwa zweieinhalb Millionen Quadratkilometer umfassenden Osthälfte Nordamerikas, die im allgemeinen als das Gebiet der Waldlandkulturen bezeichnet wird. Dazu könnte man westlich angrenzend noch die etwa eine Million Quadratkilometer rechnen, die aus einer Mischung aus bewaldeten Flußauen und Hochgrasprärien bestanden, die abgesehen von den schmalen Streifen

Die Waldlandbauern 151

der Überschwemmungsebenen keine Möglichkeit boten, Gartenbau im größeren Umfang zu betreiben.

Im Jahre 1492 bewohnten die einheimischen Völker dieses gewaltigen östlichen Teils des Kontinents eine Welt, die eine reiche und komplexe menschliche Geschichte hinter sich hatte, oder besser gesagt, viele verschiedene menschliche Geschichten. Hier wurden mindestens 68 gegenseitig unverständliche Sprachen gesprochen, die fünf der 20 bekannten Sprachfamilien Nordamerikas angehörten. Die Netzwirkung von über 10 000 Jahren der Anpassung durch die unterschiedlichsten einheimischen Völker, die sich einer Vielzahl unterschiedlicher Umweltregionen des östlichen Waldlandes eng verbunden fühlten, hatte ein komplexes kulturelles Mosaik hervorgebracht.

Im Osten wurde die riesige Region durch die atlantische Küstenebene begrenzt. Hier gab es komplexe indianische Gesellschaften, die, wenngleich in immer geringer werdender Zahl, auch die Appalachen bis an den Rand des inneren Waldlandes bewohnten. Dort wurde der Bauch des Kontinents durch einen gewundenen Fluß, den Mississippi-Missouri, entwässert, der eher einem Meer in Bewegung ähnelte und der die westliche Grenze des Waldlandes darstellte.

Die nördliche Grenze dieser ostindianischen Welt verlief quer durch das nördliche Minnesota und Wisconsin, schlängelte sich zwischen den Halbinseln Michigans hindurch, durchquerte den Huron-See und das südliche Ontario und folgte dem ausgedehnten System des St. Lorenz-Stromes bis an die zerklüftete Atlantikküste. In diesem Teil des Nordwestens wurde das Gelände morastig, und das Nordlicht leuchtete über den kühlen Wäldern des heutigen südöstlichen Kanada und der maritimen Provinzen.

Im Süden, an Bergketten entlang, die geologisch so alt waren, daß sie zu nebelverhangenen Tälern und Senken verwittert waren, breiteten viele kleine Flüsse ihre verworrenen Ranken von den Cumberland- und Blue Ridge-Bergen bis in das südöstliche Piedmont-Gebiet. Jenseits der Eichen- und Hickorywälder, welche die Berge einhüllten, fiel die Landschaft allmählich zum tiefen Süden hin ab, eine Welt aus südlichen Kiefern, die wenig später in den Tieflandteppich der Magnolienwälder am Golf und in die Sümpfe des südlichen Florida überging.

Aber grobe Charakterisierungen von Landschaftstypen erweisen der großen Vielfalt von »Mikro-Welten«, durch die die frühen europäischen Besucher wie Rosier wanderten, einen schlechten Dienst. Und auch jenseits des zentral-atlantischen Gebietes gab es eine ungewöhnliche Vielfalt pflanzlichen Lebens. Dieser Vielfalt an Bäumen und Pflanzen war es zu verdanken, daß hier entsprechend viele und unterschiedliche Tiere heimisch waren. In

New England z. B. konnte es vorkommen, daß im Frühjahr Millionen von Wandertauben den Himmel verdunkelten. In den Wochen der Laichwanderungen wimmelte es in den Flüssen von Lachsen, Stinten, Stören und Maifischen. In den Wäldern herrschte zwischen Elchen, Karibus, Hirschen, Füchsen, Nerzen, Ottern, Kaninchen, Eichhörnchen, Bären und Wölfen ein unbehagliches Gleichgewicht von Räubern und Beute.

Die meisten Waldland-Jäger hatten ganz spezielle Vorstellungen und Vorschriften im Hinblick auf die Jagd, die eingehalten werden mußten, damit dieses Gleichgewicht nicht gestört wurde. Die weit verstreuten Penobscot-Gruppen betrachteten sich selbst als lineare Nachfahren bestimmter Tiere, von denen sie ihre Identitäts-Totems herleiteten, die wiederum in einem engen Zusammenhang zu den »Flüssen« bzw. Territorien standen, in denen sie Jagd- und Fischereirechte besaßen. Zudem waren sie der Auffassung, daß die Tiere, die sie jagten, einem sogenannten »Herrn der Tiere« gehörten, einer Art Häuptling aller Tiere. Nur wenn sie diesen obersten Schutzgeist immer wieder milde stimmten, indem sie Tabak verbrannten, Gebete sprachen und die Tiere mit dem ihnen gebührenden Respekt behandelten, wurde den Jägern, die es verdient hatten, vielleicht Beute »gegeben«.

Was die Baum- und Tierwelt des östlichen Waldlandes anging, so wurde sie im Jahre 1492 von der menschlichen Bevölkerung ganz bewußt gestaltet und genutzt. Das parkähnliche Erscheinungsbild der Landschaft von New England war das Ergebnis einheimischer Formen der Landnutzung, die lange bevor die Indianer den Anbau domestizierter Nutzpflanzen übernahmen, weit verbreitet waren. Dazu gehörte vor allem das periodische Ringeln und Abbrennen von Bäumen und das Abbrennen von Unterholz.

Schätzungen zufolge belief sich der Bestand an Rotwild in den nördlichen Hochlandwäldern wahrscheinlich auf 430 bis 1100 Tiere pro 100 Quadratkilometer. Die indianische Bevölkerung, die dasselbe Gebiet bewohnte, brauchte pro Jahr vielleicht 340 Häute, eine Zahl, die der Hirschbestand verkraften konnte. Das Freihalten von Wiesen durch periodisches Abbrennen von Bäumen und Unterholz machte die Grasflächen für das folgende Jahr üppiger, wodurch wiederum mehr Tiere angezogen wurden, und die umgestürzten Baumstämme bildeten neue Triebe, die für die Hirsche leicht erreichbar waren, so daß sie erstens in der Nähe und zweitens für die Jäger gut sichtbar blieben.

Auch die Sammelstellen für Blaubeeren, Brombeeren und Heidelbeeren wurden regelmäßig abgebrannt, um den Boden anzureichern und im folgenden Jahr noch saftigere Beeren ernten zu können. Abgesehen davon, daß das regelmäßige Abbrennen die Ausbeute beim Sammeln und Jagen vergrößerte, verlieh es der Landschaft auch das gepflegte, aus schattigen

Die Waldlandbauern 153

Lichtungen, offenen Weideflächen und bunt gemischten Wäldern zusammengesetzte Erscheinungsbild, das später die Bewunderung der europäischen Besucher erregte.

Zeit, neue Ideen und viele Versuche waren notwendig gewesen, bis die Waldland-Indianer des Jahres 1492 diesen jährlichen Zyklus aus Landnutzungsgewohnheiten und gemischten Strategien der Subsistenzsicherung entwickelt hatten. Es wird angenommen, daß die indianische Besiedlung des Ostens bis auf das Jahre 16 000 v. Chr. zurückgeht, als paläoindianische Wildbeuter in hochgradig mobilen Gruppen anfingen, in die Region zu strömen. Als sie sich zunehmend auf bestimmte Teilregionen beschränkten, entwickelten sie sich fast unmerklich in die indianische Welt hinein, die von den Archäologen als archaische Periode bezeichnet wird und bis etwa 3000 v. Chr. andauerte.

Die domestizierten Hunde, von denen die Penobscot-Jäger begleitet wurden, gehen auf die archaische Periode zurück und waren im Jahre 1492 überall im ganzen Osten zu finden. Eine der wichtigsten Waffen der archaischen Periode, die von den paläoindianischen Vorläufern übernommen worden war, war der Speerwerfer. Die archaischen Jäger verbesserten das Gerät, indem sie den Schaft flexibel gestalteten und den Wurfstock der besseren Hebelwirkung wegen mit Steinen beschwerten, um eine höhere Wurfgeschwindigkeit zu erreichen.

In Kentucky wurden Überreste kultivierter Kürbisse und Flaschenkürbisse gefunden, die auf das Jahr 2800 v. Chr. zurückdatieren. Was die Verbreitung des Maisanbaus angeht, so mutmaßen Prähistoriker, daß er nach 1400 v. Chr. ins südöstliche Waldland gelangte, wahrscheinlich unter dem Einfluß mexikanisch-indianischer Händler, die auch städtebauliche Vorstellungen und innovative religiöse Ideen in die Region einführten.

Im Jahre 1492 wurden in den Gärten in den Überschwemmungsebenen des Mississippi schon seit über sechshundert Jahren Mais, Bohnen und Kürbisse angebaut. Von den Bewohnern des nordöstlichen Waldlandes, und hier als erstes im südlichen Bereich und an den St. Lorenz-Seen, wurde der Gartenbau jedoch erst um das Jahr 1000 n. Chr. herum übernommen.

Im Jahre 1492 bauten die Indianer des Ostens schon seit langem nach zwei verschiedenen Methoden Gemüse an. Die Irokesen und die Algonkin praktizierten den sogenannten Schwend- und Brandrodungsfeldbau. Dazu wurde ein vorzugsweise gut entwässertes Stück Land vom Baldachin der Blätter und Zweige befreit. Dann wurde das Gelände in Brand gesteckt und die nährstoffreichen Aschen und organischen Substanzen in den Waldboden eingeharkt. Anschließend wurden Samenkörner in die Erde gelegt und aufgehäufelt. Die so entstandenen Felder machten keinen sehr ordentlichen

Eindruck. Maisstengel und Kürbisranken sprossen kreuz und quer zwischen einem Gewirr aus verbranntem und totem Unterholz.

Bei den halbnomadischen, jagenden und sammelnden Algonkin-Gruppen, die relativ leicht bepackt umherzogen, um zu fischen, zu sammeln, zu jagen und Ahornsirup zu zapfen, war der Gemüseanbau nur eine von vielen Aktivitäten der Subsistenzsicherung. Wenn ein Garten von Schädlingen befallen wurde oder eine Jagd erfolglos verlief, konnten sie im allgemeinen auf gehortete Nahrungsmittelvorräte oder andere Möglichkeiten der Nahrungsmittelbeschaffung zurückgreifen. Die Irokesen jedoch, die den Schwendbau zur Grundlage ihrer Versorgung gemacht hatten, können bereits als echte »Bauern« und nicht mehr nur als »Gelegenheitsgärtner« gelten. Ihre relativ großen, an Hügeln angelegten Felder wurden zur Stütze ihres matrilinearen Gesellschaftssystems und ihrer halbseßhaften, dörflichen Lebensweise.

Die zweite wichtige Anbaumethode war der Überschwemmungsfeldbau, der vor allem am Mississippi praktiziert wurde und sich den natürlichen Zyklus von Schneeschmelze und Regenabfluß zunutze machte. Wenn das Frühjahrshochwasser zurückging, blieb an den Ufern eine neue Schicht aus organisch reichem Schlamm zurück. Die fruchtbaren Felder, die auf diese Weise entstanden, trugen reiche Ernten einer ungewöhnlich schnellwachsenden, dickkörnigen Maisart, welche die Indianer des Südostens hybridisiert hatten.

Vor der Einführung des Gartenbaus war die Nahrungssuche wahrscheinlich vor allem die Aufgabe der Frauen gewesen. Als der Anbau, die Weiterverarbeitung und die Lagerung von Nutzpflanzen einen immer höheren Stellenwert einnahmen, erlangte auch die Stellung der Frau eine höhere Bedeutung. Zu Kolumbus' Zeiten waren die Frauen in einer ganzen Reihe von Waldlandkulturen zu den wichtigsten Nahrungsmittelproduzenten geworden, und der dadurch gewonnene Status spiegelte sich in den politischen und religiösen Systemen dieser Kulturen wider.

Südlich des im Nordosten gelegenen Gebietes der Wabanaki wurde das Wetter milder. Im mittleren und südlichen Teil New Englands sorgten längere Sommer dafür, daß die indianischen Bevölkerungen mehr Bodenbau betreiben und folglich ein seßhafteres dörfliches Leben führen konnten. Während der Mais für die Penobscot noch eine seltene Delikatesse gewesen war, wurde er im Süden zu einem Stützpfeiler der Ernährung. Im gegenwärtigen New Hampshire und Vermont lebten die Westlichen Abanaki zum Teil vom Bodenbau, zum Teil aber auch von der Fischerei. Bei den Mahican im östlichen New York und den Pocumtuck im inneren Tal des Connecticut River wurde die Arbeit auf den Feldern noch durch die Jagd in den Wäldern und den Fischfang in den lokalen Flüssen ergänzt.

Die Waldlandbauern   155

Es ist nicht weiter überraschend, daß diese gemäßigtere Welt eine größere einheimische Bevölkerung hatte als die nördlichen Wälder. Bei den Massachusett, Wampanoag und anderen indianischen Völkern des südlichen New England war die Bevölkerungsdichte zehnmal so hoch wie bei den Jägern von Maine – geschätzte zwei Personen pro Quadratkilometer. Eine ähnlich hohe Bevölkerungsdichte gab es auch bei anderen östlichen, Algonkin sprechenden Gruppen weiter im Süden, wie den Lenape (Delaware) und den Nanticoke, und bei ihren linguistischen Verwandten in den Küstengebieten von Delaware, Maryland, Virginia und North Carolina. Dort gab es bei den Powhatan und anderen auch feste Dörfer und relativ stabile Beziehungen zwischen den Stämmen.

Die Indianer im mittleren und südlichen New England benutzten Sprachen, die derselben Sprachfamilie angehörten, dem Algonkin. Im allgemeinen galt, daß die Menschen mit dem Wortschatz und der Aussprache ihrer unmittelbaren Nachbarn vertraut waren, die Verständigungsmöglichkeiten jedoch abnahmen, je weiter sie sich durch Handel, Jagd oder Krieg aus ihrer unmittelbaren Umgebung entfernten.

Im Jahre 1492 gab es im Nordosten Techniken des Anbaus und der Lagerung von Nahrungsmitteln, die seit vier oder fünf Jahrhunderten immer weiter entwickelt worden waren. Die Männer der Wampanoag rodeten die Eichen-, Ulmen-, Eschen- und Kastanienwälder, um Platz für Felder zu schaffen. Dazu fällten sie die kleineren Bäume und brannten die dickeren Stämme unten an, so daß auch ihre Zweige verbrannten und die zurückbleibende Asche den Boden anreichern konnte. Das Recht auf Nutzung dieser gerodeten Felder wurde bei den Wampanoag über die weibliche Linie weitervererbt.

Die Frauen brachen den Boden mit Hacken aus den Schulterblättern von Hirschen oder aus Muschelschalen auf. Im April fingen sie an, die Maiskörner in kleinen Hügeln anzupflanzen, wobei sie meist vier Körner pro Hügel nahmen und eventuell ein paar Fischköpfe als Dünger hinzutaten. Es gab Mais in vielen verschiedenen Farben und Sorten – so z.B. Pferdemais, Zahnmais und Röstmais.

Um die Sommermitte herum konnte man Kürbisse, Bohnen und den ersten grünen Mais ernten; die Haupternte fand jedoch erst im September statt. Offensichtlich waren diese verschiedenen Pflanzen eine ideale Ergänzung füreinander. Die Bohnen, die zwischen dem Mais wuchsen, reicherten den Boden mit Stickstoff an, den der Mais brauchte, während die kräftigen Maisstengel den kletternden Bohnenranken eine Stütze boten. Außerdem lieferte der Mais den Schatten, den die am Boden wachsenden Kürbisse brauchten, um ihre volle Reife zu erreichen.

156   Amerika 1492

Ein Ottawa-Krieger mit Tätowierungen und Ohrringen. In den Händen hält er einen Tabaksbeutel und eine zeremonielle Pfeife. Die Sonnenfigur auf seiner Brust ist entweder eine metallene Brustplatte oder eine Tätowierung. Die Zeichnung wurde von Louis Nicolas etwa um das Jahr 1700 angefertigt. Nicolas war ein französischer Priester, der den St. Lorenz erkundete und ein Manuskript mit Zeichnungen zusammenstellte, das heute landläufig als Codex Canadiensis bekannt ist (The Newberry Library).

Die Waldlandbauern

Wenn Bohnen, Mais und Kürbis zusammen verzehrt wurden, erhöhte sich außerdem die Proteinaufnahme, und die Indianer erfanden das Gemüsegericht, das noch heute unter seinem Algonkin-Namen, »Succotash«, bekannt ist.

Während ein paar Aufpasser zurückblieben, um in den Gärten Unkraut zu jäten und die jungen Pflanzen vor Vögeln und Krankheiten zu schützen, zog die Mehrheit der Dorfbewohner an die Küste, um Muscheln und Austern zu sammeln und Hummer und Fische zu fangen. Wilde Grünpflanzen, Nüsse und Früchte, die in der Ernährung ebenfalls eine wichtige Rolle spielten, variierten je nach Jahreszeit und Lokalität. Zu ihnen gehörten Brombeeren, Blaubeeren, Himbeeren, Erdbeeren, wilde Trauben, Walnüsse, Kastanien und Eicheln, die sich für schlechtere Zeiten trocknen und einlagern ließen.

Den Herbst verbrachten die Indianer damit, ihre landwirtschaftlichen Überschüsse für den Winter einzulagern und vor Wintereinbruch noch einmal in kleinen Gruppen auf die Jagd zu gehen. Hirsche wurden entweder von Einzelpersonen auf der Pirsch erlegt oder aber in gemeinschaftlichen Unternehmungen in speziell für diesen Zweck errichtete Pferche getrieben. Elche, Bären, Luchse und Berglöwen wurden sowohl ihrer warmen Felle wie auch ihres Fleisches wegen im späten Herbst, im Winter und zu Anfang des Frühjahrs gejagt. Im Winter angelten die Männer außerdem an Eislöchern in den örtlichen Teichen, während sie in den milderen Jahreszeiten Netze oder Reusen benutzten.

Im Sommer kam Leben und Geselligkeit in die Dörfer mit ihren langen, mattengedeckten Mehrfamilienhäusern. In der Nähe kultureller Grenzen waren die Dörfer von schützenden Palisaden aus feuergehärteten, angespitzten Pfählen umgeben. Zu einer typischen Siedlung gehörten außer den Häusern auch Vorratsgruben, Menstruationshütten und manchmal spezielle religiöse Bauten. Auf öffentlichen Plätzen wurden Feste abgehalten, bei denen zur Begleitung von Trommeln und Rasseln gesungen und getanzt wurde.

Bei den Wampanoag, die im heutigen Massachusetts ansässig waren, wurden die religiösen Spezialisten als »Powwows« bezeichnet. Sie wurden wegen ihrer Beziehungen zu besonders mächtigen »Manitus« oder Geistern sowohl bewundert als auch gefürchtet, und sie demonstrierten ihre von den Geistern verliehene Macht anläßlich spezieller Ereignisse, um den Jägern zu Erfolg zu verhelfen, das Wetter zu beeinflussen, die Zukunft vorherzusagen, Kranke zu heilen oder Feinde zu verhexen. Sie fungierten als Mittler zwischen ihrer Gemeinschaft und der Welt der Geister, insbesondere bei den Festen zur grünen Maisernte, bei speziellen Winterritualen und bei Gedenkfeiern für die Toten, und sie besaßen einen Kriegszauber gegen feindliche

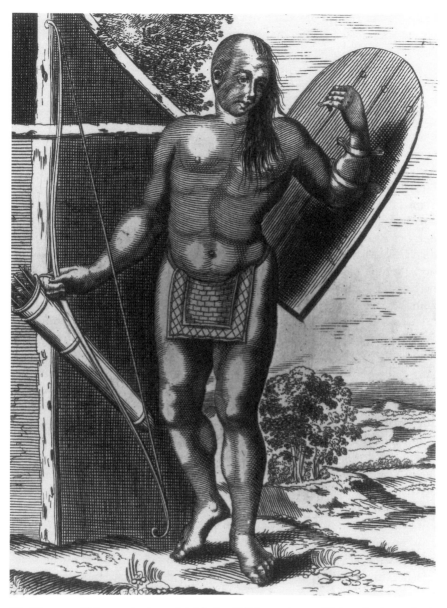

Ein Huronen-Krieger mit einem Schild, der üblicherweise aus Holz gefertigt und mit Leder überzogen wurde. Sein zur Hälfte rasierter Kopf war wahrscheinlich Symbol seines Status als Krieger (The Newberry Library).

Die Waldlandbauern

Stämme. Bei einigen Stämmen des südlichen New England hatten die religiösen Spezialisten fast schon priesterliche Funktionen und waren die Hüter von Tempeln, in denen die Gebeine von Häuptlingen aufbewahrt wurden.

Zwischen diesen verschiedenen Völkern fand ein reger Austausch statt, der sie wahrscheinlich auf persönlicher und auf Gruppenebene miteinander verband. Die östlichen Wälder und Flußufer waren durchzogen von zahlreichen, vielgenutzten Pfaden, auf denen Waren transportiert und Botschaften übermittelt wurden. Menschen, die das Glück hatten, mit dem lokalen »Sachem« oder Häuptling verwandt zu sein, oder auch die Powwows, die auf vertrautem Fuß mit ihnen standen, waren Nutznießer dieses regen Austauschs von Waren und Gütern.

Im Jahre 1492 lebten diese Algonkin sprechenden Jäger und Bauern in enger Nachbarschaft mit Stämmen, die ihnen militärisch überlegen waren und der zweiten großen indianischen Sprachfamilie des Ostens angehörten, dem Irokesischen. In den Ausläufern der Appalachen im heutigen Carolina und Virginia lebten irokesisch sprechende Völker wie die Nottoway, Meherrin und Tuscarora. Letztere sollten später nach Norden abwandern und zum sechsten Stamm des berühmten Irokesenbundes des achtzehnten Jahrhunderts werden.

In den Bergen, Tälern und Niederungen, die sich quer durch den heutigen Staat New York zogen, war der Hauptteil der irokesischen Kultur zwischen Algonkin sprechenden Gruppen eingezwängt. Aber was diesen oberen Irokesenvölkern möglicherweise an Fläche fehlte, das machten sie mehr als wett durch die Fruchtbarkeit ihrer landwirtschaftlichen Gebiete, die sie auf die denkbar geschickteste Weise nutzten.

In den Bergen des östlichen Tennessee und des westlichen North Carolina lebten Süd-Irokesen, die Vorfahren der volkreichen Cherokee. Die Tutelo, die in Virginia lebten, sprachen Sioux, während die Catawba weiter im Süden eine Sprache benutzten, die eine entfernte Verwandtschaft mit dem Sioux hatte. Westlich der Cherokee lebten die Yuchi, deren Sprache vage mit dem Sioux verwandt war.

Wenn die Birke der sinnbildliche Baum der Algonkin-Kulturen war, so hatten die Irokesen die Weißkiefer. Ihrer Kosmologie zufolge stand ein kosmischer, immergrüner Baum im Mittelpunkt der Erde. Ulmen dienten einem pragmatischeren Zweck. Ihre dicke Rinde, die auf einen stabilen Rahmen aus jungen Baumstämmen aufgenäht wurde, diente als Bedeckung für die Langhäuser mit den Tonnendächern, die hundert und mehr Meter lang werden konnten.

Diese schlafsaalähnlichen Gebäude waren gleichzeitig auch ein Symbol für die gesellschaftliche Ordnung der Irokesen, denn alle, die unter einem

In diesem Auszug aus einer Karte, die von Francisco Giuseppe Bressani gezeichnet wurde, einem italienischen Jesuiten, der im 17. Jahrhundert bei den Huronen lebte, zerstampft eine vor einem mit Rinde gedeckten Langhaus stehende Frau Mais zu Mehl. In jedem dieser Langhäuser lebten viele Familien, die durch die Frauen miteinander verwandt waren; Feuerstellen tüpfelten den Mittelgang. Das hier gezeigte Gebäude hat zwei Rauchlöcher für Lüftung und Lichtzufuhr (The Newberry Library).

Dach wohnten, waren Mitglieder eines Klans, der sich über die weibliche Linie definierte. Über der Tür am Ende des Langhauses war das herrschende Tier des Klans dargestellt, von dem die etwa zehn irokesischen Stämme ihre Abstammung herleiteten – Klane mit Namen wie Adler, Schnepfe oder Fischreiher.

Im Jahre 1492 fanden bei dieser Gruppe von Waldlandindianern wahrscheinlich große soziale und politische Veränderungen statt. Irgendwann zwischen 1450 und 1550 fingen die fünf wichtigsten irokesisch sprechenden Stämme südlich des St. Lorenz an, eine völlig neue Form der politischen Einheit zu entwickeln – eine Föderation mehrerer Stämme zur gegenseitigen Verteidigung – und sich mit hochentwickelten Formen demokratischer Herrschaft auseinanderzusetzen. Die Geschichte der Gründung des Iroke-

Die Waldlandbauern

senbundes ist ein Gegenbeweis gegen die Behauptung, die indianischen Gesellschaften der Vor-Kontaktzeit hätten in einem zeitlosen Vakuum gelebt und »Geschichte« erst kennengelernt, als Kolumbus sie importierte.

Am Vorabend dieses Umbruchs, etwa um das Jahr 1450 n. Chr., lebten nord-irokesische Gruppen in Dörfern, die wahrscheinlich etwas über 200 Einwohner hatten, im südlichen Ontario, in New York und im mittleren Pennsylvania. Wie die Gartenbauern von New England praktizierten auch sie den Schwendbau, bloß auf einem bedeutend intensiveren Niveau. Da sie keinen direkten Zugang zur Küste hatten, waren sie zur Sicherung ihres Lebensunterhaltes weit mehr auf die Landwirtschaft angewiesen. Außerdem scheinen diese Stämme sehr wettbewerbsorientiert und politisch dominierend gewesen zu sein.

Das Leben der Irokesen war in zwei Bereiche aufgeteilt: die gerodeten Lichtungen mit ihren Langhäusern und Gärten und die umliegende Wildnis mit ihrem Jagdwild und ihren Gefahren. Die Lichtungen fielen in den Verantwortungsbereich der Frauen, und jedes Langhaus wurde von der ältesten dort lebenden Frau, der sogenannten Klan-Mutter, regiert. Die Wälder hingegen waren männliches Gebiet, in dem die Männer den maskierten Geistern Opfergaben darbrachten, die sich dadurch erkenntlich zeigten, daß sie respektvollen Jägern Beutetiere »gaben«.

Die Irokesen rodeten ihre Felder, indem sie die Bäume dicht über dem Boden anschlugen und dort anbrannten, so daß das dichte Laub abfiel und der ganze Baum, falls notwendig, im folgenden Jahr leichter gefällt werden konnte. Auf diese Weise konnte das Sonnenlicht den Waldboden erreichen, und außerdem reicherte die Asche den Boden an. In kleinen Hügeln zwischen den gefällten Bäumen wurden Mais, Bohnen und Kürbisse angepflanzt. Die abgestorbenen Äste wurden im Laufe des Jahres als Feuerholz gesammelt. Nach ein paar Jahren ließ die Fruchtbarkeit des Bodens jedoch nach, und neue Flächen mußten gerodet werden. Etwa alle zwanzig Jahre zwangen verstärkt auftretende Schädlinge und die Erschöpfung leicht erreichbarer Holzbestände, die zum Feuermachen und zum Bau von Palisaden und Langhäusern dienten, die Menschen dazu, ihre Dörfer aufzugeben. Gemeinsam wurde dann, oft in nicht allzu großer Entfernung vom alten Standort, ein neues Dorf errichtet.

Für die Irokesen war der Bodenbau mehr als eine von vielen Möglichkeiten der Nahrungsbeschaffung; er war ihre Lebensgrundlage. Sie waren bedeutend bodenständiger als ihre algonkischen Nachbarn, und diese höhere Abhängigkeit von Kulturpflanzen und von einer verläßlichen Vorratshaltung verlieh den Frauen im politischen Leben eine größere Rolle. Im Jahre 1492 stand nicht nur jedes Langhaus unter der Herrschaft der ältesten dort

Die europäische Darstellung einer der Methoden der Büffeljagd vor dem Erwerb des Pferdes. Von dem französischen Chronisten Antoine Simon Le Page du Pratz im frühen 18. Jahrhundert im romantischen Stil gezeichnet, zeigt sie eine Gruppe von Natchez-Jägern, die eine kleine Bisonherde einkreisen (The Newberry Library).

Die Waldlandbauern

Frauen, die in einem Kanu wilden Reis sammeln, wobei sie Schläger benutzen, um die Körner von den Halmen zu schlagen. Seth Eastman, ein Offizier der US-Armee, fertigte die Zeichnung zwar erst um die Mitte des 19. Jahrhunderts in Minnesota an, sie zeigt jedoch eine wichtige gemeinschaftliche Aktivität, die seit Jahrhunderten bei vielen an den Großen Seen ansässigen Kulturen bekannt war. Obwohl es so aussieht, als würden die Frauen in der »Wildnis« arbeiten, wurden die Reisfelder lange vor der Ernte sorgfältig vorbereitet (The Newberry Library).

lebenden Klan-Mutter, es waren auch die irokesischen Frauen, die die Kandidaten für das Amt des Sachem auswählten.

Etwa um das Jahr 1492 herum kam es jedoch zu Veränderungen im Schema der Siedlungen. Die Dörfer, die bisher aus etwa einem Dutzend Langhäusern bestanden hatten, wuchsen jetzt zu einer Größe von 500 bis 2000 Einwohnern an. Vielleicht führten größere kriegerische Auseinandersetzungen zu einem stärkeren Zusammenschluß zwecks besserer Verteidigung, vielleicht aber waren es auch die verbesserten Anbaumethoden, die eine derartige Bevölkerungszusammenballung möglich machten. Jedenfalls erwuchsen die neuen sozialen und politischen Institutionen, die entstanden, um diese Mega-Dörfer regieren zu können, unmittelbar aus dem alten gesellschaftlichen Gefüge und der alten Siedlungsweise heraus.

Traditionellerweise verlief ein langer Gang mitten durch das irokesische

Langhaus. Rechts und links davon lagen, wie die Abteile eines Schlafwagens, die Wohnbereiche für die einzelnen Familien, von denen sich je zwei eine gemeinsame Feuerstelle teilten. Die Männer heirateten in diese Langhäuser ein, die einfach vergrößert wurden, wenn alle Wohnbereiche vergeben waren. Ausgewählte Männer aus den am höchsten angesehenen Haushalten regelten die Dorfangelegenheiten als ein Rat von Gleichen. Dies änderte sich jedoch um das Jahr 1492 herum. Die matrilinearen Klane, die ursprünglich wahrscheinlich als Einheiten gedient hatten, die den Handel und den Austausch innerhalb des Stammes erleichterten, wurden zu den Bausteinen einer gänzlich neuen politischen Institution. Im Jahrhundert zwischen 1450 und 1550 schlossen sich die Irokesen zu den »Fünf Nationen« zusammen, deren Macht sich über den ganzen gegenwärtigen Staat New York erstreckte. Zu den Fünf Nationen gehörten die Seneca, die Cayuga, die Onondaga, die Oneida und die Mohawk.

Einer irokesischen Überlieferung zufolge waren es zwei legendäre Gestalten, Deganawidah und Hiawatha, die den »großen Frieden« zwischen den ständig in Streitigkeiten verwickelten irokesischen Völkern konzipierten und die Irokesenstämme einen nach dem anderen dazu brachten, ihre »gute Nachricht von Frieden und Macht« anzunehmen. Zu den von ihnen eingeführten Reformen gehörte die Abschaffung des Kannibalismus. Die alte gesellschaftliche Bedeutung des gemeinschaftlich bewohnten Langhauses machte es zum idealen Symbol für ihre politische Neuschöpfung. Die Mitgliedsstämme bezeichneten sich selbst als die »Feuer« eines symbolischen »Langhauses«, das das ganze Territorium der Irokesen überspannte.

Für die einzelnen Mitgliedsstämme bedeutete diese irokesische Bruderschaft einerseits zahlenmäßige Überlegenheit und andererseits größere Sicherheit durch den Zusammenschluß mit Verbündeten. Für alle anderen, so z. B. für die Huronen, die benachbarten Algonkin und schließlich auch die europäischen Mächte, war sie ein nicht zu unterschätzender Gegner. Das ganze Drama des politischen Schicksals der Irokesen sollte sich erst in den drei Jahrhunderten nach 1492 entfalten, doch wenn Kolumbus weiter in den Norden vorgedrungen wäre, hätte er die Entstehung einer originär amerikanischen, repräsentativen Regierungsform beobachten können.

Im Jahre 1492 waren die großen Inlandgewässer des Huron- und des Michigan-Sees die Heimat mehrerer zentraler Algonkin-Stämme. Mit der Zeit sollten sie als Ojibwa oder Chipewya, Ottawa, Menominee, Potawatomi, Cree und andere bekannt werden. Es ist nicht ganz einfach zu rekonstruieren, wie ihre Kulturen im fünfzehnten Jahrhundert aussahen, da die meisten von ihnen nach 1600 die Opfer katastrophaler Vertreibungen wurden und es für die frühere Zeit kaum dokumentierte Unterlagen gibt. Aus eth-

Die Waldlandbauern

nographischen Berichten über ihre spätere Lebensweise kann man jedoch Rückschlüsse darauf ziehen, wie ihr jährlicher Zyklus der Nahrungsbeschaffung im Jahr 1492 ausgesehen haben könnte. Diese Methode der Rekonstruktion der Vergangenheit, auch »upstreaming« genannt, greift zur Gegenprobe, wo immer möglich, auf archäologische Daten zurück. Wenn z.B. ethnographische Informationen darüber vorliegen, daß ein bestimmter historischer Stamm Vorratsgruben anlegte oder ganz bestimmte Begräbnisriten einhielt, kann man darauf schließen, daß auch ihre Vorfahren diese Bräuche praktizierten, und kann dann archäologische Fundstätten, die laut wissenschaftlicher Datierung aus Kolumbus' Zeit stammen, auf Beweise für diese Praktiken untersuchen. Mit etwas Glück stellt sich dann heraus, daß die ethnographischen und archäologischen Informationen sich gegenseitig bestätigen.

Da den Algonkin sprechenden Stämmen der »Großen Seen« zahlreiche Möglichkeiten des Subsistenzerwerbs offenstanden, besaß ihre Lebensweise gewisse Ähnlichkeiten mit der ihrer linguistischen Verwandten an der Ostküste. Fast alle von ihnen führten ein semi-nomadisches Leben und wanderten den Jahreszeiten folgend von Ort zu Ort, um wilden Reis zu ernten, kleine Gärten zu bebauen, in Flüssen und Seen Fischfang zu betreiben und in den Wäldern zu jagen.

Im Jahre 1492 war das teils bewaldete Gebiet, das westlich der Großen Seen in die grasbestandene Prärie überging, von Stämmen bewohnt, die erst vor kurzem in die Region eingewandert waren und den Bodenbau mitgebracht hatten. Auf ihrer allmählichen Wanderung nach Westen waren sie den langen Fingern der bewaldeten Flußläufe gefolgt, die das mittelamerikanische Grasland durchzogen. Vom Gebiet der Cree im Nordwesten der Großen Seen verlief diese ausgefranste Grenze zwischen offenem Grasland und partiellem Baumbewuchs vom mittleren Minnesota bis nach Indiana, beschrieb dann eine Schlaufe zurück quer durch Illinois und Missouri und machte dann einen Knick nach Süden auf das östliche Oklahoma zu.

Dort hielten die Wanderer für den Augenblick inne. Diese Grenzzone aus immer dünner werdenden Wäldern war von in Dörfern ansässigen »Plains-Indianern« bewohnt, die am Rande endloser Grasflächen lebten, die erst nach der Einführung des Pferdes, das Kolumbus und seine Nachfolger in die beiden Amerikas brachten, voll genutzt werden würden. Die größeren dieser festen Siedlungen waren von Palisaden und Gräben umgeben. Hinsichtlich der Anbaumethoden betrieb man wahrscheinlich eher die Rotation der Felder und nicht so sehr den Anbau in Überschwemmungsebenen, wie es im Tal des Mississippi der Fall war.

Hier, am Rand der Great Plains, lebten aber auch andere Stämme, von

Drei Frauen aus dem Tal des unteren Mississippi, gezeichnet von Dumont de Montigny, einem französischen Ingenieur, der im frühen 18. Jahrhundert in der Nähe von New Orleans stationiert war. Die tätowierte Frau zur Linken hält eine Rassel und einen Fächer aus Truthahnfedern, die Frau in der Mitte trägt einen Umhang aus Federn, und die dritte Figur, ein junges Mädchen, zerstampft Mais zu Mehl (The Newberry Library).

denen viele allem Anschein nach nur darauf warteten, einen weiteren gigantischen Schritt nach Westen zu machen, sobald sich die Gelegenheit (oder die Notwendigkeit) dazu bot. Zu den Prärie-Algonkin gehörten die Vorfahren der Illinois und Miami und später auch der Sauk, Fox und Kickapoo. Die Sioux-Sprecher waren durch ein breites Spektrum von Stämmen vertreten, angefangen bei den klassischen Winnebago, die an den Großen Seen ansässig waren, bis hin zu den Iowa, Missouri, Omaha, Osage und anderen, die in der Prärie beheimatet waren, und schließlich zu den in Minnesota ansässigen Völkern wie den Santee, Yankton und Yanktonai. In anderen Dörfern lebten Caddo-Sprecher, aus denen später die historischen Wichita, Pawnee und Arikara wurden. Für all diese Bewohner des Grenzgebiets zwischen Waldland und Prärie bestimmten unterschiedliche Öko-Zonen und überkommene Traditionen die jeweils spezifischen Zyklen von

Die Waldlandbauern

Nahrungserwerb und gesellschaftlichen Zusammenkünften, die den Jahresablauf der Stämme ausfüllten.

In den frühen Erdhaussiedlungen der Cheyenne, die in den Grasgebieten North Dakotas in der Nähe von Flüssen lagen, waren es der Anbau von Mais und die periodischen Bisonjagden, die einerseits die Zeit der Menschen und andererseits die Verantwortungsbereiche von Männern und Frauen bestimmten. Die Santee hingegen, die in Minnesota in der Nähe sumpfiger Seen lebten, konzentrierten sich lieber auf das Sammeln von wildem Reis; für sie war der Mais nur eine zusätzliche Ergänzung. Außerdem betrieben die Santee die Jagd, und zwar eher auf den Hirsch als auf den Bison, was sie immer wieder mit ihren nächsten Nachbarn, den Ojibwa, in Konflikt brachte. Die Teton Sioux hingegen fühlten sich mehr zu den Grasländern hingezogen, sicherten ihren Lebensunterhalt hauptsächlich durch Bison- und Antilopenjagd und tauschten über einen anderen Stamm, die Yanktonai Sioux, die eine Art Mittlerfunktion innehatten, von den Santee und anderen Stämmen Waldlanderzeugnisse ein.

Die Erfolgsaussichten bei der Jagd waren größer, wenn sie gemeinschaftlich betrieben wurde. Im Herbst schlugen ganze Dörfer ihr Lager am Mississippi auf oder überquerten ihn sogar, um näher an die grasenden Bisonherden heranzukommen. Manchmal übernahm eine Art Lagerpolizei die Organisation der Jagd. Dann wurde das Gras auf ein Zeichen hin mit Fakkeln in Brand gesteckt und die verängstigten Tiere eingekesselt, so daß die Bogenschützen Hunderte von ihnen abschießen konnten.

In Anbetracht der Tatsache, daß in dieser attraktiven Übergangszone so viele verschiedene linguistische und kulturelle Gruppen praktisch Seite an Seite lebten, mußte es wahrscheinlich zwangsläufig ein paar gemeinsame Übereinkünfte geben, die von allen Stämmen anerkannt wurden. Das zeremonielle Rauchen einer Pfeife, des Kalumet, war eine Möglichkeit, einen wenigstens zeitweiligen Frieden zu schließen oder sich dazu zu verpflichten, einander im Kriegsfall Beistand zu leisten. Der rote Stein für die Pfeifenköpfe stammte aus dem sanft gewellten Hügelgebiet im südwestlichen Minnesota, das von den Yankton Sioux bewohnt wurde. Die Pfeifenstiele wurden mit Federn verziert und, wenn es um Krieg ging, rot, wenn ein Friede verhandelt wurde, weiß bemalt. Es war ein feierlicher Augenblick, wenn die Indianer ihre Pfeifen mit dem Tabakgemisch stopften, das meistens aus Zedernrinde und getrockneten Blättern bestand, und Worte sprachen, die durch den Rauch der Pfeife eine heilige Bedeutung erhielten.

Im ganzen westlichen Teil dieser mittelamerikanischen Wälder und Flüsse lagen die oftmals monumentalen Überreste komplexerer Kulturen, die im Jahre 1492 schon lange verschwunden waren. Im hohen Norden, im südwestlichen Zipfel Wisconsins, lagen die Ruinen von Aztlan, einer zwanzig Morgen umfassenden indianischen Festung. Ganz in der Nähe waren an den Flußufern Erdarbeiten in Form von Vögeln oder Tieren zu finden, die mühsam aufgeschüttet worden waren. Sie waren stumme Zeugen des weitreichenden Einflusses früherer einheimisch-amerikanischer Zivilisationen, deren Kerngebiet weiter im Süden und Osten lag. Aztalan spiegelte auch die Bedeutung des zweiten wichtigen Anbausystems wider, das von den Indianern des östlichen Waldlandes entwickelt worden war – des Anbaus in Überschwemmungsebenen.

Wenn Kolumbus den Mississippi hinaufgefahren und dem heutigen St. Louis gegenüber in Illinois an Land gegangen wäre, hätte er die bereits zerfallenen Ruinen der größten indianischen Metropole nördlich von Mexiko entdeckt. Es handelte sich um Cahokia, die einstige Hauptstadt einer hochentwickelten Kultur, die von den Archäologen als Mississippi-Kultur bezeichnet wird. Ihre hohen künstlerischen Leistungen, ihre hierarchisch gegliederte gesellschaftliche und politische Ordnung und ihre effektive wirtschaftliche Struktur blühten und gediehen in einer weiten Flußlandschaft.

Anders als die Bodenbauern des nördlichen Waldlandes, die ihr Land mühselig roden mußten, um dann eine nur kurze Periode der Produktivität genießen zu können, bevor der Boden wieder erschöpft war, lebten die Mississippi-Bewohner in einer Umgebung, die sich selbst erneuerte. Ihre Flußlandschaft lud sich jedes Frühjahr sozusagen von allein wieder auf, wenn das Hochwasser zurückging und neuen, fruchtbaren Schlamm in den Niederungen zurückließ, guten, weichen Schwemmboden, in dem es keine tief verwurzelten Gräser gab und der sich mit Hacke oder Grabstock leicht bearbeiten ließ.

Die Grundlage der Ernährung der Mississippi-Völker bildeten hochentwickelte Maissorten. Die älteren Maissorten konnten nur im südlichsten Teil des Ostens angebaut werden, unterhalb der Linie, die in etwa durch die Nordgrenze von Arkansas, Mississippi, Alabama und Georgia gebildet wurde. Die später entwickelten Sorten hingegen machten den Maisanbau bis an die Großen Seen hoch im Norden möglich. Einen ebenso hohen Stellenwert nahmen die nährstoffreichen mexikanischen Bohnen ein, die aus dem Süden in das Gebiet der Mississippi-Kultur eingeführt wurden. Wenn sie gemeinsam mit Mais und Kürbis verzehrt wurden, glich ihr Proteingehalt sogar den gelegentlichen Mangel an Fleisch aus.

Die breiten Flußtäler hatten aber mehr zu bieten als nur fruchtbaren Boden. Die Wälder, welche die Flüsse säumten, beherbergten Hirsche, Waschbären und wilde Truthähne. Durch die regelmäßigen Hochwasser am Mississippi und seinen größeren Zuflüssen hatten sich an den Ufern natürliche

Die Waldlandbauern

169

Deiche gebildet. Dahinter gab es Sumpfgebiete, die tiefer lagen als die Wasseroberfläche der fließenden Gewässer. Diese Sümpfe waren ein Paradies für Wasservögel, die hier in großer Zahl lebten. Gelegentlich überflutete der Fluß diese Deiche und schnitt neue Kanäle in sie ein, während er andere aufgab. Daraus entstanden dann die Flußschlaufenseen, die sogenannten Oxbow Lakes, die noch heute im ganzen Tal des Mississippi zu finden sind.

Wenn der Wasserstand wieder fiel, blieben in den Tümpeln Fische zurück, die sich dort vermehrten. Zwischen den alten Meandern des Flusses wuchsen auf den vom Wasser angeschwemmten Erhebungen Gräser, Nuß- und Obstbäume und andere wilde Nahrungspflanzen. Da die Wildtiere gern zwischen den offenen Weideflächen und dem kühleren Schatten der Wälder hin und her pendelten, waren die vielen tausend Kilometer des Mississippi-Tales mit seinen Seen und Sümpfen im wahrsten Sinne des Wortes ein Jägerparadies.

Die relative Leichtigkeit, mit der die Überschwemmungsgebiete landwirtschaftlich genutzt werden konnten, und das reiche Vorkommen an Wildtieren und wildwachsenden Nahrungspflanzen führten zu einer weiten Streuung der Siedlungen. Auf dem Höhepunkt ihrer Entwicklung umfaßte die Mississippi-Kultur wahrscheinlich eine ganze Hierarchie von Siedlungen. Die weit verstreuten und größtenteils ungesicherten kleinen Weiler hatten zweifellos enge soziale und politische Beziehungen zu den zentralisierten, befestigten Städten.

Dort konnten die Indianer, die auf dem Land lebten, bei kleineren Streitigkeiten einen Schiedsrichter aufsuchen; dort kamen sie zusammen, um ihre Rituale abzuhalten, und dort suchten sie in Zeiten feindseliger Auseinandersetzungen Schutz. Es ist sogar denkbar, daß sie doppelte Wohnsitze besaßen und einen Teil des Jahres ganz in einer der zentralen Städte verbrachten, in denen öffentliche Gebäude und Privathäuser mit Wänden aus Flechtwerk und Lehm und Strohdächern standen, während sie den Rest des Jahres in kleineren Ansiedlungen auf dem Lande lebten.

Schließlich gab es auch noch die großen zeremoniellen Zentren, die ebenfalls befestigt waren und in denen es formale Plazas gab, pyramidenförmige Erdhügel, auf denen sich Tempel und Residenzen der Häuptlinge erhoben, dazu zahlreiche andere Bauten, die staatlichen oder sakralen Zwecken dienten. Sicher waren die Beziehungen zwischen den normalen Einwohnern und den Funktionsträgern der Gemeinden von gegenseitiger Verpflichtung geprägt, und es ist anzunehmen, daß die städtischen Zentren Steuern in Form von landwirtschaftlichen Produkten oder von körperlicher Arbeit erhoben, um die Befestigungsanlagen und die rituellen Bauten erhalten zu können, die schließlich der gesamten Bevölkerung dienten.

Die Dörfer und Städte der Mississippi-Kulturen erreichten Bevölkerungsgrößen, welche die Grenzen dessen überschritten, was eine auf Blutsverwandtschaft basierende Gesellschaft hätte bewältigen können. Unterschiede in Hinblick auf Macht, Wohlstand und Status äußerten sich in der Anlage von Satellitensiedlungen rund um die größeren zeremoniellen Zentren, in der Qualität der Häuser der einzelnen Familien, in der Stellung, die man zu Lebzeiten innehatte, und in der Form des Begräbnisses, das einem nach dem Tode zuteil wurde. In den Häuptlingstümern der Mississippi-Kultur wurden Ämter wahrscheinlich durch Erbschaft weitergegeben.

Zu den herausragenden zeremoniellen Zentren der Mississippi-Kultur im gegenwärtigen Illinois, Alabama und Indiana gehörten Stätten wie Cahokia, Moundville und Angel. In diesen größeren Städten gab es üblicherweise bis zu zwanzig Tempelhügel, die von Palisaden und Wohngebieten umgeben waren. Die Tempelhügel selbst ähnelten verblüffend den terrassenförmigen, mit Steinen verkleideten Pyramiden Mexikos. Sie hatten vier Seiten und waren oben abgeflacht; sie wurden von Arbeitsgruppen aufgeschüttet, welche die Erde in Lastkörben herbeischleppten. Um diesen Hügel lagen die Wohnhäuser, die aus Flechtwerk und Lehm errichtet wurden.

Draußen auf dem Land hatten die Familien sowohl Sommer- als auch Winterhäuser. In der warmen Jahreszeit bewohnten sie Gebäude mit gegiebelten Strohdächern. Bei den Winterhäusern handelte es sich zum Teil um halb unterirdische Erdhäuser, ähnlich denen, die im Jahre 1492 bei den Sioux sprechenden Völkern gang und gäbe waren, die sich auf den Prärien niedergelassen hatten. Ein eindrucksvolles Beispiel für diese Erdhauskonstruktionen ist das sogenannte »Beratungshaus« in Ocmulgee in Georgia. Es hatte einen Durchmesser von etwa 13 Metern und war aller Wahrscheinlichkeit nach ein Versammlungsraum für Funktionsträger. Gegenüber der Tür befand sich eine irdene Plattform in der Form eines riesigen Raubvogels, mit aus Lehm geformten Sitzen für drei Personen, während es an den Wänden entlang Sitzplätze für weitere siebenundvierzig Personen gab – wahrscheinlich die führenden Männer des lokalen Häuptlingtums.

Cahokia erreichte etwa dreihundert Jahre vor Kolumbus seinen architektonischen und politischen Höhepunkt. Eine riesige Pyramide, der Monks Mound, überragte die 13 Quadratkilometer große Fläche, die sozusagen die »Innenstadt« von Cahokia bildete. Der Monks Mound, eine künstliche Erdaufschüttung, war an der Basis etwa 340 Meter lang und 260 Meter breit, erreichte eine Höhe von über 30 Metern und trug auf seiner abgeflachten Spitze einen Tempel aus Flechtwerk und Lehm. Er bestand aus über einer halben Million Kubikmeter Füllmaterial, das im Laufe der Jahrzehnte von einer Bevölkerung aufgeschüttet worden war, die auf ihrem Hö-

Die Waldlandbauern   171

hepunkt wahrscheinlich über 10 000 Personen zählte. Weitere 100 zeremonielle Hügel erhoben sich in unmittelbarer Nähe, geometrisch angelegt an Plazas, rituellen Einfriedungen und Ballspielplätzen.

Es ist beeindruckend, wie weit der Einfluß der Mississippi-Kultur geographisch reichte. Zwischen ihrem nördlichsten Außenposten Aztlan in Wisconsin und der südlichen Grenze in der Nähe von Ocmulgee in Georgia herrschten ihre wirtschaftlichen und religiösen Traditionen über Tausende von Quadratkilometern. Aus den fernsten Winkeln dieser kulturellen Welt, die eher der Handel als ein autoritäres Regime zusammenhielt, wurden Rohstoffe und Fertigprodukte über eine Kette von Händlern in die wirtschaftlichen, zeremoniellen und politischen Zentren geschafft.

Der lose Zusammenschluß größerer und kleinerer Häuptlingstümer, aus denen die Welt der Mississippi-Kultur bestand, war außerdem geprägt durch gemeinsame rituelle Praktiken. Das entsprechende Zusammenspiel künstlerischer Motive und religiöser Rituale wird als »Südöstlicher Zeremonialkomplex« oder »Southern Cult« bezeichnet. Der Southern Cult war um 1000 n. Chr. bereits voll ausgebildet, bestand wahrscheinlich auch noch nach 1492 weiter und war eine Mischung aus alten, einheimischen Praktiken und mexikanischen Einflüssen.

Die Symbole des Southern Cult – Sonnendurchbrüche, menschliche Augen auf offenen Händen, Pfeile mit Ohrläppchen, weinende und gegabelte Augen und Kreuze aller Art – wurden auf Muschelschalen graviert, in Kupfer getrieben und in Platten aus Keramik und Stein geritzt. Die Trinkgefäße aus Muschelschalen, die bei Reinigungsritualen benutzt wurden, zeigten ebenfalls diese Motive, aber auch menschliche Gestalten in formaler Haltung. Bei den sogenannten Reinigungsritualen wurden diese Muschelgefäße mit einem starken Brechmittel gefüllt, dem »Schwarzen Trank«, der aus den Blättern der Yucaipa-Stechpalme gebraut wurde. Krieger tranken ihn, bevor sie in den Kampf zogen, und Ratsherren nahmen ihn zu sich, bevor

Lageskizze von Cahokia, dem größten städtischen Zentrum nördlich des Rio Grande des Jahres 1000 n. Chr. In der Nähe des heutigen St. Louis, Missouri, gelegen, wurde Cahokia etwa um das Jahr 600 n. Chr. gegründet und war fast 700 Jahre lang bewohnt. Es besaß über 100 Erdhügel, von denen der größte sich über 30 Meter hoch über eine zentrale Plaza erhob. Während es viele Gemeinschaften gab, die in der Nähe der zentralen Stadt ansässig waren, lebten die Mitglieder wichtiger Gilden und religiöser Orden in Häusern innerhalb der Palisaden, wie hier dargestellt.

Cahokia war eine geplante Stadt, die an mehreren »woodhenges« ausgerichtet war, Kreisen aus hochkant stehenden Balken, die als Observatorien dienten. Dieses Diagramm wurde mit Sichtlinien überlegt, um die Verlängerungen von einem südlichen Balkenkreis und spezifischen Mounds zu verdeutlichen.

Cahokia

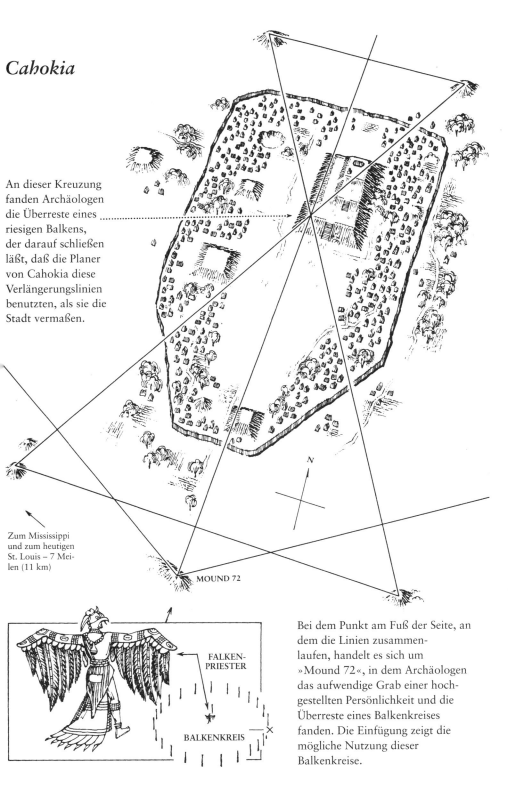

An dieser Kreuzung fanden Archäologen die Überreste eines riesigen Balkens, der darauf schließen läßt, daß die Planer von Cahokia diese Verlängerungslinien benutzten, als sie die Stadt vermaßen.

Zum Mississippi und zum heutigen St. Louis – 7 Meilen (11 km)

MOUND 72

FALKEN-PRIESTER

BALKENKREIS

Bei dem Punkt am Fuß der Seite, an dem die Linien zusammenlaufen, handelt es sich um »Mound 72«, in dem Archäologen das aufwendige Grab einer hochgestellten Persönlichkeit und die Überreste eines Balkenkreises fanden. Die Einfügung zeigt die mögliche Nutzung dieser Balkenkreise.

sie über Staatsangelegenheiten dabattierten. Über allen anderen Symbolen stand das Kreuz, welches das heilige Feuer symbolisierte und im ritualen Denken der Mississippi-Kultur wahrscheinlich mit der göttlichen Sonne selbst in Verbindung gebracht wurde. In bestimmten Tempeln der Mississippi-Kultur brannte eine Flamme, die von speziell damit betrauten Priestern gehütet wurde.

Noch heute streiten sich die Gelehrten darüber, welchen Grund der plötzliche Niedergang dieser Zivilisation einige Jahrhunderte vor Kolumbus gehabt haben könnte. Vielleicht erlag die Mississippi-Kultur den Verführungen ihrer arbeits- und kostengünstigen Flußlandschaft. Vielleicht kam es zu einem ungezügelten Bevölkerungswachstum, ohne daß man die gesundheitlichen Probleme vorhergesehen hätte, die oft mit der Verstädterung und einer geringeren Zufuhr an tierischen Proteinen einhergehen. Da es keine sanitären Anlagen zur Beseitigung menschlicher Ausscheidungen und sonstiger Abfälle gab, ist es durchaus denkbar, daß Ruhr und Tuberkulose epidemische Ausmaße annahmen und die Zahl der Todesfälle die Geburtenrate bei weitem überstieg. Wenn dazu noch der Zustrom neuer Menschen aus dem Hinterland versiegte, wäre dies eine plausible Erklärung für den »menschenleeren Raum«, der im Jahre 1492 an die Stelle der ehemals blühenden Zentren der Mississippi-Kultur getreten war.

Zu der Zeit, als Kolumbus auf Hispaniola landete, war das Erbe der Mississippi-Kultur noch bei den vielen verschiedenen, Muskogee sprechenden Stämmen anzutreffen, die das südöstliche Waldland bewohnten. In ihren Städten gab es immer noch auf niedrigen Hügeln stehende Gebäude, die rituellen und weltlichen Zwecken dienten. Auf speziellen Plazas fand immer noch in periodischen Abständen das Entzünden heiliger Feuer statt, die das ganze Gemeinwesen für ein weiteres Jahr mit neuem Leben erfüllen sollten. In seiner höchsten Form überlebte das alte gesellschaftliche System und die Tradition des Hügelbaus lange genug, um bei den Natchez dokumentiert zu werden, einem Volk, das am Unterlauf des Mississippi lebte. Berichte früher französischer Besucher, welche die Lebensweise der Natchez beobachten konnten, bieten uns einen ungewöhnlichen Einblick in die ältere Welt der Mississippi-Kultur.

Die Natchez besaßen eine streng gegliederte Vier-Klassen-Gesellschaft. Ganz oben standen die Sonnen, die erblichen Oberhäupter des Häuptlingstums. Die Gesellschaft der Natchez war matrilinear organisiert. Da die Große Sonne immer männlich war, seine Nachfahren ihren Familienstatus jedoch von der Mutter und nicht vom Vater erbten, konnte ein Sohn der Großen Sonne nicht die Position des Vaters übernehmen. Um dieses Dilemma zu lösen, ging das höchste Amt an den Sohn der Schwester der Großen Sonne über.

Théodore de Bry war ein flämischer Kupferstecher des späten 16. Jahrhunderts, der eine Reihe von Berichten über das Leben in Amerika veröffentlichte. Seine Bücher enthielten Illustrationen, die er oft entsprechend den künstlerischen und kulturellen Idealen seiner Zeit veränderte. Hier transportiert eine Gruppe von fünf Florida-Indianern (wahrscheinlich Timucua) Mais und andere Früchte in einem Einbaum-Kanu von den Feldern zu einem großen Speicher. Diese Speicher bestanden aus Steinen und Erde und waren mit Palmwedeln gedeckt (The Newberry Library).

Um die Dinge noch weiter zu komplizieren, besaßen die Natchez ein asymmetrisches Heirats- und Verwandtschaftssystem, in dem die Mitglieder aller drei oberen Klassen »nach unten« heiraten mußten. Dies bedeutete, daß das Kind einer Frau der Oberklasse zwar ihre Klasse erbte, das Kind eines Mannes aus der Oberklasse jedoch einer Klasse angehörte, die eine Stufe unter der des Vaters stand. Es war jedoch möglich, sich durch individuelle Leistung auf der gesellschaftlichen Leiter nach oben zu arbeiten.

Ähnlich wie einige andere Caddo und Muskogee sprechende Gruppen der Golfküstenregion brachten auch die Natchez Menschenopfer dar – ein weiterer Beweis für die Ausdehnung des mexikanischen Einflusses bis in ihr Gebiet. Wenn eine Große Sonne starb, wurden seine Kinder und Frauen zum Zeichen der öffentlichen Trauer getötet und die zeremoniellen Hügel vergrößert, um sie aufzunehmen.

Unterhalb der Festlandmasse der südöstlichen Wälder lag die Halbinsel

Die Waldlandbauern

Florida, die im Jahre 1492 von zwei unterschiedlichen einheimischen Kulturen bevölkert war. Im nördlichen Teil waren Bodenbauern ansässig, unter denen vor allem viele halbautonome Dorfgruppen hervorstachen, die verschiedene Dialekte des weit verbreiteten Timucua sprachen. Die Calusa dagegen, die das südliche Florida beherrschten, betrieben keine Landwirtschaft, sie jagten Vögel und Reptilien, fingen Haie, Rochen und andere Fische mit Speeren und Netzen, erlegten Hirsche und Füchse, harpunierten Wale und Seehunde und sammelten Wurzeln, die sie zerstampften und zu Brot verarbeiteten.

Zu Kolumbus' Zeiten konnten die Timucua und die benachbarten Apalachee und Tocobaga auf eine lange Siedlungszeit in den Subtropen zurückblicken. Archäologen konnten die Timucua-Kultur im östlichen und mittleren Florida bis ungefähr ins Jahr 500 v. Chr. zurückdatieren, während die Apalachee schon 1000 v. Chr. an den Buchten und Küstenflüssen im nordwestlichen Florida Tempelhügel errichteten und ihre Muschelhaufen ständig vergrößerten.

Die Timucua errichteten ihre Dörfer im allgemeinen in leicht erreichbarer Nähe zu Flüssen und Süßwasserseen. Schützende Palisaden umgaben ihre palmengedeckten Häuser, ihre zeremoniellen Plazas, ihre öffentlichen und privaten, auf Stelzen stehenden Kornspeicher und ihre überdimensionierten Ratsgebäude. In den kuppelförmigen Häusern lebten wahrscheinlich einzelne Familien, die ihre Habe zumeist unter den Dächern verstauten.

Wie die meisten Indianer Floridas deckten auch die Timucua ihre vielseitige Ernährung aus den Ressourcen der Wälder, der Sümpfe und Seen und der Golf- und Atlantikküste. Außerdem bauten sie Mais in kleinen Gärten an. Ihren Fleischbedarf deckten sie hauptsächlich durch Wild; sie sammelten jedoch auch Austern und Muscheln, fingen Fische in Reusen und mit Speeren und gingen mit Pfeil und Bogen oder mit Fallen auf die Vogeljagd. Palmenbeeren, Eicheln und andere eßbare Pflanzen trugen ebenfalls zur Nahrungsversorgung bei.

Während der einflußreichsten Zeit der Mississippi-Kultur gelangten viele soziale und religiöse Einflüsse aus dem Norden auf die Halbinsel. Die totemischen Klane der Timucua, die den Panther, den Bussard, die Wachtel, den Bär und andere Tiere zum Symbol hatten, besaßen eine feste Rangordnung. Die Mitgliedschaft in einem Klan wurde durch die mütterliche Linie weitergegeben, und man mußte außerhalb des eigenen Klans heiraten. Die höchsten Dorffunktionäre gehörten dem angesehenen Klan der »Weißen Hirsche« an. Ein Häuptling ließ sich leicht an seinen Tätowierungen und Insignien erkennen. Dazu gehörten kupferne Brustplatten, Perlenschnüre an Hand- und Fußgelenken und Truthahnsporen in den Ohrläppchen. Sie hatten oft mehrere Frauen, die ebenfalls an speziellen Tätowierungen und an ihrem Perlenschmuck zu erkennen waren. Bei besonderen Anlässen wurden der Häuptling und seine Familie von den gewöhnlichen Bürgern in Sänften getragen. Die gewöhnlichen Bürger lieferten einen Teil ihrer Gartenprodukte bei den Häuptlingen ab, die diese Steuern in einem zentralen Speicher einlagerten.

Die Calusa-Stämme des südwestlichen Florida waren Teil eines komplexen wirtschaftlichen Systems, das ihre Subsistenzsicherung gewährleistete, wenn die eine oder andere Nahrungsmittelquelle vorübergehend versagte. Wenn die Bewohner eines Dorfes an der Südwestküste beispielsweise Pech mit der Fischerei hatten, benachrichtigten sie andere Dörfer an den Binnenseen, die ihnen daraufhin getrocknete Palmenbeeren oder Wurzelmehl in Kanus den Fluß hinunter schickten. Wenn die Binnenland-Calusa geräucherten Fisch oder Austern wollten, bekamen sie diese unverzüglich von den Bewohnern der Küste geschickt.

Ungeachtet der Tatsache, daß sie Jäger und Sammler waren, entwickelten die Calusa eine komplexe sozio-politische Organisation, die sich zum Teil darauf zurückführen ließ, daß Ehen ganz bewußt arrangiert wurden, um die Verbindungen zwischen den Stämmen zu festigen. Es wird angenommen, daß sie einen einzigen Häuptling hatten, der in einer zentralen Siedlung am Mound Key in der Estero Bay ansässig war; zu Kolumbus' Zeiten herrschte er über 50 Dörfer. Vielleicht war eine solche zentralisierte Autorität nötig, um die Arbeitskräfte zusammenzubringen, die für die Herstellung der gewaltigen »Schalenarbeiten« notwendig waren, deren Überreste noch heute die Landschaft durchsetzen – Hügel, Plattformen, Dämme und Gehwege, deren Fronten oft mit dekorativen Muschelauflagen verziert waren.

Hölzerne Götter, die an der archäologischen Grabungsstätte Key Marco unter einer dicken Schlammschicht gefunden wurden und aus einem Calusa-Dorf stammen, das von einem Hurrikan zerstört wurde, sind Beweis für die Kunstfertigkeit dieser Menschen. Die schön geschnitzten hölzernen Hirschköpfe und bemalten Masken, die lokale Tierarten, z. B. Alligatoren, darstellten, hatten Augen aus Muschelschalen, die sie wie lebendig wirken lassen. Realistisch dargestellte Delphine und stilisierte Spechte wurden auf zeremonielle Pfosten geschnitzt.

Die Gesellschaft der Calusa setzte sich aus zwei Klassen zusammen. Der »König«, wie frühe spanische Berichterstatter ihn nannten, sein Gefolge und seine wichtigsten Ratgeber und Beamten bildeten den Adel. Dann kam das gewöhnliche Volk, während Sklaven, die im Krieg erbeutet wurden, eine dritte Klasse darstellten. Beim Tod einer hochstehenden Persönlichkeit wurden seine Diener geopfert. In der Weltsicht der Calusa hatte jeder

Die Waldlandbauern

»Saturiova, König von Florida«, ein Porträt von Jacques Lemoyne de Morgues, einem Künstler, der in den 1550er Jahren eine französische Expedition in den Südosten begleitete. Der mit Tätowierungen verzierte, mit einem Pelz bekleidete und einen Speer tragende Timucua-Führer ist hier kriegsbereit dargestellt. Die Schale in seiner linken Hand enthält wahrscheinlich den schwarzen Trank, ein rituelles Getränk, das oft als Kriegsmedizin benutzt wurde (The Newberry Library).

Mensch mehrere Seelen. Eine dieser Seelen blieb im Körper zurück, um die überlebenden Stammesangehörigen zu beraten, während eine andere in die Seele eines Tieres einging. Wenn dieses Tier getötet wurde, ging die Seele in den Körper eines kleineren Tieres über und verschwand durch diesen Schrumpfungsprozeß schließlich ganz.

Im nachhinein wirkt dieser Glaube wie eine Metapher für das Schicksal der ganzen Calusa-Nation – oder das aller einheimischen Völker der Halbinsel Florida. Sie hatten das Pech, nur wenige hundert Kilometer von den Inseln entfernt zu leben, auf denen Kolumbus landete. Im Kielwasser seiner Erkundungen wurde diese Region binnen kürzester Zeit das Nachschubzentrum für die spanische Befriedung Floridas. Die Calusa und Timucua erlebten die Einfälle von Ponce de Leon im Jahre 1513, von Panfilo de Narvaez im Jahre 1529 und von Hernando de Soto im Jahre 1539. Nachdem Spanien 1565 seinen Stützpunkt in St. Augustine errichtet hatte, breiteten sich in den dauerhaften Kolonien Pocken und andere Krankheiten aus. Verheerende Epidemien und grausame kriegerische Auseinandersetzungen mit den Spaniern sorgten dafür, daß die Timucua und Calusa im Jahre 1710 sprichwörtlich verschwunden waren.

Im Jahre 1492 standen Dutzende indianischer Nationen im nordamerikanischen Osten auf der Schwelle dessen, was hätte sein können. Nicht imstande, sich zunächst zurückzuziehen und sich über ihr Potential klarzuwerden, konnten sie erst recht nicht absehen, was für ein noch traurigeres Schicksal ihnen bevorstand. Im Gegensatz zu den modernen, stereotypen Vorstellungen vom monolithischen Waldland-Indianer herrschte in ihrer Welt der Wälder und der Flüsse eine dynamische kulturelle Vielfalt. Wir können nur Mutmaßungen über die kaum dokumentierten Stammesgesellschaften anstellen, die entweder im Jahrtausend vor 1492 verschwanden oder von anderen Stämmen absorbiert wurden oder aber in dem kolonialen Chaos untergingen, das auf dieses Signale setzende Jahr folgte.

Die Waldlandbauern

Der Codex Barbonicus gehörte zu den mehreren Beschreibungen des aztekischen Lebens, die in den frühen Jahren der spanischen Herrschaft von einheimischen Schreibern zusammengestellt wurden. Der Codex, der sich heute in der Bibliothek des französischen Abgeordnetenhauses befindet, enthält eine einzigartige Beschreibung des rituellen Lebens der Azteken. In dieser Zeichnung trägt ein aztekischer Priester das Kostüm des Maisgeistes Chicomecoatl-Tlazolteotl.

6. Kapitel

Die Maisvölker

Von Miguel León-Portilla

»Inseln mit luftigen Bergen ... überaus schön und von tausenderlei Form –
bewachsen mit hohen Bäumen von vielerlei Art, und sie scheinen den Himmel zu berühren. Manche blühten, andere trugen Früchte. Und die Nachti-
gall sang, und andere Vögel von tausenderlei Art. Es gibt sechs oder acht
Arten von Palmen, die zu betrachten ein Wunder ist...«

Das schrieb Kolumbus im Jahre 1492 über die Inseln der Karibik. Wie
üppige Gärten der Fülle erstreckten sie sich in unendlicher Zahl von den
Bahamas bis zu den Kleinen Antillen, ein grüner Gürtel im Osten des noch
wundersameren Mesoamerika, welches das Herz des Kontinents und die
Heimat großer indianischer Zivilisationen war – das heutige Mexiko und
Mittelamerika.

Die ersten Bewohner der karibischen Inseln, Tausende von Jahren vor
Kolumbus hier eingetroffen, waren mit ziemlicher Sicherheit aus dem Norden gekommen, aus Florida oder von noch weiter her. Im Jahre 1492 lebten
letzte Nachfahren dieser wahren Entdecker des meergesäumten Paradieses,
die Guanahatabey, auch Ciboney genannt, immer noch im äußersten Westen Kubas. In anderen Teilen der Großen Antillen, auf Kuba, Haiti (das die
Spanier Hispaniola nannten), Jamaica und Borinquen (das in Puerto Rico
umbenannt wurde), wie auch auf den Bahamas lebten Völker, die der arawakischen Sprachfamilie angehörten und als Tainos, gelegentlich aber auch
als Arawaks bezeichnet werden. Sie waren ursprünglich aus dem Norden
Südamerikas, wo zahlreiche andere Arawak sprechende Gruppen zurückblieben, auf die Inseln gekommen. Etwas später folgten dann die aus dem
Nordosten Südamerikas stammenden Kariben, die sich über die Kleinen
Antillen ausbreiteten, mit den Arawak zusammenstießen und diese auf die
westlicheren Inseln abdrängten. Schätzungen zufolge sollen am Vorabend

Die Maisvölker 181

der Ankunft von Christoph Kolumbus alles in allem über sechs Millionen Menschen – Ciboneys, Arawaks und Kariben – auf den verschiedenen Inseln gelebt haben.

Im Laufe der Zeit entstanden durch das Kanu Handelsbeziehungen und friedliche kulturelle Kontakte zwischen den arawakischen Inselbewohnern und Mesoamerika, und zahlreiche Elemente der Hochkulturen von Zentralmexiko, der Halbinsel Yucatán und verschiedener anderer Gebiete Mittelamerikas sickerten in die Lebensweise der Arawak ein. Im Jahre 1492 gehörten die Arawak sprechenden Gruppen der Großen Antillen zu den kulturell am weitesten fortgeschrittenen Inselbewohnern. Auf Kuba, Jamaika, Puerto Rico und vor allem auf Haiti hatte eine lange Zeit interner Entwicklungen zusammen mit Einflüssen von außen, insbesondere aus Mesoamerika, zur Herausbildung blühender Häuptlingstümer geführt, die über komplexe Formen der sozialen Organisation verfügten.

An der Spitze der sozialen Hierarchie der verschiedenen Häuptlingstümer stand der Kazike, ein arawakisches Wort, das Kolumbus als Herrscher oder Regent verstand. Die Kaziken waren Mitglieder einer Elite oder herrschenden Klasse, der Tainos, ein Ausdruck, der »Menschen von hohem Rang« bedeutete. Der Begriff Taino kann zu Mißverständnissen führen. Wegen ihrer Bedeutung und Statur wurden viele Arawak-Gruppen, vor allem im Osten der Großen Antillen, insgesamt als Tainos und nicht Arawaks bezeichnet. Aber bei allen arawakischen Gruppen hatten die Tainos als Elite-Aristokratie enge Verbindungen zu dem aus ihren Reihen stammenden Kazike und genossen zahlreiche Rechte und Privilegien. Gemeinsam mit ihm kontrollierten sie die Produktion und Verteilung fast aller Lebensnotwendigkeiten – Nahrungsmittel, Gerätschaften für den Bodenbau, die Fischerei und den häuslichen Gebrauch und das wenige an Bekleidung, das die Menschen im warmen, feuchten Klima der Inseln trugen. In Zeiten kriegerischer Auseinandersetzungen führten sie die kämpfenden Männer des Häuptlingstums an.

Auch jene Personen, die mit der Welt des Übernatürlichen vertraut waren, Kranke heilten und die Menschen in wichtigen Angelegenheiten berieten, stammten aus der Taino-Klasse. Es war nicht weiter schwer, die Tainos zu erkennen. Ihre Körperverzierungen und ihr leuchtender Kopfschmuck aus Federn und Gold hoben sie vor allen anderen hervor. Sie saßen auf speziellen Stühlen und wurden oft in Sänften getragen. Die Taino-Familien lebten in gesonderten Wohnbezirken in großen, kegelförmigen Häusern, die auf eine offene Plaza hinausgingen, auf der öffentliche Zeremonien und Versammlungen abgehalten wurden. In der Nähe der Plaza mit den Häusern der Taino-Elite lag immer auch ein Batey, ein Ballspielplatz.

Die Maisvölker

Ein karibisches Haus mit offenen Seiten und dicken Pfosten, die selbst einem Hurrikan standhielten. Hier liegen Männer pfeiferauchend in Hängematten und vermitteln ein idyllisches Bild, das der europäischen Vorstellung von einem Paradies in der Neuen Welt entsprach.

Es gab zwei niedrigere soziale Schichten, die ihrem Kazike und den anderen Mitgliedern des Taino-Adels zu Gehorsam verpflichtet waren. Die erste waren die Gemeinen oder das gewöhnliche Volk. Sie waren den Tainos tributpflichtig und lebten in den Dörfern, welche die großen Wohnbezirke der Tainos umgaben, auf dem offenen Land in der Nähe der Felder, die sie bebauten, oder, falls sie Fischer waren, in der Nähe der Küste. Die zweite Gruppe, welche die unterste soziale Schicht darstellte, war die der Besitzlosen, für welche die frühen spanischen Chronisten den arawakischen Begriff Naboria beibehielten. Die völlig mittellosen Naborias waren zwar keine direkten Sklaven, wohl aber Diener der Tainos und hatten von daher oft einen engeren und vertrauteren alltäglichen Umgang mit ihnen als das gewöhnliche Volk.

Die gesellschaftliche Organisationsform, die auf den Großen Antillen vorherrschend war (übrigens auch auf den Bahamas, wo die Arawak-Sprecher als Lucayo bekannt waren), spiegelte in vieler Hinsicht die mesoamerikanische wider. Wahrscheinlich war diese Schichtung der Inselgesellschaften, die Kolumbus und seine Männer im Jahre 1492 als intakte und blühende Gemeinschaften »entdeckten«, das Ergebnis langjähriger Kontakte zwischen den Arawak sprechenden Gruppen und mesoamerikanischen Völkern wie den Maya.

Auf den Großen Antillen spiegelten auch die Siedlungsweise und der Ablauf des täglichen Lebens die Tendenz der Region zur gesellschaftlichen Schichtung wider. Es gab Dörfer und Städte aller Größen, von denen manche ziemlich ausgedehnt waren und aus mehreren hundert Häusern bestanden. Einige dieser Dörfer waren unabhängig und wurden von ihrem eigenen Kazike regiert. Andere hingegen waren zu großen Häuptlingstümern oder Cacicazgos zusammengefaßt, die von einem mit Autorität ausgestatteten Kazike regiert wurden, der aus einer ganz bestimmten Stadt stammte, deren Taino-Elite allgemein als die höchste anerkannt wurde. In den Städten wurden die Rangunterschiede durch die Bauweise und Lage der Gebäude betont, angefangen bei den aufwendigen Häusern der Tainos an der Plaza, über die weniger anspruchsvollen, umliegenden Häuser des gewöhnlichen Volkes bis hinunter zu den primitiven Hütten der Naborias, die in den Außenbezirken oder noch weiter entfernt inmitten der Felder oder an den Ufern kleiner Bäche lagen.

Ein Besucher in einem arawakischen Dorf konnte an zahlreichen anderen Dingen die Unterschiede erkennen. In der Nähe der luxuriösen Behausung des Kaziken konnte man viele vornehme Tainos sehen, deren Kleidung aus feingewebten Stoffen bestand und die goldene Ohr- und Nasenringe und bunte Federn in ihrem Kopfschmuck trugen. Diese Angehörigen der Elite

Die Maisvölker 185

Eine einheimische Bootsbesatzung harpuniert eine Manatee oder Seekuh, phantasievoll in René Barrères *Nouvelle Relations* dargestellt, das 1743 veröffentlicht wurde. Ungeachtet der Tatsache, daß die Landschaft an das Mittelmeer erinnert (und ungeachtet der möglicherweise »modernen« Harpune), stellt Barrère eine wichtige gemeinschaftliche Aktivität dar (Regenstein Library Rare Book Room, University of Chicago).

und ihre Familien wurden von der gewöhnlichen Bevölkerung aufgesucht, die ihnen als Tribut brachten, was sie bei der Jagd, beim Sammeln oder beim Fischen erbeutet oder auf den Feldern erwirtschaftet hatten, die jede Stadt und jedes Dorf besaß. Lieblingsspeisen der Tainos waren die auf besondere Weise gebackenen Cassava-Kuchen, die aus den Wurzeln der Yuccapflanze hergestellt wurden, und das schmackhafte Fleisch von Leguanen, jener kleinen Echsen, die auf den karibischen Inseln und in Teilen Mexikos und Mittelamerikas heimisch sind. Die gewöhnlichen Bewohner, die in erster Linie Bodenbau betrieben, waren sehr geschickte und erfahrene Landwirte, die ihre Felder durch Brandrodung auf den Anbau vorbereiteten und sie mit dem Grabstock oder der Coa (einer Art Hacke) bearbeiteten. Auch hier ähnelten die Methoden der Arawak denen der Mesoamerikaner auf dem Festland.

Wie nicht anders zu erwarten, waren die Arawak auch ausgezeichnete Seefahrer, die Einbaumkanus aller Größen herstellten, von denen manche selbst für weite Fahrten über das offene Meer geeignet und andere groß genug waren, um über 30 Männer aufnehmen zu können. Die Taino-Eliten unternahmen, begleitet von gewöhnlichen Bürgern, häufige Reisen von Insel zu Insel und manchmal auch zum Festland, um Handel zu treiben, friedliche Missionen durchzuführen oder gelegentlich auch Feinde anzugreifen.

Ein magisches, wundersames Universum des Glaubens und der Zeremonien stand im Mittelpunkt von allem, was diese Inselbewohner taten und dachten. Pater Ramón Pané, der im Jahre 1494 auf die Großen Antillen kam und die arawakische Sprache erlernte, die auf Haiti gesprochen wurde, verbrachte viele Jahre mit dem Studium dessen, was er »den Glauben und die Abgöttereien der Indianer, und wie sie ihre Götter anbeten«, nannte. Er hörte den Erzählungen der Behiques zu, der einheimischen Weisen und »Medizinmänner«, und zeichnete zahlreiche Informationen über das übernatürliche Universum der Tainos auf, wie alle Arawak im östlichen Teil der Großen Antillen bezeichnet wurden.

»Ich habe insbesondere mit jenen von Rang gesprochen, da sie es sind, die ihre Überlieferungen genauer bewahren«, schrieb er. »Und genau wie bei den Mohren liegt das Wesen ihrer Gesetze in alten Gesängen... Und wann immer sie ihre Lieder singen wollen, benutzen sie ein bestimmtes Instrument, das sie Mayohabao nennen [eine Art Kesselpauke] und das aus Holz gemacht und hohl und laut ist... Zur Begleitung dieser Musik intonieren sie ihre Lieder, die sie auswendig gelernt haben...«

Pater Ramón verzeichnete den Inhalt einiger der alten Überlieferungen, die auf Festen gesungen wurden, welche die Tainos Areytos nannten, ein Ausdruck, der mit einem Wort verwandt ist, das »Erinnerung« oder »sich erinnern« bedeutet – woraus man schließen kann, daß das Hauptanliegen des Festes mit seinen Liedern und Tänzen darin bestand, alles, was den Menschen ihre irdischen Wurzeln gab, ins Gedächtnis und ins Herz zurückzurufen. Ein heiliger Gesang beschrieb den höchsten Zemí oder Gott der Tainos:

Er ist im Himmel,
er ist unsterblich;
niemand kann ihn fassen.
Er hat eine Mutter
aber er hat keinen Anfang,

Die Maisvölker

sein Name ist Yocahu, Bagua, Maorocoti,
und der Name seiner Mutter
ist Atabey, Yermao, Bagua, Maorocoti...

Yocahu, was wahrscheinlich »Wesen der Yucca« bedeutet – die Yucca
war eine der wichtigsten landwirtschaftlichen Nutzpflanzen –, würde die
Eigenschaft des höchsten Gottes als Hauptquelle aller Nahrung bestätigen.
Außerdem wurde er Bagua genannt, »Meer«, nach der zweiten wichtigen
Quelle des Lebens. Das die Inseln umgebende Meer lieferte den Menschen
eine Vielzahl von Fischen, aber auch Krebse, Hummer, Schildkröten, und
den großen Meeressäuger, die Manati oder Seekuh, deren wohlschmecken-
des Fleisch sehr begehrt war. Der dritte Name, Maorocoti, »Vaterlos«, spiegelt die Vorstellung der Tainos von einem riesigen himmlischen Mutterleib
wider, der göttlichen Form von Atabey, der Mutter von »Wesen der Yucca,
Meer, Vaterlos«. Abgeleitet von Atte, »Mutter«, und Beira, »Wasser«, bedeutete Atabey »Mutter der Wasser«, also der Wasser des Himmels, der
Meere, der Seen und der Flüsse.
    Pater Ramón zeichnete auch eine Taino-Überlieferung über die Herkunft
des Menschen auf:

Es gibt eine Gegend namens Caonao,
in der es einen Berg gibt,
dessen Name Cauta lautet.
Er hat zwei Höhlen.
Cacibajagua und Amayaúna,
sind ihre Namen.
Aus ihnen
kamen die Menschen,
die die Insel bewohnen...

Die Namen der Höhlen hatten für die Tainos eine wichtige Bedeutung.
Cacibajagua bezog sich offensichtlich auf die »Höhle des Jaguabaumes«,
des kosmischen Baumes der Taino-Elite. Amayaúna bedeutete wahrscheinlich »Der Ort [der Herkunft] jener ohne Verdienst«, also des gewöhnlichen
Volkes und der Naborias. Die Glaubensvorstellungen über den Ursprung
des Menschen dienten also dazu, der gesellschaftlichen Schichtung der
Gruppe göttliches Gewicht zu geben.
    Ein weiterer spanischer Chronist, Gonzalo Fernández de Oviedo, berich-
tete von der Schlüsselfunktion, welche die Areytos hatten, in denen die Lieder, die Pater Ramón gehört hatte, gesungen wurden:

»Ihre Lieder, in jenen, die sie ihre Areytos nennen«, schrieb Oviedo, »sind ihre Bücher und Denkschriften, weitergegeben von Generation zu Generation, vom Vater auf den Sohn und von denen, die heute leben, an die, die kommen werden... Dank ihrer Areytos konnten sie sich an Ereignisse aus ihrer Vergangenheit erinnern... Sie hielten ihre Areytos bei wichtigen Festen ab, oder um einen Sieg über ihre Feinde zu feiern, oder wenn ein Kazike heiratete oder anläßlich jeder Gelegenheit, bei der man sich vergnügen wollte.«

Oviedo beschrieb einige dieser Areytos in allen Einzelheiten. Ein solches Fest wurde von einem weiblichen Kaziken veranstaltet, von Anacaona, der Witwe des Kaziken Caonabo. »Mehr als dreihundert junge Mädchen«, schrieb Oviedo, »nahmen an diesem Tanz teil, alle von ihnen Jungfrauen, da sie [Anacaona] nicht wollte, daß Männer oder verheiratete Frauen beteiligt waren... Bis zum heutigen Tag halten sie ihre Areytos lebendig, da sie ihre eigenen Geschichten nicht vergessen wollen, insbesondere um ihre Siege in Schlachten zu feiern...«

Die oben angeführten Beispiele aus dem spirituellen Leben der Tainos stammen ausnahmslos von einer Insel, Haiti. Aber, schrieb Pater Bartolomé de Las Casas, der Dominikaner-Missionar des frühen sechzehnten Jahrhunderts, »man muß wissen, daß die Völker dieses Hispaniola und von Kuba und von der Insel, die wir San Juan [Puerto Rico] nennen, und von Jamaika, und von allen Inseln der Lucayos [der Bahamas] und jener, die sich von Florida bis zur Spitze der Halbinsel Paria [in Venezuela] erstrecken... fast ein und dieselbe Religion haben.« Es war eine Religion, die sich aus den Liedern und Tänzen der Areytos und aus dem Glauben über den Ursprung der Götter und der Menschen zusammensetzte; sie schloß aber auch die Anbetung der aus Stein oder Holz geschnitzten Zemís ein, zeremonielle Fastenzeiten, das Darbringen von Blumen und die Verehrung der Behiques, der Weisen und »Medizinmänner«, deren Worte der Weisheit, denen man lauschte und gehorchte, dazu beitrugen, die Menschen in ihr spirituelles Universum einzustimmen, das für sie die Quelle aller Sinngebung war.

Die wundervolle Welt der Areytos fand zusammen mit den Häuptlingstümern der Tainos nach der Invasion der Europäer ein jähes und tragisches Ende. Wie Pater Ramón schrieb, wußten zwei Kaziken, was kommen würde. Nachdem sie längere Zeit gefastet hatten, offenbarte ihnen das höchste »Wesen der Yucca«, daß »sie sich ihres Reiches nur noch kurze Zeit erfreuen würden, denn bekleidete Menschen, ganz anders, werden in ihr Land kommen und sich [den Tainos] aufdrängen«. Zuerst dachten die Kaziken, der Gott meine damit ihre Feinde, die Kariben; als sie dann aber erkannten, daß diese für gewöhnlich nur kamen, um sie zu berauben und

Die Maisvölker

dann wieder zu fliehen, glaubten sie, das »Wesen der Yucca« habe von einem anderen Volk gesprochen. »Jetzt«, sagte Pater Ramón, »glauben sie, daß die Offenbarung sich auf den Admiral [Kolumbus] bezog, und auf die Männer, die er mit sich brachte.«

Dank der Untersuchungen und Berichte der wenigen frühen Chronisten wie Pater Ramón und Oviedo wissen wir so relativ viel über das geistige Universum der Tainos. Gleichzeitig flossen Dutzende von Worten aus der Sprache dieser ersten einheimischen Amerikaner, denen die Europäer begegneten, in die spanische und dann auch in die englische und andere Sprachen ein und vermitteln uns wenigstens einen kleinen Eindruck von der materiellen Kultur des arawakischen Volkes, die sie der ganzen Menschheit als Erbe hinterließen.

Kanu, Tabak (ursprünglich die Pfeife oder das Rohr, in dem die Pflanze geraucht wurde) und Barbecue (ein hölzerner Rost zum Kochen, Räuchern oder Trocknen von Nahrungsmitteln) sind Taino-Worte, die Erinnerungen an ihr tägliches Leben wachrufen. Sogar das Wort Hängematte geht ursprünglich auf das Taino-Wort Hamaca zurück, mit dem die Inselbewohner ein Bett oder eine Liege bezeichneten. Die Flora der Inseln war reich und vielfältig, und viele der Worte, die erhaltenblieben, beziehen sich auf Pflanzen und Bäume, welche die Taino-Gemeinschaften mit eßbaren oder anderen nützlichen Produkten versorgten. Dazu gehörte in erster Linie der Mais, die Taino-Bezeichnung für das wichtigste Grundnahrungsmittel der Inseln und anderer Teile der beiden Amerikas. Aber auch Maguey (Agave), Yucca, Pawpaw (Papaya), Mammei (der Mammeiapfel der Tropen), Opuntie (die eßbare Frucht des gleichnamigen Kaktus) und Guajakum (ein Baum, dessen Harz für medizinische Zwecke oder Lacke verwendet wird) waren ebenfalls Taino-Worte, wie auch Manati (die Seekuh), Kaiman (das Krokodil, das in den Gewässern lebte), Savanne (eine offene, baumlose Ebene) und Hurrikan, dessen ungewöhnliche Wind- und Sturmstärken die Tainos so beeindruckten, daß sie ihn als göttliches Wesen ansahen, das in den Himmel und Gewässern der Karibik lebte. Dem sowohl gefürchteten wie auch verehrten Gott Huracán waren die lebensbringenden Stürme zu verdanken, lebensbringend, denn sie hielten die Inseln grün. Über seefahrende Taino-Händler, die gelegentlich bis zu den an der Küste Guatemalas ansässigen Maya vordrangen, hielt der Gott auch Einzug in das Götter-Pantheon der Quiché-Maya. Im Popol Vuh, dem großen »Buch des Rates« der Quiché-Maya, tritt Hurakán als einer der Schöpfergötter auf, dem insbesondere der Wind des Lebens zu verdanken war.

Ein Taino-Wort, das Wort Karibe, mit dem die Feinde der Tainos bezeichnet wurden, die ethnische Gruppe, welche die Kleinen Antillen bewohnte,

190   Amerika 1492

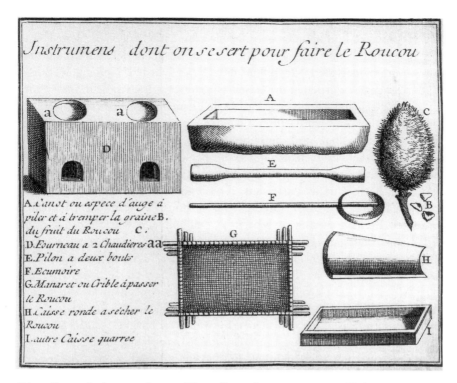

Diese Gerätschaften wurden zur Herstellung einer orange-roten Farbe namens roucou (nach dem Tupi-Wort urucú) verwendet. Die Herstellung begann mit der Anatta-Frucht und benötigte einen Stampfer (A, E), Erhitzer (D), Schöpflöffel (F), Sieb (G), Tülle (H) und Form (I).

ist von ganz besonderem Interesse, da die Europäer es als Synonym für die Kariben zu dem Begriff Kannibale verfälschten. Fünfhundert Jahre lang wurde viel über die tatsächliche oder mutmaßliche Grausamkeit und Wildheit dieser Menschen geredet. Es ist Zeit, die Kariben ins rechte Licht zu rücken.

Gleich zu Anfang hörte Kolumbus, die Kannibalen (von seinen arawakischen Informanten manchmal als Cariba oder Caniba ausgesprochen) seien Menschenfleischesser. Am 23. November 1492 schrieb er in sein Tagebuch: »Die [Tainos] bezeichneten jene anderen Indianer, die sie so sehr fürchten, als Kannibalen... Sie sagten, die Kannibalen wollten sie verspeisen.« In späteren Berichten wurden Überfälle der Kariben auf die Tainos der Großen Antillen beschrieben, durch die Mais, Yucca, Gegenstände aus Metall, Waffen und vor allem Gefangene erbeutet werden sollten. Im kollektiven

Die Maisvölker 191

Gedächtnis der Tainos war die Erinnerung daran aufgezeichnet, daß die aus Südamerika kommenden Kariben sie von den Kleinen Antillen vertrieben und männliche Gefangene auf eine Weise gehandelt hatten, die als ihre »kannibalistischen« Praktiken bezeichnet wurden. Gefangene Taino-Frauen hingegen wurden in die Gesellschaft der Kariben aufgenommen und mit ihnen gleichzeitig auch viele kulturelle Elemente der Arawak.

Im Laufe der Zeit gab es immer wieder kontroverse Auseinandersetzungen über das Ausmaß und die Hintergründe des Kannibalismus der Kariben. Während mehrere frühe spanische Berichte zahlreiche Hinweise auf diesen Kannibalismus enthielten, gab es auch andere Schriften, wie z. B. die von Pater Bartolomé de Las Casas, die sie als falsch oder übertrieben ablehnten. Dennoch trugen ständige Wiederholungen der ursprünglichen grausigen Berichte und weitverbreitete Zeichnungen wie die oft nachgedruckten Arbeiten des Kupferstechers Theodore De Bry, auf denen Kariben zu sehen sind, die menschliche Arme und andere Teile des menschlichen Körpers verspeisen, ihr Teil dazu bei, die Kariben zu den barbarischen, nach Menschenfleisch gelüstenden Kannibalen zu machen, als die sie immer noch gelten.

Gleichzeitig kristallisierten sich in Europa zwei parallele Bilder über die karibischen Indianer heraus. Einerseits stellte man sich die Lebensweise der Tainos als Paradigma für ein mögliches Leben im Paradies vor. Andererseits betrachtete man die Grausamkeit und den Kannibalismus der Kariben als eindeutigen Beweis für den Einfluß des Teufels auf den Menschen. Beides waren unrealistische, stereotype Bilder, die sich jedoch bis heute gehalten haben. Die Kontroverse über die Kariben mag nie gelöst werden, man sollte jedoch nicht vergessen, daß das Urteil, das die Geschichte über sie fällte, größtenteils auf den Aussagen ihrer verängstigten Feinde, der Tainos, beruhte.

Im Westen der Inseln, auf dem mesoamerikanischen Festland, lag eine andere indianische Welt – nicht etwa Asien, wie Kolumbus glaubte, sondern die Häuptlingstümer der Maya auf der flußlosen, mit Buschwald bestandenen Halbinsel Yucatán; die hochentwickelten Kulturen und glanzvollen Zivilisationen an der mexikanischen Golfküste und im zentralmexikanischen Hochland; und die Reiche anderer fortschrittlicher Gesellschaften, die sich von Guatemala bis nach Panama erstreckten. Es war eine Region mit vielen verschiedenen klimatischen und geographischen Bedingungen, verschiedenen ökologischen Zonen und verschiedenen Formen pflanzlichen und tierischen Lebens. Es war auch eine Welt mit vielen verschiedenen ethnischen

Gruppen, die eine Vielzahl von Sprachen und Dialekten sprachen. Aber ungeachtet dieser Zersplitterung gab es in der ganzen riesigen Region eine grundsätzliche kulturelle Einheit. Der Begriff Mesoamerika wurde geprägt, um die geographischen Grenzen dieser ungewöhnlichen Einheit zu umschreiben.

Die wichtigsten Merkmale dessen, was im wesentlichen eine einzige Hochkultur war, waren: die Verstädterung und die Existenz großer, dicht bevölkerter Zentren mit Tempeln, Palästen, Schulen, Marktplätzen, Lagerhäusern, Armeeunterkünften und den Häusern der gewöhnlichen Bevölkerung, die an sorgfältig geplanten Straßen und Gassen angelegt waren; dieselben komplexen Muster einer sozialen, wirtschaftlichen und politischen Organisation; ähnliche religiöse Glaubensvorstellungen und Praktiken; hochgradig präzise Kalender; glyphische Schriftsysteme; ein Interesse an der Bewahrung der Vergangenheit; identische Formen der Bodenbearbeitung und ähnliche Formen des Subsistenzerwerbs; Verwendung derselben Gerätschaften; Zünfte von Händlern und Künstlern; und vor allem eine im Prinzip gleiche Weltanschauung.

Diese Hochkultur hatte sich im Laufe der Jahrhunderte entwickelt und muß hier kurz gestreift werden, um das reiche Erbe und die komplexe Realität des Mesoamerika von 1492 besser verstehen zu können.

Es herrscht Übereinstimmung darüber, daß es die Olmeken waren, welche die Kultur etwa um das Jahr 1500 v. Chr. ins Leben riefen. Olmeke bedeutet Mensch aus Olman oder »Gummiland«, ein Hinweis auf die Vegetation ihres Heimatlandes, das in der Nähe des Golfs von Mexiko zu beiden Seiten der Staatsgrenze Veracruz/Tabasco im heutigen Mexiko lag. Archäologische Ausgrabungen haben ergeben, daß dort in den letzten Jahrhunderten des zweiten Jahrtausends v. Chr. große kulturelle Veränderungen stattfanden. An Stätten wie La Venta, Tres Zapotes, San Lorenzo und mehreren anderen nahm die Entwicklung der ältesten Form eines Proto-Urbanismus in Amerika ihren Ausgang. Die in diesem olmekischen Gebiet in Dörfern ansässigen Bodenbauern, die in den vorherigen dreitausend Jahren Mais, Kürbis, Chili, Bohnen, Tomaten und andere Feldfrüchte angebaut hatten, erlebten beträchtliche Veränderungen ihrer sozioökonomischen, politischen und religiösen Organisation.

Die Überreste des proto-urbanen Zentrums von La Venta liefern uns wenigstens teilweise Erkenntnisse über einige der Veränderungen, die sich damals vollzogen. La Venta, das auf einer kleinen Insel in den Sümpfen des Rio Tonalá etwa 16 Kilometer vor seiner Mündung in den Golf von Mexiko erbaut wurde, war sorgfältig durchgeplant. Archäologen fanden dort mehrere pyramidenförmige Anlagen, längliche und runde Erdhügel, aus

Die Maisvölker

Amerika 1492

Stein gehauene Altäre, Reihen von Basaltsäulen, Sarkophage, aufrecht stehende Steinplatten (Stelen) mit eingemeißelten Symbolen, monumentale Basaltköpfe und viele Jadefigurinen und andere Skulpturen. Auf großen Plazas wurden religiöse Zeremonien abgehalten, und man darf davon ausgehen, daß die olmekische Gesellschaft bereits eine Arbeitsteilung kannte. Während ein großer Teil der Bevölkerung noch der Landwirtschaft, der Fischerei und anderen traditionellen Tätigkeiten des Nahrungserwerbs nachging, waren andere schon auf die verschiedensten Künste und Handwerke spezialisiert oder hatten die Aufgabe, die Sicherheit der ganzen Gemeinschaft zu gewährleisten. Die Regierung und der Götterkult lagen wahrscheinlich in den Händen religiöser Führer.

Jahrelang waren viele Wissenschaftler der Ansicht, ein Gott mit katzenähnlichen Gesichtszügen sei der höchste Gott der Olmeken gewesen. Eine sorgfältige Untersuchung der Ikonographie dieses Gottes widerlegt diese Ansicht jedoch. Der höchste olmekische Gott ist tatsächlich die sehr frühe Manifestation des Regengottes, der später überall in Mesoamerika verehrt wurde. Aber sein Gesicht ist keineswegs das, was man für eine stilisierte Darstellung eines Jaguargesichtes hielt. Es setzt sich vielmehr aus zwei Schlangenkörpern zusammen, die seine Nase bilden, dazu zwei Schlangenaugen und zwei Schlangenfänge, die seine Züge vervollständigen. Die Schlange wurde auf diese Weise – im krassen Gegensatz zur jüdisch-christlichen Tradition – seit der Zeit der Olmeken zum allgegenwärtigen Symbol mesoamerikanischer Religiosität.

Durch den Handel, und vielleicht auch durch gewisse missionarische Aktivitäten seitens der religiösen Führer, breitete die olmekische Kultur sich über ganz Mesoamerika aus. Deutliche Zeugnisse ihres Einflusses finden sich in vielen archäologischen Stätten an der Küste des Golfs von Mexiko,

Der Codex Mendoza wurde während der Herrschaft des ersten spanischen Vizekönigs von New Spain angefertigt. Das als Geschenk für König Karl gedachte Buch ist eine Geschichte und Beschreibung des aztekischen Lebens. Die hier gezeigte Seite beschrieb Ereignisse von der Zeit der Gründung Tenochtitlans (1325) bis zum Tod des Herrschers Tenochtli 51 Jahre später. Jedes Jahr seiner Herrschaft ist durch die Kästen am Rand der Seite dargestellt. Das Bild des Feuerbohrers unten rechts kennzeichnet das Ende eines 52-Jahre-Zyklus. Der Adler auf dem auf einer Insel wachsenden Kaktus kennzeichnete die Stelle, an der die Azteken ihre Hauptstadt gründen sollten. Kaiser Tenochtli sitzt zur Linken des Kaktus und ist von wichtigen Beamten umgeben. Die Krieger, die im unteren Teil der Seite zu sehen sind, veranschaulichen die Ausdehnung des Reiches in späteren Jahren. André Thevet, der französische Geograph, war einmal Besitzer des Codex und vermerkte seinen Namen oben auf der Seite.

Die Maisvölker

Dieser Auszug aus dem Codex Mendoza zeigt einen aztekischen Jungen, der in einem See mit dem Netz fischt.

im zentralen Hochland, im westlichen Mexiko (vor allem im heutigen Staate Guerrero), in der Region Oaxaca, im Gebiet der Maya – also in Chiapas, auf der Halbinsel Yucatán und in Guatemala – und sogar in noch ferneren Gebieten wie Honduras, El Salvador, Nicaragua und Costa Rica. Die grundlegende Einheit des pluralistischen Mesoamerika ist also wie folgt zu verstehen: Die olmekische Kultur bildete die Wurzel der späteren prachtvollen Schößlinge.

Die frühesten Belege für eine mesoamerikanische Schrift und für präzise kalendarische Berechnungen wurden jedoch, obwohl es Bezüge zu den Olmeken gibt, nicht in ihrem Gebiet gefunden. Stelen mit Inschriften, die etwa um das Jahr 600 v. Chr. gemeißelt wurden – die ältesten, die bislang gefunden wurden und die stark von den Olmeken beeinflußt sind –, stammen von einer Stätte, die weit vom olmekischen Herzland entfernt lag, nämlich aus Monte Albán in der Nähe der modernen Stadt Oaxaca. Dort sind außer einem religiösen Zentrum, das in verschiedenen Stadien auf der Spitze eines

Berges errichtet wurde, zahlreiche andere Anlagen an den Hängen Beweis
für ein städtisches Zentrum, dessen Anfänge auf die Zeit etwa 700 bis 800
v. Chr. zurückgehen und dessen Bewohner die Vorfahren der heutigen Zapoteken waren. Auf der relativ großen Zahl von Stelen – die wegen der tän-
zerischen Haltungen der menschlichen Gestalten, die in ihre Oberflächen
eingemeißelt sind, als »Stelen der Tänzer« bezeichnet werden – finden sich
die für die ganze Hemisphäre ältesten Zeugnisse einer Schrift. Bei den Glyphen handelte es sich zum größten Teil um Ideogramme: Daten, Orte und
Personennamen. Manche der Zeichen beinhalten auch die Darstellung von
Händen – wie im Fall der Schrift, die später von den Maya entwickelt
wurde –, wodurch wahrscheinlich verschiedene Formen von Handlungen
ausgedrückt werden sollten, wie z. B. »erobern« oder »als Herrscher eingesetzt werden«.

Der olmekische Einfluß machte sich auch in Zentralmexiko geltend, wo
etwa in der Zeit 100 bis 200 v. Chr. Teotihuacan, die zukünftige »Metropole der Götter«, als winzige Siedlung ihren Anfang nahm. Mit dem
Wachstum und der Ausdehnung von Teotihuacan wurde ein authentischer
Urbanismus in Mesoamerika zur Realität. Mehrere Jahrhunderte und Generationen von Priestern, Architekten und Weisen waren nötig, um jene
großartige Stadt, das mesoamerikanische Musterbeispiel, das für alle Zeiten konzipiert war, zu planen, zu bauen und zu vergrößern. Als Hauptstadt
eines Häuptlingstums hinterließ Teotihuacan an den verschiedensten Orten
im zentralen und südlichen Mexiko Spuren seines weitverbreiteten kulturellen Einflusses und seiner politischen und wirtschaftlichen Vorherrschaft.

Die Metropole selbst war eine Glanzleistung. Zwei große Pyramiden, die
hoch in den Himmel aufragten, der Tempel Quetzalcoatls und viele andere
Bauten, darunter Paläste, die mit Wandmalereien geschmückt waren, Schulen, Marktplätze und religiöse Monumente waren von Meistern der Kunst
und des Handwerks entworfen, gemauert, gemeißelt und bemalt worden.
Es gab große Vororte, in denen das gewöhnliche Volk lebte. Auf ihrem Höhepunkt, etwa gegen Ende des fünften Jahrhunderts n. Chr., war die amerikanisch-indianische Metropole Teotihuacan mit einer Bevölkerung von
wahrscheinlich 50 000 Einwohnern und einer Fläche von etwa 40 Quadratkilometern größer als Rom.

In zeitlich späteren Texten einheimischer Überlieferung, die zur Zeit der
spanischen Invasion in Mexiko transkribiert wurden, werden die Bewohner
Teotihuacans als »weises und religiöses Volk« beschrieben. Sie verehrten
Tlaloc und Chalchiuhtlicue, den Herrn und die Herrin des Wassers; Xiuh-
tecuhtli, den Herrn des Feuers; Xochipilli, den Herrn der Blumen; und
Quetzalcoatl, die Gefiederte Schlange. In unterschiedlicher Form sollten

Die Maisvölker

Teotihuacans Religion, Kunst und Urbanismus eine lange Folge anderer mesoamerikanischer Völker beeinflussen, auch die, die im Jahre 1492 die Vorherrschaft erlangt hatten.

Es ist bekannt, daß Einflüsse Teotihuacans wahrscheinlich über den Handel bis zu den Maya gelangten und dort als eine Art Gärstoff wirkten, der bei diesem Volk, das bereits durch die frühere kulturelle Durchdringung seitens der Olmeken beeinflußt war, lokale Veränderungsprozesse in Gang setzte. Letztendlich aber muß die großartige kulturelle Entwicklung der Maya, die sich um das dritte Jahrhundert n. Chr. allmählich konsolidierte, den Maya selbst zugeschrieben werden. In den folgenden Jahrhunderten, der Zeit ihrer klassischen Größe, die bis ins 9. Jahrhundert andauerte, entstanden mehr als 50 Maya-Zentren von höchstem Rang, unter ihnen Tikal, Uaxactún und Piedras Negras in Guatemala, Copán und Quirigua in Honduras; Nakum in Belize; Yaxchilan, Palenque und Bonampak in Chiapas; und Dzibilchaltun, Sayil, Coba, Labna, Uxmal und Chichen Itza auf der Halbinsel Yucatán.

Wie bei den Teotihuacanern bestanden auch bei den Maya unterschiedliche soziale Schichten. Die gewöhnliche Bevölkerung, die in den Außenbezirken der Zentren lebte, war in erster Linie für die Landwirtschaft und für die Dienstleistungen in vielen Bereichen des täglichen Lebens zuständig, darunter für den Handel und die Herstellung von Gerätschaften und sonstigen Gütern. Ihnen gegenüber stand der Adel, aus dessen Reihen die Offiziere der Armee, die Priester und die Herrscher stammten. Aufbauend auf dem olmekischen Erbe in den Bereichen Schrift und Zeitberechnung, entwickelten die Weisen und Gelehrten Kalender von großer Präzision und hochentwickelte Formen einer hieroglyphischen Schrift. Mehrere hundert Jahre vor den Hindus und dem Rest der Welt kannten und benutzten sie die Null und besaßen ein Zeichen dafür. Ihre astronomischen Beobachtungen führten zu einer Jahresberechnung, die um ein Tausendstel exakter war als der europäische Kalender nach der gregorianischen Korrektur.

Es findet sich eine Fülle von Maya-Texten auf steinernen Stelen, Türstürzen, Treppen, Wandgemälden, Knochen, Keramiken und in den wenigen erhaltenen, aus einer späteren Periode stammenden Büchern oder Codices, die aus der Rinde des Amatebaums hergestellt wurden, die zu einem dicken Papier verarbeitet wurde. Obwohl die Schrift der Maya noch nicht vollständig entziffert ist, wurden inzwischen beträchtliche Fortschritte gemacht. Glyphen, die sich auf kalendarische Angaben, Götter, religiöse Zeremonien, Orte, Personen und Gegenstände beziehen, aber auch Symbole für Ereignisse und Handlungsformen konnten inzwischen identifiziert werden. Vor allem aber wissen wir bedeutend mehr über das Wesen der Maya-

Kuna-Männer im Gebiet des heutigen Panama versammeln sich in einem spärlich möbliertem Raum, um zu reden und gemeinsam eine Zigarre zu rauchen, die ein Kind von einem zum anderen weiterreicht. Der Tabak, der lange vor der Ankunft der Europäer in der Neuen Welt domestiziert wurde, spielte bei vielen Ritualen und gesellschaftlichen Anlässen eine Rolle. Diese Zeichnung stammt aus einer Beschreibung der Neuen Welt, verfaßt von dem englischen Reisenden Lionel Wafer, veröffentlicht 1699 in London.

Schrift, so z. B., daß es sich bei dieser Schrift um ein hochentwickeltes System handelte, durch das nicht nur isolierte Gedanken ausgedrückt werden konnten, sondern auch ganze Textfolgen, und zwar durch die Verwendung von Ideogrammen und Phonogrammen, bei denen ein Stamm durch Affixe und andere Bezugszeichen ergänzt wurde, die den linguistischen Mustern einer alten Maya-Variante, der Ch'ol-Sprache, entsprachen.

Aus den bisher entzifferten Texten wissen wir einiges über den Inhalt der klassischen Maya-Inschriften. Während einige der Texte sich auf besonders wichtige Ereignisse beziehen, z. B. die Krönung eines Herrschers, ein Bündnis zwischen zwei oder mehr Häuptlingstümern, einen Sieg oder den Tod eines Würdenträgers, gaben andere astronomische und zeitbezogene Informationen wieder. Zu diesen Texten gehörten Korrelationen von Schicksalen, die verschiedenen kalendarischen Zeiträumen oder Tabellen von Finsternissen zugeschrieben wurden. Außerdem wurden Hinweise auf Hymnen, Gebete und verschiedene Arten von Berichten gefunden, die sich auf das Universum der göttlichen Realität beziehen.

Der Vergleich der Maya-Inschriften mit den mündlichen Überlieferun-

Die Maisvölker

El Castillo, eine Maya-Ruine in Chichén Itzá in Yucatán. Diese Lithographie nach einer Zeichnung des englischen Künstlers Frederick Catherwood gehörte zu den ersten korrekten Wiedergaben alter amerikanischer Monumente. Die Grundfläche der hier dargestellten Pyramide maß etwa 60 Meter im Quadrat, und der Tempel auf ihrer Spitze hatte eine Grundfläche von knapp unter 150 Quadratmetern. Catherwood bemerkte dazu, daß die Türen des Tempels mit hieroglyphischen Schriftzeichen und Schnitzereien versehen waren. Seine Wiedergabe vermittelt ein Bild von der Größe und Pracht eines Volkes, das zur kulturellen Geschichte des Amerika des Jahres 1492 beitrug.

gen, die viel später in den Anfangsjahren der Kolonialzeit aufgezeichnet wurden, ist besonders aufschlußreich. In den *Chilam-Balam*-Büchern (Texte, die hochstehenden Priestern, den Chilams, zugeschrieben werden) und im *Popol Vuh* der guatemaltekischen Quiché-Maya, die beide nach der Ankunft der Spanier transkribiert wurden, zeigt sich das Fortbestehen der weitverbreiteten mesoamerikanischen Kulturgrundlage. Die Religion und die Weltsicht der Maya und der anderen Mesoamerikaner waren sich im Jahre 1492 dem Wesen nach immer noch ähnlich und immer noch tief in einem gemeinsamen kulturellen Universum verwurzelt. Dieses Universum hatte schon viele Höhen und Tiefen, sogar den Zusammenbruch der Periode der klassischen Größe erlebt.

Was immer die Gründe dafür waren (und es herrscht darüber noch keine Einigkeit), fest steht, daß es zwischen 650 und 950 n. Chr. in Mesoamerika zu einem Niedergang der klassischen Zivilisationen kam. Den Anfang machte Teotihuacan, bei dem die Erkenntnisse der Archäologie auf einen plötzlichen Zusammenbruch hinweisen. Fiel die Stadt einem Brand zum Opfer, wie ein Teil der Mauern und Balken vermuten lassen? War dieses Feuer die Folge eines Angriffs von außen oder von internen politischen und/oder religiösen Auseinandersetzungen? Oder wurde die Metropole aufgegeben, weil ihre große Bevölkerung das Land übernutzt und abgeholzt hatte, was zu klimatischen und ökologischen Veränderungen führte, die wiederum der Grund dafür waren, daß die Bevölkerung sich nicht länger ernähren konnte?

Die Stadt Monte Albán und andere zapotekische Siedlungen konnten sich in einer Zeit des zunehmenden Zerfalls noch eine Weile halten, aber auch sie wurden schließlich verlassen. In Verfolg eines verhängnisvollen Schicksals wurden auch die vielen Maya-Zentren eins nach dem anderen aufgegeben. Nirgends gibt es Anzeichen für einen Angriff von außen oder für interne Revolten. Palenque, Tikal, Uaxactún, Copan, Yaxchilan ... sie wurden einfach aufgegeben. Für die mesoamerikanische Bevölkerung und Gesellschaft war dies die erste große Erfahrung mit einem fast totalen Zusammenbruch. Die Maya sollten sich in vielen ihrer prophetischen Texte daran erinnern, die auch das Kommen einer anderen Zeit ankündigten, in der ein noch radikalerer Zusammenbruch ihrer Kultur stattfinden würde. Im Augenblick jedoch bedeutete der Zusammenbruch im klassischen Mesoamerika noch keineswegs den Tod der Hochkultur.

Ironischerweise war die wichtigste Konsequenz dieses ersten kulturellen Zusammenbruchs im klassischen Mesoamerika die weite Verbreitung von Ideen durch jene, die aus den alten Zentren der Zivilisation flohen. Die Nahuatl sprechenden Gruppen, die im Norden Teotihuacans gelebt hatten, die Totonaken in der Region Puebla-Veracruz, die Mixteken von Oaxaca, die Quiché, Cakchiquel und andere guatemaltekische Maya-Gruppen nahmen Einflüsse der Teotihuacaner auf, die aus ihrer dahinsiechenden Metropole in ihre Regionen einwanderten. Im Rahmen der komplexen Wanderbewegungen jener Zeit kamen Gruppen von Pipils (Nahuas des alten Adels von Teotihuacan) in viele verschiedene Orte in Guatemala, El Salvador, Honduras, Nicaragua und den benachbarten Regionen Costa Ricas und brachten Elemente ihrer Kultur mit. Viele Maya gründeten neue Städte oder kehrten in mehreren Fällen in die alten zurück, wo sie neue Gebäude errichteten und die Zentren, die sie vordem verlassen hatten, mit neuem Leben füllten. Selbst im fernen Norden, bis hinauf in den amerikanischen Südwesten und vielleicht sogar in den Südosten der heutigen Vereinigten Staaten, profitierten andere ethnische Gruppen von der Ausbreitung von Elementen der me-

Die Maisvölker

soamerikanischen Hochkultur. Im heutigen New Mexiko und Arizona nahmen die Pueblo-Indianer Elemente mesoamerikanischen Ursprungs auf, so daß man sagen kann, daß sie am nördlichen Rand des Areals der Hochkulturen lebten.

Unter den vielen Nahuatl sprechenden Gruppen, die zu den Erben und, jede auf ihre eigene Weise, zu den Vermehrern der Pracht des einstigen Teotihuacan wurden, stechen vor allem zwei hervor. Beide waren den Teotihuacanern wahrscheinlich untertan gewesen und hatten als eine Art vorgeschobener Außenposten im Norden gelebt und die Grenzen gegen Horden barbarischer Chichimeken verteidigt, die mit Pfeil und Bogen kämpften und als Jäger und Sammler in einer Trockenregion lebten. Als ihnen der Zusammenbruch Teotihuacans bekannt wurde, trafen beide die Entscheidung, nach Zentralmexiko »zurückzukommen«, wie die einheimischen Texte es ausdrücken, dem Land ihrer Herkunft. Sie taten dies zu unterschiedlichen Zeiten.

Die ersten, die zurückkehrten, waren die Tolteken, ein Volk, dessen großer Führer und Kulturheros der Hohepriester Quetzalcoatl war, der den Namen dieses gütigen Gottes als seinen eigenen angenommen hatte. Die zweiten, die aber erst später in den Süden wanderten, waren die Azteken oder Mexica. Beide sollten eine Zeit der Größe erleben. Die Wanderung der Tolteken aus den nördlichen Ebenen nach Süden fand um die Mitte des 10. Jahrhunderts n. Chr. statt. Die Mexica betraten das Tal von Mexiko drei Jahrhunderte später.

Die Tolteken ließen sich in dem berühmten Tollan nieder, das etwa 80 Kilometer nördlich des heutigen Mexiko-City lag. Tollan bedeutet Metropole, und genau das errichteten die Tolteken an diesem Ort. Unter der Führung ihres weisen Hohepriesters Quetzalcoatl läuteten sie ein neues goldenes Zeitalter ein, das die einheimischen Texte voll tiefer Bewunderung beschrieben:

Die Untertanen Quetzalcoatls waren überaus geschickt. Für sie war nichts schwierig: sie schnitten den grünen Stein und gossen Gold und stellten noch andere Arbeiten des Handwerks her, der Kunst der Federn ... tatsächlich, all dieser Künste,
begann, ausgehend von Quetzalcoatl, die Künste und die Weisheit ... Die Tolteken waren sehr reich. Es fehlte ihnen
nichts
in ihren Häusern. Nie gab es Hungersnot ... Die Priester der Tolteken
nahmen ihr Verhalten aus dem Leben Quetzalcoatls. Durch es begründeten sie
das Gesetz von Tollan, und, später,
wurde dieses Gesetz auch in Mexiko eingeführt ...

Obwohl Glanz und Herrschaft der Tolteken nur von kurzer Dauer waren, propagierten sie ihre Kultur – die in großen Teilen ein Erbe Teotihuacans war – unter vielen fernen Völkern, darunter den Zapoteken und Mixteken von Oaxaca. Auch die Maya, die nach dem Niedergang ihrer klassischen Periode eine Zeit des Verfalls durchlebten, bekamen unter dem Einfluß der Tolteken neuen Auftrieb. Auf diese Weise vollzog sich in Mesoamerika eine neue ethnische und kulturelle Verschmelzung.

Das goldene Zeitalter der Tolteken endete nach weniger als zwei Jahrhunderten. Aber die Weisheit ihres Hohepriesters Quetzalcoatl und alles, was sie als Schöpfer einer Kultur geleistet hatten (die Toltecayotl genannt wurde, das Wesen und die Fülle all dessen, was zu den Tolteken gehört), wurden als kostbares Erbe von den Azteken oder Mexica übernommen. Diese kamen um die Mitte des 13. Jahrhunderts nach Zentralmexiko.

Wie es in ihren alten Büchern und Überlieferungen heißt, kamen die Mexica aus dem Norden, einem Ort namens Aztlan, Chicomoztoc, »Am Ort der Fischreiher« und »Wo die Sieben Höhlen sind«. Dort hatte Tezcatlipoca, »Rauchender Spiegel«, ihr Schutzgott, zu ihnen gesprochen und ihnen ein Land verheißen, das sie suchen und in Besitz nehmen sollten. In diesem Land, so versprach ihnen auch ihr Priester, Huitzilpochtli, würden die Mexica reich und mächtig werden. Solange sie als Tributpflichtige derer, die in Aztlan herrschten, im Norden lebten, waren sie als Azteken bekannt. Später befahl ihnen ihr Gott, ihren Namen in Mexica umzuändern, in Vorwegnahme des Namens der Metropole, die sie gründen sollten – Mexiko-Tenochtitlan. Dies erklärt, wieso sie sich gelegentlich selbst »Mexica-Tenochca« nannten.

Nach einer langen Wanderung auf der Suche nach dem verheißenen Land erreichten die Mexica das Seengebiet im Tal von Zentralmexiko. Dort sahen sie auf einer kleinen Insel das Zeichen, das ihr Gott ihnen versprochen hatte: einen mächtigen Adler auf einem Feigenkaktus, der eine Schlange fraß. Es war das Zeichen dafür, daß ihr Gott – der bereits mit der Sonne identifiziert wurde (der, welcher den Tag macht, die Jahre und die Zeitalter, strahlender »Adler des Feuers«) – sich aufs neue manifestiert hatte. Von diesem Augenblick an wurde der Adler auf einem Kaktus, der eine Schlange frißt, zum Symbol der Nation der Mexica und ist heute das zentrale Element im Wappen des modernen Staates Mexiko.

Als die Mexica sich auf der kleinen Insel niederließen, auf der sie immer stärker wurden und sich immer mehr ausbreiteten, trug der alte Baum der Kultur, der so tief in der olmekischen und teotihuacanischen Tradition verwurzelt war, neue Blüten. Die materiellen Errungenschaften und das geistige Universum, die im frühen 16. Jahrhundert die Bewunderung und den

Die Maisvölker   203

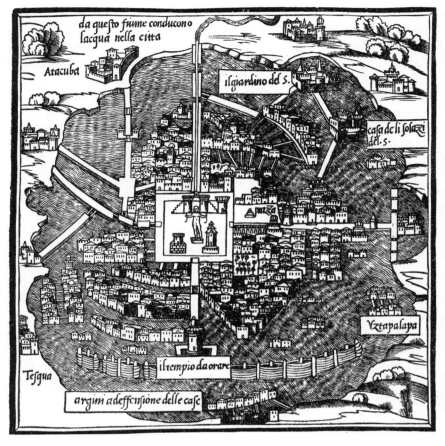

Weniger als ein Jahrzehnt nach dem Fall der aztekischen Hauptstadt Tenochtitlan angefertigt, stellt diese Karte eine hochgradig europäisierte Version der Stadt dar. Häuser und Tempelpyramiden werden als Schlösser und Kirchen dargestellt, während die Parks und die Wege eher an das Mittelmeer als an Mexiko erinnern. Dennoch gibt sie viele Wesensmerkmale Tenochtitlans korrekt wieder: die Dämme, die die Metropole mit den Ufern des Texoco-Sees verbanden, die zentrale zeremonielle Plaza und die unterschiedlichen Bereiche der Stadt.

Haß der spanischen Invasoren auf sich ziehen würden, waren die mexikanische oder aztekische (für Aztlan, ihren nördlichen Herkunftsort) Version und Zusammenfassung der mesoamerikanischen Hochkultur.

Das Universum war erfüllt von heiligen Bedeutungen. Die Welt war mehrmals erschaffen und neu geschaffen worden. Die alten, von den Tolteken ererbten Texte, die diese wahrscheinlich von den Teotihuacanern über-

204　　　　　　　　　　　　　　　　　　　　　　　　　　　　　　　　　　　Amerika 1492

nommen hatten, sprachen von vier »Sonnen« oder Zeitaltern, die durch den Willen der Götter gekommen und verschwunden waren. Das gegenwärtige Zeitalter, das fünfte (die Maya hielten es für das vierte), stand unter der Herrschaft der »Sonne der Bewegung«. Die Götter hatten die Sonne, den Mond, die Erde und den Menschen neugeschaffen. Durch ihre eigenen Opfer hatten sie dieses Zeitalter »verdient«.

Das Nahuatl-Wort *tlamacehua*, »verdienen«, hat viele Bedeutungen, denn es kann sowohl »würdig sein« wie auch »Buße tun« und »Opfer darbringen« heißen. In den alten Büchern stand geschrieben, die Götter hätten *tlamacehua* vollbringen müssen, um die Sonne, den Mond, die Erde und den Menschen neuzuschaffen. Sie taten dies vier Tage lang in einem himmlischen, vorzeitlichen Teotihuacan und schleuderten sich zum Schluß selbst in ein gewaltiges Feuer, in das Teotexcalli, den »göttlichen Herd«. Durch ihr Opfer wurden Sonne, Mond und Erde neugeschaffen. Quetzalcoatl, der weise Gott, wurde aufgefordert, den Menschen neuzuschaffen. Er stieg hinab an den »Ort der Toten«, um die kostbaren Gebeine von Menschen zu suchen, die in vorherigen kosmischen Zeitaltern gelebt hatten. Nachdem er die Gebeine gerettet hatte, brachte er sie an den »Ort unserer Herkunft«, die Heimstatt des höchsten dualistischen Gottes Ometeotl.

Quetzalcoatl selbst und Cihuacoatl, »Der weibliche Zwilling« oder die »Weibliche Schlange«, waren im Grunde nichts anderes als der höchste Gott Ometeotl oder Er-Sie, Unser Vater-Unsere Mutter, der von allen mesoamerikanischen Kulturen unter verschiedenen Namen angerufen wurde. Diese Begriffe beschrieben Gottheiten mit Er-Sie-Attributen und -Handlungsweisen. Um die kostbaren Gebeine mit Leben zu füllen, legte Cihuacoatl sie in ein kostbares Gefäß, d. h. in ihren Leib. Der alte heilige Text sagte, »da die Götter Buße taten, uns mit ihrem Blut verdienten (tlamacehua), sind wir Menschen Macehualtin (die durch göttliches Opfer verdient wurden)«.

Macehualtin zu sein (»verdient durch Opfer«) kennzeichnete die grundlegende und wichtigste Beziehung des Menschen zum Reich der Götter. Der Mensch wurde durch Blut »verdient« – den flüssigen Träger des Lebens –, weil der Mensch von den Göttern gebraucht wurde. Sie brauchten ihn, um das Universum am Leben zu halten. Um nützlich zu sein, mußten auch die Menschen *tlamacehua* vollbringen, »den Akt des Verdienens durch Buße und Opfer«, wozu auch die blutige Opferung von Menschen gehörte. Durch *tlamacehua* wiederholten die Menschen die vorzeitliche göttliche Tat. Sie gaben Leben als Gegenleistung für die Erschaffung der Welt und stellten die Ordnung des Universums wieder her. Nur auf diese Weise konnte der Fluß des Lebens auf der Erde, in den Himmeln und in den Schat-

Die Maisvölker

ten der Unterwelt weiterfließen. Es war Ometeotl selbst, der höchste dualistische Gott, der den Menschen auf der Erde diese Tat abverlangte.

Er veranlaßt uns, würdig zu sein, zu verdienen,
Männlichkeit,
des Adlers
Kämpfertum, des Tigers Kämpfertum... In unsere
Hände legt er
das Adlergefäß, das Adlerrohr, die
Instrumente
für das Opfer.
Und der Macehualli [der Mensch, der verdient wurde]
wird jetzt
Vater
und Mutter der Sonne [Erhalter durch Opfer].
Er
gibt Trank, er bringt Opfer dem, Der Über
Uns
ist, und im Reich der Toten.

Auf diese Weise blieb das kosmische Zeitalter der »Sonne der Bewegung« lebendig. Der Mensch mußte erkennen, daß alles im Leben »verdient sein« mußte: geboren zu werden, zu wachsen, die Schule zu besuchen, ein Krieger zu werden, ein Stück Land zu besitzen, es zu bebauen, Wasser und Nahrung zu erhalten, einen Krieg zu gewinnen, einen guten Herrscher zu wählen und, vor allem, den Göttern nahe zu sein und sie milde zu stimmen.

Der höchste dualistische Gott, Ometeotl, wurde auch mit den Namen Tezcatlipoca, »Rauchender Spiegel«, und Tezcatlanextia, »Spiegel, Der Alles Erhellt«, angerufen. Überhaupt war Er-Sie in der Gestalt Tezcatlipocas in den vier Quadranten der Welt zugegen, und in den alten Büchern gibt es nicht einen, sondern vier Tezcatlipocas, die in den entsprechenden kosmischen Farben der Quadranten, gelb, schwarz, rot und blaugrün, dargestellt werden. Man wird sich erinnern, daß es Tezcatlipoca war, der große Gott, der die Mexica, als sie noch im Norden lebten, aufforderte, ihm zu gehorchen und ihm an einen privilegierten Ort zu folgen, den er für sie vorbestimmt hatte. Der Priester, durch den Tezcatlipoca zu den Menschen sprach, wurde später zur Gottheit erhoben. Sein Name lautete Huitzilopochtli, »Der Kolibri der Linken«. In der Ikonographie der Mexica zeigen die Attribute des Gottes Huitzilopochtli, des großen Beschützers der Nation der Mexica, große Ähnlichkeit mit denen Tezcatlipocas, und es scheint offensichtlich, daß Huitzilopochtli die mexicanische Version von Tezcatlipoca war, der wiederum selbst die Manifestation des höchsten Gottes war.

Eine aztekische Steinskulptur aus Texcoco, die Chicomecoatl, den Maisgeist, darstellt. Die Figur hält Maiskolben in den Händen (Field Museum of Natural History).

Auf der Insel im Sumpf erbauten die Mexica Tenochtitlan – das Herz des heutigen Mexiko-City – und machten es unter einer Folge großer Herrscher, welche die ganze Region unter ihren Einfluß zwangen, immer größer und reicher. Gleichzeitig fingen sie an, die höchste Dualität auf neue Weise zu verehren. Oben auf den Zwillingspyramiden befanden sich Heiligtümer mit den Abbildern von Huitzilopochtli und Tlaloc, dem mesoamerikanischen Regengott. Indem die Mexica die beiden Gottheiten Seite an Seite stellten, führten sie eine neue Version der Dualität ein. Huitzilopochtli, ihr Tezcatlipoca, war jetzt auch die Sonne; Tlaloc, welcher der Erde näher stand, spendete die lebenswichtige Flüssigkeit, ohne die nichts, was den Menschen Nahrung lieferte, wachsen und gedeihen konnte.

In Übereinstimmung mit ihren Kalendersystemen, die sie von anderen Mesoamerikanern übernommen hatten, verehrten die Mexica ihre Götter und feierten ihre Feste. Die Zeit – und mit ihr die Erde, die Himmel, die Unterwelt und alles, was lebte – war durch Huitzilopochtli, die Sonne, den »Einen, der den Tag macht«, verdient worden. Er herrschte über alle Zy-

Die Maisvölker

klen der Zeit. Es gab neun Tag- und ebenso viele Nachtstunden. Die Tage wurden in Gruppen von 13, 20, 260 und 360 gezählt. Dazu kamen fünf unheilvolle Tage am Ende des Jahres.

Der 260-Tage-Zyklus, der in 20 Gruppen zu je 13 Tagen gegliedert war, stellte ein komplexes System dar, das vor allem dazu benutzt wurde, Kenntnisse über das Schicksal der Menschen zu gewinnen. Mit Hilfe dieses Zyklus konnte man die Götter, die entsprechend dieser Zählung von Tagen, Jahren und Jahreszyklen die Träger des Schicksals waren, vorherahnen, besänftigen und versöhnen. Es gab spezielle Bücher, die Tonalamatl, die Bücher der Tagesschicksale – von denen einige erhaltengeblieben sind –, die häufig zu Rate gezogen wurden, um Zeitberechnungen anzustellen und zu erfahren, wann Tlamacehua-Akte (verdienen) stattfinden sollten. Das »Lesen« dieser Bücher war oft von Furcht und Angst begleitet, aber mit ihrer Hilfe konnte der Mensch sich in die Rhythmen des göttlichen Universums einstimmen, aus dem die Schicksale flossen. Überhaupt konnten der 260-Tage-Zyklus und der 365 Tage zählende Sonnenkalender mit ihren vielen Wendepunkten und Summen von Perioden nur mit Hilfe der alten Bücher interpretiert werden. Sie waren die Quellen, aus denen Normen und Ratschläge für jede Gelegenheit stammten, von der Geburt bis zum Tod.

Ahuitzotl, der die Mexica oder Azteken von 1486 bis 1502 n.Chr. regierte – also zu der Zeit, als Kolumbus und die Spanier in der Karibik eintrafen –, ließ den Haupttempel von Tenochtitlan neu erbauen und weihen, bereicherte die Stadt um große öffentliche Bauten und dehnte den Handel und die Herrschaft der Mexica auf andere Völker aus. Am Ende seiner Herrschaft umfaßte das Reich der Mexica die meisten Nahuatl sprechenden Häuptlingstümer Zentralmexikos, die mixtekischen und zapotekischen Regionen von Oaxaca, Teile von Chiapas, Ayotla und Mazatlan im heutigen Guatemala und einen großen Teil der huaxtekischen und totonakischen Länder am Golf von Mexiko. Im Südosten gelang es den Häuptlingstümern der Maya, obwohl sie mit den Mexica Handel trieben, ihre politische Unabhängigkeit zu behaupten. Alles in allem herrschten die Mexica im Jahre 1492 über mehrere Millionen Menschen.

Tenochtitlan selbst, die größte Metropole Mesoamerikas, wenn nicht gar der ganzen Welt der damaligen Zeit, hatte eine Bevölkerung von vielleicht einer Viertel Million Menschen. Archäologische Funde, die von Zeit zu Zeit im heutigen Mexiko-City gemacht werden, und die erhaltengebliebenen Codices und Texte in der Nahuatl-Sprache liefern uns einen Einblick in die Pracht der großen Stadt der Mexica. Umgeben von Texcoco-See und anderen, kleineren »Wasser-Spiegeln«, hatte die Stadt eine Grundfläche von über zwölf Quadratkilometern. Drei große Dämme verbanden sie mit den

Ufern. Einer davon führte nach Süden, zu den Städten Iztapalpa, Coyoacan und Xochimilco, dem blühenden Garten. Ein anderer verband die Stadt mit dem Nordufer des Sees, mit Tepeyacac, der »Nase der Berge«, und mit einem berühmten Heiligtum, das Tonantzin geweiht war, »Unserer Mutter«. Dieses Heiligtum befand sich an der Stelle, an der heute der Altar unserer Lieben Frau von Guadalupe steht. Der dritte Damm führte nach Westen, nach Tlacopan, einer alten, einheimischen Stadt, deren Name später zu Tacuba verstümmelt wurde. Eine Art Abzweigung dieses dritten Dammes, der einen doppelten Aquädukt trug, führte direkt zur Quelle von Chapultepec, wo es einen herrlichen Wald gab, sozusagen den Vorläufer des großen Parks, der, an derselben Stelle angelegt, zu den schönsten Ausflugszielen des modernen Mexiko-City zählt.

Am Vorabend der Invasion der Spanier war Tenochtitlan eine überaus prachtvolle Heimstätte für Menschen und Götter. Es gab zahlreiche, hoch aufragende Tempel, die von eindrucksvollen Heiligtümern und Götterstatuen gekrönt waren, die in einer blumigen Vielfalt von Farben bemalt waren; es gab monumentale Paläste, in denen der höchste Herrscher und seine Ratgeber zusammenkamen und die Richter Recht sprachen; es gab eine Vielzahl von Schulen – die Calmecac, die Zentren der hohen Bildung, die Telpochcalli oder Häuser der Jugend und die Cuicacalli, die Häuser des Gesangs – und dazu Marktplätze, vor allem den berühmten Markt von Tlatelolco, auf dem alle Erzeugnisse des Landes zu finden waren; zoologische und botanische Gärten, eine echt einheimisch-amerikanische Erfindung; Stadtviertel, in denen die verschiedenen Künstler und Handwerker lebten und arbeiteten, die Silber- und die Goldschmiede, die Töpfer, die Bildhauer, die Maler, jene, die Federarbeiten und Stickereien anfertigten, und viele andere mehr; es gab die Häuser der gewöhnlichen Bevölkerung mit ihren kleinen Gemüsegärten; die Kanäle, welche die Stadt durchzogen, und die Straßen und Gehwege, die von duftenden Bäumen und Pflanzen gesäumt waren; und vor allem gab es die große Plaza im Herzen der Stadt, gesäumt von den Palästen der Könige Axayacatl und Montezuma, und vom Haupttempel, der großartigsten Leistung der Azteken mit seinen 78 geheiligten Monumenten und der ihn umgebenden Coatepantli, der »Mauer der Schlangen«.

Als der Eroberer Hernando Cortés und seine Männer diese Tempel und Paläste, Schulen und Dämme und Marktplätze im Jahre 1519 zum erstenmal erblickten, glaubten sie, die Wunder, die sie sahen, müßten ein Traum sein. Der Chronist Bernal Díaz del Castillo schrieb:

Die Maisvölker

»Einige der Soldaten unter uns, die in vielen Teilen der Welt gewesen waren, in Konstantinopel und in ganz Italien und Rom, sagten, einen so großen Marktplatz, und so voller Menschen und so wohl geordnet und geregelt, hätten sie nie zuvor gesehen.«

Die wimmelnden Menschenmassen der Stadt gehörten einer streng in Klassen gegliederten Gesellschaft an. Über allen stand der König, der Tlantoani, »Der Große Sprecher«, der zwar nicht als Gott angesehen, wohl aber wie einer behandelt wurde und dem man bedingungslosen Gehorsam entgegenbrachte. Er, der der Aristokratie oder höchsten Klasse der Mexica angehörte, der Klasse der Pipiltin, »jener von Rang«, besaß eine Autorität und eine Macht »über alles Vorstellbare hinaus«. Von Rang sein bedeutete, toltekische Vorfahren mit direkter Verbindung zum weisen Herrscher Quetzalcoatl zu haben. Die Pipiltin besetzten alle wichtigen Positionen. Sie waren Ratgeber des hohen Herrschers, Häuptlinge und Offiziere der Armee, religiöse Führer und Richter und hatten alle anderen Funktionen inne, die mit der Lenkung und Leitung des Staates zu tun hatten. Sie hatten das Recht, Land zu besitzen, das die gewöhnlichen Bürger für sie bearbeiteten, und ihre Kinder besuchten die Zentren der höheren Bildung, die Calmecac.

Die gewöhnliche Bevölkerung, die Macehualtin, »die durch die Buße der Götter verdient wurden«, waren in sozioökonomischen Einheiten, den Calpulli, zusammengefaßt. Ursprünglich waren die Mitglieder der einzelnen Calpulli miteinander verwandt gewesen. Aber in Tenochtitlan und einigen anderen Städten hatten die Calpulli sich zu geographischen Einheiten entwickelt, die aus den Familien zusammengesetzt waren, die an einem bestimmten Ort wohnten. Als Institution hatte es die Calpulli in Mesoamerika seit den letzten Tagen der Tolteken gegeben. Auf dem Land und in Gegenden, die von den Mexica erobert worden waren, waren viele kleine bäuerliche Siedlungen entweder von Calpullis gegründet oder zu Calpullis gemacht worden, die jeweils ihren eigenen lokalen Rat aus Familienoberhäuptern und ihre eigenen Schutzgötter hatten. Gelegentlich wurden mehrere Calpullis einem Verwalter der Mexica oder einem Angehörigen der Pipiltin-Klasse »anvertraut«, die ihnen dann Tributzahlungen und Dienstleistungen abverlangen konnten.

Viele der gewöhnlichen Bewohner, die Mitglieder von Calpullis waren, bearbeiteten die gemeinschaftlichen »Ländereien der Calpullis« und erzeugten die landwirtschaftlichen Produkte, welche die Märkte wie den von Tenochtitlan versorgten. Es gab jedoch auch Calpullis, die kein eigenes Land besaßen. Ihre Mitglieder mußten sich entweder an die Pipiltin oder an die Angehörigen anderer Calpullis verdingen. Sie wurden Mayequeh genannt, »jene, deren Besitz ihre eigenen Arme sind«.

In schwierigen Zeiten, in Hungersnöten, Epidemien oder Kriegen, mußten die ärmsten der landlosen Mayequeh oft sich selbst oder ihre Kinder als Sklaven verkaufen. Sie wurden dann zu Tlatlacotin, wörtlich »jene, die geschnitten oder reduziert sind«. Diese Zeit der Sklaverei mußte aber nicht notwendigerweise für den Rest ihres Lebens andauern. Sie konnten durch ihre Arbeit auch ihre Freiheit wiedererlangen.

Händler und Kunsthandwerker gehörten ebenfalls zur Klasse des gewöhnlichen Volkes, hatten aber im Jahre 1492 eine große soziale und wirtschaftliche Bedeutung erlangt. Sie hatten ihre eigenen rechtlichen Satzungen, Zünfte und religiösen Praktiken. Der Gott Quetzalcoatl, der als Tlacatecuhtli angerufen wurde, »Der Herr der Nase« (also »Derjenige, der leitet«), war zum Schutzgott der Händler geworden, die einerseits auf den lokalen Märkten arbeiteten, andererseits aber auch den Fernhandel betrieben und ausgedehnte Beziehungen zu vielen verschiedenen Völkern unterhielten, die manchmal sehr weit entfernt lebten. Eine der wichtigsten Handelsrouten verlief nach Tuxtepec, einem wichtigen Handelszentrum im nördlichen Oaxaca, und teilte sich dann in zwei Arme auf, von denen der eine an die Pazifikküste in Chiapas und Guatemala führte, während der andere, wichtigere, bis nach Xicalanco an der Küste des Golfs von Mexiko an der westlichen Grundlinie der Halbinsel Yucatán reichte. Durch ihre Kontakte zu Maya-Völkern spielten die reisenden Händler der Mexica, die als Pochtecah bezeichnet wurden, auch eine wichtige Rolle als »kulturelle Vermittler«. Sie verbreiteten kulturelle Elemente des zentralen Mexiko und brachten sowohl nützliche materielle Dinge wie auch Elemente der Weltsicht der Maya in ihre Heimat zurück.

Durch die Maya kamen die Händler der Mexica in indirekten Kontakt mit den Völkern der karibischen Inseln, was erklärt, wieso die sozioökonomische Organisation der Tainos in mancher Hinsicht nicht nur der der Maya, sondern auch der der Mexica ähnelte. Zwischen den hochstehenden Kaziken bestimmter Inseln und den Tlahtoani oder Herrschern einiger der kleinen und mittleren Häuptlingstümer Zentralmexikos, die unter die Herrschaft der Mexica fielen, bestehen viele Ähnlichkeiten. Obwohl weitere Untersuchungen notwendig wären, um diese Verbindung mit Sicherheit zu bestätigen, könnte man die Taino-Elite auch mit den Pipiltin vergleichen. Beide waren »distinguierte« Menschengruppen mit zahlreichen Privilegien. Gleichzeitig hatten die gewöhnlichen Bürger auf den Inseln und in Zentralmexiko ähnliche Verpflichtungen. Sie mußten gehorchen und die Arbeit erledigen, oft zum Nutzen derer, die sie regierten.

Die Maisvölker

In den Jahren der größten Pracht der Mexica spielten die Händler, welche die Güter Mesoamerikas nach Tenochtitlan brachten, eine Schlüsselrolle im sozioökonomischen Leben ihrer Nation. Ihnen ist es zu verdanken, daß die »Mexica groß waren«, wie es in alten Texten heißt. Aber sie waren nur ein Teil einer geschäftigen Gesellschaft. Zehn Millionen oder mehr Menschen, von denen die meisten unter der Herrschaft der Mexica standen, lebten in Zentralmexiko und arbeiteten schwer. Es herrschte Arbeitsteilung: Die Männer waren für die Landwirtschaft, für den Handel, das Militär und den größten Teil der handwerklichen Produktion zuständig; die Frauen für den Haushalt, wozu auch das Spinnen und das Weben und die Zubereitung des Teigs für die Tortillas gehörte, eine Arbeit, für die man sich lange Stunden an einem Mahlstein abplagen mußte.

Die Künste und das Handwerk, beides in erster Linie Aufgabe der Männer, standen in voller Blüte. Künstler und Kunsthandwerker stellten hölzerne Gegenstände her, vom Grabstock über den Löffel bis hin zum Kanu; Papier aus der Rinde des Amatebaums; Luxusartikel für die Pipiltin, z. B. goldene und silberne Halsketten, Armbänder und Brustschilde; und prachtvolle, aus Federn gearbeitete Kopfbedeckungen, Umhänge und Insignien. Eine besonders hoch angesehene und spezialisierte Form der Kunst war das Tlahcuilolli, »das Malen und Schreiben von Büchern«, eine Arbeit, die sowohl von Männern als auch von Frauen verrichtet wurde, wie man in mehreren Büchern aus Amatepapier sehen kann, in denen Maler und Schreiber beiderlei Geschlechts bei ihrer Arbeit gezeigt werden.

Der Handel, die verschiedenen Aktivitäten zur Subsistenzsicherung, die Künste und das Handwerk, sie alle leisteten ihren Beitrag zum Wachsen und Gedeihen der Kultur der Mexica, des religiösen Kultes und des Prestiges, das die Herrscher und jene von Rang genossen. Umgekehrt übten die religiösen, politischen und institutionellen Grundlagen einen großen Einfluß auf die Gesellschaft der Mexica insgesamt und auf ihre Wirtschaft aus. Und so waren sie denn tatsächlich groß, die Leistungen derer, die zu den Beherrschern des mesoamerikanischen Cemanahuac geworden waren, des »Landes, das von den Wassern umgeben ist« (der bekannten Welt). Jene

Der Codex Florentinus – ein weiteres Kompendium, das von einheimischen Schreibern zusammengestellt wurde, um das aztekische Leben vor der Konquista zu zeigen – zeichnete sich durch seinen ausführlichen Kommentar in einheimischer Sprache aus. Diese Zeichnung eines aztekischen Federkünstlers stellt die vielen Aktivitäten dieser spezialisierten Zunft dar. Nach der Reinigung wurden die Federn in Körben aufbewahrt, bis sie zu Schilden, Bannern oder Kopfbedeckungen gewebt oder geschichtet wurden.

Die Maisvölker 213

von Rang, der höchste Herrscher der Mexica, die Priester, die Weisen, die Armee-Befehlshaber, die Botschafter, Künstler, Händler, Bauern, Fischer, Jäger, Soldaten, die vielen gewöhnlichen Bürger und die Sklaven, sie alle machten jene reiche und komplexe Gesellschaft aus, die am Vorabend des Jahres 1492 immer noch dabei war, sich in Richtung der vier Quadranten der Welt auszudehnen, und welche die Geschichte eines Tages das Reich der Azteken nennen würde.

Für den Augenblick ging das Leben im Jahre 1492 im Reich der Mexica seinen ungestörten Gang. In Tenochtitlan wurden die üblichen Feste abgehalten, mit denen Huitzilopochtli geehrt wurde, die Manifestation des höchsten Gottes Tezcatlipoca, »Rauchender Spiegel«. Es gab Musik und Tänze, und die Priester sangen auch weiterhin ihre religiösen Gesänge und priesen die Sonne – Huitzilopochtli –, als ihren eigenen Schutzgott:

Du lebst im Himmel,
Du trägst die Berge,
Anahuac, das Land umgeben von Wasser,
ist in Deinen Händen.
Erwartet, bist Du immer überall;
Du wirst angerufen, Du wirst angebetet.
Dein Ruhm, Deine Ehre wird gesucht.
Du lebst im Himmel,
Anahuac ist in Deinen Händen.

Viele andere Gesänge, Gedichte, Abhandlungen und historische Texte der Mexica sind uns überliefert. Zusammen mit den erhaltenen einheimischen Büchern aus vorspanischer und frühkolonialer Zeit stellen sie eine umfangreiche literarische Sammlung der Nahuatl sprechenden Völkern dar. Viele davon sind literarische Schätze, wie das folgende Werk eines einheimischen Weisen:

Wo ist die Straße,
die ins Land der Toten führt,
den Ort des Niedergangs,
die Region der Fleischlosen?
Ist es vielleicht wahr, daß man lebt,
dort, wohin wir alle gehen werden?
Glaubt dein Herz daran?
Er verbirgt uns
in einem Schrank, in einer Truhe,
der Spender des Lebens,
Er, der die Menschen für immer einhüllt.

Werde ich fähig sein,
fähig sein, vielleicht, das Gesicht
meiner Mutter, meines Vaters
zu betrachten, zu sehen?
Werden sie mir
ein paar Lieder singen,
ein paar Worte...?

Als Kolumbus dem einheimischen Kalender zufolge im Jahre »13-Feuerstein« landete, hatten die Mexica ihren kulturellen Höhepunkt erreicht. Menschenopfer und der rituelle Verzehr kleiner Stücke des Fleisches von Menschen, die geopfert wurden, um »die Existenz der Götter zu verdienen« – ein Sakrament, das lebhaft an jenes erinnerte, das die christlichen Missionare bald genug predigen würden –, waren untrennbare Bestandteile einer Kultur, die ungeachtet all ihrer Gegensätze eine Zusammenfassung von Mesoamerikas Größe war.

In den einheimischen Kalendern der Mexica, wie auch in denen der Maya, war das Jahr, das dem Jahr 1492 entsprach, ein unheilvolles Jahr. Hören Sie, was der Chronist Chimalphahin für das Jahr 13-Feuerstein berichtete:

»13-Feuerstein gab es Krankheit, die Sonne wurde verschlungen [es gab eine Sonnenfinsternis], es gab Hunger... Ein Berg zwischen den Vulkanen Iztaccihuatl und Popocatepetl brach auf. Wasser sprang aus seinem Inneren, und viele
wilde Tiere fraßen die Kinder...«

Andere alte Texte in Nahuatl bestätigen diese düsteren Ereignisse des Jahres 13-Feuerstein. Bei den Maya hinterließen weise Männer in ihren Prophezeiungen Worte des Kummers über das 4-Ahau Katun, den 20-Jahre-Zyklus, der den Jahren 1477–1497 entsprach:

»Diese zwanzig-Jahre-Periode ist etabliert, herrscht in Chichen Itza... Der Quetzalvogel wird kommen, der grüne Vogel wird kommen. Kukulkan [Quetzalcoatl] wird kommen. Blutiges Erbrechen wird kommen. Es ist das Wort Gottes. Der Itza wird kommen...«

Die Mexica, Maya, Zapoteken, Mixteken, Quiché-Maya und viele andere – alles Maisvölker, Kinder einer Neuen Welt – sollten in ein paar Jahren die Folgen jener Landung zu spüren bekommen, die sich ereignete, »als die Sonne verschlungen wurde, der Berg zerbrach, Hungersnot und blutiges Erbrechen das *Cemanahuac* heimsuchten, die Länder-Umgeben-von-den-

Die Maisvölker   215

Wassern, die Welt. Es war die Zeit der Invasion, des Gemetzels und der Zerstörung, die Zeit, in der, wie ein einheimischer Weiser voller Schmerz ausrief: ›Unser Erbe zu einem Netz aus Löchern wurde ... unsere Rufe des Kummers aufstiegen und unsere Tränen herabregneten...‹«

Gedemütigt verbarg das wundervolle Mesoamerika sein Gesicht. Aber die Menschen, deren Seele und Kultur so ernsthaft gefährdet war – die überlebenden Mesoamerikaner –, lernten zu ertragen und zu bleiben. Jetzt werden ihre Stimmen wieder gehört. Fünfhundert Jahre nach der Zeit, als die Sonne verschlungen wurde, ist Mesoamerika nicht verschwunden. Manche werden sagen, daß es ein Wunder der Geschichte ist, daß seine Sprachen, seine Völker und sein kulturelles Erbe noch am Leben sind. Die Mesoamerikaner glauben, daß es ihr Schicksal ist, zu *sein*, solange dieses kosmische Zeitalter fortbesteht und diese Sonne scheint. Das ist es, was Unser Vater, Unsere Mutter, der Spender des Lebens, der Eine-der-Nahe-ist, für sie hier auf der Erde verdient hat.

7. Kapitel

Ein Kontinent in Bewegung

Von Louis C. Faron

Im Land der in Zentralchile ansässigen Mapuche liegen an der Pazifikküste von Wäldern und Sümpfen gesäumte Strände aus schwarzem, vulkanischem Sand. Ich stand einmal an einem dieser Strände und sah zu, wie sich der zornige, ebenfalls schwarz wirkende Ozean zu gewaltigen, schaumgekrönten Wellen zusammenballte, die an den Strand donnerten und zu meinen Füßen zu Gischt zerfaserten. Eine alterslose Küste, die seit den Tagen der Eiszeit das Kommen und Gehen vieler Menschen gesehen hatte. Als die Abdrücke meiner Füße im schaumigen Wasser verschwanden, dachte ich an die Spuren der vielen anderen Menschen, die im Laufe der Jahrtausende ebenfalls weggewaschen worden waren.

Im Jahre 1492 war der Mensch schon seit sehr langer Zeit in Südamerika heimisch. Auf dem schmalen Streifen des Mapuche-Landes, in dem Flüsse aus den nur etwa 80 Kilometer weiter im Landesinneren gelegenen Südanden durch dichte Wälder in die Tiefe stürzen, fanden Archäologen den 15000 Jahre alten Fußabdruck eines Menschen und – in einem Torfmoor erhalten – Zeugnisse einer Besiedlung durch halbnomadische Gruppen von Jägern und Sammlern, die in dieser fernen Zeit lebten. Zu den Funden gehörten hölzerne Überreste von Wohnstätten, Feuerstellen, Werkstätten zur Bearbeitung von Steinen und steinerne Werkzeuge zum Entbeinen gigantischer Beutetiere.

Die eiszeitlichen Vorfahren der Mapuche jagten Hirsche, Lamas, Guanakos und verschiedene Nagetiere mit Knüppeln, Speeren, die scharfe, steinerne Spitzen hatten, und Bolas. Die Bolas oder Bälle (die noch heute von den argentinischen Gouchos benutzt werden) bestanden aus zwei bis drei eingekerbten Steinen etwa von der Größe eines Golfballs, die an Lederschnüren befestigt waren. Sie wurden über dem Kopf herumgewirbelt und

Johann von Staden, ein gebürtiger Hamburger, lebte von 1547 bis 1555 als Gefangener bei den Tupinamba des östlichen Brasilien. Nach seiner Rückkehr nach Europa veröffentlichte von Staden einen Bericht über seine Reisen. Diese Illustration aus diesem Buch zeigt verschiedene Aspekte des Tupi-Lebens. Wir sehen eine Gruppe von Langhäusern, die rund um eine zentrale Plaza stehen und von einer schützenden Palisade umgeben sind. In der Nähe fischen Menschen mit Pfeilen von einem Kanu aus, während andere am Rand eines Wehrs stehen und die Fische mit Netzen fangen.

dann nach Tieren oder Vögeln geschleudert, so daß die Schnüre sich um ihre Beine wickelten und sie nicht mehr fliehen konnten. Das größte Beutetier der Jäger war das haarige, mit langen Stoßzähnen bewehrte Mastodon, das aufgrund lebensbedrohlicher Umweltveränderungen am Ende des Paläolithikums auf der Suche nach Nahrung immer weiter nach Süden wanderte.

In Monte Verde im Land der Mapuche fanden die Archäologen Knochen von sieben Mastodonen und Überreste von Meerestieren, Wurzeln, Beeren, Samenkörnern und verschiedenen Heilpflanzen, Zeugnisse für die Lebensweise einer eiszeitlichen Gruppe von etwa fünfzig Menschen, die über genug Nahrungsmittel verfügten, um ein Jahr oder länger an einem festen Ort bleiben zu können. Außerdem gab es Anhaltspunkte dafür, daß diese frühen Jäger und Sammler Teil eines Handelsnetzes gewesen waren, das sich einerseits an der Küste entlang und andererseits zwischen Küste und Inland erstreckte, denn einige der Artefakte, die sie zurückließen, stammten aus einem bedeutend größeren Gebiet, als sie selbst bewohnt haben konnten.

Vor dem Ende der letzten Eiszeit nahmen zahllose Generationen von Jägern, wie sie es waren, unzählige und beeindruckende Anpassungen an die vielen natürlichen Umwelten vor, durch die sie kamen. Die Route zwischen der Westseite der Anden und dem Pazifik, die die Eiszeitmenschen einschlugen, war ein natürlicher Trichter für die Wanderungen von Menschen und Tieren, und sie ist die bislang am besten dokumentierte. Aber die frühen Menschen hatten sich, von Nordamerika kommend, auch an der Küste der Karibik und am Atlantik entlang auf dem Kontinent ausgebreitet. Dem Weg des geringsten Widerstandes folgend und unter Umgehung von Bergketten und dichten Dschungelgebieten bewegten sie sich, genau wie ihre Zeitgenossen am Pazifik, in langsamen, sporadischen Schritten an den nahrungsreichen Küsten und Flußsystemen entlang und entwickelten sich zu immer besseren Jägern und Sammlern, bis einige von ihnen etwa um das Jahr 7000 v. Chr. die Magellanstraße und die Tierra del Fuego an der Südspitze des Kontinents erreichten. Dann starb das Mastodon aus, und das Leben der Jäger wurde zu einer nie endenden Suche nach kleineren Tieren, die sie dazu zwang, ständig als Nomaden umherzuziehen.

Nachdem die Jäger und Sammler der Eiszeit die Grundlage für neue kulturelle Perioden gelegt hatten, wurde Südamerika zu einem Kontinent in Bewegung. Zahllose Gruppen, die in immer neue Gebiete vordrangen, voneinander neue Ideen entlehnten, neue Techniken entwickelten und verbreiteten und sich durch immer neue Erfindungen an immer neue Umwelten anpaßten, durchzogen die Wälder und die Ebenen, ersannen Mythen über ihre Herkunft, das Leben und den Tod und schufen damit Glaubensgrundlagen, welche die Kontinente überspannten und die Völker Nord- und Südamerikas in einer mystischen Würdigung des Landes, das sie bewohnten, einten. Als die europäischen Invasoren kamen, hatte es in

Ein Kontinent in Bewegung

Südamerika seit Jahrtausenden sowohl einfache wie auch hochentwickelte einheimische Technologien, gesellschaftliche Organisationsformen und relireligiöse und moralische Systeme gegeben, und unzählige Sprachen hatten sich entwickelt.

Unter Auslassung der Zentralanden mit den bemerkenswerten zivilisatorischen Leistungen der Inka und ihrer Vorgänger, die das Thema des nächsten Kapitels sein werden, gilt unser erster Blick auf die südamerikanischen Tieflandgesellschaften des Jahres 1492 nicht den Mapuche (auf die wir später zurückkommen werden), sondern dem Norden des Kontinents. Dort hatte eine landwirtschaftliche Revolution, die 7000 Jahre früher in Mexiko und Peru stattgefunden hatte, ihren Einfluß ausgedehnt und den Bodenbau als Mittel der Subsistenzsicherung zu Gruppen gebracht, die bis dahin nur Jäger und Sammler gewesen waren.

Zu den Nutznießern dieser landwirtschaftlichen Revolution gehörten fast alle Völker, welche die feuchten, tropischen Wälder des Amazonasbekkens bewohnten. Eines dieser Völker, das sich selbst Shuara nannte, »menschliche Wesen«, um sich von seinen Nachbarn zu unterscheiden, in der Geschichte jedoch als Jívaro bekannt wurde, lebte in einem natürlichen Rückzugsgebiet im nordwestlichen Teil des Beckens. Abgeschnitten von den umliegenden Völkern, die sie seit undenklichen Zeiten als feindlich und unmenschlich betrachteten, bekämpften die Jívaro alle, die in ihr Gebiet eindringen wollten, das an den Osthängen der Anden begann, wo Wasserfälle sich über die steilsten Felswände ganz Südamerikas stürzten, und dort endete, wo sich kleine Flüsse und Bäche ihren Weg durch den feuchten Dschungel zu den ruhigeren Tieflandgewässern der befahrbaren Zuflüsse des Amazonas suchten.

Ein Beweis für die lange Isolation der Jívaro ist ihre Sprache, die sich von den Sprachen all ihrer Nachbarn unterschied und von den Wissenschaftlern versuchsweise in die so ziemlich alles umfassende Kategorie der Sprachfamilie Anden-Äquator eingeordnet wurde. Ihre Isolation führte auch dazu, daß sie in kultureller Hinsicht sozusagen auf einem Abstellgleis standen. Obwohl sie, geographisch gesehen, ganz in der Nähe der Zentralanden lebten, einem der wichtigsten zivilisatorischen Areale der Neuen Welt, kannten sie nicht einmal das Kanu. Gleichzeitig befanden sie sich auch außerhalb des Ausbreitungsbereichs des fast allgegenwärtigen bitteren Maniok, des Grundnahrungsmittels der tropischen Wälder.

Es ist nicht weiter überraschend, daß die Geschichte der Jívaro die eines kriegerischen Volkes war, das eifersüchtig über seine Identität und sein Land wachte, als Krieger gefürchtet war und den Ruf besaß, die Leichen seiner Opfer zu verstümmeln. Vor allem aber waren die Jívaro für ihre

Ein Kontinent in Bewegung

einzigartige Fertigkeit bekannt, menschliche Köpfe zu schrumpfen, ein Brauch, der das ganze nordwestliche Amazonasgebiet erschaudern ließ. Mehrere Jahrzehnte vor der spanischen Eroberung bekam der Inka-Kaiser Huayna Capac die Feindseligkeit der Jívaro in ihrem ganzen Ausmaß zu spüren, als er versuchte, sie zu unterwerfen und als Tributzahler in sein Reich einzugliedern. Seine Hochlandarmee wurde ingrimmig zurückgeschlagen, und die Expedition endete mit dem ungeordneten Rückzug der Inka. Auch in frühen spanischen Berichten kann man von der Kriegslust und der Isolation der Jívaro lesen. Erst zu Beginn des 19. Jahrhunderts fingen sie an, die zweiwöchige Reise zu einer Grenzstadt im Hochland auf sich zu nehmen, um dort Macheten für die leichtere Bearbeitung ihrer Felder und Gewehre für die Verbesserung ihrer Verteidigung und ihrer Jagderfolge einzutauschen.

Im Jahre 1492 bewohnten und verteidigten etwa 4000 Jívaro ein Gebiet von etwa 5000 Quadratkilometern. Sie lebten verstreut in großen, polygynen Familien, ohne die Dörfer oder zentralen Plazas, die bei so vielen anderen Völkern des tropischen Waldes üblich waren. Ihr Gefühl, Jívaros, also Menschen zu sein, ergab sich eher aus ihrer Feindschaft zu anderen Völkern, die sie immer wieder überfielen, um Köpfe und Knochen als Trophäen zu erbeuten, als aus dem Gefühl der Zusammengehörigkeit mit den anderen Jívaros. Ihre Häuser standen mehrere hundert Meter voneinander entfernt auf Anhöhen, die einen guten Überblick über den umliegenden Dschungel und die Felder boten, die ihre Gemeinschaften umgaben. Diese Häuser bestanden aus massiven Pfosten und Balken, die mit Lianen zusammengebunden waren, und hatten strohgedeckte Walmdächer, von denen das Wasser der heftigen tropischen Regenfälle gut ablaufen konnte. In den Dächern befanden sich Abzugslöcher für den Rauch der Kohlebecken, auf denen gekocht wurde, und der zentralen Feuerstelle, die Licht in die großen Gebäude brachte. Übrigens waren diese Häuser für die geschätzten durchschnittlichen zehn Personen pro Haushalt tatsächlich ungewöhnlich groß, denn sie mußten Platz für gesellschaftliche und gesellige Anlässe – Tänze mit Verwandten und Gästen – bieten, die wegen der heftigen Regenfälle und wegen der Gefahr feindlicher Überfälle immer im Inneren der Häuser stattfanden. Die Vorstellung einer zentralen Plaza, auf der sich alle versammelten, wie bei anderen bodenbauenden Dorfgemeinschaften üblich, war den Jívaro völlig fremd. Sie hätten sich nie im Leben der Gefahr ausgesetzt, schutzlos und unvorbereitet im Freien überrascht zu werden.

Die Jívaro waren ausgezeichnete Bodenbauern und dazu erfolgreiche Jäger und Sammler, die eine althergebrachte Zweiteilung praktizierten: Die Männer jagten, die Frauen sammelten. Die Männer rodeten den Dschungel;

die Frauen und Kinder säten, bearbeiteten den Boden und brachten mit der Hilfe von Ehemännern, Vätern und Brüdern die Ernte ein.

Im ersten Licht des Tages weckte das Oberhaupt eines Jívaro-Haushalts seine Brüder, Söhne, Neffen und Onkel, und kurz darauf brachen sie auf, die Arbeitsgerätschaften in der einen und Knüppel oder Bogen in der anderen Hand, um die landwirtschaftliche Arbeit des Tages zu beginnen. Wie andere Bewohner des tropischen Waldes praktizierten auch die Jívaro den Schwendbau. Eingehüllt in einen Umhang aus Gräsern und Blättern, der die lästigen Insekten fernhalten sollte, suchte der Haushaltsvorstand ein Stück Land aus, das gerodet werden sollte, und wies die anderen an, die großen Bäume mit ihren steinernen Äxten rundum so tief zu ringeln, daß ihr Saft nicht mehr aufsteigen konnte. Kurz darauf warfen die riesigen Bäume ihre Blätter ab, so daß das Sonnenlicht den Waldboden erreichen konnte. Kleinere Bäume wurden gefällt und zusammen mit dem Unterholz verbrannt. Der in der Asche enthaltene Kalidünger reicherte den Boden an, wurde allerdings vom Regen schnell wieder ausgewaschen. Die Erschöpfung des Bodens und das schnelle Nachwachsen des Dschungels führte dazu, daß die Felder nach ein paar Jahren aufgegeben werden mußten und neues Land gerodet wurde. Dieser Zyklus wiederholte sich immer wieder, trotz der angestrengten Bemühungen der Frauen, gegen das alles verschlingende Unterholz anzukämpfen.

Sobald ein neues Feld vorbereitet war, pflanzten die Frauen den süßen Maniok, welcher der wichtigste Stärkelieferant der Jívaro und eine vielseitig verwendbare Knollenpflanze war, die man, auch wenn sie schon reif war, monatelang im Boden lassen konnte, um sie erst nach Bedarf zu ernten. Der Maniok wurde entweder zu Mehl zerstampft oder zusammen mit Gemüse und Fleisch zu einem Eintopf gekocht. Heutzutage kennen wir eines der Endprodukte des Maniok als Tapioka. Die Jívaro kannten noch ein anderes, nämlich Bier, das sie in großen Mengen tranken.

Außer süßem Maniok, Bananen (oder Paradiesfeigen) und Süßkartoffeln bauten die Frauen der tropischen Wälder auch Tomaten, Zwiebeln, Mais, Ananas, verschiedene Arten von Kürbis, Chili, Zuckerrohr, Tabak und Baumwolle an – alles Geschenke der Neuen Welt an die Alte.

Sobald die Männer das Roden der neuen Felder hinter sich gebracht hatten, fanden sie Zeit für andere, angenehmere Dinge. Dazu gehörten unter anderem die Vorbereitungen für den Fischfang, indem sie Teiche und Bäche eindämmten, bestimmte Pflanzen sammelten, um die Fische zu betäuben, und Palmenholzpfeile für ihre Blasrohre schnitzten. Sie verbrachten ganze Tage damit, die Blasrohre selbst herzustellen, und brachten den jungen Männern alles bei, was sie wissen mußten. Die Alten erzählten den Jungen

Ein Kontinent in Bewegung 223

Jean de Léry war ein hugenottischer Geistlicher, der im sechzehnten Jahrhundert nach Brasilien reiste. Seine Beschreibungen des Lebens der Tupinamba gelten deshalb als wertvoll, weil sie im allgemeinen frei von Stereotypen sind. In dieser Illustration aus Lérys *Histoire d'une Voyage* tragen Tupinamba-Tänzer Beinrasseln und Federn. Der Mann im Vordergrund hat einen rasierten Kopf, wahrscheinlich um seine Kampfnarben zu zeigen. Léry fügte den Papagei und den Affen hinzu, um diese einzigartigen südamerikanischen Tiere vorzustellen.

In einer anderen Zeichnung aus Jean de Lérys Beschreibung des Tupinamba-Lebens ist eine Familie mit einer Hängematte und einer einzigartigen amerikanischen Pflanze, der Ananas, zu sehen. Die Figuren sind jedoch keine korrekte Darstellung einheimischer Amerikaner; sie entsprechen vielmehr dem europäischen Ideal von Gestalt und Form.

Ein Kontinent in Bewegung

Der im Jahre 1501 geborene André Thevet war Kosmograph des Königs von Frankreich. Thevet nutzte seine Position, um die westliche Hemisphäre, die zu seinen Lebzeiten in Europa bekannt wurde, zu erforschen und über sie zu berichten. Sein Interesse führte ihn nach Kanada und Brasilien. In dieser Illustration aus Thevets *Le Vrais Portrait des Hommes Illustres,* veröffentlicht 1584, sehen wir Quoniambec, einen Tupinamba-Führer, in all seinem Staat. Er hat Pflöcke in Wangen und Kinn. Obwohl die Verzierungen korrekt wiedergegeben scheinen, entsprechen das Profil und die Muskulatur des Kriegers eher europäischen Idealen.

auch Geschichten über die Erschaffung des Universums, der Tiere, der Pflanzen und vor allem der Menschen, der Jívaro, und über die Geister des Waldes. Die heranwachsenden Jungen lernten von den älteren Männern, wie man den Jaguar, den Hirsch, das Nabelschwein und andere große Tiere jagte. Dazu gehörten nicht nur die mechanischen Fertigkeiten des Aufspürens, Anpirschens und Tötens, sondern auch die magische und rituelle Vervollkommnung, die für ein erfolgreiches Jägerleben ebenfalls notwendig war. Das Fangen von kleineren Wildtieren, Eidechsen, Fröschen und ähnlichem lernten die Jungen schon, wenn sie noch ganz klein waren und auf noch unsicheren Beinen hinter ihren Müttern herstapften, wenn diese Wurzeln ausgruben oder Beeren und Früchte sammelten. Die Jagd, das Sammeln und der Bodenbau waren die Stützpfeiler einer gemischten Wirtschaftsform, lange bevor die spanischen Eroberer die ökologische Grundlage des einheimisch-amerikanischen Lebens störten. Und lange nach der Ankunft des Weißen Mannes brodelte der Pfeffertopf noch immer, rösteten sie ihr Fleisch noch immer auf dem Barbecue, so tief verwurzelt und so perfekt angepaßt war die Lebensweise der Jívaro.

Die Jívaro tranken nicht nur Maniokbier, sie kauten auch Datura, ein starkes Halluzinogen, das Visionen hervorrief und den Menschen dazu verhalf, die Aufgaben des Lebens besser meistern zu können. Dazu gehörten das Erzielen reicher Ernten, das Aufziehen gesunder Kinder, das Erringen von Siegen und die Sicherung der Hilfe übernatürlicher Wesen. Es gab einen Zusammenhang zwischen dem Kauen von Datura und der ewigen Seele des Menschen, zwischen der Angst vor dem Tod und Maßnahmen zur Verhinderung des Todes, z. B. durch halluzinogene Visionssuche. Die religiösen Aspekte dieses Brauchs waren komplex und beinhalteten die Notwendigkeit, seine Feinde zu töten. Tatsächlich schürten diese Glaubensvorstellungen das Bedürfnis zu töten, das die jungen Männer dazu veranlaßte, meist in Begleitung ihres Vaters oder anderer patrilinearer Verwandter, an Überfällen teilzunehmen. Sie taten dies in dem Wissen, daß ihre Seele durch die Droge unsterblich geworden war und nur durch übernatürliche, nicht aber durch äußere Einwirkungen getötet werden konnte. Der Tod konnte nur eintreten, wenn die Vision versagte oder wenn der schamanistische Heiler der Gemeinschaft den Kampf zwischen dem Guten der Jívaro und den bösen Mächten der Feinde der Jívaro verlor.

Die Buschgeister der Jívaro, ihre Verwendung von Alkohol und anderen Drogen, um spirituelle Erfahrungen herbeizurufen, und ihr Glaube an Schutzgeister und an Menschen, welche die Kunst der Krankenheilung beherrschten, waren wie überall auf der ganzen Welt uralt und unterschieden sich nur in kulturellen Einzelheiten von denen anderer Völker. Manche die-

Ein Kontinent in Bewegung

ser Glaubensvorstellungen waren wahrscheinlich schon vor 35 000 Jahren aus Asien über die Beringstraße nach Amerika gekommen und hatten Tausende von Jahren später ihren Weg bis an die Magellanstraße und die Südspitze des Kontinents gefunden. Im Jahre 1492 waren sie Teil des kulturellen Inventars der meisten südamerikanischen Gesellschaften.

Die meisten Bewohner des tropischen Waldes, mit Ausnahme der Jívaro, kannten das Kanu als Transportmittel. Die Warrau jedoch, die »Bootsmenschen« des Orinoko-Deltas im heutigen Venezuela, hätten ohne das Kanu nicht überleben können. Im überschwemmten unteren Delta des Orinoko mit seinen von ertrunkenen Mangrovenhainen gesäumten Ufern und seinen wenigen bewohnbaren Stränden und ohne Landwege war das Kanu eine Lebensnotwendigkeit. Hätten die Warrau sich auf das Zwischendelta mit den wenigen höhergelegenen, trockenen Landflächen beschränken müssen, wäre ihr Leben drastisch reduziert und ihre Nahrungsversorgung bedeutend schwieriger gewesen. So aber verbrachten die Familien den größten Teil des Tages in ihren Kanus, um zu fischen, zu jagen und zu sammeln, und wenn sie länger unterwegs waren, wurde in den Kanus sogar gekocht, gegessen und geschlafen.

Ihre Häuser errichteten die Warrau an den wenigen vorhandenen Stränden, wobei sie sich die höchsten Uferstellen aussuchten. Dort erbauten sie auf Pfeilern, die mühsam in den Schlamm getrieben wurden, hoch über der Wasserlinie rechteckige Pfahlbauten, die mit Blättern gedeckt wurden. Hohe, gegabelte Pfosten trugen die Firstbalken. Die Häuser waren an beiden Enden offen, die gegiebelten, mit Palmblättern gedeckten Dächer reichten jedoch bis auf den Boden. Manchmal wurden mehrere Häuser auf einer großen Plattform errichtet, die aus zwei Lagen Baumstämmen bestand, die mit einer dicken Schicht Lehm überzogen wurde und auf Pfeilern ruhte. Diese Dörfer, für Südamerika einzigartig, waren eine große architektonische Leistung für Menschen, die nur die einfachsten Werkzeuge besaßen.

Die Möbel der Warrau waren spärlich und bestanden in den meisten Fällen nur aus Hängematten aus Palmenfasern und kleinen, hölzernen Hokkern, die manchmal eine tierische Form hatten. Von den Dachbalken hingen zahlreiche andere Gebrauchsgegenstände, die von den Frauen und Männern entsprechend einer geschlechtsspezifischen Arbeitsteilung, die jedoch nicht immer streng eingehalten wurde, angefertigt wurden. Im allgemeinen webten die Männer die Hängematten, einen Teil der Körbe und die Tipitis (eine Art »Fingerpresse«, mit der die giftige Blausäure aus dem bitteren Maniok herausgepreßt wurde), wozu sie Palmenfasern und Blätter verwendeten. Die Frauen flochten die meisten anderen Haushaltsgegenstände: Behälter, runde Tabletts, Fächer zum Anfachen der immer glimmenden

Asche der Kochfeuer auf den Lehmböden der Häuser und andere Fächer zum Verscheuchen der allgegenwärtigen Insektenschwärme. Der Rauch der Feuer sorgte zwar dafür, daß sich die Zahl der Moskitos im Inneren der Häuser in Grenzen hielt, im Freien jedoch waren die Fächer die einzige Waffe gegen sie. Anders als die Cubeo, Witoto und andere, die sich mit Umhängen aus Palmenfasern vor Insektenstichen schützten, und anders als die Jívaro, die Umhänge aus Blättern und Gräsern verwendeten, kannten die Warrau keine solche schützende Bekleidung.

Neben dem Bau der Häuser hatten die Männer die schwierige und mühsame Aufgabe, die zwei verschiedenen Arten von Kanus herzustellen, welche die Warrau benutzten. Das eine, einfachere war ein kleines, flaches Boot aus Rinde, das zwei bis drei Männer aufnehmen konnte, kaum Tiefgang hatte und dafür gedacht war, die Wasser des überfluteten Dschungels zu durchfahren, wo es viele verschiedene Arten von Tieren und Fischen gab. Das andere, ein Einbaum-Kanu, das 50 und mehr Personen faßte und für lange Fahrten, sogar auf die offene karibische See hinaus, geeignet war, wurde aus einem riesigen Hartholzbaum gefertigt. Dieses große Gefährt wurde als Kriegskanu für die Überfälle auf die benachbarten Siedlungen der Arawak und Kariben benutzt und diente auch als Transportmittel für alle, wenn das ganze Dorf an einen neuen Standort umsiedeln mußte.

Bei der Herstellung der großen Kanus griffen die Warrau auf viele althergebrachte Fertigkeiten und Vorgehensweisen zurück. Ein Blick in ein Warrau-Dorf würde uns verdeutlichen, was für ein gewaltiger Aufwand für dieses Unterfangen notwendig war. Das alte, oftmals ausgebesserte Kanu war endgültig zu klein geworden für die wachsende Bevölkerung. Die männlichen Familienoberhäupter hatten diesen Tag kommen sehen und das ganze letzte Jahr nach einem geeigneten Baum für das neue gemeinschaftliche Gefährt Ausschau gehalten. Die Suche war zu einem festen Bestandteil ihres täglichen Lebens geworden, und wann immer sie beim Jagen, Fischen oder Roden ferner Felder einen potentiellen Kandidaten entdeckten, schlugen sie ihn zur Auswahl vor. Am nächtlichen Feuer, wenn die Männer die Hängematten webten, Angelhaken aus den Adern von Palmenblättern fertigten oder mit ihren Söhnen spielten, wurde dann ausführlich über die Möglichkeiten des betreffenden Baumes gesprochen. Überhaupt besprachen die Warrau-Männer wichtige Angelegenheiten meistens an den Abenden, während sie nebenbei andere häusliche Arbeiten erledigten. Schließlich wurde auf denkbar informelle Weise eine Einigung erzielt, denn es gab keinen Häuptling, der Ratschläge oder Befehle erteilt hätte. Da die gesellschaftliche Organisation auf den engen verwandtschaftlichen Beziehungen der Männer eines Haushalts oder einer kleinen Ansammlung von Häusern be-

Ein Kontinent in Bewegung

ruhte, war jeder einzelne Mann an der Entscheidung beteiligt, die auf demokratische Weise erreicht wurde, wenn auch unter Berücksichtigung des Alters und der erworbenen Weisheit eines natürlichen Führers.

Mit Beginn der Trockenzeit, wenn das Wasser die höhergelegenen Stellen freigab, wurde der Baum rundum angeschlagen, damit er abstarb. Gegen Ende der Trockenzeit wurden dann immer wieder Feuer rund um den Stamm des riesigen Baumes gelegt und das verbrannte Holz mit Hilfe der wertvollen steinernen Kelten, welche die Männer über ein Handelsnetz erworben hatten, das sich bis weit in die fernen Berge erstreckte, Stück für Stück herausgekratzt. Andere Männer benutzten Beile, die sie selbst aus karibischen Muschelschalen hergestellt hatten. Nach vielen Wochen, in denen der Stamm Stück für Stück verbrannt, ausgekratzt und von den Ästen befreit worden war, hatte er dann die genau richtige Länge für das Kanu erreicht, nicht mehr und nicht weniger. Nun konnte die Rinde abgeschält und der Stamm ins Dorf geflößt werden.

Jetzt kam eine tausendjährige handwerkliche Tradition ins Spiel. Das Ausbrennen und Auskratzen wurde wiederholt – sorgfältig überwacht von einem Spezialisten, der manchmal aus einem anderen Dorf stammte. Es dauerte fast ein ganzes Jahr, den Stamm in eine Einbaum- oder Kanuform zu bringen. Wenn schließlich die ungefähre Form erreicht war, wurde der Stamm mit Hilfe von Feuer, Wasser und Dampf geweitet und in der Mitte gespreizt. Die Außenwand wurde so lange bearbeitet, bis sie nur noch etwa zwei Zentimeter dick und von Heck bis Bug gleichmäßig gewölbt war. Das Endergebnis hätte jeden Fachmann begeistert, und es war kein Wunder, daß die Männer, die ein solches Wunder bewerkstelligen konnten, nicht nur großes Ansehen genossen, sondern ihnen auch übernatürliche Kräfte zugeschrieben wurden, die ihnen vom Schlangengeist verliehen waren, der sie nach ihrem Tod zu sich rufen würde.

Im Jahre 1492 betrieben die Warrau zwar den Bodenbau, den sie von den benachbarten Arawak und anderen Völkern im Osten und Westen des Orinoko-Deltas übernommen hatten. Trotzdem ernährten sie sich hauptsächlich vom Fischfang in den labyrinthischen Gewässern des Deltas und vom Sammeln der vielen Früchte des Dschungels. Vor allem die Mauritiapalme (Moriche) hatte einen hohen Stellenwert. Ihre Produkte wurden gegessen, zu Kleidungsstücken und Hängematten verarbeitet, zu Hockern geschnitzt und zum Hausbau verwendet. Obwohl die Warrau durch den Kontakt mit den Küsten-Arawak auch den bitteren Maniok kennengelernt hatten, blieb das Mark der Mauritiapalme ihr wichtigster Stärkelieferant. Diese Palme war für die Landseite des Warrau-Lebens von fundamentaler Bedeutung und ein integraler Bestandteil ihrer religiösen Rituale, ein symbolisches Bindeglied zwischen den Bootsmenschen und den zu Göttern erhobenen Kulturheroen, die ihnen den Baum geschenkt hatten. Zur Erntezeit wurde die Mauritia den Göttern geopfert. Sogar vermodernde Palmen schenkten im Tod noch Leben, denn sie lieferten die weißen Larven, die für die Warrau eine Delikatesse waren.

Wenn die Menschen zum Fischen unterwegs waren, hielten sie immer auch Ausschau nach anderen Dingen, die sie sammeln konnten – Larven von modernden Bäumen, Leguane und ihre Eier, Krebse, die am Ufer umherhuschten und sich unter den Mangrovenwurzeln versteckten, Schnecken in den stehenden Gewässern und die ledrigen Schildkröteneier, die in den flachen Brutgruben an den Flußufern in Hülle und Fülle zu finden waren. Sie merkten sich, wo früchtetragende Bäume standen, berieten sich über die unterschiedlichen Reifezeiten und legten fest, wann sie zurückkommen würden, um sie zu ernten. Sie freuten sich darauf, sich an Ananas, Papayas, Guaven, Kirschen und den Früchten des Flaschenbaums gütlich tun und ihren Saft trinken zu können. Und das waren nur einige der Delikatessen und Reichtümer ihres Gebietes, das sie immer wieder gegen die Kariben verteidigen mußten, die mit ihren hochseetüchtigen Kanus gelegentlich in das Orinoko-Delta einfielen, um Dinge zu erbeuten, die es in ihrem eigenen Land nicht gab.

Im Juli und August kam Leben in die Dörfer. Es war Krabbenzeit, und die Männer machten sich in Massen auf den Weg, um die Krabben in den endlosen Mangrovenhainen an der Karibikküste oder an den Ufern der breiteren Gezeitenflüsse des Deltas zu fangen. Sie wurden zu Tausenden eingesammelt und in die Kanus geladen. Dann paddelten die Männer wieder nach Hause, wobei sie auf Muschelhörnern bliesen, um ihre Heimkehr und ihren Erfolg im voraus anzukündigen. Die Frauen kochten die Krebse, und der Festschmaus konnte beginnen.

So wie die Mauritiapalme ein unerschöpflicher Stärkelieferant war, so lieferten die ungezählten Fischarten alles, was die Warrau an Protein brauchte. Die Methoden und Hilfsmittel, die zum Fischfang verwendet wurden, waren fast so zahlreich wie die Arten selbst und gingen zum Teil bis auf das ausgehende Pleistozän zurück. Sie reichten vom Fischen mit geflochtenen Körben, die an langen Stangen befestigt waren und mit denen hauptsächlich in engen, felsigen Schluchten gearbeitet wurde, bis hin zum Einsatz der bloßen Hände, um Fische aus dem Schlamm seichter Tümpel zu ziehen, in denen sie von der Trockenzeit überrascht worden waren. Effektiver und einträglicher waren die Wehre aus Palmenfasermatten, die bei Flut quer über schmale Flüsse gespannt wurden. Wenn die Flut zurückging, traten die Männer in Aktion und spießten die Fische mit Speeren, mehrzacki-

Ein Kontinent in Bewegung 231

Häuser auf Stelzen am Wasserlauf des Amazonas, mit Frauen, die mit häuslichen Arbeiten beschäftigt sind, während Männer in einem Kanu zurückkehren.

gen Pfeilen oder Harpunen auf. Letztere wurden auch vom Kanu aus benutzt, um große Fische zu erlegen, die mit Hilfe einer mit Ködern bestückten Leine an die Wasseroberfläche gelockt wurden. Nach einem guten Fang steckten die Warrau die Gräten der Fische in die Dächer ihrer Häuser, um die spirituellen Besitzer der Fische günstig zu stimmen und um zukünftige Erfolge zu bitten.

Die Jagd wurde von den Warrau eher zögerlich betrieben, denn sie hielten die Tiere für »Menschen des Waldes« und weigerten sich, vor allem die großen Dschungeltiere zu töten, von denen viele tabu waren. Ihre Kost war einfach und bestand in der Regel aus gerösteten Nagetieren und Vögeln, gebackenem und gekochtem Fisch, geröstetem Palmenmehl und pflanzlicher Nahrung. Von den Krebsfesten einmal abgesehen, aßen sie zweimal täglich eher knapp bemessene Mahlzeiten.

Im Gegensatz zu den Jívaro fühlten die Warrau sich eins mit anderen Menschen, die dieselbe Sprache sprachen wie sie, besaßen aber abgesehen davon kein ausgeprägtes Gefühl der Stammeszugehörigkeit. Sie wehrten sich gegen Übergriffe, auch seitens anderer Warrau, auf ihre traditionellen Fischgründe oder angestammten Sammelgebiete im Dschungel. Ihre Dörfer setzten sich aus kleinen Gruppen verwandter Männer zusammen, von denen jeder mehrere Frauen haben konnte. Die Warrau galten als die polygynste Gesellschaft der Region, die das heutige Ost-Venezuela und Guyana umfaßt.

Obwohl es keine ausgeprägten Zeremonien gab, wurden Ehen schon im frühen Kindesalter arrangiert, wobei die Eltern des Mädchens den zukünftigen Ehemann auswählten und mit seiner Familie eine vertragliche Vereinbarung schlossen. In der Pubertät zog der Junge dann für mehrere Jahre zu den Eltern seiner Braut; die älteren Männer arbeiteten folglich nicht mit ihren eigenen Söhnen zusammen, wie es in anderen Teilen des tropischen Waldes der Fall war, sondern mit ihren Schwiegersöhnen, die so lange bei ihnen blieben, bis sie selbst Kinder hatten. Erst wenn er mehrere eigene Kinder hatte, baute der Schwiegersohn ein eigenes Haus, gründete einen eigenen Hausstand und konnte als Familienoberhaupt jetzt seinerseits Ehen arrangieren und die Dienste zukünftiger Schwiegersöhne in Anspruch nehmen. Er nahm sich auch andere Frauen, meistens jüngere Schwestern oder Cousinen seiner ersten Frau, für die er einen Brautpreis entrichten mußte. Dabei ging man davon aus, daß die Frauen besser miteinander auskamen, wenn sie miteinander verwandt waren.

Kurz vor der Geburt eines Kindes begaben die Frauen sich in eine spezielle Hütte, um auf die Ankunft des Kindes zu warten. Solange die Geburt nicht schwierig war, kümmerte sich niemand um die werdende Mutter. Sie biß die Nabelschnur selbst durch und band sie mit einem gewöhnlichen Stück Schnur ab. Wenn sie die Nachgeburt vergraben hatte, kehrte sie mit dem Baby ins Haus zurück und nahm ihre normalen Tätigkeiten wieder auf. Nicht so der Ehemann. Er befolgte eine Zeremonie, die im tropischen Wald weit verbreitet war und als Couvade bezeichnet wird. Er verbrachte ganze Tage oder sogar Wochen in seiner Hängematte, enthielt sich jeglicher

Arbeit, verzichtete auf jeglichen geschlechtlichen Verkehr mit seinen Frauen und beachtete ganz besondere Nahrungstabus. Indem er auf bestimmte Arten von Fisch oder Fleisch verzichtete, sicherte er das Wohlergehen des neugeborenen Kindes. Je nach der Fruchtbarkeit seiner Frauen konnte es vorkommen, daß er die Couvade öfter als einmal im Jahr einhalten mußte.

Pubertät und Marter gingen Hand in Hand. Sowohl Jungen wie auch Mädchen mußten sich einer Ameisenprobe unterziehen, um ihren Mut und ihren Wert als erwachsene Menschen unter Beweis zu stellen. Sie wurden feierlich in eine Hängematte gelegt und mit Ameisen bestreut. Diese schmerzhafte Probe mußten sie stundenlang stumm und reglos über sich ergehen lassen. Manchen gelang dies besser als anderen, aber das stoische Ideal wurde immer zumindest annähernd erreicht, und alle Jugendlichen erreichten den vollen Status als Erwachsene.

Das Ritual in Todesfällen wurde von den Mitgliedern des Dorfes begangen, obwohl manchmal auch Verwandte aus anderen Dörfern kamen, um an den Trauerfeierlichkeiten teilzunehmen. Trat der Tod in einem fremden und nicht im eigenen Dorf ein, übernahmen die dort lebenden Verwandten des Betreffenden die Rolle des Gastgebers, denn dem Brauch nach wurden Verstorbene an der Stelle begraben, an der sie gestorben waren. Alle Menschen lebten und starben in einem weitgespannten Netz verwandtschaftlicher Beziehungen, und obwohl der oder die Betreffende vielleicht nicht jeden Tag so eng mit den Verwandten zusammengelebt und gearbeitet hatte wie mit den Mitgliedern des eigenen Dorfes, herrschte doch unter allen ein Gefühl der Zugehörigkeit und der Freundschaft. Nur Verwandte waren Freunde, und nur Verwandte wurden geheiratet. Alle Außenstehenden waren suspekt.

Die Begräbnisrituale verlangten Perfektion und die peinlich genaue Einhaltung selbst kleinster Details. Da jeder Tod auf böse Geister zurückgeführt wurde, die sich noch in der Nähe aufhielten und Krankheit oder Tod über andere bringen konnten, fühlte die ganze Gruppe sich bedroht. Der Schamane wurde gerufen, damit er die Handlungen vollführte, die erforderlich waren, damit der Tote seinen Weg in die Nachwelt fand und die Trauernden von Gefahren verschont blieben. Wenn ein wichtiges Familienoberhaupt starb, wurde das ganze Haus verlassen. Seine Leiche blieb so lange liegen, bis fast das ganze Fleisch verwest war. Dann wurde das Skelett mit seinem persönlichen Schmuck behängt und in eine Ecke des Hauses gesetzt. Manchmal wurde die Leiche auch in den Fluß gelegt, damit die Fische die Knochen abnagen konnten. Später wurden die Gebeine dann in einen Korb gelegt, der Schädel ganz obenauf. Dieser Korb wurde manchmal im Haus aufgehängt, manchmal aber auch in ein Kanu gestellt. Erst ganz zum

Schluß wurde er tief in der Erde vergraben. Wenn der Tod besonders traumatisch gewesen war, wurde das ganze Dorf verbrannt, die Kanus mit Menschen und Dingen beladen, und das ganze Dorf suchte sich einen neuen Standort. Manchmal löste die Gruppe sich auch auf. Ein Teil zog zu Verwandten in andere Dörfer, während der Rest sich aufmachte, eine neue Gemeinschaft zu gründen. Und so endete der Kreislauf des Lebens mit den Klagen der Witwen und den rituellen Handlungen des Schamanen, während der Geist des Verstorbenen in die Nachwelt eilte.

Im Landesinneren, über 3500 Kilometer von den Warrau entfernt, durch dichten Dschungel, schäumende Flüsse, Berge und Savannen, das Gebiet der Karibisch sprechenden Pariagoto, Macusi, Waiwai und Bonari, auf der anderen Seite des Amazonas, lag das Gebiet der Mundurucu. Sie waren kriegerische, tätowierte Kopfjäger, die im Herzen des heutigen Brasiliens lebten, im Einzugsgebiet des Rio Tapajos, eines der großen südlichen Nebenflüsse des Amazonas.

Die Tupi sprechenden Mundurucu waren erst relativ spät in vorkolumbischer Zeit in den brasilianischen Matto Grosso gekommen, und zwar als ein Ausläufer einer großen Tupi-Wanderung quer durch den ganzen Kontinent. Linguistische und mythologische Belege bestätigen den Verlauf ihrer Wanderungen und lassen auf eine vorherige Lebensweise schließen, die auf die Jagd und das Sammeln beschränkt war. So zum Beispiel fehlten ihrer Sprache bestimmte Wörter für landwirtschaftliche Nutzpflanzen des tropischen Waldes, und ihre Mythen handelten fast ausnahmslos von der Jagd und ließen die Landwirtschaft völlig außer acht. Vor allem aber ließ nichts auf frühere Wildheit und Grausamkeit schließen. Aber kaum daß sie in der Region angekommen waren, erlernten sie den Kanubau und die Fertigkeiten des Flußverkehrs und durchstreiften im Zuge einer der größten je vorgenommenen kulturellen Anpassungen auf der Jagd nach feindlichen Köpfen das ganze weitläufige Gebiet. Ihre Raubgier ist in den mündlich überlieferten Geschichten der gleichermaßen wilden Nambicuara, Parintintin und anderer Völker dokumentiert, die den Mundurucu in den verschiedenen Teilen des Tapajo-Beckens in den Weg gerieten.

Die Mundurucu lebten nicht im dichten Dschungel, sondern in den etwa 600 bis 700 Meter hoch gelegenen Galeriewäldern an den nördlichen Hängen einer Wasserscheide, die nach Norden in das Amazonasbecken entwässerte. Sie errichteten ihre Dörfer auf hohen, grasbewachsenen Kuppen, die ihnen einen guten Überblick über die umliegenden Felder boten, über die Flüsse und Bäche, in denen sie fischten, und über den Dschungel, in dem sie jagten und der sie einerseits von den benachbarten Mundurucu-Dörfern trennte, mit denen sie immer Frieden hielten, andererseits aber manchmal

Ein Kontinent in Bewegung 235

Trotz der Tatsache, daß diese Illustration des Inneren eines Galibi-Langhauses aus dem Bericht eines französischen Forschungsreisenden des 19. Jahrhunderts stammt, enthält sie viele Elemente einer traditionellen Technologie, die wahrscheinlich schon im Jahre 1492 vorhanden waren. Von links nach rechts sind, sorgsam unter der Hängematte arrangiert, Töpferwaren, Webarbeiten, ein Knüppel, ein Paddel, Hokker, Pfeile, ein Maniok-Sieb und eine Schnur mit Schotenrasseln zu sehen.

auch angreifende Nambicuara, Parintintin und andere feindliche Völker verbarg.

Mehrere Häuser, die aus einem Stangengerüst bestanden und mit Blättern gedeckt waren, lagen im Kreis rund um eine zentrale Plaza, an der es auch ein Gebäude gab, das für die Mundurucu, aber nicht nur für sie, typisch war – das Männerhaus, das den Frauen verboten war. Die engen verwandtschaftlichen Beziehungen der Dorfbewohner waren die Grundlage für den Zusammenhalt bei ihren täglichen individuellen oder gemeinschaftlichen Aktivitäten, wenn sie jagten, sammelten, fischten oder ihre Gärten bestellten, also der gemischten Wirtschaftsform nachgingen, die für die meisten Völker des tropischen Waldes typisch war. Jedes Dorf hatte einen Häuptling und war politisch unabhängig. Wichtige Aktivitäten, die das ganze Dorf betrafen, z. B. Kriege oder größere Jagden und Fischfangaktionen, wurden von einem Rat von Dorfältesten und vom Häuptling, der gewöhnlich gleichzeitig auch der Schamane war, beschlossen und geleitet.

In ihrer neuen Umgebung entwickelten sich die ehemaligen Jäger und Sammler zu wohlhabenden Gartenbauern. Zu Kolumbus' Zeiten war ihre Zahl auf 20000 angestiegen, was sie in die Lage versetzte, eine große kämpfende Truppe aufzustellen. Gleichzeitig kam es zu einer Veränderung der kulturellen Werte: Die Tapferkeit des großen Tierjägers wurde abgelöst durch die des Jägers menschlicher Köpfe, und dies wiederum wurde zu einem wesentlichen Betandteil ihrer religiösen Vorstellungen und Werte.

Die Mundurucu machten sich aber nicht nur als Krieger einen Namen, sondern auch als Jagdstrategen und als Scharfschützen mit Pfeil und Bogen. Das Vergnügen, das sie bei diesen Aktivitäten empfanden, war Stoff für Sagen und religiöse Mythologien, die durch die Geschichten, die allabendlich im Männerhaus erzählt wurden, immer wieder neu genährt wurden. Es war eine Männergesellschaft, symbolisiert durch die Existenz dieses speziellen Hauses, von dem die Frauen ausgeschlossen waren. Dieses Männerhaus, das an der zentralen Plaza stand, war heiliges Gelände. Hier wurden Pfeile und Bogen geschnitzt, und hier erzählte man den heranwachsenden Jungen die alten Sagen und Legenden. Der wichtigste Mythus, den die Mundurucu mit anderen patrilinearen Gesellschaften des tropischen Waldes gemein hatten, handelte von einer Zeit, in der die Frauen die Macht besaßen. Er beschrieb, wie die Männer ein Schwirrholz herstellten, ein flaches Stück Holz, das an einer Schnur befestigt war und das man über dem Kopf kreisen ließ, wodurch ein sausendes, summendes oder brausendes Geräusch entstand. Als die Frauen das Geräusch hörten, hielten sie es für die Stimme eines übernatürlichen Wesens und ängstigten sich so sehr, daß sie sich den Männern unterwarfen, die das Geräusch kontrollieren konnten. Auf diese Weise überlisteten die Männer die Frauen und bewiesen damit die männliche Überlegenheit und Vorrangstellung. In mythischer Form erklärte die Geschichte den Stellenwert von Männern und Frauen in der Gesellschaft.

Das höchste Ziel für die Pfeile der Mundurucu war der wilde Eber. Dann kamen Jaguar, Tapir, Hirsch, Affe und diverse Vögel und dann die Reptilien und Nagetiere, welche die Frauen und Kinder beim Sammeln oder bei der Bestellung der Felder fingen und töteten. Die Mundurucu gierten nach Fleisch, behaupteten zumindest die Jäger. Ohne Fleisch hatten die Menschen Hunger. Dabei waren Nahrungsmittel keineswegs knapp, denn die Gärten brachten reiche Ernten an süßem und bitterem Maniok und andere tropische Anbauprodukte hervor. Aber die Menschen brauchten auch Fleisch.

Die Jagd war eine reine Männersache, der Fischfang in den Wochen der Trockenzeit wurde jedoch von Männern und Frauen gemeinsam betrieben. In diesen Wochen wurden in einiger Entfernung von den Dörfern an den

Ufern der großen Flüsse provisorische Lager aufgeschlagen, meistens an seichten Stellen oder Lagunen, in denen die Fische mit einem Gift betäubt werden konnten, das extra für diesen Zweck in den Gärten angebaut wurde. Die Wurzeln der Pflanze wurden zerhackt und von den Männern bündelweise flußaufwärts getragen. Dort zerstampften sie sie zu einem Brei, so daß der giftige Saft mit der Strömung den Fluß hinuntertrieb. Dort warteten die Frauen und Kinder an einer Stelle, an der das Wasser sich zu einem relativ stillen Tümpel ausweitete, und sammelten die betäubten Fische ein, die an die Wasseroberfläche getrieben kamen. Die Zeit des Fischens war immer eine lärmende, fröhliche Zeit für die Frauen, die aufgeregt in dem knietiefen Wasser herumplantschten und Tausende kleiner Fische mit ihren Netzen aus dem Wasser schöpften. Dann kamen auch die Männer dazu, welche die größeren Fische mit Speeren aufspießten. Manchmal wurden kleinere Bäche auch mit Zweigen eingedämmt, damit die Fische nicht forttreiben konnten, und mit etwas Glück konnten die Leute bis zu einer Tonne Fisch ins Dorf zurückbringen, wo er geräuchert, gesalzen, an der Sonne getrocknet und mit dem ganzen Dorf geteilt wurde. Die Ausbeute beim Fischen und bei der Jagd und die Erträge der Gärten gehörten denen, die sie erarbeitet hatten, und galten als persönliches Eigentum. Aber innerhalb eines Haushalts wurden alle Nahrungsmittel sowieso geteilt, und was übrigblieb, wurde großzügig weitergereicht. Niemand durfte hungern. So lautete das ungeschriebene Gesetz.

Wie die anderen einheimisch-amerikanischen Völker hielten auch die Mundurucu ihr Land für das schönste und sich selbst für die einzigen wirklichen Menschen. Die einzelnen Gruppen, die sich schwerpunktmäßig auf ihre lokale Umgebung beschränkten, wußten kaum etwas von dem, was jenseits ihrer Grenzen vor sich ging. Ihre reale Welt war klein und unveränderlich; ihre übernatürliche Welt war erfüllt von dämonischen Geistern und von Feinden aus Fleisch und Blut, die, da sie nicht dieselbe Sprache sprachen, keine richtigen Menschen waren und es von daher verdienten, getötet zu werden und ihre Köpfe zu verlieren. Diese für den tropischen Wald typische Beschäftigung mit Körpern, die in Sprache, Gedanken und Aussehen fremd waren und im Krieg erbeutet wurden, reichte von der exotischen Verstümmelung der Schrumpfköpfe bis hin zum Verzehr von Teilen des Körpers der Toten. Die Mundurucu nahmen die Köpfe ihrer Feinde und spießten sie in ihren Dörfern auf Stangen auf, ein Brauch, der unter Königin Maria Tudor auch im London des 16. Jahrhunderts und in den europäischen Kolonien des 17. Jahrhunderts wie z. B. New Amsterdam in Nordamerika verbreitet war, wenn auch wahrscheinlich ohne den mystischen Unterton.

Die Mundurucu sicherten ihre Lebensweise durch ihre Aggressivität. Die

Diese Bogenschützen, die in der Nähe des heutigen Rio de Janeiro lebten, versammelten sich an den Zugstraßen, um die großen Zugvögel abzuschießen. Die Jäger mußten ihre Füße zu Hilfe nehmen, um die ganze Kraft dieser überdimensionalen Bögen voll nutzen zu können.

Feindseligkeiten fanden immer in der Trockenzeit statt. Dann setzten die Kriegergruppen sich in Marsch und griffen wahllos andere Siedlungen an. Begründet wurden die Überfälle einerseits durch das Konzept der Blutrache und andererseits durch den Wunsch, den Feinden Angst einzujagen und ihre Krieger außer Gefecht zu setzen. Übrigens war es keine Kleinigkeit, einen Kopf zu erbeuten, vor allem dann nicht, wenn andere feindliche Krieger in der Nähe waren, die einen daran hindern wollten. Trotzdem erbeuteten die Mundurucu so viele Köpfe, daß alle Siedlungen am Rio Tapajos erzitterten, wenn sie diesen grausamen Kriegern begegneten oder auch nur hörten, daß sie sich auf dem Kriegspfad befanden. Zu Beginn der Regenzeit kehrten die erfolgreichen Kopfjäger in ihre Dörfer zurück, um langwierige Zeremonien einzuleiten, die bis zu drei Jahren dauern konnten. Diese religiösen Rituale hoben die übernatürlichen Kräfte des Trophäenkopfes hervor und waren Anlaß für ekstatische Feiern.

Wenn ein Kopf erbeutet war, wurde sofort mit den ersten Vorbereitungen begonnen. Lange vor der Rückkehr ins Dorf wurde das Gehirn entnommen. Die Zähne wurden ausgebrochen und sorgsam verwahrt. Dann wurde der Kopf gekocht und getrocknet, bis die Haut wie Pergament aussah. Eine Schnur wurde durch den Mund ein- und durch eines der Nasenlöcher wieder ausgeführt. Die starrenden Augen wurden mit Bienenwachs geschlossen. Kurz nach der Rückkehr ins Dorf führte der Erbeuter des Kopfes den ersten rituellen Akt durch, das »Dekorieren der Ohren«. Dabei wurden Anhänger aus den Federn fünf verschiedener Vogelarten, die in einem zeremoniellen Zusammenhang mit dem betreffenden Klan und seinem Klan-Geist standen, an den Ohren des Kopfes befestigt.

Dies war nur die erste der Pflichten, die der erfolgreiche Kopfjäger zu erfüllen hatte, der jetzt als ehrfurchtgebietender Held mit geheiligtem Status galt. Er mußte sich aller täglichen Aktivitäten enthalten und durfte auch keine sexuellen Kontakte zu seiner eigenen oder zu anderen Frauen haben, die unter normalen Umständen wohl ein bis zweimal die Woche stattgefunden hätten. Um den Anblick von Frauen zu vermeiden, nahm er schon ganz früh am Morgen sein rituelles Bad. Er verbrachte die meisten seiner Tage in seiner Hängematte im Männerhaus und sprach nur wenig und nur über ernste Themen. Er aß nicht mit den anderen Männern, sondern ging dazu ins Haus seiner Frau, wo die beiden jedoch so saßen, daß sie sich den Rükken zukehrten. Die Liste der Regeln, die er zu beachten hatte, war fast endlos, aber diese Regeln dienten nun einmal dazu, seine erhabene Person und seinen erhabenen Geist vor weltlicher Befleckung zu schützen. Seine spirituelle Kraft, allein schon seine Anwesenheit bei der Jagd, auch wenn er nicht aktiv daran teilnahm, genügte, um den Erfolg zu gewährleisten.

Wenn die nächste Regenzeit begann und das Dorf vollzählig versammelt war, führte der »Held« den zweiten Schritt der Zeremonie durch, das »Streifen der Haut vom Kopf«. Zu dieser Zeremonie wurden auch Gäste aus anderen Dörfern geladen, und es wurde gegessen, gesungen und getanzt. Der Kopf wurde enthäutet und der Schädel im Männerhaus aufgehängt. Zu Beginn der dritten Regenzeit erreichte das Ritual mit einer Zeremonie, die das »Hängen der Zähne« genannt wurde, seinen Höhepunkt. Die Zähne, die ja gleich zu Anfang ausgebrochen und verwahrt worden waren, wurden jetzt auf eine Schnur gefädelt, in einen Korb gelegt und in das Haus des Helden gebracht. Der wichtigste Teil dieser Zeremonie war ein die ganze Nacht dauernder Gesang der Männergesellschaft, zu der alle Mundurucu-Krieger aus den umliegenden Dörfern gehörten. Wenn das Fest vorbei war, und die Lieder zu Ehren der Krieger gesungen waren, kehrten sie in ihre eigenen Dörfer zurück. Damit verflogen auch die übernatürlichen Kräfte des Helden. Nach drei Jahren, in denen er als »Erbeuter des Kopfes« einen sehr hohen Status besessen hatte, nahm er jetzt wieder am täglichen Leben seines Dorfes teil, blieb aber für den Rest seines Lebens eine angesehene Persönlichkeit. In dieser dreijährigen Periode konnte es jedoch auch Komplikationen geben, so z.B., wenn seine Frauen ihm in dieser Zeit des erhöhten Status Kinder gebaren. Dann mußte er gleichzeitig die sich widersprechenden Rollen des Vater-in-Couvade, des möglicherweise betrogenen Ehemannes und des heldenhaften Kriegers spielen.

Wenden wir uns nun einem anderen Teilbereich des südamerikanischen Lebens des Jahres 1492 zu, und zwar der Atlantikküste Brasiliens. Zwischen der Insel Marajo an der Mündung des Amazonas und dem heutigen Rio de Janeiro lebten auf einem schmalen Küstenstreifen von etwa 3000 km Länge Tupi sprechende Völker, von den Anthropologen Tupinamba genannt. Sie waren Neuankömmlinge, die auf einer religiösen Pilgerreise ins verheißene Land ihrer Vorväter aus dem Herzen Amazoniens an die Küste gewandert waren. Ihre landwirtschaftlich orientierten Dörfer bestanden aus vier bis acht Gemeinschaftshäusern, die rund um eine Plaza angeordnet waren, auf der sich ein komplexes soziales und religiöses Leben abspielte, zu dem auch kannibalistische Praktiken gehörten.

Die Tupinamba liebten das Monumentale. Ihre Häuser waren 160 Meter lang und bis zu 35 Meter breit. Bis zu 30 Kernfamilien, also 100 bis 200 Personen, die durch Blut oder Heirat miteinander verwandt waren, lebten in diesen Gebäuden. Die Bevölkerungsgröße dieser Dörfer ließ die der Jívaro, Warrau und Mundurucu winzig erscheinen und entsprach der Komplexität des politischen, militärischen und religiösen Lebens der Tupinamba. Man fragt sich natürlich, wie es wohl gewesen sein muß, mit 200 Menschen aller Altersgruppen unter einem Dach zu leben. Die soziale Sichtbarkeit war sicherlich groß, und alle Bemühungen um Privatsphäre mußten größtenteils symbolisch bleiben. Nur zwei Pfosten trennten die Wohnbereiche der einzelnen Familien voneinander, die jede ihr eigenes Feuer hatte, das immer schwelte. Die Hängematten wurden so aufgehängt, daß sie als weitere symbolische Raumteiler dienten.

Ein Mittelgang führte zu den Öffnungen an den beiden Schmalseiten des Hauses und ermöglichte ein problemloses Kommen und Gehen. In den Häusern ging es sehr ordentlich zu. Die Haushaltsgerätschaften hingen von den Dachbalken, und kleine Tische, geschnitzte Bänke und viele verschie-

Ein Kontinent in Bewegung

dene Behälter aus Ton standen ordentlich auf dem festgetretenen Lehmboden.

Die Wohn- und Schlafregelungen im Haus sagten viel über die soziale Organisation der Tupinamba und über ihre ethnischen Vorstellungen. Zunächst einmal hatte das Oberhaupt dieses Teils der patrilinearen Abstammungsgruppe des Dorfes einen gesonderten Wohnbereich. Dort schlief er mit einer oder mehreren seiner Frauen, seinen Sklavinnen und vielleicht dem einen oder anderen Jungen, die ihm die verschiedensten Dienste leisteten. Dieser erprobte und immer noch virile Krieger saß, nur mit einem einen halben Meter langen Penisschutz bekleidet, auf einem geschnitzten Hocker, überwachte seine Großfamilie und ließ sich von ihr baden, hätscheln und füttern. Er brauchte sich keine Gedanken darüber zu machen, was es zu essen geben würde, denn es gab immer die traditionelle Kost des tropischen Waldes − Manioksuppe, vielleicht Mangara-Blätter als Gemüse und gekochten Fisch in seiner eigenen Brühe − alles gewürzt mit verschiedenen Pfeffersorten, die mit Meersalz zerrieben wurden. Schweigend ließ er sich die Mahlzeiten von seiner ältesten Frau in Schüsseln, Schalen und Tellern servieren. Der Rest der Familie bediente sich aus einem gemeinsamen Topf. Zum Schluß aßen die Sklaven, was übrig war.

Den größten Teil des Jahres bewirtschafteten die Tupinamba ihre Gärten, aber in den Monaten des Austernsammelns leerten sich die Dörfer. Dann zogen die Menschen an die Küste, um dort ihr Lager aufzuschlagen. Sogar die kleinen Kinder halfen mit und lernten dabei, wie die verschiedenen Schalentiere hießen, welche magischen Worte Glück brachten, wo die besten Sammelstellen waren und wie man die Austern räucherte. Gleichzeitig lernten sie, wieviel Freude es machte, mit allen anderen zusammen zu arbeiten. Die Tupinamba waren gern in großen Gruppen unterwegs, sei es, um Austern zu sammeln, entfernte Felder zu bewirtschaften, Honig zu suchen oder aus welchen Gründen auch immer. Aber das Austernsammeln machte ihnen besonders viel Freude, wie die riesigen Muschelhaufen − jetzt archäologische Laboratorien − beweisen. Vielleicht weil diese Küstengegend so arm an Wild war, existierte die Jagd für sie praktisch nur noch in ihren mythischen Erzählungen vom tierreichen Dschungel ihrer Vorfahren. Fischschaufeln, Drogen und Reusen hatten den Pfeil und Bogen ersetzt, und auch der Fischfang war eine gemeinschaftliche Aktivität, an der alle Altersgruppen der Großfamilie ihre Freude hatten.

Trotz des friedlichen Aspekts ihrer Gesellschaft erinnert man sich in erster Linie wegen ihrer kriegerischen Grausamkeit und wegen ihres Kannibalismus an die Tupinamba. Die Europäer beschrieben diese Aktivitäten in grausigen Details, obwohl es sich dabei größtenteils um Berichte handelte, die entweder der Phantasie entsprungen waren oder aus zweiter Hand stammten. Die Tupinamba und andere, wie z. B. die Kariben und die Cubeo, betrachteten den Verzehr von Menschenfleisch als eine rituelle Handlung, als einen Teil ihres Glaubens an die Fleischwerdung des Geistes. Der Verzehr von Menschenfleisch war ein Akt von übernatürlicher Bedeutung und wurde wie die Kopfjagd der Mundurucu für notwendig erachtet, um das Überleben der Rasse und den Segen der Geister der Ahnen zu sichern. Außerdem hieß es, die Tupinamba hätten nicht nur Kriegsgefangene verspeist, sondern auch eigene Stammesmitglieder, die auf irgendeine schreckliche Weise gegen die Werte und Normen ihrer Gesellschaft verstoßen hatten. Dadurch waren diese Missetäter unmenschlich geworden und mußten aus der Gesellschaft getilgt werden, indem man die übernatürlichen Mächte rituell versöhnte. Die Tupinamba errangen durch das zeremonielle Töten und Verzehren von Menschen also nicht nur Macht und Prestige, sondern sicherten gleichzeitig den Einklang mit dem Universum, das in den übernatürlichen Wesen personifiziert war, die unsichtbar in jedem Dorf lebten und, wenn sie auf die korrekte Weise behandelt wurden, den »Menschen« halfen, die bösen Geister des Dschungels abzuwehren und ihre Feinde zu besiegen.

Sogar der Krieg begann mit einer spirituellen Imprimatur. Eine Kriegertruppe brach auf, um den Tod und die kannibalistische Verspeisung eines Mitglieds ihrer eigenen Lineage zu rächen. Die Tupinamba berechneten Zeiträume nach dem Auf- und Untergang der Plejaden am Horizont und hatten von daher eine astronomische Orientierung für ihre wichtigsten Aktivitäten. Für sie als Gartenbauern hatte dieses kosmische Ereignis sowohl eine praktische wie auch eine übernatürliche Bedeutung. Auch die Zeit der Rache für den Mord an einem Bruder wurde durch die Stellung der Sterne am Himmel festgelegt, denn Erde und Himmel waren eins. Im richtigen himmlischen Augenblick wurde der Tag der Rache festgesetzt. Die Krieger wurden mit Fett eingerieben, mit Federn geschmückt, erhielten zeremonielle Ratschläge und wurden auf den Akt des Tötens eingestimmt. Die Tänze wurden beendet. Kein böses Omen war gesehen worden. Der Papagei hatte kein Unheil gesprochen.

In Erwartung des Rachefeldzuges waren die Kriegsgerätschaften vorbereitet worden: das Breitschwert, der Hartholzknüppel mit der rasiermesserscharfen Kante und der Schild aus Tapirhaut, den der Schamane gesegnet hatte. Die jungen Männer brachen mitten in der Nacht in aller Heimlichkeit auf, nachdem sie zuvor auf alle sexuellen Aktivitäten verzichtet und um sich herum eine Aura der rituellen Reinheit geschaffen hatten. Sie wurden von ihren Frauen begleitet, die Kinder mußten jedoch zu Hause bleiben.

Ein Kontinent in Bewegung

Ein phantasievoller Stich nach einer Zeichnung von Johann von Staden, der einen Angriff auf ein von Palisaden umgebenes Tupinamba-Dorf zeigt. Frauen und Kinder fliehen, während die Männer das Dorf verteidigen. Die Angreifer tragen Federn, ein paar verwenden Schilde. In der unteren rechten Ecke sind Kanus zu sehen.

Wenn der Weg weit war, benutzten sie Kanus. Manchmal, wenn sie viele Opfer finden mußten, setzte sich eine ganze Kanuflotte in Bewegung. Die Zahl der Opfer hing davon ab, wie groß die Abscheulichkeit war, die gerächt werden mußte.

Geheimnisse ließen sich in dieser Region nur schlecht wahren, und so wurde der Angriff natürlich erwartet. Wegen der Häufigkeit solcher Überfälle waren die Dörfer von Palisaden mit Schießscharten für das Abfeuern von Pfeilen umgeben, und manche hatten sogar Wassergräben. Auf beiden Seiten wurden Trompeten geblasen, und dann konnte die Schlacht beginnen. Wenn es den Angreifern nicht gelang, die Palisaden zu stürmen und das Dorf einzunehmen, errichteten sie eine Hecke aus Dornensträuchern und belagerten das Dorf. Sie beschossen die Häuser und Palisaden mit Brandpfeilen. Wenn sie das Dorf schließlich gestürmt hatten, wurden die Köpfe und Genitalien der niedergemetzelten Feinde abgeschnitten und zusammen mit den Gefangenen ins Dorf zurückgebracht. Die Genitalien wurden ausgelassen und vom Oberhaupt des Dorfes verzehrt. Dann wurde eine Zeit für die Folterung und Tötung der Gefangenen festgesetzt, die bis dahin jedoch gut behandelt wurden.

Für das Trinkgelage, das die Opferung der Gefangenen begleiten würde, wurde Chicha vorbereitet, und das Fleisch der Opfer wurde schon im voraus an die einzelnen Mitglieder des Dorfes verteilt. Die Gefangenen wurden geschmückt und gezwungen, mit den Dorfbewohnern zu singen und zu tanzen. Dann wurden sie mit einem speziellen Knüppel getötet, aber erst, nachdem man ihnen erlaubt hatte, ihre Fänger mit Steinen zu bewerfen. Das Blut der Opfer wurde getrunken und das Fleisch von allen gegessen, mit Ausnahme des Mannes, der sie getötet hatte. Dieser Mann nahm gleich nach der Opferung einen neuen Namen an und unterzog sich einer rituellen Reinigung, damit die Geister der Toten ihn nicht finden und ihm keinen Schaden zufügen konnten. Ähnliche Rituale gab es auch, wenn ein Jaguar erlegt worden war, ein Menschentöter, das mächtigste und wildeste Tier, das die Tupinamba jagten. Beide Zeremonien rankten sich unverkennbar um die Überzeugung, durch den Verzehr des Fleisches eines Feindes seine Kraft in sich aufzunehmen. Die Teilnahme an diesen Ritualen war obligatorisch.

Obwohl sie sich so erfolgreich an der Küste etabliert hatten, wanderten viele Tupinamba-Gruppen schließlich wieder ins Landesinnere, um das »Land des Großvaters« zu suchen, das ihnen vor vielen Generationen in einer schamanistischen Offenbarung versprochen worden war. Ihre Wanderungen führten manche von ihnen bis an den Rio Paraguay, wo sie als Guarani bekannt wurden. Andere drangen bis an die Osthänge der Anden vor. Zu diesen Tupi-Pilgern gehörten die Siriono im Osten Brasiliens, die sich mit Mühe und Not bis ins 20. Jahrhundert hinüberretten konnten. Auf welchem Weg genau sie aus ihrem Heimatgebiet in den Osten Brasiliens gelangt waren, welche kulturellen Elemente sie zurückließen oder ob sie von aggressiven Völkern in die unzugänglichen Hochwälder abgedrängt worden waren, ist nicht bekannt. Sie waren jedoch ein Beispiel für eine Gesellschaft, die auf halbem Weg zwischen tropischen Waldgärtnern und nomadischen Jägern und Sammlern stehenblieb. In den tropischen Wäldern Südamerikas gab es Enklaven vieler anderer Völker, die genau wie die Siriono eine rudimentäre Bodenbewirtschaftung kannten, ihren Lebensunterhalt jedoch fast ausschließlich durch die Jagd und das Sammeln bestritten. Die Guayaki, Südlichen Cayapo, Shiriana, Guahibo, Guaitaca, Moro, Puri-Coroado, Waica (Yanomamo), Macu, Chiricoa, Guarahibo und Ya-

Ein Kontinent in Bewegung

ruro gehörten zu diesen Völkern, die im Jahre 1492 Teile des Kontinents bewohnten.

Die Siriono oder Mbia, »Menschen«, wie sie sich selbst nannten, unterschieden sich beträchtlich von ihren mächtigeren Nachbarn, den Bodenbau treibenden, Arawak sprechenden Mojo und Chiquito. Die Siriono, die fast ständig in Bewegung waren, lebten in provisorischen Siedlungen unter primitiven Windschirmen aus Stangen, die an die Bäume gebunden und zum Schutz vor dem ewigen Regen mit Palmenblättern gedeckt wurden. Diese Windschirme waren bemerkenswert groß und konnten eine ganze matrilinear organisierte Gruppe von 40 bis 100 Menschen aufnehmen. Wie ihre weit entfernten Tupinamba-Vorfahren lebten auch die Siriono nicht gern getrennt voneinander in kleinfamiliären Einheiten.

Alle drei bis vier Tage packten sie ihre Habseligkeiten zusammen und wanderten zu Fuß weiter, denn die Flüsse waren nicht tief genug für Kanus. Die Männer trugen ihre Bögen und Pfeile, die Frauen ihre Grabstöcke, die Kinder, die Hängematten, die Tragnetze und die in grüne Palmwedel eingewickelten glühenden Kohlen für das nächtliche Feuer. Da sie die Kunst des Feuermachens nicht kannten, mußten sie die glühenden Kohlen entweder immer bei sich tragen oder sich immer wieder neues Feuer von anderen Gruppen borgen. Wenn sie gelegentlich einmal etwas anpflanzten, suchten sie sich dafür natürliche Lichtungen aus, da sie nicht über die Steinwerkzeuge verfügten, die für den Schwendbau nötig gewesen wären. Sie betrieben keinen großen Aufwand um die kleinen Mengen an süßem Maniok, Süßkartoffeln und Tabak, die sie anbauten, und erzielten dementsprechend magere Ernten. Sie folgten dem Wild auf eine Weise, die sie rechtzeitig zur Ernte wieder zu ihren Gärten zurückführte. Aber den größten Teil ihres Bedarfs an Gemüse und Früchten deckten sie durch die wilden Produkte ab, welche die Frauen auf den Tageswanderungen sammelten.

Anstelle von Kleidung bemalten die Siriono ihre Körper zur Zierde und zum Schutz vor Insekten mit Uruku. Außerdem trugen sie Halsketten aus Tierzähnen, an denen sie zum Schutz vor übernatürlichen Kräften, die Krankheiten oder den Tod brachten, den Penisknochen des Nasenbärs oder die Gelenkknorpel von Harpyien befestigten.

Im Laufe eines Lebens konnte ein Mann sich mehrere Frauen nehmen. Die Hängematte der ersten Frau hing rechts neben der des Mannes, die der zweiten links von ihm, die der dritten zu seinem Kopf und die der vierten (sofern es sie gab) zu seinen Füßen. Da die Wohnsitzregelung matrilokal war und die Frauen in den meisten Fällen matrilinear miteinander verwandt waren, hielten die häuslichen Spannungen sich für gewöhnlich in Grenzen. An der Spitze einer lokalen Lineage, die sechs bis sieben Familien umfaßte und eine Jagdgruppe bildete, stand ein Haushaltsvorstand. Die Siriono besaßen relativ große Jagdreviere, trugen aber keine territorialen Kämpfe miteinander aus und zogen sich eher aus einem Gebiet zurück, wenn sie von aggressiveren Nachbarn bedroht wurden. Ein einfacher Glaube an Buschgeister bestimmte ihre tägliche Jagd, und sie hatten nur wenige Mythen – ihre Vergangenheit war in der alle Kräfte erfordernden Gegenwart, in der die Angst vor dem Hunger allmählich ihre Träume durchdrang, in Vergessenheit geraten.

Wenn wir mit den Flüssen nach Süden ziehen, mitten durch das Herz des Kontinents, gelangen wir schließlich in eine riesige Tiefebene, den Gran Chaco, ein riesiges Jagdrevier, in dem alle Welt in ständiger Bewegung war. Im Osten bildete der Rio Paraguay die Grenze und trennte die Chaco-Völker von einer weiteren Gruppe Tupi sprechender Pilger, den Guarani Paraguays, die dörfliche Gartenbauern des tropischen Waldes waren. Im Westen reichte die Ebene bis an die Ausläufer der Anden, wo die Bodenbau treibenden Chiriguano und Chane beheimatet waren. Im Süden ging sie in die Pampas über. Der Chaco war eine kulturelle und ökologische Sackgasse, in der die Bräuche der Andenvölker und der Bewohner des tropischen Waldes einen toten Punkt erreicht hatten und nur in hochgradig abgemilderter Form überlebten. Im nördlichen Chaco gab es eine relativ lieblose Form des Bodenbaus, ähnlich der, die für die Siriono beschrieben wurde. Sie wurde jedoch, je weiter man nach Süden kam, ganz durch die Jagd und das Sammeln abgelöst.

Im Chaco lebten viele kleine Gesellschaften, die vielen verschiedenen Sprachfamilien angehörten. Die wichtigsten, vor allem im mittleren und südlichen Teil, waren die Sprecher von Guaycuru-Dialekten. Der Name Guaycuru, den die Guarani verwendeten, bezog sich auf die kriegerischen Abipon, Mocovi, Caduveo, Lule, Mascoi, Toba, Pilaga, Mbaya und andere. Ihre Umwelt unterschied sich drastisch von der des tropischen Waldes. Einen Teil des Jahres war der Chaco sehr trocken und verzeichnete mit die höchsten Temperaturen in ganz Südamerika. Hätte es die saisonalen Überschwemmungen der Flüsse nicht gegeben, die riesige Lagunen entstehen ließen, wäre das ganze Gebiet bald nur noch eine unbewohnbare, rissige, aufgesprungene Kruste gewesen. Wenn diese Lagunen einmal unerwartet austrockneten, waren die Menschen gezwungen, an die Flüsse abzuwandern, wo sie sich gegenseitig territoriale Rechte streitig machten, ähnlich wie sie es in der Saison für den Fischfang taten.

Obwohl der Chaco einmal trockene Ebene und ein andermal unpassierbares Sumpfgebiet war, gab es hier mehr wilde Pflanzen und früchtetragende Bäume als im tropischen Wald. Der immergrüne Algarrobobaum

Ein Kontinent in Bewegung

trug große, fleischige Früchte (Johannisbrot), die getrocknet und das ganze Jahr über verzehrt werden konnten. In den Sümpfen und an den größeren Flüssen wuchsen viele Palmenarten, die ebenfalls Früchte trugen. Außerdem wimmelte es von Wildtieren, und die Flüsse führten entsprechend der Jahreszeit Unmengen von Fischen. Für Außenstehende wie die Guarani und die Chiriguano war der Chaco ein abschreckendes Gebiet. Für die Guaycurua hingegen war er ein Land der Fülle, das sie sehr erfolgreich ausbeuteten. Die unterschiedlichen Reifezeiten der verschiedenen eßbaren Pflanzen und ihre unregelmäßige Verteilung zwangen die Bewohner des Chaco dazu, in jährlichen Zyklen von Ort zu Ort zu ziehen. Gelegentlich trennten sich kleine familiäre Gruppen von der Hauptgruppe und begaben sich allein auf die Suche nach Nahrung, um sich schließlich wieder der Hauptgruppe anzuschließen, wodurch Größe und Zusammensetzung der Wildbeutergruppen stark schwankten. Die gesellschaftliche Organisation und die gesellschaftlichen Aktivitäten richteten sich in erster Linie nach dem Sammelzyklus, was zu keiner Zeit offenkundiger wurde als zur Ernte der Algarrobofrüchte, zu der die verwandten Gruppen sich wieder zusammenfanden. Dies war dann die Zeit, verwandtschaftliche Bande zu erneuern, Feste zu feiern, Verlobungen zu arrangieren, Heiraten zu vollziehen und unter der Anleitung des Schamanen die erforderlichen Rituale abzuhalten, kurzum, eine Zeit der Freude und der Bestätigung ihres Glaubens an ihre Einzigartigkeit als »Menschen«. Nässe, Trockenheit, Erschöpfung und Festlichkeiten – das war der Rhythmus des Lebens im Chaco.

In jedem Jahr gab es zwei Monate, in denen alle Bewohner des Chaco, auch die, die weit im Landesinneren lebten, ihre angestammten Territorien und ihre semi-permanenten Häuser verließen und an die Flüsse Pilcomayo, Bermejo und Paraguay zogen. Obwohl sie dabei fremde Territorien durchqueren und infolgedessen mit Feindlichkeiten rechnen mußten, strömten sie an die Flüsse, um die Laichzüge der Fische zu erwarten. Wenn möglich wurde durch Verhandlungen und Zahlung von Lebensmitteln an die dort bereits ansässigen Gruppen ein friedlicher Zugang gesucht, wenn nicht, kam es eben zu offenen Auseinandersetzungen. Manche, wie die Mataco, Pilaga und Ashluslay, fischten in kollektiven Gruppen. Andere, wie die Abipon, Mocovi und Toba, arbeiteten in Großfamilien. An den schnelleren Flüssen wurden zwei Arten von Netzen, eines davon starr, das andere flexibel, verwendet. Gelegentlich, wenn es besonders viele Fische gab, wurden auch Pfeil und Bogen oder die bloßen Hände benutzt. Angelhaken und Fischgifte waren unbekannt.

Außerhalb der Fischsaison ging wenigstens ein Mann aus jeder Großfamilie täglich auf die Jagd. Wenn die ganze Gruppe gemeinsam zu einem neuen Lagerplatz umzog, schweiften die Männer sofort aus, um möglichst viele Tiere zu erlegen, während die Frauen ihnen mit den Lasten und den Kindern folgten. Aber auch sie ließen keine Gelegenheit ungenutzt, wilde Wurzeln, Echsen, Samenkörner und eßbare Insekten zu suchen. Wenn das neue Lager aufgeschlagen war, stellten die Männer Fallen auf, um welche die Frauen sich kümmern mußten, während sie selbst erneut mit Pfeil und Bogen, Speer, Knüppel und Bola loszogen, um den hochgeschätzten Jaguar, das Nabelschwein, den Nandu, den Hirsch oder Wasservögel zu jagen. Sie wußten, daß sie auf jeden Fall Ameisenfresser, Gürteltiere, Füchse und Leguane finden würden, aber auch Tapire und Kaimane waren keine ungewöhnliche Beute.

Die Männer bearbeiteten die neuen Jagdgebiete, indem sie das Gras in Brand steckten und die großen Tiere aus ihren Höhlen aufscheuchten. Kleinere Tiere, die vor dem Feuer flüchteten, wurden mit Knüppeln erschlagen, und die, die in der Feuersbrunst umgekommen waren, wurden eingesammelt und entweder an Ort und Stelle verzehrt oder ebenfalls ins Lager zurückgebracht. Dann kreisten die Männer die größeren Tiere ein und rückten immer näher an sie heran. Weniger gefährliche Tiere, wie der Nandu oder der Hirsch, wurden mit Knüppeln erschlagen, aber um das Nabelschwein oder gar den Jaguar zu erlegen, brauchte man viele Scharfschützen, die sozusagen ein Sperrfeuer eröffneten. Nach erfolgreicher Jagd kehrten die Männer schwer beladen ins Lager zurück, wo sie so lange blieben, bis die Fleischvorräte wieder knapp wurden.

Die Chaco-Indianer kannten aber auch noch andere Jagdmethoden. Der Nandu z. B. wurde auch auf der Pirsch erlegt. Dazu tarnten die Jäger Kopf und Schultern mit Grasbüscheln und schlichen sich so nahe an das Tier an, daß sie es mit Pfeil und Bogen erlegen oder mit der Bola fangen konnten. Die Anwohner des Rio Pilcomayo beklebten ihre Köpfe und Arme mit Nandufedern und hüpften unter Nachahmung der Bewegungen der Vögel so dicht an sie heran, daß sie sie töten konnten. Außerdem trugen sie Amulette um den Hals, die aus Nandufedern und aus dem Gras und den Blättern gemacht waren, von denen die Vögel sich nährten. Andere Jäger malten sich schwarz an, da sie glaubten, daß sie dadurch für die Vögel unsichtbar seien. Andere rieben ihren Körper mit magischen Pflanzen ein. Da sie glaubten, die Fähigkeiten der Tiere gingen durch Verzehr auf den Menschen über, aßen sie am liebsten Tiere, die sie achteten oder wegen ihrer Wildheit fürchteten, also den Jaguar, das Nabelschwein und den Tapir. Aber ganz gleich, um welches Tier es sich handelte, es wurde stets vollständig verzehrt, einschließlich der Innereien samt Inhalt.

Auch wenn die Chaco-Indianer sich für einen Monat oder länger an ei-

Ein Kontinent in Bewegung

nem festen Ort niederließen, waren ihre Behausungen eher kläglich. Sie wurden von den Frauen errichtet, die mit ihren Grabstöcken Löcher in den Boden bohrten, die kreisförmig oder oval angeordnet und so tief waren, daß man dicke Zweige hineinstecken konnte, deren Spitzen sie so ineinander verflochten, daß sie ein kuppelförmiges Dach bildeten. Verwandte Familien errichteten lange, gemeinschaftliche Unterkünfte, die aus mehreren kleinen, individuellen Hütten bestanden. Die Unterkünfte wurden immer an Stellen errichtet, an denen es Wasser und Bäume oder Sträucher gab, so daß die Menschen sich im Fall eines Angriffs in ein leichter zu verteidigendes Versteck zurückziehen konnten.

Komplizierte Körperbemalungen und Tätowierungen nahmen die Stelle von Bekleidung ein. Die Menschen trugen höchstens bei sehr kaltem Wetter Umhänge aus Häuten. Ansonsten kannten sie primitive Mokassins, die ihnen die Wanderung über lange, von der Sonne ausgedörrte Strecken erleichterten, und schmückende Gürtel aus geknoteten und gefärbten Caraguata-Schnüren. Für die Guayacuru waren Körperverzierungen, nicht Bekleidung, ihr ganzer Stolz, wozu vor allem die auffälligen Lippen- und Ohrpflöcke gehörten. Diese wurden von klein auf eingeführt und ständig vergrößert, so daß die Ohrläppchen eines älteren Menschen bis auf die Schultern reichen konnten und die Unterlippe wie eine vorragende Zunge aussah. Eine Gruppe betrieb diesen Brauch in solch extremem Maße, daß die Spanier ihnen den Namen Lengua gaben. Die Mocovi bohrten Federn durch ihre Wangen, während andere Gruppen sich die Köpfe rasierten, so daß eine Art Tonsur oder kahle Stelle entstand, die von der Stirn bis zum Scheitel reichte. Die Frauen der Pilaga, Abipon und Mocovi waren am ganzen Körper mit komplizierten Mustern tätowiert, mit denen schon in frühester Kindheit begonnen und die vor ihrer Heirat fertiggestellt wurden. Außerdem wurden alle Teile des Körpers mit Genipa und Urucu, Ruß, Asche und Mineralien, die verschiedene Schwarztöne ergaben, in komplizierten Mustern bemalt. Die Körperbemalung war übrigens mehr als eine kosmetische Kunst, sie hatte auch eine große symbolische Bedeutung, da sie den Schutz der Krieger gewährleistete.

Die Guaycuru besaßen im ganzen Chaco und bei den benachbarten Guarani den Ruf, besonders wilde und grausame Krieger zu sein. Sie kämpften hauptsächlich aus den altbekannten Motiven: um den Tod eines Gruppenmitglieds zu rächen, Übergriffe auf angestammte Jagd- und Fischereigründe zu verhindern und Frauen und Kinder feindlicher Gruppen gefangenzunehmen. Traditionell verfeindet waren die Toba und die Pilago, die Mataco und die Toba, die Abipon und die Mocovi und so weiter. Und natürlich bekämpften alle Chaco-Völker, die am Rio Paraguay lebten, selbst jene, die

Diese Zeichnung einer Camaca-Frau, die an der südöstlichen Küste des heutigen Brasilien lebte, stammt von Jean Baptiste Drebet, einem französischen Künstler, der von 1816 bis 1831 in der Region lebte. Die Frau ist mit halbmondförmigen Mustern geschmückt, die auf ihre Brust aufgemalt sind; sie trägt eine Reihe von Halsketten und frische Blumen in ihrem Stirnband.

Ein Kontinent in Bewegung

nur saisonal hierher kamen, die Guarani, die auf der anderen Seite des Flusses ansässig waren. Außerdem bekämpften die Chaco-Mbaya die Caduveo und Guana des brasilianischen tropischen Waldes. Diese Blutfehden wurden wie Jagdexpeditionen gehandhabt und von relativ kleinen Kriegergruppen durchgeführt, die mit großer Geschicklichkeit den Feind anschlichen. »Es ist an der Zeit«, sagte der Älteste der Lineage, »den Tod unseres Verwandten zu rächen.« Mit diesen Worten setzte er die Kriegsmaschinerie in Gang. Soeben hatte er von einer seiner Jägergruppen gehört, daß eine einzelne Familie den Hauptteil einer feindlichen Gruppe verlassen und ihr Lager auf offenem Gelände aufgeschlagen hatte, was sie zur leichten Beute machte. Die verwandten Männer aus den anderen Haushalten wurden aufgefordert, sich an der Diskussion über mögliche Taktiken zu beteiligen. Die Vorbereitungen für den Überfall und die damit verbundenen Trinkgelage und Tänze, die den Mut der Männer stärken sollten, dauerten oft mehrere Tage. Es waren immer die Männer, die tanzten, aber auch die Frauen und Kinder nahmen an den Festlichkeiten teil, tranken Chicha und lauschten dem Geschichtenerzähler der Lineage, der das Selbstvertrauen der Männer förderte, indem er von vergangenen militärischen Erfolgen erzählte und den jungen Leuten einschärfte, wie wichtig Tapferkeit und Mut waren. Die Krieger selbst beachteten bestimmte Sexual- und Nahrungstabus, um ihre Kräfte nicht zu verausgaben. Sie bemalten ihre Körper mit roter und schwarzer Farbe und legten ihre kriegerischen Insignien an. Die Abipon, Mocovi und Mbaya befestigten Tukanschnäbel oder Hirschgeweihe an ihren Stirnbändern. Feindliche Skalpe und Köpfe, die bei früheren Kämpfen erbeutet worden waren, wurden anläßlich der Tänze zur Schau gestellt, die zur Musik von Pfeifen und Flöten, die aus den Beinknochen getöteter Feinde hergestellt waren, durchgeführt wurden.

Da es vor allem auf Heimlichkeit und Überraschung ankam, fand der Überfall vor Anbruch der Morgendämmerung statt. Wenn er nicht auf Anhieb erfolgreich war oder einer der eigenen Krieger getötet wurde, trat man in aller Eile den Rückzug an. Dieses vorsichtige Vorgehen war für alle Chaco-Gesellschaften typisch, und tatsächlich gab es nur selten einmal Todesfälle zu beklagen, denn der Tod hatte für sie nichts Ruhmreiches. Diese Kriegertruppe war jedoch erfolgreich und kehrte mit ihren Trophäen – Köpfen, Skalpen und gefangenen Frauen und Kindern – wohlbehalten ins Lager zurück. Die Köpfe wurden auf Stangen aufgespießt; die Skalpe wurden an die Frauen verteilt, die einen Mann im Krieg verloren hatten; die feindlichen Frauen und Kinder wurden als Arbeitssklaven in die Gruppe aufgenommen, manche der Frauen später aber auch geheiratet oder zu Konkubinen gemacht. Dann fingen die Festlichkeiten an. Zum Schlagen der

Trommeln tanzten die Kriegerfrauen mit ihren neu erworbenen Trophäen, stießen Freudenschreie aus und sangen Lieder, mit denen der Feind geschmäht wurde. Der Genealoge und Historiker der Lineage nahm ebenfalls an den Aktivitäten teil, erzählte Geschichten von vergangenen Blutfehden und versprach zukünftige Siege. Anschließend bereitete die Gruppe sich auf den erwarteten Gegenangriff vor. Wenn er nicht sofort erfolgte, zog sie weiter, um in sicherer Entfernung ein neues Lager aufzuschlagen – ein taktischer Rückzug.

Wenn die Krieger eigene Tote zurückbrachten, gab es keine Siegesfeier, denn dann hatten die Begräbniszeremonien Vorrang. Wenn ein Mensch starb, gleich ob im Kampf oder an einer Krankheit, wurde die Leiche schnell, aber mit aufwendigem Zeremoniell begraben. Alle Mitglieder der Gruppe versammelten sich, und verstreute Gruppenmitglieder wurden durch Rauchsignale herbeigerufen. Die Lineage-Ältesten und der Schamane leiteten die Zeremonie, die dafür sorgen sollte, daß der Geist des Verstorbenen nicht lange in der Nähe verweilte, sondern sich unverzüglich auf den Weg in die Nachwelt begab. Wenn der Verdacht bestand, daß der oder die Betreffende an den Folgen von Zauberei gestorben war, wurden besondere Vorsichtsmaßnahmen getroffen. Die Abipon entfernten dann das Herz und die Zunge der oder des Verstorbenen, kochten sie und beerdigten sie getrennt vom Körper. Die Mocovi häuften Stroh über die Leiche und verbrannten sie. Die Lengua schnitten die Stelle auf, an der der böse Geist in den Körper eingedrungen war, und füllten die offene Wunde mit glühenden Kohlen, der Kralle eines Gürteltiers und roten Ameisen. All diese Handlungen sollten dazu beitragen, den fremden Zauberer zu besiegen.

Nach der Beerdigung begann die Gruppe mit den eigentlichen Trauerzeremonien. Manchmal wurde die ganze Siedlung niedergebrannt, andere Male nur der ganze Besitz des oder der Verstorbenen, damit der Geist nicht zu den überlebenden Mitgliedern der Gruppe zurückfinden konnte. Die Begräbnisriten der Abipon waren die wohl spektakulärsten. Sie dauerten eine ganze Woche, manchmal sogar noch länger. Die Frauen der Gruppe sangen und schrien nach Rache, sprangen herum und fuchtelten wild mit den Armen. Nackt, mit wehenden, wirren Haaren, tanzten sie zum Schlagen der Trommeln und zum Gellen der Pfeifen und stießen dabei laute Zisch- und Klagelaute aus. Wenn sie sich zwischendurch einmal ausruhen mußten, sprang der Schamane ein und sang Klagelieder. Nach einer Woche war es dann Zeit, die Abreise der Seele des Verstorbenen zu ihrer letzten Ruhestätte im Land der Geister zu feiern. Der Geist hatte das Lager jetzt verlassen, und die Gruppe war spirituell gereinigt und von neuem Leben erfüllt. Die Mataco und Lengua glaubten, daß die Toten in eine Unterwelt eingin-

Ein Kontinent in Bewegung

gen, wo es ebenfalls Familien und Gruppen gab, die eine Art blasse Fortsetzung des irdischen Lebens führten. Die Toba dachten sich die Nachwelt im Himmel, wo die Sonne immer schien. Aber ganz gleich, welchem Glauben sie anhingen oder ob sie ihn von den Bewohnern der Anden oder der tropischen Wälder übernommen oder selbst entwickelt hatten, ihre Vorstellungen von Moral und vom richtigen Umgang mit den Toten dienten dazu, die Menschen in einem gemeinsamen Ritual zu vereinen, das den Lebenden Trost und Kraft spendete.

Wir wollen die Jäger und Sammler des Gran Chaco ihrer unablässigen Suche nach neuen Jagdgebieten überlassen, wohl wissend, daß die Stunde ihrer historischen Größe kommen würde, nachdem sie von den Spaniern das Pferd übernommen und das Reiten gelernt hatten und zum Schrecken einer Region geworden waren, die bedeutend größer war als die, die sie im Jahre 1492 bewohnten. Die Übernahme des Pferdes und seine militärische Nutzung führten zu drastischen Veränderungen der wirtschaftlichen, politischen, militärischen und religiösen Organisation der Guaycuru und gipfelten in einer der dramatischsten kulturellen und ökologischen Anpassungen, die in der Folge des Kontakts mit den Europäern in Südamerika vorgenommen wurden.

Im Süden ging der Chaco in die argentinische Pampa über, eine riesige, trockene, baumlose Ebene mit schulterhohen Sägezahngräsern. Seit neustem wird dieses langgestreckte Dreieck des Kontinents von den Anthropologen als Südlicher Kegel bezeichnet, eine bildhaft nützliche geographische Beschreibung. Im nördlichen Teil des Kegels, zwischen der Atlantikküste und den Ausläufern der Anden, lebten die Charrua, Querandi und Puelche als Jäger und Sammler auf den grasbewachsenen Pampas. Der südliche, schmalere Teil des Kegels war bedeutend trockener als die Pampa und besaß nicht ihren üppigen Grasbewuchs. Hier gab es weite, sandige und felsige Gebiete mit Dornenstrauchvegetation und sehr wenig Oberflächenwasser. Es war die Heimat der Tehuelche, die auf ihren Wanderungen sogar bis an die Magellanstraße vordrangen, eine Region, die Patagonien (Land der großfüßigen Menschen) genannt wird, da Magellans Seeleute der Meinung waren, die hier lebenden, relativ großgewachsenen Indianer hätten extrem große Füße. Tatsächlich waren ihre Mokassins nur zum Schutz gegen die Kälte mit Stroh ausgestopft und täuschten nur die ungeübten Augen der Europäer.

Die Bewohner dieser kargen, baumlosen Wildnis liebten und verstanden ihr Land, und sie nutzten es durch einfallsreiche Jagd- und Sammelmethoden und mit der Hilfe übernatürlicher Kräfte. Sie lebten nicht in Hütten, sondern in Toldos oder Windschirmen aus Guanakohäuten, die an zwei bis

Eine patagonische Frau, wie im Bericht der amerikanischen Forschungsexpedition Charles Wilkes dargestellt, der 1845 veröffentlicht wurde. Sie hatte bemalte Wangen und Lippen und trug nicht viel mehr als diesen Umhang aus Guanacohäuten.

Ein Kontinent in Bewegung

drei in den Boden eingelassenen Stangen befestigt wurden. Holz war nur schwer zu finden, und wenn, dann wurde es mit steinernen Beilen zu Stangen zugehauen, die so kostbar waren, daß sie jahrelang verwendet und von den Frauen auf ihren fast täglichen Wanderungen von einem Lager zum nächsten mitgeschleppt wurden. Hier, am südlichen Zipfel des Kontinents, wehte immer ein heftiger Wind. Feuchtkalte Stürme, die von den rauhen Gewässern des Atlantik oder der Antarktis herbeizogen, fegten über die Steppe. Die Patagonier schützten sich, indem sie ihre ansonsten nackten Körper in die Häute von Guanako, Fuchs, Wildkatze und Jaguar hüllten oder kleinere Felle zu einer Art Umhang zusammennähten. Beide Geschlechter trugen Schambedeckungen aus Häuten, bemalten ihre Körper und trugen Schmuck aus Knochen. Auch Tätowierungen waren üblich. Außerdem hatten die Männer die Angewohnheit, ihre spärlichen Gesichtshaare sorgfältig auszuzupfen.

Zwanzig oder mehr Toldos, alle mit ihrer eigenen Feuerstelle, bildeten das Lager einer patrilinearen Jägergruppe. Wenn es genügend Wild gab, blieben die Menschen zwei bis drei Tage an einem Ort, bevor sie wieder weiterzogen. Wenn nicht, brachen sie das Lager schon am nächsten Tag ab und wanderten zur nächsten Wasserstelle, um den Tieren aufzulauern, die zum Trinken hierher kamen. Da es kaum Flüsse und Seen gab, waren sowohl die Menschen als auch die Tiere auf die weit verstreuten Wasserlöcher angewiesen, und die Jäger kannten sie und die Gewohnheiten der Tiere ganz genau.

Die einzelnen Jägergruppen unterhielten freundschaftliche Beziehungen zu ihren Nachbarn, obwohl sie ihre eigenen, relativ fest umrissenen Territorien gegen fremde Übergriffe verteidigten. Wenn eine Gruppe einmal dazu gezwungen war, im Territorium ihrer Nachbarn zu jagen, mußte sie, wenn sie keine Feindlichkeiten riskieren wollte, erst die Genehmigung dazu einholen. Gute Beziehungen zwischen den Gruppen waren aber auch deshalb notwendig, weil sie die Grundlage für die Eheschließungen bildeten. Die patrilinearen Gruppen waren exogame soziale Einheiten, was bedeutete, daß die Männer nur Frauen aus anderen Gruppen heiraten durften. Eine Heirat mit einer Frau aus der eigenen Gruppe galt als Blutschande. In den periodisch auftretenden Trockenzeiten kam es gelegentlich vor, daß mehrere Gruppen sich an einem der wenigen, noch nicht ausgetrockneten Wasserlöcher zusammenfanden und sich das kostbare Wasser teilen mußten. Das war dann die Zeit, in der Heiraten zwischen den Mitgliedern zweier Gruppen verabredet und die Bedingungen für Brautpreis und Mitgift ausgehandelt wurden. Gleichzeitig nutzte man die Zeit auch für gemeinsame religiöse Zeremonien, für die Pubertätsriten von Jungen und Mädchen und für die Feiern von Geburten. Aber bevor es soweit war, mußte erst eine große kollektive Jagd veranstaltet werden, um genügend Nahrungsmittel für die Feierlichkeiten selbst und für die Zeit zu beschaffen, in der das übliche Muster der Jagd und des Sammelns unterbrochen war. Auch der Tod war eine Angelegenheit, die mehrere Lineages betraf, da die meisten Menschen Verwandte in mehreren Gruppen hatten. Die Trauerzeremonien wurden so lange aufgeschoben, bis die gemeinsame Teilnahme der verschiedenen Gruppen sichergestellt war.

Unter den Völkern, die wir bisher kennengelernt haben, waren die Tehuelche die einzigen, die an einen höchsten Gott glaubten. Er war ein müßiger Gott, den menschliche Belange nicht sonderlich kümmerten. Dafür aber war sein böser Gegenspieler um so aktiver; er wurde für alles Unglück verantwortlich gemacht. Die meisten religiösen Zeremonien, die in der Öffentlichkeit abgehalten wurden, hatten das Ziel, diesen bösen Gott zu besänftigen. Dem höchsten Gott brachte man individuelle und spontane Gebete dar. Er war der »Herr der Toten«, der jenseits der Sterne lebte. Zu ihm kamen die Seelen von Menschen, die auf die gebührende Weise beerdigt und betrauert worden waren. Aber nur, wenn es sich um eine alte Frau oder einen alten Mann handelte. Wenn ein junger Mensch starb, kam er zunächst in eine Art Unterwelt, wo er warten mußte, bis er alt geworden war. Dann ging seine Seele in ein neugeborenes Kind der eigenen Lineage über – eine Art Reinkarnation, welche die Tehuelche von anderen Völkern unterschied.

Ein Stück südlich von Patagonien, auf der anderen Seite der stürmischen Magellanstraße, lebten die Ona, die den größten Teil der Tierra del Fuego bewohnten, das Ende des Kontinents. Ihre Lebensweise und ihre religiöse und moralische Ordnung ähnelte der der Tehuelche, zu denen sie in Kontakt standen, obwohl weder die einen noch die anderen Kanus besaßen. Die Schalentiere sammelnden Yahgan, die den Archipel am Rande der Tierra del Fuego bewohnten und auf ihrer täglichen Nahrungssuche auf das Kanu angewiesen waren, transportierten die Ona oder Tehuelche gelegentlich über die tückischen Wasser der Straße.

Die Bewohner des Südlichen Kegels und die Ona lebten in einer tierreichen Umgebung, in der die Menschen sich zu patrilinearen Gruppen aus mehreren Familien zusammenschließen und gemeinsam auf die Jagd gehen konnten. Im Gegensatz zu ihnen lebten die Yahgan und ihre Nachbarn auf dem Archipel, die Alacaluf in unabhängigen Kleinfamilien, die sich von den kärglichen Ressourcen einer Umwelt nähren mußten, die für die gemeinschaftlichen Aktivitäten einer großen Gruppe nicht ausgereicht hätten.

Die Yahgan, die sich selbst Yamana nannten, »menschliche Wesen«, be-

Ein Kontinent in Bewegung

wohnten zahlreiche kleine Inseln, bei denen es sich eigentlich um die Spitzen versunkener Berge am südlichen Rand der Tierra del Fuego handelte, wo die durchschnittlichen Temperaturen höchstens im Sommer auf vielleicht zehn Grad anstiegen. Diese Inseln ragten manchmal bis zu einer Höhe von 500 Metern über den Meeresspiegel auf, waren dicht bewaldet und von modernden Baumstämmen und dichtem Unterholz bedeckt. Da eine Fortbewegung zu Lande fast unmöglich war, war die Welt der Yahgan bestimmt von den Wassern der sie umgebenden stürmischen See. Eine Kette zerklüfteter Berge, die zwischen ihnen und den in der Ebene lebenden Ona aufragte, isolierte sie zusätzlich, und da weder die eine noch die andere Gruppe die Umgebung der jeweils anderen verstand, besaßen sie weder den Wunsch noch die technischen Voraussetzungen, sich das benachbarte Territorium zunutze zu machen.

Tag für Tag, ganz gleich ob es regnete, stürmte oder schneite, war die typische Yagan-Familie, nackt bis auf ein paar dürftige Umhänge aus zusammengenähten Robben- oder Fuchsfellen, in ihrem lecken Kanu unterwegs, um die Nahrungssuche zu betreiben. Mutter, Vater und Kinder hatten jeweils ganz bestimmte Aufgaben zu erfüllen. Wenn sie den Strand einer der winzigen Inseln erreichten, sammelten die Mutter und die Kinder Muscheln, welche die Grundlage der Ernährung bildeten. Wenn es Krebse gab, wurden sie von allen gesammelt. Wenn irgend jemand entdeckte, daß es in der seichten Brandung auch Seeigel gab, richtete die Aufmerksamkeit sich zunächst auf sie. Schon die Kleinkinder wußten, wie man Krebse und Seeigel mit angespitzten Stöcken fing, während die Erwachsenen dreizackige Forken benutzten, die bedeutend effektiver waren. Irgendwann bauten die Mutter und die älteren Kinder dann die an einen Bienenkorb erinnernde Hütte und fingen an, den Fang des Tages zu kochen. Währenddessen fuhr der Vater mit dem Kanu weiter hinaus, um sein Glück beim Fischfang zu versuchen.

Das Kanu war das einzige Fortbewegungsmittel, das die Familie besaß. In ihm wurde die gesamte Habe der Familie transportiert: Speere, Knüppel, Angelschnüre, Tragnetze und zusätzliche Kleidungsstücke und natürlich die Häute und Stangen, die für den nächtlichen Unterschlupf gebraucht wurden. Möglicherweise fand sich in diesem Kanu sogar ein Herd aus Lehm, auf dem die Yahgan-Familie die immer brennenden Kohlen für ihr Feuer hütete, die Kochutensilien und das, was sonst noch alles für das tägliche Leben benötigt wurde.

Gelegentlich reparierte der Vater sein Kanu, indem er defekte Teile ersetzte oder die Schnüre neu spannte, um es abzudichten. Ein solches Kanu war schon ein bemerkenswertes Gebilde, zwischen vier und sieben Meter lang, etwa einen Meter breit und vorn und hinten abgestumpft. Die äußere Bespannung bestand aus etwa 2 cm dicker Rinde, die mit Knochenmeißeln und Muschelschalenmessern von einem speziellen immergrünen Baum abgeschält wurde. Die Boden- und Seitenteile wurden mit Walknochen zusammengenäht und mit einer Mischung aus Gras und Lehm abgedichtet. Wenn die Bespannung angebracht war, wurden Streben aus Hartholz eingefügt und mit dem Schandeck verbunden. Um ein solches Kanu zu bauen, mußten Männer aus mehreren Familien zusammenkommen und ihre Jagd- und Sammeltätigkeiten für mehrere Tage unterbrechen, was bedeutete, daß zumindest ein kleiner Nahrungsmittelvorrat angelegt werden mußte. Vor allem aber hing der Bau eines Kanus vom zufälligen Zusammentreffen mehrerer miteinander verwandter Familien ab.

Obwohl das Leben der Yahgan voller Risiken und Gefahren war, hatten sie immer genug zu essen. Sie hatten sich auf bemerkenswerte Weise an ihre rauhe Umgebung angepaßt. Einer der wichtigsten Gründe für ihren Erfolg war die tief in ihrem kulturellen Wertesystem verankerte Regel, daß die natürlichen Ressourcen eines Gebietes niemals vollständig aufgebraucht werden durften. Dieser behutsame Umgang mit ihrer Umgebung war die Garantie dafür, daß sie Monate später zum Sammeln an dieselben Strände zurückkehren oder auf denselben Felseninseln Robben und Vögel jagen konnten.

Die einzelnen Familien lebten den größten Teil des Jahres voneinander getrennt, obwohl sie sich gelegentlich vielleicht von weitem sahen oder sich während ihrer nicht berechenbaren Wanderungen auf der Nahrungssuche auch einmal kurz begegnen mochten. Sie zogen dorthin, wo es Nahrung gab, und zwar jede Familie für sich, ungeachtet dessen, was die anderen machten. Da das Vorkommen von Nahrung von Monat zu Monat und von Jahr zu Jahr schwankte, hatten sie, anders als die Ona, die Tehuelche und andere Wildbeuter des Südlichen Kegels, keine festen Routen, an die sie sich hielten.

Höchstens der Zufall sorgte dafür, daß einmal mehrere Kleinfamilien zusammentrafen und längere Zeit zusammenbleiben konnten. Für wie lange, das hing von einer plötzlichen, unvorhersehbaren Nahrungsmittelfülle ab, wenn z. B. ein toter oder sterbender gestrandeter Wal gefunden wurde, eine Robbenherde im seichten Wasser einer Lagune festsaß oder Tausende von nistenden Vögeln auf einer der winzigen Inseln gesichtet wurden. Wer immer einen solchen Glücksfall als erster entdeckte, rief die anderen mit Rauchsignalen herbei, damit sie bei der Jagd mithelfen und an dem anschließenden Fest teilnehmen konnten. Wahrscheinlich kam es nur höchst selten einmal vor, daß genau dieselben Familien zweimal hintereinander an einem solchen Gemeinschaftsunternehmen beteiligt waren.

Ein Kontinent in Bewegung

Unter den vielen Völkern des Amazonas-Beckens heben sich die Cubeo besonders ab, da sie sich ein ausgeprägtes Trauerritual erhalten haben, durch das die Seelen verstorbener Gemeindemitglieder verabschiedet werden. Dieses Kostüm aus Baststoff, das im zwanzigsten Jahrhundert gesammelt wurde, ist Ausdruck für die Komplexität und den Fortbestand des zeremoniellen Lebens der Region (Field Museum of Natural History).

Wenn es um eine Insel mit nistenden Vögeln ging, versammelten die verfügbaren Männer sich am Strand einer benachbarten Insel, die vielleicht nur 50 Meter von der Zielinsel entfernt lag, und warteten dort, bis es dunkel war und die Vögel sich für die Nacht niedergelassen hatten. Dann überquerten sie die kurze Wasserstrecke in ihren Kanus, landeten so leise wie möglich, verteilten sich am Ufer und arbeiteten sich im Kreis zu den Nistplätzen vor. Auf ein bestimmtes Signal hin zündeten sie Fackeln an, stürzten sich in den Kreis hinein und erschlugen die geblendeten und vom Licht verwirrten Vögel mit Knüppeln.

Ein gestrandeter Wal war eine völlig andere Sache. Hier kam es nicht auf Vorsicht und Geschicklichkeit an, hier mußte hart gearbeitet werden. Männer, Frauen und Kinder fielen mit allem, was sie an scharfen Werkzeugen hatten, über das Tier her. Es war mühsam und zeitaufwendig, die dicke Haut eines vier bis fünf Meter langen Wals zu durchstoßen. Sobald es gelungen war, ein Loch in das Tier zu hacken, wurde es so lange vergrößert, bis man genügend Blubber und Fleisch entnommen hatte. Das Fleisch wurde wie das der getöteten Vögel über einem offenen Feuer geröstet, da es keine Töpfe gab, in denen man es hätte kochen können. Zum Teil wurde es auch roh verzehrt, manchmal selbst dann noch, wenn es schon verdorben war.

Zu solchen Zeiten fanden auch die Gruppenzeremonien statt, welche die Vielfalt der religiösen und moralischen Vorstellungen der Yahgan widerspiegelten. Außer Walen, Vögeln und Robben wurden auch Muscheln, Krebse, Seeigel und Fische gefangen, so daß genügend Vorräte da waren, um die Ciexaus veranstalten zu können, ein Pubertätsritual, das den Übergang vom Kindes- ins Erwachsenenalter markierte und ohne das niemand heiraten konnte. Zu dieser formalen Anerkennung der Pubertät gehörte die Einweisung der jungen Leute in die Geheimnisse von Leben und Tod und in die religiösen Moralvorstellungen, welche die Verantwortlichkeiten und Gefahren des Lebens betonten.

In der Zeit der Vorratsbeschaffung für das Fest fingen andere Mitglieder der Gruppen an, ein großes Haus aus Zweigen zu bauen, das sie, so gut es eben ging, mit den Häuten abdeckten, die sonst für die eigenen, bienenkorbförmigen Hütten benutzt wurden. Die Hauptäste, die das Dach trugen, wurden rot, weiß und schwarz bemalt, genau wie die symbolischen Tafeln, die im Inneren des Hauses aufgehängt wurden. Obwohl die Ciexaus für Jungen und Mädchen in der Pubertät abgehalten wurden, nahmen alle Erwachsenen als Sponsoren daran teil. Die Jungen und Mädchen trugen federgeschmückte Kopfbedeckungen und hielten einen bemalten Stock in der Hand. Sie saßen mit gekreuzten Beinen in der Mitte des Hauses und hörten

Ein Kontinent in Bewegung

respektvoll zu, während ihre Unterweiser ihnen die moralischen Wertvorstellungen erläuterten, zu denen die Verpflichtung gehörte, hart zu arbeiten, großzügig mit anderen Yahgan zu teilen und sich friedfertig und erwachsen zu verhalten, gefolgt von einer langen Reihe von Dingen, die man tun und nicht tun durfte. Es wurde ihnen eindringlich vorgehalten, daß jede Mißachtung dieser Regeln das Höchste Wesen verärgern würde, das sie daraufhin möglicherweise mit einem frühen Tod bestrafen würde. Die Zeremonien gipfelten in Gesang, Tanz und einem Festschmaus, der so lange dauerte, bis die Nahrungsvorräte aufgebraucht waren. Dies war die einzige gemeinschaftliche Aktivität, die es gab.

Nördlich der Yahgan, auf der anderen Seite des Beagle Channel, führten die Alacaluf ein ganz ähnliches Leben, mit ähnlichen Ritualen. Wie die Ona und Yahgan hielten auch die Alacaluf ihre Rituale nur in Zeiten des Überflusses ab. Sie schickten dann Rauchsignale gen Himmel, um ihre nächsten Verwandten herbeizurufen, die das bevorstehende Ereignis auf die gleiche Weise an wiederum andere Gruppen weitergaben. Die Zusammenkünfte waren folglich oft ungewöhnlich groß, und es verstand sich von selbst, daß die nächsten Verwandten bei der Ausrichtung des Festes mithalfen. Die Alacaluf benutzten die Rauchsignale auch, um sich gegenseitig vor feindlichen Angriffen der Yahgan aus dem Süden oder der Chono aus dem Norden zu warnen – oder vor Bedrohungen durch andere Alacaluf, zu denen es aufgrund interner Blutfehden ebenfalls kommen konnte.

Im Norden der Alacaluf lebten die Chono, die in einer fast identischen, gefährlichen Umgebung ebenfalls Kanus benutzten. Eingezwängt zwischen den Alacaluf und den Südlichen Mapuche, welche die Insel Chiloe vor der südchilenischen Küste bewohnten, waren die Chono die Empfänger vieler verschiedener kultureller Einflüsse und vieler verschiedener Lebensweisen. Obwohl ihr Gebiet ebenso unwirtlich war wie das der Alacaluf, gab es bei ihnen kleine Teilgebiete, in denen Bodenbau möglich war, und die Chono hatten den Mapuche einige einfache Techniken der Bebauung abgeschaut. Sie pflanzten Kartoffeln an, die sie einlagerten und die ein Bollwerk gegen die Unwägbarkeiten der Jagd und des Sammelns bildeten. Dennoch waren sie in den meisten Aspekten ihrer kulturellen und sozialen Organisation ihren aquatischen, nomadischen Nachbarn vom südlichen Archipel ähnlich.

Wenn wir das Territorium der Chono nach Norden zu verlassen, vorbei an der Insel Chiloe, und in die bewaldeten Hügel der Festland-Mapuche eindringen, kommen wir wieder an unseren Ausgangspunkt in der Nähe der Fundstätte der eiszeitlichen Mastodonjäger zurück, die vor 15 000 Jahren deutliche Belege für eine menschliche Besiedlung hinterließen.

Im Jahre 1492 hatten Teile Südamerikas eine landwirtschaftliche Revolution erlebt, die es den Menschen ermöglichte, Nahrungsmittelüberschüsse zu erwirtschaften, die große Bevölkerungen in relativ dauerhaften Siedlungen ernähren konnten. Die Zentralanden erlebten den Höhepunkt dieser Entwicklung und den Aufstieg von Staaten und Kaiserreichen. Aber auch die Mapuche waren Nutznießer der landwirtschaftlichen und anderen Erfindungen, die sich von Peru aus bis in ihr südliches Territorium ausbreiteten.

Als Kolumbus in der Karibik eintraf, besaßen die Mapuche eine blühende Landwirtschaft, zu der acht oder neun verschiedene Maissorten, über 30 Kartoffelsorten und Unmengen von Chilis gehörten. Außerdem wurden auch andere Wurzeln, verschiedene Getreidearten und eine Vielzahl von Früchten angebaut. Alles in allem zogen sie über 60 verschiedene Feldfrüchte in reicher Fülle. Abgesehen davon sammelten sie verschiedene Wildpflanzen, wodurch weitere 75 Arten zu den Pflanzen hinzukamen, die sie anbauten. Obwohl sie Guanakos und diverse Vögel wie Tauben, Enten und Gänse jagten, hatte die Jagd für sie keine große Bedeutung und war aufgrund der dichten Bewaldung schwierig und wenig lohnend. Der Fischfang und das Sammeln von Schalentieren wurden nur von den an der Küste ansässigen Mapuche betrieben. Meerbrassen, Ährenfische, Flundern und Meeräschen wurden entweder mit Netzen oder Speeren gefangen, und Seeigel, Krabben und verschiedene Muschelsorten wurden von Männern und Frauen gesammelt.

Die Landwirtschaft bildete die Grundlage der Subsistenzsicherung und unterschied sich vom Schwendbau der tropischen Wälder. Die Mapuche rodeten das Land für ihre Gärten zwar auch, indem sie Bäume durch Anschlagen absterben ließen und anschließend verbrannten, aber hier endeten die Ähnlichkeiten mit den Methoden der Bewohner des tropischen Waldes, denn die Mapuche konnten dasselbe Stück Land immer wieder bebauen. Die Tatsache, daß sie ein Feld für gewöhnlich ein Jahr brachliegen ließen, so daß der Boden sich erholen konnte, läßt auf eine völlig andere landwirtschaftliche Technologie schließen. Sie bedeutete, daß die Mapuche ihr ganzes Leben lang an ihrem Heimatort bleiben konnten. In den trockeneren, nördlichen Teilen des Territoriums praktizierten sie auch Bewässerung und legten Kanäle an, durch die das Wasser gleichmäßig verteilt wurde. So wurden sie von Regenfällen unabhängiger.

Für alle Mapuche – die im Norden, im Süden, in den Anden und an der Küste – war der Mais das wichtigste Anbauprodukt. Dazwischen wurden auf demselben Feld Bohnen angebaut, so daß die Maisstengel den Bohnen auch nach der Maisernte als Stütze dienen konnten. Bei der ersten Rodung entfernten die Mapuche das gesamte Unterholz, das sie als Brennholz be-

Ein Kontinent in Bewegung

Diese Illustration aus den Memoiren des anglikanischen Missionars H. J. Bernau zeigt die Fischfangmethoden, welche die Anwohner des Flusses Berbice verwendeten, wenn der Wasserstand niedrig war. Stammesangehörige bereiten ein Gift vor, indem sie Reben zerstampfen und in einen Teilbereich des Flusses streuen, den sie abgezäunt haben. Die betäubten Fische werden in die Einbaumkanus gesammelt. Größere Fische werden mit Pfeil und Bogen erlegt.

nutzten. Die größeren Bäume wurden zu Brettern verarbeitet und für den Hausbau verwendet. Aus dicken Zweigen machten sie Einzäunungen für die Pferche ihrer domestizierten Lamas, die ihnen als Packtiere und Wolllieferanten dienten und bei besonders wichtigen Zeremonien gelegentlich auch verzehrt wurden.

Den Boden, der im Laufe der Jahre immer weicher wurde, bearbeiteten sie mit einer hölzernen Schaufel und einem dreizackigen Stock. Ein einfacher Grabstock war alles, was man brauchte, um die Löcher für die Samenkörner zu stechen. Die Männer erledigten die schwere Arbeit. Die Frauen und Kinder pflanzten die Samen ein, jäteten das Unkraut und halfen bei der Ernte. Die Feldarbeit wurde von ganzen Nachbarschaften auf gemeinschaftlicher Basis erledigt, wobei jeder Haushalt dem anderen half, bis die ganze Arbeit getan war. Die Ernten gehörten aber trotzdem der Familie, der das Feld gehörte. Jede Phase der Feldarbeit – die Aussaat, die Bearbeitung der Felder und das Einbringen der Ernte – wurde mit einem Fest abgeschlossen.

Die Mapuche lebten nicht in Dörfern, sondern in geräumigen patrilinearen Großfamilienhäusern, die zusammen verstreute Siedlungen von Blutsverwandten ergaben. Die Häuser, die inmitten der Felder lagen, befanden sich zwar in Sichtweite, aber dennoch in beträchtlicher Entfernung voneinander. Die Siedlungen lagen immer inmitten von sehr gutem Ackerland, also in Tälern, auf Ebenen und in der Nähe der Flüsse und Bäche, von denen das Land der Mapuche viele hatte. Die Hügel waren bewaldet und lieferten Holz für den Hausbau, für die sogenannten »Festungen«, die als Beobachtungsposten dienten, und gelegentlich für die Palisaden, mit denen die kleinen Festungen, in denen die Menschen in Zeiten feindlicher Überfälle Schutz fanden, umgeben waren. Die Mapuche überfielen sich gegenseitig in regelmäßigen Abständen, um Blutfehden auszutragen, ähnlich wie es bei den Bewohnern des tropischen Waldes der Fall war.

In den nördlicheren Teilen ihres ausgedehnten Territoriums wußten die Mapuche ihre palisadengeschützten Festungen zu nutzen, als die Armeen der Inka aus den Zentralanden herabmarschiert kamen, um sie zu unterwerfen und zu Arbeitskolonien zu machen. Die Inka konnten mit der Unterwerfung der nördlichen Mapuche oder Picunche zwar einen Teilerfolg verbuchen, wurden jedoch von der riesigen Bevölkerung im Herzen des Mapuche-Territoriums zurückgeschlagen. Die Mapuche kannten keine richtiggehende Stammesorganisation und keine militärischen Anführer für Friedenszeiten, konnten jedoch in Zeiten großer militärischer Auseinandersetzungen beträchtliche Kampfkräfte aufbieten, indem sie »den Pfeil weiterreichten«, ein Zeichen zum Sammeln, das selbst über weite Strecken von einer Lineage-Gruppe an die nächste weitergegeben wurde. Aus den besten und weisesten Lineage-Ältesten wurden dann die militärischen Anführer ausgewählt, die ihre Funktion aber nur für eine bestimmte Zeit innehatten. Weniger als eine Generation nach dem mißlungenen Versuch der Inka, die Mapuche zu unterwerfen, erlitt die Armee von Pedro de Valdivia das gleiche Schicksal. Überhaupt schlugen die Mapuche die weißen Armeen und Siedler bis ins Jahr 1882 immer wieder zurück. Erst dann baten sie um Frieden und akzeptierten ein Leben in Reservationen.

Seit Kolumbus' Zeiten sind viele einheimische Gesellschaften in Südamerika in der Folge von Kontakten mit den Europäern und aufgrund jahrhundertelanger Verfolgungen durch deren Nachfahren verschwunden. Dennoch gibt es viele, die überleben und sogar gedeihen konnten. Zu ihnen gehören die Mapuche. Mit über einer Million Menschen stellen sie im heutigen Chile eine der größten einheimischen Bevölkerungen dar, der es gelungen ist, sich ihre kulturelle und moralische Identität zu bewahren.

Die traditionellsten ihrer Werte lassen sich anhand ihrer religiösen Bräuche erkennen, denn sie haben der Christianisierung fast vollständig widerstanden. Obwohl ihre Beteiligung an Feierlichkeiten wie der landwirtschaftlichen Fruchtbarkeitszeremonie bedeutend größer ist als im 15. Jahr-

Ein Kontinent in Bewegung

hundert und bei den heutigen Ritualen andere Früchte und Tiere eine Rolle spielen, wird das Pantheon der Naturgötter, angeführt von einem anthropomorphen Höchsten Wesen, noch heute durch Tieropfer und das Verbrennen von Feldfrüchten angebetet. Böse Geister werden immer noch durch maskierte Tänzer ferngehalten, während die Priester, alles alte Männer aus den patrilinearen Abstammungsgruppen, dem Höchsten Wesen und bestimmten Naturgottheiten wie dem Gott und der Göttin des Westwindes und dem Gott und der Göttin der Fülle rituelle Gesänge darbringen. Sie sagen Dank für die gute Ernte, für die Vermehrung der Tiere und für das Wohlergehen der Menschen und bitten die Götter immer noch, auch in Zukunft ihren Segen über die Mapuche, die alten »Menschen des Landes«, auszustreuen.

8. Kapitel

Im Reich der vier Weltgegenden

Von Alan Kolata

Im Herbst des Jahres 1492, kurz bevor die Flotte von Christoph Kolumbus in der Karibik Land sichtete, bereitete sich im Südwesten, in den Anden, ein einheimischer Herrscher darauf vor, die Macht über das größte Reich zu übernehmen, das die beiden Amerikas je gesehen hatten. In jenem Jahr stand der Inka Huayna Capac, der letzte unabhängige Erbe einer bemerkenswerten Anden-Tradition, die ihre Wurzeln in einem aggressiven religiösen und kulturellen Proselytismus hatte, kurz vor seiner Krönung zum obersten Herrscher über ein Reich von gewaltigen Ausmaßen. Der Name, den die Inka ihrem Reich gaben, spiegelte ihre Überzeugung wider, die Welt der Anden erobert zu haben: Tawantinsuyu, das Reich der Vier Weltgegenden.

Zu den Ländern dieses Reiches gehörte eine verwirrende Vielfalt natürlicher Landschaften voller krasser Gegensätze, die sich über die Staatsgebiete von fünf modernen Andenrepubliken erstreckten: Peru, Bolivien, Chile, Argentinien und Ecuador. Die Welt der Inka umfaßte ein erstaunliches Spektrum radikal unterschiedlicher Umweltzonen, die von krassen Gegensätzen in den Bereichen Klima, Vegetation, Topographie und Bodenbeschaffenheit und von anderen subtileren biologischen und physikalischen Eigenschaften geprägt waren.

Die wilde Vielfalt des Terrains und damit auch des ökologischen Potentials stellte ein beträchtliches Hindernis für das Zustandekommen einer regionalen politischen Einheit dar. Dennoch gelang es den Armeen der Inka, die Macht ihrer Herrscher von den schroffen, zerklüfteten Bergen und Tälern des Hochlands von Peru bis an die trockenen Küsten, die den westlichen Rand des südamerikanischen Kontinents säumten, und von den feuchten, subtropischen Enklaven, die in die mächtigen östlichen Flanken des

Im Reich der vier Weltgegenden

Andenmassivs eingelagert waren, bis zu den kalten, rauhen und anscheinend endlosen Hochebenen des Titicaca-Beckens auszudehnen.

Die gesellschaftlichen Hindernisse, die dem politischen, wirtschaftlichen und militärischen Apparat der Inka auf ihren Eroberungszügen im Weg standen, waren in ihrer Vielfalt nicht weniger verwirrend und in ihrer Komplexität und Größe nicht weniger entmutigend. Auf seinem Höhepunkt umfaßte das Reich der Inka über 200 ethnische Gruppen, von denen die meisten eigenständige, gegenseitig unverständliche Sprachen sprachen. Die imperiale Bürokratie versuchte, die verschiedenen Gesellschaften, die das ganze Spektrum menschlicher Organisationsformen umfaßten, erst zu unterwerfen und dann zu verwalten, angefangen bei den kleinen, verstreut lebenden Gruppen von Jägern und Sammlern, welche die isolierten, dicht bewaldeten Randregionen des östlichen Ecuador und Peru bevölkerten, bis hin zu den mächtigen und extrem reichen Staaten der Pazifikküste und des andinen Altiplano, wie den Königreichen der Chimú, Chinca, Lupaca und Colla.

Ungeachtet der gewaltigen ökologischen und gesellschaftlichen Schranken, die der Schaffung eines Großreiches entgegenstanden, gelang es den Inka in nur drei Generationen – im 15. und frühen 16. Jahrhundert –, von einer kleinen Stammesgruppe, die im eng umgrenzten, relativ peripheren Bergland rund um Cuzco im südlichen Hochland von Peru um Vorherrschaft stritt, zur größten politischen Einheit der Region aufzusteigen. Ihr Herrschaftsbereich umfaßte ein Gebiet von knapp 5000 Kilometern, von Norden nach Süden gemessen, und schätzungsweise sieben Millionen Menschen.

Im ganzen Gebiet der Anden beherrschten öffentliche Arbeiten, welche die Inkakaiser in Auftrag gaben, die natürlichen Landschaften und veränderten sie zum Teil völlig. Monumentale Städte, Tempel und Festungen aus Stein, wundervoll geplante und angelegte Straßen, welche die granitenen

---

Am Neujahrstag des Jahres 1613 vollendete ein älterer peruanischer Christ namens Don Felipe Guaman Poma de Ayala seine »A First New Chronicle on Good Government« und schickte sie an den König von Spanien. Ein großer Teil dieser Bitte um Reformen beschrieb das Leben in den Anden vor der spanischen Eroberung im Jahre 1532. Da der Verfasser ein einheimischer Amerikaner war und einer Familie angehörte, die dem Inka-Regime gedient hatte, gilt seine »Chronik« als einzigartige Quelle für das Studium des alten Peru, auch wenn es keinen Beweis dafür gibt, daß der König von Spanien sie je las. Hier steht ein inkaischer Gouverneur vor einer Hängebrücke an der königlichen Straße, welche die ganze Länge des Königreichs der Berge durchlief. Beachten Sie vor allem die Sandalen, die formale Tunika und die Ohrspulen des Gouverneurs – alles Zeichen seines hohen Status.

Im Reich der vier Weltgegenden

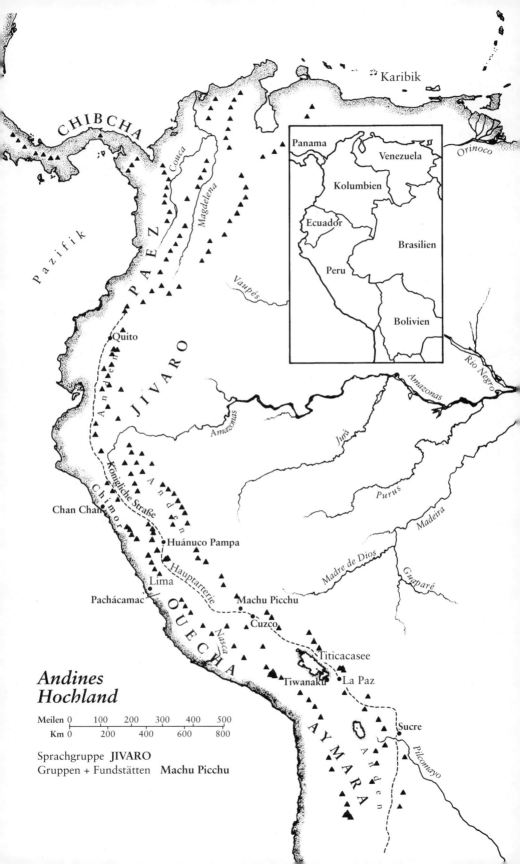

Berghänge durchschnitten, und vor allem riesige landwirtschaftliche Terrassen und Bewässerungssysteme waren kennzeichnend für die Macht und Produktivität der Inka. Dennoch sind es nicht so sehr diese beeindruckenden Leistungen des Inkareiches, die uns hier interessieren, als vielmehr die Prozesse, die zu ihrem Zustandekommen führten.

Wie sahen zum Beispiel die kulturellen Institutionen aus, die den imperialistischen Ehrgeiz der Inka strukturierten und vorwärtstrieben? Welche Art von Macht übten die Inka über die eroberten Provinzen aus, die teils sehr weit von der kaiserlichen Hauptstadt Cuzco entfernt waren? Wie gelang es ihnen, die gewaltigen Arbeitskräfte zu mobilisieren, die nötig waren, um ihre Kriegsmaschinerie in Gang zu halten und die aufwendigen, monumentalen öffentlichen Bauten und Anlagen zu errichten und zu erhalten? Welche Wahrnehmungen, Gedankenprozesse und Glaubensvorstellungen prägten das Weltbild der Inka und verliehen ihnen in ihren eigenen Augen das Recht, andere Nationen zu beherrschen? Und welche Auswirkungen hatten die radikalen gesellschaftlichen Veränderungen, welche die Inka bei ihrer Entwicklung zum Staatswesen und zum Kaiserreich durchmachten, auf die Struktur ihrer eigenen Nation und auf die ethnischer Gruppen, die sie unterwarfen?

Die Beantwortung dieser Fragen verwickelt uns in eine Untersuchung der Sozialgeschichte und der Dynamik zivilisatorischer Entwicklung in den Anden. Die imperialen Leistungen Tawantinsuyus waren keineswegs das brillante Werk der Könige von Cuzco, wie die höfischen Geschichtsschreiber es uns in virtuoser Selbstüberschätzung gern glauben machen würden. Sie waren nicht in einem kulturellen Vakuum entstanden. Die Wurzeln der inkaischen Zivilisation waren ähnlich wie die ihrer mesoamerikanischen Gegenspieler, der Azteken, fest im Boden früherer kultureller Traditionen verwurzelt. Lange vor den Inka war die politische Geschichte der Anden vom dramatischen Kommen und Gehen anderer, älterer Stadtstaaten und Reiche geprägt gewesen. Die Anden-Hochlandstaaten der Wari und der Tiwanaku hatten in denselben Regionen, welche die Inka 700 Jahre später erobern sollten, ein dauerndes Erbe aggressiver imperialer Expansion hinterlassen. Viele der organisatorischen Instrumente, welche die Inka benutzten, um die lokalen Bevölkerungen in das Joch ihrer Zentralregierung zu zwingen, waren in den Jahrhunderten vor ihnen von diesen frühen räuberischen Staaten erdacht und ausgearbeitet worden. Sie waren im pan-andinen Repertoire der Staatenbildung seit langem gewöhnliche Münze gewesen.

Ähnlich war es an der Wüstenküste Nordperus gewesen, wo das Königreich Chimú von einer Dynastie göttlicher Könige beherrscht wurde, die Generationen, bevor die Inka auch nur daran dachten, ein Reich zu grün-

Im Reich der vier Weltgegenden   271

Dieser modellierte Wasserkrug aus Ton, der mit einer Katze verziert ist, stammt aus der Chimú-Region des heutigen nördlichen Peru. Die Inka annektierten die Chimú um das Jahr 1470 herum und machten sie zu einer eigenen Provinz in einem schnell expandierenden Reich. Gegenstände wie dieser wurden in der Folge in den Anden weit gehandelt (Field Museum of Natural History).

den, die Ressourcen und den Gehorsam einer riesigen Bevölkerung gewaltsam für sich in Anspruch nahmen. Die reichverzierten Paläste und königlichen Grabstätten in Chan-Chan, der bemerkenswerten Hauptstadt von Chimú, waren zu einer Zeit, als die ersten Führer der Inka noch ein wirrer Haufen rivalisierender Kriegsherren waren, die in primitiven, befestigten Einfriedungen lebten, Schauplatz unvorstellbarer Demonstrationen königlicher Macht und königlichen Reichtums gewesen. Die Ideologie und die Praxis eines göttlichen Königtums, wie auch die anderen Institutionen, die später untrennbar mit den Inka assoziiert wurden, waren keineswegs ein Monopol der Herren von Cuzco. Eine lange Reihe existierender kultureller Vorstellungen, gesellschaftlicher Institutionen und wirtschaftlicher Systeme bestimmte die wichtigsten Umrisse, wenn nicht gar den genauen Verlauf der Staatsgeschichte der Inka.

So war denn die Geschichte der Inka, die im Jahre 1492 gerade dabei waren, ihr Andenreich auszudehnen, das letzte vorkolumbische Kapitel einer überaus komplexen, lebendigen Saga menschlicher Anpassungen über mehrere Jahrtausende hinweg, und dies in einer von eindrucksvollen landschaftlichen Extremen geprägten Umwelt. Der Prozeß der erfolgreichen kulturellen Anpassung an die rauhen Gegebenheiten der Anden-Welt hatte bei einem breiten Spektrum von Kulturen in dieser wichtigen Region, einer von nur zweien in der Neuen Welt, die Zeuge der Entwicklung einer vormaligen Zivilisation wurden, zu ähnlichen organisatorischen und institutionellen Reaktionen geführt.

Im großen und ganzen besteht der einzigartige und auffälligste Aspekt der andinen Welt darin, daß sie in horizontale und vertikale Bänder gegliedert ist. Wenn man, von Norden her kommend, der Pazifikküste folgt, werden die horizontalen Bänder von den Küstenflüssen gebildet, welche die monotone, graubraune Wüste durchschneiden, die zu den unwirtlichsten Gegenden der Erde gehört. Diese Flüsse, die wie fruchtbare Gürtel in einer ansonsten sterilen und feindlichen Umwelt liegen, wurden im Laufe der Jahrtausende zu Oasen für die Küstenvölker.

Die vertikalen Bänder ergeben sich durch die bergige Natur der Anden. »Wer«, schrieb Herman Melville in *Moby Dick*, »konnte Wangen haben wie Queequeg, die, gestreift in verschiedenen Tönungen wie die westlichen Hänge der Anden in Reih und Glied kontrastierende Klimen zeigen, Zone um Zone?« Diese klimatische Schichtung, die Melville inspirierte, ist das Ergebnis von Höhenunterschieden, die mit unterschiedlichen Niederschlagsmengen und topographischen Wechseln einhergehen. Insgesamt können wir uns die andine Umwelt als eine Art Gitter vorstellen, in dem es im küstennahen Teil der Täler abwechselnd fruchtbare und unfruchtbare Zonen gibt, während die vertikalen Zonenveränderungen durch das allmähliche Ansteigen der Niederschlagsmengen verursacht werden. Die Veränderungen innerhalb des Gitters sind horizontal sehr stark ausgeprägt, während sie vertikal subtiler sind und die unterschiedlichen Mikro-Umwelten allmählich ineinander übergehen.

Aufgrund dieser mannigfaltigen Bänder, die jeweils Zugang zu unterschiedlichen natürlichen Ressourcen bieten, ist es nicht weiter verwunderlich, daß die ökologischen und ökonomischen Systeme in der alten Anden-Welt untrennbar miteinander verknüpft waren. Am dramatischsten war diese Verknüpfung in den Hochlandregionen – den intermontanen Becken, den bergigen Osthängen und dem Altiplano –, in den Kernregionen des Inkareiches. Hier hatten die ungleichmäßige räumliche Verteilung und die nur zeitweilige Verfügbarkeit von Mitteln zur Subsistenzsicherung einen weitreichenden Einfluß auf die Struktur der einheimischen Andenbevölkerungen.

Die meisten einheimischen Völker, welche die Inkas in ihr Tawantinsuyu

Im Reich der vier Weltgegenden

Terrassierte Felder in der Nähe von Cuzco. Andine Bauern legen diese Felder an den Flanken des Urubamba-Tales an, um ihre bergige Umwelt maximal zu nutzen (American Museum of Natural History).

integrierten, waren relativ autarke Bodenbauern, die im allgemeinen genügend Nahrungsmittel produzierten, um ihre Bedürfnisse befriedigen zu können. Die Bewohner der Hochlandbecken in über 3000 Meter Höhe waren jedoch beträchtlichen Einschränkungen unterworfen, da die Zahl der Pflanzen, die sich hier noch anbauen ließen, begrenzt war. In den Höhenlagen der Anden ist die Landwirtschaft von Natur aus riskant und stets gefährdet durch Frost, Hagel, Wind, Dürren und Überschwemmungen. Nur relativ unempfindliche, höhenangepaßte Knollenpflanzen, wie z. B. Kartoffeln, Oka, Ulluco und Mashwa und die einzigartigen Chenopodium-Gewächse Quinoa und Caniwa, gedeihen in dieser kargen Umgebung. In Zahlen ausgedrückt, können etwa 95 Prozent der wichtigsten andinen Nutzpflanzen in Höhenlagen unter 1000 Metern angebaut werden, während sich nur 20 Prozent problemlos in Höhen über 3000 Metern anbauen lassen.

Die Auswirkungen dieser unterschiedlichen Verteilung der Ressourcen sind klar. Um Vielfalt und Quantität der ihnen zur Verfügung stehenden Nahrungsmittel zu vergrößern und die Risiken der Landwirtschaft zu verringern, suchten die Bewohner der höheren Lagen Zugang zu den Produkten der niedrigeren und wärmeren klimatischen Zonen. Die wichtigsten Produkte dieser gemäßigteren Zonen waren Mais und Coca, wobei der Mais sowohl als Grundnahrungsmittel wie auch als wichtigster Bestandteil von Chicha oder Maisbier eine Rolle spielte, das unabdingbar zu den zeremoniellen Festen gehörte, die in der ganzen Welt der Anden von den politischen Führern veranstaltet wurden. Coca hingegen war die vorherrschende rituelle Pflanze der Anden und unerläßlich für das ganze Spektrum der formalen, gemeinschaftlichen Zeremonien, bei denen es um die Fruchtbarkeit der Böden und der Tiere oder um Übergänge im menschlichen Lebenszyklus ging, und für eine Vielzahl von informellen Riten, die von Einzelpersonen und Haushalten durchgeführt wurden.

In den meisten Teilen der vorindustriellen Welt wurde das Problem der unterschiedlichen Verteilung von Ressourcen durch Handelsbeziehungen gelöst, die selbst weite Entfernungen überbrückten und über einen institutionalisierten Komplex von Händlern und Märkten abgewickelt wurden. Dabei wurden die gewünschten Waren über eine relativ lange, indirekte Kette des Tauschhandels weitergeleitet, auf die der Endverbraucher relativ wenig Einfluß hatte. Obwohl die andinen Hochlandbewohner auch an solche händlerkontrollierte Netze angeschlossen waren, strebten sie danach, sich die gewünschten Ressourcen direkt zu beschaffen, indem sie sich autonome Produktionsstätten in möglichst vielen ökologischen Zonen schufen. Die unterschiedlichen Erzeugnisse, die in diesen unterschiedlichen Zonen produziert wurden, wurden von den Angehörigen jeweils einer einzigen

Im Reich der vier Weltgegenden

Gruppe erwirtschaftet, verarbeitet und weitertransportiert. Diese wirtschaftliche Strategie stärkte die Autarkie der Gemeinschaft durch die Diversifikation der Produktion und die Ausschaltung der Unsicherheiten, die durch die potentiell fragilen Handelsbeziehungen und die Manipulationen professioneller Händler gegeben waren.

Da die Hauptachse der ökologischen und natürlichen Ressourcenschwankungen in den Anden durch die Höhenunterschiede bestimmt wird, wurde die Strategie des direkten Zugangs zu einer höchstmöglichen Zahl ökologischer Zonen durch eine einzige Gruppe »Vertikalität« oder vertikale Wirtschaft genannt. Selbst heute noch gibt es, vor allem an den Osthängen der Anden, ländliche Gemeinschaften, die gleichzeitig Nutzungsrechte für Lama- und Alpakaweiden auf den hohen, kalten Bergwiesen in über 4000 Meter Höhe, für Kartoffel-, Oka- und Quinoa-Felder in den Becken in über 3000 Metern und für Mais-, Coca- und andere Warmlandpflanzenfelder besitzen, die weit unter 2000 Metern liegen.

Die Nutzung der latitudinal geschichteten Ressourcen in den Anden hat viele spezialisierte Formen; es lassen sich jedoch zwei grundlegende Variationen identifizieren, die das Wesen dieser bemerkenswerten wirtschaftlichen Praxis umschreiben. Die erste Variation könnte als komprimierte Vertikalität bezeichnet werden und beschreibt Dörfer oder ethnische Gruppen, die in einer Umgebung leben, die leichten Zugang zu aneinander angrenzenden oder zumindest nahegelegenen ökologischen Zonen bietet.

Dabei liegen die unterschiedlichen Pflanzzonen, Weideflächen oder anderen lokalen Ressourcen wie Fundstätten für Salz, Honig oder Obst in einer Entfernung von höchstens ein bis zwei Tageswanderungen von der Heimatgemeinde entfernt. Im allgemeinen liegt die Heimatgemeinde in einer Höhe von etwa 2000 Metern in einem fruchtbaren Becken. Einzelne Mitglieder der Gemeinschaft oder gelegentlich auch das ganze Dorf leben zeitweise in einer der niedrigeren ökologischen Zonen, um dort Erzeugnisse zu erwirtschaften, die es in ihrem hochgelegenen Heimatgebiet nicht gibt. Das Dorf besitzt temporäre Siedlungen auf mehreren ökologischen »Stockwerken« und bewohnt sie je nach Jahreszeit und je nach den Erfordernissen der land- und weidewirtschaftlichen Zyklen. Die Wirksamkeit dieses Systems hängt zu einem hohen Maße von der Solidarität innerhalb der Gruppe und von der Akzeptanz gegenseitiger Verpflichtungen ab. Gemeinschaften, die diese Form der Vertikalität betreiben, sind meistens durch enge verwandtschaftliche Bande und eine Ethik der Selbsthilfe geprägt.

Die zweite Variante ähnelt der der komprimierten Vertikalität insofern, als eine bestimmte Gruppe auch hier Niederlassungen in höhenmäßig unterschiedlichen Umweltzonen unterhält. Nur liegen die Niederlassungen in diesem System, das auch vertikaler Archipel genannt wird, nicht in leicht erreichbarer Nähe, sondern weit voneinander entfernt, so daß sie sozusagen unabhängige Produktionsinseln darstellen. In manchen Dörfern, die diese Strategie betreiben, müssen die Mitglieder des Gemeinwesens zehn- bis 14tägige Fußmärsche auf sich nehmen, um die fernen Felder in den tropischen Tiefländern zu erreichen.

Obwohl in den Anden immer noch Beispiele für diese vertikale Archipel-Wirtschaft zu finden sind, erreichte diese Form der Landnutzung ihren Höhepunkt in vorkolumbischer Zeit und in komplexen Gesellschaften wie den Königtümern der Aymara im Becken des Titicaca-Sees. In diesen Königreichen wurde der vertikale Archipel in ein formelles, spezialisiertes Produktionssystem umgewandelt, in dem Teile der Bevölkerung ausgeschickt wurden, um als Kolonisten ständige Satellitendörfer in den fernen tropischen Wäldern und an der Pazifikküste zu gründen. Dort produzierten und erzeugten sie Waren und Güter für ihren eigenen Bedarf und für die Versorgung ihrer Landsleute in den höheren Lagen. Durch die Politik der dauerhaften Kolonisierung vergrößerten die Gemeinwesen die Wirksamkeit ihres wirtschaftlichen Systems, indem sie in vielen ökologischen Zonen landwirtschaftliche oder andere Erzeugnisse produzierten. In diesem System zirkulierten nicht so sehr Menschen, sondern vielmehr Nahrungsmittel, Rohstoffe und andere Waren durch den Archipel.

Häufig beuteten die Kolonisten aus dem Hochland die Ressourcen der fremden Territorien, in die sie umgesiedelt worden waren, gemeinsam mit der ursprünglichen Bevölkerung aus und übernahmen gelegentlich sogar Kleidung und Bräuche dieser einheimischen Völker. Sie behielten jedoch in ihren Heimatgemeinden im fernen Hochland auch weiterhin das Recht auf Heirat, Wohnsitz, Familienländereien und sonstigen Besitz. Die Zahl und die Zusammensetzung der Kolonisten, welche die Königreiche des Altiplano in die verschiedenen Produktionsinseln schickten, war unterschiedlich und schwankte zwischen einer einzigen Großfamilie mit mehreren Personen und ganzen Dorfgemeinschaften.

Statt die einheimische Tradition des vertikalen Archipels abzuschaffen, als sie damit anfingen, die Bevölkerungen und Produktionsweisen ihres allmählich wachsenden Reiches neu zu organisieren, erweiterten und intensivierten die Inka diese einzigartige andine Wirtschaftsstrategie. Sie zeichneten sich gerade durch die Angewohnheit aus, lokale Institutionen, Wertvorstellungen und wirtschaftliche und politische Verhaltensweisen in die Bedürfnisse ihres Reiches einzugliedern und einzupassen. Der Erfolg ihrer Expansionspolitik beruhte nicht so sehr auf dem brutalen Ausspielen ihrer militärischen Überlegenheit als vielmehr darauf, daß ihre Elite sich

Im Reich der vier Weltgegenden

darauf verstand, die alten, pan-andinen Werte, Wirtschaftsstrategien und politischen Konzepte hinsichtlich der Wechselseitigkeit von Rechten und Pflichten zwischen den Oberhäuptern der Gemeinden und dem einfachen Volk geschickt in ihrem Sinne zu nutzen. Die Übernahme und Weiterentwicklung des vertikalen Archipels sind ein Beispiel für diese Strategie. Um die Inka jedoch besser verstehen zu können, müssen wir erst einen genaueren Einblick in die grundlegenden wirtschaftlichen und politischen Institutionen gewinnen, die das organisatorische Rüstzeug ihres Staates darstellten.

Die vielleicht interessantesten Fragen im Hinblick auf die Inka betreffen die gesellschaftlichen und politischen Methoden, die sie anwandten, um ein Reich von enormer ethnischer, linguistischer und geographischer Vielfalt derart schnell aufzubauen und mit solchem Erfolg zu regieren. Eine zumindest teilweise Antwort auf diese Frage finden wir, wenn wir uns die verschiedenen organisatorischen Mittel ansehen, die sie einsetzten, wenn sie ein neues Tal oder eine neue Provinz in ihren politischen Machtbereich eingliederten.

Wenn sie sich ein neues Gebiet angeeignet hatten, bestand der erste Schritt darin, das bestehende Landnutzungssystem entsprechend ihren eigenen wirtschaftlichen Bedürfnissen neu zu organisieren. Der große spanische Geistliche und Inka-Chronist Bernabé Cobo, der um die Mitte des 17. Jahrhunderts schrieb, schildert anschaulich, wie die Reorganisierung produktiver Ländereien durchgeführt wurde. Wenn der Inka, so schreibt er, »eine Stadt besiedelte oder in seinen Gehorsam zwang, stellte er innerhalb ihrer Grenzen Markierungen auf und teilte die Felder und alles bebaubare Land in diesem Territorium in drei Teile auf... Einen Teil bestimmte er für die Religion und den Kult seiner falschen Götter, einen anderen nahm er für sich selbst und den dritten überließ er der gemeinschaftlichen Nutzung der Leute... In einigen Provinzen war der Teil größer, welcher der Religion zugedacht war; in anderen der, der dem Inka gehörte; und in einigen Regionen gab es ganze Städte, die mit all ihrem Land und allem, was es hervorbrachte, der Sonne und den anderen Göttern gehörten... in anderen Provinzen (und dies war üblicher) war der Teil des Köngis am größten... Auf den Ländereien, die der Religion und der Krone zugedacht waren, hielt der Inka Aufseher und Verwalter, die den Anbau, die Ernte und die Unterbringung der Erzeugnisse in Lagerhäusern sehr sorgfältig überwachten.«

Cobo war fasziniert von der Art und Weise, wie mit dem dritten Teil der landwirtschaftlichen Flächen verfahren wurde, welcher der einheimischen Bevölkerung zur gemeinschaftlichen Nutzung überlassen blieb. »Diese Ländereien«, schrieb er, »wurden jedes Jahr durch den Häuptling [den lokalen ethnischen Herrscher] unter seinen Untertanen aufgeteilt, jedoch nicht zu gleichen Teilen, sondern entsprechend der Zahl der Kinder und Verwandten, die jeder Mann hatte; wenn die Familie größer oder kleiner wurde, wurde auch ihr Anteil vergrößert oder verkleinert. Kein Mann erhielt mehr, als er unbedingt für sich und den Unterhalt seiner Familie brauchte, sei er nun ein Edler oder ein gewöhnlicher Bürger, obwohl ein großer Teil des Landes dadurch brachliegen blieb . . .«

Diese kurze Passage enthält eine Reihe fundamentaler Einsichten in das Wesen der alten ländlichen Gemeinschaften der Anden. Sie zeigt auf, daß die fruchtbaren Ländereien Gemeinschaftsbesitz der Gemeinwesen oder ethnischen Gruppen waren. Oberhalb der Ebene der Kernfamilien waren diese Gemeinschaften oder ethnischen Gruppen in soziale Gruppierungen, die Ayllus, organisiert. Eine Ayllu bestand im allgemeinen aus einer Gruppe miteinander verwandter Familien, die über gemeinsames Land verfügten und ihre Herkunft von einem gemeinsamen Vorfahren ableiteten. Es gab keine Konzentration von Acker- oder Weideland in den Händen einiger weniger wohlhabender Privatbesitzer. Die einzelnen Haushaltsvorstände hatten nur den Nießbrauch oder das Nutzungsrecht für bestimmte Flächen, und die Größe dieser Flächen, die für den ganzen Haushalt bestimmt waren, blieb nicht auf alle Zeiten festgelegt. Die politischen Führer der Gemeinden, die in den Anden Curacas genannt wurden, stellten in regelmäßigen Abständen die Grundbedürfnisse eines jeden Haushalts fest und änderten die Größe der zugeteilten Flächen entsprechend den etwaigen Veränderungen in der Zusammensetzung dieser Haushalte. Dieses System der kommunalen Verteilung fruchtbarer Ländereien spiegelte die in den Anden seit jeher existierende Ethik der gegenseitigen Hilfe wider: Kein Individuum durfte natürliche Ressourcen als persönliches Eigentum für sich beanspruchen, gleichzeitig aber hatten die Mitglieder jedes Haushalts einen garantierten Anspruch auf genügend gemeinschaftliches Acker- oder Weideland, um sich selbst und ihre Familien ernähren zu können.

Das System des kommunalen Landbesitzes spielte auch bei der Wahrung des ökologischen Gleichgewichts in der manchmal fragilen landwirtschaftlichen Umwelt des andinen Hochlands eine wichtige Rolle. Da es Einzelpersonen nicht erlaubt war, Land als persönliches Eigentum zu besitzen, konnten sie sich auch nicht bereichern, indem sie möglichst große Flächen bebauten und die Überschüsse dann mit Gewinn verkauften. Dieser eingebaute Schutz gegen das Potential eines Unternehmertums und einer Monopolisierung natürlicher Ressourcen durch Einzelpersonen sorgte dafür, daß die Gemeinschaften insgesamt immer genügend Land besaßen, um ihr Überleben zu sichern. Cobos amüsierte Bemerkung, daß dieses System zur Folge hatte, daß große Landflächen brach blieben, unterstrich den ausgleichenden Effekt des traditionellen andinen Konzepts des gemeinschaftlichen Landbesitzes und der gemeinschaftlichen Entscheidungsfindung.

Die Inka verstanden und respektierten die einheimischen Vorstellungen von Autarkie und Selbstbestimmung. Obwohl sie sich, wenn sie eine neue Provinz erobert hatten, beträchtliche Landflächen für Staatszwecke aneigneten, stellten sie gleichzeitig sicher, daß die Gemeinden genügend Land für ihre eigene Versorgung behielten. Vor allem aber trafen sie die kluge Entscheidung, das traditionelle Recht der Curacas, über die Verteilung dieses Landes zu entscheiden, nicht anzutasten.

An anderer Stelle seines Kommentars stieß Cobo auf den wahren Schlüssel zur enormen produktiven Kapazität des Inkastaates. Wenn die Inka einen Teil der landwirtschaftlich nutzbaren Flächen neu eroberter Provinzen für den Unterhalt der Staatskulte und der zentralen Bürokratie enteignet hatten, »stellten die Aussaat, die Bearbeitung der Felder und das Einbringen der Ernten einen großen Teil des Tributs dar, den die Steuerzahler an den König zu entrichten hatten«. Abgesehen davon, daß sie den eroberten Provinzen Land für ihre eigenen Bedürfnisse entrissen, verlangten die Inka von den Dorf- und Stadtbewohnern auch eine jährliche Steuer in Form von landwirtschaftlicher Arbeit. Die einheimische Bevölkerung wurde verpflichtet, die Staatsfelder zu bearbeiten, zu bestellen, zu jäten und zu ernten. Laut Cobo wurden die Erzeugnisse der Felder dann weiterverarbeitet und unter den wachsamen Augen inkaischer Aufseher in riesigen, staatlichen Speichern eingelagert.

In einer Welt, in der wirtschaftliche Transaktionen nicht vom Geld bestimmt waren, nahm die Besteuerung die Form von Arbeitsleistungen für den Staat an. Obwohl in manchen Provinzen Zahlungen *in natura,* z. B. in Form festgelegter Mengen von Federn tropischer Waldvögel, Honig, Salz, Trockenfischen, Weichtieren und anderen Rohstoffen, von den Inka-Verwaltern festgesetzt wurden, war die landwirtschaftliche Arbeit die wichtigste Form der Besteuerung und die wichtigste Einnahmequelle für den Inkastaat. Die immense Bedeutung der Ableistung von Verpflichtungen dem Staat gegenüber in Form von Arbeitsdiensten statt in Form von Zahlungen in Geld, standardisierten Produktionsgütern oder anderen Formen primitiver Währung unterscheidet die Anden von den anderen Zentren früher Zivilisationen wie Mesoamerika.

Die landwirtschaftliche Arbeitssteuer war keine Erfindung der Inka, sondern ein weiteres altes Charakteristikum der sozialen Landschaft der Anden. Überall in den Anden hatten lokale politische Führer und ethnische Herrscher schon Generationen vor der Herrschaft der Inka von ihren Untertanen zusätzliche Arbeitsleistungen auf den Gemeindefeldern verlangt.

Ein Bauer, der die Vögel von seiner Pflanzung fernhält. Im Oktober (dem Frühling der Anden), wenn die Setzlinge zum Vorschein kamen, gingen die Bauern mit ihren Schleudern auf die Felder, um Vögel und andere Räuber zu vertreiben.

Die Inka machten sich diesen Brauch, der jedem vorkolumbischen Andenbauern vertraut war, für den Arbeit und nicht Geld das Mittel war, wirtschaftliche und gesellschaftliche Schulden abzuleisten, einfach zunutze und legten den lokalen Gemeinden schlicht zusätzliche Arbeitsverpflichtungen auf.

Obwohl es die Provinzverwalter der Inka waren, die in jedem Dorf und jeder Provinz Quoten für die Arbeitssteuer festsetzten und die Zählung der landwirtschaftlichen Erzeugnisse überwachten, die in die staatlichen Lagerhäuser flossen, oblag es den örtlichen Curacas, die eigentliche Arbeit an die einzelnen Haushaltsvorstände zu verteilen, die diese wiederum unter den Mitgliedern ihres Haushalts aufteilten, und zwar unter allen geeigneten Männern, Frauen und Kindern. Angefangen mit der Aussaat, die im Hochland in die Zeit von August bis September fiel, wurden die beiden Klassen von Feldern, die dem Staat gehörten, d. h. für die religiösen Staatskulte und für die zentrale Bürokratie reserviert waren, als erste bearbeitet; dann erst kamen die Felder an die Reihe, die für die Selbstversorgung der Bevölkerung vorgesehen waren. Die Felder wurden in lange Streifen oder Ab-

Im Reich der vier Weltgegenden

schnitte aufgeteilt, welche die Inka als Suyus bezeichneten und die jeweils in die Verantwortung einzelner Haushalte oder einer Gruppe verwandter Haushalte fielen. Dadurch, daß die Inka die lokalen Führer in die Überwachung der landwirtschaftlichen Arbeitssteuer einbezogen, verringerten sie ihre eigenen Verwaltungskosten. Vor allem aber beschränkten sie ihr Eingreifen in das tägliche Leben der Dörfer und Städte der Provinzen auf ein Minimum und ließen ihnen die politisch wichtige Illusion, immer noch eine gewisse lokale Autonomie zu besitzen.

Abgesehen von der landwirtschaftlichen Arbeitssteuer, die auf der Ebene der Gemeinden erhoben wurde, verlangten die Inka von den Steuerzahlern noch eine zweite Form von jährlichem Arbeitsdienst. Diese Verpflichtung, Mita genannt, konnte in Art und Dauer schwanken. Durch die Mita rekrutierten die Inka die Arbeitskräfte für die riesigen öffentlichen Bauten, zum Auffüllen der Reihen ihrer Armee während der häufigen Feldzüge in den Provinzen, für die Bearbeitung der privaten Ländereien der Inka-Elite, für den Abbau kostbarer Metalle in den staatlichen Minen und für viele andere Dienste, die mit schwerer körperlicher Arbeit verbunden waren. Die Größenordnung der Mita-Leistungen war zum Teil wahrhaft erstaunlich. Spanische Chronisten berichteten, daß einmal 30 000 Mann für den Bau von Sacsahuaman mobilisiert wurden, den großen Festungs-Tempel der Inka hoch auf den Berghängen über der kaiserlichen Hauptstadt Cuzco.

Das Arbeitssystem der Mita besaß eine Reihe von Merkmalen, die für die Anden einzigartig waren und es von der Corvée oder anderen Formen der Zwangsarbeit unterschieden, die in den Reichen der Alten Welt üblich waren. Ähnlich wie die Landwirtschaftssteuer wurde auch die Mita in erster Linie durch lokale Funktionsträger aus den unterworfenen ethnischen Gruppen selbst durchgesetzt. Wenn eine bestimmte Zahl von Männern für einen militärischen Feldzug oder den Bau einer Brücke oder eines Bewässerungskanals gebraucht wurde, rief der Inka-Gouverneur der betreffenden Provinz die Oberhäupter der verschiedenen Dörfer, Städte und ethnischen Gruppen zusammen, die dazu verpflichtet wurden, jeweils soundso viele Steuerzahler zur Verfügung zu stellen. Die lokalen Funktionäre wählten dann aus den in Frage kommenden Steuerzahlern ihrer Gemeinde (sprich: verheirateten Haushaltsvorständen) nach dem Rotationsprinzip ihre Quoten aus. Auf diese Weise wurden die Arbeitsverpflichtungen gerecht unter den verschiedenen ethnischen Gruppen der Provinz und unter den Mitgliedern der Gruppen aufgeteilt. Kein Steuerzahler mußte die Mita häufiger ableisten als andere, und von wenigen Ausnahmen abgesehen, waren alle Gemeinden und ethnischen Gruppen an diesem System beteiligt und leisteten die verlangten Dienste entsprechend ihrer Bevölkerungsgröße ab.

Die lokale Autonomie bei der Durchsetzung der Mita gehörte zu den Charakteristiken des Systems, die seine Leistung und seine Flexibilität vergrößerten. Es gab in diesem Besteuerungssystem aber auch ein anderes Prinzip, das seinen Charakter als echt einheimische andine Institution verdeutlicht. Für die einheimische Bevölkerung der Anden war die Mita nicht nur eine einseitige Steuerschuld, die ihre Beherrscher ihnen auferlegte. Sie sahen sie vielmehr als einen komplexen Strang aus wechselseitigen Verpflichtungen. Wenn die Regierung sie dazu zwang, an öffentlichen Projekten zu arbeiten oder die privaten Felder der herrschenden Elite zu bestellen, so hatte dieser Staat im Gegenzug die Verpflichtung, sie während der Zeit des Arbeitsdienstes mit Essen, Trinken, Kleidung, Werkzeugen und, wenn das Projekt weit von der Heimatgemeinde entfernt war, auch mit Wohnraum zu versorgen.

Für die gewöhnliche Bevölkerung war die Mita eine Spielart des alten Prinzips der gegenseitigen Hilfe zwischen Familienmitgliedern, Verwandten und Nachbarn, das selbst heute noch in den ländlichen Gegenden eine Grundlage aller sozialen Beziehungen ist. In diesem System kann ein jungverheiratetes Paar über lokale Beamte seine Verwandten und Freunde auffordern, ihm beim Bau des ersten Hauses behilflich zu sein. Als Gegenleistung für diese geschenkte Arbeit stellen das Paar oder seine nächsten Verwandten den Helfern Essen, Trinken und Unterkunft zur Verfügung, bis die Arbeit getan ist. Außerdem übernimmt das Paar die Verpflichtung, denen, die beim Hausbau geholfen haben, in Zukunft einen gleichen oder ähnlichen Dienst zu erweisen. Diese Mischung aus gegenseitiger Arbeitshilfe und Gastfreundschaft verschafft einzelnen die Möglichkeit, bedeutend mehr Arbeitskräfte zu mobilisieren, als im eigenen Haushalt zur Verfügung stehen, und trägt gleichzeitig zur Solidarität der Gemeinschaft bei.

Wenn die Inka die Mita festsetzten, erfüllten sie immer auch ihre umgekehrte gesellschaftliche Verpflichtung und veranstalteten in den großen Verwaltungszentren der Provinz große zeremonielle Feste, bei denen die politischen Führer und die Mitglieder der Gemeinden mit Maisbier und Essen aus den staatlichen Lagerhäusern bewirtet wurden. Gelegentlich verteilten die Inka-Administratoren auch Kleidungsstücke und Sandalen an die Mita-Arbeitsgruppen. Wenn man den ökonomischen Wert des Arbeitsdienstes, den die Bürger leisteten, mit dem der Bewirtung und der gelegentlichen Neueinkleidung durch die Zentralregierung verglich, war dies natürlich keine Entsprechung. Sinn und Zweck des Systems bestanden jedoch nicht darin, Arbeit gegen einen gleichen Wert in Gütern einzutauschen, sondern symbolisch das grundlegende gesellschaftliche Prinzip der Gegenseitigkeit zu bestätigen.

Im Reich der vier Weltgegenden

Dieser Symbolismus spiegelte sich eindringlich in einer vielsagenden, stillschweigenden Übereinkunft wider. Theoretisch waren die Inka verpflichtet, die lokalen Curacas um die Bereitstellung der Mita-Arbeitskräfte zu »bitten«; sie hatten nicht das Recht, diese Arbeitskräfte einzufordern. In der Praxis war dieser Brauch natürlich kaum mehr als eine Illusion. Die Inka besaßen natürlich jederzeit genügend Druckmittel, die unterworfenen Gemeinden zum Gehorsam zu zwingen. Durch die symbolische Geste der Gegenseitigkeit und der ritualisierten staatlichen Großzügigkeit bestätigten die Inka jedoch zumindest im fiktiven Sinne die Autorität und die Autonomie der lokalen Führer und ihrer Gemeinden und erzielten gleichzeitig eine gewaltige propagandistische Wirkung. Wie alle imperialistischen Staaten besaßen auch die Inka die Macht, ihren Herrschaftsanspruch durch Gewalt und Einschüchterung durchzusetzen. Sie zogen es jedoch wann immer möglich vor, durch Überzeugung und mit Hilfe der lokalen Befehlsstrukturen zu regieren und die Institutionen, welche die Grundlage der traditionellen Andengesellschaften bildeten, wenigstens dem äußeren Anschein nach zu respektieren.

Obwohl die Landwirtschaftssteuer und der Arbeitsdienst der Mita die wichtigsten Einnahmequellen der Inka waren, gab es auch noch andere, spezialisierte Institutionen, die ebenfalls einen wesentlichen Beitrag zur produktiven Energie des Inka-Staates leisteten. Abgesehen davon, daß sie der Produktion dienten, spielten diese Institutionen auch in der Staatsführung der Inka eine strategisch wichtige Rolle und betonten den engen Zusammenhang zwischen wirtschaftlichem und politischem Verhalten in ihrem Reich.

Die erste Institution, Mitimae genannt, besaß für die Spanier eine ganz besondere Faszination, möglicherweise weil sie in ihr Elemente wiedererkannten, die ihre eigenen staatlichen Traditionen widerspiegelten. Der zeitgenössische spanische Chronist und Soldat, Pedro de Cieza de León, hinterließ eine detaillierte Beschreibung der Mitimae, die das Wesen dieser Institution porträtiert. »Sobald eine dieser großen Provinzen erobert war«, schrieb er, »erhielten zehn oder zwölftausend Männer und ihre Frauen oder sechstausend oder eine andere festgelegte Zahl den Befehl, sie zu verlassen und sich aus ihr zu entfernen. Sie wurden in eine andere Stadt oder eine andere Provinz umgesiedelt, die dasselbe Klima und dieselbe Natur hatten wie die, die sie verlassen hatten... und diese wurden Mitimae genannt, was bedeutet, Indianer, die von einem Land in ein anderes kommen. Sie erhielten Land, das sie bebauen mußten und auf dem sie ihre Häuser errichten konnten. Und sie wurden von den Inka angewiesen, den Befehlen ihrer Gouverneure und Offiziere immer zu gehorchen, damit, wenn die Einheimischen rebellierten, während sie den Gouverneur unterstützten, die Einheimischen bestraft und in den Dienst der Inka gezwungen werden konnten. Wenn umgekehrt die Mitimae Unruhe stifteten, wurden sie von den Einheimischen niedergehalten. Auf diese Weise schützten die Herrscher ihr Reich vor Revolten und gewährleisteten gleichzeitig, daß die Provinzen immer mit Nahrung versorgt waren, denn die meisten der Menschen waren, wie ich bereits sagte, von einem Land in ein anderes verpflanzt worden.«

In einem Abschnitt, dessen analytische Klarsicht bemerkenswert ist, unterschied Cieza de León drei Klassen von Mitimae – die militärischen, die politischen und die wirtschaftlichen. Die militärischen Mitimae erfüllten eine wichtige Funktion als Grenzposten. Sie bemannten und befehligten die Armeegarnisonen an den Rändern des sich immer weiter ausdehnenden Inkareiches. Es handelte sich im wesentlichen um Gruppen von Soldaten/Bürgern, die im Namen der Inka an den Grenzen des Reiches ein militärisches Aussehen wahrten, gleichzeitig aber auch Land erschlossen und kultivierten und Lama- und Alpakaherden hielten. In vieler Hinsicht erfüllten diese Mitimae ähnliche Rollen wie die Armeegarnisonen und zivilen Kolonisten, die an den Grenzen des Römischen Reiches eingerichtet bzw. angesiedelt wurden. Die primitiven Armeelager an den römischen Grenzen entwickelten sich im Laufe der Zeit häufig zu kolonialen »neuen Städten«, da die Legionäre, die oft lange Jahre dort bleiben mußten, in dieser Zeit Bauernhöfe, Straßen, Märkte und Schmieden einrichteten und einer Vielzahl anderer städtischer Beschäftigungen nachgingen.

Die zweite Klasse umgesiedelter Kolonisten, die politischen Mitimae, diente ebenfalls Sicherheitszwecken. Sie waren zahlreicher als die militärischen Mitimae und in jeder Provinz des Reiches zu finden. Diese Mitimae waren zwangsweise aus ihrer Heimat entfernt und in anderen Provinzen angesiedelt worden, wo man von ihnen verlangte, daß sie ihre eigene Form der Kleidung und der Haartracht und ihre angestammten Bräuche und gesellschaftlichen Organisationsformen beibehielten. Das strategische Ziel, das die Inka durch die politischen Mitimae erreichen wollten, bestand darin, in den eroberten Provinzen die Gefahr der Rebellionen zu verringern, indem die traditionellen Muster einer gemeinsamen ethnischen Identität einer großen, einheitlichen Bevölkerung aufgebrochen wurden. Dadurch, daß die lokale Bevölkerung mit unabhängigen Kolonien von Fremden durchsetzt wurde, untergruben die Inka einen beträchtlichen Teil des Potentials für subversive politische Zusammenschlüsse. »Auf diese Weise«, bemerkte Cieza de León, »war alles ruhig, und die Mitimae fürchteten die Einheimischen, und die Einheimischen fürchteten die Mitimae, und alle beschäftigten sich nur mit Gehorchen und Dienen.«

Cieza de León charakterisierte die dritte Verwendung von Mitimae-Kolo-

Im Reich der vier Weltgegenden

Peruanische Goldschmiede bei der Arbeit. Dieser Stich aus Girolamo Benzonis Bericht aus dem Jahre 1565 über seine Reisen durch die amerikanischen Kolonien Spaniens zeigt eine Gruppe peruanischer Handwerker vor einem Haus, dem man ansieht, daß die inkaischen Steinarbeiten an die europäischen Hausformen angepaßt wurden. Während die Arbeiter links Goldbarren schmelzen, hämmert der Handwerker rechts Blech zu Gefäßen.

nisten als »seltsamer« als die anderen und beschrieb diese ökonomischen Mitimae wie folgt: »... wenn sie ein Gebiet im Hochland oder auf den Ebenen oder an einem Hang erobert hatten, das zum Pflügen und Bestellen geeignet und fruchtbar war und ein gutes Klima hatte... erließen sie schnell den Befehl, aus nahegelegenen Provinzen, die dasselbe Klima hatten wie diese... genügend Leute herbeizuschaffen, um es zu besiedeln, und diesen gaben sie Land und Herden und alle Vorräte, die sie brauchten, bis sie ernten konnten, was sie gesät hatten... Mehrere Jahre lang wurde von diesen neuen Siedlern kein Tribut verlangt, sondern man gab ihnen im Gegenteil Frauen, Coca und Nahrung, so daß sie das Werk der Besiedlung froheren Mutes betreiben würden.«

Die Verwendung von Grenzgarnisonen und kolonialen Außenposten war Cieza de León und den spanischen Militärs vertraut, das Prinzip der ökonomischen Mitimae war den Vertretern einer im wesentlichen feudalen, mittelalterlichen Tradition jedoch völlig fremd. Erstens beinhaltete diese Institution das ihnen gänzlich fremde andine Ideal der Gegenseitigkeit: Wenn Bevölkerungen umgesiedelt wurden, um in einer neuen Provinz urbares Land zu erschließen, war der Staat im Gegenzug dazu verpflichtet, die Kolonisten mit Nahrung, Coca und Frauen zu versorgen. Zweitens waren diese Mitimae-Kolonisten so lange von Steuerzahlungen ausgenommen, bis sie genug Land kultiviert hatten, um sich selbst ernähren und Überschüsse für den Staat erwirtschaften zu können. Schließlich, und möglicherweise am wichtigsten, erkannten nur die wenigsten spanischen Chronisten und Administratoren die ökonomischen Mitimae als staatliche Form der andinen Wirtschaft des vertikalen Archipels. Das wichtigste Ziel der ökonomischen Mitimae war, die Produktivität des Inkastaates durch die Erschließung marginaler Ländereien und, wie manchmal der Fall, durch die Konzentrierung Tausender umgesiedelter Kolonisten auf die Produktion einer einzigen Prestigepflanze zu vergrößern – Mais.

Mit der bemerkenswerteste und am besten dokumentierte Einsatz ökonomischer Mitimae fand unter der Herrschaft von Huayna Capac (1493–1527) statt. Dieser letzte unabhängige Inka-Kaiser verpflanzte die einheimische Bevölkerung des ganzen Cochabamba-Tales, eines der reichsten und fruchtbarsten Täler Boliviens, um dort 14000 neue Kolonisten aus einer Vielzahl verschiedener ethnischer Gruppen anzusiedeln, die der direkten Kontrolle zweier Inka-Gouverneure unterstanden. Diese multi-ethnischen Kolonisten wurden einzig und allein zu dem Zweck nach Cochabamba gebracht, Mais für den Staat anzubauen. Die riesigen Mengen an Mais, die in die staatlichen Lagerhäuser von Cochabamba flossen, wurden anschließend nach Cuzco geschafft, wo sie der Versorgung der Armee dienten. Huayna Capac organisierte das alte Landnutzungssystem in Cochabamba vollständig um, um seinen Plan der Neuansiedlung und der intensiven staatlichen Maisproduktion zu verwirklichen. Er teilte das ganze Tal in 77 lange Streifen oder Suyus auf und beauftragte einzelne ethnische Gruppen damit, diese Suyus oder Teile von ihnen je nach der topographischen Beschaffenheit des betreffenden Suyu und je nach der Bevölkerungsgröße der jeweiligen ethnischen Gruppe zu bearbeiten. Nur sieben dieser Landstreifen, die zwischen den anderen 70 Suyus verteilt waren, waren für die Selbstversorgung der 14000 Kolonisten bestimmt. Die anderen, also über 90 Prozent der landwirtschaftlich nutzbaren Fläche des Tales, waren der intensiven Maisproduktion für den Staat vorbehalten.

Im Reich der vier Weltgegenden

Wie auch im Falle anderer multi-ethnischer Kolonisierungsvorhaben nach dem Mitimae-System lagen die eigentliche Arbeitsverteilung und andere interne Angelegenheiten in den Händen der politischen Führer der einzelnen ethnischen Gruppen. Diese waren den beiden Inka-Gouverneuren, die an der Spitze der politischen Hierarchie standen, Rechenschaft schuldig. Als Gegenleistung für ihre den Inka geleisteten Dienste beschenkte man diese Curacas mit kleinen privaten Landparzellen und Prestigesymbolen wie Baumwollmänteln oder gelegentlich einer zweiten Frau. Per Regierungsentscheid mußte jede Gruppe ihre eigene ethnische Kleidung, Haartracht und Lebensweise beibehalten.

Die ökonomischen Mitimae von Cochabamba erfüllten viele verschiedene Zwecke für den Inkastaat. Zunächst einmal waren sie eine gewaltige Wirtschaftsmaschinerie, die in mindestens zwei jährlichen Ernten gewaltige Maismengen für den Staat produzierte. Über 2000 noch heute erhaltene steinerne Lagerhäuser an den Hängen des Cochabamba-Tales sind Beweis für die Produktivität dieser umgesiedelten Kolonisten. Zweitens stellten diese Kolonisten einen wichtigen Sicherheitsfaktor dar. Die umgesiedelten, aufgesplitterten ethnischen Gruppen, die in Cochabamba Seite an Seite arbeiteten, stellten eine geringere Bedrohung für den Staat dar als die potentiell vereinten ursprünglichen Bewohner des Tales, die von den Inka deportiert worden waren.

Die drei Mitimae-Kategorien überschnitten sich also. Die politischen Mitimae dienten oft auch wirtschaftlichen Zwecken; die militärische Mitimae waren sozusagen *per definitionem* auch politische Mitimae; und die groß angelegten Kolonisierungsvorhaben, die im Rahmen der ökonomischen Mitimae durchgeführt wurden, wie im Cochabamba-Tal, erfüllten durch ihre Organisation und durch ihre multi-ethnische Zusammensetzung gleichzeitig auch wichtige Sicherheitsfunktionen. Obwohl die wichtigsten Kolonisierungsprojekte der Inka im Bereich der Landwirtschaft lagen, gab es auch Mitimae-Kolonisten, die spezielle Rohstoffe wie Salz, Gold, Silber, Bauholz, Töpferton, Halbedelsteine zur Schmuckherstellung, Steine für Bauvorhaben und ähnliches abbauten oder beschafften. Die Zahl der Kolonisten, die im Rahmen dieser Projekte umgesiedelt wurden, schwankte zwischen einer einzigen Großfamilie bis hin zu ganzen Dörfern oder ethnischen Gruppen mit Tausenden von Mitgliedern, wie im Falle von Huayna Capacs Neuorganisierung des Cochabamba-Tales. Leider haben wir keine genauen Informationen über die Gesamtzahl der Menschen, die aus ihrer Heimat vertrieben und anderswo angesiedelt wurden. Alle verfügbaren Quellen deuten jedoch darauf hin, daß es sich um einen beträchtlichen Teil der Bevölkerung gehandelt haben muß. Die massiven Umsiedlungen ganzer Gemeinden und Dörfer, die, was ihre politische Sicherheit und ihre Möglichkeiten zur Verbesserung ihrer gesellschaftlichen Stellung und ihres wirtschaftlichen Wohlergehens anging, direkt von der inkaischen Staatsbürokratie abhängig waren, führte zur allmählichen Verbreitung der Inka-Sprache, ihrer Werte, Erwartungen und kulturellen Vorstellungen. Unter dem Einfluß dieses wahrhaft gewaltigen Programms der Bevölkerungsvermischung fingen die alten ethnischen Identitäten, Loyalitäten und Glaubensvorstellungen allmählich an, sich zu verändern und sich immer mehr an das inkaische Ideal anzupassen, wodurch wiederum die Einheit des Reiches gefördert wurde.

Die Inka förderten die Identifizierung mit der Zentralregierung auch durch drei weitere Formen von Arbeitsbeziehungen, die Yanacona, Camayo und Aclla, bei denen es sich im wesentlichen um besondere Statusbeziehungen zwischen einzelnen Personen und dem Staat handelte. Die Yanacona sind als vieles interpretiert worden, von echten Staatssklaven, die für schwerste körperliche Arbeiten herangezogen wurden, bis hin zu persönlichen Dienern der Inka-Elite. Die beste Definition des Begriffs Yanacona ist vielleicht die des »persönlichen Gefolgsmannes«. In vieler Hinsicht ähnelten die Yanacona den Vasallen eines Feudalstaates. Sie gehörten zum Haushalt einzelner inkaischer Herren und waren ihnen zu persönlicher Treue verpflichtet. Als Gegenleistung für die Dienste, die sie für ihre Herren versahen, waren die Yanacona im allgemeinen von der landwirtschaftlichen Arbeitssteuer und von der Mita befreit, welche die gewöhnliche Bevölkerung ableisten mußte.

Die Vielfalt der Dienste, welche die Yanacona für ihre inkaischen Herren und Meister leisteten, läßt darauf schließen, daß es innerhalb einer komplexen Statushierarchie viele verschiedene Arten von Yanaconas gab. Manche bestellten die privaten Felder der Inka-Elite, andere sammelten Feuerholz, kochten, hüteten private Lamaherden oder verrichteten in den Häusern ihrer Herren oder in den Tempeln des Staatskults kunsthandwerkliche Tätigkeiten. Ähnlich wie die teils mächtigen Beamten im Ägypten der Pharaonen, die ursprünglich auch aus dem gewöhnlichen Volk stammten, hatten auch viele der Yanaconas privilegierte und verantwortungsvolle Positionen in der Verwaltung des Reiches inne. Sie waren Beamte im Stab der Provinzgouverneure und beaufsichtigten häufig die Arbeit der umgesiedelten Mitimae-Kolonisten. Als Anerkennung für ihre Dienste und ihre Loyalität erhielten diese Yanaconas häufig Geschenke in Form von Land, Frauen, Nahrung oder Kleidung und Embleme ihres besonderen Status, z. B. einen besonders schön gewebten Baumwollmantel, einen Becher aus Kupfer oder Armbänder, Ringe und anderen Schmuck. Da die Yanaconas, vor allem die,

Im Reich der vier Weltgegenden   289

die in den königlichen Haushalten dienten, ihren relativ hohen Status einzig und allein ihrer engen persönlichen Beziehung zur Inka-Elite verdankten, wurde die traditionelle Loyalität zu ihren ethnischen Gruppen oder Heimatdörfern allmählich durch die Loyalität der Inka-Regierung gegenüber abgelöst. Mit der Zeit wurden die Yanaconas zu wichtigen Akteuren in der täglichen Verwaltung des Reiches und wie die Mitimae-Kolonisten zu zentralen Elementen in der inkaischen Strategie der Beherrschung und Verwaltung der eroberten Gebiete.

Der bürgerliche Status der Camayos ähnelte dem der Yanaconas. Auch sie arbeiteten in den königlichen Haushalten in Cuzco und den Provinzen unermüdlich für ihre inkaischen Herren; auch sie brauchten die ansonsten universalen Arbeitstribute nicht abzuleisten; und auch ihr Status war, genau wie der der Yanaconas, erblich und wurde über die männliche Linie von einer Generation an die nächste weitergereicht. Aber anders als bei den Yanaconas, die teils einen sehr hohen Status und oft Vertrauens- oder Machtstellungen in der Verwaltung innehatten und in der gesellschaftlichen Hierarchie des Inka-Staates sogar eine gewisse vertikale Mobilität genossen, hatten die Camayos festgelegte Berufe, die sie ihr ganzes Leben lang im Dienst der inkaischen Elite ausübten. In Dokumenten aus dem frühen 16. Jahrhundert finden sich ausführliche Listen der spezialisierten Beschäftigungen, denen die Camayos nachgingen. Sie bauten kostbare Erze und Metalle ab, waren Steinmetze, Zimmerleute, Töpfer und Färber, webten hochwertige Textilien, stellten Feder-, Holz-, Knochen- und Muschelarbeiten her oder arbeiteten als Goldschmiede, Jäger, Hirten, Honigsammler, Kräuterkundler, Coca-Bauern, Sänftenträger, Gladiatoren und Leibwächter.

Oft waren ganze Dörfer mit hundert oder zweihundert Einwohnern auf ein bestimmtes Handwerk, z. B. die Weberei, die Holzverarbeitung oder das Töpfern, spezialisiert. Ihre Ernährung sicherten diese Camayo-Dörfer durch die Bebauung von Feldern, die der Staat ihnen für diesen Zweck zur Verfügung stellte, oder indem sie ihre handwerklichen Erzeugnisse gegen Nahrungsmittel eintauschten. Bestimmte Camayo-Gruppen, so z. B. die Bergleute in den Salzminen oder die Silberschmiede, brauchten für ihre Arbeit konzentrierte Vorkommen bestimmter Rohstoffe und wurden vom Staat häufig aus ihren Heimatdörfern an neue Fundstätten dieser wichtigen Rohmaterialien umgesiedelt. Wie die zahlenmäßig größere Gruppe der umgesiedelten Mitimae-Kolonisten im landwirtschaftlichen Bereich waren auch die auf ein bestimmtes Handwerk spezialisierten Camayos ein strategisch wichtiger Teil der vom Staat geleiteten vertikalen Archipelwirtschaft, sicherten sie doch den steten Fluß begehrter Güter für die Inka-Elite.

Die Erzeugnisse der Handwerks-Camayos spielten bei den riesigen öffentlichen Demonstrationen staatlicher Großzügigkeit eine große Rolle oder wurden zum Dank für erwiesene Loyalität als Geschenke an die lokalen Curacas vergeben, die der Schlüssel zur politischen Vorherrschaft der Inka und zur Kontrolle neu eroberter Provinzen waren. Die besten Künstler aus den Reihen der Handwerks-Camayos brachten es an den königlichen Höfen von Cuzco zu Ruf, Ehren und Prestige und wurden für ihre Leistungen oft reich belohnt. Aber obwohl die Camayos die Möglichkeit hatten, ihren ökonomischen Status zu verbessern, konnten sie keine höhere gesellschaftliche Stellung anstreben oder erreichen. Im Inkastaat unterlag die vertikale Mobilität innerhalb der Machthierarchie einer strengen Kontrolle.

Die für die heutige Zeit vielleicht exotischste Form der spezialisierten Arbeitsbeziehungen im Inkastaat war die der Aclla, der »auserwählten Frauen«. Dabei handelte es sich um junge Mädchen, die von den Inkaherrschern ausgesucht wurden und in den größeren Städten des Reiches in besonderen Wohnbereichen lebten, die als Acllahuasi (»Haus der auserwählten Frauen«) bezeichnet wurden. Dort dienten sie dem Staat auf vielfältige Weise, z. B. indem sie Baumwolle und Wolle für die Bekleidung der Elite spannen, besonders feine Stoffe webten, Delikatessen zubereiteten, für die religiösen Zeremonien Maisbier in großen Mengen brauten und täglich die wichtigsten heiligen Stätten des Staatskults pflegten und schmückten. Einige der Aclla stammten aus den Familien des höchsten Adels und dienten häufig dem Inka selbst als Konkubinen. Andere wurden durch ihn oder seine Generäle als Zweitfrauen an Krieger vergeben, die sich in einer Schlacht ausgezeichnet hatten, oder an lokale Könige und Curacas, deren Loyalität dem Staat gegenüber erwiesen war.

Im Prinzip waren auch die Aclla für den Staat eine Quelle konzentrierter, qualifizierter Arbeit. Gleichzeitig spielten sie in der Diplomatie eine wichtige Rolle. Wie die meisten Monarchien der Welt benutzten auch die Inka das Mittel der strategischen Heirat, um ihre politischen Beziehungen zum Provinzadel zu festigen. Natürlich waren Frauen, die in direkter Linie vom königlichen Haushalt in Cuzco abstammten, die begehrtesten Heiratspartnerinnen für die höchsten einheimischen Herrscher der Provinzen. Diese Heiraten stellten echte dynastische Verbindungen dar, und häufig gingen aus ihnen Erben hervor, die hohe Stellungen innerhalb der zentralen Regierungsbürokratie anstrebten oder sogar Ansprüche auf den Thron erhoben.

Das Geniale der inkaischen Staatskunst lag darin, daß sie das eher eng gefaßte Prinzip der dynastischen Verbindungen zwischen den Prinzen und Prinzessinnen königlicher Häuser auf praktisch jede Stufe der sozialen Hierarchie der Macht ausdehnten. Die vielen freien und ungebundenen Aclla in den Provinzhauptstädten des Inkastaates waren der Schlüssel zur

Im Reich der vier Weltgegenden

Links: Ein inkaischer Bote kündigt seine Ankunft mit einem Muschelhorn an. Er trägt einen Sonnenhut aus weißen Federn und einen Stab und eine Schlinge, um sich zu schützen. In einem Behälter befindet sich Nahrung aus einem nahe gelegenen Speicher. Guaman Poma berichtete, die Boten, die auf den inkaischen Straßen reisten, hätten die Geschwindigkeit von »Sperbern«. – *Rechts:* Wichtige inkaische Heiligtümer wurden von Gruppen von Jungfrauen oder »auserwählten Frauen« gewartet. Einige von ihnen arbeiteten auf den Feldern, spielten Instrumente oder webten feine Stoffe, aber Guaman Pomas Zeichnung zeigt eine Gruppe, die der angesehensten Aktivität nachgeht: dem Spinnen und Weben von Stoffen für die religiösen Figuren im Heiligtum.

Institutionalisierung der strategischen Heirat. Da die Aclla als »auserwählte Frauen« einen sehr hohen Status besaßen, galten sie als begehrte Heiratspartnerinnen, denen das Prestige des Staates anhaftete und die dem Provinzadel eine Identifizierung mit der Macht und der Autorität der Zentralregierung versprachen. Von daher ist es nicht weiter verwunderlich, daß die Acllahuasi in den wichtigsten Städten des Reiches eifersüchtig bewacht wurden und die Vergewaltigung einer »auserwählten Frau« als Kapitalverbrechen galt. All diese strategischen Formen der politischen und wirtschaftlichen Beziehungen, die Mita und Mitimae, die Aclla, Camayo und Yanacona, produzierten einen gewaltigen Strom an Gütern und Dienstleistungen für das Inkareich und stellten eine wirtschaftliche Maschinerie von wahrhaft gewaltigen Ausmaßen dar. Aber wie gelang es den Inka, diese Wirtschaft zu lenken und zu leiten?

Wieder liefern uns die Worte von Cieza de León, in offener Bewunderung für die organisatorische Kühnheit des Inka-Reiches geschrieben, wichtige Hinweise: »... auf den über 1200 Wegmeilen Küste, die sie beherrschen, haben sie ihre Vertreter und Statthalter und viele Unterkünfte und große Lagerhäuser, die mit allen notwendigen Vorräten angefüllt sind. Diese sind zur Versorgung ihrer Soldaten bestimmt, denn in einem dieser Lagerhäuser gab es Lanzen, in einem anderen Pfeile, in wieder anderen Sandalen und verschiedene Waffen, die sie benutzen. Desgleichen waren manche Gebäude mit feiner Kleidung gefüllt, andere mit gröberen Gewändern, wieder andere mit Nahrungsmitteln und allerlei sonstigem Proviant. Wenn der Herrscher in seinen Gebäuden wohnte und seine Soldaten dort untergebracht waren, gab es nichts, vom Wichtigsten bis zum Unwichtigsten, was nicht vorrätig gewesen wäre...« Vielleicht waren die Inka zu Recht mehr als jeder andere einheimische Staat im alten Amerika berühmt für die Größe und Effektivität ihres ausgeklügelten Systems der Vorratshaltung und Lagerung. Der Vormarsch der spanischen Eroberer der Anden wäre bedeutend langsamer verlaufen, wäre die schier endlose Kette der mit Nahrungsmitteln, Kleidung, Waffen und Vorräten gefüllten inkaischen Lagerhäuser nicht gewesen, in der Quechua-Sprache als Quollqa bezeichnet, welche die Konquistadoren in den Außenbezirken der Städte vorfanden.

Wie Cieza de León beschrieb auch Bernabé Cobo das Lagersystem der Inka und liefert uns damit interessante Einblicke in seine interne Organisation. »Die Lagerhäuser der Krone und der Religion unterschieden sich voneinander«, schrieb er, »obwohl sie immer zusammen waren, wie die Besitzer der Dinge, die in ihnen untergebracht waren, und die Zwecke, denen sie dienten. Die Lagerhäuser des Inka waren größer und länger als die der Religion; dies läßt darauf schließen, daß der Anteil des Inka an Ländern und Tieren größer war als der, der den Göttern gegeben wurde.« Diese klarsichtige Passage deutet darauf hin, daß die Inka, wenn sie eine neue Provinz in ihr Reich eingegliedert hatten, den Bau riesiger Lagerhäuser mit der Neuorganisierung des Landnutzungssystems koppelten, durch die, wie bereits aufgezeigt wurde, die betreffenden Gebiete in drei Teile aufgeteilt wurden – einer für die Zentralregierung, einer für den Staatskult und einer für die einheimische Bevölkerung. Die Produkte, die auf den Feldern des Staates und der Religion angebaut wurden, kamen in eigene, räumlich getrennte Quollqa. Ein Teil der Lagerräume war für den Staatskult reserviert, ein anderer für die Zentralregierung. Wenn man Cobo glauben will, so waren die Quollqa der Regierung größer und zahlreicher und enthielten größere Men-

Im Reich der vier Weltgegenden   293

gen einer größeren Vielfalt von Rohstoffen und Produkten als die, die für die religiösen Kulte gedacht waren.

Die Quollqa selbst waren geräumige, runde oder rechteckige Bauten aus Feldsteinen oder Holz, die mit Stroh gedeckt und häufig mit einem ausgeklügelten Ventilationssystem ausgestattet waren, das die bessere Haltbarkeit von Schüttwaren wie Kartoffeln oder Mais gewährleisten sollte. In der Provinzhauptstadt Huanuco Pampa im nördlichen Teil des zentralen Hochlands von Peru erbrachten archäologische Untersuchungen den Beweis dafür, daß die runden Quollqa für die Lagerung von Mais verwendet wurden, während die rechteckigen anscheinend für die Aufbewahrung von Knollenfrüchten bestimmt waren.

Um den Strom von Schüttwaren und Fertigprodukten durch das System der Lagerhäuser besser kontrollieren zu können, besaßen die Inka ein ganzes Heer von Beamten, die »Vertreter« und »Statthalter«, von denen Cieza de León sprach, die für die Einbringung und den Weitertransport der wertvollen Waren verantwortlich waren. Eine Klasse von Beamten, für das Rechnungssystem von ganz besonderer Bedeutung, waren die Quipucamayoc oder Hüter der Quipus. Die Quipus stellten ein ausgeklügeltes System dar, bei dem mittels komplexer, sich wiederholender Muster aus geknoteten, farbigen Schnüren ein breites Spektrum von wirtschaftlichen, politischen, sozialen und rituellen Informationen festgehalten wurde, die für das Funktionieren der Staatsbürokratie wichtig waren. Die Quipucamayoc waren eine erbliche, beruflich spezialisierte, ausschließlich aus Männern bestehende Klasse von Camayos, die mit Hilfe der Knotenschnüre wichtige Informationen bezüglich der Menge der Waren festhielten, die durch die Lagerhäuser flossen, aber auch andere Funktionen erfüllten, die denen von Schreibern in anderen archaischen Staaten vergleichbar waren. Die Quipucamayoc waren den höheren Rängen der Staatsbürokratie verantwortlich, also den Statthaltern der Provinzen und Territorien und letztendlich dem Inka selbst.

Das Gros der staatlichen Lagerhäuser befand sich in der kaiserlichen Hauptstadt Cuzco und in der Nähe wichtiger Städte und Provinzhauptstädte an der Qhapaq Nan, der königlichen Straße. Die Qhapaq Nan bestand aus zwei Nord-Süd-Routen, von denen eine durch das Hochland und die andere an der Pazifikküste entlang verlief, und die durch eine Reihe von ostwestlich verlaufenden Querverbindungen über die größten Pässe der westlichen Bergkette der Anden, der Cordillera Negra, miteinander verbunden waren. Die Hochlandroute der Qhapaq Nan war etwa 5000 km lang und führte von Chile bis nach Ecuador, während das gesamte Straßennetz der Inka möglicherweise mit bis zu 40 000 Kilometern die unterschiedlich-

Amerika 1492

Links: Eine inkaische Straße im Bau. Ein Arbeiter hält einen Gegenstand, der wie ein Meßstab aussieht, während ein Gouverneur der königlichen Straße Anweisungen erteilt. Markierungen wie moderne Meilensteine geben die Entfernungen zwischen wichtigen Punkten an. Wie es seiner hohen Stellung entspricht, trägt der Gouverneur Sandalen, eine Tunika, eine kleine Krone und Ohrspulen. – *Rechts:* Guaman Pomas Darstellung inkaischer Getreidespeicher. Laut Guaman Poma wurden diese Lagerhäuser im ganzen Inkareich erbaut, um die Tribute aufzunehmen, zu denen getrocknete Kartoffeln, Trockenfleisch, Baumwolle, Chili, Coca und Maniok gehörten. Ein Schreiber vermerkt die Beiträge mit Hilfe eines Quipu.

sten, scheinbar unpassierbaren Landstriche miteinander verband, darunter die Wüsten der Pazifikküste, die Gebirgsbecken im peruanischen und ecuadorianischen Hochland, die schwindelerregenden, zerklüfteten Hänge der Ostflanken der großen Cordillera Blanca und die unwegsamen Hochebenen von Bolivien und Chile. Die verschiedenen Ausläufer der Qhapaq Nan, die von Cuzco aus ausstrahlten, vereinten die vier wichtigsten geographischen Teilgebiete des Inkareiches – Chinchaysuyu, Antisuyu, Collasuyu und Contisuyu, die nördliche, östliche, südliche und westliche Weltgegend.

Das Straßensystem der Inka, vor allem im zerklüfteten, kaum passierbaren andinen Hochland, war eine architektonische Leistung von erster Größenordnung und wahrscheinlich das größte Projekt dieser Art, das je im alten Amerika in Angriff genommen wurde. Das Straßennetz mit seinen vielen Seitenarmen stellte für die Zentralregierung der Inka ein wichtiges Mittel der politischen Integration dar. Über die Königsstraßen konnten Nachrichten mit unglaublicher Schnelligkeit zwischen Cuzco und seinen weit verstreuten Provinzhauptstädten hin und her geleitet werden, wobei ein System von Staffelläufern, Casqui genannt, benutzt wurde, die an bestimmten Punkten der Straßen stationiert waren. Das Straßensystem war natürlich auch eine große Erleichterung für den Transport von Schütt- und Fertigwaren und von Mitimae-Kolonisten, Provinzbeamten und Armeen.

Provinzhauptstädte wie Jauja, Cajamarca und Pachacmac entstanden sowohl an den Hochland- wie auch den Küstenstraßen der Qhapaq Nan und sollten die lokale Verwaltung und die wirtschaftliche Nutzung natürlicher und menschlicher Ressourcen besser koordinieren. In Regionen, in denen es keine lokalen Siedlungen gab, die man als Provinzhauptstadt hätte übernehmen können, erbauten die Inka neue Städte wie Huanuco Pampa, die häufig nach einem symmetrischen Gitterraster geplant oder zu großen Teilen dem Kernbereich der kaiserlichen Hauptstadt Cuzco nachempfunden wurden. In den eroberten Territorien, in denen es bereits größere städtische Zentren gab, gliederten die Inka diese einheimischen Städte einfach in das Netz der Städte ein, die den zentralisierten Brennpunkt der inkaischen Verwaltung darstellten. Wie in der alten Küstensiedlung Pachacamac in der Nähe des heutigen Lima errichteten die Inka-Herrscher häufig einige wichtige Verwaltungsgebäude, z. B. einen Tempel für den staatlichen Sonnenkult, Lagerhäuser, Wohnquartiere für die Inka-Elite und vielleicht ein Acllahuasi, und zwar immer an zentralen Punkten der Stadt, um die Eingliederung in ihr Reich in aller Deutlichkeit zu betonen.

An den königlichen Straßen zwischen den wichtigsten Städten und Hauptstädten unterhielt der Inkastaat eine ganze Reihe von »Gasthäusern« oder Wegstationen, die Tampus. Sie boten reisenden Inkabeamten Unterkunft und Wegzehrung und konnten bei militärischen Einsätzen sogar ganze Armeen versorgen. Sie bestanden für gewöhnlich aus mehreren großen, rechteckigen Gebäuden, die um eine zentrale Plaza angelegt waren, mit Schlafräumen für die Reisenden, Gemeinschaftsküchen und Lagerhäusern, die mit Nahrungsmitteln gefüllt waren. Größere Tampus in der Nähe der Provinzhauptstädte besaßen häufig auch steinerne Bäder und Altäre für die Staatskulte. Diese Wegstationen, die es überall an den königlichen Straßen gab, wurden durch örtliche Mita-Arbeitskräfte aus der umliegenden Region errichtet, unterhalten, versorgt und wahrscheinlich auch personalmäßig besetzt. Sie waren wichtige Glieder in der Kommando- und Kommunikationskette, welche die Provinzen mit der kaiserlichen Hauptstadt Cuzco verband.

Das Netz der Provinzstädte, Dörfer, Tampus und zentralisierten An-
sammlungen staatlicher Lagerhäuser und das hochentwickelte Straßensystem – alles durch lokale Mita-Arbeitskräfte erbaut und erhalten – stellten
ein System dar, das nicht weniger beeindruckend war als seine sichtbaren
Bestandteile. Ein fundamentales Prinzip der inkaischen Staatsführung in
den kaiserlichen Provinzen, das die bemerkenswerte Klugheit und den politischen Pragmatismus der herrschenden Inka-Elite widerspiegelte, bestand
darin, die traditionelle Autorität der lokalen politischen Führer oder Curacas im Umgang mit ihren eigenen Gemeinden zu bestätigen. Cieza de León,
der wie andere spanische Kommentatoren von den inkaischen Herrschafts-
prinzipien fasziniert war, beschrieb dieses Phänomen in seiner wunderbaren
Chronik Perus: »Und sie hatten ein anderes Mittel, die Einheimischen
daran zu hindern, sie zu hassen, und dies bestand darin, daß sie die natürlichen Häuptlinge niemals ihrer Macht entkleideten. Wenn es sich so ergab,
daß einer von ihnen... auf irgendeine Weise verdiente, seiner Macht be-
raubt zu werden, wurde sie auf seine Söhne oder Brüder übertragen, und
alle wurden angewiesen, ihnen zu gehorchen.«
Dieses System der Beibehaltung des lokalen Mandats der einheimischen
Elite wurde richtigerweise als indirekte Herrschaft bezeichnet. Für ein
Reich, das sich derart schnell, fast schon hektisch, ausdehnte wie das Inka-
reich und gerade erst angefangen hatte, formale Prinzipien der kolonialen
Regierung zu entwickeln, war dieses System der indirekten Herrschaft erstens einfach durchzusetzen und zweitens relativ effektiv, und drittens
stellte es den geringstmöglichen Eingriff in das tägliche Leben und die Ent-
scheidungsautonomie der potentiell feindlichen lokalen Gemeinschaften
dar. Der Schlüssel zum Erfolg der indirekten Herrschaft bestand in der Fähigkeit, sich die Mitarbeit und die zumindest formale politische Loyalität
der lokalen Curacas zu sichern. Wie wir schon gesehen haben, bestand eine
Strategie zur Einbindung dieser lokalen Herrscher darin, Heiraten zwischen
ihnen und der Inka-Elite zu arrangieren, wodurch unauflösliche verwandtschaftliche Bande geknüpft wurden. Der ritualisierte Austausch heiratsfähi-
ger Töchter zwischen den Inka und der lokalen Elite stellte für die politischen Führer der Provinzen einen hohen Anreiz dar, sich in das System der
Inka »einzukaufen«. Das Netz tatsächlicher und fiktiver Verwandtschaftsbande, das durch diese Allianzen geschaffen wurde, bot den lokalen Herrschern vielfältige Gelegenheiten zur strategischen Manipulation der sich
daraus ergebenden Beziehungen zwischen der Staatsmacht und ihnen
selbst.
Natürlich war diese Strategie, die lokalen Curacas in das System der
Amtspatronage einzubinden, indem man ihnen größeren Wohlstand und

Im Reich der vier Weltgegenden

höheres soziales Prestige in Aussicht stellte, nur so lange wirksam, wie die Curacas dazu in der Lage waren, die Arbeits- und Produktivkräfte ihrer Leute zur Verfügung zu stellen. Die Inka erkannten diesen kritischen Punkt und halfen den lokalen Curacas, potentielle Konflikte zu unterbinden, indem sie ganz massiv ihre staatliche Großzügigkeit bekundeten: »Und so machen sie die Leute froh und geben ihnen festliche Bankette und Trinkgelage, große Taquis und andere Feiern, die sie veranstalten, völlig von unseren verschieden, in denen die Inka ihre Pracht zur Schau stellen, und all dies Feiern geht auf ihre Kosten...« Wie die römische Politik des »Brot und Spiele«, die das Ziel hatte, das explosive Potential einer unzufriedenen Unterschicht durch die gelegentliche kostenlose Verteilung von Nahrungsmitteln und durch riesige öffentliche Vergnügungen zu entschärfen, zielte die Praxis der Inka, in regelmäßigen Abständen bei staatlich veranstalteten Festen Nahrung, Getränke und Kleidung aus den Lagerhäusern an das gewöhnliche Volk zu verteilen, darauf ab, soziale Spannungen zu zerstreuen und die Menschen in die neue wirtschaftliche und gesellschaftliche Ordnung der Welt der Inka einzubinden.

Während die Inka die frisch eingegliederten Provinzen durch die Praxis der indirekten Herrschaft regierten, schufen ihre Staatsmänner auf der Grundlage eines dezimalen Verwaltungssystems allmählich formalere, zentralisiertere Kanäle für die Tributzahlungen und die Rekrutierung von Arbeitskräften. In diesem System wurden die Arbeitsverpflichtungen auf der Grundlage numerisch ansteigender Gruppen tributpflichtiger Haushalte veranschlagt, angefangen bei einer minimalen Einheit bestehend aus zehn Haushalten (Chunka), bis hin zur größten Einheit von 10 000 Haushalten (Hunu). Dazwischen gab es dezimale Gruppierungen von 50, 100, 500, 1000 und 5000 tributpflichtigen Haushalten. In regelmäßigen Abständen führten die Inka Zählungen durch, um Schwankungen der Größe und der lokalen Verteilung der Bevölkerung festzustellen. Auf der Grundlage dieser Zählungen, die mittels der Quipus festgehalten wurden, veränderten sie die Zugehörigkeit zu den dezimalen Gruppierungen tributpflichtiger Haushalte, so daß sie den neuen demographischen Realitäten entsprachen.

Jede dezimale Einheit unterstand der Leitung eines Beamten, der, zumindest auf den unteren Ebenen, aus der betreffenden lokalen Gemeinschaft selbst stammte. Die für die verschiedenen dezimalen Einheiten verantwortlichen Beamten waren Teil einer formalen, pyramidenförmig aufgebauten Hierarchie. Manche von ihnen wurden durch höherstehende dezimale Verwalter in ihr Amt berufen, während andere ihre Stellung anscheinend erbten. Die Kommando- und Meldekette begann ganz unten mit dem Chunka-Leiter und stieg allmählich bis zu den Hunu-Beamten an. Über den

Hunu-Leitern, die für 10 000 Haushalte verantwortlich waren, lag die weitere Verwaltung dann in den Händen von Personen, die direkte verwandtschaftliche oder politische Beziehungen zum königlichen Haushalt in Cuzco besaßen. Diese waren direkte Stellvertreter des herrschenden Inka und dienten als Provinzstatthalter oder als Mitglieder des kaiserlichen Rates, in dem die höchsten Beamten aus den vier Teilen des Reiches vertreten waren.

Wenn die Inka ihre Autorität in einer der eroberten Provinzen festigten, versuchten sie, das komplizierte politische Mosaik der Ansprüche der lokalen Herrscher auf Macht und politische Vorrangstellung allmählich in eine Stromlinienform zu bringen, indem sie das uniforme verwaltungstechnische Dezimalsystem einführten. Dieses System hatte eindeutige Vorteile für die inkaische Zentralverwaltung, erlaubte es dem Staat doch, in einer pluralistischen gesellschaftlichen Landschaft, die durch extreme ethnische, linguistische und kulturelle Unterschiede geprägt war, eine relativ homogene Form der politischen Organisation und der Arbeitsrekrutierung zu praktizieren. Die Vorteile für die lokalen Curacas waren nicht ganz so eindeutig. Mit der Herausbildung dessen, was im Grunde ein Klassensystem bevorzugter Beamten war, sahen die Curacas, die nicht als Dezimalbeamte eingesetzt wurden, viele ihrer gesellschaftlichen Privilegien und ihren traditionellen Zugang zu den lokal verfügbaren Arbeitskräften schwinden. Die Spannungen, die durch die Einführung des Dezimalsystems hervorgerufen wurden, waren beträchtlich, und es finden sich in den Chroniken zahlreiche Berichte über verärgerte »natürliche Provinzherren«, die bei jeder Gelegenheit versuchten, massiven Widerstand gegen die Herrschaft der Inka zu schüren.

Trotz der Unfähigkeit der Inka, ihre Herrschaft in allen Provinzen des Reiches vollständig und auf Dauer zu konsolidieren, sicherten die organisatorische Infrastruktur und die anderen Einrichtungen, die sie geschaffen hatten, den steten Fluß von Waren, Informationen und Menschen über die Qhapaq Nan in die kaiserliche Hauptstadt Cuzco. Cuzco war natürlich der Hauptsitz der herrschenden Inka-Klasse und des königlichen Hofes und der Standort der heiligsten religiösen Stätten des Reiches.

Für die Inka war Cuzco eine königliche, mythische Stadt, erfüllt von den Symbolen der Macht. Sie war ein Monument der inkaischen Herrschaft und ein Kosmogramm, das in der räumlichen Anordnung seiner öffentlichen Anlagen die Struktur widerspiegelte, die den Rahmen der natürlichen und gesellschaftlichen Ordnung darstellte. Sie galt als *axis mundi*, als die Stadt im Mittelpunkt des Reiches, als der Schnittpunkt der sich ergänzenden Universa des Heiligen und des Weltlichen. Sie war der Ausgangspunkt

Im Reich der vier Weltgegenden

für die königlichen Straßen, welche die vier Teile des Reiches miteinander verbanden, und *die* Verwaltungsstadt *par excellence*. Sie war, kurz gesagt, die Schnitt- und Entscheidungsstelle für Wohlstand und Macht, gesellschaftliche Identität, Prestige, Kult und Herrschaft.

Der Konquistador Pedro Sancho de la Hoz dokumentierte einen der ersten europäischen Eindrücke von der königlichen Inkastadt: »Cuzco, die Hauptstadt und der Sitz der Aristokratie der Inka, ist groß und schön genug, um sich mit jeder spanischen Stadt vergleichen zu lassen«, schrieb er. »Es ist voll von den Palästen der Magnaten, denn es leben hier keine armen Leute... Die Straßen, die alle mit Steinen gepflastert und gerade sind, kreuzen sich im rechten Winkel und haben jede in der Mitte einen mit Steinen ausgelegten Wasserkanal... es gibt viele Häuser an den Hügeln und andere unten in der Ebene... und im Tal in der Mitte gibt es mehr als hunderttausend Häuser, umgeben von Hügeln... einschließlich Lagerhäuser.« Der wortkargere Pedro Pizarro vermerkte schlicht: »Es war erstaunlich, die Menschen in Cuzco zu sehen.« Obwohl diese fragmentarischen Kommentare nur wenige Hinweise auf die tatsächliche Größe und gesellschaftliche Zusammensetzung Cuzcos geben, geht aus allen historischen und archäologischen Quellen eindeutig hervor, daß die Stadt entsprechend ihrem Status als Hauptstadt des größten und pluralistischsten Reiches des alten Amerika eine zahlreiche, heterogene Bevölkerung hatte, die im Dienste des Staates einer Vielzahl von spezialisierten Beschäftigungen nachging.

Wir wissen, daß Cuzco der Hauptsitz des königlichen Hofes und der höchsten Elite der Inka war. Umgebung und architektonische Anlage der Kernzone der Metropole spiegelten diese Realität deutlich wider. Der zentrale Bereich der Stadt war zusammengesetzt aus eleganten, weitläufigen öffentlichen Plätzen, palastartigen Wohnhäusern aus sorgfältig behauenen Quadersteinen und prachtvollen Tempeln, alles an der Einmündung zweier großer Flüsse, des Tullumayo und des Huatanay gelegen, welche die Inka im Stadtbereich künstlich kanalisiert hatten.

Gegen Ende des 15. Jahrhunderts war die inkaische Elite von Cuzco in 20 gesellschaftliche Gruppen, die königlichen Ayllus, aufgeteilt. Diese Ayllus besaßen groß angelegte eigene Wohnbezirke im Herzen der Stadt. Zehn der königlichen Ayllus hatten als direkte Nachkömmlinge vormaliger Könige einen besonders hohen Status und wurden als Panaqas bezeichnet. Die Mitglieder der Panaqas, direkte Blutsverwandte früherer Könige, verfügten über unermeßliche Reichtümer, wozu riesige landwirtschaftliche Güter, Weideflächen, Lama- und Alpakaherden, Hunderte von Yanaconas und Camayos und der Zugang zu riesigen Mita-Arbeitskräften gehörten. All diese Ressourcen stellten die Reichtümer dar, die während der Herrschaft

Die stilisierte Darstellung eines Inkatempels, welcher der Sonnenanbetung gewidmet ist. Benzoni, ein Kritiker der spanischen Kolonialpolitik, wollte, daß seine Leser die einheimischen Religionen würdigen lernten.

des betreffenden Monarchen angehäuft worden waren, der zu seinen Lebzeiten der Begründer und nach seinem Tod der göttliche Vorfahre der Panaqa war, die seinen Namen trug. Den männlichen Mitgliedern der Panaqas standen zu Lebzeiten ihres königlichen Verwandten die höchsten Regierungspositionen offen. Nach dem Tod des herrschenden Königs ging sein Besitz auf seine männlichen Haupterben über, die nun die politischen Oberhäupter der Panaqa wurden.

Die Panaqa-Mitglieder hatten die Verpflichtung, die Erinnerung an den verstorbenen König, der die Panaqa gegründet hatte, wachzuhalten. Die Ahnenverehrung war die Grundlage der andinen Religionen und die Basis aller rituellen Aktivitäten innerhalb der alten sozialen Einheit der Ayllus. Bei der Elite von Cuzco nahm die Ahnenverehrung die Form eines ausgeklügelten Kults der königlichen Mumien an, der die spanischen Chronisten, die dieses Schlüsselelement des geistig-religiösen Lebens der Inka in aller

Im Reich der vier Weltgegenden

Ausführlichkeit schilderten, zugleich faszinierte und abstieß. Die Inka, schrieb Pedro Pizarro, »hatten das Gesetz und den Brauch, ihre Herrscher nach ihrem Tod einzubalsamieren und in viele prächtige Gewänder zu hüllen. Sie stellten diesen Herren alle Dienste zur Verfügung, die sie auch zu ihren Lebzeiten hatten, so daß ihre Mumienbündel im Tode so bedient wurden, als seien sie noch am Leben...« Die Panaqa-Mitglieder, berichtete Cobo des weiteren, »nahmen [die königlichen Mumien] mit großem Gefolge zu all ihren wichtigen Zeremonien mit. Sie setzten sie auf der Plaza entsprechend ihrer Rangordnung in eine Reihe, und die Diener, die sich um sie kümmerten, aßen und tranken dort... Vor den Mumien stellten sie große, krugähnliche Gefäße auf, die sie Vilques nannten und die aus Gold und Silber gemacht waren. Sie füllten diese Gefäße mit Maisbier und tranken den Toten damit zu, nachdem sie sie ihnen erst gezeigt hatten. Die Toten tranken sich gegenseitig zu, und sie tranken den Lebenden zu... dies in Gestalt ihrer Bediensteten. Wenn die Vilques voll waren, gossen sie sie über einem kreisrunden Stein aus, der als ein Götzenbild in der Mitte der Plaza stand. Um den Stein herum verlief ein kleiner Kanal, und das Bier floß durch Abflüsse und versteckte Rohre ab.«

Das düstere Bild der Nachfahren der toten Könige, welche die prachtvoll gekleideten, ausgetrockneten Leichen ihrer Vorfahren auf den Plazas von Cuzco mit Essen, Getränken und Trinksprüchen umsorgten, verschleiert die subtilen politischen und religiösen Nuancen, die im Kult der königlichen Mumien verankert waren. Obwohl der Elitekult in der in den ganzen Anden bestehenden religiösen Praxis der Ahnenverehrung verwurzelt war, war er mehr als die schlichte Ehrung eines toten Vorfahren.

Die ausgeklügelte Bewirtung der toten Könige konzentrierte sich in erster Linie auf die landwirtschaftlichen Fruchtbarkeitszeremonien und war als solche beabsichtigt. »Wenn Wasser für die bebauten Felder gebraucht wurde«, berichtete Cobo, »holten sie für gewöhnlich den Körper [des toten Königs] hervor, prachtvoll gekleidet, das Gesicht verhüllt, und trugen ihn in einer Prozession durch die Felder und Punas, und sie waren überzeugt, dies sei zu großen Teilen dafür verantwortlich, den Regen zu bringen.« Die toten Könige wurden in den protokollierten Trinksprüchen der Panaqas zudem häufig als Illapa angesprochen, als Wettergott, der die atmosphärischen Kräfte von Wind, Regen, Hagel, Blitz und Donner personifizierte – die meteorologischen Phänomene, die für Gedeih oder Verderb der Ernten verantwortlich waren.

Eine weitere wichtige Bedeutung der öffentlichen Zurschaustellung der königlichen Mumien »nach Rangordnung« auf den wichtigsten Plätzen von Cuzco bei großen Staatsereignissen lag darin, daß sie die Legitimität der dynastischen Herrschaft der Inka bildhaft bestätigte. An solchen Tagen nahm der herrschende König im wahrsten Sinne des Wortes in Begleitung all seiner königlichen Vorfahren, die durch ihre reich geschmückten Mumienbündel vertreten waren, an den zeremoniellen Prozessionen teil, die durch Cuzco führten. Wer konnte die Legitimität des Inka anzweifeln, wenn die ganze Dynastie, die konzentrierte Geschichte ihres Herrschaftsmandates, für die ganze Nation stets sichtbar und präsent war? Durch diese rituellen Handlungen wurden die verstorbenen Monarchen und der lebende Kaiser symbolisch eins – Verkörperungen legitimer Macht, Embleme landwirtschaftlicher Fruchtbarkeit und Fülle und mächtige Sinnbilder einer nationalen Identität.

Der Kult der königlichen Mumien war ein intensiver Ausdruck der sozialen und rituellen Solidarität innerhalb der inkaischen Herrscher-Kaste, vor allem innerhalb der zehn Panaqas, die sich das Erbe ihrer königlichen Vorfahren zunutze machten und materiell davon profitierten. Andere Kulte und esoterische Vorstellungen förderten dieses Gefühl der Solidarität und der kaiserlichen Bestimmung bei den Inka insgesamt. Ein solcher Kult rankte sich um die Sonnengottheit Inti. Die Inkakönige sahen sich selbst als Abkömmlinge Intis und eigneten sich damit symbolisch die lebensspendende Kraft der Sonne an. Ein goldenes Abbild Intis in menschlicher Gestalt wurde im Qorikancha, dem »Goldenen Hof«, aufbewahrt, dem vielleicht wichtigsten Komplex in Cuzco. Es hieß, das Abbild enthalte in seinem hohlen Bauch eine Paste aus Goldstaub und der Asche der rituell kremierten Herzen früherer Inkakönige.

Der große, Qorikancha genannte Tempelkomplex enthielt viele andere Götterbilder der Staatskulte und in seinem Inneren Nischen für die heiligen Mumienbündel der Inka-Könige. Vor allem aber war der Qorikancha das Zentrum, von dem eine symbolische, geheiligte Landschaft Cuzcos, und damit des ganzen Inkareiches, in einem unglaublich komplexen, aber logisch geordneten System von Heiligtümern ausging, die in geraden Linien angeordnet waren. Diese heilige Landschaft war ein zentraler Bestandteil der Vorstellung, welche die Inka von sich als ethnischer Gruppe hatten, und des Glaubens an ihr Recht, andere Nationen zu beherrschen.

Bernabé Cobos Beschreibung dieser heiligen Landschaft Cuzcos bietet uns einen Zugang zu diesem faszinierenden Aspekt der politischen und religiösen Vorstellungen der Inka: »Vom Qorikancha gingen wie von einem Zentrum verschiedene Linien aus, welche die Indianer Ceques nennen«, schrieb er. »Sie bildeten vier Teile, die den vier königlichen Straßen entsprachen, die von Cuzco ausgingen. An jedem dieser Ceques lagen der Reihenfolge nach die Heiligtümer, die es in Cuzco und seinen Distrikten gab, wie

---

Im Reich der vier Weltgegenden   303

Eine phantasievolle Darstellung von Lamas, die in den Anden Lasten transportieren. Diese Illustration aus Pierre Vander Aas sechsundsechzigbändigem Werk *Galerie Agréable du Monde,* das 1729 veröffentlicht wurde, spiegelt die Faszination der Europäer für exotische Tiere wider. Dennoch spielte das Lama als größtes domestiziertes Zugtier in Amerika eine wichtige Rolle im Staatssystem der Inka.

Stationen heiliger Orte, deren Verehrung allen gemeinsam war. Jeder Ceque lag in der Verantwortung der Parcialidades [der spanische Ausdruck für Gruppen von Menschen, die innerhalb einer größeren ethnischen Einheit miteinander verwandt waren] und der Familien der Stadt Cuzco, aus deren Reihen die Wärter und Diener kamen, die sich um die Heiligtümer ihrer Ceques kümmerten und darauf achteten, daß zur passenden Zeit die vorgeschriebenen Opfer dargebracht wurden.«

Diese bemerkenswerte begriffliche Organisation Cuzcos und seiner näheren Umgebung umfaßte eine Gesamtzahl von 41 Linien oder Ceques, die von ihrem Ausgangspunkt Qorikancha ausstrahlten und an denen es für die Inka 328 individuelle Huacas gab, Orte oder Gegenstände, die mit heiliger Kraft erfüllt waren. Laut Cobo waren verschiedene Gruppen verwandter Familien (Ayllus) oder größere soziale Gruppen (Parcialidades) für die Huacas verantwortlich, die an der Ceque-Linie lagen, die ihrer Gruppe übertragen worden war. Dazu gehörte die Verpflichtung, zu bestimmten Zeiten an diesen Heiligtümern die rituell vorgeschriebenen Opfer darzubringen.

Das Ceque-System in Cuzco besaß viele verschiedene Bedeutungsschichten, welche die inkaischen Vorstellungen von geographischem und symbolischem Raum, Zeit, Geschichte und gesellschaftlicher Organisation miteinander verknüpften. Die vielleicht wichtigste Bedeutung des Ceque-Systems lag darin, daß es der äußere Ausdruck des inkaischen Sterne-Mond-Kalenders war. Jeder der 328 Huacas verkörperte in diesem landwirtschaftlichen Kalender einen Tag. Während des ganzen landwirtschaftlichen Zyklus der Jahreszeiten waren Mitglieder wenigstens eines der in Cuzco ansässigen Parcialidades mit täglichen Ritualen beschäftigt, die reiche Ernten und die Fruchtbarkeit der Herden gewährleisten sollten. Diese Wachstumszeremonien, die nach den Prinzipien der Ceque-Linien organisiert waren, dienten der Inka-Klasse von Cuzco als einschneidende Erinnerung daran, daß ihre Erfolge als Volk, das dazu bestimmt war, andere Nationen zu beherrschen, von der Solidarität der ganzen Gruppe abhingen, und von ihrer Fähigkeit, einen symbolischen Übereinklang zwischen gesellschaftlicher und natürlicher Ordnung zu wahren.

Cuzco als politisches und symbolisches Zentrum der inkaischen Welt war aber vor allem eine monumentale Repräsentation der Macht. Hier schuf und verwirklichte die Inka-Elite selbstbewußt und kühn ihre Vorstellung von sich selbst als den Beherrschern der Anden. Sie füllten Cuzco mit dem eindrucksvollen Widerhall konstruierter öffentlicher Bilder: dem Bild der weltlichen Macht des Reiches, durchtränkt vom gewaltigen, vielfältigen Reichtum seiner vielen unterworfenen Nationen; dem Bild der heiligen Macht der herrschenden Inka-Klasse, die für sich selbst die Rolle in Anspruch nahm, rituelle Mittler zwischen der Gesellschaft und den Kräften der Natur zu sein; und dem Bild der dynastischen Macht, der Stadt als Sitz einer langen Linie lebender und toter göttlicher Herrscher, die legitime Macht ausübten. Das inkaische Cuzco war, kurz gesagt, das Abbild konzentrierter kaiserlicher Macht, die Verkörperung einer idealen gesellschaftlichen Ordnung und eine öffentlich dargestellte Landkarte der Erkenntnis, die diese gesellschaftliche Ordnung in einen Bezug zur wahrgenommenen äußeren Ordnung des Universums setzte.

Obwohl wir das Wesen der inkaischen Gesellschaft auf ihrem Höhepunkt im ausgehenden 15. Jahrhundert mit annähernder Genauigkeit rekonstruieren können, sind die verfügbaren Quellen über die frühen Inka von der Zwiespältigkeit der mündlich überlieferten Herkunftsmythen verschleiert und von der eigenen Zwecken dienenden, selbstgemachten Pseu-

Im Reich der vier Weltgegenden

dogeschichte eines ursprünglich marginalen Volkes, das erst kurz zuvor an die Macht gekommen war, verdunkelt. Die Inka-Elite modelte die Berichte über ihre Herkunft und ihren Platz in der Welt der Anden ständig routinemäßig um, um sie neuen imperialen Zielen anzupassen. Ethnische Propaganda wurde in offizielle Geschichte, die »wahre« Geschichte der Inka-Herrschaft, umgemünzt. In diesem Zusammenhang sind individuelle Identitäten, Handlungen und tatsächliche historische Ereignisse unauflöslich mit Mythos, Metapher, Symbolismus und Allegorie verwoben.

Mit der spanischen Eroberung wurde das Bild, das die Inka von sich selbst zeichneten und das von den Chronisten festgehalten wurde, noch einmal, wenn auch auf andere Weise, verzerrt, und zwar dadurch, daß die Europäer den Inhalt und die Bedeutung der einheimischen Erzählungen einfach mißverstanden. So wäre es zum Beispiel möglich, daß die Liste der 13 oder 14 Inka-Könige, die uns in den Chroniken überliefert wird, keineswegs eine lineare, chronologische Thronfolge wiedergibt. Die Spanier nahmen es als selbstverständlich an, daß die Liste der einheimischen Könige, die sie von ihren inkaischen Informanten erhielten, denselben Prinzipien monarchischer Herrschaft und Thronfolge unterlag, die an den europäischen Höfen galten. Es gibt jedoch eine faszinierende These, derzufolge der Herrschaftsbegriff im Inkastaat ein doppeltes Königtum beinhaltete. Viele traditionelle Andenkulturen, darunter auch die der Inka, besaßen ein Moietie genanntes System der gesellschaftlichen Organisation, demzufolge Gesellschaften in zwei einander ergänzende Hälften aufgeteilt wurden. Die Hauptstadt der Inka selbst war in zwei Bereiche aufgeteilt, Hanan und Hurin (oder oberes und unteres) Cuzco, die beide unter der Herrschaft eines Königs gestanden haben könnten. Anders ausgedrückt, es wäre möglich, daß die Königsliste, wie auch viele andere Elemente der Inka-»Geschichte«, tatsächlich auf symbolische Weise fundamentale Organisationsprinzipien oder religiöse Vorstellungen der Andengesellschaften wiedergibt. Für die Inka war Geschichte nicht notwendigerweise eine geordnete, chronologische Aufzählung, sondern vielmehr eine komplexe Mischung aus Glauben, Mythos und erinnerten Fakten.

In Anbetracht dieser Situation sind die Fachleute zu einem koordinierten Vorgehen übergegangen, in dem archäologische Untersuchungen mit kritischen Interpretationen von Textmaterialien abgestimmt werden. Dank ihrer Bemühungen tritt der Charakter der inkaischen Gesellschaft, Wirtschaft und Politik allmählich deutlicher aus der Zweideutigkeit fragmentarischer Texte und dem verwirrenden Chaos verfallener Stadtruinen hervor. Erst in jüngster Zeit haben wir angefangen, die Subtilität der inkaischen Staatskunst und die Art und Weise besser zu verstehen, in der sie das größte Reich der westlichen Hemisphäre durch die einsichtige Anpassung und Manipulation von Institutionen und gesellschaftlichen Beziehungen, die für die alte Welt der Anden grundlegend waren, aufbauten. Mita und Mitimae, Aclla, Camayo, und Yanacona verraten ihren Ursprung als spezialisierte Formen von Arbeits- und Statusbeziehungen, die von den einheimischen Andenbewohnern über die Jahrhunderte hinweg ausgearbeitet wurden. Aber das besondere Genie der Inka lag darin, dieses grundlegende institutionelle Fundament zu nehmen, es durch die geschickte Anwendung von politischen Prinzipien, wie dem der indirekten Herrschaft und der ritualisierten staatlichen Reziprozität, umzuwandeln und auszuweiten und es massiv als Technik zum Aufbau eines Reiches einzusetzen. Auch wenn die Inka auf den Erfahrungen, Neuerungen und Anpassungen ihrer kulturellen Vorgänger aufbauten, so sind ihre Leistungen in der Arena der Politik und der Staatskunst in der Neuen Welt doch ohnegleichen.

Durch den sich schnell klärenden Spiegel der inkaischen Gesellschaft können wir auch hoffen, einen Blick auf die breitere Realität zu werfen, welche die unglaubliche Kühnheit und Phantasie und das Vertrauen in die eigenen Fähigkeiten unterstreicht, mit der die alten Völker der Anden sich an ihre unglaublich schöne, aber anspruchsvolle Umwelt anpaßten. Dieser Prozeß der Anpassung an ihre erbarmungslose natürliche Umwelt setzt sich bis heute fort, wenn auch jetzt eingebunden in den Kontext einer zunehmenden Integration in nationale und globale Märkte und gesellschaftliche Trends. Selbst unter dem allesdurchdringenden Einfluß einer nationalen Assimilation haben die Lebensweisen der einheimischen Bewohner der isolierten ländlichen Enklaven der Anden immer noch einen kraftvollen kulturellen Widerhall, der ein Echo ist auf die Überlebensstrategien, Glaubensvorstellungen und Strukturen gemeinschaftlicher Handlungsweisen, die von ihren Vorfahren in den Jahrhunderten vor der westlichen Kolonialherrschaft so erfolgreich aufgebaut wurden.

Im Reich der vier Weltgegenden

Teil Zwei

Amerikanische Zivilisation
1492

Diese Zeichnung von Tessouat, der den Franzosen als Le Borgne de L'Isle (Einauge der Insel) bekannt ist, ein Algonkin-Führer von der im Ottawa-River gelegenen Alumette Island, wird Louis Nicolas zugeschrieben und wurde gegen Ende des siebzehnten Jahrhunderts angefertigt. Hier richtet sich Borgne mit Hilfe eines Sprachrohrs an seine versammelten Krieger.

Amerika 1492

9. Kapitel
Die Vielfalt der Stimmen

Von Joel Sherzer

Am Vorabend der Reisen des Christoph Kolumbus besaß das einheimische Amerika eine erstaunliche Vielfalt von Sprachen, weit größer als alle, die in Europa gesprochen wurden. Im Jahre 1492 wurden von den vielen verschiedenen Völkern der westlichen Hemisphäre an die 2000 eigenständige, gegenseitig unverständliche Sprachen gesprochen, etwa 250 davon in Nordamerika, etwa 350 in Mexiko und Mittelamerika und weitere 1450 in Südamerika. Unterschiede äußerten sich auf die unterschiedlichste Weise – im Klang, in der Aussprache, in den grammatikalischen Mustern und Strukturen, im Wortschatz, in historischen Verwandtschaften und im Stellenwert, den die Sprachen in ihren jeweiligen Kulturen und Gesellschaften hatten.

Obwohl nicht völlig ausgeschlossen werden kann, daß die amerikanisch-indianischen Sprachen einen einzigen gemeinsamen Ursprung haben, gibt es zur Zeit kaum einen Beweis dafür. Die bemerkenswerte Vielfalt der Sprachen deutet im Gegenteil eher darauf hin, daß sie unterschiedliche und voneinander abweichende Hintergründe hatten, und bringt relativ deutlich zum Ausdruck, daß es so etwas wie *die* amerikanisch-indianische Sprache nicht nur nicht gab, sondern zudem auch keine Möglichkeit bestand, daß alle einheimischen Amerikaner je eine einzige allgemeine oder gemeinsame Sprache benutzt hätten. Außerdem können die amerikanisch-indianischen Sprachen in keinem wie auch immer gearteten Sinn als primitiv bezeichnet werden. Die Sprachen der beiden Amerikas waren ebenso komplex und reich wie alle anderen Sprachen, die auf der Welt gesprochen werden. Was nun die spezifischen Charakteristiken angeht, so konnte man auf den beiden amerikanischen Kontinenten fast alle wichtigen Merkmale von Sprache finden.

Die Vielfalt der Stimmen

Wortgruppen aus 1492

HEUTIGE INDIANISCHE SPRACHEN

Okanogan
təl iscpəx̣pəx̣twílx
*von dem Augenblick an, an dem
ich mir der Dinge bewußt wurde...*
kən pəx̣pəx̣twílx
...Ich wurde mir der Dinge bewußt...

Flathead Salish
təl iscpəx̣pəx̣twíls̆
*von dem Augenblick an, an dem
ich mir der Dinge bewußt wurde...*
čən pəx̣pəx̣twíls̆
...Ich wurde mir der Dinge bewußt...

1492 SPRACHREKONSTRUKTIONEN

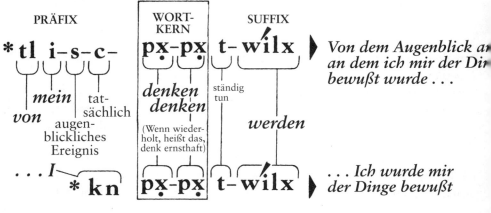

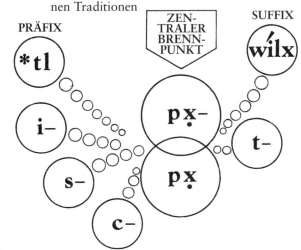

Oben: In der üblichen von links nach rechts
verlangten Lesezeile

Unten: In den konzentrischen Mustern der Eingeborenen Traditionen

Lauteinheiten (Phoneme)
- Grenze
č ch in church
x Französisch r
x̣ Deutsch ch in ich
s̆ sh in shoe
ə a in sofa
' throat catch (glottalization)

Bedeutungseinheiten (Morpheme)
kən/čən Ich
tl von
i mein
s augenblickliches Ereignis
c Aktualität
px̣ px̣ Wiederholung von denken, Wurzel ist
t ständig, dauernd
wílx/wíls̆ entwickeln, werden
* rekonstruierte oder hypothetische Form

Dennoch gab es linguistische Merkmale, die in den beiden Amerikas eher selten waren, während andere häufiger vorkamen als anderswo, und die einheimisch-amerikanischen Sprachen insgesamt von den Sprachen unterschieden, die in anderen Teilen der Welt gesprochen wurden. So z.B. verwendete man in den einheimisch-amerikanischen Sprachen nur selten Suffixe, um Fälle wie Nominativ, Akkusativ und Dativ auszudrücken, oder nominale und pronominale Geschlechtshinweise (wie das englische he/she oder das spanische el und la – eine Eigenschaft, die in Amerika fast ausschließlich auf das Chinook beschränkt ist, das im gegenwärtigen Oregon und Washington gesprochen wird). Andererseits machten viele indianische Sprachen einen deutlichen Unterschied zwischen belebten und unbelebten Dingen und zwischen Gegenständen, die man *per definitionem* besaß (Blutsverwandte und Körperteile), und anderen, deren Besitz eher zufällig war (Messer oder andere Gerätschaften). Außerdem drückten die einheimischen Sprachen Ortsangaben wie in, über, unter oder neben oft durch an Substantive angehängte Suffixe oder durch Elemente aus, die hinter dem Substantiv standen.

Die Aussprache der indianischen Sprachen – die oft mehr Konsonanten verwendeten als in den europäischen Sprachen üblich – war ebenfalls durch viele Laute und Lautunterscheidungen gekennzeichnet, die in den europäischen Sprachen eher selten vorkommen. Dazu gehörten:

Glottisverschlußlaute (die Unterbrechung des Atems durch plötzliches Schließen der Stimmritze, wie in der Pause zwischen uh und oh im deutschen uh-oh);

die Unterscheidung zwischen zwei Arten von Lauten, die mit dem hinteren Teil der Zunge hervorgebracht werden – ein dem englischen ähnliches k und ein mit dem Zäpfchen, also noch weiter hinten im Mund produziertes q;

Dieses Diagramm verdeutlicht die grammatikalischen Strukturen einer Sprache, die zu Kolumbus' Zeiten von den Binnenland-Salish gesprochen wurde. Im fünfzehnten Jahrhundert hatten die Vorfahren der einheimischen Völker, die im östlichen Washington, in Idaho und im westlichen Montana lebten, sich noch nicht in getrennte, aber dennoch verwandte linguistische Gruppen aufgeteilt. Die Techniken der historischen Linguistik erlauben es uns, aus modernen Beispielen eine vorväterliche Form zu postulieren. Die Zeichnung zeigt, wie der bedeutungstragende Kern eines Salish-Wortes zu unterschiedlichen grammatikalischen Phrasen ausgeweitet wird. Das Diagramm zeigt auch den Unterschied zwischen dem linear geschriebenen Englisch und den konzentrischen Konstruktionen, die in den einheimischen Formationen betont werden.

Die Vielfalt der Stimmen

Laute, die dem tz im deutschen Katze ähnlich sind, aber überall in einem Wort, insbesondere aber am Anfang, vorkommen können;

glottalisierte Konsonanten, die durch eine Schließung und Öffnung der Stimmritze gleichzeitig mit der Aussprache des Konsonanten hervorgebracht wurden;

und verschiedene Laterale oder l-ähnliche Laute.

Da viele Laute in den verschiedenen indianischen Sprachen stimmlos und stimmhaft, glottalisiert und nicht-glottalisiert, ausgesprochen werden konnten, ergab sich eine bedeutend größere Zahl deutlich unterschiedlicher Konsonanten als in den europäischen Sprachen. Außerdem war es in Sprachen mit vielen Konsonanten und konsonantischen Gegensätzen möglich, Worte zu bilden, in denen eine große Zahl von Konsonanten in Verbindung mit nur wenigen Vokalen vorkam, manchmal nur mit einem einzigen oder sogar gar keinem. Bei den Bella Coola an der Nordwestküste z. B. lautete das Wort für Tier »nmnmk'« (wobei das Apostroph bedeutet, daß das k als glottalisierter Konsonant ausgesprochen wird).

Außerdem hatten die indianischen Sprachen viele gemeinsame grammatikalische Züge, die sowohl die Morphologie, die Struktur der Worte wie auch die Syntax, die Struktur der Sätze, betrafen. Hier spielte insbesondere die Reduplikation eine Rolle, die Wiederholung oder Verdoppelung eines ganzen Wortes oder eines Teils davon, um seine Bedeutung auf ganz bestimmte Weise zu verändern. Bei Substantiven wurde die Reduplikation häufig benutzt, um eine besondere Art der Pluralität auszudrücken, nämlich die Verteilung eines Gegenstandes hier und da im Raum. Bei den Washo im nordamerikanischen Great Basin bedeutete »gusu« Büffel, während »gususu« Büffel hier und da bedeutete. Die Reduplikation von Verben diente einer Vielzahl von Funktionen. Sie wurde häufig verwendet, um verschiedene Aspekte der Art und Weise auszudrücken, wie eine Handlung aufgefaßt wurde. Eines der ausgeklügeltsten Systeme der Reduplikation von Verben kam bei den auf der Vancouver Island ansässigen Nootka vor. Mit einem einzigen Verbstamm mit der Bedeutung »sich umdrehen« oder »einen Kreis beschreiben« konnten die Nootka durch Anhängen von verbalen Suffixen und durch verschiedene Reduplikationen folgendes ausdrükken: »sich umdrehen, kreisen«, »anfangen, sich umzudrehen«, »anfangen sich umzudrehen, um sich umzudrehen«, »sich immer wieder im Kreis drehen«, »anfangen, einen Kreis zu beschreiben« und »anfangen, eine Reihe von Kreisen zu beschreiben«.

Andere grammatikalische Merkmale der Sprachen der beiden Amerikas waren die Lautsymbolismen, also die regelmäßige, systematische Veränderung von Konsonanten oder Vokalen, um auszudrücken, daß ein Gegenstand oder eine Handlung einerseits entweder klein, liebevoll oder liebenswert und andererseits groß, häßlich oder ablehnenswert war; die Unterscheidung zwischen inklusiven und exklusiven Pronomen der ersten Person Plural, die einen Unterschied machte zwischen wir (den Hörer eingeschlossen: du und ich) und wir (den Hörer nicht eingeschlossen: ich und jemand anderes als du); das Anhängen von Zeit- und Aspektmarkierungen in der Form von Verbsuffixen, um die Zeit einer Handlung und die Art und Weise auszudrücken, wie die Handlung aufgefaßt wurde (bei den panamesischen Kuna bedeutete taksa »er sah«, takkoe »er wird sehen«, taktappi »er ging hin, um zu sehen« und taksokkali »er wird gleich sehen«); und die Inkorporation des Objekts eines Verbs als Präfix des Verbs, wie in einem Nahuatl-Wort, das »Ich esse Fleisch« oder »Ich bin ein Fleischesser« bedeutete, wörtlich übersetzt jedoch als »Ich-Fleisch-esse« ausgedrückt wurde.

Die indianischen Sprachen unterschieden unveräußerliche (die eigenen Großeltern) und veräußerliche (eine Schüssel) Dinge durch die obligatorische Zufügung eines Possessivausdrucks (mein) an das Substantiv, wie auch angehängte Elemente, die Stellungen wie in, unter, auf, in Richtung auf und zwischen ausdrückten. Viele benutzten verbale Präfixe, um das Instrument zu bezeichnen, mittels dessen eine Handlung durchgeführt wurde; Hinweise gewöhnlich in der Form von Verbsuffixen, um auszudrücken, welchen Wert eine Information hatte, also ob das, was durch das Verb ausgedrückt wurde, dem Sprecher bekannt war, weil er es gehört oder aufgeschnappt oder weil er es selbst gesehen, erlebt, geträumt oder in einem Mythos davon erfahren hatte; und Lautveränderungen oder die Hinzufügung grammatikalischer Elemente, um Personen mit bestimmten äußerlichen Merkmalen hervorzuheben oder Männer von Frauen, Erwachsene von Kindern und geachtete von verachteten Personen zu unterscheiden.

Viele amerikanisch-indianische Sprachen waren außerdem durch die sogenannte Polysynthese charakterisiert – die Zusammenziehung vieler Formen mit eigener Bedeutung und Funktion zu einem einzigen Wort, so daß Dinge, die in den europäischen Sprachen durch einen Satz mit mehreren oder sogar vielen Worten ausgedrückt würden, in einem einzigen, komplizierten Wort, zu dem Komposita und Affixe gehörten, benannt werden konnten. In den folgenden Beispielen stehen Gedankenstriche zwischen den bedeutungtragenden Elementen eines einheimischen Wortes, das dann erst wörtlich, Element für Element, und anschließend freier übersetzt wird:

Im Fox, einer Algonkinsprache, die am Mississippi gesprochen wurde, hieß das Wort eh-kiwi-n-a-m-oht-ati-wa-ch(i) wörtlich übersetzt »dann-unendliche Bewegung rund herum-verbindend-Flucht-Kausalität mit Bezug auf einen belebten Gegenstand-Handlung unternommen für das Subjektgegenseitig-Plural-belebt« oder, freier: »Dann hielten sie ihn gemeinsam hier und dort auf der Flucht vor ihnen.«

Im Hupa, einer athapaskischen Sprache, die in Kalifornien gesprochen wurde, lautete das Wort te-s-e-ya-te (wörtlich: »hier und dort im Raum-in-Bewegung-gehe-ich-Zukunft«) frei übersetzt: »Ich werde hierhin und dorthin gehen.«

Diese und viele andere grammatikalische Merkmale zeigen, daß die indianischen Sprachen alles andere als primitiv waren. Im Gegenteil besaßen sie eine unglaubliche Komplexität, wenn auch von einer Art, die sich manchmal drastisch von der europäischer Sprachen unterschied. Wie alle Sprachen spiegelten auch die indianischen die Sicht wider, die ihre Sprecher vom Universum und insbesondere von der Welt hatten, in der sie lebten. Bei den Indianern gehörte zu dieser Weltsicht ein ganz besonderes Augenmerk auf kleinste Details in Bezug auf Stellung, Richtung, Bewegung, Form, Gestalt und Textur, das sich häufig in verschnörkelten Worten ausdrückte, die in ihrer Form phantasievoll und poetisch waren.

Wie in allen Sprachen der Welt spiegelte auch der Wortschatz der amerikanisch-indianischen Sprachen universale Belange wider (Worte für Körperteile, unmittelbare Verwandte, Himmelskörper), die lokale Ökologie (Bezeichnungen für Pflanzen und Tiere, Berge und Gewässer) und die Eigenheiten des religiösen Systems und der kulturellen Praktiken der einzelnen Völker. Oft gab es einen hochentwickelten Wortschatz für wichtige kulturelle Traditionen oder ökologische Notwendigkeiten. Die Eskimo und andere arktische und subarktische Gruppen besaßen unterschiedliche, unabhängige Wörter für verschiedene Arten von Schnee, die eine notwendige Präzisierung ermöglichten, die es in keiner der europäischen Sprachen gibt. Die Yupik-Eskimo in Zentralalaska hatten unterschiedliche Worte für »Schnee auf dem Boden«, »leichter Schnee«, »weicher, tiefer Schnee«, »treibender Schnee«, »Schneewächte oder Schnee, bei dem Lawinengefahr besteht«, »klebriger Schnee«, »frischer Schnee«, »Schneeflocken auf dem Boden«, »Schneebank« und »in Blöcke geschnittener Schnee«. Außerdem kam es oft vor, daß Worte verändert wurden, um sie an neue und veränderte Umgebungen anzupassen. Als die Athapaskisch sprechenden Navajo aus ihrer ursprünglichen subarktischen Heimat nach Süden wanderten, auf die Plains und in den Südwesten der heutigen Vereinigten Staaten, benutzten sie das athapaskische Wort für Schneeflocke fortan für eine kulturelle Neuerwerbung – Samenkorn.

Die einheimischen Glaubensvorstellungen und Praktiken wurden auch durch die Art und Weise widergespiegelt, wie Worte zu Klassen und Kategorien zusammengefaßt wurden. Die panamesischen Kuna faßten Worte für Pflanzen und Früchte zu verschiedenen Klassen zusammen, und zwar entsprechend einem abgestuften System der Besitzverhältnisse, das in erster Linie ihren ökonomischen Wert und ihre Bedeutung für die Ernährung berücksichtigte, und nicht so sehr den tatsächlichen Privatbesitz eines Gartens oder eines Baums (was es bei den Kuna auch gab), die Stellung des Nahrungsmittels in der Zusammensetzung einer Mahlzeit (z. B. als Obst, Salat oder Gemüse) oder seine Größe und Form (Busch, Baum oder Strauch). Bananen, die das Äquivalent für Nahrung waren (das Wort masi bezog sich sowohl auf Bananen wie auf Nahrung im allgemeinen), und Kokosnüsse, die als Äquivalent für Geld galten, waren die Früchte, die am ausschließlichsten als Privatbesitz galten und die, ähnlich wie Grundnahrungsmittel, etwa Kartoffeln, nie von einem anderen genommen oder geborgt werden durften. Mangos und Avocados waren, solange sie noch am Baum hingen, ebenfalls Privatbesitz, konnten jedoch, wenn sie auf der Erde lagen, von jedem, der Hunger hatte, aufgelesen und verzehrt werden. Andererseits gehörten verschiedene Arten von Nüssen dem Höchsten Wesen oder Gott und konnten jederzeit in jeder Menge genommen werden, ohne die Erlaubnis des Landbesitzers einzuholen.

Ein weiteres wichtiges Merkmal der einheimischen Vokabularien war die Metapher – die Verwendung von Worten oder Gruppen von Worten, die einen bestimmten Bedeutungsbereich auf einen anderen übertrugen. Sie liefern uns einen Einblick in die amerikanisch-indianischen Philosophien, Weltanschauungen und kulturellen Symbolismen und ihre poetische Sensibilität. In vielen mesoamerikanischen Sprachen bestand der Wortschatz aus einer relativ kleinen Zahl von Stammwörtern (manchmal nur 1000) und vielen anderen Worten, die von ihnen abgeleitet waren. Die Beziehung zwischen Stamm und Ableitungen war oft metaphorisch. Zum Beispiel wurden im klassischen Quiché, einer der Sprachen der alten Maya, genaue Positionsangaben (das Äquivalent von Präpositionen wie »vor«, »hinter« und »auf«) dadurch ausgedrückt, daß einem Substantiv Worte nachgestellt wurden, die von Bezeichnungen für Körperteile abgeleitet waren. So stand z. B. das Wort für Mund für »bevor«, das Wort für Auge oder Gesicht für »vor«, Kopf für »über«, Rücken für »hinter« und Bauch oder Leib für »in«.

In einer Reihe von mesoamerikanischen Sprachen wurden Worte für Körperteile im metaphorisch erweiterten Sinn zur Bezeichnung anderer Gegenstände verwendet. In den meisten Maya-Sprachen wurde die Rinde eines Baumes als die »Haut« des Baumes bezeichnet, eine Tür war der »Mund« des Hauses, und Früchte waren die »Augen« eines Baumes. Umgekehrt konnten aber auch Aspekte der lokalen Umwelt auf den Körper übertragen werden, so zum Beispiel, wenn Adern als »Wege des Blutes« bezeich-

Die Vielfalt der Stimmen

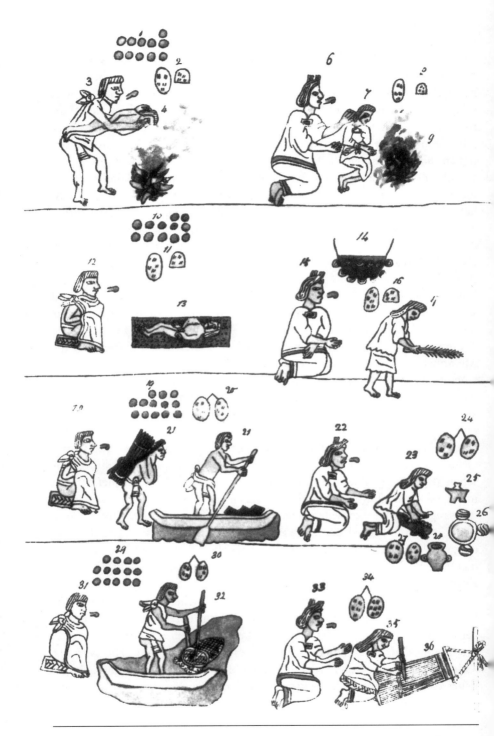

Amerika 1492

net wurden. Körperteile konnten auch in einen metaphorischen Bezug zueinander gesetzt werden. So z. B. war der Daumen die »Mutter der Hand« – eine Metapher, die Verwandtschaftsbeziehungen und Körperteile miteinander in Verbindung brachte.

Ähnlich wurden Bezeichnungen für Farben oft metaphorisch von anderen Worten oder Gegenständen abgeleitet. Im Nahuatl, der Sprache der aztekischen Zivilisation, wurde das Wort für die Farbe weiß von Salz abgeleitet; rot von Blut; schwarz von Tinte; grün von Grünpflanzen; gelb von Gold; und farbig vom Wort für Chili. Manchmal hatten die metaphorischen Ableitungen einen spielerischen oder humorvollen Aspekt. Das Nahuatl-Wort für regieren stammte von den Worten für »Nase« und »führen« ab und bedeutete von daher wörtlich, jemanden an der Nase führen.

In der verbal kunstvollen Sprache der Zeremonien und Rituale wurden oft Metaphern entwickelt und auf kreative und phantasievolle Art und Weise ausgeweitet. Die Tzotzil-Maya sprechenden Chamula in Chiapas, Mexiko, benutzten die Sonne und ihre Wärme als Metaphern für verschiedene Arten von Gesprächen und Sprechweisen. Je ritueller, traditioneller und älter die Ausdrucksweise war, desto mehr wurden sie als warm bezeichnet, während sie, je umgangssprachlicher, alltäglicher und moderner sie war, als entsprechend weniger warm angesehen wurde. So wird das Zeitalter der klassischen Maya von den heutigen Chamula immer noch metaphorisch als das Zeitalter der Wärme der Sonne bezeichnet. In den Gesängen und Reden von Kuna-Häuptlingen wurden die verschiedenen Teile eines Kuna-Hauses als Metaphern für das soziale und politische Gefüge benutzt. Der Mittelbalken stellte den Häuptling dar, weitere Balken waren die Gehilfen oder Sprecher des Häuptlings, und die Seitenwände aus Bambus waren die gewöhnlichen Dorfbewohner. Im Gegensatz dazu wurden die Frauen des Dorfes als Blumen bezeichnet.

Die Beschäftigung mit der Unterschiedlichkeit und Typologie der vielen einheimisch-amerikanischen Sprachen des Jahres 1492 wirft eine Reihe von Fragen auf. Wie waren diese Sprachen miteinander verwandt? Welche Ge-

Auf dieser Seite aus dem Codex Mendoza werden aztekische Kinder von Erwachsenen unterwiesen, erkennbar an den Sprachzeichen vor den Mündern. In jedem der Felder geben Punkte das Alter der Kinder an – elf ganz oben und vierzehn ganz unten. In den beiden oberen Reihen (Jungen sind links, Mädchen rechts) werden die Kinder entsprechend ihrem Alter bestraft. In den beiden unteren lernen die Jungen, Schilf zu sammeln und zu fischen, während die Mädchen lernen, Mais zu mahlen und zu weben. Die täglichen Lebensmittelrationen beliefen sich im Alter von elf und zwölf Jahren auf anderthalb Tortillas und im Alter von dreizehn und vierzehn Jahren auf zwei Tortillas.

Die Vielfalt der Stimmen

schichte hatten sie, und was kann die Kenntnis dieser Geschichte uns über die Geschichte der Menschen sagen, die diese Sprache sprachen? Und welchen Zusammenhang gab es zwischen der Vielfalt der Sprachstrukturen und der Vielfalt der Kulturen, Weltanschauungen und Wahrnehmungen von Erfahrungen?

Wenn man die Sprachen nach ihrer Verwandtschaft miteinander klassifiziert, findet man erste Informationen und Antworten. Von den verschiedenen Methoden, nach denen Sprachen klassifiziert werden können, haben zwei sich als besonders hilfreich erwiesen: 1) die genetische Klassifizierung und 2) die Klassifizierung nach geographischer Verbreitung. Die genetische Klassifizierung faßt alle Sprachen zusammen, die erwiesenermaßen einen gemeinsamen Ursprung haben. Sprachen, die auf diese Weise miteinander verwandt sind, gehören derselben Sprachfamilie an und stammen von einer gemeinsamen Ursprache ab, der sogenannten Proto-Sprache, oder haben sich aus ihr entwickelt. In Europa stellen die romanischen Sprachen, Französisch, Italienisch, Spanisch und Portugiesisch etc., eine Sprachfamilie dar. Auf einer noch tieferen Ebene sind auch die indo-europäischen Sprachen, zu denen Romanisch, Germanisch, Slawisch, Griechisch etc. gehören, eine Sprachfamilie.

In den beiden Amerikas des Jahres 1492 gab es viele verschiedene Sprachfamilien, und es gibt sie heute noch. Dazu gehören, um nur einige wenige zu nennen, Algonkin, Arawak, Athapaskisch, Irokesisch, Maya, Quechua, Sioux und Uto-Aztekisch. Zu jeder dieser Sprachfamilien gehören mehrere verschiedene aber genetisch miteinander verwandte Sprachen. Zur Algonkin-Sprachfamilie gehörten Blackfoot, Cree, Delaware, Fox und Ojibwa; in der athapaskischen Sprachfamilie gab es unter anderem das Apache, Chipewya, Dogrib und Navajo; zur irokesischen Sprachfamilie gehörten Cherokee, Mohawk, Oneida und Seneca; und zur uto-aztekischen Sprachfamilie Comanche, Hopi, Huichol, Nahuatl, Nördliches und Südliches Paiute und Papago. (Eine ausführliche Liste der Sprachfamilien und der zugehörigen Einzelsprachen befindet sich im Anhang).

Manche Sprachfamilien waren weitverbreitet und umfaßten viele Einzelsprachen, die große, manchmal weit voneinander entfernte und landschaftlich unterschiedliche Gebiete abdeckten. Andere waren kleiner und geographisch kompakter. Aber ungeachtet ihrer Verbreitung kann man davon ausgehen, daß die Sprecher der einzelnen Sprachen, wenn diese genetisch miteinander verwandt waren, ursprünglich aus einem gemeinsamen Heimatgebiet stammten, in dem die ursprüngliche Protosprache gesprochen wurde. Die Kenntnis der sprachlichen Verwandtschaftsverhältnisse eröffnet uns von daher die Möglichkeit, Rückschlüsse auf die ursprünglichen Heimatgebiete und auf den Verlauf von Wanderungen zu ziehen.

Es gibt zwei verschiedene Arten von genetischen Klassifizierungen. Die engen Klassifizierungen gruppieren Sprachen, die eng miteinander verwandt sind und zeitlich nur drei- bis fünftausend Jahre zurückdatieren. Breite Klassifizierungen, die bedeutend spekulativer sind, versuchen, die engen genetischen Familien zu größeren Gruppierungen, die häufig als Phyla bezeichnet werden, zusammenzufassen. Sie liefern eine bedeutend größere zeitliche Tiefe und betreffen mögliche linguistische Abspaltungen, die vor fünf- bis zehntausend oder noch mehr Jahren bei den Vorfahren von Gruppen von Sprachfamilien stattfanden.

Die Methode, genetische Verwandtschaften festzustellen und zu beweisen, besteht darin, die grammatikalischen Strukturen und den Wortschatz der betreffenden Sprachen zu untersuchen. Verwandte, insbesondere eng verwandte Sprachen haben ähnliche grammatikalische Strukturen. Je länger die Sprachen voneinander getrennt waren, desto mehr weichen ihre grammatikalischen Strukturen voneinander ab, vor allem wenn sie von benachbarten Sprachen mit unterschiedlichen Strukturen beeinflußt wurden. Der Wortschatz genetisch verwandter Sprachen zeigt ebenfalls Ähnlichkeiten auf, und wenn die Worte auch unterschiedlich klingen, so immer nach regelmäßigen Entsprechungen, bei denen sie ungeachtet der Klangveränderung dennoch im Prinzip ähnlich bleiben. Solche verwandten Worte, die von einer ursprünglichen Elternsprache abstammen, werden Kognate genannt, und ihre Untersuchung erbrachte zahlreiche Informationen über die Vergangenheit der verschiedenen einheimisch-amerikanischen Gruppen. Die Untersuchung von Kognaten innerhalb der großen uto-aztekischen Sprachfamilie warf z. B. neues Licht auf frühere Stadien der uto-aztekischen Kultur und erbrachte den Beweis dafür – durch die Abweichung von landwirtschaftlichen Bezeichnungen, die von einer ursprünglichen proto-uto-aztekischen Sprache abstammten, die vor 5000 Jahren gesprochen wurde –, daß die uto-aztekischen Völker bereits Bodenbauern waren, die Pflanzstöcke benutzten und Mais mahlten. Das Vorhandensein kognater Worte für Pfeil und Bogen und für Eichel lieferte den Beweis für eine Jagd- und Sammelphase in der frühen uto-aztekischen Kultur.

Wenn man sich die entsprechenden Landkarten ansieht und die genetischen Klassifizierungen mit der geographischen Ansiedlung der Gruppen vergleicht, die verwandte Sprachen sprechen, kann man daraus Rückschlüsse auf ihre ursprünglichen Heimatgebiete und die erfolgten Wanderungen ziehen. Im allgemeinen darf man annehmen, daß das geographische Schwerpunktzentrum einer genetisch verwandten Gruppe von Sprachen (das Gebiet mit der größten Vielfalt verwandter Dialekte und Sprachen) das ursprüngliche Heimatland ist, das Zentrum, von dem sich die verschiede-

Die Vielfalt der Stimmen

321

nen verwandten Sprachgruppen ausbreiteten. Untersuchungen des geographischen Ausdehnungsgebietes der uto-aztekischen Sprachen lassen darauf schließen, daß das wahrscheinliche Heimatgebiet dieser Gruppe, zu der schließlich auch die Shoshone, Azteken und viele andere Völker in Nord- und Mesoamerika gehörten, im heutigen nordwestlichen Mexiko lag.

In Nordamerika läßt die Konzentration eskimo-aleutischer Sprachen in der Arktis darauf schließen, daß die allerletzten Ankömmlinge in der Neuen Welt eine eskimo-ähnliche Sprache sprachen. Die Konzentration athapaskischer Sprachen in der westlichen Subarktis deutet darauf hin, daß die unmittelbaren Vorgänger der Eskimo eine dem Athapaskischen ähnliche Sprache sprachen. Die Sprecher der Proto-Sprache, die dem Athapaskischen, Eyak und Tlingit vorausging, lebten möglicherweise ebenfalls in Asien.

Die allmähliche Ostwanderung, welche die amerikanischen Indianer im Laufe der Zeit vornahmen, läßt sich aus der Tatsache ableiten, daß im Osten weniger Sprachfamilien – und jede davon mit einer weiten räumlichen Verteilung – zu finden sind als im Westen. Von den 57 postulierten nordamerikanischen indianischen Sprachfamilien waren 37 westlich der Rocky Mountains und 20 davon allein in Kalifornien angesiedelt. Die Nordwestküste und Kalifornien waren von vielen verschiedenen genetisch verwandten Gruppen dicht bevölkert. Sie gehörten wahrscheinlich zu den Gruppen, die mit am letzten in den beiden Amerikas eintrafen und im Jahre 1492 noch damit beschäftigt waren, sich gegenseitig die attraktivsten Standorte streitig zu machen. Andererseits waren die Völker, die weiter im Osten lebten, durch den zunehmenden Bevölkerungsdruck anderer Gruppen dorthin abgedrängt worden. Ein gutes Beispiel für eine geographische Ausbreitung, die eine allmähliche Ostwanderung aus einem im Westen gelegenen Heimatgebiet widerspiegelt, war die der algonkischen Sprachfamilie. Wenn das Algonkin tatsächlich mit dem Wiyot und dem Yurok verwandt ist (beide in Kalifornien angesiedelt), wie allgemein angenommen wird, können wir das Schwerpunktzentrum des Algonkin an der Pazifikküste ansiedeln und »Familienmitglieder« identifizieren, die bis an den Atlantik abwanderten.

Andere genetische Verwandtschaften spiegeln eine allmähliche Nord-Süd-Bewegung der einheimisch-amerikanischen Gruppen wider. Hier fallen vor allem die Athapasken auf. Da das moderne Apache und das moderne Navajo relativ eng miteinander und mit den vielen verschiedenen athapaskischen Sprachen in Alaska und Kanada verwandt sind, haben wir den Beweis für die relativ späte (nicht lange vor 1492) Wanderung der Apache und Navajo aus ihrer ursprünglichen Heimat im Norden des Kontinents an ihre gegenwärtigen Standpunkte im Südwesten der heutigen Vereinigten Staaten. Gleichzeitig läßt die sehr große Zeittiefe, die sich in den vorgeschlagenen Phyla des Hokan und des Penuti widerspiegelt (aus denen je unterschiedliche Sprachfamilien hervorgingen), nicht nur auf eine Nord-Süd-Bewegung schließen, sondern in Anbetracht der relativ späten Ankunft der amerikanischen Indianer in der westlichen Hemisphäre und des großen Alters dieser Phyla auch auf ein mögliches asiatisches Heimatgebiet dieser Gruppen.

Die Kenntnis der genetischen Verwandtschaften der Sprachen Meso- und Südamerikas ermöglicht folgende Interpretationen: Die ursprüngliche Heimat der weit verstreut lebenden, volkreichen Maya lag im Hochland Guatemalas. Die klassischen Maya sprachen wahrscheinlich zwei oder drei verschiedene Maya-Sprachen. Abgesehen von den Huasteken, die über 1500 km von den anderen Maya-Sprechern entfernt lebten und sich wahrscheinlich vor über 2500 Jahren vom Rest der Familie abgespalten hatten – also vor der klassischen Maya-Zivilisation –, lagen die Maya-Sprachen geographisch eng beisammen. Dies war eine linguistische Widerspiegelung und Beweis der Tatsache, daß die Maya-Völker, im Unterschied zu den utoaztekischen Gruppen, niemals expansionistisch waren.

In Südamerika kann die sehr große Zahl und Vielfalt der Sprachen darauf zurückgeführt werden, daß seit dem Augenblick, in dem die Gruppen, aus dem Norden kommend, nach Süden wanderten und den Kontakt zueinander verloren, sehr viel mehr Zeit vergangen war. Insbesondere die vielen nomadischen Jäger und Sammler, die in Südamerika in echten Rückzugsgebieten lebten – in Gebieten, die sowohl für die typischen Hochland- wie für die Tieflandbewohner zu unwirtlich waren –, sprachen Sprachen, die für gewöhnlich als isoliert klassifiziert werden, also nicht auf den ersten Blick oder eng mit irgendeiner größeren Sprachfamilie verwandt sind, was auf eine frühe Abwanderung in die Hinterländer des Kontinents schließen läßt. Gleichzeitig läßt die weite Verbreitung des Quechua mit nur relativ geringen linguistischen Differenzierungen auf die Expansion des Inka-Reiches und der Quechua sprechenden Völker schließen, und auf die Tatsache, daß viele der unterworfenen Völker, die von den Inka kulturell beeinflußt wurden, Quechua als zweite Sprache erlernten oder sogar ihre eigene Sprache durch das Quechua ersetzten.

Im Gegensatz zur genetischen Klassifizierung werden bei der Klassifizierung nach geographischer Verbreitung Sprachen nach linguistischen Merkmalen eingeordnet, die sie nicht aufgrund einer gemeinsamen Herkunft, sondern aufgrund von Kontakten zwischen ihren Sprechern gemeinsam haben. Die Belege der geographischen Verbreitung spiegeln Faktoren wie Handel, Heiraten, Zweisprachigkeit und andere intensive Beziehungen wider und vertiefen und bereichern unsere kulturell-historischen Interpretationen zu unterschiedlichen Zeittiefen. So war der pazifische Nordwesten

Die Vielfalt der Stimmen 323

des Jahres 1492 von zahlreichen linguistischen Merkmalen charakterisiert, die mindestens sechs verschiedene Sprachfamilien mit vielen verschiedenen Einzelsprachen überspannten. Die weite Verbreitung dieser Merkmale spiegelte eine hohe Bevölkerungsdichte und die Tatsache wider, daß die Sprecher der verschiedenen Sprachen häufig an den Zentren des Handels und der Fischerei zusammentrafen, sich bei Festen und Tänzen, beim Geschichtenerzählen und anderen gesellschaftlichen Ereignissen begegneten und oft untereinander heirateten. In Mesoamerika waren viele gemeinsame linguistische Merkmale ebenfalls die Widerspiegelung einer langen Periode des Kontakts zwischen verschiedenen Völkern und des weit verbreiteten Einflusses, den die Sprachen mehrerer Hochzivilisationen auf die benachbarten Sprachen ausübten, vor allem die Mixe-Zoque-Sprachen, die wahrscheinlich von den Olmeken gesprochen wurden.

In Anbetracht der Vielfalt der amerikanischen Sprachen und der bemerkenswert unterschiedlichen Art und Weise, wie sie, im Vergleich miteinander und mit den europäischen Sprachen zum Zeitpunkt des ersten Kontaktes, Realität strukturierten und organisierten, ist es nur natürlich, sich zu fragen, welche Beziehung zwischen diesen Sprachen und der Wahrnehmung der Realität durch ihre Sprecher bestand. Es steht außer Frage, daß die Grammatiken des Hopi, Navajo, Maya und Nahuatl ihre Sprecher in die Lage versetzten, ihr Universum auf jeweils einzigartige Weise zu begreifen. Ob ihre Sprachen sie dazu konditionierten oder zwangen, auf eine ganz bestimmte Weise zu denken und wahrzunehmen, das ist eine bedeutend kontroverse Frage.

Die Sprache der in Arizona ansässigen Hopi kannte zwar unterschiedliche Zeiten – Vergangenheit, Gegenwart und Zukunft –, legte aber einen bedeutend größeren Wert auf verbale Aspekte, also die Art und Weise, in der Handlungen als sich ereignend wahrgenommen wurden. Dadurch hatten die Hopi-Sprecher eine völlig andere Sicht der äußeren Welt als die Sprecher der westeuropäischen Sprachen. Der Unterschied zwischen der Weltsicht dieses südwestlichen Stammes und der früher franziskanischer Priester beispielsweise hätte beträchtliche Auswirkungen auf das Bild gehabt, das die beiden Gruppen sich voneinander gemacht hätten.

Traditionellerweise enthielten die westeuropäischen Sprachen einen grundlegenden semantischen Gegensatz in der Unterscheidung zwischen Substantiven und Verben. Substantive bezeichnen Personen, Orte, Dinge und Ereignisse von langer oder unendlicher Dauer, während Verben Handlungen und Prozesse bezeichnen. Das Hopi hingegen klassifizierte Dinge von kurzer Dauer, wie z. B. Blitz, Wellen, Flammen, Sturm oder Zyklus, als Verben und Handlungen und Erfahrungen von längerer und steterer Dauer als Substantive. Außerdem unterschied die gebannte Aufmerksamkeit, die auf den Aspekt gerichtet wurde, die relative Länge der Zeit, die ein Ereignis oder eine Handlung dauerte, ob sie abgeschlossen, fortdauernd, erwartet oder vorhersehbar war, und ihre Beziehung zu anderen Ereignissen und Handlungen als früher, später oder gleichzeitig.

Es wäre leicht und vielleicht sogar gefährlich, die Bedeutung dieser Unterschiede zwischen dem Hopi und den europäischen Sprachen überzubewerten. Es steht jedoch außer Frage, daß die Hopi-Sprachen (wie andere einheimisch-amerikanische Sprachen auch — jede auf ihre eigene Weise) durch das Augenmerk auf die genaue und exakte Art und Weise, wie Handlungen und Ereignisse stattfanden, ihren Sprechern die Möglichkeit boten, eine Sicht der Natur und der sozialen und kulturellen Welt, in der sie lebten, zum Ausdruck zu bringen, die angesichts »einfacher« Aussagesätze wie »Am Anfang erschuf Gott Himmel und Erde« in Zweideutigkeit abgleiten und ihren Sprechern ein sehr unbehagliches Gefühl vermitteln würde.

So wie die Hopi-Sprache extrem empfänglich für die Art und Weise war, wie sich Handlungen und Ereignisse zutrugen, so achteten andere einheimisch-amerikanische Sprachen sehr genau auf die Form und Gestalt von Dingen. Die Navajo-Sprache setzte das Augenmerk auf Form und Gestalt von Gegenständen in einen Bezug zu den Bewegungen, Wendungen und der räumlichen Verteilung von Ereignissen und Handlungen, in denen die Gegenstände eine Rolle spielten. Navajo-Verben, die sich auf Zustände oder Verfassungen bezogen, unterschieden weder Zeit noch Aspekt, sondern spezifizierten vielmehr das Verschwinden oder Fehlen von Bewegung, und ob der beschriebene Gegenstand an einem bestimmten Punkt in Zeit und Raum in einer gegebenen Position war. So war ein Berg »ein runder, fester Gegenstand liegt in Ruhe«, eine Bergkette war »runde feste Gegenstände liegen in einer Reihe«, und ein schmaler, nach oben ragender Stein war »ein starrer Gegenstand hat Ausdehnung von einem festen Punkt«. Andererseits wurden Navajo-Verben, die sich auf Ereignisse bezogen, konkret in Begriffen der Bewegung materieller Körper oder Einheiten, die metaphorisch mit materiellen Körpern in Zusammenhang gebracht wurden, aufgefaßt. Bewegung wurde in sorgfältigen Details unter Berücksichtigung von Form und Gestalt der Gegenstände und ihrer räumlichen Verteilung wiedergegeben. Der Satz »Er hebt etwas auf« muß auf zwölf verschiedene Weisen ins Navajo übersetzt werden, je nachdem, ob der Gegenstand rund und fest, lang und schmal, belebt, textil, klobig, wollig, seil- oder schlammähnlich ist oder ob er zu einer Gruppe gehört oder einen festen Behälter darstellt. Und es waren nicht nur die Verben, die in Begriffen von Bewegung aufgefaßt wurden. Auch Substantive wurden oft als Bewegung dar-

Die Vielfalt der Stimmen 325

gestellt. So hieß »Vollmond« auf Navajo: »reifenähnlicher Gegenstand ist hervorgerollt«.

Die Betonung, welche die Navajo-Sprache auf Bewegung und Richtung legt, liefert uns einen Einblick in die Weltsicht dieses nomadischen Volkes, die in ihren Mythen, Legenden und Erzählungen deutlich zum Ausdruck kommt. In den mündlichen Überlieferungen der Navajo vollzogen Subjekte keine Handlungen. Sie waren vielmehr in Handlungen eingeschlossen, die bereits durch die Gegenstände definiert waren, zu denen sie gehörten. Und sie setzten sich selbst durch Bewegungen oder Positionen in Bezug zu Gegenständen. In diesem Sinne war die Natur mächtiger als der Mensch.

Auch der Platz des Menschen in der Natur wurde in den Sprachen, in denen die Unterscheidung Substantiv-Verb zwiespältig war, wie in vielen einheimisch-indianischen Sprachen und Sprachfamilien, auf interessante Weise angesprochen. Im Lacandón, einer der Maya-Sprachen, gab es vor allem in intransitiven Präsenzformen keine echte Unterscheidung zwischen Substantiven und Verben. Dasselbe Wort bedeutete »mein Essen« und »ich esse«. In den Maya-Sprachen im allgemeinen wurde der Mensch nicht als jemand gesehen, der an der Natur und der Welt handelte, sondern vielmehr als jemand, der einen Platz in der Natur und der Welt hatte. Diese Orientierung wurde linguistisch im literarischen Klassiker der Maya, dem *Popol Vuh*, ausgedrückt, in dem die Götter nicht einfach handelten, sondern vielmehr überlegten: »Wie sollte dies getan werden?«

Manchmal ist es nicht die Grammatik, die ein Fenster zur Realität und zur kulturellen Organisation ist, sondern die Grammatik in Verbindung mit dem Wortschatz und vor allem mit Netzen von Worten, die zusammenwirkend eine besondere Organisation der Welt ergeben. Die Sprachen Mesoamerikas lieferten einige faszinierende Beispiele, vor allem in Anbetracht der poetischen, metaphorischen Tendenz der Prozesse der Wortschöpfung und der Wortableitung in dieser Region.

In Mesoamerika besaßen bestimmte Schlüsselwörter eine Polyvalenz, die dazu diente, verschiedene Konzepte in ein Netz symbolischer Assoziationen einzubinden. So assoziierte das alte Maya-Wort kinh (das in allen Maya-Sprachen, die 1492 gesprochen wurden, eng verwandte Kognate hatte) Tag, Zeit, Sonne, Hitze, Fest und Schicksal, alles Grundprinzipien der Maya. Dieses Netz der Assoziationen umfaßte und bezeichnete die zentrale und wesentliche Rolle, die Sonne und Wärme im alltäglichen und rituellen Leben der Maya spielten. Für die Azteken, Maya und anderen Völker Mesoamerikas war dieses Netz von Worten, das Sonne, Wärme und den Zyklus der Zeit miteinander in Bezug setzte, kein Sortiment abstrakter Symbole, sondern vielmehr eine konkrete Realität, die mit der Welt der Mythen, Glyphen und Religionen verwoben war, die alle Aspekte des menschlichen und natürlichen Lebens beherrschte.

Eine andere symbolische Assoziation, die in Ableitungen von Worten enthalten war und durch sie ausgedrückt wurde, war die enge Beziehung zwischen Macht und Sprachfähigkeit und -beherrschung. So lautete das aztekische Wort für Herrscher wörtlich: »der, der Sprache besitzt«.

Die metaphorische und symbolische Richtung der Sprache und Gedanken der Azteken und Maya spiegelte sich in einem anderen Charakteristikum des klassischen Nahuatl und der klassischen Maya-Sprachen wider – den dualistischen Metaphern. Im klassischen Nahuatl wurden einzelne Ideen oft durch eine Kombination von zwei Worten ausgedrückt. Diese dualistischen Metaphern wurden sowohl in der Alltagssprache wie auch in der poetischen Sprache der aztekischen Rituale benutzt, die von Dualismen geradezu durchdrungen war. Hier einige dualistische Metaphern der Azteken:

der Rock die Bluse – eine Frau
Wasser Hügel – eine Stadt
Blume Lied – Dichtung
Jade Quetzalfedern – Schönheit

Da jeder Begriff, wenn auch manchmal noch so mühsam, von einer Sprache in eine andere übersetzt werden kann, kann man nicht argumentieren, daß die Hopi-, Navajo-, Nahuatl- oder Maya-Sprecher in ihrer Sprache gefangen und gezwungen waren, die sie umgebende Welt auf eine ganz bestimmte Weise wahrzunehmen, die durch die Grammatik, den Wortschatz und die Metaphern ihrer jeweiligen Sprachen vorgegeben waren. Außerdem gibt es in den beiden Amerikas Fälle, wie z. B. im nördlichen Kalifornien und am nordwestlichen Amazonas, in denen ganze geographische Regionen zwar durch eine bemerkenswerte kulturelle Uniformität, gleichzeitig aber auch durch eine radikale Vielfalt an gesprochenen Sprachen charakterisiert waren. Andererseits gibt es keinen Zweifel daran, daß die hier aufgezeigten Beispiele einen Einblick in die Art und Weise liefern, wie die amerikanischen Indianer die Welt um sich herum wahrnahmen und welches Verständnis und Gefühl sie für Zeit, Raum, Form, Gestalt und Bewegung hatten – Ausdruck einer poetischen Phantasie, die ihren Sprachen innewohnte. Diese poetische Phantasie zeigte sich erst recht in der tatsächlichen Dichtung, der reichen, verbalen Kunst der amerikanischen Indianer, die 1492 – und auch heute noch – ein zentrales Element der vielen Riten und Zeremonien des einheimischen Amerika war.

Die Vielfalt der Stimmen

Viele Beobachter haben auf die Macht und die Heiligkeit des Wortes im einheimischen Amerika hingewiesen. Dies kam auch in den Worten des einheimischen Amerika selbst zum Ausdruck, wie im folgenden Auszug aus Munro S. Edmonsons Übersetzung des klassischen *Popol Vuh* der Maya, in dem der Schöpfungsakt als Akt der Sprache beschrieben wird:

Die Mutter sagte dies,
  Und der Vater:
›Sollte es nur still sein,
  Oder sollte es nicht schweigen
Unter den Bäumen
  Und Sträuchern?
Tatsächlich wäre es gut, wenn es
  Hüter für sie gäbe‹, sagten sie.
Und als sie dachten
  Und sprachen,
Entstanden auf einen Schlag
  Und wurden geschaffen
Hirsche
  Und Vögel.

Es ist unübersehbar, daß Sprache und Rede in der Politik, der Religion, der Heilkunst und der Magie der amerikanischen Indianer eine zentrale Rolle spielten und spielen. Sprache und Rede waren nicht nur heilig und mächtig, sondern auch poetisch und künstlerisch ausdrucksvoll. Tatsächlich waren Dichtung und Wortkunst für gewöhnlich, und oft auf quasi-magische Art, von großer Bedeutung für die Macht und die Heiligkeit des Wortes. Gleichzeitig gab es eine unglaubliche Vielzahl von Möglichkeiten, wie Worte – Sprache und Rede – in das soziale und kulturelle Leben der einheimischen Amerikaner eingingen. In manchen Gesellschaften waren Schweigen und Wortkargheit hoch angesehen, in anderen verbale Weitschweifigkeit. In manchen Gesellschaften war das Sprechen allgegenwärtig und ein wesentlicher Bestandteil bei allem, was man tat; in anderen war es instrumentell, ein Teil, aber kein definierendes Merkmal von Aktivitäten wie der Jagd, dem Bodenbau und dem Krieg. In manchen Gesellschaften wurden Menschen nach ihren verbalen Fähigkeiten beurteilt und zu Führern erwählt; in anderen waren es ihre Fähigkeiten als Krieger oder Jäger, die am meisten zählten, und die Redegewandtheit spielte eine nur sekundäre Rolle.

Die Rhetorik, die Kunst der formalen Rede, war ein wichtiger Aspekt vieler einheimisch-indianischer Gesellschaften, und zwar sowohl in bezug auf Führungsqualitäten wie auch als notwendiges Element von Riten und

Zeremonien der verschiedensten Art. Bei den verschiedenen irokesischen Gruppen im heutigen New York und Kanada – vor allem im berühmten Irokesenbund, der im Jahre 1492 im Entstehen begriffen war – gab es eine alte rhetorische Tradition, die alle Facetten des traditionellen religiösen und politischen Lebens durchdrang, wozu auch der Tod, Krankenheilungen und landwirtschaftliche Zeremonien gehörten. Bei den meisten irokesischen Zeremonien gab es zahlreiche Sprecher, die Familien, Klane oder ganze Nationen repräsentierten, die formale Reden hielten. In diesen Reden, wie auch in den Tänzen und Gesängen, die im irokesischen Langhaus stattfanden, erzählten die Sprecher ihrem Publikum mit für europäische Ohren vielleicht schier endlosen Wiederholungen, daß ihr Wohlergehen von den Geisterkräften herrührte. Diese Reden waren ein zentrales Element der Rituale und sorgten dafür, daß die irokesische Welt spirituell lebendig blieb. Die irokesische Redekunst, wie auch die anderer einheimisch-amerikanischer Völker, verlangte ein Zusammenspiel von feststehenden Elementen und flexibler Anpassung, von Erinnerungsvermögen und individueller Kreativität und dazu eine klare, wohlklingende Stimme, einen ausgewogenen Inhalt, und Takt.

Obwohl die Kunst, gut, oft und lange sprechen zu können, ein vielbeachteter Bestandteil des einheimisch-amerikanischen Lebens war, stand sie im krassen Gegensatz zu einem anderen häufigen Gebrauch von Sprache, vor allem in Nordamerika: der selektiven *Abwesenheit* von Sprache – also Schweigen und lakonischer Prägnanz. Die Apache und andere Gruppen, die im Südwesten der heutigen Vereinigten Staaten lebten, schwiegen in bestimmten Augenblicken – wenn sie Fremden begegneten, in den Anfangsphasen der Werbung, wenn Verwandte und Freunde sich nach einer längeren Trennung wiedersahen, als Antwort auf laut vorgetragene Beleidigungen und Kritik, in Gegenwart von Menschen, die einen Ehepartner oder sonstigen Verwandten verloren hatten, und bei Ritualen zur Krankenheilung. Außerdem waren viele nordamerikanische Indianer, unter ihnen die Apache, für ihren markigen, lakonischen Humor berühmt, der oft gegen Außenstehende gerichtet war, aber auch auf ihre eigenen Kosten gehen konnte. Die nordamerikanischen Amerikaner werden oft pauschal als wortkarg abgeurteilt. Aber das Stereotyp vom schweigsamen Indianer ist offenkundig falsch und beruht zweifellos zum Teil auf einem Fehlverständnis der einheimisch-amerikanischen Regeln der verbalen und non-verbalen Etikette. Ebenso falsch wäre es, die irokesischen Redekünstler als langatmige Schwafler zu bezeichnen, war die Länge ihrer Reden doch oft von der jeweiligen Gelegenheit vorgeschrieben und eng mit ihrer rituellen Funktion verwoben.

Die Vielfalt der Stimmen

329

In dieser Zeichnung aus Joseph François Lafitaus *Mœurs des Sauvages Amériquains* aus dem Jahre 1724 wird ein irokesischer Rat wie eine Versammlung römischer Senatoren dargestellt, die sich in einer spartanischen Landschaft treffen. Trotz dieser Verzerrung gibt die Zeichnung die Rolle der Wampums in der öffentlichen Rede und der Diplomatie zutreffend wieder. Der Gürtel in der Hand des Sprechers gibt ihm das Recht, mit Autorität zu sprechen. Die anderen beiden Gürtel zu Füßen des Sprechers werden ebenfalls noch benutzt werden. Jedes Wampum bestand aus Perlen aus Muschelschalen, die zu einzigartigen Mustern angeordnet waren, die sowohl als Dokumente wie auch als Gedächtnishilfe dienten. Am unteren Rand des Bildes fügte Lafitau zur Verdeutlichung einen Wampum-Gürtel hinzu.

Die Fähigkeit der Rede, vor allem im Sinne rhetorischer Fertigkeiten, war im ganzen einheimischen Amerika von Bedeutung. Der mündliche Austausch war für die Azteken so wichtig, daß sie sich selbst als »Menschen, die sich erklären und deutlich sprechen«, bezeichneten. Der große spanische Chronist der Azteken, der im 16. Jahrhundert lebende Pater Bernardine de Sahagún, berichtete, daß Priester, Richter und königliche Würdenträger in Schulen lernten, wie man gut sprach. »Die dreizehnte Regel war die, die Jungen zu lehren, gut zu sprechen, sich zu verneigen und zu knicksen, und jeder, der nicht korrekt sprach oder sich nicht vor jedem verneigte, dem er begegnete, oder sitzenblieb, wurde mit den Spitzen von Agavenblättern gepiekst.« Laut Sahagún lehrten die aztekischen Väter ihre Söhne, wie sie sprechen mußten: »Du sollst sehr langsam sprechen, sehr bewußt; du sollst nicht hastig sprechen, nicht keuchen, noch quieken, damit man dir nicht nachsagt, du seist ein Stöhner, ein Brummer, ein Quieker.«

Auch für die alten Maya war die Rhetorik wichtig und mit der Prophezeiung verwandt. Zukünftige Maya-Führer wurden durch eine Prozedur ausgewählt, zu der auch das Lösen von Rätseln gehörte: Sie mußten bestimmte metaphorische Ausdrücke interpretieren, die als die Sprache von Zuyua bekannt waren. Auch die Azteken benutzten Rätsel auf rituelle Weise. Sahagún nennt einige Beispiele, die uns einen Einblick in die metaphorische Weltsicht und in den Humor der Azteken liefern:

Welches sind die zehn breiten Steine, die man auf dem Rücken trägt? Man kann aus unserem kleinen Rätsel sehen, daß es unsere Fingernägel sind.

Was ist ein kleiner Spiegel in einem Haus aus Fichtenzweigen? Unser Auge.

Was folgt der Schlucht und klatscht in die Hände? Der Schmetterling.

Weiter im Süden, bei den Inka in den Anden, war die Rhetorik ebenfalls wichtig. Es folgt in einer modernen Übersetzung durch Harold V. Livermore, was der Inka-Historiker Garcilaso de la Vega über die Bedeutung der verbalen Kunst und Überlieferung und ihre Bewahrung in der inkaischen Gesellschaft des Jahres 1492 sagte:

»Eine weitere Methode war dazu gedacht, ihre Taten in der Erinnerung der Menschen wachzuhalten... Die Amautas, die ihre Philosophen und Weisen waren, machten sich die Mühe, sie in Geschichten umzuwandeln, die nicht länger als Fabeln und dazu geeignet waren, sie Kindern, jungen Menschen und den Tölpeln vom Lande zu erzählen: Sie wurden auf diese Weise von Hand zu Hand und von Zeit zu Zeit weitergegeben und in der Erinnerung aller bewahrt. Ihre Geschichten wurden auch in der Form von Fabeln einer allegorischen Natur erzählt, von denen wir einige schon erwähnt haben, während wir auf andere später zurückkommen werden... Aber da die Inka keine Kenntnis der Schrift besaßen, mußten sie die Mittel nutzen, die sie hatten... sie wählten Historiker und Buchhalter... um die Überlieferung ihrer Taten mittels der Knoten, Schnüre und bunten Fäden niederzuschreiben und zu bewahren, und sie benutzten ihre Geschichten und Gedichte als Hilfe. Dies war die Methode des Schreibens, die die Inka in ihrer Republik benutzten.«

In den mittel- und südamerikanischen Tiefländern wird die Rhetorik noch heute hoch geschätzt. Bei den panamesischen Kuna wurde die Kunst der Rede hoch bewertet und war ein wichtiges Kriterium bei der Auswahl von Führern. Die Häuptlinge und ihre Stellvertreter sangen und erzählten regelmäßig Mythen, Legenden, Erzählungen, persönliche Erfahrungen und

Die Vielfalt der Stimmen

Ratschläge, für gewöhnlich an den Abenden vor einem Publikum aus Männern und Frauen, die sich im zentralen Versammlungshaus zusammengefunden hatten. Die rhetorische Sprache der Kuna war sehr metaphorisch und verlangte, wie die Rhetorik in anderen Teilen der beiden Amerikas, die kreative und individuelle Handhabung von traditionellen Formen und Themen.

Abgesehen von den politischen Ritualen, die sich um die Rhetorik rankten und in denen es um die Kommunikation zwischen den Menschen ging, gab es noch die magischen Rituale, die oft die Grundlage von Krankenheilungen bildeten und welche die Kommunikation zwischen der Welt der Menschen und der der Geister zum Inhalt hatten. Die Kuna besaßen hochentwickelte magische Rituale, in denen die Sprache eine wesentliche Rolle spielte. Das Kernstück dieser Magie war ein erinnerter Gesang, der an die Vertreter der Geisterwelt gerichtet war und von einem religiösen Spezialisten in einer rituellen, geheimen Sprache vorgetragen wurde. Es gab viele solcher Gesänge, die von mehreren Stunden bis zu mehreren Tagen dauern konnten. Manche waren dazu gedacht, Krankheiten oder Gebrechen zu heilen – hohes Fieber, starke Kopfschmerzen, Epilepsie, Wahnsinn, Malaria oder Schlangenbisse, oder sie sollten eine schwierige Geburt erleichtern. Andere verliehen dem Sänger selbst oder auch einer anderen Person besondere Kräfte, eine erfolgreiche Jagd durchzuführen oder einen heißen Eisenstab oder eine gefährliche Schlange zu packen und hochzuheben. Diese Gesänge waren esoterisch und den gewöhnlichen Mitgliedern der Kuna-Gesellschaft nicht verständlich. Sie konnten jedoch Wort für Wort von der Geistersprache in die Alltagssprache der Kuna übersetzt werden, und die religiösen Spezialisten und die Geister verstanden sie und schätzten ihre ästhetischen Qualitäten. Übrigens waren es zu einem großen Teil ebendiese ästhetischen Qualitäten, welche die Geister dazu brachten, die Bitten der religiösen Spezialisten zu erfüllen. Die Gesänge waren Erzählungen; sie erzählten Geschichten von Kämpfen, in denen die guten Geister über die bösen siegten.

Musik und Musikalität gehörten ebenfalls zur magischen und heilenden Sprache der Tiefländer Südamerikas. Wie bei den Kuna spielten auch bei den Heilriten der Suyá im brasilianischen Mato Grosso magische Gesänge eine wichtige Rolle. Für die Suyá wie für die Kuna waren die heilenden Gesänge wichtiger als heilende Kräuter. Diese Gesänge wurden bei den Suyá sehr leise, fast im Flüsterton, und in einer zwar verständlichen, aber hochgradig metaphorischen Sprache aufgeführt. Die Metaphern waren für die magische Wirksamkeit der Gesänge von höchster Bedeutung. So z. B. handelte der Gesang für ein Kind mit hohem Fieber von einem weißen Kaiman,

Ein Kuna-Führer mit seiner Familie und seinen Gefolgsleuten, 1699 von dem englischen Reisenden Lionel Wafer dargestellt. Der Status des Führers ist an seinen Ohrringen und seinem Schmuck zu erkennen. Die Begleiter und Gefolgsleute des Führers unterscheiden sich durch die Nasenringe in unterschiedlicher Größe.

weil der Kaiman in der Auffassung der Suyá still und reglos im Wasser liegt und es ihm niemals zu heiß wird. Der Gesang übertrug die Stille und Kühle des Kaimans auf das fiebernde Kind.

Die heilenden Gesänge der Kuna und Suyá waren in dem Sinne semantisch bedeutungsvoll, als es möglich ist, sie zu übersetzen. In anderen südamerikanischen Gesellschaften war die rituelle Sprache entweder so alt oder hatte sich so weit von der Alltagssprache entfernt, daß sie keine konkrete Bedeutung mehr hatte. Ihre Macht lag in der Wirksamkeit der Stimmungen und Töne, die durch ihre Musikalität und ihren Rhythmus geschaffen wurden.

Auch in Nordamerika gab es magische Heilgesänge. Im Südwesten der heutigen Vereinigten Staaten wurden sie »Wege« genannt und im Zusammenhang heilender Rituale aufgeführt. Bei den Apache fingen diese Rituale am frühen Abend an und endeten kurz vor der Dämmerung des folgenden Tages. Übrigens war man der Ansicht, daß Krankheiten von übernatürlichen Mächten verursacht wurden. Bei den Heilritualen sangen ein bis mehrere Medizinmänner und benutzten rituelle Paraphernalia, um die Macht, welche die Krankheit verursacht hatte, zu neutralisieren und den Kranken auf diese Weise zu heilen.

Die Vielfalt der Stimmen

Diese Ojibwa-Piktogramme wurden im neunzehnten Jahrhundert von Henry Schoolcraft reproduziert, einem indianischen Agenten, der in den Stamm einheiratete. Sie zeigen die Reihenfolge der Anrufungen, Opfergaben und Gesänge bei einem bestimmten Ritual. Zum besseren Verständnis wurden die ursprünglichen Figuren mit Zahlen versehen.

Die heilenden Gesänge der Navajo, die ein zentraler Bestandteil ihrer Heilriten waren, wiederholten die Erschaffung der Welt und versetzten den Kranken in diese neugeschaffene Welt. Er wurde mit der Güte und der Macht der verschiedenen Gottheiten identifiziert und dem Zugriff der gefährlichen und bösen Mächte entzogen, welche die Krankheit verursacht hatten. Der Gesang war die verbale Aufführung eines Mythos, in dem die Krankheit und die spätere Heilung eines Kulturheros beschrieben wurde, die dadurch erfolgte, daß er sich mit den Göttern identifizierte. Der Kranke wurde mit dem Kulturheros identifiziert und erwarb auf diese Weise die Kraft, wieder gesund zu werden.

Die Navajo besaßen viele verschiedene Heilgesänge mit vielen verschiedenen Versionen und besonderen Eigenschaften. Die meisten Gesänge hatten Formen für zwei bis drei und für fünf Nächte. Die Wahl des jeweils passenden Gesanges beruhte auf Intuition. Die Aufführung wurde von anderen rituellen Handlungen wie Tänzen, der Herstellung von Gebetsstäben, dem Blasen von Asche und dem Anfertigen von Sandbildern begleitet. Die Gesänge wurden nach ihrer mythologischen und rituellen Assoziation und nach ihrem Bezug zur Ursache der Krankheit klassifiziert. Die Gruppe von

Gesängen, die als *Heiliger Weg* bezeichnet wurde, befaßte sich mit Problemen, die mit Blitz, Donner, Wind, Schlangen, verschiedenen Tieren und Heiligen Leuten zu tun hatten. Der *Feindliche Weg* wurde bei Krankheiten aufgeführt, die durch die Geister von Fremden verursacht waren. Zu den am häufigsten aufgeführten Gesängen gehörte der *Segensweg*, der die Navajo mit den Heiligen Leuten in Einklang brachte und Gesundheit, Wohlstand und allgemeines Wohlergehen gewährleistete. Er wirkte vorbeugend und schützend. Die Heilgesänge der Navajo waren extrem wirksam, gleichzeitig aber auch gefährlich. Sie und die in ihnen enthaltenen Symbole mußten auswendig gelernt werden, und ihre Macht hing von der korrekten und exakten Darbietung ab, Ton für Ton und Wort für Wort.

Obwohl die amerikanisch-indianischen Reden, Mythen, Legenden, Erzählungen und magischen Gesänge untrennbar in das soziale und kulturelle Leben der jeweiligen Völker eingewoben waren und in Politik, Religion, Heilkunde und Muße eine zentrale Rolle spielten, wurden sie, abgesehen davon, auch für sich allein genommen und als kreativ, phantasievoll, künstlerisch und humorvoll geschätzt. Verschiedene Prinzipien und Merkmale charakterisierten die Wortkunst, darunter Wiederholung und Parallelismus, Metaphorik und Dramatisierung der Stimme während der Aufführung.

Viele Formen der Wortkunst des einheimischen Amerika, vor allem die in rituellen und zeremoniellen Zusammenhängen benutzten, waren durch die Wiederholung von Lauten, Worten, Wendungen, Zeilen und Versen strukturiert. Diese Struktur trug die Texte, sorgte für einen beschwörenden Tonfall, half bei der Erinnerung an vorgeschriebene verbale Formen und bei der kreativen Umsetzung jener, die flexibel und anpassungsfähig waren. Beim Parallelismus bewegte sich die Wiederholung, wie in diesem kleinen Auszug aus dem Segensweg der Navajo, innerhalb eines Rahmens, in dem Abweichungen möglich waren:

Die Füße der Erde sind meine Füße geworden
  durch sie werde ich weiterleben.
Die Beine der Erde sind meine Beine geworden
  durch sie werde ich weiterleben.
Der Körper der Erde ist mein Körper geworden
  durch ihn werde ich weiterleben.
Der Geist der Erde ist mein Geist geworden
  durch ihn werde ich weiterleben.
Die Stimme der Erde ist meine Stimme geworden
  durch sie werde ich weiterleben.
Der Federschmuck der Erde ist mein Federschmuck geworden
  durch ihn werde ich weiterleben.

Die Vielfalt der Stimmen

In Mesoamerika nahm der Parallelismus oft die Form des metaphorischen Couplets an, das ein wichtiges organisierendes Prinzip der Wortkunst der klassischen Zivilisationen der Azteken und Maya und eine weitere linguistische Umsetzung der dualistischen Denkweise war, die bei diesen Zivilisationen beobachtet wurde. Couplets und Triplets waren charakteristisch für die poetische Struktur des großen Epos der Maya, des *Popol Vuh*. Hier ein Auszug aus einer Rede, in der die Götter, die die Schöpfer und Gestalter der Menschheit, die älteren Götter, die Wahrsager und Künstler, anriefen und um Hilfe baten:

So sei es, erfüllt Eure Namen:

Hunahpu Opossum, Hunahpu Kojote,
Zweifacher Träger, zweifacher Erzeuger,
Großes Nabelschwein, Großer Tapir,
Edelsteinschneider, Juwelier,
Holzschneider, Zimmerer,
Hersteller der Blau-Grünen Schale,
Hersteller der Blau-Grünen Schüssel,
Weihrauchmacher, Meisterkünstler,
Großmutter des Tages, Großmutter des Lichts.

Die metaphorische Sprache durchdrang die Wortkunst der beiden Amerikas des Jahres 1492, teils, weil die einheimischen Amerikaner sich der natürlichen Umwelt immer eng verbunden gefühlt und sich in sozialer, kultureller, ästhetischer und persönlicher Hinsicht mit ihr identifiziert hatten, und teils, weil sie an die Unmittelbarkeit einer Geisterwelt glaubten, deren Präsenz durch die Rede offenkundig gemacht werden konnte.

Metaphern waren eine oft mächtige Kraft in der verbalen Kunst des Heilens und der magischen Rituale. Das Beispiel der brasilianischen Suyá war typisch, vor allem für die Tiefländer Südamerikas. So wie der Heilgesang der Suyá für ein Kind mit hohem Fieber metaphorisch den kühlen, weißen Kaiman heraufbeschwor, nannte der Heilgesang für Zahnschmerzen das Wildschwein, da es Wurzeln fraß und seine Zähne niemals schmerzten. Der Heilgesang für eine leichte Geburt nannte einen kleinen Fisch, der mit Leichtigkeit zwischen den Fingern durchschlüpft.

Die metaphorische Sprache hielt oft auch Einzug in die politische Rhetorik. Die politischen Reden und Gesänge der Kuna waren voll von Metaphern. Ein in dieser Hinsicht besonders ergiebiges Feld war die Sprache, mit der die sozialen und politischen Strukturen der Kuna beschrieben wurden. Die Häuptlinge und anderen politischen Führer wurden symbolisch als

Bäume des Dschungels beschrieben, als verschiedene Tiere oder als die Stangen, die zum Bau der Häuser verwendet wurden.

Die metaphorische und symbolische Tendenz Mesoamerikas spiegelte sich in der Grammatik, im Wortschatz und in der Wortkunst der Region wider. Die heilige Literatur der Maya drückte eine subtile und sensible Ästhetik aus, in der Pflanzen, Tiere, in der Natur vorkommende Gegenstände, landwirtschaftliche Erzeugnisse, Himmelsrichtungen und Farben ein Netz metaphorischer Assoziationen bildeten. Ein wunderschönes Beispiel ist die folgende Hymne aus einem der *Chilam Balam Bücher* der yucatekischen Maya, in dem die Geschichte der alten Maya in der Form mündlicher Dichtung aufgezeichnet wurde. Metaphern, Wiederholungen und Parallelismen sind die organisatorische Grundlage dieses Textes, der von Miguel Leon Portilla in seinem *Pre-Columbian Literatures of Mexico* veröffentlicht wurde:

Der rote Feuerstein
ist der heilige Stein
von Ah Chac Mucen Cab
[Der rote Geist, der in der Erde verborgen ist].
Der rote rankende Wollbaum
ist sein Baum im Osten,
der rote Chacalpucté ist auch sein Baum,
der rote Zapote und die roten Pilze...
Die roten Truthähne mit dem gelben Kamm
sind seine Truthähne.
Der hellbraune und der rote Mais sind sein Mais.

Der weiße Feuerstein
ist der heilige Stein des Nordens.
Der weiße rankende Wollbaum
ist der Baum des weißen Mucen Cab
[der weiße Geist, der in der Erde verborgen ist].
Die weißen Bohnen sind seine Bohnen,
Der weiße Mais ist sein Mais.

Der schwarze Feuerstein
ist der Stein des Westens.
Der schwarze rankende Wollbaum
ist sein Baum.
Der purpurne und der schwarze Mais sind sein Mais.
Der Yams mit dem schwarzen Stengel ist sein Yams.
Die schwarzen Truthähne sind seine Truthähne.

Die Vielfalt der Stimmen

Der schwarze Mais ist sein lebendiger Mais.
Die schwarze Kidneybohne ist seine Kidneybohne.
Die schwarze Bohne ist seine Bohne.

Der gelbe Feuerstein
ist der Stein des Südens.
Der gelbe rankende Wollbaum
ist sein Baum.
Der gelbe Pucté ist sein Baum.
Gelb ist sein Yams.
Der gelbe Mais ist sein lebendiger Mais.
Die Kidneybohne mit der gelben Schulter ist seine
Kidneybohne.

Im Nahuatl waren dualistische Metaphern das verursachende Prinzip,
das den Couplets und Triplets der Nahuatl-Dichtung zugrunde lag; so
wurde die dualistische Weltsicht durch die Wortkunst zweifach konkreti-
siert. Das folgende Triplet beruht auf der dualistischen Metapher »Jade und
Quetzalfedern«, die in der aztekischen Gedankenwelt für Schönheit stand:

Doch die Jade ist zerbrochen.
Doch das Gold ist zerschmettert.
Doch die Quetzalfedern sind zerkratzt.

Da die Wortkunst des einheimischen Amerika mündlich vorgetragen
wurde, lag ein großer Teil ihrer ästhetischen Faszination und Anziehung in
der Dramatisierung der Stimme während der Aufführung. Die indianischen
Sprecher waren Meister der Stimme. Zu den Modulationen der Stimme gehörte der Wechsel zwischen schneller und langsamer, lauter und leiser Rede
und die Schaffung von rhythmischen und tonalen Mustern in der gesprochenen und gesungenen Form. Auch Interaktionen mit anderen Vortragen-
den oder dem Publikum trugen zur mündlichen Struktur der Wortkunst bei,
wie z. B. im rituellen Dialog, der im Tiefland Südamerikas weit verbreitet
war. Der Einsatz von Pausen, die in die rhythmische Wiederholung von
Worten und grammatikalischen Elementen eingebettet waren, schuf Zeilen
und Verse analog zu den Zeilen und Versen westeuropäischer Lyrik. Im folgenden Auszug aus dem *Popol Vuh*, dem alten Buch des Rates, steigt die
Stimme diagonal an, bewegt sich also gleichzeitig vertikal und horizontal,
während lexikalische Doublets, parallele Linienstrukturen und das, was als
das originale Pausen-Muster der ursprünglichen Darbietung rekonstruiert
wurde, zusammentreffen:

der Macher
Modellierer, Mutter von
Vater von   dem, was lebendig ist,
             dem, was menschlich ist,

                              mit Atem,
                              mit Herzschlag

Sprache ist mit unserer Sicht der Welt und dem Platz, den wir in ihr ein-
nehmen, eng verwoben. Oft werden Kultur und Glauben durch die Sprache
erdacht, geschaffen und weitergegeben. Folglich gibt es keinen besseren
Weg als den über die Sprache, wenn man einen Einstieg in die amerikanisch-indianische Welt finden will, so wie sie im Jahre 1492 war.
  Es wird oft behauptet, daß die Sprache das konservativste Element der
Kultur ist. Das bedeutet, daß sprachliche Veränderungen zumeist extrem
langsam vonstatten gehen und Verwandtschaften zwischen Sprachen jahr-
hunderte- oder sogar jahrtausendelang erkennbar bleiben – ein glücklicher
Umstand, wenn wir versuchen wollen, uns vorzustellen, wie die Sprachen
im Amerika des Jahres 1492 aussahen. In vieler Hinsicht bestätigt eine Untersuchung von Kommentaren der damaligen Zeit im Vergleich mit zeitgenössischen Erkenntnissen, daß das, was wir heute vorfinden, zu großen Teilen noch genau so ist, wie es 1492 war.
  Die Untersuchung der Sprachen des einheimischen Amerika zeigt uns
eine kreative und dynamische Phantasie, in der die Sprache, von der Grammatik bis zur Metapher, für die Beziehungen zwischen Individuen, Kulturen, Gesellschaften, Geschichte und natürlicher Umgebung eine zentrale
und integrale Rolle spielte. Am Vorabend der Reisen des Christoph Kolumbus schufen und verwirklichten die einheimischen Völker in ganz Amerika,
von den Hochländern Guatemalas bis zu den Tiefländern Brasiliens, vom
bevölkerungsreichen pazifischen Nordwesten bis zum isolierten südamerikanischen Gran Chaco, tagein, tagaus eine bemerkenswerte Vielfalt verba-
ler Formen, die sich durch metaphorischen Reichtum, komplexe poetische
und rhetorische Prozesse und einen unglaublich persönlichen Stil auszeichneten und die allesamt wichtige Elemente in der Wiederholung und Weitergabe ihrer kulturellen und ästhetischen Traditionen waren.

Die Vielfalt der Stimmen

Tsimshian-Maske mit beweglichen Augen und beweglichem Kiefer, die den Geist der Kälte darstellt. Solche Masken wurden bei den komplexen zeremoniellen Tänzen, die im Winter stattfanden, benutzt, bei denen die Familien ihre spirituellen Bande zu ihren Vorfahren und zu bestimmten übernatürlichen Wesen dramatisierten (Field Museum of Natural History).

10. Kapitel
Religiöse Formen und Themen

Von Sam Gill

Seltsame, ballonartige Formen, mit weißgrauer Farbe gefleckt und gespren-
kelt, hingen in Trauben im Halbdunkel der Qasgiq oder Gemeinschafts-
hütte. Das gefiederte Bild eines Vogels war so an der Decke befestigt, daß es
wie im Flug auf und ab schwebte. Am anderen Ende des Raumes, hinter
dem Vogel, erhob sich ein drei Meter hoher Pfahl, der oben und unten rot
und weiß angemalt und mit wildem Sellerie umwickelt war. Dies war die
Szenerie für das mehrere Tage dauernde Blasenfest, das von vielen Inuit-
oder Eskimo-Völkern der Arktis gefeiert wurde.

Ein hölzerner Bottich, der in der Mitte der Hütte in ein Loch im Boden
eingelassen war, stellte das Atemloch eines Seehundes dar, den Zugang zum
Wasser des Meeres, das unter dem Eis lag. Trommeln schlugen laut, während ein junger Mann den Ruf einer Eiderente nachahmte. Der Vorsänger
sang ein Lied; alle Anwesenden – Männer, Frauen und Kinder – stimmten
in den Refrain ein. Nach einer Weile fingen die Menschen an zu tanzen,
wobei sie die Bewegungen von ihnen vertrauten Tieren nachahmten – Tau-
cher, Lumme und Biber.

Als der Tanz zu Ende war, betrat ein Mann mit einem Tablett die Hütte.
Er brachte Essen für die Hüter des Wildes und die Lebensformen (die Schat-
ten oder Seelen) der Tiere, die im letzten Jahr erlegt worden waren. Diese
Lebensformen waren durch die Blasen der Tiere verkörpert, die wie Ballons
von der Decke der Qasgiq hingen. Als Vorbereitung auf den Tanz des fol-
genden Tages wurde eine aufgeblasene Seehundhaut, deren Flossen mit den
Flügelfedern von Möwen geschmückt waren, an eine Stange gehängt. Der
Tanz, der zur Begleitung der Trommeln von mehreren Gruppen aus je vier
Männern und einem Mädchen aufgeführt wurde, stellte Seehunde und Wal-
roß dar. Als er vorbei war, unterhielten Jäger die anderen mit lustigen Er-

---

Religiöse Formen und Themen　　　　　　　　　　　　　　　341

zählungen. Spät nachts löschte der Anführer alle Lichter, stieg auf das Dach und hielt den Blasen der Tiere eine Rede. Man konnte hören, daß die Seehunde reagierten. Mit Fackeln aus wildem Sellerie wurde die Qasgiq gereinigt. Am Ende eines Liedes, das von allen gemeinsam gesungen wurde, liefen die Jäger zu ihren Blasenbündeln, die von der Decke hingen. Sie befestigten die Blasen an den Schäften ihrer Speere und reichten sie durch das Rauchloch zu dem Mann hinauf, der auf dem Dach stand.

Auf dem Höhepunkt des Festes liefen die Jäger zu einem Loch, das schon vorher ins Eis geschnitten worden war. Ihr Weg wurde von einer riesigen Fackel aus wildem Sellerie erhellt. Einer nach dem anderen rissen die Jäger ihre Tierblasen auf, gingen um das Loch herum und tauchten die Blasen mit einem Kajakpaddel ins Wasser. Zum Schluß wurden die Blasen mit dem Paddel unter die Wasseroberfläche gedrückt. Die aufsteigenden Luftblasen zeigten an, welchen Weg die abtreibenden Blasen einschlugen. Die Lebensformen hatten ihre Heimreise angetreten.

Was sollte durch dieses Fest erreicht werden? Aus welchem Grund wurde es abgehalten? Hatte es eine *religiöse* Bedeutung? Obwohl es gewisse Elemente gab, die offensichtlich religiöse Züge zu haben scheinen – z. B., daß die Blasen die Seelen der Tiere verkörpern –, sehen wir solche Ereignisse nur selten als wirklich religiös an. Seit Kolumbus' Zeiten wurden die einheimisch-amerikanischen »Religionen« von Nicht-Einheimischen in erster Linie aus dem Blickwinkel der westlichen religiösen Traditionen beurteilt, und aus diesem Blickwinkel definiert sich Religion durch kirchenähnliche Institutionen, das Vorhandensein einer Heiligen Schrift und durch den Glauben an einen oder mehrere Götter. In den beiden Amerikas findet man aber nur selten Institutionen, die mit der Ekklesia der westlichen Religionen vergleichbar sind. Obwohl die einheimisch-amerikanischen Kulturen eine reiche Geschichtstradition besaßen, haben sie – mit Ausnahme der Mesoamerikaner – ihre Sprache nicht niedergeschrieben und haben von daher, zumindest im technischen Sinn, keine Geschichten, Philosophien, Schriften oder Doktrinen. Obwohl jede einzelne der einheimisch-amerikanischen Kulturen spirituelle Einheiten, Gottheiten und hochinteressante, in Geschichten verkörperte Gestalten besitzt, haben die theologischen Erwartungen der Vertreter der monotheistischen westlichen Traditionen diese Gestalten oft überschattet oder merklich verzerrt. Wenn man das Blasenfestival der Inuit als religiös verstehen will, muß man erst einmal darüber nachdenken, welche Erwartungen mit dem Begriff Religion verbunden sind.

Das Blasenfest beruhte auf dem Glauben, daß jedes Lebewesen eine Lebensform oder Seele (Inua für die Inuit der Beringstraße) in oder an sich hat. Diese Seele war unsichtbar, wurde aber für menschenähnlich gehalten

Von den Dächern ihrer Erdhütten beobachten die Menschen den Höhepunkt der viertägigen Okipa-Zeremonie der am Missouri ansässigen Mandan. Durch dieses Ritual wurden junge Männer zu Erwachsenen und die Stammeswelt erneuert. An den vier Stöcken links hängen Opfergaben in Form von Kleidern, während in der Mitte ein Zaun einen heiligen Stab umgibt und an die Rettung der Gruppe vor einer Flut in alter Zeit erinnert. Es gibt Belege dafür, daß diese Zeremonie schon Jahrhunderte vor 1492 stattfand, obwohl diese Szene erst in den 1830er Jahren von dem amerikanischen Künstler George Catlin aufgezeichnet wurde.

und manchmal in menschlicher Gestalt dargestellt. Da sie die Identität jedes Lebewesens verkörperte – ganz gleich, ob es sich um einen Menschen oder ein Tier handelte –, konnte die äußere Gestalt ohne Identitätsverlust verändert werden. In den Geschichten der Inuit gab es häufig Tiere und Menschen, die ihre äußere Gestalt verändern konnten. Eine Geschichte über den Raben erzählte vom Ursprung des Menschen. Indem der Rabe seine Gestalt ablegte, so daß seine darunter verborgene menschliche Gestalt zum Vorschein kam, schuf er das Menschengeschlecht. Dieser Glaube steckte auch hinter der häufigen Verwendung von Masken, die ebendiese Beziehung zwischen einem Menschen oder einem Tier und seiner Inua veranschaulichten. Aus diesem Grund wurden auch die Blasen aller Tiere, die während der Jagdsaison getötet worden waren, sorgsam aufbewahrt, denn sie verkörperten die Inua dieser Tiere. Durch das Blasenfest wurden die Inuas der Tiere geehrt und zeremoniell in ihre Heimat zurückgeschickt. Der Leiter des

Blasenfestes war ein Mensch mit besonderen spirituellen Fähigkeiten, der mit dem sibirischen Begriff »Schamane« bezeichnet wurde. Manchmal begleitete der Schamane die Blasen/Inuas der Tiere in ihre Heimat zurück, indem er durch das Loch im Eis ins Wasser glitt und erst nach geraumer Zeit wieder zum Vorschein kam. Wenn die Inuas gebührend behandelt und in ihre Heimat zurückgeleitet wurden, verwandelten sie sich wieder in Tiere aus Fleisch und Blut, die den Jägern der Inuit dann im nächsten Jahr aufs neue zur Verfügung standen. Es gibt also keinen Zweifel daran, daß das Blasenfest, auch wenn es den Erwartungen, die wir an ein religiöses Ereignis stellen, vielleicht nicht direkt entspricht, dennoch einen religiösen Charakter hat und wichtige religiöse Formen und Themen beinhaltet.

Das Blasenfest ist nur eine von vielen tausend Handlungen und Gegebenheiten mit religiösen Formen und Themen, die aller Wahrscheinlichkeit nach im späten fünfzehnten Jahrhundert von den einheimischen Völkern der beiden Amerikas beachtet wurden. Wenn wir die Religionen dieser Kulturen, so wie sie im Jahre 1492 bestanden, betrachten wollen, müssen wir mehrere Punkte im Auge behalten.

Die vielen hundert Kulturen in den beiden damaligen Amerikas wurden im Laufe der Jahrhunderte erst allmählich bekannt. Aufzeichnungen über ihre Feste und Rituale oder über ihr Weltbild waren selten. Oft wurden die besten Berichte über diejenigen kulturellen Aspekte, die religiöse Formen und Themen beinhalteten, erst im späten neunzehnten oder gar erst im zwanzigsten Jahrhundert niedergeschrieben. In den Jahrhunderten bis dahin hatten selbst Kulturen, die einen traditionellen Eindruck machten und sich anscheinend überhaupt nicht verändert hatten, nichtsdestoweniger beträchtliche Veränderungen erfahren. Leider können wir meistens kaum mehr tun, als Vermutungen über das Ausmaß dieser Veränderungen anzustellen. Nur für die wenigsten Kulturen können die Religionen, wie sie im späten 15. Jahrhundert bestanden, korrekt beschrieben werden. Wir werden Beispiele religiöser Formen und Themen anführen, die aller Wahrscheinlichkeit nach zur damaligen Zeit existierten, aber erst später bekannt wurden. Diese Themen und Formen waren eingebettet in Religionen, die sich in vielerlei Hinsicht von Stamm zu Stamm unterschieden. Es gab Hunderte von Religionen in den beiden Amerikas. Wir werden im folgenden die Vergangenheitsform benutzen, nicht etwa weil wir so tun wollen, als gäbe es viele der Beispiele, die wir diskutieren werden, nicht auch heute noch, sondern nur um darauf hinzuweisen, daß die betreffenden Themen oder Formen wahrscheinlich schon zu Kolumbus' Zeiten von Bedeutung waren.

Wir werden Religion in Begriffen verstehen, die sowohl die einheimisch-amerikanischen wie auch die westlichen religiösen Traditionen umfassen

Ein romantisches Porträt eines irokesischen Heilers, der einen Umhang und Ohrringe trägt. In den Händen hält er einen Beutel mit Kräutern und eine Rassel; in der unteren rechten Ecke wächst eine Tabakpflanze. Obwohl die meisten irokesischen Heilungen von maskierten Mitgliedern von Medizingesellschaften durchgeführt wurden, gab es in den Gemeinschaften auch Spezialisten, die Heilkräuter für besondere Krankheiten kannten.

können, obwohl sie oft in krassem Gegensatz zueinander stehen. Religion setzt sich aus Formen und Themen zusammen, die das Ausmaß und den Charakter der Welt ausdrücken und definieren, vor allem aus jenen, die den kosmischen Rahmen liefern, in dem das menschliche Leben seine Bedeutung und die Bedingungen für seine Erfüllung findet.

Die einheimischen Amerikaner erzählten viele Geschichten der unterschiedlichsten Art. Viele berichteten von der Erschaffung der Welt. Andere erzählten von Heroen, die den Menschen zeigten, wie sie ihr Leben leben mußten. Die grundlegenden Elemente des menschlichen Charakters wurden in Form von Geschichten erklärt. Die Geschichten hielten die Erinnerung an die Vergangenheit, an die Tradition und an große und nicht ganz so große Menschen wach. Es gab Geschichten von Possenreißern und Narren, die jede Ordnung und jeden Anschein von Stabilität herausforderten und die Welt durch ihre List und Tücke dennoch mit neuer Lebenskraft zu erfüllen schienen.

Die Geschichten von der Erschaffung der Welt und der Herkunft des Menschen gehören zu denen, die am häufigsten als »Mythen« bezeichnet werden. Weil sie ihrem Wesen nach oft phantastisch und nicht mit modernen, wissenschaftlichen Erkenntnissen über die Entstehung der Welt und des Universums vereinbar sind, wurden sie von uns oft einfach abgetan oder in den Bereich der Unterhaltung abgeschoben. Schlimmer noch, wir haben in ihnen den Beweis für eine primitive Naivität gesehen. Aber wir müssen diese Geschichten, die in den Anfängen angesiedelt sind, als Beschreibungen dessen nehmen, was zu der Zeit, in der sie erzählt wurden, für die betreffenden Völker von größter Bedeutung war. Diese Geschichten etablierten Wahrheit und Bedeutung.

Die Achomawi in Kalifornien führten die Fähigkeit der kosmischen Schöpfung auf die Sprache zurück. In den Schöpfungsgeschichten der Navajo wurden der Gedanke und die Sprache als männliche und weibliche Wesen personifiziert, die untrennbar mit den lebensspendenden Kräften der ganzen Welt verbunden waren. In den Schöpfungsberichten der Acoma Pueblos im Südwesten der heutigen Vereinigten Staaten wurde der Gedanke als Schöpfergöttin personifiziert. Der Schöpfergott Moma war eine wichtige Gestalt in den Geschichten der Witoto, die am Rio Putumayo lebten, der die Grenze zwischen Kolumbien und Peru bildet. Der Name Moma bedeutet »Vater«, und Moma, der mit dem Mond und in anderer Gestalt vielleicht auch mit der Sonne identifiziert wurde, war sowohl Schöpfer wie auch Kulturheros. Die Witoto glaubten, vor Moma sei »das Wort« gewesen und habe ihm seinen Ursprung gegeben. Moma wurde als Personifizierung der Macht des Wortes verstanden. Als Heros übertrug er diese Macht auf die ersten menschlichen Wesen. Für die Witoto, wie auch für viele andere Völker in den beiden Teilen Amerikas, war das Wort eine kreative Kraft. Die Amassalik-Inuit in Ostgrönland gaben diesem Glauben in ihrer Sprache Ausdruck, in der das Wort »atmen« gleichzeitig auch »dichten« bedeutete und von dem Wort abstammte, das sich auf die Lebenskraft bezog. Da der Macht des Wortes eine derart große schöpferische Kraft zugeschrieben wurde, besaßen alle Sprachakte – vor allem Gebet, Lied und erzählte Geschichte – kreatives Potential.

Überall in ganz Amerika erzählten die Stämme von der Erschaffung der Welt in Geschichten, in denen es hieß, am Anfang sei nichts gewesen als eine große Wasserfläche. Die ersten Lebewesen kauerten auf dem Rücken einer Wasserschildkröte. Zu diesen Lebewesen gehörten Tiere, die abwechselnd ins Wasser hineintauchten und versuchten, bis auf den Grund zu schwimmen, wo sie, wie sie hofften, ein Stückchen Erde finden würden, aus dem sie Welt erschaffen könnten. Eins nach dem anderen versuchten die Tiere sich an dieser Aufgabe. Jedes bieb länger und länger verschwunden. Jedes kehrte erschöpft und halbtot, aber ohne auch nur das kleinste Stückchen Erde zurück. Dann aber gelang es einem Tier, unter seiner Kralle ein winziges Stückchen Erde an die Oberfläche zu bringen. Der Erdmacher nahm dieses Stückchen Schmutz und machte die Erde daraus. Aber sie ruhte immer noch auf dem Rücken der Schildkröte.

Andere Stämme erzählten, die Welt sei durch die sexuelle Vereinigung eines Mannes und einer Frau geschaffen worden, obwohl diese beiden nur selten, falls überhaupt, als Erde und Himmel identifiziert wurden. Allen Andenvölkern Südamerikas gemeinsam war die Verehrung von Sonne und Mond als befruchtendem Paar. In der peruanischen Kunst erschienen Sonne und Mond als Gott und Göttin in menschenähnlicher Gestalt, begleitet von zweiköpfigen Schlangen, die den Regen und den Blitz darstellten. Das Paar war umgeben von Pflanzen und Tieren, die für ihre Fruchtbarkeit bekannt waren, z. B. Algarrobo und Affen.

Wieder andere Stämme, so z. B. die im Südwesten der heutigen Vereinigten Staaten, erzählten keine Geschichten von der Erschaffung der Welt, sondern vielmehr von Reisen durch unterirdische Welten, die schließlich damit endeten, daß die Erdoberfläche erreicht wurde. In diesen Geschichten kamen die Welt und die Menschen bereits vor, die Menschen lebten jedoch tief unter der Oberfläche der Erde. Heroische Führer wurden ausgesandt, um sie durch diese unteren Welten zu leiten. Nicht alle Wesen, die unter der Erde lebten, schafften es, an die Oberfläche zu gelangen. Diejenigen jedoch, die nach oben kamen, für gewöhnlich Menschen, wurden als Menschen des Tageslichts oder als Menschen der harten oder trockenen Nahrung bezeich-

Religiöse Formen und Themen

net. Die anderen, welche die Erdoberfläche nicht erreichten, sondern im Inneren der Erde bleiben mußten, oft die übernatürlichen Wesen, waren grün oder, wie die Tewa sagten, die »Trockennahrungsmenschen, die niemals wurden«.

Kulturheroen spielten in den Geschichten, die überall in den beiden Amerikas erzählt wurden, eine wichtige Rolle. Die Apache-Völker (Apache und Navajo) kamen gegen Ende des fünfzehnten Jahrhunderts aus dem westlichen Kanada in den Südwesten der Vereinigten Staaten. Mit sich brachten sie Geschichten von heldenhaften Jägern, bei denen es sich oft um einen jüngeren und einen älteren Bruder handelte (manchmal auch Schwestern), die in der Übergangszeit nach der Erschaffung der Welt, aber noch vor dem Beginn des menschlichen Zeitalters lebten. Die neugeschaffene Welt der Navajo war eine Welt der Regeln und Einschränkungen, eine Welt der Ordnung. Aber sie war eine Welt ohne Erfahrung. Niemand wußte, was geschehen würde, wenn die Regeln übertreten wurden, oder wie man die zerstörte Ordnung, falls es denn dazu käme, wiederherstellen sollte. Aber schließlich konnte es kein Leben geben, ohne daß Regeln übertreten und Einschränkungen mißachtet wurden. Die Helden der Geschichten hatten den Mut zu leben, auch wenn sie anschließend die Konsequenzen tragen mußten. Die Leiden, die sie für ihren Mut auf sich nehmen mußten, eröffneten ihnen das Wissen und die Kraft des Heilens und der Neuschöpfung. Diese Helden begründeten die Lebensweise der Navajo und legten den Grundstein für die Unmenge der rituellen Prozesse, die ihre Religion prägten.

Kulturheroen waren häufig Zwillinge. Die irokesischen Völker im östlichen Nordamerika erzählten Geschichten von Zwillingsbrüdern, die in einer letzten Gruppe von Episoden innerhalb einer langen und komplizierten Schöpfungsgeschichte auftraten. Die Erzählung begann in einer Himmelswelt, einer Welt der Vollkommenheit, die bald durch die Einführung menschlicher Gefühle, nämlich der Liebe zwischen einer jungen Frau und einem Mann, von einem Makel behaftet wurde. Die Liebe der beiden war, wie so oft, von Schmerz und Leid begleitet. Um ihrem Leid ein Ende zu machen, wurde die Frau durch ein Loch im Himmel gestoßen und auf diese Weise von ihrem Liebsten getrennt. Aber obwohl sie aus der Himmelswelt verbannt war, war sie in der Lage, bei der Erschaffung der menschlichen Welt zu helfen. Eine Erdtaucher-Episode führte zur Entstehung der *terra firma*. Die Frau wurde vom Wind geschwängert und schenkte einer Tochter das Leben, die wiederum vom Wasser geschwängert wurde und Zwillingssöhne gebar. Einer der Zwillinge wurde auf die übliche Weise geboren; der andere aber war zu ungeduldig, diesen natürlichen Prozeß abzuwarten, riß die Seite seiner Mutter auf und kam auf diese Weise zur Welt. Die Art und

Weise ihrer Geburt entsprach dem jeweiligen Charakter der Zwillingsbrü-
der. Der gute Zwilling fing an, eine Welt zu schaffen, die für die Menschen
ideal war. Der böse Zwilling versuchte, nicht nur das Gute rückgängig zu
machen, sondern auch das Böse einzuführen. Der Kampf der Zwillinge
symbolisierte die irokesische Welt. Die Bedeutung des Lebens lag im nie endenden Kampf zwischen positiven und negativen Kräften.

Die Warrau, die »Bootsmenschen« des Orinokko-Deltas und der angrenzenden Sumpfregion des nördlichen Südamerika, deren Einbaumkanus ihnen nicht nur als Transportmittel dienten, sondern auch zum Schlafen, Kochen, Essen und Spielen, erzählten Geschichten über den ersten Menschen,
Haburi. Haburi wanderte auf der Suche nach Nahrung über die Erde. Begleitet wurde er von seinem Sohn, der nicht von einer Frau geboren war.
Haburi fand das Haus einer Frau, konnte sie aber erst dazu überreden, ihr
Essen mit ihm zu teilen, als er ihr sein Kind zeigte. Später machte die Frau
ein Kanu aus Wachs, in dem sie und Haburi wegfuhren. Das Kind ließen sie
zurück. Da es jetzt ganz allein war, schnitzte es sich aus Holz ein männliches Kind als Begleiter. Die Figur verwandelte sich jedoch in ein weibliches
Kind und wurde lebendig, und die beiden, der Junge und das Mädchen,
wurden die Vorfahren der Warrau. In anderen Warrau-Geschichten war es
Haburi, der das Kanu herstellte. Haburi, der lange unter dem Einfluß von
Frosch gestanden hatte, einer Frau, die behauptete, seine Mutter zu sein,
erfuhr schließlich, wer seine richtige Mutter war, und beschloß, vor Frosch
zu fliehen. Er baute ein Kanu, das jedoch von einer Ente gestohlen wurde.
Immer und immer wieder baute er Kanus, nur um sie jedesmal an verschiedene Enten zu verlieren (was der Grund dafür ist, daß Enten so gut schwimmen können). Schließlich aber baute er eins, das nicht gestohlen wurde,
und in ihm konnten er und seine Mutter fliehen. Haburi überlistete Frosch,
indem er ihr sagte, sie solle in einen hohlen Baum steigen, um Honig aus
einem Bienenstock zu naschen. Als sie es tat, schloß sich die Öffnung hinter
ihr. Im Baum eingeschlossen, verwandelte sie sich in einen Baumfrosch.

In den Geschichten vieler Kulturen überall in Amerika kam ein listiger,
derber, sexuell ausschweifender, egoistischer, unersättlicher Charakter vor.
Dieser Charakter konnte viele Gestalten haben – Nerz, Waschbär, Rabe,
Hase, Spinne, Eichelhäher, alter Mann. Am häufigsten trat er jedoch als
Kojote auf, aus dem übrigens später die heute so beliebten Kojote- und
Roadrunner-Cartoons wurden. Kojote war zwar rücksichtslos und grausam, konnte aber auch gütig, rücksichtsvoll und mutig sein; er war extrem
sexuell und erotisch, konnte aber auch prüde und zimperlich sein; er war
zerstörerisch und gefährlich, besaß aber auch schöpferische Kräfte.

In einer Episode, die vielerorts erzählt wurde, begegnete Kojote (oder

Religiöse Formen und Themen

eine andere ähnliche Figur) einem Wesen, das seine Augen auf den Ast eines Baumes schicken und anschließend wieder zurückrufen konnte, indem es sagte: »Augen hängt an einem Zweig; Augen kommt zurück.« Kojote wünschte sich nichts sehnlicher, als das auch zu können. Der Augenjongleur weigerte sich immer wieder, ihm den Trick zu verraten, bis Kojotes flehentliche Bitten ihn doch mürbe machten. Er warnte ihn jedoch davor, den Trick öfter als viermal am Tag durchzuführen. Kojote hielt sich nicht an diese Warnung. Als er seine Augen das fünfte Mal losschickte, kamen sie nicht wieder zurück. So sehr er sich auch bemühte, sie wollten einfach nicht zurückkommen. Kurz darauf quollen sie auf und fingen an zu faulen. Fliegen krabbelten auf ihnen herum. Aber Kojote war nicht so leicht unterzukriegen. Er blieb so lange still im Gras liegen, bis eine Maus vorbeikam und versuchte, ihm ein Haar auszurupfen, um ihr Nest auszupolstern. Kojote sprang sie an und zwang sie, ihm im Tausch für ihre Freiheit eines ihrer Augen zu geben. Mit dem Auge der Maus gelang es Kojote, einen Büffel auszumachen, woraufhin er ihm mit einem Trick eines seiner Augen abluchste. Nun hatte Kojote sein Sehvermögen zwar wieder, sah aber mit dem winzigen Auge, das in seiner Höhle herumrollte, und dem riesigen Auge, das aus der anderen Höhle fast herausquoll, einfach lächerlich aus.

Charaktere wie Kojote waren in ganz Amerika für ihre Verwandlungsfähigkeit bekannt. Sie besaßen die Fähigkeit, ihr Aussehen ganz nach Belieben zu verändern, so daß sie ihre sexuellen Bedürfnisse befriedigen konnten, indem sie Frauen durch List dazu brachten, sie zu heiraten. Sie veränderten ihr Aussehen aber auch, um Leute dazu zu bringen, ihnen etwas zu essen zu geben. Sex und Essen waren die wichtigsten Anliegen dieser Figuren, ganz gleich wo ihre Geschichten erzählt wurden. Aber sie wurden oft genauso genarrt, wie sie andere narrten. Fuchs, ein Charakter in den Geschichten der Toba-Indianer Argentiniens, begegnete Jaguar. Jaguar fand Gefallen an der Rassel, die Fuchs hatte. Um ihm einen Streich zu spielen, redete Fuchs Jaguar ein, die Rassel sei in Wirklichkeit sein Herz, und Jaguar hätte folglich auch eine. Jaguar erlaubte Fuchs, ihm das Herz aus dem Leib zu nehmen, damit er auch eine Rassel hätte. Ganz wie es seinem Charakter als Fuchs entsprach, nahm Fuchs Jaguars Herz durch den Anus heraus und tötete ihn dadurch. Dann zerlegte er ihn und fing an, das Fleisch zu braten. Während er darauf wartete, daß es gar wurde, bekam er Durst. Chunga, ein Vogel, zeigte Fuchs, wo er Wasser finden konnte. Außerdem versprach sie ihm, mit ihm zu schwimmen. Während Fuchs glaubte, sie schwimme mit ihm, schlich sie sich jedoch davon und stahl das gebratene Jaguarfleisch. Fuchs verfolgte Chunga, verkleidete sich als ihr Freund und konnte einen Teil des Fleisches zurückerobern. Aber Taube, die rote Augen hatte, die

Ein reich tätowierter Oneida-Mann raucht eine lange Pfeife und trägt Tabakbeutel in der Hand, dargestellt von Louis Nicolas. Dem Bildtitel des Künstlers zufolge ehrt die Figur die Sonne, die sie als persönlichen Schutzgeist anbetet. Der Tabak wurde in ganz Amerika benutzt, um mit dem Übernatürlichen zu kommunizieren.

Religiöse Formen und Themen

Fuchs bewunderte, ergatterte schließlich auch dieses restliche Fleisch, indem sie Fuchs dazu brachte, sich roten Pfeffer in die Augen zu reiben, damit sie auch rot würden.

Erotische, unersättliche, unzuverlässige Charaktere wie Kojote und Fuchs scheinen alles andere als religiös zu sein, aber dennoch hatten sie in den meisten einheimisch-amerikanischen Kulturen einen hohen Stellenwert, denn die Geschichten über diese Charaktere verdeutlichten auf einprägsame Weise, wie man nicht handeln sollte. Kinder konnten durch diese spannenden und unterhaltsamen Geschichten das richtige Verhalten lernen, und die Erwachsenen wurden durch sie immer wieder aufs neue daran erinnert. Außerdem konnten durch diese Geschichten auch heikle Themen wie Egoismus und sexuelles Verhalten angesprochen werden. Noch wichtiger war jedoch, daß das Widersinnige oder auch das Ansprechen des Undenkbaren, mit dem die Geschichten oft spielten, für die Menschen die Frage nach dem Sinn an sich aufwarfen. D. h. sie zeigten auf ihre Weise, daß Ordnung und Regeln etwas mit der Schaffung von Bedeutung zu tun hatten und einen Gegensatz zum Schock des Chaos darstellten, den manchmal die rücksichtslose Durchbrechung der Ordnung durch diese Charaktere bereitete. Lachen und Religion waren in diesen Geschichten im Einklang.

Während die Geschichten aus den beiden Amerikas des späten fünfzehnten Jahrhunderts nur durch die Abstammungslinien überlebten, in denen sie erzählt wurden, hatten andere kulturelle Ausdrucksformen eine derart auffällige Äußerlichkeit, daß wenigstens Spuren davon die zerstörerischen Kräfte der Eroberung durch die Weißen überstanden. Mit Hilfe archäologischer Ausgrabungen und Techniken lassen sich Städte und Dörfer aus dem Schutt des Konflikts und den Zerstörungen der Zeit rekonstruieren. Architektonische Anlagen – angefangen bei riesigen Pyramiden und Tempeln bis hin zu bescheidenen Häusern – hinterlassen bleibende Spuren in der Landschaft. Als gemeinschaftlich handelnde kulturelle Wesen errichteten die einheimischen Amerikaner Häuser und Tempel, legten Dörfer und Städte an. Indem sie das taten, schufen sie Orte, die einer Vielzahl von häuslichen, politischen und zeremoniellen Aktivitäten entsprachen. Diese architektonischen Formen spiegelten die Hierarchien und Strukturen ihrer Religionen und Gesellschaften wider.

Die aztekische Hauptstadt Tenochtitlan, die genau an der Stelle stand, an der das heutige Mexiko-City steht, war zu Kolumbus' Zeiten eine der glanzvollsten Städte in ganz Amerika. Das aztekische Universum bestand aus dreizehn himmlischen Schichten und neun Unterwelten. Jede dieser Regionen, durch bestimmte Farben und Attribute gekennzeichnet, war das Reich von Gottheiten. Die horizontale Struktur der Welt wurde als Blüte mit vier Blütenblättern empfunden oder als ein Kreuz mit einer Jadeperle in der Mitte. Jede dieser vier Regionen zeichnete sich durch einen Baum mit einem Vogel in seiner Krone und durch eine Gottheit aus, welche die himmlischen Regionen trug. Vertikal und horizontal drehte sich das aztekische Verständnis vom Kosmos um einen zentralen Punkt, die Hauptstadt. Sie war ein Mikrokosmos. In ihrer Mitte befand sich ein riesiger zeremonieller Komplex mit Schulen, Verwaltungsgebäuden, einem zeremoniellen Ballspielplatz und Gestellen mit den Schädeln unzähliger geopferter Menschen. In der Mitte dieses zeremoniellen Komplexes stand ein Tempel auf einer riesigen, pyramidenförmigen Basis. Dieses zeremonielle Zentrum war von einer über drei Meter hohen Mauer umgeben. Die Stadt wurde von vier großen Straßen, die am Haupttempel im zeremoniellen Zentrum zusammenliefen, in vier Regionen aufgeteilt. Diese vier Regionen waren wiederum in kleinere Mikrokosmen unterteilt, die sich an sekundären Zentren orientierten. Tenochtitlan war nicht nur das Zentrum der aztekischen Welt, es trug die Imprimatur der Ordnung des ganzen aztekischen Universums.

Am Rio Grande in New Mexico lag ein seit langer Zeit bestehendes Dorf der Tewa-Pueblos, das heute San Juan heißt. Die Grenzen der Tewa-Welt waren von Bergen gekennzeichnet, die bis zu 100 km von San Juan entfernt lagen, und zwar einer in jeder der vier Himmelsrichtungen, die jeweils einen bestimmten Namen und eine bestimmte Farbe hatten. Als die Tewa aus ihrer vorzeitlichen Welt unter dem Sandy Place Lake im Norden von San Juan an die Erdoberfläche kamen, wurden einige von denen, die zurückblieben, zu Gottheiten. Die Tewa glaubten, diese Gottheiten lebten in Seen, die den vier Bergen entsprachen. Etwas näher am Dorf stand in jeder der vier Himmelsrichtungen ein oben abgeflachter Hügel. Jeder dieser Hügel, die als dunkel und unheilvoll gelten, hat eine Höhle oder einen Tunnel, in dem die Übernatürlichen wohnen, die als Mittler zwischen den Menschen und der Geisterwelt fungieren. Noch näher am Dorf lagen in allen vier Himmelsrichtungen Heiligtümer, die als »Seelen wohnen Mittelorte« bezeichnet und jeweils mit einem bestimmten übernatürlichen Wesen in Verbindung gebracht wurden. Das Dorf selbst wiederholte in der Anordnung der Pueblos (Häuserkomplexe) und Tanzplazas, auf denen seit undenkbaren Zeiten öffentliche Rituale abgehalten wurden, diese Struktur der religiösen Bedeutung. In Interaktion mit diesen vielen Punkten innerhalb ihrer Landschaft waren die Tewa Teil eines fortgesetzten Prozesses der Schaffung und der Beibehaltung der Ordnung. Diese Ordnung trug die sozialen, politischen, wirtschaftlichen und zeremoniellen Dimensionen ihrer gemeinschaftlichen Aktivitäten und gab ihnen Sinn und Bedeutung. Auf diese Weise durchdrang die Religion jeden Bereich des Lebens der Tewa. Sie war untrennbar

Religiöse Formen und Themen

mit dem Verständnis der Tewa von ihrem Land und ihrer Umwelt verbunden. Die Ausrichtung und die Anlage der architektonischen Bauten in ganz Amerika, selbst jener, die keinem offensichtlich religiösen Zweck dienten, tragen den Stempel religiöser Bedeutung.

Religion ist eine menschliche Aktivität, eine Möglichkeit, Sinnwelten zu schaffen und zu entdecken. Dieses Attribut der Religion spiegelt sich in vielen rituellen Gegenständen wider, deren äußere Form von ihrem Verwendungszweck zu trennen ist. Solche Gegenstände blieben oft erhalten und erzählen uns die Geschichte ihrer religiösen Bedeutung. Pfeifen sind dazu da, geraucht zu werden. Masken werden hergestellt, um getragen, Flöten, um gespielt, und Schwirrhölzer, um gewirbelt zu werden. Die in Bilderschrift verfaßten mesoamerikanischen Bücher, welche die Konquista überlebten oder kurz danach angefertigt wurden, stellen oft religiöse Aktivitäten dar. Petroglyphen und Piktographen, Erdhügel und Ritzarbeiten hinterlassen Erinnerungen an menschliche Aktivitäten, die ihrem Wesen nach manchmal religiös sind, obwohl ihre Bedeutung heute oft undurchsichtig ist. Die Mounds und die Ritzarbeiten sind manchmal so riesig, daß man sie erst aus der Luft in ihrem ganzen Ausmaß erfassen kann, ein Blickwinkel, der erst seit nicht allzulanger Zeit möglich ist. Die Nazca-Linien, die sich im peruanischen Ingenio-Tal kilometerweit hinziehen, wurden lange vor Kolumbus angelegt. Einige dieser Linien, wie übrigens auch viele der Mounds, haben die Form von tierischen oder mythischen Gestalten und entsprechen wahrscheinlich Gestalten aus Geschichten und religiösen Traditionen.

Die Azteken und Maya lebten in hochentwickelten materiellen Kulturen und besaßen ein glyphisches Schriftsystem. Viele Gegenstände, die für sie von religiöser Bedeutung waren, sind erhalten geblieben. In einem Entwässerungskanal wurde die wahrscheinlich bei der Eroberung Mexikos weggeworfene kreisförmige Scheibe gefunden, die als der aztekische Kalenderstein bezeichnet wird. Offensichtlich lag der Stein vorher in einem Tempel in Tenochtitlan, wo er bei den Zeremonien der Menschenopferungen eine bedeutende Rolle spielte. Die Glyphen auf dem Stein dokumentieren nicht nur den zweiundfünfzig Jahre währenden Kalenderzyklus, sondern auch die Zeitalter, welche die Welt durchläuft. Der Stein spiegelt die zentrale Rolle der Sonne und den Glauben wider, daß die Kraft der Sonne davon abhing, daß sie mit menschlichem Blut und mit menschlichen Herzen genährt wurde. Die Azteken benutzten die riesige steinerne Scheibe, um ihren Platz in der Geschichte und in den solaren, himmlischen und kosmischen Zyklen zu behaupten, in denen sie lebten. Der Stein sagt, daß sie die Sonne mit Menschenopfern nährten, um ihrer Verantwortung für die Erhaltung der Kontinuität des Lebens gerecht zu werden.

Diese bemalte Steinfigur, die in einer Krypta im Boden einer Kiva im östlichen Arizona gefunden wurde, stellt eine weibliche Erdgottheit dar, die in der Mythologie der modernen Pueblo-Indianer immer noch eine wichtige Rolle spielt. Die roten, schwarzen, gelben und weißen Streifen, mit denen die Figur bemalt ist, erinnern an die farbigen Schichten der Unterwelt der Pueblos. Die Figur selbst stellt eine kreative Kraft dar (Field Museum of Natural History).

Am Ende eines 52-Jahre-Zyklus sorgte ein großes zeremonielles Ereignis dafür, daß ein neuer Zyklus beginnen konnte. Zur Vorbereitung auf diese rituelle Erneuerung wurden alle Feuer in Tenochtitlan gelöscht, Kochgefäße und Eßgeschirr zerschlagen und Häuser und Tempel gereinigt. Auf einem Hügel vor der Stadt wurde ein Mensch geopfert und in seiner Brust ein neues Feuer entzündet, das mit einer Fackel in die Stadt zum Haupttempel und von dort zu anderen Tempeln in ganz Tenochtitlan getragen wurde. Von diesen Tempeln wurde das neue Feuer in die einzelnen Häuser und in die anderen Städte des Reiches gebracht. Alles, was von diesem Zeremoniell übriggeblieben ist, sind die Knochen der Opfer, die architektonischen Ruinen des Schauplatzes und die Beschreibungen in den Büchern, und dennoch sorgte die dramatische Aufführung in Blut und Feuer für das immerwährende Fortschreiten der aztekischen Zeit.

Die konvexe Form von Masken und die in ihnen enthaltenen Augenlöcher sind der Beweis dafür, daß Masken dazu gedacht sind, vor dem menschlichen Gesicht getragen zu werden. Masken müssen aufgeführt werden; sie sollen die Gegenwart der Wesen bewirken, die sie darstellen. Masken sind mächtige religiöse Gegenstände, und sie waren überall in den beiden Amerikas zu finden. Die Inuit von Alaska stellten aus Treibholz die vielleicht komplexesten und kreativsten Masken der Welt her. Die irokesischen Stämme schnitzten Gesichter in lebende Schwarzlinden und schälten sie dann auf eine Weise ab, daß der Baum keinen Schaden nahm. Es waren die Gesichter von Geistern, die in erster Linie bei den Heilriten zur Anwendung kamen. Das vielleicht bekannteste dieser Gesichter verkörperte die Macht des bösen Bruders aus der irokesischen Schöpfungsgeschichte. Als der gute und der böse Bruder sich am Ende des Schöpfungszeitalters trafen, um zu entscheiden, wer der stärkere war, veranstalteten sie einen Wettkampf im Bergeverschieben. Der böse Bruder konnte den Berg mit Mühe und Not ein winziges Stück bewegen. Als er sich umdrehte, um zu sehen, wie sein Bruder auf diese Leistung reagierte, schob dieser den Berg dicht hinter seinen prahlerischen Bruder. Als der böse Bruder sich dann erneut umdrehte, prallte er gegen den Berg und zerquetschte sich Nase und Mund. Als Verlierer des Wettkampfes bat er darum, seine Kräfte dazu benutzen zu dürfen, um Krankheiten zu heilen, die er selbst verursacht hatte. Die Irokesen trugen Masken mit schiefer Nase und schiefem Mund, um die heilenden Kräfte des bösen Bruders zu personifizieren. Die heilenden Kräfte dieser maskierten Gestalt demonstrierten, daß selbst böse Mächte zum Guten eingesetzt werden können.

Die Stämme der pazifischen Nordwestküste Nordamerikas schnitzten kunstvolle Masken, welche die tierischen Vorfahren der menschlichen Abstammungslinien darstellten. Am eindrucksvollsten unter ihnen waren jene, die sich öffnen und schließen ließen und vielschichtige Identitäten enthüllten. Diese Verwandlungsmasken entsprachen den Geschichten über die Ursprünge der menschlichen Abstammungslinien. Ursprünglich waren alle Lebewesen Tiere gewesen, aber manche von ihnen legten ihr tierisches Äußeres ab und enthüllten ihre innere menschliche Gestalt. Bei den Maskenvorführungen wurden die äußeren tierischen Formen, die durch die äußere Schicht der Maske dargestellt wurden, mechanisch geöffnet und enthüllten ein darunterliegendes menschliches Gesicht – eine Wiederholung der Ent-

Im von einem Feuer beleuchteten Innenraum eines Langhauses aus Planken tanzen als Wölfe und Bären verkleidete Kwakiutl-Männer zur Begleitung von Trommlern, die dazu einen hohlen Stamm benutzen. Szenen wie diese, die in den langen, nassen Winternächten der Nordwestküste stattfanden, stellten Familienprivilegien zur Schau.

stehungsgeschichte der Abstammungslinie. Die Pueblo-Stämme im Südwesten der Vereinigten Staaten benutzen in ihren komplexen zeremoniellen Zyklen ebenfalls seit langem kunstvolle Masken.

In Südamerika wurden Masken, die Tier- und Vogelgeister oder aber Wesen darstellten, von denen in den Geschichten erzählt wurde, von vielen Stämmen im Zusammenhang der Jagd benutzt. Knielange Kapuzenkostüme aus Bast, die mit geometrischen Mustern bemalt waren, wurden von den Cubeo und Caua der Vaupés-Region am nordwestlichen Amazonas als Masken verwendet. Die menschenähnlichen Gesichter mit den unverkennbar tierischen Zügen, die in diesen Kostümen auftauchten, verkörperten die Geister von Tieren. Diese Masken-Kostüme wurden bei Riten getragen, die dafür sorgen sollten, die Feinde der Jäger in Schach zu halten.

Blasinstrumente – Trompeten, Flöten und Megaphone – wurden in weiten Teilen des tropischen Südamerika benutzt, um die Stimmen von Gottheiten darzustellen. Nördlich des Amazonas wurden die Instrumente mit Vegetationsgottheiten assoziiert; südlich davon wurden sie bei esoterischen Männerriten gespielt. Die Tucuna am oberen Amazonas besaßen ein hölzernes Megaphon (toki), von dem es hieß, der Kulturheroe Dyoi habe es erfunden, damit es als Stimme der Geister diene, die daraufhin in zwei ge-

Religiöse Formen und Themen

schnitzte Holzfiguren eingehen würden. Eine Rindentrompete (bu/bu) wurde gespielt, um die Geisterstimmen zu begleiten.

Schwirrhölzer sind einfache Klanginstrumente, bestehend aus einem flachen Stück Holz, in das ein Loch gebohrt wird, durch das dann eine Schnur gezogen wird. Wenn man das Brett am Ende der Schnur herumwirbelt, entsteht ein dröhnendes oder sirrendes Geräusch. Schwirrhölzer sind bei vielen Kulturen der ganzen Welt bekannt. Im östlichen Brasilien hielt man die von ihnen hervorgerufenen Geräusche für die Stimmen der Toten. Die Bacairi, ein Stamm in Zentralbrasilien, besaßen fischförmige Schwirrhölzer, die, wie sie in ihren Geschichten erzählten, ein Geschenk des Katzenhais waren. Diese Schwirrhölzer, die Yélo oder Iyelo genannt wurden, die Worte für Donner und Blitz, wurden bei Ritualen verwendet, mit denen der Regen herbeigerufen werden sollte.

Die einheimischen Bewohner Amerikas drückten ihre Vorstellungen vom Lebenszyklus oft als Bewegung durch eine Landschaft aus, als eine Straße, eine Straße des Lebens. Viele Dinge, angefangen bei den Häusern bis hin zu den zeremoniellen Tanzkreisen, erhielten durch diese Orientierung eine religiöse Bedeutung. Die Pima im Südwesten der Vereinigten Staaten stellten die Straße des Lebens als ein kreisförmiges, aus einem einzigen Pfad bestehendes Labyrinth dar, das nach vielen Umwegen schließlich den Mittelpunkt erreichte. Sie waren der Überzeugung, daß sie, wenn sie ihrem Kulturheros I'i'toi auf diesem Pfad folgten, schließlich ihr Lebensziel erreichen würden.

In den Lebenszyklen der einheimischen Amerikaner wurden viele Übergänge und Neubeginne durch religiöse Rituale gefeiert und bewirkt. Übergangsriten, die den Beginn des formal-religiösen Lebens markierten und durch die Kinder in die Welt der Erwachsenen aufgenommen wurden, waren weit verbreitet. Wenn Kinder das Alter der Vernunft erreichten, wurden sie oft durch Initiationsriten in religiöse Gesellschaften oder in den Rang eines Erwachsenen aufgenommen. Die Pubertätsriten für Mädchen fielen für gewöhnlich mit ihrer biologischen Reife – dem Beginn der Menstruation – zusammen. Sie wurden dann von ihren Gemeinschaften isoliert und mußten zahlreiche Einschränkungen beachten. So z.B. durften sie ihren Körper nicht berühren, um ihrer Schönheit nicht zu schaden; sie durften nur durch einen Strohhalm trinken, damit nicht zuviel Regen fiel; sie mußten das Essen und den Besitz von Männern, insbesondere von Jägern, meiden, um diese nicht ihrer Kraft zu berauben; vor allem aber mußten sie Güte, Bescheidenheit und angemessenes Verhalten üben. In ihrer Abgeschiedenheit wurden die Mädchen von beispielhaften Frauen umsorgt, die sie in der Bedeutung des Frauseins unterwiesen und ihnen zeigten, welche

Verantwortung sie als Ehefrauen und Mütter haben würden. Jungen erlangten die Mannbarkeit im allgemeinen durch Leistungen bei der Jagd oder im Krieg oder durch visionäres Fasten.

Eine Methode, die Kinder in das religiöse Leben einzuweisen, bestand darin, ihnen ihre naiv-kindlichen Vorstellungen zu nehmen. Bis dahin wurden die Kinder ermutigt, an einen naiven Realismus zu glauben und die Welt als das zu nehmen, was sie zu sein schien. Bei dem Hopi im Südwesten der Vereinigten Staaten wird diese Methode noch heute angewendet. Die Kinder werden dazu ermutigt, die maskierten Geisterwesen, die Kachinas, für die Geister selbst zu halten. Sie sehen die Darsteller der Kachinas nie ohne ihre Masken, und sie bekommen die Masken nur dann zu sehen, wenn sie getragen werden. Bei ihrer Initiierung sehen sie die maskierten Gestalten dann zum erstenmal kostümiert, aber ohne die Masken, und sind, wenn sie in den Kachinas ihre männlichen Verwandten erkennen, oft schrecklich enttäuscht. Viele weinen und glauben, daß sie nie wieder einem Erwachsenen trauen werden. Langfristig hat diese Methode der Einführung in das religiöse Leben jedoch eine verblüffende Wirkung. Damit die Kinder lernen, die spirituelle Welt wirklich und wahrhaftig zu verstehen und die Realität in all ihren Dimensionen zu sehen, müssen sie erst lernen, daß die Welt mehr ist, als sie zu sein scheint. Die Hopi und andere amerikanische Kulturen benutzten die Methode, eine naive Sicht zu fördern, nur um sie dann zu zerstören. Sie benutzten die Kraft der Desillusionierung, die mit dem Verlust von Naivität einhergeht, um ein größeres Verständnis und eine tiefere Einsicht herbeizuführen.

Die Ona, welche die Tierra del Fuego an der Südspitze Südamerikas bewohnten, machten bei ihren männlichen Initiationsriten einen ähnlichen Gebrauch von Masken. Die initiierten Männer betraten das Dorf als Geister, mit rosa, schwarz und weiß bemalten Körpern und mit Masken aus Häuten und Rinde. Sie verscheuchten die Frauen und wandten sich dann der Initiierung der jungen Männer zu, deren Höhepunkt in der Aufklärung bestand, daß die angeblichen Geister in Wirklichkeit maskierte Menschen waren.

Auch Isolation und visionäres Fasten waren in den beiden Amerikas weit verbreitet. Bei den Ojibwa und anderen Stämmen des Waldlands der Großen Seen wurden die Jungen im Frühjahr in die Wälder geführt, um zu fasten und auf diese Weise einen Traum oder eine Vision zu erlangen. In den Zweigen einer Rotzeder errichtete ein älterer Mann eine Plattform, die drei bis sieben Meter über der Erde lag. Hier mußte der Junge ohne Essen und Trinken bleiben, bis er einen Traum oder eine Vision hatte. Wenn er schlechte Erfahrungen machte, kehrte er nach Hause zurück, um es in ei-

Religiöse Formen und Themen

nem anderen Jahr noch einmal zu versuchen. Die Visionen dienten ihren Empfängern als Richtschnur für ihr ganzes Leben und enthüllten ihnen ihre Bestimmung und ihr Schicksal. Machtspendende Gegenstände, die ihnen in diesen Visionen offenbart wurden, wurden als Symbol erworben und dienten dazu, die Visionen und die mit ihnen verbundenen Kräfte zurückzurufen. Die Suche nach Visionen wurde von manchen Stämmen auch in Zeiten der Trauer durchgeführt, um schamanistische Kräfte zu erwerben oder um einen Schwur zu erfüllen.

Träume und Visionen, die auf der ganzen Welt als Zugang zur spirituellen Welt gelten, waren für die irokesischen Stämme so wichtig, daß sie einen festen Platz in ihren Ritualen einnahmen. Die Irokesen glaubten, ein Aspekt der menschlichen Lebensform könne den Körper im Schlaf verlassen, um spirituelle Erfahrungen zu sammeln, die dann als Träume erinnert wurden. Aus diesem Grund war es von großer religiöser Bedeutung, Traumwünsche zu erfüllen, wofür oft beträchtliche Mühen aufgewandt wurden. Bei den Mittwinter-Zeremonien gaben die Träumer ihrer Gemeinschaft Rätsel aus ihren Traumwünschen auf, die diese dann erraten mußten.

In Nordamerika waren Halluzinogene eher selten, in Südamerika wurden sie jedoch häufig verwendet. Die Stämme des nordwestlichen Amazonasgebietes nahmen oft halluzinogene Getränke zu sich, vor allem bei Initiationsriten, Begräbniszeremonien und bei einem Neujahrsritus, der als Yurupari bezeichnet und zur Erinnerung an den Inzest abgehalten wurde, den Vater Sonne zur Zeit der Erschaffung der Welt mit seiner eigenen Tochter begangen hatte. Bei diesem Ritual saßen die bemalten und geschmückten Männer auf Hockern auf der einen Seite eines großen Raumes, die Frauen auf der anderen. In der Mitte brannte eine Fackel. Die Zeremonie begann mit der Erzählung der Schöpfungsgeschichte, der Geschichte vom Ursprung der Menschheit und der Phratrien. Die ganze Nacht hindurch tranken die Männer immer wieder von dem halluzinogenen Getränk und sangen und tanzten. Die Frauen sorgten mit ihrem Lachen dafür, daß sie nicht müde wurden, und schimpften jeden aus, der mit dem Trinken und Tanzen aufhören wollte.

Das Wort »Schamane« wird landläufig für Priester, Heiler, rituelle Spezialisten und Zauberer jeder Art benutzt. In seiner ursprünglichen siberischen Bedeutung war damit ein religiöser Spezialist gemeint, der ekstatische Techniken anwandte. In dieser engen Bedeutung träfe das Wort »Schamane« in nur wenigen amerikanischen Kulturen auf die entsprechenden Personen zu; mit einiger Vorsicht kann man den Begriff aber auch etwas weiter fassen, um all jene zu beschreiben, die außergewöhnliche Kräfte besaßen und diese Kräfte nutzten, um die menschliche Welt zu beeinflussen.

Begräbniszeremonie für einen Häuptling. Der im Jahre 1590 veröffentlichte Stich von Théodore de Bry zeigt verschiedene Aspekte der Begräbnisriten, die in Florida für Timucua-Führer abgehalten wurden. Die Trauernden versammeln sich um einen Hügel, der über dem Grab des Verstorbenen aufgeschüttet wurde. Seine Pfeile stecken rund um den Hügel in der Erde, und sein Trinkgefäß steht auf der Spitze. In der oberen rechten Ecke sind drei Trauernde zu sehen; unten links läßt ein Mann sich zum Zeichen der Trauer die Haare schneiden. Schließlich legt die Trauergemeinde die Habe des toten Häuptlings in sein Haus und zündet es an (oben links).

Die Schamanen besaßen Geisterverbündete, bei denen es sich oft um einen Tiergeist, eine mythische Gestalt oder eine Gottheit handelte. Entscheidend für den Schamanen war, daß er die Fähigkeit und die Techniken besaß, diese Geisterverbündeten herbeizurufen – das heißt Techniken, zu denen Trancezustände, die Verwendung von Machtgegenständen sowie Lieder und Gesänge gehörten.

Schamanen erwarben ihre Kraft durch Erbschaft, persönliche Visionssuchen, Kauf, Wahl durch ihre Gemeinschaft oder ein Geisterwesen oder durch Erfahrungen von Krankheit und Leid, die durch einen Schamanen oder eine schamanistische Gesellschaft behandelt wurden. In Südamerika benutzte man Halluzinogene, um spirituelle Kräfte zu erwerben. In Nordamerika waren Isolation und Fasten üblicher.

Religiöse Formen und Themen

Schamanen dienten ihren Gesellschaften in vielen Fähigkeiten. Sie riefen das Wild herbei, hielten Fürsprache bei den spirituellen Häuptlingen oder Hütern der Tiere, wahrsagten, prophezeiten und beeinflußten das Wetter. Vor allem aber heilten sie Kranke. Einer bestimmten Auffassung nach wurden Krankheiten dadurch verursacht, daß eine böse Macht oder ein böser Zauberer einen Gegenstand in den Körper des Kranken einschleuste. Mit Hilfe seines Geisterverbündeten oder seiner Medizin lokalisierte der Schamane den Gegenstand im Körper des Kranken durch hellseherische Praktiken und heilte die Krankheit, indem er den Gegenstand aus dem Körper des Kranken heraussaugte. Einer anderen Auffassung nach wurden Krankheiten dadurch verursacht, daß eine böse Macht die Lebenskraft oder Vitalität des Kranken gestohlen hatte. Um die Krankheit zu heilen, begab der Schamane sich auf eine spirituelle Reise zum Sitz der bösen Macht, um die Lebenskraft des Kranken – oft durch Kampf – zurückzuerobern. Manche setzten diese Reise und diesen Kampf auf überaus dramatische Weise in Szene. Zu ihnen gehörten die Küsten-Salish der pazifischen Nordwestküste Nordamerikas, deren Schamanen in den Heilhütten in ein Kanu stiegen, in dem sie die Reise auf der Suche nach der Lebenskraft des Kranken höchst dramatisch nachstellten. Manche Schamanen führten Flüge des Geistes vor, indem sie sich in einen Trancezustand versetzten. Andere, z. B. bei den Inuit, glitten durch ein Loch im Eis ins Wasser des Meeres, um erst nach geraumer Zeit wieder zum Vorschein zu kommen.

In ganz Amerika diente die Religion als wichtiges bindendes und ordnendes gesellschaftliches Element. Im einfachsten Sinne waren die meisten religiösen Handlungen insofern gesellschaftlich, als sie die gesellschaftliche Ordnung bestätigten oder umsetzten. Umgekehrt wurden gesellschaftliche Handlungen unter dem Deckmantel von Ritualen oder unter dem Mandat religiöser Tradition durchgeführt. Die Zuni waren die erste Gruppe nördlich des Rio Grande, die mit den Europäern in Kontakt kamen. Offensichtlich gab es zu dieser Zeit sieben Zuni-Dörfer. Die Welt der Zuni war in sieben Bereiche aufgeteilt – in die vier Himmelsrichtungen und in Zenith, Nadir und Zentrum –, eine Struktur, die das ganze Leben der Zuni durchdrang, einschließlich der Organisation der Klane, Zeremonien und Kalender und größtenteils bis heute intakt geblieben ist. Die Klane der Zuni waren in sieben Gruppen gegliedert, die den sieben Richtungen entsprachen. Jede Gruppe, vor allem aber die, die den vier Himmelsrichtungen entsprachen, hatte eine ganz bestimmte gesellschaftliche Funktion, die den zeitlichen und räumlichen Vorstellungen entsprach, die mit der jeweiligen Richtung assoziiert wurden. Die Klane der Kraniche, Schnepfen und der Immergrünen Eiche waren Klane des Nordens. Sie standen für den Winter und die

Farbe gelb, die Farbe des Morgen- und Abend- und Nordlichts; für Wind, Luft und Atem; und für Aktivitäten, die mit Krieg und Zerstörung zu tun hatten. Die Klan-Symbole entsprachen dem jeweiligen Ort und seinen Attributen: Der Flug der Kraniche kündigte das Kommen des Winters an, die Schnepfe legt sich im Winter ein weißes Gefieder zu, und die immergrüne Eiche bleibt im Winter so grün wie andere Bäume im Sommer. Der Klan, aus dem die Priesterschaft rekrutiert wurde, war im Zentrum angesiedelt, dem Schnittpunkt aller anderen Regionen, von ihnen getrennt, aber dennoch im Einklang mit ihnen allen. In diesem Zentrum war die Gesellschaft der Zuni geeint und jede Unterabteilung allen anderen gleichgestellt. Selbst die mächtige Priesterschaft der Zuni war durch die fundamentalen religiösen Prinzipien der Zuni in die Gesellschaft integriert. So wie die Zeit durch den Kalender fortschritt, so kreiste das Leben der Zuni um Zentren in Raum und Zeit. Die Zuni-Dörfer, die im Mittelpunkt der Welt lagen, wurden Itiwana, mittlerer Ort, genannt.

Völlig anders geartet waren die Kulturen der Azteken, Maya und Inka. Ihre religiöse Organisation beruhte auf verschiedenen Ebenen von Priesterschaften, die in weltliche Autoritäten eingegliedert waren. Wie schon an der Architektur der Tempel erkennbar, die auf pyramidenförmigen Sockeln hoch über den Städten aufragten, waren diese Kulturen ihrer Struktur nach extrem hierarchisch. Die Inka besaßen eine groß angelegte priesterliche Organisation, die ein integraler Bestandteil ihrer politischen Struktur war. Die priesterliche Kaste, die unter der Leitung eines Hohepriesters stand, der ein naher Verwandter des Kaisers war, war ebenfalls hierarchisch gegliedert, mit Priestern von unterschiedlichem Rang, die auf bestimmte Bereiche wie Prophezeiungen, Darbringungen von Opfern, Tempeldienst oder das Anhören von Beichten spezialisiert waren. Obwohl die Priester das Zentrum der Religion der Inka waren, insbesondere insofern, als sie offiziell für den Staat fungierten, gab es aber auch andere religiöse Persönlichkeiten – Schamanen und Heiler –, die außerhalb dieser Hierarchie standen. Eine den Priestern entgegengesetzte Gruppe, deren Funktion jedoch nicht erblich war, war die der Aclla, der »auserwählten Frauen« oder »Jungfrauen der Sonne«, die im Alter von zehn Jahren ausgewählt und auf die unterschiedlichsten Rollen vorbereitet wurden, vom Tempeldienst bis hin zum Geopfertwerden. Die »Jungfrauen der Sonne« standen unter der Anleitung einer Hohepriesterin, die als die Gefährtin des Sonnengottes galt.

Bei den Azteken, Maya und Inka bewahrte man sich die priesterliche Kraft durch den Verzicht auf Salz, Fleisch und sexuelle Aktivitäten. Zu den priesterlichen Pflichten gehörte das Darbringen von Opfern (angefangen bei Speise- bis hin zu Menschenopfern), das Anhören von Beichten, die Lei-

Religiöse Formen und Themen

Diese geritzten Midewiwin-Rollen aus Birkenrinde dienten als Gedächtnishilfe bei den Zeremonien der Midewiwin, der Schamanengesellschaften der Großen Seen. Das Diagramm zeigt die korrekte Sitzordnung in der Medizinhütte bei einem bestimmten Ritual (Field Museum of Natural History).

tung von Initiationszeremonien für junge Priester und Adlige und die Durchführung von Zeremonien, die vom Kalender vorgeschrieben waren oder bei bestimmten Anlässen, so z. B. Ernten, abgehalten werden mußten. In diesen Kulturen war das religiöse Leben vom Staat sanktioniert; die Macht der Priester und die der Herrscher stützten sich gegenseitig.

Der Midewiwin, die Große Medizingesellschaft, war eine religiös-schamanistische Gesellschaft, die im Mittelpunkt der zentralen Algonkin-Kulturen an den Großen Seen Nordamerikas stand. Nach ihrer Auswahl wurden neue Mitglieder in den Midewiwin aufgenommen, indem sie rituell getötet und anschließend ins Leben zurückgerufen wurden, woraufhin sie als neugeborene Mitglieder der Gesellschaft galten. Der Einfluß des Midewiwin durchdrang das ganze gesellschaftliche, politische und wirtschaftliche Leben.

Die Religion spielte auch bei den Kriegen oder anderen Formen der Gewalt, durch welche die einheimisch-amerikanischen Kulturen sich von ihren Nachbarn abgrenzten oder sich vor ihnen schützten, eine wichtige Rolle. Die Azteken waren ein dramatisches Beispiel für diesen Aspekt der Religion. Aus dem aztekischen Glauben heraus, daß das menschliche Blut und das menschliche Herz die lebenswichtigen Energien enthielten, die für den immerwährenden Lauf der Sonne und folglich für die immerwährende Neuschaffung des Kosmos unabdingbar waren, versuchten die aztekischen Herrscher, immer neue menschliche Opfer zu finden, indem sie gegen die umliegenden Dörfer und Städte Krieg führten. Im 15. Jahrhundert vergrößerten die Azteken ihre Macht, indem sie benachbarte Völker unterwarfen und Gefangene nach Tenochtitlan zurückbrachten, damit sie dort geopfert werden konnten. Auf dem Höhepunkt dieser Macht wurden Tausende von Gefangenen aus den umliegenden Kulturen geopfert, Ausdruck für die religiöse Bedeutung der Opferungen für die Erneuerung der Zeit und des menschlichen Lebens und für die Bedeutung, welche die Unterwerfung benachbarter Völker für die Ausdehnung des Machtbereichs der Azteken hatte. Der wachsende Einfluß der aztekischen Welt war Beweis für die energiespendende Macht der Menschenopferungen.

Die Jagd, das Sammeln, die Fischerei und die Landwirtschaft bildeten die Ernährungsgrundlage der einheimischen Amerikaner, waren aber gleichzeitig auch Aktivitäten, welche die einheimisch-amerikanischen Religionen widerspiegelten und umsetzten. Zu den ältesten religiösen Aktivitäten in Amerika gehörte die Bärenjagd, die vor allem von den zirkumpolaren Kulturen praktiziert wurde. Die Bären, aber auch andere Tierarten, lebten in einer Heimat oder Region, die einem Häuptling oder einem Herrn/einer Herrin der Tiere unterstand, der/die sie schützte und ausschickte, damit sie gejagt werden konnten. Erfolge bei der Jagd hingen von der gebührenden Kommunikation mit dem Herrn/der Herrin der Tiere ab, wobei oft der Schamane eine wesentliche Rolle spielte.

Bei den Naskapi auf der Halbinsel Labrador sprach der Schamane durch Trommeln und Singen im Trancezustand mit dem Herrn der Tiere. Ähnlich wie der Schamane mit dem Herrn der Tiere kommunizierte, kommunizierte der Jäger bei der eigentlichen Jagd mit dem betreffenden Tier. Die Jagd wurde oft als rituelle Handlung betrachtet oder sogar rituell durchgeführt. Bevor der Jäger den Bären tötete, mußte er ihn mit einem rituellen, manchmal sogar mit einem Verwandtschaftsnamen ansprechen. Er mußte sich bei dem Tier entschuldigen und ihm erklären, daß er es töten *mußte*, um sich und seine Familie zu ernähren. Er mußte den Bären bitten, nicht zornig zu sein, und ihm versichern, daß sein Körper mit dem gebührenden Respekt

Religiöse Formen und Themen

Die Völker der Großen Seen nannten diese speziell angefertigte Hütte in der Regel ein zitterndes Zelt. Wenn der in ihr befindliche Schamane in Trance fiel, fing die Hütte heftig an zu zittern, da die verschiedenen Geister, die oft von einer Schildkröte angeführt wurden, sie betraten. Wenn alle versammelt waren, konnten die Mitglieder der Gemeinde, die draußen saßen, Fragen stellen. Sie erkundigten sich nach Ereignissen an anderen Orten und in anderen spirituellen Reichen und baten um Informationen über ihre Zukunft.

behandelt werden würde. Die Art der Tötung eines Tiers war ebenso rituell vorgeschrieben wie die Behandlung des toten Körpers. Manche Jäger machten dem Tier Geschenke, z. B. in der Form von Tabak. Andere kleideten es in schöne Gewänder. Das tote Tier wurde dann auf die vorgeschriebene Weise zerlegt, wobei manche Teile, welche die Lebenskraft des Tieres verkörperten, entweder aufbewahrt oder auf rituelle Weise vernichtet wurden, so daß der Geist oder die Lebenskraft des Tieres in seine Heimat zurückkehren, wieder zu Fleisch werden und in der nächsten Jagdsaison zurückkommen konnte. Die Jivaro in Ecuador maßen vor allem dem Schädel der Tiere eine große Bedeutung bei. Sie glaubten, die Zurschaustellung eines Schädels würde lebende Tiere derselben Spezies anziehen. Die Verteilung des Fleisches erfolgte entsprechend den hierarchischen Strukturen und Beziehungen innerhalb der Gesellschaft des Jägers.

Die religiöse Vorstellung von einem Herrn/einer Herrin der Tiere war unter den Jägervölkern ganz Amerikas weit verbreitet, auch wenn es natürlich unterschiedliche Vorstellungen vom Charakter, der Rolle und dem Aussehen dieser Wesen gab. Die Tupinamba in Ostbrasilien kannten ein Wesen, das sie Korupira nannten. Korupira war der Besitzer des Waldes und aller Waldtiere. Er wachte über alle menschlichen Aktivitäten, die mit den Tieren des Waldes zu tun hatten, und bestrafte Jäger, die ein Tier aus reinem Mutwillen töteten. Während die Hüter der Tiere im allgemeinen die Gestalt eines Tieres hatten und sehr oft groß oder sogar grotesk mißgestaltet waren, war Korupiras Aussehen völlig anders. Es war ein kleiner, kahlköpfiger, einäugiger, großohriger, am ganzen Körper behaarter Mann mit grünen Zähnen, dessen Beine keine Gelenke hatten und dessen Füße nach hinten zeigten. Er hauste in einem hohlen Baum tief im Inneren des Waldes und überwachte von dort aus aufmerksam alle die Begegnungen zwischen Jägern und Tieren.

Die Religion der Kwakiutl an der pazifischen Nordwestküste Nordamerikas basierte auf der gegenseitigen Abhängigkeit von Mensch und Tier, ausgedrückt durch das Bild von Essen, Verdauung und Zurückfließen. Da die Kwakiutl glaubten, Menschen und Tiere seien zur Zeit der Erschaffung der Welt gleich gewesen, betrachteten sie die Tiere als urzeitliche Verwandte und glaubten, bestimmte Tiere seien die Vorfahren der menschlichen Abstammungslinien . Während der Jagdsaison töteten und aßen die Kwakiutl die Tiere. Im Winter jedoch, der Jahreszeit der Zeremonien, legten die Menschen die Masken ihrer tierischen Vorfahren an und tanzten in ihrer Gestalt. Dazu gehörten oft auch kannibalistische Themen, die die umgekehrte Seite der Wechselbeziehungen zwischen Mensch und Tier zum Ausdruck brachten. Im Winter wurden die Menschen rituell von den Tieren und den großen, mythischen Kannibalen gefressen, wodurch der Verzehr der Tiere durch die Menschen im Sommer abgegolten wurde. In ihren Zeremonien und Geschichten setzten die Kwakiutl ihre lebensbestimmende Abhängigkeit von den Tieren um.

Die Fischerei und der Walfang waren Formen der Jagd und ähnelten in ihren rituellen Dimensionen oft der Jagd auf Landtiere. Die Quileute-Hoh, die auf der Halbinsel Olympia im heutigen Staat Washington ansässig waren, betrieben den Walfang mit leichten Kanus. Die Wale lieferten vieles, was die Quileute-Hoh brauchten – Nahrung, Öl, Sehnen und anderes Material zur Herstellung einer Vielzahl von Gerätschaften. Der Wal war ein Wesen, das in den erzählerischen Traditionen der Quileute-Hoh und sogar bei der Erschaffung der Welt eine zentrale Rolle spielte. Die Walfänger lernten nicht nur die äußeren Fertigkeiten des Walfangs, sondern auch die Sagen und Riten, die mit diesem Tier zu tun hatten. Ein Harpunenwerfer

Religiöse Formen und Themen

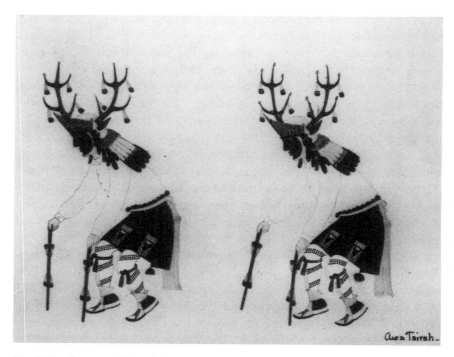

Zwei Hirschtänzer, die im frühen zwanzigsten Jahrhundert von dem aus den Reihen der San Ildefonso Pueblos stammenden Künstler Awa Tsireh (Alfonso Roybal) gemalt wurden. Diese Tänze, bei denen es um Themen wie Gesundheit und Fruchtbarkeit ging, waren im Südwesten eine alte Tradition. Der mit Geweihen versehene Kopfputz, die Baumwollkleidung, die offenen Leggins und die gewebten Kilts wurden möglicherweise auch im Jahre 1492 benutzt.

mußte sich zu Beginn seiner Laufbahn rituellen Prüfungen unterziehen. Der Walfang wurde mit Hilfe von Gesängen vorbereitet und durchgeführt, und eine erfolgreiche Jagd fand ihren Höhepunkt in einem Geschenkeverteilungstanz, dem Potlatch.

An der Südspitze Südamerikas riefen die Schamanen der Tierra del Fuego die Geister an, die über die Strände und die Meerestiere herrschten, und baten sie, den Jägern und Fischern Fische, Krebse und Seevögel zu schicken.

Die Jagd stellte ein breites Spektrum an Handlungen dar, durch das die verschiedenen Kulturen nicht nur ihr materielles Überleben sicherten, sondern auch ihr Überleben als bedeutungsvolle menschliche Gemeinschaften in einer komplexen Welt. Die Sprache der Jagd, die Beziehung zu den Tieren, die jägerischen Aktivitäten und die Rituale waren die Mittel, durch welche die jagenden Völker sich als religiöse Wesen auszeichneten.

Jahrhundertelang standen Sonnenbeobachter am Rand des Hopi-Dorfes Oraibi im heutigen Arizona, um zu sehen, wie die Sonne zwischen den Landschaftspunkten aufging, die in der Morgendämmerung die Silhouette des Horizonts bildeten. Der zeremonielle Kalender entsprach den jahreszeitlichen Wanderungen der Sonne von Norden nach Süden und von Süden nach Norden. Diese Zeremonien waren aber nicht nur eine Erinnerung an die vergehenden Jahreszeiten, sie bewirkten den Lauf der Zeit und waren die Grundlage für die bedeutungsvolle Lebensweise der Hopi. Durch ihre Zeremonien erfüllten die Hopi die Verantwortung, die sie für die fortwährende Schaffung einer sinnvollen Welt trugen.

Religion spiegelt sich oft auch in der Beschäftigung der Bodenbauern mit dem Zyklus der Jahreszeiten, dem Wetter und der Fruchtbarkeit wider. In der riesigen Region, die in etwa von der Grenze zwischen den USA und Kanada bis hinunter nach Mesoamerika und ins tiefste Südamerika reichte, war der Mais das wichtigste Anbauprodukt. Der Mais, dessen Kultivierung etwa 4000 v. Chr. im südlichen Teil von Pueblo, Mexiko, angefangen hatte, wurde im Laufe der Zeit ein wesentlicher Bestandteil Hunderter einheimisch-amerikanischer Kulturen. Viele Bodenbauern gingen aber außerdem, zumindest auf saisonaler Basis, auf die Jagd. Von daher spielten neben pflanzlichen und landwirtschaftlichen Themen oft auch Tier- und Jagdthemen eine Rolle in den religiösen Äußerungen dieser Kulturen.

Im östlichen Teil Nordamerikas, vor allem im Südosten der Vereinigten Staaten, spielte eine sogenannte Maisfrau eine große Rolle. Die Cherokee erzählten Geschichten von Selu, der Maisfrau, die auf geheimnisvolle Weise Mais für ihre Familie produzierte. Ihre Söhne, die gern gewußt hätten, wie sie das machte, folgten ihr zur Maiskrippe und beobachteten, daß sie den Mais produzierte, indem sie ihn aus ihrem Körper rieb oder ausschied. Da sie dies für schlecht und böse hielten, beschlossen sie, ihre Mutter zu töten. Selu ahnte jedoch, was ihre Söhne vorhatten, und ließ sich von ihnen das Versprechen geben, daß sie nach ihrem Tod ein Stück Land roden und ihren blutenden Körper darüber schleifen würden. Dort, wo ihr Blut den Boden berührte, wuchs Mais. Die Geschichte erzählt vom Ursprung der Maiskultivierung, denn nach dem Tod der Maisfrau erforderte die Maisproduktion menschliche Arbeit. Sie zeigt aber auch den lebenswichtigen Zusammenhang zwischen Leben und Tod auf, zwischen Blut als Symbol des Todes und Blut als Quelle des Lebens, ein Zusammenhang, der eine Fortführung der Bilder zu sein scheint, welche die jagenden Völker häufig verwendeten. Das Blut, bei den Jägern oft mit der notwendigen Tötung von Tieren assoziiert, wird in dieser Geschichte über den Mais zum Symbol für weibliche Fruchtbarkeit, Verschwendung und Vernichtung (vor allem von weiblichem Le-

Religiöse Formen und Themen

ben) und für die Erde. Die paradoxe Identität von Leben und Tod scheint in dieser Geschichte in die paradoxe Identität von Verschwendung und Nahrung umgewandelt und ausgeweitet.

Andere Umsetzungen dieser Wechselseitigkeit von Leben und Tod, die durch das Medium Blut ausgedrückt wurde, nahmen die verschiedensten Formen von Opfern an. Dazu gehörten auch die Menschenopfer, die in einer Region dargebracht wurden, die von den Plains in Nordamerika, wo die Pawnee dem Morgenstern junge Mädchen opferten, bis nach Mittel- und Südamerika reichten, wo die Menschenopfer eine herausragende religiöse Rolle spielten.

Der Maniok, die Süßkartoffel und die Erdnuß, die Existenzgrundlage der Jivaro in Ecuador, kamen aus ihren eigenen Gärten. Jeder Haushalt hatte einen großen oder mehrere kleine Gärten, die von den Frauen bearbeitet wurden. Die Jivaro führten die Fruchtbarkeit ihrer Gärten auf Nunui zurück, die entweder als Göttin aufgefaßt wurde, die in der Erde lebte, oder als eine Gruppe von Pflanzenfeen. Unter dem Einfluß von Halluzinogenen sahen die Frauen der Jivaro Nunui als eine sehr dicke, nur einen Meter große Frau in schwarzer Kleidung. Tagsüber wohnte sie unter der Erde, wo sie für das Wachstum der Pflanzen sorgte. Nachts kam sie zum Vorschein, um in den Gärten zu tanzen. Damit die Pflanzen wachsen konnten, mußte Nunui einen Platz zum Tanzen, also einen gepflegten Garten, und außerdem »Babies« haben, drei rote Steine, die in der Mitte des Gartens unter eine umgedrehte Schüssel gelegt wurden. Wenn ein Garten nicht gepflegt war und das Unkraut nicht regelmäßig gejätet wurde, zog Nunui sich tief in die Erde zurück und nahm ihre Pflanzen mit. Nunui mußte mit Babies versorgt werden, weil sie, wie die Geschichte berichtete, den Jivaro vor langer Zeit ein Baby geschenkt hatte, ein kleines dickes Mädchen, das ihnen alles beschaffte, worum es gebeten wurde. Die Kinder der Jivaro behandelten das kleine Mädchen jedoch so schlecht, daß es schließlich alles zurücknahm, was es den Jivaro gegeben hatte. Seitdem konnten die Jivaro Nunui nur dadurch günstig stimmen, daß sie ihr ihrerseits »Babies« gaben.

Eine landwirtschaftliche Lebensweise scheint mit einer größeren Betonung der weiblichen Fruchtbarkeit und weiblicher Gottheiten einhergegangen zu sein. Zweifellos gab es in allen landwirtschaftlichen Regionen Maisfrauen, Maismädchen und Fruchtbarkeitsgöttinnen. Aber eine landwirt-

---

Eine Heilszene von Louis Nicolas. Männer mit einer Rassel, einer Trommel und einer Schale mit Medizin stehen bereit, um einen Patienten zu heilen, der auf einer Tierhaut liegt. Während der Heilung wurde der Patient mit Medizin besprenkelt, um die Krankheit zu lösen. Begleitet wurde das Ganze von Gesang und Tanz.

schaftliche Lebensweise verlagerte die Betonung nicht unbedingt auf das Weibliche. Die Caua und Cubeo der Vaupés-Region am nordwestlichen Amazonas assoziierten landwirtschaftliche Fruchtbarkeit mit männlicher Potenz. Sie brachten diesen Zusammenhang durch maskierte Phallustänze zum Ausdruck, in denen die maskierten Tänzer große Phalli aus Bast und rote Baumzapfen trugen, welche die Hoden darstellten. Die Bewegungen des Tanzes ahmten den Koitus nach. Auf dem Höhepunkt verspritzten die Tänzer eine samenartige Flüssigkeit über das Dorf, die Häuser und die Felder. Sie verfolgten die Frauen und Mädchen und spritzten ihren »Samen« über sie. Die Fröhlichkeit und Ausgelassenheit der Tänze änderte nichts daran, daß sie es waren, die Fruchtbarkeit für die ganze Gemeinschaft brachten.

Im späten Herbst oder Winter des Jahres 1064/1065 n. Chr. brach im heutigen Nordarizona ein Vulkan aus und spuckte meilenweit Lava und Asche über das Land. Die Hisatsinom, »die alten Menschen«, die in der Region lebten, hatten den Ausbruch vorhergeahnt und ihre Heimat verlassen, wobei sie sogar die Dachbalken ihrer Häuser mitnahmen. Als der Krater abkühlte, blieb oben an seiner Westseite eine Stelle zurück, die eine rötliche Färbung aufwies, so daß er aussah, als sei er ständig ins Licht des Sonnenuntergangs getaucht. Heute trägt er den Namen Sunset Crater.

Das 15. Jahrhundert war für die Völker, die in dieser südwestlichen Region der Vereinigten Staaten lebten, eine dynamische Zeit. Die Hitsaninom waren inzwischen mit den Hopi verschmolzen. Die jagenden Apache, die ursprünglich aus dem hohen Norden stammten, trafen in der Region ein. Es gab Kontakte zwischen den Plains-Stämmen und Stämmen an der Westküste. Am Vorabend des Kontakts mit den Europäern wurde in dieser Periode der kulturellen Kreativität eine Geschichte über den Ausbruch des Sunset Crater erzählt, der vierhundert Jahre früher stattgefunden hatte. Es war die Geschichte von Ka'naskatsina, dem Sunset-Crater-Kachina. Sie wurde kürzlich von Ekkehart Malotki aufgezeichnet, der sie von Michael Momatuway'ma, einem Hopi, hörte. Sie steht beispielhaft für die Kreativität und Kontinuität der Religionen in ganz Amerika. Es ist die Geschichte einer spirituellen Figur, die immer noch in Hopi tanzt und nach vielen Jahrhunderten immer noch lebendig ist.

Der Geschichte zufolge gab es im Hopi-Dorf Mishongovi ein unwilliges oder uninteressiertes junges Mädchen, das niemals mit dem Maismahlen aufhörte. Für gewöhnlich unterbrachen die Mädchen häufig ihre Arbeit, um sich mit ihren Freiern zu unterhalten. Nicht jedoch dieses Mädchen. Die Familie fing schon an, sich Sorgen zu machen, denn das Mädchen war im heiratsfähigen Alter. Dann aber hörte sie, daß das Mädchen gelegentlich doch mit dem Maismahlen aufhörte, und schöpfte neue Hoffnung. Nach einer Weile erkundigten sie sich taktvoll nach der Identität des Freiers. Er brachte ihnen als Geschenk Nahrungsmittel, die nicht der Jahreszeit entsprachen: gebackenen Mais, wenn es auf den Feldern keinen Mais gab, und getrocknetes Kaninchenfleisch, wenn Kaninchen nur schwer zu jagen waren. Die Familie war erstaunt, aber jeder Hopi hätte gewußt, daß der Freier ein Kachina war, weil die Kachinas in einer Welt leben, die der menschlichen Welt genau entgegengesetzt ist. Die Geschenke des Freiers waren der Beweis dafür.

Wie es den Bräuchen der Hopi entsprach, wollte der Mann seine zukünftige Braut zu einem Besuch bei seiner Familie mitnehmen. Der Freier, Ka'nas oder Sunset-Crater-Kachina, benutzte einen Regenbogen, der ihn und seine Braut in seine Heimat trug, die nicht in der Hopi-Welt lag. Viermal verlängerte er den Regenbogen. Beim dritten Halt mußte das Mädchen sich erleichtern. Dieser Drang wurde von Alte Spinnenfrau verursacht. Während das Mädchen sich erleichterte, sprach Alte Spinnenfrau mit ihm und erzählte ihm von den schwierigen Prüfungen, die es in der Heimat des Kachina bestehen mußte. Alte Spinnenfrau setzte sich auf das Ohr des Mädchens und versprach, seine Verbündete zu sein und ihm zu helfen.

In der Heimat des Kachina bestand das Mädchen mit der Hilfe von Alte Spinnenfrau vier Prüfungen. Einmal mußte es Eis zu Wasser zermahlen, das die Kachinas dann aufbewahrten, um den Hopi Regen geben zu können. Das Mädchen erfreute die Kachinas, indem es ein riesiges Festmahl für sie zubereitete. Die Kachinas revanchierten sich, wie es sich für die zufriedene Familie eines Bräutigams gehörte, indem sie das Haus des Mädchens aufsuchten, um seiner Familie Geschenke zu bringen, sie zu bewirten und mit einem Tanz zu unterhalten. Die Familie des Bräutigams kleidete das Mädchen als Braut. Alles hatte seine Ordnung, und die beiden heirateten. Die Kachinas kehrten in ihre Heimat zurück, während das junge Paar in Mishongovi blieb. Dank der Kräfte, die Ka'nas besaß, lebten die Hopi von nun an im Überfluß.

Aber dies ist keine Geschichte, bei der es ein »Und sie lebten glücklich und zufrieden bis an ihr Lebensende« gibt. Keine gute Geschichte würde an dieser Stelle enden. Im Dorf gab es eine Gruppe von Zauberern, die bezeichnenderweise »turds« (Kot) genannt wurden. Sie waren neidisch auf Ka'nas und verschworen sich gegen ihn. Einer der »turds« fertigte eine Maske an, die Ka'nas ähnelte, um seine Frau auf diese Weise zu täuschen und zu verführen. Der Plan funktionierte. Obwohl Ka'nas und die anderen Hopi anscheinend sofort wußten, was geschehen war, merkte die Frau selbst es erst, als ihr Mann zurückkam. Sie fühlte sich entehrt, und Ka'nas

Religiöse Formen und Themen

sagte, er könne nicht länger bei ihr oder bei den Hopi leben. Er sagte: »Da du diesen Zauberern nachgegeben hast... gehörst du jetzt ihnen.«

Mit ihm verschwand auch der Wohlstand der Hopi, aber Ka'nas war immer noch nicht zufrieden. Er wollte Rache. Er grub ein Loch in die Spitze eines Hügels (Sunset Crater), entzündete darin ein Feuer und brachte den Wind dazu, es anzufachen. Das Loch war jedoch zu tief, und das Feuer verschmolz mit den Feuern unter der Erde. Das Ergebnis war eine gewaltige Explosion, die zu einer Katastrophe führte, die fast das viele Meilen entfernte Hopi erreicht hätte. Die Menschen waren voller Angst, aber auch das war Ka'nas noch nicht genug.

Es folgten Jahre der Dürre, des Sturms und des Hagels, und die Hopi waren der Verzweiflung nahe. Schließlich starben die »turds« einer nach dem anderen. Die Familie von Ka'nas' Frau war die einzige, die von den Leiden verschont blieb, da sie heimlich mit Nahrungsmitteln versorgt wurde. Nachdem Ka'nas das viele Leid viele Jahre lang beobachtet hatte, wurde sein Herz schließlich weich.

Zum Zeichen der Versöhnung gingen viele von Ka'nas' Kachinas und viele andere Arten von Kachinas zu den Hopi, brachten ihnen Essen und tanzten, um sie zu unterhalten. Als die Hopi sie baten, länger zu bleiben, lehnten die Kachinas ab, ließen sich jedoch in einem Heiligtum in der Nähe des Dorfes nieder, wo die Hopi sie ehren konnten, indem sie dort Gebetsfedern niederlegten.

Diese wundervolle Geschichte greift auf eine alte geologische Begebenheit zurück, um eine bestimmte Lebensweise und die mit diesem Leben verbundenen Schwierigkeiten zu porträtieren. Die Geschichte behandelt wichtige Themen wie Familie und Ehe, die Probleme des Neids und der Eifersucht, die Verpflichtung, gegen die Zauberei und das Böse anzukämpfen, die Bedeutung von Nahrung, die Notwendigkeit von Regen und die Wechselbeziehung zwischen den Menschen und der Welt der Geister. Die Geschichte wirft aber auch komplexe und schwierige Fragen auf. Wieso interpretierten Ka'nas und die anderen Menschen die Vergewaltigung von Ka'nas' Frau als Ehebruch? Wieso mußte diese Frau sowohl die Last der Prüfungen durch Ka'nas' Familie wie auch die Schande und die Folgen des Betrugs tragen, der an ihr begangen wurde? Wieso versteckte die Familie der Frau das Essen, das sie von Ka'nas erhielt, statt es mit ihren Freunden und Verwandten zu teilen? Wieso ließ Ka'nas alle Menschen leiden, wo es doch allein die Zauberer waren, die ihn beleidigt hatten? Was sagt die Geschichte über Verkleidungen und Impersonationen?

Diese Fragen sind nicht leicht zu beantworten, wahrscheinlich weil es keine Geschichte ist, die Antworten liefert. Im Laufe der Zeit hat sie wahrscheinlich zum Nachdenken über die Sorgen der Menschen angeregt, die sie erzählten oder hörten. Diese Menschen lebten in einer Welt, die kompliziert und manchmal nur schwer zu bewältigen, aber dennoch reich an Bedeutung war. Die Geschichte ist, obwohl sie auch unterhaltsam ist, bemerkenswert komplex und provokativ. Durch die Erzählung und Nacherzählung solcher Geschichten und durch das Singen und Tanzen von Figuren, wie der Kachina Ka'nas eine war, gaben die Kulturen überall in den beiden Amerikas ihrer religiösen Vitalität Ausdruck.

Religiöse Formen und Themen

Ein Kriegstanz, der im Inneren einer Erdhütte der Kansa aufgeführt wird, dargestellt von Samuel Seymour, dem Künstler, der in den Jahren 1819–1920 die Stephen Long-Expedition begleitete, die über die Plains in die Rocky Mountains führte. Für die Kansa war Krieg eine hochgradig ritualisierte Angelegenheit. Er sollte die Gemeinde vor Bedrohungen von außen schützen, die physischer wie auch spiritueller Art sein konnten. Es war nur ein Aspekt des gesellschaftlichen Lebens.

11. Kapitel
Eine Verwandtschaft des Geistes

Von Jay Miller

Oben auf einem Hügel denkt eine alte Frau über ihr Leben und über ihre Welt nach. Sie sieht ihr Land und ihr Volk als ein vereintes Ganzes, zusammengehalten von Banden, die bis auf die Erschaffung der Welt zurückgehen, als es nur die unsterblichen Geister gab. Seit dieser fernen Zeit traten andere Leute ins Leben und hinterließen lange vor ihr ihre Spuren in der Landschaft. Die alte Frau sieht ihre Lagerplätze, die Orte, an denen ihre Vorfahren und Verwandten geboren wurden, lebten, starben und begraben sind. Auf einem Hügel sieht sie die Höhle, in der Generationen von Pumas lebten, und einen Teich, in dem einmal ein Hund ertrank, der ihrer Familie gehörte.

Sie sieht noch viel mehr – die Höhle, in der die Vorfahren ihrer Familie aus dem Erdboden kamen, den Felsen, wo Rabe eine selbstsüchtige Frau zu Stein verwandelte, den tiefen Teich, in dem Biber haust, und den Ort, den unfruchtbare Frauen aufsuchen, um Opfergaben niederzulegen und um Kinder zu beten. All diese Orte sind geheiligt durch Geschichten über Geister und Vorfahren, deren Erfahrungen die Glaubensvorstellungen bestätigten, die dieser Landschaft angemessen sind. All diese Menschen, Orte und Erinnerungen machen ihre Gesellschaft aus, eine von vielen in der westlichen Hemisphäre des Jahres 1492.

Für die einheimischen Bewohner der beiden amerikanischen Kontinente am Vorabend des langanhaltenden Kontaktes mit den Europäern war Gesellschaft typischerweise eine alles umfassende moralische Ordnung, die sich aus »Leuten« der unterschiedlichsten Art zusammensetzte, *von denen nur einige Menschen waren.* Bestehend aus unzähligen Wesen aus vielen Generationen, war jede Gesellschaft tief in einem ganz bestimmten Heimatland verwurzelt. Innerhalb der größeren Region waren Elitefamilien, die sich auf die Sicherheit ihrer starken Bande mit einer bestimmten Landschaft verließen, durch Verpflichtungen, Rituale, Handel oder Heiraten miteinander verbunden. Jedes Terrain war durchtränkt von Erinnerungen, die Generationen von Erfahrungen – angefangen bei ganz alltäglichen Dingen bis hin zu großen Krisen – zu nützlichem Wissen komprimierten. Aufgrund dieser immer wieder erzählten Vergangenheit war die Welt in all ihren Extremen vertraut, voller Hoffnungen oder Warnungen bezüglich der Beziehung des Menschen zu seiner Umgebung.

Der Prüfstein für alle Interaktionen war die menschliche Gemeinschaft, deren Mitglieder nicht als die Herren der Natur galten, sondern als Mittler komplexer Beziehungen zwischen allen »Leuten«, ob menschlich oder nicht. Die Menschen fungierten als Nexus oder Bindeglied im Zusammenspiel der Unsterblichen (der Übernatürlichen eines Ortes) und der Sterblichen (aller Lebewesen, die in dieser Umgebung lebten, starben und wiedergeboren wurden). Durch besondere Beziehungen, die in jeder Generation erneuert wurden, wirkten bestimmte Unsterbliche und Mitglieder bestimmter menschlicher Familien zusammen, um das geistige und ökologische Gleichgewicht der Region zu wahren. Diese Familien kannten die richtigen Gebete, Opfergaben, Vorgehensweisen und Rituale, die erforderlich waren, um die entsprechenden Unsterblichen für die Nutzung der lokalen Ressourcen zu entschädigen.

Die Menschen nahmen innerhalb der Schöpfung eine Schlüsselstellung ein, weil sie, anders als die anderen »Leute«, ihre Gestalt nicht verändern konnten. Sie waren auf zwei Beine, eine aufrechte Haltung, die Geschicklichkeit ihrer Hände und ein unveränderliches Geschlecht beschränkt. Die anderen »Leute«, und zwar sowohl die unsterblichen wie die sterblichen (Tiere, Pflanzen, Insekten und so weiter), besaßen dem allgemeinen Glauben nach die Fähigkeit, zwischen mehreren äußeren Formen zu wählen. Ebenfalls dem allgemeinen Glauben nach hatten die Tiere und einige Pflanzen ein inneres menschliches Wesen, das sich nur offenbarte, wenn sie bei sich zu Hause waren, im Freien jedoch durch das Aussehen ihrer Spezies überdeckt wurde. Auch die Unsterblichen hatten eine menschliche Gestalt, die jedoch nicht stofflich war, sondern sich durch einen Schimmer oder Schein äußerte, der dadurch verursacht wurde, daß sie von so großer Kraft durchdrungen waren. In jeder Welt waren diese unsterblichen Geister der Übergangspunkt für die Energie, die den Kosmos belebte. Die Geister waren folglich die Schöpfer und Hüter der Landschaft, und sie bewohnten »heilige Heimstätten« in Höhlen, Bergen und anderen markanten geographischen Punkten. Da sie der Landschaft innewohnten, waren sie für die menschlichen Bittsteller verfügbar und immer bereit, in ihre täglichen Angelegenheiten einzugreifen.

Außer der Fähigkeit zu denken besaßen alle Leute Gefühle, die ihren Ausdruck in engen, fürsorglichen, menschenähnlichen Gemeinschaften fanden. Wie die Menschen waren auch die anderen »Leute« zu Gemeinschaften zusammengeschlossen, in denen es unterschiedliche Fähigkeiten, Altersgruppen und Geschlechter gab.

Alle Gemeinschaften hatten Führer, erfahrene Mitglieder besonderer Familien, die sich mit den lokalen Legenden und heiligen Geschichten auskannten und dem Wohlergehen aller verpflichtet waren. Güte und die Sorge um alle Leute waren ihr Kennzeichen. Anders als andere Personen dachten diese Führer in Begriffen eines größeren Ganzen und nicht nur in Begriffen ihrer eigenen Familie oder ihres eigenen Haushalts. Aber ihre Verbindungen zu den Quellen der Macht, seien sie nun heiliger oder politischer Art, riefen bei ihren Nachbarn auch Mißtrauen hervor. Neid, Rache oder Eigensucht konnten einen Führer zu gefährlichem Verhalten oder sogar zur Hexerei verleiten.

Die intensive Enge des Lebens in jeder der einzelnen Gemeinschaften hatte ihr Gegenstück in Mißtrauen und Angst weiter entfernten »Leuten« gegenüber. Jede Gemeinschaft und jedes regionale Netzwerk stellte eine eigene Welt dar, die zu großen Teilen von allen anderen isoliert war. Aber es gab Schwellen, kraftgeladene Punkte am Rand von Wasser, Wald, Himmel oder Erde. Diese subtilen Pforten im Fluß der Güter und der Kräfte konnten nur mit Vorsicht durchschritten werden. Blutsbande definierten die gemeinsame Identität einer Gemeinschaft. Das Idiom der Verwandtschaft setzte alles innerhalb einer Region in einen Zusammenhang mit allem anderen, wurde aber nicht notwendigerweise auf entferntere Verwandte angewendet. Nur Verwandte, Anverwandte und Freunde gehörten derselben sozialen und moralischen Ordnung einer bekannten Welt an. Andere Leute waren Feinde, fremde Geister oder Ungeheuer, die jenseits des Horizonts lebten. Der Kontakt zwischen den verschiedenen Religionen wurde den Führern überlassen, die der ganzen Gemeinschaft durch ihre Bemühungen um Wissen, Handelsbeziehungen oder lukrative Verbindungen zu Außenstehenden nutzten. Die Führer, welche die korrekte Handhabung von Etikette, Gebeten und Geschenken erlernt hatten, besaßen die Fähigkeit, Schwellen zu überschreiten.

Die Menschen, welche die Beziehungen zwischen Geistern, Land und Menschen in ihrem vollen Ausmaß verstanden, wurden in vielen einheimischen Sprachen der beiden amerikanischen Kontinente »wirkliche Leute« genannt. Von Generation zu Generation lernten die Kinder dieser besonderen Familien, was sie tun mußten, um das Wohlwollen der Unsterblichen ihres Gebietes zu sichern und zwischen allen Leuten zu vermitteln. Als äußeren Beweis für ihre guten Absichten hatten diese führenden Familien

Eine Verwandtschaft des Geistes

viele gesunde und produktive Mitglieder, waren auf ehrenhafte Weise wohlhabend und dementsprechend großzügig allen gegenüber, da sie ein ausgeprägtes Gemeinschaftsgefühl besaßen. »Wirkliche Leute« signalisierten ihre enge Verbundenheit mit den irisierenden Unsterblichen durch die Verwendung glänzender Gegenstände. Dazu gehörten Muscheln, Federn, Kristalle oder ganz spezielle Gegenstände, z. B. die geschnitzten panamesischen Schwarzholzschüsseln, die Mosaikarbeiten der Pueblos oder die goldenen und silbernen Utensilien der aztekischen und inkaischen Eliten.

In den meisten Fällen war eine Führungsrolle eine Frage des Altes. Je älter ein Führer, desto größer sein oder ihr Zugang zu Macht und Besitz. Großzügige Führer wurden geehrt, solange sie nicht senil wurden, rachsüchtige hingegen gefürchtet, weil man glaubte, ihr langes Leben sei darauf zurückzuführen, daß sie anderen Menschen Leben raubten. Die Schamanen, die einheimischen Ärzte, wurden besonders aufmerksam beobachtet, da sie eng mit den Unsterblichen zusammenarbeiteten und durch die Übertragung von Kräften die Fähigkeit besaßen, ihre äußere Erscheinung zu verändern und, als andere Wesen verkleidet, Menschen anzugreifen.

Nicht einmal in Krisensituationen konnte ein verdächtiger Mensch direkt beschuldigt werden. Konfrontation und Direktheit waren zu vermeiden, wohingegen Indirektheit als das richtige Verhalten galt. Ein Führer gab niemals Befehle. Führerschaft beruhte auf Beispiel, nicht auf Befehl. Wenn ein Führer irgend etwas für dringend erforderlich hielt, sagte er höchstens, es werde von den Unsterblichen verlangt, nicht aber von einem Menschen. Die Mitglieder der »wirklichen« Familien besaßen die Fähigkeit, eine solche Autorität auszuüben, da ihre Beziehungen zu den lokalen Geistern für das allgemeine Wohlergehen sorgten. Führerpersönlichkeiten teilten alles, was sie besaßen, um ihre Gefolgschaft aufzubauen und zu sichern; es stand den Gefolgsleuten jedoch frei, die Gemeinschaft zu verlassen, wenn sie anderswo bessere Aussichten hatten oder sich benachteiligt fühlten. Von daher waren vorsichtige Verhandlungen erforderlich, wann immer ein Führer der Meinung war, irgend etwas müsse unternommen werden. Nach diesen Verhandlungen – bei denen es sich oft um langwierige Ratsversammlungen handelte, mit denen eine Übereinstimmung erreicht werden sollte – wurde die Aufgabe schließlich in Angriff genommen, aber erst, wenn alle zugestimmt oder sich zumindest mit dem Ergebnis abgefunden hatten. Dieser Prozeß beruhte zwar auf einem allgemeinen Konsensus, wurde aber dadurch erleichtert, daß alle, die daran beteiligt waren, verwandtschaftlichen Verpflichtungen unterlagen.

Auf den beiden Kontinenten bestanden in bestimmten Landschaften lokale Gemeinschaften, die an den Wasserwegen ansässig waren und mit den

Vor einem stilisierten Dorf mit Palisaden sitzen Huronen-Männer, rauchen und diskutieren im Rat über gemeinschaftliche Anliegen. Da in den amerikanischen Gesellschaften Konsensus die Regel war, verbrachten die Menschen beträchtliche Zeit mit Beratschlagungen, damit sie »ihre Herzen kennen« konnten. Diese Zeichnung ist ein Ausschnitt aus einer Karte Französisch-Kanadas, die von Francisco Giuseppe Bressani angefertigt wurde, einem italienischen Jesuiten, der in der Mitte des siebzehnten Jahrhunderts im Tal des St. Lorenz lebte.

Jahreszeiten von einer verfügbaren Nahrungsquelle zur nächsten zogen, im Winter jedoch an einen festen Standort am Fluß zurückkehrten, um zu fischen oder den Boden zu bewirtschaften. Vor 1492 entsprach der Rang der Gemeinschaften wahrscheinlich ihrem jeweiligen Standort am Fluß, wobei diejenigen, die weiter flußabwärts und in der Nähe der Mündung lebten, im allgemeinen zahlenmäßig größer, höher organisiert und angesehener waren als die an den Oberläufen, die in ihrer Organisation weniger komplex waren und über weniger Ressourcen verfügten. Trotzdem waren beide, die an den Ober- und die an den Unterläufen, durch den Handel mit lokalen Ressourcen, durch Heirat oder durch rituelle Interaktionen miteinander verbunden. Im allgemeinen wurden Schalentiere und landwirtschaftliche

Eine Verwandtschaft des Geistes   381

Erzeugnisse vom Unterlauf gegen Fleisch und Nüsse aus dem Hinterland getauscht, manchmal innerhalb verschwägerter Familien oder zwischen den Mitgliedern von zeremoniellen Gesellschaften.

Zusätzlich zu Faktoren wie Fähigkeit und Alter spielte die Zugehörigkeit zu einem bestimmten Geschlecht eine große Rolle, wobei die Geschlechter als ein Spektrum menschlicher Möglichkeiten definiert wurden, die über das den Europäern bekannte polare Gegensatzpaar männlich und weiblich hinausgingen. In den beiden Amerikas gab es drei Grundtypen: Männer, Frauen und Berdachen, die einem dritten, dazwischenliegenden oder androgynen Geschlecht angehörten. In der Praxis wurden aus diesen drei Typen oft sechs: Hypermänner, Männer, Berdachen, Amazonen, Frauen und Hyperfrauen. In den einheimischen Sprachen galten all diese Geschlechter ausdrücklich als menschlich, so daß männliche Tiere und Pflanzen ebenso »Männer« genannt wurden, wie weibliche Wesen jeder Art als »Frauen« bezeichnet wurden.

Um funktionieren zu können, brauchte eine Gesellschaft ein Spektrum von Geschlechtern, die produktiv als verheiratete Paare und als gemeinschaftlich arbeitende Gruppen organisiert waren und von einer Person aus einem Zwischengeschlecht geleitet wurden. Innerhalb der führenden Familien war die Verbindung von Männern und Frauen lebenswichtig für das Gemeinschaftsgefüge, aber das androgyne Geschlecht war die Schaltstelle für alle »Leute« innerhalb des Universums. Aus diesem Grund glaubte man oft, der Schöpfer, Hochgott oder Gründungsvorfahre vereine in sich alle Geschlechter gleichzeitig, wie es seiner Funktion als einem universalen Ursprung entsprach.

Für die Gesellschaften der beiden Amerikas waren Zentrierungen auf allen Ebenen, aus denen Beziehungen entstanden, die sich gegenseitig trugen, wichtiger als geographische oder legale Grenzen, wenn es um die Abgrenzung einer Gruppe ging. In der Landschaft verteilt, über, auf oder unter der Erde aus Land und Wasser lagen verschiedene Orte von zentraler Bedeutung. So war das Herz der Mittelpunkt einer Person, das Herdfeuer war der Angelpunkt eines Haushalts, bestehend aus Männern und Frauen, der Fluß war die Achse für die an seinen Ufern ansässigen Gemeinschaften, die Sonne war das Zentrum des irdischen Reiches, und der Schöpfer war die zentrale Quelle und die Summe des Universums. Jedes Zentrum war auf seine eigene, unterschiedliche Weise ein Schnittpunkt, an dem Zeit, Raum und Energie zusammentrafen, um sich im kreativen Fluß des Lebens wieder zu verzweigen. Jeder Drehpunkt war eine Übergangsstation, war gleichzeitig Quelle und Summe der pulsierenden Rhythmen des Universums.

Als integrales Ganzes funktionierte jede Gesellschaft wie ein sich langsam drehender Kreisel, dessen Drehungen auf die ökologischen und gesellschaftlichen Prozesse abgestimmt waren. Die Gesellschaft besaß von daher ein ausgeprägtes Gespür für die ewigen Rhythmen, das der europäischen Vorstellung von einer chronologischen Zeit und einer Geschichte, die in den Kontext erwarteter Veränderungen eingebettet war, diametral entgegenlief.

Eine Untersuchung mehrerer repräsentativer Gesellschaften in beiden Teilen des amerikanischen Doppelkontinents vermittelt uns ein Gefühl für ihre unterschiedlichen Rhythmen innerhalb der vorkolumbischen moralischen Ordnung. Jede dieser Gesellschaften spiegelt Variationen der Geschlechterkategorien wider, von denen die einheimisch-amerikanischen Kulturen so durchdrungen waren. In bezug auf Männer und Frauen gab es die verschiedensten Möglichkeiten: daß das eine Geschlecht vor dem anderen Vorrang hatte, beide gleich behandelt wurden oder jedes auf seine eigene Weise.

Wir wenden uns zunächst dem Oberlauf des Amazonas zu, den mehrsprachigen Gemeinschaften der Tukano, einer südamerikanischen Tieflandgesellschaft, die männlich ausgerichtet war. Im täglichen und öffentlichen Leben spielten die Männer die führende Rolle, sie waren patrilinear organisiert, und die Erbfolge ging vom Vater auf den Sohn über.

Mehrere Tukano-Männer, die in ihrem Kanu den Rio Vaupés hinauf und in einen seiner Zuflüsse hineinpaddeln, kehren, angeführt von einem Vertreter des Sonnenvogel-Klans, zum Standort einer früheren Maloca (ein großes, rechteckiges Gemeinschaftshaus) zurück, das sie vor fünf Jahren, als ihr Meister-Schamane starb, niedergebrannt und verlassen hatten. Sie kehren zurück, um seine Gebeine aus dem abgebrannten Haus zu holen.

Die Maloca war der Sitz des Fisch-Klans gewesen, dessen männliche Mitglieder mit Geistern verwandt sind, die in einer ähnlichen Maloca unter den Flußschnellen genau vor dem Haus leben. Andere Tiere haben ihre Malocas an anderen auffälligen Stellen des Flusses, während der Herr der Tiere seine Maloca im Inneren eines fernen Hügels hat, wo die Schamanen ihn aufsuchen, um mit ihm über die Größe der tierischen, pflanzlichen und menschlichen Bevölkerung der Region zu verhandeln. In Anerkennung der Tatsache, daß alle drei eine Gemeinschaft bilden, ist eine bestimmte Zahl von tierischen und menschlichen Geburten und Todesfällen unerläßlich, um das ökologische Gleichgewicht der Region zu wahren.

Am Fluß verteilt, liegen die Malocas von mehr als dreißig Klanen, die grob in die Klane des Himmels, der Erde und des Wassers unterteilt sind. Die Mitgliedschaft in einem Klan vererbt sich vom Vater auf den Sohn. Jede Maloca gehört zu einer bestimmten Biegung des Flusses oder einer be-

Eine Verwandtschaft des Geistes   383

stimmten Uferstelle. Hinter dem Haus liegen die Felder, die von den Frauen bearbeitet werden, die in den Klan eingeheiratet haben. Die Felder, die von den Männern gerodet wurden, gehören neben dem öffentlichen Bereich der Malocas zu den wenigen Orten, an denen Männer und Frauen sich treffen und wo sie allein sein können, um Kinder zu zeugen. Jede Familie besitzt mehrere Felder, auf denen Maniok und andere Knollenpflanzen angebaut werden. Zusätzliche Pflanzen werden im tropischen Wald gesammelt, in dem die Männer auch Gürteltiere, Nagetiere, Vögel, Affen, Hirsche, Nabelschweine und Tapire jagen.

Die Vorbereitung und Bearbeitung der Felder erfordert viel Zeit und Einfallsreichtum. Im allgemeinen wird ein sanfter Hang ausgesucht, auf dem alle Bäume angeschlagen werden. Dann wird ein großer Baum ganz oben so gefällt, daß er im Sturz die anderen Bäume mit sich reißt, so daß der ganze Wald mit minimalem Aufwand gerodet wird. Dann läßt man die Bäume austrocknen und verbrennt sie vor Beginn der Regenzeit, damit ihre Asche den Boden düngt. Das auf diese Weise gerodete Land wird mehrere Jahre lang bebaut, obwohl die Erträge von Jahr zu Jahr geringer werden.

Die Malocas haben zwei Türen, eine nach vorn und zum Fluß hinaus, die nur von den Männern benutzt wird, und eine andere nach hinten, zum Dschungel zu, die für die Frauen bestimmt ist. Auch die Feuer und der Küchenbereich liegen im hinteren Teil der Maloca, wo die Frauen putzen, kochen und ihre Familien versorgen. Die Männer verbringen ihre Zeit miteinander, entweder am Flußufer oder in manchen Gemeinden auch in einem gesonderten Männerhaus.

Der Rang der einzelnen Klane entspricht der Lage ihrer Malocas am Fluß, wobei die wichtigsten flußabwärts an der Mündung liegen. Wie es in der Schöpfungsgeschichte der Tukano heißt, wurden die Menschen ursprünglich von einer gigantischen Anakonda, die ihnen als Kanu diente, am Ufer des Flusses abgesetzt. Jede Siedlergruppe wurde von der Sonne in ihr jeweiliges Territorium geschickt und von Kolibri, einem verehrten Vorfahren, angeleitet. Die Gründer der wichtigeren Klane ließen sich flußabwärts nieder, während die niedrigeren ihre Malocas weiter flußaufwärts erbauten.

Die Leitung der Malocas liegt in den Händen eines älteren Mannes, der sich um die alltäglichen Belange kümmert, und eines Schamanen, der die Kranken heilt, für Fruchtbarkeit sorgt und die gemeinschaftlichen Rituale durchführt. Die besten Schamanen werden zu Hütern des höchsten Wissens, vor allem der geheiligten Texte, in denen alle vorväterlichen Überlieferungen verzeichnet sind.

Die Macht eines Schamanen rührt von der Sonne her, die auch die Halluzinogene bereitstellt, durch welche die Wahrnehmung des Heilers erhöht

Wie von Johann von Staden für die Tupi beschrieben, erforderte der gemeinschaftliche Fischfang Kooperation und harte Arbeit von Männern und Frauen. Die Männer erlegten die Fische mit Pfeilen und fädelten ihren Fang durch die Kiemen auf. Anschließend verarbeiteten die Frauen am Ufer den Fisch weiter, so daß er gelagert werden konnte.

wird. Neulinge beginnen ihre Ausbildung bei einem anerkannten Schamanen einer anderen Gemeinschaft, nicht ihrer eigenen. Sie lernen die Formeln, Mythologien und Genealogien, die sie dazu befähigen, die Welt der Sterblichen und der Unsterblichen zu verstehen und sich die Fähigkeit anzueignen, sich in die Gestalt eines Jaguars oder einer Anakonda zu verwandeln. Ihre erste Verantwortung gilt dem Wohlergehen und dem Fortbestand ihres Klans. Ein Schamane arrangiert Transaktionen mit Geistermeistern, in denen menschliche Seelen gegen die von Tieren eingetauscht werden, so daß

Eine Verwandtschaft des Geistes

die Mitglieder seines Klans bei der Jagd Erfolg haben. Er rät Paaren, zu bestimmten Zeiten auf sexuelle Aktivitäten zu verzichten, denn es ist gesellschaftlich unverantwortlich und moralisch verwerflich, viele Kinder zu haben, da zu viele menschliche Kinder das biotische Gleichgewicht mit anderen Lebewesen gefährden.

Der Meister-Schamane, ein Mitglied des Sonnenvogel-Klans und ein direkter Stellvertreter der Sonne, widmet sein Leben dem Studium moralischer und ethischer Traditionen, vor allem jener, die in den Liedern verkörpert sind. Um seinen Studien in Ruhe nachgehen zu können, lebt er mit seiner Familie in einem gesonderten Gebäude, nicht in der Maloca. Von ihm wird erwartet, daß er sich der Meditation und dem Gebet widmet und stets guten Mutes ist. Er nimmt an den öffentlichen Ereignissen der Maloca teil und führt bei Festen den Vorsitz; der größte Teil seiner Zeit ist jedoch spirituellen Dingen gewidmet.

Die zentrale Rolle eines Tukano-Schamanen nimmt mit seinem Tod keinswegs ein Ende. Er wird in der Maloca begraben, in der er diente, und der Klan errichtet eine neue Maloca ganz in der Nähe, da er eine heilige Bindung an diesen Teil des Flusses hat. Während das Grab eines älteren oder gewöhnlichen Schamanen in der Regel nicht angerührt wird, wird das eines mächtigen Schamanen nach fünf Jahren geöffnet. In dieser Zeit wurde der ganze Ort mit seiner Kraft durchtränkt. Seine Gebeine werden behutsam aus dem Grab genommen und die größeren zusammen mit seinem Schmuck und seinen Paraphernalien in ein Keramikgefäß getan, das an einer geheimen Stelle vergraben wird. Die kleinen Knochen seiner Finger, Hände und Füße werden verbrannt, zu Pulver zerstampft und mit Maniokbier vermischt, das die Männer dann trinken, damit ein Teil seiner Weisheit auf sie übergeht. Dahinter steckt der Glaube, daß sein Wissen durch die Extremitäten aus seinem Herzen, dem Mittelpunkt des Körpers, herausgesikkert ist. Letzte Überreste dieses Wissens sind jedoch noch in den Händen und Füßen enthalten. Das Trinken des Gebräus steigert die Fähigkeiten, welche die Männer bereits als Mitglieder ihres Klans erworben haben, in dem die Rolle des Schamanen vom Vater auf den Sohn vererbt wird.

Dem Schamanen obliegen alle Beziehungen zur Welt der Geister. Er segnet die Nahrungsmittel, die für den unmittelbaren Verzehr bestimmt sind, und hebt rituelle Beschränkungen auf, die den Mitgliedern der Gemeinschaft auferlegt wurden. Außerdem überwacht er alle wichtigen Rituale, angefangen bei den zeremoniellen Besuchen von Mitgliedern anderer Klane – bei denen Tänzer lange Ketten bilden, die an die mythische Anakonda erinnern, die ihre Vorfahren an den Flußläufen absetzte, und Episoden aus der Ursprungssaga darstellen – bis hin zum Ritual des Hauses der Vorfahren, einem Initiationsritual, das Jungen zu Männern macht. In diesen Riten werden wichtige Aspekte der Gesellschaft ausgeleuchtet, um sie mit neuem Leben zu füllen. Dabei verkörpert die Maloca gleichzeitig den menschlichen Körper, den Flußlauf und den Kosmos. Im Hinblick auf den Energiefluß wurden die Zentren von Herd, Herz, Flußschnellen und Sonne miteinander verwoben, um die Welt der Tukano zu erneuern.

Im Gegenzug zu dieser männlich orientierten Gesellschaft wollen wir jetzt einen Blick auf das Gegenteil werfen, die weiblich orientierte Gesellschaft der Lenape, die später als Delaware bekannt wurden. Sie waren matrilinear organisiert und im Einzugsgebiet des gleichnamigen Flusses und an der Atlantikküste des heutigen New Jersey und seiner Nachbarstaaten ansässig.

Ein Lenape-Mädchen kommt mit einem mit Wasser gefüllten Tontopf vom Bach zurück. Es hilft seiner Mutter, das Abendessen zuzubereiten. Ihr Lager liegt in den Hügeln, und sie leben in einem Wigwam aus Rinde. Außer ihnen sind noch einige andere Familien hier, um genau wie sie die herbstlichen Beeren, Nüsse und Früchte zu ernten. Alle helfen, so gut sie können, obwohl der größte Teil der Arbeit natürlich von den Erwachsenen geleistet wird. Es sind drei Generationen, die hier zusammenarbeiten.

Großmutter, die Älteste der Familie, kümmert sich um die Kinder, während ihre Töchter und Schwiegertöchter die gesammelten Nahrungsmittel für den unmittelbaren Verzehr oder für die Lagerung vorbereiten. Großvater erteilt aufgrund seiner langen Erfahrung Rat bei Fragen der Jagd. Da er jetzt nur noch selten auf die Jagd geht, verbringt er einen großen Teil seiner Zeit damit, Werkzeuge und Gerätschaften herzustellen, meistens Pfeile und hölzerne Schüsseln, die er gegen Dinge eintauscht, die andere alte Männer, die auf ihrem Gebiet ebenso geschickt sind wie er auf seinem, angefertigt haben.

Die jüngeren Männer gehen auf die Jagd, wobei sie immer ein Auge darauf haben, daß ihre Familien nicht von wilden Tieren bedroht werden. Erst letzte Woche hat eine alte Frau ein paar Leute auf der anderen Seite einer Beerenhecke ausgeschimpft, weil sie so viel Lärm machten. Als sie schließlich hinüberging, um sie direkt zur Rede zu stellen, merkte sie zu ihrem Schrecken, daß sie einen Bären ausgeschimpft hatte. Sie lief sofort davon und rief um Hilfe. Ein Sohn ihrer Schwester, der in der Nähe jagte, trieb das Tier noch näher an das Lager heran, bevor er es töten konnte. Alle, vor allem die Kinder, sahen diese Begegnung als Warnung.

Nur die älteren Kinder helfen ihren Eltern bei der schweren Arbeit. Ansonsten bleiben die Geschwister gemeinsam im Lager oder auf dem Spielplatz, der in der Nähe für sie freigeräumt wurde, wobei die älteren auf die

Eine Verwandtschaft des Geistes

jüngeren aufpassen. Die Lichtung zum Spielen ist im allgemeinen sicher, außer wenn eine Schlange kommt, um sich dort zu sonnen. Wenn sie harmlos ist, lassen die Kinder sie in Ruhe. Wenn sie giftig ist, kommt jemand aus dem Lager, redet mit der Schlange und bittet sie, in ihrem eigenen Interesse wieder zu gehen. Großmutter hat ihrer Familie immer beigebracht, daß man alles Leben respektieren muß, da alles seinen Platz hat. Eine Schlange beißt nur jemanden, der ihr etwas tun will, es sei denn, sie wurde von einem Zauberer dazu gezwungen, der entweder aus persönlichen Gründen oder gegen Geld handelt, um eine tatsächliche oder vermutete Beleidigung zu rächen.

Da ihre Familie groß und einflußreich ist, arbeiten die Menschen hart, um möglichst viele Vorräte anzulegen. Im Winter werden andere Menschen auf ihr Essen und ihre Wärme angewiesen sein. Außerdem werden bald neue Enkelkinder geboren werden, und die Namensgebungszeremonien werden Anlaß zu Festen sein, bei denen die Nahrungsmittelvorräte gebraucht werden.

Bald wird die Lenape-Familie ihr Lager abbrechen und nach Hause zurückkehren, einen Teilbereich in einem der spitzgiebeligen Langhäuser ihres Dorfes. Über der Tür hängt eine geschnitzte und bemalte Schildkröte, denn ihre Frauen gehören dem Schildkröten-Klan an. Der Schildkröten-Klan ist der größte des Dorfes, Beweis dafür, daß seine alte Verbindung zum Manitu dieses Ortes immer noch besteht. Das Oberhaupt des Schildkröten-Klans ist gleichzeitig der Dorfhäuptling, und der beste Krieger des Klans ist der Kriegshäuptling des Dorfes. Das Oberhaupt des Schildkröten-Klans leitet die Angelegenheiten des Dorfes, außer das Dorf plant einen Überfall oder wird von Feinden belagert. Dann übernimmt der Kriegshäuptling das Kommando. Jeder Klan hat diese beiden Führer, einen zivilen und einen militärischen, die sich jeweils mit Fragen des Lebens oder des Todes befassen. Sie verdanken ihre Stellungen der Tatsache, daß sie Brüder oder Söhne der Frauen des Klans sind, und behalten sie nur so lange, wie sie sie zur allgemeinen Zufriedenheit ausfüllen. Wenn sie sterben oder abgesetzt werden, gehen die Stellungen an einen jüngeren Bruder oder an den Sohn einer älteren Schwester über.

Die Wohnbereiche der einzelnen Familien im Inneren des Langhauses liegen zu beiden Seiten des Mittelgangs mit den Feuerstellen. Die Familien von zwei Schwestern, die sich sozusagen gegenüber wohnen, teilen sich eine Feuerstelle. Die größeren Belange des ganzen Hauses fallen in den Aufgabenbereich der ältesten aktiven Frau der matrilinearen Lineage, der Frau, die von allen Großmutter genannt wird. Der Friedens- und der Kriegshäuptling sprechen in der Öffentlichkeit zwar in ihrem Namen, im privaten

Bereich des Hauses hat jedoch sie das Sagen. Bei großen Zusammenkünften, die von den Schildkröten abgehalten werden, teilt sie das Essen aus und achtet darauf, daß jeder genug bekommt. Wenn die Männer sich in der Großhalle des Dorfes beraten, bringt sie ihnen das Essen an die Tür und verwöhnt sie oft mit Delikatessen wie Biberschwänzen oder Elchlippen.

Die Frauen sind die Grundlage der Gesellschaft. Sie arbeiten unermüdlich, um dieser Stellung gerecht zu werden. Das Dorf liegt in der Nähe der Felder, auf denen Mais, Bohnen, Kürbisse, Sonnenblumen und andere Produkte von den Frauen gepflanzt, gehegt und geerntet werden. Die Dörfer liegen an den Einmündungen von Nebenflüssen in den Delaware. Das Dorf der Schildkröten ist größer als die meisten anderen in der näheren Umgebung und von daher eine Art regionales Zentrum. In der Nähe des Dorfplatzes steht die Großhalle, welche die Langhäuser der einzelnen Familien überragt. Dort lebt die Familie des Häuptlings und hütet die heiligen Gegenstände, die aus der Zeit stammen, in der ein Schildkröten-Manitu sich mit einer Vorfahrin des Klans anfreundete. Die Großhalle ist der Ort, an dem alle aus der ganzen Gegend zu den saisonalen Zeremonien zusammenkommen, mit denen die Zyklen von Wachstum und Ernte gefeiert werden.

Wenn die Familien, die zum Sammeln in die Berge gezogen waren, ihr Lager abbrechen und mit dem Kanu zurück ins Dorf fahren, werden sie dort bereits von ihren Verwandten erwartet, die ihnen helfen, alles ins Langhaus zu tragen und zu verstauen. Es ist kaum noch Platz, da die Feldfrüchte schon vorher eingelagert wurden. Maiskolben und Kürbisstreifen hängen an den Dachbalken, und unter den seitlichen Plattformen, die gleichzeitig als Sitzgelegenheit und als Lagerstatt dienen, stehen Behälter aus Rinde, die mit Getreide gefüllt sind. Andere Erzeugnisse wurden in Vorratsgruben vergraben, die entweder im Inneren des Langhauses, ein wenig abseits vom Mittelgang, oder draußen, hinter dem Haus, liegen. Ein paar Gruben befinden sich auch außerhalb der Palisadenumzäunung des Dorfes. Sie sind für Zeiten der Not oder für den Fall gedacht, daß die Dorfbewohner fliehen müssen.

Die Menschen konzentrieren sich auf ihre Arbeit, und jede Unterbrechung wird als unhöflich abgelehnt. Aber als alles ausgeladen und verstaut ist, ist es Zeit, Besuche zu machen. Großmutter erfährt, daß ihre jüngste Tochter eine Tochter bekommen hat. Sie freut sich sehr über diese Neuigkeit, denn bisher haben ihre Töchter nur Söhne geboren, und die Tatsache, daß es keine Enkeltöchter gab, war ein schlechtes Omen für den Klan. Großmutter hatte sogar schon mit dem Gedanken gespielt, die Tochter ihres Bruders, des Häuptlings, zu adoptieren und in den Schildkröten-Klan aufzunehmen, aber jetzt sind diese Pläne überflüssig geworden.

Eine Verwandtschaft des Geistes

Auf Gerüsten stehende Frauen schützen die Maisernte im heutigen Minnesota, gezeichnet von Captain Seth Eastman in der Mitte des neunzehnten Jahrhunderts. Einem seit langer Zeit etablierten Muster folgend, verbrachten die Gemeinschaften den Sommer in ihren Lieblingslagern, um die dortigen natürlichen Ressourcen zu nutzen, während ihre Pflanzungen reiften. Wenn die Zeit der Ernte näherkam, trafen die Familien Vorkehrungen, um zu große Verluste durch Vögel und andere Tiere zu verhindern, die aber dennoch einen Teil der Ernte abbekamen.

Großmutter ist dankbar, da die Adoptionsverhandlungen sicher heikel geworden wären. Sie hätte sich an die Frau des Häuptlings wenden müssen, eine Matrone des Klans der Rundfüße, zu dem das Mädchen gehört. Als Frau des Häuptlings trägt sie die nominale Verantwortung für alle Frauen des Dorfes, und von daher wäre eine Einigung schwierig geworden, vor allem, was die Größe des Geschenks anbelangte, das die Schildkröten den Rundfüßen hätten machen müssen, um sie für den Verlust einer Nachfahrin zu entschädigen. Aber schließlich wissen alle, wie wichtig Töchter für den Erhalt des Klans sind. Sonst gibt es im Dorf nur noch den Klan der Truthähne, der von ein paar Männern repräsentiert wird, die in ihn eingeheiratet haben, und ihre Frauen haben selbst nur Söhne geboren.

Großmutter sucht ihre Tochter und die neue Enkeltochter auf. Sie haben die Zeit der Abgeschiedenheit hinter sich gelassen und nehmen wieder am gesellschaftlichen Leben des Dorfes teil. Die Kleine trägt winzige, durchlöcherte Mokassins, damit sie, falls Tote kommen und sie fortlocken wollen, immer sagen kann, daß sie nicht mit ihnen gehen kann, weil ihre Schuhe zu kaputt sind. Großmutter begutachtet das Baby und sucht vor allem nach Anzeichen dafür, daß es eine Wiedergeburt ist. Und tatsächlich hat die Kleine winzige Grübchen in den Ohrläppchen, so als hätte sie schon einmal Ohrringe getragen. Außerdem ist sie ein sehr stilles Baby, fast so würdevoll wie eine alte Dame, und die Hände sind offen und nicht geballt wie bei anderen Babies. Großmutter glaubt zu wissen, wer dieses Baby ist, aber um ganz sicher zu sein, geht sie und ruft mehrere andere alte Frauen zusammen. Sie kommen zurück, sehen sich das Baby an und stimmen mit den Zeichen überein, die Großmutter gesehen hat. Sie unterhalten sich darüber und kommen zu dem Schluß, daß es tatsächlich Marschblume ist, eine Großtante von Großmutter, die jetzt also zurückgekehrt ist.

Der kleine Neuankömmling muß natürlich gefeiert werden. Großmutter beginnt mit den Vorbereitungen für ein Fest, das am nächsten Tag stattfinden soll. Einen Teil der Ernte hatte sie sowieso für dieses Ereignis beiseite gelegt, jetzt aber, vor lauter Freude über die Geburt eines Mädchens, legt sie noch etwas dazu. Ihre Töchter und Enkeltöchter helfen bei den Vorbereitungen. Sie schickt ein Kind zu ihrem Bruder, um ihm zu sagen, daß das Fest der Namensgebung am morgigen Tag in seinem Haus, der Großhalle, stattfinden wird. Da die Schildkröten die wichtigste Familie des Dorfes sind, erwartet man natürlich Großzügigkeit von ihnen. Später, anläßlich der herbstlichen Erntezeremonie, in der alle Mutter Erde für ihre Gaben und dem Schöpfergott für das immerwährende Leben danken, wird Großmutter weitere Gäste bewirten und den Namen des Babys in einem größeren Kreis von Menschen bekanntmachen. Am nächsten Tag, bevor sie alle mit den Nahrungsmitteln bewirtet, welche die Schildkröten im Sommer und Herbst erwirtschaftet haben, werden Zedernnadeln geräuchert, um den Raum zu reinigen, und Tabak verbrannt, um den Manitu aufmerksam zu machen, und dann erhält das kleine Mädchen seinen Namen. Durch das Medium des Zedern- und des Tabakrauchs verschmelzen das Herz des Mädchens, das Herdfeuer der Familie und der Schöpfer und intensivieren den Fluß der lebensspendenden Energie durch alle Bereiche der Gemeinschaft.

Ein paar Wochen später wird in der Großhalle eine andere Feier abgehalten, die der allgemeinen Danksagung gewidmet ist, und wieder bewirten die Schildkröten die Mitglieder anderer Klane und weiter entfernt lebende Nachbarn. Mehrere Tage lang beten die Führer zum Schöpfergott, und Männer, deren Leben von Erfolg gekrönt war, erzählen davon, wie sie einem Unsterblichen begegneten, der sich ihrer erbarmte und ihnen übernatürliche Kräfte schenkte. Diese Rezitationen werden abwechselnd gespro-

Eine Verwandtschaft des Geistes

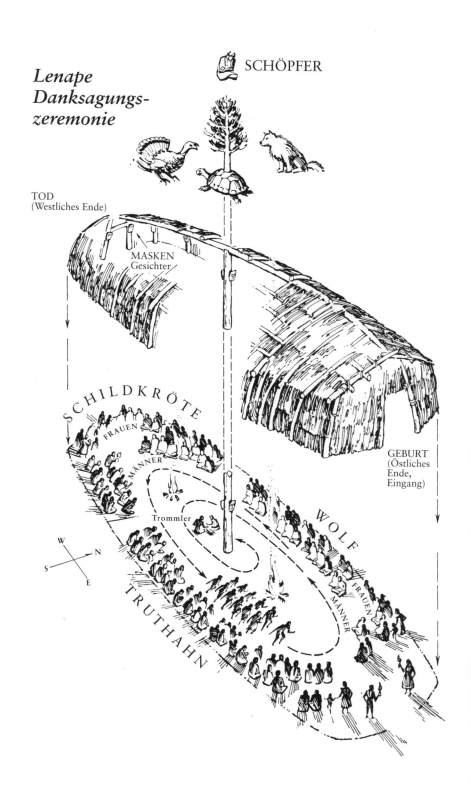

chen und gesungen und von athletischen Bewegungen untermalt, welche die Begegnungen veranschaulichen sollen. Die Lenape sind die einzigen, die diese Zeremonie besitzen, und von daher dient diese Feier auch der Bestätigung ihrer gemeinsamen Stammesidentität. Eine vorgeschriebene Reihe von Zeremonien bringt sie, den Jahreszeiten entsprechend, zwar immer wieder zusammen, aber dieses Erntedankritual ist der Höhepunkt ihres Jahres.

Im Winter halten die Familien andere Zeremonien ab, bewirten Gäste und beweisen ihre Großzügigkeit. Im Frühjahr ziehen sie an die Flußschnellen und Wasserfälle, um die Wanderungen der Alsen und anderer Fischarten abzuwarten. Den Männern fällt die schwere Arbeit zu, die Fische mit Netzen und Speeren zu fangen, während die Frauen sie ausnehmen, zerlegen und räuchern. In den Dörfern werden die Felder bestellt; ein Teil der grünen Schößlinge wird als Gemüse geerntet. Die Arbeiten werden nach Fähigkeit, Alter und Geschlecht erledigt. Die erfolgreicheren Familien arbeiten natürlich auch, um ihre fortwährende Beziehung zu einem unsterblichen Wohltäter zu demonstrieren. Wenn die Feldfrüchte allmählich reifer werden, findet eine Zeremonie statt, um eine gute Ernte zu erbitten und die ersten Erträge zu kosten. Dann ziehen die Familien einzeln in die Hochländer, um die Produkte des Herbstes zu sammeln, bevor sie sich wieder für den Winter in ihren Dörfern niederlassen.

Weit im Westen Nordamerikas, im heutigen Washington, standen die Skagit und andere Salish-Sprecher beispielhaft für eine weitere Gesellschaftform, in der die beiden Geschlechter als nahezu gleich galten und die Menschen in sogenannten Kindreds organisiert waren, in denen die Zugehörigkeit auf beide Elternteile zurückgeführt wurde.

Am Oberlauf des Skagit River steht ein Langhaus aus Zedernholz. Es gehört einem Mann namens Shlaks. Dieser Name wurde in seiner Familie von Generation zu Generation weitergereicht. Shlaks ist wohlhabend, weil er einen mächtigen Unsterblichen hat, einen ererbten Verbündeten, der ihm auch das Recht gab, zwei heilige, geschnitzte Stangen zur Schau zu stellen.

Das Gebäude stellte das Universum dar. Der Boden war die Schildkröte, welche die Erde trug. In die Pfosten waren die Gesichter von Wesen eingeschnitzt, die in Himmelsschichten lebten, während der Mittelpfosten die Menschen mit dem Schöpfer verband, einem weisen Mann, der in Ewigkeit im Himmel saß. Die Danksagungszeremonie führte die Wesen und Elemente der Welt der Lenape (Delaware) zusammen. Die Geister wurden von Visionären mit Worten und Gesängen angerufen, während die Elemente durch die Sitzordnung der Klane angerufen wurden (Schildkröte des Wassers, Schildkröte der Luft, und Wolf des Landes). Die nach Geschlechtern getrennte und im Gebet vereinte Versammlung umfaßte die ganze Welt.

Eine Verwandtschaft des Geistes

Im Winter, wenn diese Stangen aktiviert werden, verteilt er großzügige Geschenke und bewirtet alle mit Essen. Wenn er seinen Gesang anstimmt, tanzen die Stangen und zerren ihre Halter durch das ganze Haus, bevor sie still an ihren angestammten Platz zurückkehren. Andere Hausbesitzer haben auch hölzerne Gegenstände, die lebendig werden, wenn ihre Lieder gesungen werden, aber die von Shlaks sind besonders berühmt, weil ihre Bewegungen kommende Ereignisse immer korrekt vorhersagen.

Da Shlaks wohlhabend ist, hat er drei Frauen und viele Kinder. Die anderen Bewohner seines Hauses sind über die mütterliche und die väterliche Seite mit ihm verwandt. Er hat überall am ganzen Fluß Verwandte, und außerdem noch ein paar, die auf der anderen Seite der Berge bei den Stämmen des Beifuß-Plateaus oder an der Küste bei den Salzwasservölkern leben. Ein paar dieser entfernten Verwandten haben ihren Kinder erbliche Namen gegeben, die eigentlich den beiden Seiten seiner Familie gehören, aber da die Namensvettern sich nur selten begegnen, ist dies kein so großes Ärgernis, wie wenn ein Nachbar die Namen ohne Shlaks' Erlaubnis verwendet hätte.

Weil er wohlhabend ist, hat Shlaks auch eine Sklavin, eine alte Frau, die schon als Mädchen gefangengenommen und den Fluß hinauf weitergehandelt wurde. Sie hat schon lange keinen eigenen Namen mehr, sondern wird von allen Küste genannt, da sie von der Küste stammt. Sie wird gut behandelt, weil Shlaks ein guter Mann ist. Andere Sklavenbesitzer sind manchmal grausam und schlagen und verstümmeln ihre Sklaven. Die Menschen am Oberlauf des Flusses leben relativ isoliert, aber in der Nähe der Flußmündung und an der Küste haben die reichen Männer meist mehrere Sklaven, Jungen und Mädchen, die bei Überfällen gefangengenommen wurden, oder ihre Nachkommen.

Mit Ausnahme von Shlaks' eigenen Kindern, die dem Adel angehören, gehören die anderen Bewohner des Hauses der normalen Bevölkerung an. Sie sind nahe oder entfernte Verwandte, die beschlossen haben, in Shlaks' Haus zu leben, seine Ressourcen zu nutzen und bei seinen Festen und Feiern zu helfen. Dadurch haben sie sich mit seinem Haushalt identifiziert. Den Menschen, die an diesem Fluß leben, stehen viele Möglichkeiten offen. Sie können bei jedem ihrer Verwandten leben, zu denen alle gehören, die in einem Verwandtschaftsverhältnis mit ihren Urgroßeltern stehen. Dazu gehören die Verwandten ihres Vaters, ihrer Mutter, ihrer vier Großeltern und ihrer acht Urgroßeltern. Häufige Besuche und Wiederholungen der Genealogie erinnern die Menschen daran, wer ihre Verwandten sind. Bei den Familien von Führern gehört die Kenntnis des eigenen Stammbaums unabdingbar zur Erziehung der Kinder. Da wichtige Namen erblich sind, wird jedesmal, wenn einer dieser Namen von einer neuen Person angenommen wird, der Stammbaum in Erinnerung gerufen und gefeiert. Bei einem Namensgebungsfest halten viele Menschen Reden, in denen sie erzählen, daß sie früher auch einmal einen Verwandten dieses Namens hatten. Auf diese Weise werden die Verwandtschaftsbande in jeder Generation neu geschmiedet.

Das wichtigste Nahrungsmittel der Menschen ist der Lachs, den sie jedes Frühjahr, wenn die verschiedenen Lachsarten ihre Laichwanderungen antreten, in großen Mengen fangen und für den Winter einlagern. Die Männer fangen die Fische in Fallen, während die Frauen den Fang verarbeiten. Die Lachse sind Unsterbliche, die irgendwo im Westen in Holzhäusern leben, wo sie genau wie Menschen aussehen. Wenn sie in ihren Kanus nach Osten paddeln, geraten die Lachsleute unter den Horizont, kentern und verwandeln sich in Lachse, die im Wasser schwimmen können. Wenn die Menschen die Fische gegessen haben, geben sie die Gräten ins Wasser zurück, damit die Lachse in ihre Heimat im Westen zurückkehren können. Zum Dank für diese korrekte Behandlung kommen die Lachse im nächsten Frühjahr wieder zurück.

Der erste gefangene Lachs wird von der ganzen Gemeinschaft zeremoniell willkommen geheißen, so wie man es bei jedem Führer tun würde. Da er als erster eingetroffen ist, muß es sich um den Anführer des Zuges handeln. Er wird sorgfältig gekocht und gemeinschaftlich verzehrt. Dann werden seine Gräten dem Fluß zurückgegeben. Shlaks ist der Leiter dieses Rituals, da sein Rang dem des Anführers der Lachse entspricht.

Wenn die Lachse verarbeitet und in Körben und hölzernen Kisten eingelagert sind, verteilen sich die Mitglieder des Haushalts auf verschiedene Lager an den Quellen von Bächen und Flüssen. Die Frauen sammeln wilde Pflanzen, und die Männer jagen ein wenig. Am gefährlichsten ist die Jagd auf Bären und Bergziegen. Sie ist den Führern vorbehalten, da das Fleisch und die Pelze dieser Tiere kostbar sind. Die Felle werden gegen Decken aus Hundewolle eingetauscht, die von den Frauen wichtiger Familien am Unterlauf des Flusses hergestellt werden. Das Garn für die Decken wird aus den Haaren großer Hunde gesponnen, die speziell wegen ihres Fells gezüchtet und gehalten werden.

Im Herbst sammeln und trocknen die Frauen die verschiedensten Beeren, während für die Männer jetzt die eigentliche Jagdsaison beginnt. Diese Ergänzungen zur Nahrungsmittelversorgung werden ebenfalls für den Winter eingelagert, in dem viele Besucher kommen werden.

Mit dem Beginn des Winters suchen alle Unsterblichen – ganz gleich, ob sie als Säugetiere, Vögel, Fische oder Insekten auftreten – ihre menschlichen Verbündeten auf und machen sie krank. Da die Menschen damit gerechnet haben, strömen die Verwandten des Kranken zusammen und singen seinen

Eine Verwandtschaft des Geistes

persönlichen Gesang, damit der Geist durch den Hals des Visionärs entweichen kann. Als Shlaks selbst krank wird, singen alle für ihn, und als er wieder gesund ist, bewirtet er sie großzügig. Manchmal bleibt das Lied im Hals des Visionärs stecken, oder es gibt andere Komplikationen. Dann muß ein Doktor gerufen werden, um das Lied zu »richten« und den Patienten zu heilen. Wie in den führenden Familien üblich, besitzen Shlaks und sein Bruder heilende Kräfte und können den Menschen helfen, wieder gesund zu werden. Ihre Schwester hat ebenfalls heilende Fähigkeiten, die sie jedoch nicht öffentlich anwenden will. Aber alle erwarten von ihr, daß sie ihre heilenden Kräfte, wenn ihre Kinder groß sind und sie selbst älter geworden ist, zum Wohle der Skagit einsetzen wird.

Das Skagit-Tal des Jahres 1492 ist eine eigene Welt, in der alle Bewohner, die sterblichen und die unsterblichen, durch verwandtschaftliche Bande miteinander verbunden sind. Das Land und das Wasser sind durchsetzt von heiligen Orten. An einem dieser Orte lebt ein Mädchen, das ein Wasserwesen geheiratet hat, unter einem Wasserfall, und an einem anderen Ort kennzeichnet ein Felsen mit spiralförmigen Riefen die Stelle, an der das Seil liegt, mit dessen Hilfe eine Frau aus der Himmelswelt floh. Das Wissen um diese Orte (und um ihren Nutzen für die Menschen) wird von Familien gehütet, deren Mitglieder beschlossen haben, dieser Verwandtschaftsgruppe anzugehören. Indem sie sich einem bestimmten Haushalt anschließen, aktivieren sie ihre Beziehungen zu einem Ort, einem Führer und den Privilegien, die sie von den Mächten geerbt haben, die zu den landschaftlichen Merkmalen eines bestimmten Teils des Flusses gehören.

Die Zugehörigkeit zu einer Familie wird in einer Zeremonie ausgedrückt, in der man den Toten Nahrung schickt. Neben dem Mittelgang des Hauses wird ein spezielles Feuer entzündet, und die Toten der Familie werden durch Gebete herbeigerufen. Nur der einheimische Heiler kann sie sehen. Wenn sie kommen, werden ihre Lieblingsspeisen – z. B. Lachs, Beeren, Muscheln oder Fleisch – in das Feuer gelegt, das die Schwelle zwischen der Welt der Lebenden und der Toten ist. Dabei konzentriert sich kosmische Energie am Schnittpunkt von Feuer, Essen und Schamane.

Ein weiteres Verwandtschafts- und Gesellschaftssystem, das auf einer gesonderten Berücksichtigung von Männern und Frauen beruht, war im Südwesten der heutigen Vereinigten Staaten, bei den Vorfahren eines Teils der modernen Pueblo-Völker, zu finden, insbesondere bei den Keres. Die Behandlung der Geschlechter als unterschiedlich führte zur Entstehung dualer Gruppen. Die, die von der Mutter auf die Kinder vererbt wurden, wurden als matrilineare Klane, Phratrien und Moieties bezeichnet. Auf der Weitergabe durch Männer – also von Vätern, Brüdern der Mütter oder zeremoniellen Paten auf Söhne – beruhten die Mitgliedschaften in patrilinearen Gruppen, Priesterschaften und Kivas (einheimischen Kirchen).

Der Junge und das Mädchen aus dem Stamm der Keres kommen mit einer ganzen Gruppe von einem Besuch in einem benachbarten Pueblo zurück. Auf dem Heimweg über die Mesa denken sie an ihr Zuhause, die beiden Reihen miteinander verbundener, zweistöckiger Räume, die sich an einer Plaza gegenüberstehen. Der Junge ist sehr still. Er denkt an die Segnungen, die der Kachina ihrem Gastgeber brachte. Gegen Ende des Tanzes hatte es ein wenig geregnet, ein sicheres Zeichen dafür, daß alles gut war.

Der Junge wagt es nicht, von den Segnungen der Kachinas zu sprechen. Da er erst vor kurzem in die Kachina-Gesellschaft aufgenommen wurde, ist er noch sehr vorsichtig mit der Erwähnung dieser Unsterblichen. Er weiß, daß Köpfen die Strafe ist, die darauf steht, wenn man Frauen oder Kindern verrät, daß es die Männer sind, die in der Verkleidung der Kachinas auftreten. Vor langer Zeit kamen die Kachinas in eigener Person, aber dann wurden sie von den Menschen beleidigt, und nach einem harten Kampf mit großen Verlusten auf beiden Seiten gaben die Kachinas den Männern schließlich das Recht, ihre Verkleidung anzulegen, und die Erlaubnis, durch eifrige Bemühungen ihre regenbringenden Fähigkeiten zu erwerben. Bald würde der Junge bei den Erntefeiern seines eigenen Pueblos die Rolle eines Kachina übernehmen.

Als der Pueblo am Horizont des ausgetrockneten Geländes auftaucht, kann der Junge die Felder erkennen, auf denen Mais, Bohnen, Kürbisse und andere Pflanzen wachsen. In ein oder zwei Tagen wird der Ausrufer alle Dorfbewohner auf die Felder rufen, damit sie mit der Ernte beginnen. Als erstes werden sie das Feld ernten, das sie für ihren Priester, den Tiamunyi, angepflanzt haben. Er ist wie die Mutter des Dorfes, und sein Leben ist dem Fasten, dem Gebet und der Harmonie gewidmet. Um ihn und das Dorf zu schützen, gibt es einen Kriegspriester, der die Heiligen Stätten an den Grenzen des Pueblo-Landes aufsucht und den jeweiligen unsterblichen Schutzgeistern Gaben darbringt.

Aus der Ferne sieht der Junge den Tiamunya auf dem Dach der Turmkiva stehen und den Punkt beobachten, an dem die Sonne untergeht. Jeden Tag betreibt er diese Sonnen- und Himmelsbeobachtungen, damit er weiß, wann er die rituellen Ereignisse festsetzen muß. Manche dieser Ereignisse sind öffentlich und werden in den Kivas oder auf der Plaza abgehalten, aber die wichtigen werden von den verschiedenen Priesterschaften in ihren Kammern zelebriert.

Als sie sich dem Dorf nähern, rufen der Junge und seine Begleiter den Männern, die auf den Feldern arbeiten, die korrekten Verwandtschafts-

Eine Verwandtschaft des Geistes

Dieser und die beiden folgenden Holzschnitte basieren auf Originalzeichnungen eines im neunzehnten Jahrhundert lebenden Eskimo-Künstlers, der den Europäern nur durch seinen Taufnamen Aaron bekannt ist. Männer der Grönland-Eskimo bei einem rauhen, wilden Spiel mit einer ausgestopften Seehundhaut. Diese Spiele hatten eine wichtige Funktion bei der Entladung sozialer Spannungen. Die Mannschaften bestanden aus getrennten gesellschaftlichen Gruppen, die möglicherweise im Streit miteinander lagen. Spaß zu haben trug zum allgemeinen Wohlergehen dieser abgelegenen Gemeinschaften bei.

bezeichnungen als Gruß zu. Auf der Plaza trennen sich die Familien und gehen nach Hause. Der Junge geht zu der aus einem eingekerbten Balken bestehenden Leiter, die an der adobeverputzten Wand seine Zuhauses lehnt, und klettert auf das Dach hinauf. Er betritt den Hauptraum, wo er seinen Onkel, den Bruder seiner Mutter, vorfindet. Er begrüßt ihn respektvoll auf die gebührend zurückhaltende Weise. Der Junge ist hungrig, da er auf dem Rückweg nur etwas getrocknetes Maismehl gegessen hat, und er bedient sich aus dem Topf mit Maisbrei, der mit tierischem Fett gewürzt ist. Dann geht er in ein Hinterzimmer, um seinen Kreisel zu holen, und nimmt ihn zum Spielen mit nach draußen.

Die Frauen seiner Familie bewohnen eine Reihe von Zimmern, die lotrecht zur Längsachse des Gebäudes liegen. Bei gutem Wetter spielt sich das Leben fast ausschließlich draußen auf der Plaza und auf dem Dach ab. Im Winter jedoch ziehen alle in das Vorderzimmer und rollen tagsüber ihre Schlafmatten und Decken zusammen. Die hinteren Zimmer dienen als Lagerräume für die Maiskolben, die Bohnen und die getrockneten Kürbisstreifen. Da man nie weiß, ob und wann der Regen kommt, hat die Familie

Amerika 1492

Männer der Grönland-Eskimo ringen in einem Haus, um ihre Ausdauer und Geschicklichkeit zu erproben. An den Wänden hängen Kleidungsstücke, und eine durchgehende Bank bietet eine trockene Sitzgelegenheit.

genügend Nahrungsmittel eingelagert, um ein ganzes Hungerjahr überstehen zu können. Außerdem besitzen sie auch eine Saatgutreserve. Die Zimmer im Erdgeschoß, die man durch eine Luke betritt, sind eigentlich für die langfristige Lagerung bestimmt, aber in einem davon werden die religiösen Paraphernalien aufbewahrt, die den Frauen der Familie gehören, aber von den Männern benutzt werden.

Das Haus, in dem der Junge wohnt, ist das Mutterhaus des Beifuß-Klans, und deshalb werden die Bilder der Klan-Kinder und die geschnitzten Ahnenfiguren hier aufbewahrt. Außerdem ist der Beifuß-Klan der Pate der Käfer, einer der heilenden Priesterschaften, deren oberster Priester ein Onkel des Jungen mütterlicherseits ist. Die Altäre aus Holzleisten und die priesterlichen Embleme werden in der Kammer der Priesterschaft aufbewahrt, aber einige Gegenstände, die sehr, sehr alt sind, befinden sich im Haus des Jungen. Unter dem gepflasterten Boden des untersten Zimmers liegt das Grab eines Priesters der Käfer, der in einem Winter starb, in dem sogar die Asche gefror. Da er ein zu bedeutender Mann war, um einfach so begraben zu werden, wurden die Bodenplatten hochgestemmt und das Grab darunter ausgehoben. Ein solches Begräbnis ist ungewöhnlich. Normalerweise werden nur Kinder unter dem Boden der Häuser begraben, damit sie es leichter haben, durch die Mütter des Klans wiedergeboren zu werden.

Eine Verwandtschaft des Geistes   399

Eine ganze Eskimo-Gemeinschaft teilt sich Blubber und Fleisch eines Wals, der gemeinschaftlich getötet wurde. Verteilungen dieser Art folgten üblicherweise strikten Verwandtschaftsregelungen, so daß die größtmögliche Zahl von Verwandten am Erfolg der Jäger teilhaben konnte.

Die anderen Familien, die ebenfalls in matrilinearen Gruppen aus Müttern und Töchtern organisiert sind, wohnen in ähnlichen Räumen. Nur die Familie des Tiamunyi lebt unter etwas anderen Umständen. Da der Priester in den Zeiten des Fastens und des Gebetes jeden Kontakt mit seiner Frau meiden muß, liegen seine Räume im oberen Stockwerk, damit er auch seine Sonnenbeobachtungen durchführen und die heiligsten Gegenstände der Gemeinschaft besser hüten kann. Seine Frau und seine Kinder bewohnen eine Reihe von Zimmern, die größer sind als die der anderen Familien, weil sie auch dazu benutzt werden, Vorräte für die ganze Gemeinschaft für den Fall eines Angriffs oder einer Hungersnot zu lagern.

Die Bewohner des Dorfes besitzen ein ausgeprägtes Gemeinschaftsgefühl. Alles, was ein Mensch tut, muß in erster Linie für die anderen von Nutzen sein. Eigensüchtiges Verhalten, das auf Zauberei schließen läßt, ist um jeden Preis zu vermeiden. Da die Priesterschaften am besten wissen, wie das Universum funktioniert, werden alle Aktivitäten durch sie geregelt. In dieser trockenen Region kommt dem Regen eine ganz besondere Bedeutung zu. Als die Hüter des alten Wissens können die Priester die meisten Möglichkeiten vorausplanen. Sie beschäftigen sich mit der Heilung von internen und externen Krankheiten, der Führung von Kriegen und der Leitung von Zeremonien. Bei den wichtigsten Heilritualen benutzen sie »Herz-

Gesänge«, die direkt in den Mittelpunkt des Patienten eindringen und die Energien von Erde, Himmel und Geistern mobilisieren, um eine Gesundung zu bewirken. Und immer befassen sich die Priester mit dem Gleichgewicht zwischen Feuchtigkeit und Wärme, das von den Pflanzen benötigt und von der Sonne bewirkt wird, die als Vater angebetet wird.

Verwandtschaftsbegriffe wie diese wurden auf alle Menschen in jeder der verschiedenen Welten der beiden Amerikas angewandt. Einige der Verwandtschaftsbegriffe beinhalteten die Vorstellung gemeinsamer, meist ererbter Substanzen, z. B. gemeinsames Blut, Knochen, Nahrung, Fleisch, Land oder Geister. Andere Begriffe implizierten, daß die Verwandtschaft erworben war, für gewöhnlich durch Heirat. Zu Kindreds zusammengefaßt, wurden die Familien im breitesten, umfassendsten Sinn aufgefaßt.

Diese allesumfassenden Verwandtschaften machten die einheimisch-amerikanischen Gemeindschaften zu Einrichtungen, in denen es sich wundervoll leben ließ, umgeben von engen fürsorglichen Verwandten, die jedoch Außenstehenden mit Mißtrauen begegneten. Das Wohlergehen der Gemeinschaft hing von dem Verständnis ab, daß die erste Verantwortung immer der Gruppe gelten mußte, nicht der eigenen Person. Diese Ethik verlieh den einheimisch-amerikanischen Gesellschaften eine moralische Stärke, die viele von ihnen in die Lage versetzte, die Folgen von 1492 zu überstehen.

Die einzelnen Haushalte waren die Bausteine für andere gesellschaftliche Gruppierungen. Bei der Elite gehörten zu einer Familie oft mehrere Frauen mit ihren eigenen und adoptierten Kindern. Schwestern, die mit demselben Mann verheiratet waren, lebten zwar im selben Haus, im allgemeinen jedoch hatten die einzelnen Frauen ihren eigenen Herd oder ihr eigenes Heim. Überall in Amerika war eine Familie eine relativ große Einheit, welche die lebenden und die verstorbenen Generationen und manchmal auch Mitglieder umfaßte, die nicht dieselbe Substanz (»Gene«) besaßen. In kleinen Gemeinschaften wurde Verwandtschaft meist zu gleichen Teilen auf beide Eltern zurückgeführt. In diesen Fällen bildeten die Familien Verwandtschaftsbünde, die als Kindreds bezeichnet werden und in denen die Mitgliedschaft sich kraft diverser biologischer und gesellschaftlicher Kriterien über die väterliche und die mütterliche Seite definiert. In manchen Fällen waren Kindreds das gleiche wie Sippen, politische Gruppen, die dieselben Bräuche, Territorien und Ressourcen gemeinsam hatten. In vielen Fällen assoziierte man individuelle Familien und Kindreds mit spezialisierten Beschäftigungen – entweder der Herstellung von Gegenständen wie Töpfen, Körben, Pfeilen oder Matten – oder mit bestimmten Positionen – Schamane, Sänger, Kräuterkundler oder Bote.

Eine Verwandtschaft des Geistes

Verwandtschaftsbeziehungen waren oft komplex. Manchmal wurden unterschiedliche Begriffe für dieselbe Person benutzt, je nachdem, ob man direkt mit ihr sprach oder sie indirekt erwähnte. Kein Begriff war ausschließlich auf eine bestimmte Person bezogen, sondern umfaßte vielmehr eine logische Klasse oder Kategorie. So zum Beispiel konnte der Begriff, mit dem eine »Mutter« direkt angesprochen wurde, auch auf alle Frauen angewendet werden, die von einer »Mutter« als »Schwester« bezeichnet wurden, oder im Gebet auch für die Erde, gewisse Pflanzen wie den Mais und bestimmte Landschaftsmerkmale, die versteinerte weibliche Wesen darstellten, wie z. B. das Mädchen, das die Pubertätstabus nicht beachtet hatte und deswegen in Stein verwandelt wurde.

In einigen Pueblo-Gesellschaften des amerikanischen Südwestens wurden auch Männer, die den Status eines Priesters-Heilers innehatten, als »Mutter« bezeichnet, weil sie eine fürsorgliche, mütterliche Rolle spielten. Während die Verwandtschaftsterminologien in bezug auf die grundlegenden Kategorien eng an biologischen Faktoren orientiert waren, ging es bei vielen der feineren Unterscheidungen um kulturelle Faktoren. Jeder Begriff war ein Zusammenwirken mehrerer Kriterien.

Die biologischen Merkmale, die allen Verwandtschaftsterminologien zugrunde lagen, waren Geschlecht und Alter. Alle Terminologien besaßen gesonderte Begriffe für männliche oder weibliche Verwandte. Begriffe jedoch, die sich auf das Alter bezogen, waren immer komplex und beinhalteten oft sowohl die Generation wie auch die Stellung des einzelnen innerhalb der Geburtenfolge. So unterschieden Generationsbegriffe zwischen Großeltern, Eltern, Kindern und Enkelkindern. In jeder einzelnen Generation gab es jedoch auch Begriffe, die sich darauf bezogen, ob jemand der Geburtenfolge nach älter oder jünger war (»Erstgeborener«, »älterer Bruder«, »ältere Schwester«, »jüngstes Geschwister«), ob eine weibliche Verwandte der direkten oder einer Seitenlinie angehörte (also eine »Mutter« war, im Gegensatz zu einer »Tante«) und ob ein Verwandter noch lebte oder schon tot war, wobei im letzteren Falle nur Umschreibungen benutzt werden durften (»die Frau, die mich geboren hat«, statt »meine Mutter«).

Terminologien, welche die Generation betonten und die oft im Zusammenhang von Kindreds benutzt wurden, verwendeten denselben Begriff für alle Geschwister gleichen Geschlechts. Der Begriff für Mutter wurde auch auf die Schwestern der Mutter angewendet, und der für Vater schloß auch die Brüder des Vaters ein. Von daher waren all ihre Kinder logischerweise Brüder und Schwestern. Wenn es um beides ging, um Generation und um Abstammung, wurden Verwandtschaftslinien als direkt oder seitenlinig bezeichnet, wobei die Eltern von ihren eigenen Geschwistern (Onkeln oder

Tanten) unterschieden wurden und ihre Kinder »Cousins« waren. Auf der Grundlage des Geschlechts wurden Cousins weiterhin in parallele und in Kreuzcousins unterteilt. Die Kinder von Geschwistern desselben Geschlechts (alle Brüder oder alle Schwestern) wurden als parallele Cousins bezeichnet, während im Falle eines Bruders die Kinder von Schwestern und im Falle einer Schwester die Kinder von Brüdern »Kreuzcousins« waren. Während von parallelen Cousins galt, daß sie dieselbe Substanz besaßen, konnten Kreuzcousins als nur quasi oder sogar überhaupt nicht verwandt betrachtet werden.

Alle Gesellschaften kannten strenge Vorschriften in bezug darauf, wer für eine Heirat in Frage kam oder nicht. Für gewöhnlich durften Verwandte, die dieselbe Substanz besaßen oder demselben Klan angehörten, nicht heiraten, obwohl es in einigen Häuptlingstümern, z. B. bei den Calusa im südwestlichen Florida, innerhalb der herrschenden Elite Heiraten zwischen Brüdern und Schwestern gab, ähnlich wie auch bei den Inka und den alten Ägyptern. In vielen Fällen übten die Familien Druck aus, um eine Heirat mit Personen eines bestimmten Klans, eines bestimmten Namens oder eines bestimmten Verwandtschaftsgrades zu erzwingen, z. B. mit einem Kreuzcousin in Gemeinschaften mit einer nur kleinen Bevölkerung. Über viele Generationen hinweg konnten solche Heiraten zu genetischen Konsequenzen führen.

Ein entscheidendes Merkmal der einheimisch-amerikanischen Verwandtschaftssysteme war die Bedeutung, die den Großeltern als den ältesten Mitgliedern der Familie, als Führungspersönlichkeiten und als wichtigsten Agenten der Versorgung und Unterweisung der Kinder zukam. Zu jedem Haushalt gehörte ein breites Spektrum von Altersgruppen. Da die Eltern oft abwesend waren, um Nahrung oder andere Dinge zu beschaffen, verbrachten Großeltern und Enkelkinder viel Zeit miteinander und schliefen oft auch zusammen, solange die Kinder noch klein waren. Was die Bezeichnungen für die Großeltern anging, so gab es Systeme, die nur einen einzigen Begriff kannten (der sowohl auf die »Großeltern« wie auch auf die »Enkelkinder« angewendet wurde), und andere, in denen es bis zu drei verschiedene Begriffe gab. Wenn das Geschlecht hervorgehoben werden sollte, wurden zwei Begriffe (für »Großvater« und für »Großmutter«) verwendet. Dreifache Begriffe unterschieden gleichgeschlechtliche Verwandtschaftsbeziehungen (»Vaters Vater« und »Mutters Mutter«) oder gegengeschlechtliche Beziehungen. Dieser letzte Begriff wurde von Enkelsöhnen für die Personen benutzt, die ihre Väter Mütter nannten, und von Enkeltöchtern für »Mutters Väter«.

Diese Abstammungslinien, Verwandtschaften, Verpflichtungen und Loya-

Eine Verwandtschaft des Geistes   403

Ein Fest bei den Acawai am Oberlauf des Orinoco zeigt Männer, die mit Rasseln tanzen, und Frauen, die sich an fermentierter Cassava gütlich tun. Normalerweise waren die Aktivitäten von Männern und Frauen so organisiert, daß die Geschlechter getrennt blieben. Wie bei den Festen bei den modernen Amazonas-Stämmen wurde das Essen von einem Kanu aus serviert.

litäten liefen in der Definition der »Person« oder des »Selbst« zusammen, woraus sich eine Vorstellung vom Individuum ergab, die sich von der der meisten Europäer unterschied. Im Prinzip existierte das Selbst nicht allein oder getrennt von den anderen, sondern war vielmehr eine Facette eines größeren, zusammengehörigen Ganzen, das durch die Gesellschaft verkörpert wurde. Diese gemeinschaftlichen Identitäten waren so stark ausgeprägt, daß es vielen von ihnen gelang, bis in die Gegenwart zu überleben, auch wenn dies anderen, offenkundigeren Elementen der einheimisch-amerikanischen Gesellschaften der Vorkontaktzeiten nicht gelang. Wo die einheimisch-amerikanischen Gemeinschaften als lebensfähige Einheiten erhalten blieben, wurden Vorstellungen und Wertbegriffe bezüglich des Selbst, die am besten in den einheimischen Sprachen ausgedrückt wurden, durch die traditionellen Muster der Kindererziehung an die nachfolgenden Generationen weitergereicht.

Im Amerika des Jahres 1492 gab es ebenso viele Vorstellungen von der Person wie es individuelle Gesellschaften gab. Wie die Verwandtschaftssysteme beruhten sie anscheinend alle auf einer Reihe logischer Prinzipien, aus denen die einzelnen Gemeinschaften sich ihre Alternativen aussuchten. Im allgemeinen sahen die verschiedenen Kulturen der ganzen Hemisphäre das Selbst als eine Schnittstelle verschiedener Erbschaften, Loyalitäten und

Wahlmöglichkeiten. In diesem Sinne konnte eine »Person« nicht allein und getrennt vom Gefüge des Volkes stehen, sondern existierte vielmehr als Mitglied einer Gemeinschaft, die aus verschiedenen Institutionen zusammengesetzt war, die sich mit wirtschaftlichen, politischen, verwandtschaftlichen und religiösen Dingen beschäftigten. Mit Ausnahme der Führer gehörte niemand all diesen Institutionen gleichzeitig an. Im allgemeinen erreichte eine Person erst dann den vollen Status eines Erwachsenen, wenn er oder sie sich im Laufe eines langen Lebens die meisten dieser Identitäten angeeignet hatte.

So wie das Herz der Schnittpunkt des Selbst war, war die Person ein zentrales Bindeglied der Gesellschaft. Die einheimisch-amerikanischen Gesellschaften legten im allgemeinen sehr viel Wert auf Selbstlosigkeit, da die erste Sorge dem Erhalt anderer der gleichen Art galt. Die Gemeinschaften bestanden nicht aus Individuen, sondern vielmehr aus »Dividuen«, Menschen, die ihre Identität aus der Zugehörigkeit zu verschiedenen Gruppen bezogen und außerhalb der Gesellschaft nur einen geringen oder gar keinen eigenen Status besaßen. Von daher war das Selbst keine einzigartige Einheit, sondern vielmehr ein Schnittpunkt von Familienlinien, gesellschaftlichen Positionen und spirituellen Bindungen, die der ganzen Gemeinschaft dienen sollten. Aber wenn dies auch die Norm war, so war es nicht immer die Praxis, wie der Glaube an die Macht von Hexerei und Zauberei verdeutlicht. Solche gesellschaftlichen Mißstände waren die Folge von Selbstsucht. Hier wurden besondere Gaben zu persönlichen Zwecken mißbraucht. Trotzdem wurden Hexen und Zauberer toleriert und bis zu einem relativ hohen Maß von ihrer Gemeinschaft akzeptiert. Manche Gruppen, welche die Auffassung vertraten, Hexerei sei erblich, konnten vorhersagen, wer in jeder Generation in Verdacht geraten würde. Nur bei großen Belastungen – Hungersnöten, Dürren oder Überschwemmungen – wurden Hexen und Zauberer gelegentlich getötet, um das Gleichgewicht der Welt wiederherzustellen. Ansonsten dienten sie dazu, die anderen zu erinnern, was für unerfreuliche Folgen die Selbstsucht hatte. Die Angst davor, für einen Zauberer gehalten zu werden, trug einiges dazu bei, daß die Menschen sich um bestmögliches Verhalten bemühten. Außerdem gehörten Hexen und Zauberer, wie die meisten Leute hofften, immer nur weit entfernten, aber niemals befreundeten, benachbarten Gruppen an.

Obwohl jede Gemeinschaft ihre eigene Definition von Person besaß, sorgten biologische Sachverhalte und Lebenszyklen für eine gewisse Beständigkeit in den einheimisch-amerikanischen Vorstellungen vom Selbst, und diesen gemeinsamen Merkmalen, gesehen in Begriffen einer generalisierten Lebenszeit, wollen wir uns nun zuwenden.

Eine Verwandtschaft des Geistes

Das menschliche Leben begann mit Beiträgen von Vater, Mutter und Geistern. Im allgemeinen war man der Auffassung, daß der Vater feste Substanzen wie die Knochen und die Mutter weiche Substanzen wie Fleisch und Blut beisteuerte. Auch Elemente aus dem Heimatgebiet des Stammes, in dem die Vorfahren begraben lagen, gingen in die Erzeugung des Babys ein. Im pazifischen Nordwesten war man der Meinung, die Körper der Babies kämen aus einem ganz besonderen Ort, der von ungeborenen Kindern bewohnt wurde, die dort ähnlich wie alle anderen Menschen lebten, bis sie den Entschluß faßten, sich sterbliche Eltern zu suchen und es mit dem Leben auf der Erde zu probieren. Bei anderen Gruppen stammte die belebende Kraft von einem Schöpfer oder Gott oder von einem heiligen Wind. Das Leben, insbesondere in der Form von Atem und Gedanken, war ein Geschenk des Übernatürlichen.

Der Wert der einzelnen Beiträge hing von der sozialen Struktur der jeweiligen Gemeinschaft ab. In patrilinearen Gesellschaften betrachtete man die Mutter als eine Art Tablett, auf dem das Kind getragen wurde, solange es sich entwickelte. Im Gegensatz dazu trug in matrilinearen Gesellschaften der Vater zwar dazu bei, den Prozeß in Gang zu setzen, mehr jedoch nicht. Hier war es allein die mütterliche Linie, die für die Entwicklung und das Wohlergehen von Kindern und Erwachsenen sorgte.

Während der Schwangerschaft achteten die Eltern ganz besonders aufmerksam darauf, alles zu vermeiden, was dem Kind schaden könnte. Aufgrund der Interdependenz allen Lebens mußten die Eltern bei allem, was sie taten, sehr vorsichtig sein. Wenn die Mutter eine Tür blockierte, konnte sie dadurch die Geburt erschweren. Wenn sie ein Kaninchen sah, konnte das Baby mit einer gespaltenen Lippe geboren werden (bezeichnenderweise Hasenscharte genannt). Wenn der Vater ein Bündel schnürte, konnte die Nabelschnur sich um den Hals des Kindes wickeln. Andere Mitglieder der Großfamilie, vor allem die älteren, achteten ständig darauf, daß solche Wechselwirkungen vermieden wurden und sorgten dafür, daß die Mutter in Maßen die richtigen Dinge aß. Frische oder blutige Nahrungsmittel waren nicht erlaubt, da sie zu Fehlgeburten oder Blutungen führen konnten. Diese und ähnliche Einschränkungen waren bei Erstgebärenden am strengsten.

Wenn die Zeit der Entbindung näherkam, begab die zukünftige Mutter sich in eine Gebärhütte oder einen abgeteilten Bereich des gemeinschaftlichen Hauses. Die Männer hielten sich zu solchen Zeiten fern. Nur wenn es Schwierigkeiten gab, wurde ein männlicher Schamane oder Heiler gerufen, um bei der Geburt zu helfen.

Im allgemeinen waren die ersten Tage nach der Geburt eine Zeit der Abgeschiedenheit für Mutter und Kind, in der sie nur von anderen Frauen besucht wurden. Die Männer hielten sich fern, da eine Geburt eine rein weibliche Angelegenheit war und es in den beiden Amerikas üblicherweise eine strenge Trennung der Geschlechter gab. In großen Teilen Südamerikas gab es auch für den Vater eine Zeit der Abgeschiedenheit, die sogenannte Couvade, eine männliche Version des Wochenbetts. Die Couvade reichte von milden Formen, in denen der Vater dieselben Ernährungsvorschriften beachten mußte wie seine Frau, bis zu ausgeprägteren Formen, in denen er so tat, als hätte er das Kind selbst zur Welt gebracht. Sinn und Zweck der Couvade war es, die Verantwortung für das Kind öffentlich zu übernehmen und gleichzeitig die universalen Lebenskräfte anzurufen. Bei »wirklichen« Familien war die Geburt eines Kindes häufig Anlaß dafür, die Verbindungen zu übernatürlichen Kräften zu demonstrieren. Die Geburt großer Führer kündigte sich in der Regel durch ungewöhnliche Wetterbedingungen an.

Nach der Zeit der Abgeschiedenheit und/oder Couvade wurde das Baby der Gemeinschaft vorgestellt und erhielt einen Namen. In manchen Fällen wurden zunächst nur Spitznamen vergeben, bis man sicher sein konnte, daß das Kind am Leben bleiben würde. In anderen Fällen, vor allem in Klan-Gesellschaften, waren der Name oder die Namen Ausdruck der Zugehörigkeit zu einem bestimmten Klan, da sie sich auf das Emblem oder die Geschichte des Klans bezogen. Im allgemeinen wurde durch die Namen gleichzeitig auch das Geschlecht bezeichnet, entweder durch ihr Sujet (Blumen für Frauen, Raubtiere für Männer) oder durch besondere Endungen. Ein Mensch konnte im Laufe seines Lebens mehrere Namen erben oder erwerben. In komplexeren Gesellschaften, z. B. in Häuptlingstümern, wurden Namen wahrscheinlich nach einer vorher festgelegten Reihenfolge erworben, so wie der Träger des Titels Prince of Wales schließlich den Titel König von England annimmt.

Oftmals wurden bestimmte Lebensveränderungen festgehalten, so z. B. der erste Schritt, das erste Wort oder der erste Haarschnitt. Manche Stämme feierten auch das erste Lachen oder das erste Pfeifen eines Kindes.

Wenn die Kinder größer wurden, ahmten sie spielerisch die Berufe der Erwachsenen nach. Besondere Aufmerksamkeit galt dem Augenblick, in dem ein Kind zum erstenmal eine richtige wirtschaftliche Funktion erfüllte. So wurden die ersten Beeren oder sonstigen Früchte, die ein Mädchen sammelte, einer älteren Frau mit der Bitte übergeben, sie möge für ein langes Leben und viele gesunde Kinder für das Mädchen beten. Wenn ein Junge das erste Mal ein Tier tötete, und sei es nur ein ganz kleines, wurde es einem alten Mann mit einer ähnlichen Bitte um ein Gebet für Tapferkeit und langes Leben übergeben.

Erfolg im Beruf beruhte aber nicht nur auf Instruktion und Ausbildung,

Eine Verwandtschaft des Geistes

sondern auch auf der Intervention einer spirituellen Macht. Erst wenn die entsprechende Vision empfangen und bestätigt war, konnten die Erwachsenen dem Kind die Feinheiten der entsprechenden Tätigkeit beibringen. Es gab Familien, die über Generationen hinweg ganz bestimmten Unsterblichen verbunden waren, die ihren Mitgliedern zu ganz bestimmten Berufen verhalfen. Die Menschen und die Geister betrachteten sich als Verwandte und sprachen sich mit den entsprechenden Verwandtschaftsbezeichnungen an. Familien zeigten ihren Kindern die »heilige Heimstatt« ihres unsterblichen Schutzpatrons und schickten sie mit Opfergaben und Gebeten, die diesem speziellen Unsterblichen vertraut waren, auf Visionssuchen. Bei diesen »heiligen Heimstätten« handelte es sich oft um auffällige Landschaftsformationen wie Hügel, Steilhänge, Teiche, Flußschnellen, Wasserfälle, Felsen, Höhlen oder Krater. Sobald der Zugang zur Geisterwelt erfolgt war, lehrte man den Neuling die besonderen Gesänge, Abläufe und Techniken, die für die entsprechende Laufbahn erforderlich waren. Bei weniger formalen Begegnungen erschien der Unsterbliche dem Visionssuchenden einfach in menschlicher Gestalt, gab ihm Instruktionen und verschwand wieder, nachdem er kurz die äußere Gestalt seiner Spezies angelegt hatte, damit das Kind wußte, mit welchem Aspekt der Natur es jetzt verbunden war. Von nun an konnte die betreffende Person für den Rest ihres Lebens den Verbündeten durch Gesang, Opfergaben oder Gedanken herbeirufen. Überall, in ganz Amerika, machte der Einfluß der Religion sich in allen Bereichen geltend, in der Biologie wie auch in der Gesellschaft. Die Suche eines Kindes nach einem unsterblichen Verbündeten galt im allgemeinen als Vorstadium der Pubertät.

Die Pubertät von Mädchen wurde überall in Amerika gesellschaftlich anerkannt und beachtet, wenn auch nicht immer mit großem Ritual gefeiert. Das Mädchen zog sich dann in die Abgeschiedenheit zurück und lernte, bei folgenden Menstruationen für sich selbst zu sorgen. Es erhielt Aufgaben, die ihm die Zeit vertreiben und seine Ausdauer beweisen sollten. Das Ereignis wurde aber auch durch Gesänge und Tänze mit anderen Frauen gefeiert. Die Tatsache, daß das Mädchen jetzt dazu in der Lage war, eine neue Generation hervorzubringen, wurde meistens durch gemeinschaftliche Feste und gute Wünsche begangen. In seltenen Fällen, so bei den Shipibo der peruanischen Montana, wurde beim Eintritt ins Erwachsenenalter die Klitoris der Mädchen operativ entfernt, da man der Meinung war, dadurch würden männliche Aspekte der Persönlichkeit ausgemerzt.

Die männliche Pubertät wurde weniger universal durch Rituale gefeiert, obwohl die physiologischen Veränderungen innerhalb der Familie durchaus, wenn auch ohne großes Ritual vermerkt wurden. In dieser Zeit fanden oft Initiationen in Kulte statt, wobei es häufig um die Verwendung von Masken und Kostümen zur Personifizierung von Unsterblichen ging. Bis dahin sollten die Jungen glauben, die Maskenträger seien die Geister selbst. Als Symbol für ihren Eintritt in die Welt der Erwachsenen wurden sie in das den Frauen angeblich unbekannte »Geheimnis« eingeweiht, daß nämlich die Männer in diesen Ritualen die Rollen der Geister spielten. In der Pubertät wurde den Jungen auch eingeschärft, daß ihre erste Verantwortung ihrer Gemeinschaft gegenüber darin bestand, Kinder in die Welt zu setzen.

Mit der Pubertät akzeptierten die Kinder ein feststehendes Geschlecht, wobei sie unter bis zu sechs verschiedenen Typen wählen konnten. Die beiden wichtigsten waren die der gewöhnlichen Frau und des gewöhnlichen Mannes, die sich gesellschaftlich durch das Verhalten definierten, das einem verheirateten, erwachsenen Mitglied der Gemeinschaft zukam. Zu den anderen, weniger häufig anerkannten Geschlechtern gehörten extreme oder sich überschneidende Formen der beiden primären Geschlechter. Die Extreme waren, wie bereits erwähnt, die Hyper-Männer, also anerkannte Krieger oder Athleten, wie z. B. die Ringer des Amazonas, die sich die meiste Zeit von Frauen fernhielten, oder die Hyper-Frauen, die sich in weiblichen Formen der Kunst oder in häuslichen Aktivitäten auszeichneten. Bei den übergreifenden Geschlechtern handelte es sich einerseits um die Berdachen, Männer, die eine weibliche Rolle annahmen (mit oder ohne homosexuelle Praktiken), und andererseits um Amazonen, Frauen, die sich wie Männer verhielten, wozu sie durch ihre Größe, ihre körperliche Kraft und ihren Mut prädestiniert waren. Während die »normalen« Geschlechter von Mann und Frau natürlich wichtig waren, waren es die dazwischenliegenden (oder epicenen) Geschlechter, die oft eine Schlüsselfunktion innehatten. Diese Menschen konnten zwischen verschiedenen Elementen der Gesellschaft vermitteln und ein breites Spektrum an Energien anzapfen. Von daher nahmen die Mitglieder des dritten Geschlechts oft herausragende Rollen als Führer, Schamanen oder Künstler ein. Anstelle eigener Kinder adoptierten die Berdachen andere Kinder oder übernahmen im Hinblick auf die nächste Generation besondere Verantwortungen der Namensgebung oder der Heilkunde.

In den Elitefamilien wurden Kinder oft schon als Babies versprochen, um Bündnisse zwischen Häuptlingsfamilien zu knüpfen oder zu festigen. Andere Familien überließen diese Dinge eher dem Zufall, obwohl die älteren Leute die jungen immer wieder davor warnten, sich mit verbotenen Verwandten einzulassen. In Gesellschaften, die nach Klanen organisiert waren, fanden die ersten sexuellen Erfahrungen oft zwischen entfernten Klan-Mitgliedern statt, die, da sie sozusagen miteinander verwandt waren, nicht hei-

Eine Verwandtschaft des Geistes

raten konnten. Sobald die Kinder den Beweis einer erfolgreichen Geistersuche erbracht hatten und zunehmend Verantwortung übernahmen, arrangierten die Familien die Heiraten. Bei den Eliten waren diese mit großen Festlichkeiten und Geschenken verbunden, welche die Familien untereinander austauschten, wobei die Braut Beweise für ihre Fähigkeit erbringen mußte, daß sie die Nahrungsmittel, die als weiblich galten, zubereiten und kochen konnte, während der Bräutigam männliche Nahrungsmittel, insbesondere Fleisch, beschaffen mußte.

Alle Gesellschaften in Amerika betrachteten die eheliche Verbindung als die Grundlage der moralischen Beziehungen innerhalb der Gemeinschaft. Verheiratete Paare waren die Stütze der Gesellschaft, verantwortliche Männer und Frauen, die sich der Fortschreibung dieser Gesellschaft verpflichtet hatten.

In einigen Regionen wurde die Wahl des Ehepartners durch ungewöhnliche Faktoren kompliziert. In der Vaupés-Region am oberen Amazonas gehörten die Kinder der Sprachgemeinschaft ihrer Blutsverwandten an und mußten sich Ehepartner suchen, die nicht ihre eigene Sprache sprachen. Dies wurde in dieser Region, die von einer großen linguistischen Vielfalt gekennzeichnet war, durch einen gemeinsamen Jargon (eine allgemeine Handelssprache) und ein hohes Maß an Mehrsprachigkeit erleichtert. Am Klamath River im nördlichen Kalifornien heirateten die Angehörigen von Elitefamilien ebenfalls außerhalb ihrer eigenen Sprachgemeinschaft, um Zugriff zu einer größeren Zahl der hochgeschätzten, überlieferten Artefakte zu haben, die in den verschiedenen intertribalen Zeremonien eine große Rolle spielten.

Für gewöhnlich entsprach die Wohnsitzregelung der gesellschaftlichen Struktur. Oft wohnte der Bräutigam so lange bei der Familie der Braut, bis Kinder geboren wurden. Dann gründete das Paar einen eigenen Hausstand. Im allgemeinen gehörten die Häuser den Frauen. Wenn es Klane gab, zog das Paar in den erweiterten Haushalt des Klans. In einem matrilinearen Haus wurde der Ehemann zum Anhängsel der matrilinearen Abstammungslinie, und die Brüder der Mutter kümmerten sich um die Erziehung der Kinder. In patrilinearen Gesellschaften wurde die Frau in die Linie ihres Mannes aufgenommen, wo sie der Autorität ihrer Schwiegermutter unterstand, die ihrerseits in die Familie und die Gemeinschaft eingeheiratet hatte.

Die Geburt von Kindern war eine Bestätigung der Ehe und trug den Eltern öffentliche Anerkennung ein, da sie sich verantwortlich verhalten hatten. Den vollen Status als Erwachsener und als reifer Mensch erreicht man jedoch erst durch die Geburt von Enkelkindern, die in die spezielle Verantwortung der Großeltern fielen. Guten Eltern standen politische und gesellschaftliche Stellungen offen, was wiederum zu ihrem Ansehen innerhalb der Gemeinschaft beitrug. Gute Führer waren immer auch gute Väter oder Mütter.

Bei der normalen Bevölkerung mußte eine Ehe nicht unbedingt für immer halten. Da die Familien groß waren, waren Kinder bei Verwandten immer willkommen und konnten, falls nötig, von der Großfamilie versorgt werden. Bei der Elite jedoch waren die Ehen immer auch politische Bündnisse, so daß starke gesellschaftliche Sanktionen gegen eine Scheidung bestanden. Wenn ein Elitepaar sich trennte, konnte die gesellschaftliche Ordnung ins Wanken geraten, bis neue, interfamiliäre Bündnisse geschlossen wurden.

Mit zunehmendem Alter wuchs das Interesse an der Religion. In den aktiven Jahren wurde das sexuelle Verhalten durch saisonale Tabus und rituell verordnete Enthaltsamkeit geregelt. Im Alter verzichtete man möglicherweise im Interesse einer größeren Nähe zu den unsterblichen Mächten ganz auf geschlechtliche Aktivitäten. Die älteren Menschen konzentrierten sich eher auf Disziplin und die Vervollkommnung von Wissen, oft begleitet von der Herstellung hochwertiger Artefakte. Solche Zeugnisse der Fertigkeit und der Geschicklichkeit galten als Beweis für einen engen Kontakt mit den Schutzgeistern.

Im Augenblick des Todes wurden alle Verbindungen zu den jeweiligen Unsterblichen durchschnitten, und der Geist des Menschen, der nun wie ein »kleines Hündchen« umherirrte, mußte sich aktiv darum bemühen, ein Bündnis mit einem anderen Mitglied der Familie einzugehen. Die Elemente, die das Selbst ausgemacht hatten, lösten sich auf und zerstreuten sich. Der Funke oder Wind des Lebens kehrte zum ursprünglichen Geber zurück. Atem und klare Flüssigkeiten (Spucke, Lymphe, Tränen) verdunsteten. Die Seele oder Seelen wanderten von dannen oder wurden zu Geist, das Fleisch fing an zu faulen, und Knochen und Zähne begannen zu verrotten und fielen der vorväterlichen Erde anheim.

Diese letzten Prozesse wurden bei den unterschiedlichen Stämmen unterschiedlich bewertet. Im pazifischen Nordwesten galt die Unvergänglichkeit des Körpers eines Schamanen als Beweis für die Größe seiner Macht. In derselben Region wurden die Leichen von Führern verbrannt, damit ihre Namen weiterleben konnten, ohne daß ihnen der Makel der Verwesung anhaftete, der ihre Verwandten vielleicht in Verlegenheit gebracht hätte, da er für andere ein Ärgernis darstellte. Im nordamerikanischen Südosten gab es einen komplizierten Kult, der der Säuberung und Wiederbeerdigung der Gebeine von Menschen gewidmet war, den letzten Überresten der Lebenskraft eines Menschen. Die konservierten Leichen oder vom Fleisch befrei-

Eine Verwandtschaft des Geistes 411

ten Gebeine der wichtigsten Führer wurden in schönen Körben in den auf Erdhügeln stehenden Tempeln verwahrt.

In der rhythmischen Gesellschaft der Zeit vor 1492 war das Selbst auf alle Zeiten mit dem vorväterlichen Heimatgebiet verbunden. Während der Schwangerschaft wurde es von der Erde und ihren Gaben genährt; im Laufe des Lebens wurde es von der Umwelt getragen; und im Tod ging es wieder in das Land und in die Gemeinschaft der Vorfahren ein.

Zu seinen Lebzeiten war jeder Mensch auf verschiedene gesellschaftliche Institutionen angewiesen, die eine Kombination von Loyalitäten ergaben, welche die Identität des Menschen ausmachten. Die Quellen dieser Institutionen waren spiritueller, ererbter und erworbener Art, je nach Alter, Fähigkeit und Ansprüchen der jeweiligen Person. Die charakteristische Offenheit der einheimischen Gesellschaften läßt sich deutlich an den unterschiedlichen Abstammungssystemen und Körperschaften erkennen, die zu einem hohen Maße von Faktoren wie Bevölkerungsgröße, Ansässigkeit, ökologischen Bedingungen und regionalen Interaktionen beeinflußt waren.

Die Menschen lebten in gemeinsamen Haushalten, aber Verwandtschaft ging weit über die häuslichen Wände hinaus und schloß alle Verwandten ein, die im Rahmen von Kindreds oder patri- oder matrilinearen Abstammungssystemen die gleiche Herkunft hatten. Die Kindreds, bilaterale Gefüge, in denen Verwandtschaft auf den Vater und auf die Mutter zurückgeführt wurde, waren für große Teile der verstreut ansässigen Bevölkerung des einheimischen Amerika charakteristisch. In größeren und komplexeren Gesellschaften jedoch war die Abstammung auf alle Zeiten festgelegt und in soziale Einheiten eingebunden, die auf Linearität beruhten und den Stammbaum des einen Elternteils vor dem des anderen hervorhoben. Am weitesten verbreitet war die patrilineare Abstammung, die vom Vater auf den Sohn überging. Patrilineare Verwandtschaftssysteme zeichneten sich durch einen besonderen Begriff aus, der auf alle zutraf, die in die Kategorie Mutters Bruder und all seiner männlichen Nachkommen fielen. Dieser Begriff beinhaltete, daß die Identität der Mutter von ihren männlichen Verwandten abhing, die ihren Stammbaum über Söhne fortsetzten, die ihnen von eingeheirateten Frauen geboren wurden. Weniger weit verbreitet war die Matrilinearität, in der die Verwandtschaft über die Frauen definiert wurde. Matrilineare Verwandtschaftssysteme kannten einen speziellen Begriff für die Schwestern des Vaters und alle weiblichen Verwandten des Vaters, da sie seine matrilineare Linie fortsetzten. In den gründlichsten Systemen fielen Verwandtschaftsbezeichnungen, Abstammungsmuster und Wohnsitz zusammen. Diese Gemeinschaften waren entweder patrilinear und patrilokal, und die Frau zog zu den Verwandten ihres Mannes, oder

Johann von Stadens Zeichnung eines Begräbnisses in einem Tupinamba-Dorf, aus seinem Bericht über sein Leben bei dem südamerikanischen Stamm im sechzehnten Jahrhundert. Betrauert von klagenden Verwandten, wurden die Verstorbenen innerhalb der Palisaden des Dorfes begraben, ein Hinweis auf die auch weiterhin fortbestehende Rolle, welche die Toten (als Vorfahren, Geister oder wiederbeerdigte Knochen) im Leben der Lebenden spielten.

matrilinear und matrilokal, und der Ehemann wohnte bei der Familie seiner Frau.

Matrilinearität darf jedoch nicht mit der Institution des Matriarchats verwechselt werden, das nur auf den mythischen Bereich der Amazonen anwendbar ist. Die Matrilinearität ist auch nicht das spiegelverkehrte Abbild der Patrilinearität, da die Männer in allen bekannten menschlichen Gesellschaften die öffentlichen Angelegenheiten dominieren. Die männliche Vorrangstellung ist sowohl typisch für alle höheren Primaten wie auch ein tief

Eine Verwandtschaft des Geistes

verwurzeltes Charakteristikum des Menschen. Die Mitglieder von matrilinearen Gesellschaften führten ihre Abstammung zwar auf die Frauen zurück, ihre Führer und öffentlichen Funktionäre waren jedoch Männer, die diese Ämter aufgrund ihrer Verwandtschaft mit Müttern und Schwestern innehatten. Die Kinder dieser Frauen fielen in die Verantwortung der Brüder, da sie die gleiche soziale Identität besaßen. Die Väter der Kinder gehörten anderen Matrilinien an, in denen sie die Verpflichtung hatten, die Kinder ihrer Schwestern zu erziehen. Diese besondere Beziehung zwischen den Brüdern der Mutter und den Söhnen der Schwester war ein Merkmal der matrilinearen Systeme. In manchen Fällen lebten diese Männer und ihre Familien im späteren Leben zusammen, wodurch der Erbe ohne größere Brüche die Nachfolge seines Onkel (»Mutters Bruder«) antreten konnte.

In einigen Fällen gab es auch Muster einer doppelten Abstammung, in denen beide, Vater und Mutter, die Mitgliedschaft in sozialen Einheiten vermittelten, die unterschiedliche Funktionen hatten. So wurde in einigen Pueblo-Gesellschaften des nordamerikanischen Südwestens die Mitgliedschaft in Klanen, Haushalten und anderen Verwandtschaftseinheiten durch die Mutter und ihre weiblichen Verwandten ererbt, während die Zugehörigkeit zu Kivas und die Übernahme religiöser Verpflichtungen über den Vater und seine männlichen Verwandten erworben wurden.

Haushalte und Lineages gehörten zu Klanen, und diese wiederum waren häufig zu Gruppen zusammengeschlossen, die Phratrien genannt wurden und durch Gemeinsamkeiten wie Siedlungsweise, Bräuche oder mythische Gleichungen zusammengehalten wurden. Die Klane waren zwar nicht überall in den beiden Amerikas vertreten, beruhten aber auf der Vorstellung einer Verwandtschaft mit dem Kosmos. Auf diese Weise besaßen die Mitglieder des Schildkröten-Klans eine Verbindung zu Schildkröten, anderen Amphibien und Küstengebieten. Andere Unterteilungen waren die Moieties, Hälften von Gemeinschaften, die Klane und Phratrien beinhalten konnten, aber nicht mußten, und die Sodalitäten, freiwillige Zusammenschlüsse, die sich besonderen Aufgaben oder Interessen widmeten, z. B. der Heilung, der Kunst, der Organisation von Festen oder der Übernahme polizeilicher Funktionen.

Eine korrekte Einschätzung der Bedeutung der Klane wurde in Fachkreisen oft durch die Überbetonung verschleiert, die auf den Grad der politischen Integration der Gruppen gelegt wurde, die entsprechend der Komplexität ihrer Organisation entweder als Sippe, Stamm, Konföderation, Häuptlingstum oder Staat bezeichnet werden.

Der Begriff Stamm wird auf eine Skala von Gesellschaften angewendet, die für das einheimische Amerika relativ typisch sind. Kleiner als der

Stamm war die Sippe, und größer als der Stamm – der oft darin eingeschlossen war – im Falle einer geteilten Führerschaft die Konföderation
oder im Fall einer herrschenden Klasse führender Familien das Häuplings-
tum. Die verschiedenen Grade der politischen Integration standen in einem
Zusammenhang mit der Intensität der wirtschaftlichen Aktivitäten und
dem Ausmaß der politischen Kontrolle. Aber in den beiden Amerikas bedeutete eine solche Intensität und Kontrolle nicht den Verlust persönlicher
Autonomie. Man folgte den Führern, weil sie großzügig waren, nicht weil
sie die Befehlsgewalt hatten. Man respektierte sie, weil sie für das Wohlergehen der Menschen sorgten. Ihren Wohlstand verdankten sie ihren engen
Beziehungen zu wichtigen lokalen Unsterblichen und den weitreichenden
Handelsnetzen, über die nützliche oder exotische Waren in die Gemeinschaft hinein oder aus ihr herausgetragen wurden. Damit verbunden war
ein gewisses »Hinuntertröpfeln«, das alle Empfänger dieser Großzügigkeit
zu Dank verpflichtete. Dadurch, daß die Führer den richtigen Zeitpunkt für
viele Ereignisse festsetzten – Rituale, Ernten oder Angriffe –, konnten alle
ein besseres Leben führen. Es ist nicht weiter überraschend, daß archäologische Erkenntnisse immer wieder bestätigten, daß die Ernährung der Elitefamilien besser war und sie oft mehr Fleisch konsumierten als die gewöhnliche
Bevölkerung, denn schließlich führten sie ein Leben, das an Erfahrungen
reicher war. Da diese »wirklichen Leute« die Ordnung der Dinge aufrecht-
erhielten, überließen die anderen ihnen zum Dank einen Teil ihrer Erzeugnisse, wohl wissend, daß sie damit sowohl die Ernährung ihrer Führer sicherten, ihre Gaben aber auch den Bedürftigen zugute kommen würden. Es
gab nur selten eine Mehrheit, die durch die Bemühungen einiger weniger
besser und vielfältiger belohnt wurde.

An den größeren Flußsystemen wie dem Mississippi und dem Amazonas
sorgten die regionalen Eliten für einen ausgedehnten Austausch zwischen
den Häuptlingstümern. Bis ins später 13. Jahrhundert hinein waren die
Häuptlingstümer die Vorherrschende politische Institution der beiden Amerikas. Ab diesem Zeitpunkt verloren sie mit dem Niedergang des Chaco-Phä-
nomens im modernen New Mexico und Cahokias in der Nähe des heutigen
St. Louis an Bedeutung. Dies galt sogar für den Südosten Nordamerikas,
wo der Handel auf dem Mississippi und an der Küste ihnen einen größeren
Zusammenhalt verlieh. An den mittleren Teilen der beiden Küsten Amerikas blieben sie jedoch die wichtigste Form der politischen Einheit, allerdings unter dem Einfluß der sich ausbreitenden Imperien der Azteken, Inka
und anderer expandierender städtischer Zivilisationen.

Ein Kennzeichen der Häuptlingstümer war der Tempelkult, ein offizielles
Zusammenspiel von Tempeln, Göttern und Priesterschaften innerhalb eines

Eine Verwandtschaft des Geistes

Théodore de Brys Illustration eines Dorfes, basierend auf den Beschreibungen, die der französische Forschungsreisende Jacques Lemoyne de Morgues für die in Florida ansässigen Indianer lieferte. Die konzentrische Anlage des Dorfes war typisch für das östliche Nordamerika. Die Dorfhalle in der Mitte ist umgeben von Häusern, die der Bequemlichkeit nach angelegt sind; die Gärten befinden sich innerhalb der Palisaden. Anstelle von Toren waren die Palisaden so angelegt, daß sie sich überlappten. Das Wärterhaus könnte europäischen Vorstellungen nachempfunden sein.

altangestammten Heimatgebietes. Ein berühmtes Beispiel vom Unterlauf des Mississippi war das Häuptlingstum der Natchez, das sich bis in die historische Zeit hineinretten konnte, bevor es dann von den Franzosen dezimiert wurde. Im zentralen Tempel der Natchez stand eine hölzerne Kiste mit einem steinernen Götterbild, das die versteinerten, verkleinerten Überreste eines Verwandten der Sonne enthielt, der auf die Erde gekommen war, um die Häuptlingslinie zu begründen. Da der Stein von der Erde stammte, war die Figur ein komplexes Bindeglied zwischen dem Sonnengott, dem Sonne genannten Menschen, der die Natchez regierte, dem Gründungsvorfahren im Götterbild, der priesterlichen Elite, dem königlichen Tempel und dem traditionellen Territorium. Zwischen der auf Blutsverwandtschaft aufgebauten Sippe und dem linear organisierten Häuptlingstum stand der Stamm, eine politische Einheit der Mitte. In den meisten Fällen entsprach der Stamm einem Wasserlauf, insbesondere einem größeren Nebenfluß. Stämme an größeren Entwässerungssystemen konnten Konföderationen bilden, die gemeinsame linguistische Verbindungen und rituelle Bündnisse besaßen.

Wo es Klane gab, waren sie wichtig für die Definition dieser regionalen Netzwerke. Im Nordosten, insbesondere im heutigen New York und New Jersey, waren drei Matriklane charakteristisch für die Völker, die später als Lenape (Delaware), Mahican, Mohawk und Oneida bekannt werden sollten. Ein Klan stand entweder mit Amphibien, fleisch- oder pflanzenfressenden Tieren in Verbindung, die unterschiedlich durch Schildkröten, Säugetiere, Vögel oder Pflanzen dargestellt wurden. Bei den Delaware waren die Embleme Schildkröte, Wolf und Truthahn. Andere Stammesklane waren Schildkröte, Wolf und Bär. Interessant an diesen verwandtschaftlichen Einheiten ist, daß sie politische und sprachliche Grenzen, die ansonsten von großer Bedeutung waren, einfach überschritten, wenn nicht gar ignorierten. So gehörten die Delaware und Mahican, obwohl es sich um gesonderte Stämme handelte, beide der Algonkin-Sprachfamilie an, wurden mit dem Delaware River und dem unteren Hudson assoziiert und besaßen heilige Feuer, die an zentralen Punkten dieser Wasserwege brannten. Die Mohawk und Oneida, die miteinander verwandte irokesische Sprachen sprachen, wurden zu erbitterten Feinden der Algonkin-Stämme und akzeptierten mit der Gründung des Irokesenbundes die Vorrangstellung des heiligen Feuers, das bei den Onondaga brannte, der Wiege des Bundes in der Nähe des heutigen Syracuse, New York.

An der nordpazifischen Küste sprachen die konförderierten Dörfer der Völker, die als Tlingit, Tsimshian und Haida bekannt wurden, zwar unterschiedliche Sprachen, besaßen aber gemeinsame Moieties, die an den Nebenflüssen ansässig waren. Im Gebiet der Tsimshian waren dies die Zuflüsse des Skeena River, während die Häuser der Tlingit und Haida an den Küstenflüssen standen.

Die Moieties, bei den Tsimshian am höchsten entwickelt, wurden durch den Orca (Schwertwal) und den Raben repräsentiert. Da Rabe der Kulturheros war, der die Welt in Vorbereitung auf die Ankunft oder Geburt der Menschen schuf, war es nicht weiter überraschend, daß alle drei Stämme eine Raben-Moietie hatten. Die andere Hälfte war als Orca, Wolf oder Adler bekannt, alles Raubtiere, die emblematisch für Macht und Majestät standen. Damit eine Stadt funktionieren konnte und Eheschließungen möglich waren, mußte sie Mitglieder aus beiden Hälften haben, von denen die eine in bezug auf die signifikante »andere« Hälfte als Besitzer oder Begründer der Stadt, ihrer Ressourcen und ihrer Schätze galt. Bei den Küsten-

Eine Verwandtschaft des Geistes

Tsimshian war Orca der Besitzer und Rabe der andere, während bei den Haida Rabe der Gründer war. Die hochentwickelte Äquivalenz zwischen diesen drei Verwandtschaftssystemen läßt darauf schließen, daß diese Praktiken sehr alt waren, wahrscheinlich eine Folge von Heiraten zwischen den königlichen Familien. Mit einer Heirat war immer auch die Erbschaft von Positionen, Ressourcen und Schätzen verbunden, für die es bei den verschwägerten Eliten ein gemeinsames Verständnis gab, das auf gemeinsamen kulturellen Ansprüchen beruhte.

Ein Charakteristikum der Moietie-Gesellschaften war, daß sie immer auch andere übergreifende Unterteilungen beinhalteten. Bei einigen Gemeinschaften, wie denen der Tewa-Pueblos in New Mexico, fungierten die Priesterschaften als Mittler, die zwischen den Moieties standen und die Aktivitäten der ganzen Gemeinschaft koordinierten. Bei besonderen Anlässen teilten die Dörfer oder Städte sich in andere Dualitäten auf, z. B. in Gruppen von verheirateten und unverheirateten Mitgliedern, wobei die gesellschaftlichen Moieties unbeachtet blieben und andere Mittel des gesellschaftlichen Zusammenhalts geschmiedet wurden.

Zusammenfassend läßt sich sagen, daß die Gesellschaften der beiden Amerikas auf einheimischen Vorstellungen von Fähigkeit, Geschlecht, Selbst, Unsterblichen und Land basierten und um eine Reihe von Angelpunkten organisiert waren, z. B. Herz, Herd, Wasserweg und Sonne. Im Jahre 1492 spiegelten diese Vorstellungen einen einzigartigen, ungebrochenen Aspekt der menschlichen Geschichte wider. Die amerikanischen Gesellschaften waren eng an eine Landschaft gebunden und besaßen einen Reichtum an lokalen Ideen und Bräuchen, die sich im Laufe der Jahrtausende allmählich entwickelt hatten. Es gab auch gewisse Gemeinsamkeiten.

Im Jahre 1492 setzten die Gesellschaften der beiden Amerikas sich aus Haushalten zusammen, in denen Männer und Frauen ein gemeinsames Herdfeuer besaßen und Gruppen angehörten, die von den auf Blutsverwandtschaft basierenden Sippen über die Stämme, Konföderationen und Häuptlingstümern bis zu den Stadtstaaten der Pueblos, Azteken, Maya und Inka reichten. Ungeachtet des Grades ihrer sozio-politischen Komplexität, tolerierten all diese Gesellschaften ein weites Spektrum an persönlichen Freiheiten und geschlechtlichen Variationen. Zusätzlich fanden sich unter diesen Gesellschaften viele, die pro-männlich waren, manche, die pro-weiblich waren, und einige, welche die Geschlechter als gleich oder aber als unterschiedlich und dennoch gleichwertig behandelten.

Vor allem aber waren diese Gesellschaften eng mit dem Land verbunden, dessen Hüter die Unsterblichen waren, Verwandte, die in »heiligen Heimstätten« wohnten. Überhaupt waren in den beiden Amerikas Orte auch

Menschen, und zwar in dem »realen« Sinn, daß Landschaftsmerkmale die versteinerten Überreste von Individuen oder von Handlungen darstellten, die in der Mythologie beschrieben wurden. Diejenigen, die diesen Tatbestand verstanden, waren die Elite aus »wirklichen Leuten«, die am Fluß der Energie beteiligt waren, da sie wußten, daß die wirklichen Übermittlungspunkte Unsterbliche, Taten und Rituale waren, die in diesem kosmischen Netz als Dreh- und Angelpunkte dienten.

Die Kenntnis des Landes und die Achtung vor den Zentren statt vor den Grenzen ihrer Gemeinschaften gab diesen Amerikanern einen Glauben an die Heiligkeit ihres Landes und ihrer Lebensweise eine moralische Überlegenheit, die zu großen Teilen die zerstörerische zweite Hälfte des Jahrtausends überlebte, die auf das Jahr 1492 folgte.

Eine Verwandtschaft des Geistes

Ein Pochteca, ein Angehöriger einer erblichen Klasse aztekischer Händler, die es schon lange vor der Gründung dieses Reiches gab. Die Pochtecas waren mehrsprachig und in der Diplomatie erfahren. Dieses Bild aus dem Codex Borgia zeigt einen Händler auf einer Straße. Er trägt einen gewebten Rucksack, gefüllt mit Waren (darunter ein Papagei), und einen Stab, Symbol seines Status.

12. Kapitel

Amerikanische Grenzen

Von Francis Jennings

Die Vielfalt und Verschiedenartigkeit der einheimisch-amerikanischen Gesellschaften der vorkolumbischen Zeit sind inzwischen allgemein anerkannt, und die ursprünglichen Amerikaner werden nicht mehr als eine undifferenzierte Masse von »Wilden« abqualifiziert. Wie im Europa zur Zeit der römischen Vorherrschaft gab es auch auf den beiden amerikanischen Kontinenten des Jahres 1492 Gesellschaften, die von den Stadtstaaten bis hin zu den jagenden, fischenden und sammelnden Subsistenzverbänden so ziemlich alles umfaßten. Daß die Angehörigen dieser Gesellschaften ursprünglich aus Asien gekommen waren, ist inzwischen in Fachkreisen ebenfalls allgemein anerkannt, manchmal mit dem vagen Hinweis auf mehrere denkbare Einwanderungswellen, die in langen Abständen aufeinander folgten. Diese Tatsache enthält Implikationen, die noch nicht ausreichend erforscht sind. Asien ist groß. Die Bevölkerungswanderungen von Asien nach Europa sind bekannt und erforscht, und eine Untersuchung dessen, was sich in den beiden Amerikas abspielte, als diese unterschiedlichen Asiaten die Neue Welt kolonisierten, sich niederließen und zu »Indianern« wurden, ist seit langem überfällig. (Indianer ist natürlich ein Begriff, der von Kolumbus geprägt wurde. Die einheimischen Völker selbst bezeichneten sich nur mit dem Namen ihres Stammes oder ihrer Gemeinschaft.)

Die Einwanderer trafen zu unterschiedlichen Zeiten aus Asien ein und breiteten sich auf dem Land- und Seeweg in die unterschiedlichsten Richtungen aus, wobei sie manchmal Bögen schlugen und an ihren Ausgangspunkt zurückkehrten und sich immer auf irgendeine Weise miteinander auseinandersetzen mußten, wenn sie sich begegneten. Diese Begegnungen konnten die unterschiedlichsten Formen annehmen: Konflikt, gegenseitige Duldung oder auch aktive Zusammenarbeit. Der Handel spielte dabei eine

Amerikanische Grenzen 421

wichtige Rolle. Die menschliche Neugier sorgte für gegenseitige Besuche und Erkundungen, und die materiellen Bedürfnisse und der Erwerbstrieb der Menschen führten zum Austausch von hochgeschätzten Gütern. Kurz gesagt, lassen sich, ungeachtet der im Quellenmaterial enthaltenen Schwierigkeiten, alle Phänomene von Grenzregionen nachweisen.

In dieser Hinsicht hat die vorkolumbische amerikanische Geschichte große Ähnlichkeiten mit frühen europäischen Zeitaltern, es gab aber auch einige unterscheidende Merkmale. Für traditionelle Historiker liegt der wichtigste dieser Unterschiede im Fehlen eines phonetischen Alphabets und einer weitverbreiteten Schrift und, damit verbunden, im Fehlen jener schriftlichen Unterlagen, die in Europa durch das griechische und das lateinische Alphabet ermöglicht wurden. Da den Historikern für die westliche Hemisphäre keine vergleichbaren Archive vorliegen, müssen sie sich die Geschichte der vorkolumbischen Zeit aus der geduldigen Arbeit von Archäologen, Ethnologen und Linguisten zusammensetzen, wobei sie sich außerdem auf einheimische Piktogramme und Glyphen und die überlieferten Erzählungen stützen können, die von interessierten Europäern aufgezeichnet wurden.

All diese Dinge stellen spezielle Interpretationsprobleme dar. Die europäischen Berichterstatter versteckten Fakten unter Schichten von Dogmen. Die einheimischen Völker selbst konnten nicht weniger dogmatisch sein; wenn sie alte Überlieferungen nacherzählten, verfolgten sie häufig eigene Interessen. Daten und Zeitangaben sind nur selten spezifisch. Die Archäologie läßt manche Fragen zwangsläufig offen, so z. B., ob kulturelle Elemente durch Wanderungen von Menschen, durch Diffusion oder durch parallele, aber unabhängige Neuerungen und Veränderungen verbreitet wurden. Eine von Menschenhand bearbeitete Meeresmuschel, die weit im Landesinneren gefunden wird, ist Beweis für existierende Handelsbeziehungen, sagt aber nichts darüber aus, ob sie durch die lange Reise eines einzigen Händlers oder durch eine Serie von Tauschaktionen über kurze Strecken und mehrere Händler an ihren Fundort gelangte. Die Leistungen der Diplomatie sind ganz besonders schwer nachzuweisen. Ihre Auswirkungen in Form von Krieg oder Frieden lassen sich zwar feststellen, die Verhandlungen jedoch, die zu der jeweiligen Entscheidung führten, bleiben auf immer unbekannt.

Ungeachtet dieser Probleme waren die beiden Amerikas des Jahres 1492 der Ort, an dem, aufbauend auf den Grundlagen, die von bedeutend älteren städtischen Zivilisationen gelegt worden waren, zwei große Stadtstaaten entstanden. Jenseits der Grenzen dieser Staaten lebten Völker, die zum Teil unter dem Einfluß dieser Reiche standen, zum Teil von städtischen Kolonien abstammten. Die meisten aber hatten sich unabhängig entwickelt und besaßen Lebensweisen, die den Azteken und Maya so fremd waren, wie die Germanen und Hunnen es für das alte Rom gewesen waren.

In den beiden Amerikas wimmelte es in den vielen Jahrtausenden vor der Ankunft der Europäer von Leben. Die Indianer erschlossen die beiden Kontinente und machten sie bewohnbar, manchmal, indem sie sich an ihre äußere Umgebung anpaßten, manchmal, indem sie diese äußere Umgebung so veränderten, daß sie den menschlichen Bedürfnissen entsprach, immer jedoch, indem sie ihre menschliche Intelligenz benutzten, um ihre Kulturen je nach Bedarf zu modifizieren.

In diesem Kapitel wollen wir versuchen, die Prozesse der Interaktion vor allem in den Randgebieten des städtischen Einflußbereiches aufzuzeigen. Als Vergleich werden wir auch die Beziehungen zwischen den Stämmen der Grenzregionen jenseits dieses Einflusses hinzuziehen. Außerdem möchte das Kapitel signifikante kulturelle Merkmale aufzeigen, die anscheinend in den Städten *und* den Stämmen vertreten waren, jedoch in einem krassen Gegensatz zu dem standen, was sich bei den Europäern entwickelte, deren Invasion später erfolgte.

Im heutigen Mexiko hatte eine Reihe aufeinanderfolgender Stadtstaaten ihren Höhepunkt in der aztekischen Hegemonie gefunden, die über viele Millionen Menschen herrschte. Wenn man nicht nur die Azteken, sondern auch ihre Vorläufer berücksichtigt, auf deren kulturellem Hintergrund die aztekische Zivilisation ruhte, so war die größte interkulturelle Grenzzone, welche die beiden Amerikas je kannten – und die am längsten bestand –, die riesige Peripherie der mesoamerikanischen Migration, Kolonisation und Diffusion bis zu den Stämmen an den Grenzen.

Der Mais ist ein wichtiger Hinweis auf den Einfluß Mesoamerikas. Vererbungswissenschaftler haben bewiesen, daß der Maisanbau spätestens 3500 v. Chr. im Tehuaca-Tal etwa 240 Kilometer südöstlich des heutigen Mexiko City seinen Ausgang nahm. Der phänomenal produktive Mais ermöglichte eine Bevölkerungsexplosion, die bis in den hohen Norden und den tiefen Süden zu Nachahmungen und Abwandlungen der mesoamerikanischen Kulturen führte. So konnte es, wie zu zeigen sein wird, geschehen, daß die fernen Lande des vom Atlantik umspülten Ostens der heutigen Vereinigten Staaten den Maisanbau lange vor dem viel nähergelegenen Kalifornien übernahmen und daß die Bewohner der Anden, Tausende von Kilometern südlich des ursprünglichen Ausgangspunktes in Zentralmexiko, über Wege, die heute nicht mehr nachvollziehbar sind, den Maisanbau erlernten.

Der Mais war für die mesoamerikanische Kultur von so zentraler Bedeutung, daß wir an dieser Stelle annehmen wollen, daß der *Einfluß* Mesoame-

Amerikanische Grenzen 423

rikas dort endete, wo keine Hinweise auf den Maisanbau gefunden wurden. Andererseits aber bedeutet der Maisanbau allein noch keine tatsächliche Kolonisierung durch die Mesoamerikaner, denn der Mais war so unglaublich produktiv, daß er sich von ganz allein jedem Volk empfahl, das von ihm hörte und in einer Umgebung lebte, in der er sich anbauen ließ.

Ein zweites wichtiges Kennzeichen des mesoamerikanischen Einflusses ist die Existenz großer, abgeflachter Pyramiden oder Tempelhügel. Diese lassen sich unweigerlich in Gegenden mit Maisanbau finden, wenn auch nicht überall dort, wo Mais angebaut wurde. Unter Berücksichtigung dieses Unterschieds scheint es möglich zu sein, zwischen direkter und indirekter mesoamerikanischer Einflußnahme zu unterscheiden oder, genauer gesagt, zwischen Kolonisation und Diffusion.

Es wäre denkbar, daß auch metallene Artefakte als »Aufspürhilfe« dienen könnten, da sie einen Überlebenswert besitzen, der sie zum Liebling der Archäologen macht. Im Gegensatz zu der dogmatischen Behauptung, die Indianer des Jahres 1492 hätten nur »Steinzeitkulturen« gekannt, stellten viele von ihnen prachtvolle Kunstgegenstände aus Gold, Silber, Kupfer und Bronze her. Die östlichen Eskimo hämmerten meteorisches Eisen zu Messern, aber Stahl mit hohem Kohlenstoffgehalt gab es in den beiden Amerikas tatsächlich nicht. Für unsere Zwecke jedoch ist die Verbreitung von Metallgegenständen kein unbedingter Hinweis auf Vektoren der Diffusion oder der Migration. Wir müssen uns mit den Hinweisen zufriedengeben, die uns der Mais und die Mounds (und später auch der Maniok) liefern.

Im Zentrum ihres Territoriums waren die Azteken sehr auf die Erleichterung und die Regulierung des Handels- und Tributwesens angewiesen. Die Herrscher der Zwillingsstädte Tenochtitlan und Tlatelolco, die auf zwei miteinander verbundenen Inseln lagen, die das Herz des heutigen Mexiko City bilden, konnten nicht mehr als fünf Prozent ihrer mehr als zweihunderttausendköpfigen Bevölkerung ernähren. Die restlichen rund 190 000 Menschen waren auf den täglichen Strom von Waren und Gütern angewiesen, die auf den streng regulierten Märkten der Städte umgeschlagen wurden, welche die Nabe eines durchgeplanten Transportsystems zu Wasser und zu Lande bildeten. Zur Erleichterung des Handels zogen die Azteken Kanäle durch ihre Garteninseln (Chinampas) und den umliegenden Texcoco-See zu den Städten am gegenüberliegenden Ufer. Auf diese Weise schufen sie die Vorbedingungen für den Transport schwerer Lasten mit Hilfe von Kanus durch die flachen, verschilften Gewässer. Für den Transport zu Lande in einem Reich, in dem das Rad unbekannt war, übernahmen sie ein System, das im Tal von Mexiko bereits weit verbreitet war, nämlich das der professionellen menschlichen Lastenträger, Tlamemes genannt, welche die

Waren in einer Art Staffellauf von Stadt zu Stadt brachten. Sie überwachten den Bau von Straßen und Wegen für ihre Tlamemes, und sie bauten Dämme, die von ihrer Hauptstadt zu den nächstgelegenen Festlandufern führten.

In der Folge werden wir den mesoamerikanischen Handel und die mesoamerikanische Kolonisierung des Nordens untersuchen. Zunächst jedoch wollen wir uns dem Süden zuwenden. Der Maisanbau hatte sich, wahrscheinlich über das Medium der Händler, bis in den Süden ausgebreitet. Wir können nur Vermutungen über die Vektoren dieser Ausbreitung anstellen, aber eine annehmbare Hypothese ließ ihn von Mesoamerika nach Ecuador wandern, von wo aus er sich an den Anden entlang weiter nach Süden und an der Nordflanke Südamerikas nach Osten ausbreitete. Nach einer alternativen Hypothese wanderte er über den Seeweg an der Pazifik- und Goldküste entlang. Wir wissen, daß er zu einem der wichtigsten Grundnahrungsmittel des Inkareiches in den Anden und zu einer wichtigen Ergänzung der einheimischen Hackfrüchte ihrer Hochländer wurde.

An dieser Stelle wollen wir uns mit der Expansion der inkaischen Herrscher von ihrer Hauptstadt Cuzco aus beschäftigen, die wahrscheinlich der Ausbreitung der »Zivilisation« in den Anden entgegengesetzt verlief. Die Inka gaben sich alle Mühe, Mythen in die Welt zu setzen, in denen sie selbst als der Quell aller Weisheit dargestellt wurden, so wie sie die Architekturen ihrer Vorgänger niederrissen und neu bauten und gern verbreiteten, sie hätten »Wilde« erobert und zivilisiert. Die Belege der Archäologie widersprechen dem. Die städtische Kultur Mesoamerikas war älter als die der Inka, und der Mais war ohne jeden Zweifel, wenn auch über Umwege, aus Mesoamerika gekommen. Die Inka lehrten, ihre Kultur sei mit ihnen vom Titicaca-See auf dem bolivianischen Altiplano nach Norden und nach Cuzco gekommen, aber über ein halbes Jahrtausend vor der Ankunft der Inka in Cuzco hatte ein Volk namens Moche im nördlichen Peru einen riesigen Sonnentempel errichtet, der noch heute der größte Adobebau ganz Amerikas ist, obwohl er nicht in seiner ursprünglichen Größe erhalten blieb. Weitere Belege für die Komplexität der Moche wurden in einem spektakulären Grab zutage gefördert, dessen Schätze mit denen des Grabes von Tut-ench-Amon in Ägypten vergleichbar sind.

Was immer die Inka aus Mesoamerika übernommen haben mochten, in ihrer Politökonomie führten sie krasse Gegensätze ein. Es ist irreführend, von ihrem internen oder externen »Handel« zu sprechen. Waren wurden über Verwandtschaftsnetze umverteilt, nachdem die Tributzahlungen in Form von geleisteter Arbeit den Menschen kaum genug zum Leben gelassen hatten. Eine Bauernfamilie konnte keine Überschüsse erwirtschaften, die sie

Amerikanische Grenzen

in Kapital hätte umwandeln können. Die Funktionen, die anderswo einer Klasse von Händlern vorbehalten gewesen wären, wurden hier von Agenten der Bürokratie übernommen. Wahrscheinlich hatte es vor der Eroberung durch die Inka in den Küstenstädten Händler gegeben, welche die Küsten abfuhren, aber allem Anschein nach versuchten die Inka nach der Eroberung, einen derartigen Handel außerhalb ihrer offiziellen Kontrolle zu unterbinden.

Wie die Azteken zogen auch die Inka es vor, lokale Adlige als Agenten ihrer Herrschaft zu benutzen, aber im direkten Gegensatz zu den Azteken waren sie nicht mit einer »Hegemonialherrschaft« zufrieden; sie gliederten die unterworfenen Völker in ihre Jurisdiktion ein und machten die lokalen Adligen zu Agenten ihrer Regierung. Was nun die diplomatischen Beziehungen zu fremden Regierungen angeht, so gibt es kaum Belege für derartige Prozesse. Die Vorstellungen der Inka von Diplomatie scheinen sich jedoch darauf beschränkt zu haben, ein Ultimatum für die Kapitulation zu stellen, dem der Aufmarsch ihrer Armeen folgte.

Übrigens trugen sie nicht nur Siege nach Hause. Irgendwann um das Jahr 1473 herum – die inkaischen Daten sind alles andere als zuverlässig – inszenierte ein großer Heerführer, Topa Inka, einen Feldzug über die Anden in die östlichen Montaña-Dschungel, der das Ziel hatte, Amazonien zu erobern. Seine Armee blieb jedoch inmitten feindlicher Völker und in unwegsamem Gelände stecken, und er mußte in aller Eile nach Cuzco zurückkehren, um einen Aufstand niederzuschlagen. (Die Inka waren ständig auf der Hut vor Aufständen und hatten allen Grund dazu.) Die Montaña-Völker blieben unabhängig, und das Reich der Inka war weiterhin auf die Westseite der Anden beschränkt.

Die Inka herrschten sprichwörtlich von der Höhe herab, und zwar mit dem Menschenpotential der Sierra. Zum Teil lag das daran, daß die Tieflandbewohner Probleme hatten, sich an die dünne Luft der Anden zu gewöhnen. Auch nachdem die Inka die Küstenvölker unterworfen hatten, zogen sie sie nicht zu ihren Armeen ein, denn was hätten ihnen Soldaten genutzt, die keine halbe Meile marschieren konnten, ohne umzufallen und nach Luft zu schnappen? Natürlich spielte auch die Frage der Loyalität eine Rolle; die Küstenvölker waren alles andere als vertrauenswürdig.

Es ist möglich, daß das Reich der Inka sich auch dann nicht lange hätte halten können, wenn die Europäer nicht gekommen wären. Die Unruhen unter den unterworfenen Völkern und die Spaltungen innerhalb der herrschenden Klasse sind ein Hinweis darauf. Subtiler, aber völlig außerhalb jeder Kontrolle, war der Versuch der Inka, die Wirtschaft des Reiches von oben herab zu lenken. Mit der Unterdrückung der Entwicklung einer

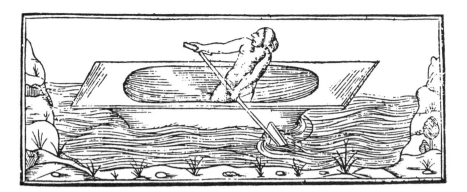

Eine der ersten Darstellungen eines Einbaumkanus, aus Gonzalo Fernández Oviedo y Valdés' Bericht aus dem Jahre 1547. Obwohl seine Illustration die Konstruktion des Einbaums nicht korrekt wiedergibt, zeigt sie, wie die Bewohner der Karibik dieses Wasserfahrzeug handhabten, das für den Handel und den Transport so wichtig war.

Händlerklasse verwarfen sie gleichzeitig das Konzept der Kapitalinvestition. Sie steckten ihre Überschüsse in parasitäre Institutionen, die Unmengen von Materialien und Arbeitskräfte verschlangen und aufgrund politisch-religiöser Dogmen weder in Frage gestellt noch modifiziert werden konnten. Nach dem Tod jedes Herrschers und seiner Königin wurden die Leichen mumifiziert und in prachtvoll ausgestatteten und reich geschmückten Palästen untergebracht. Massen von Bediensteten und Konkubinen wurden geopfert, damit sie ihren Herren im Jenseits dienen konnten. Noch nachteiliger für die Wirtschaft war, daß riesige Anwesen und weitere Bedienstete einzig und allein die Aufgabe hatten, die Mumien zu beherbergen bzw. auf alle Zeiten zu bedienen. Am Ende jeder Herrschaft wurden die ohnehin gewaltigen Belastungen für die Ressourcen des Reiches nochmals vergrößert. Das Ganze war im wahrsten Sinne des Wortes eine Sackgasse für jede Art von Kapital, und jede neue Mumie verschlimmerte die Situation noch. Die produktive Arbeit, die durch den Mumiendienst verlorenging, konnte nur durch die Eroberung neuer Völker wettgemacht werden, was jedoch wiederum weitere Arbeitskraftverluste in der Form von Kriegstoten und -verletzten mit sich brachte.

Die Internalisierung der Grenzen zu den verschiedenen Völkern bedeutete das Inkaufnehmen von Störungen, die für alle Grenzregionen typisch sind. Trotz des Einfallsreichtums der Inka bei der Unterdrückung der verschiedenen Kulturen und Traditionen war ihr letztes Mittel der Staatsterrorismus, den sie brutal und im großen Maßstab praktizierten. Aber ungeachtet der Massaker, Foltern und Massenhinrichtungen machte der schwelende Haß der unterworfenen Völker sich immer wieder in offener Rebellion Luft. Anscheinend hatten die Inka ihr Reich zu schnell und zu weit ausgedehnt – zu schnell, als daß eine kulturelle Assimilierung stattfinden, und zu weit, als daß von Cuzco aus eine wirklich effektive Kontrolle ausgeübt werden konnte.

Abgesehen von den Unruhen unter den unterworfenen Völkern, bestanden auch innerhalb der herrschenden Klasse und der Herrscherfamilie Uneinigkeiten. Wie in allen militärischen Willkürherrschaften machten sich die Generäle auch hier Rang und Profite streitig. Verlockt durch die Entfernung, die zwischen Quito und Cuzco lag, beschlossen die Offiziere, die Quito erobert hatten, es einfach für sich zu behalten, als der Inka Huayna Capac im Jahre 1527 starb und sein Sohn Huascar Inka seine Nachfolge antrat. Die aufständischen Armeeführer setzten Huascars jüngeren Bruder Atahualpa als Gegenkaiser ein. Und so wurde das Reich in ebendem Augenblick, in dem Francisco Pizarros Konquistadoren auf der Szene auftauchten, von blutigen Kämpfen zerrissen, so daß Pizarro die beiden Seiten gegeneinander ausspielen konnte. Die Folgen sind bekannt.

Cuzco scheint ungeachtet all seiner Pracht nur ein Leuchtpunkt auf dem Radarschirm der Kultur gewesen zu sein, dessen scheinbare Bedeutung dadurch erhöht wurde, daß die Inka ganz bewußt jeden Beweis der Leistungen ihrer Vorgänger zerstörten, um sich selbst größer scheinen zu lassen. Es ist erwiesen, daß sie genau wie die Azteken auf Grundlagen auf- oder neubauten, die lange vor ihrer Zeit gelegt worden waren, vor allem im Bereich der Landwirtschaft, von der alles andere abhing. Langfristig gesehen, war Ecuador ein bedeutend wichtigerer Vermittler kultureller Einflüsse als Peru. Tausende von Jahren bevor die Inka sich auch nur einen Namen machten, war Ecuador die Kreuzung, über die der Maisanbau und diverse Keramikstile verbreitet wurden. Ecuadors starke und unabhängige Bevölkerung, die letzte und blutigste Eroberung der Inka, kostete diese die besten ihrer Truppen und war der Ausgangspunkt für einen Bürgerkrieg.

Von Ecuador aus war es möglich, auf dem Wasserweg in die riesigen Gebiete östlich der Anden zu gelangen. Es gab mindestens ein System von Amazonasnebenflüssen, über die man von Quito aus bis an den Hauptfluß fahren konnte. Dieses System wurde von der Expedition des Francisco de Orellana entdeckt und benutzt. Seine Expedition ließ sich auf der Suche nach El Dorado unter ständigen Kämpfen die Flüsse hinuntertreiben, bis sie den Atlantik erreichte. Ihr Chronist erwähnte dichte Bevölkerungen an den Flußufern, die in feindlicher Absicht große Flotten aus Einbaumkanus aussandten. Wir wollen uns an dieser Stelle nicht mit den Abenteuern von de

Orellanas Leuten befassen, sondern nur festhalten, daß Verbindungen über diese Wasserwege lange vor der Ankunft der Spanier möglich und wahrscheinlich waren. Es gilt als erwiesen, daß es eine Verbindung zwischen den Nebenflüssen des Amazonas und des Orinoco gibt.

Ein Grund, der für eine solche Verbindung spricht, ist der Anbau und die Verarbeitung des bitteren Maniok, einer Knollenfrucht. Botaniker haben den wahrscheinlichen Usprung des Maniok im östlichen Ecuador angesiedelt, von wo aus er sich erst am Amazonas und Orinoco entlang ausbreitete und dann nördlich über die Kette der Antillen, die bis nach Florida reicht. Die Wahrscheinlichkeit spricht gegen eine derart weite Verbreitung durch wiederholte, unabhängige Innovationen, da der bittere Maniok roh gegessen giftig ist und erst bearbeitet werden muß, bevor er verzehrt werden kann. Anders als bei den meisten anderen Nutzpflanzen, die schon im wilden Zustand genießbar waren, mußte beim bitteren Maniok erst jemand seinen Nährwert erkennen und sich dann Mittel und Wege einfallen lassen, die giftige Blausäure herauszulösen, wozu man die Knollen entweder zerdrücken und den Saft herauspressen oder aber auskochen mußte. Wie ein Enzyklopäde bemerkte, »läßt das weite Areal, in dem er [der Maniok] verbreitet ist, die Schlußfolgerung zu, daß die Entdeckung seines Nährwertes und der Methoden, die giftigen Eigenschaften unschädlich zu machen, in einer sehr fernen Zeit stattgefunden haben muß«. Eine alternative Hypothese siedelt den Maniok zwischen 7000 und 5000 v. Chr. im oberen Amazonastal an.

Leider ist das vorkolumbische Amazonien immer noch zu weiten Teilen ein Land der Geheimnisse. Während das kühle und trockene Klima der Anden zurückgelassene Artefakte konservierte, so daß sie uns Hinweise auf ihren Ursprung geben können, zerstörte das heiße, feuchte Klima Amazoniens die Hinterlassenschaften der Vergangenheit. Aus den Berichten spanischer und portugiesischer Neuankömmlinge des 16. Jahrhunderts können wir einige Einblicke gewinnen – z. B. daß die Europäer auf eine Vielzahl von Völkern trafen. Einer modernen Schätzung zufolge belief sich die Bevölkerung Amazoniens im Jahre 1492 auf etwa fünf Millionen Menschen, die in Häuptlingstümern an den Flußläufen lebten und sich gegenseitig erbittert bekämpften.

Außer ihnen machten vor allem die Tupinamba, die Bewohner der brasilianischen Küstenregion, einen großen Eindruck auf die neu ankommenden Europäer. Sie bekämpften sich selbst und ihre Nachbarn ebenso erbittert, wie die Flußvölker es taten. Wir können nur spekulieren, wie unter derart feindlichen Bedingungen bedeutende Handelsbeziehungen entstehen konnten, aber so viele Völker, die an diesem Netz von Flüssen Einbaumkanus besaßen, können sich einfach nicht aus dem Weg gegangen sein.

Amerikanische Grenzen

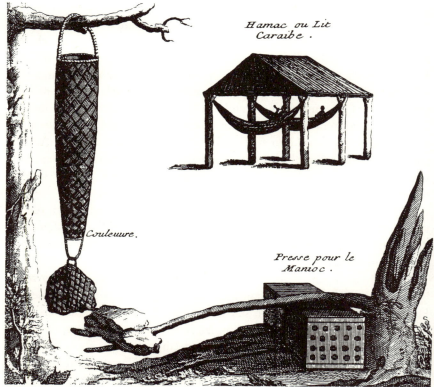

Hamac ou Lit Caraïbe.

Couleuvre.

Presse pour le Manioc.

430 Amerika 1492

Im Jahre 1930 fand der anerkannte Archäologe H. J. Spinden an der Mündung des Amazonas Hinweise auf eine Hochkultur und schrieb, der »Maiskomplex« sei ein »archäologisches Bindeglied zwischen Mittelamerika, Venezuela und dem Unterlauf des Amazonas«. Kürzlich entdeckten Anna Roosevelt und ihre Kollegen auf der Insel Marajó an der Mündung des Amazonas große Plattformhügel, die auf eine lange bewohnte Stadt mit 100 000 oder mehr Einwohnern schließen lassen. Sie wurde um das Jahr 1300 n. Chr. aufgegeben. Dennoch verhinderten die dichten Bevölkerungen an der ganzen Länge des Amazonas, daß de Orellanas Leute einen Brückenkopf errichten konnten.

Die Töpferei und der Anbau von Mais und Maniok breiteten sich in ganz Amazonien aus, auch wenn nicht erwiesen ist, ob dies durch Diffusion oder Migration geschah. Das Arawak, wohl die am weitesten verbreitete Sprache Südamerikas, hatte ihren Ursprung anscheinend in Amazonien und gelangte von dort ins Tal des Orinoco, von wo aus ihre Sprecher sie über das Meer auf die Antillen trugen und erst in Florida zum Stillstand gebracht wurden, als sie von den feindlichen Timucua und Calusa zurückgeworfen wurden, die aus der entgegengesetzten Richtung nach Florida gekommen waren.

Versuche, die Bewegungen und Verbindungen der Völker des nördlichen Südamerika und Mesoamerikas nachzuvollziehen, müssen auch die überraschende Verbreitung projektiler Waffen berücksichtigen, deren Muster sich beträchtlich von der Mais- und Maniokverbreitung unterschied. Der Speerwerfer oder Atlatl war vor allem bei den Inka, den Azteken, den Arawak sprechenden Tainos der Antillen und den Tupinamba an der Küste Brasiliens verbreitet. Völker, die den Pfeil und Bogen benutzten, umgaben diese Völker und durchdrangen teilweise sogar ihre Territorien, wie im brasilianischen Hinterland oder im Fall der Feinde der Tainos, der Kariben.

Der Archäologe Fred Olsen versuchte, den Maniok und die Arawak sprechenden Tainos zu einem mutmaßlichen gemeinsamen Ursprungsort zurückzuverfolgen, fand aber jenseits von Saladero oberhalb des Orinoco-Deltas in Venezuela keine Belege mehr. Seine früheste Töpferware aus Saladero datiert um das Jahr 1000 v. Chr. Er fragte sich, ob Saladero der Ort gewesen sein könnte, an dem Einwanderer aus verschiedenen Gegenden, darunter Kolumbien und Ecuador, zusammentrafen, um die arawakische

Die Verarbeitung von Maniok. Im ersten aus den Antillen stammenden Bild wächst eine Maniokpflanze neben einem Arbeiter, der die Wurzeln zu Brei zerreibt. Der zweite Stich zeigt zwei Methoden, nach denen die Blausäure aus dem Brei herausgepreßt wurde. Anschließend wurde der Brei zu Mehl getrocknet.

Amerikanische Grenzen

Kultur, so wie sie heute bekannt ist, zu begründen. Diese Hypothese wäre eine Erklärung für die in der arawakischen Kultur zu findenden Beweise für einen Kontakt mit den Reichen Mesoamerikas, schließt aber die Wahrscheinlichkeit nicht aus, daß auch Maya-Händler ihre Kanus an die Nordküste Südamerikas geschickt haben könnten oder arawakische Seefahrer bis ins Reich der Maya in Mittelamerika und Yucután vorstießen.

Am Golf von Mexiko und in der Karibik insgesamt gab es sicherlich einen beträchtlichen maritimen Handel. »Kolumbus und seine Begleiter sahen auf den Großen Antillen große Kanuflotten, und der Handel und der Verkehr zwischen den verschiedenen großen Inseln waren hoch entwickkelt«, schrieb der Wissenschaftler Marshall B. McKusik. McKusik glaubte jedoch, der Handel zwischen den Inseln und der Festlandküste sei nicht ausreichend belegt, und meint: »Es ist schwer vorstellbar, welche Produkte, mit Ausnahme der Baumwolle, die Inseln dem Festland hätten bieten können, um einen aktiven und ausgedehnten Handel anzuregen.« Es gibt jedoch sehr deutliche Hinweise auf eine Verbindung zwischen Mesoamerika und den Großen Antillen und mit der Südküste Nordamerikas. Und wir wissen relativ sicher von Kontakten zwischen Kuba und Florida, obwohl diese anscheinend nur unregelmäßig stattfanden.

Jose M. Cruxent und Irving Rouse, Archäologen, die sich auf die Westindischen Inseln spezialisiert haben, sind der Meinung, daß die ursprünglichen Besiedler der Inseln vor etwa vier- bis fünftausend Jahren, aus Mittelamerika kommend, einwanderten. Andere glauben, daß sie aus Florida oder Südamerika kamen. Ihre Nachfahren wurden, wahrscheinlich mehr als einmal, von späteren Invasoren verdrängt. Uns interessieren jedoch die Völker, die im Jahre 1492 auf den Inseln ansässig waren – die erst relativ kürzlich eingetroffenen Invasoren und Kolonisatoren, die Arawak sprechenden Tainos und die Kariben. Beide praktizierten den Bodenbau. Vor allem die Tainos hatten auf der Grundlage von drei reichen Ernten pro Jahr gut organisierte, sozial geschichtete Häuptlingstümer entwickelt und einen so großen Aufschwung erlebt, daß sie ihre Vorgänger, die Ciboney, in die hintersten Winkel von Kuba und Haiti abdrängten. Sie selbst waren ständig auf der Hut vor den Überfällen der Kariben, deren Kriegs- und Kanukünste sie zu schreckenerregenden Gegnern machten.

Es steht fest, daß die Tainos und ihre karibischen Feinde ursprünglich aus Südamerika gekommen waren. Mit ihren Kanus (oder Piroggen) waren sie in der Lage, von Insel zu Insel zurück nach Südamerika oder in das im Norden gelegene Florida zu fahren oder sogar in westlicher Richtung über den Golf bis nach Yucatán. Die zuströmenden Spanier hinterließen jedoch keine eindeutigen Unterlagen über einen Handel zwischen den Inseln und dem

Die hohle Tonfigur eines Ballspielers der Maya war eine Pfeife. Die Ballspiele, die überall in Mesoamerika gespielt wurden, waren festliche Angelegenheiten. Sie brachten den Teilnehmern Ruhm ein, zogen große Gruppen von Zuschauern an und waren Anlaß für Besuche, Handel und das Abschließen von Wetten (Milwaukee Public Museum).

Festland, und die Inventare der Archäologen enthalten keine eindeutigen Artefakte, die einen solchen Handel bezeugen würden. Außerdem scheint es den Tainos und ihren Feinden, den Kariben, nachdem sie über die Inselkette hinweggefegt waren, nicht gelungen zu sein, auf Dauer in Florida Fuß zu fassen. William C. Sturtevant führt zwar einen spanischen Bericht über eine Niederlassung kubanischer Indianer in Florida etwa um die Mitte des 16. Jahrhunderts an, findet aber keine langfristigen Auswirkungen auf die Kulturen der Indianer Floridas.

Amerikanische Grenzen

Es liegt in der Natur des Seehandels, daß er keine Spuren hinterläßt, so daß man nur durch das Vorhandensein von Artefakten an den Umschlagplätzen Rückschlüsse auf seine Existenz ziehen kann. Mit einer herausragenden Ausnahme gibt es auf den Inseln wenig genug solche Artefakte. Diese Ausnahme war das Ballspiel, das in den Kulturen der Mexica und Maya eine so bedeutende Rolle spielte, wie wir aus den großartigen steinernen Plätzen wissen, die später von den Archäologen gefunden wurden. Eine ausführliche Studie von Ricardo E. Alegria kommt zu dem Schluß, daß »die Ähnlichkeiten zwischen den mesoamerikanischen, südwestamerikanischen und westindischen Ballspielplätzen darauf hinweisen, daß die drei Gebiete ein gemeinsames Spiel kannten, das in einem von ihnen entstanden sein muß«. Wir werden an die elegante Formalität eines Maya-Ballspielplatzes in Copán, Honduras, erinnert, obwohl es auf den Inseln keine vergleichbar hohe Entwicklung gab. Obwohl mehr als 200 Ballspielplätze gefunden wurden, haben die der Inseln nichts von der durchgeplanten Struktur derer in Mesoamerika. Fred Olsons ausgedehnte Reisen ergaben »kein Beispiel dafür, daß ein Arawak je absichtlich einen Stein auf den anderen gesetzt hätte«. Daraus könnte man eigentlich schließen, daß das Spiel aus Mesoamerika auf die Antillen gebracht wurde, aber im scheinbaren Widerspruch dazu besaß die am weitesten entfernte Insel der Großen Antillen, Puerto Rico, die zahlreichsten und erlesensten Plätze und wird als »das Zentrum der Ausbreitung des Ballspiel-Komplexes auf den Großen Antillen« bezeichnet. Die Frage, wie das Spiel dorthin gelangte, muß zukünftigen Experten überlassen bleiben. Aber solange die Archäologen ihre Erkenntnisse nicht dramatisch revidieren, müssen wir schließen, daß es zwischen den Inseln und dem Festland beträchtliche Kontakte gab, auch wenn diese nicht unbedingt die Form eines systematischen Handels hatten. Von spanischen Berichterstattern, die mit eigenen Augen sahen, wie das Spiel auf den Inseln betrieben wurde, wissen wir, daß es Ähnlichkeiten mit dem mesoamerikanischen Spiel gab. Ihre Berichte können mit den aufgezeichneten Beschreibungen der Mexica verglichen werden.

Auf unserem entgegen dem Uhrzeigersinn verlaufenden Bogen von Mesoamerika hinunter ins nördliche Südamerika und an den westindischen Inseln wieder hinauf sind wir auf eine Vielzahl von Kontakten zwischen den verschiedenen Völkern gestoßen. Zu den wichtigsten zählen die zwischen den hochorganisierten Stadtstaaten und den Völkern, die jenseits ihrer Jurisdiktion lebten. Der Einfluß der Mesoamerikaner scheint sich hauptsächlich durch den Handel über ihre Grenzen hinaus ausgedehnt zu haben; auf jeden Fall eilten wichtige Elemente wie der Maisanbau den Armeen der Mexica und Maya voraus.

Eine regelrechte Schlacht zwischen den brasilianischen Tupinamba, dargestellt von dem hugenottischen Missionar Jean de Léry. Die Krieger benutzen Trompeten, Bögen, Pfeile, Schilde, Hartholzknüppel und Zähne. Im Hintergrund sind Szenen zu sehen, die den europäischen Erwartungen von kannibalistischen Praktiken entsprachen, aber auch andere Bilder des einheimischen Lebens: Hängematten, Affen, Papageien und Langhäuser.

Wir müssen jedoch zwischen zwei Arten von Handel unterscheiden. Einmal dem, der einen einzelnen Händler über weite Strecken führte, und auf der anderen Seite dem, der innerhalb einer Region stattfand. Verderbliche Waren hätten einen langen Transport nicht überstanden, und schwere, unhandliche Gegenstände von geringem Wert waren die Mühe nicht wert. Aber Kostbarkeiten wie Obsidian, Jadeit und kleine Kupferglöckchen waren ideal für weite Reisen. Manchmal konnten Waren in mehreren kurzen Etappen über eine Kette regionaler Handelsniederlassungen weitergereicht werden. Aber wie auch immer, sei es durch einen einzigen langen Sprung oder durch eine Serie kurzer Hüpfer, der Einfluß Mesoamerikas strahlte allmählich aus, ungeachtet der Frage, ob der Kontakt direkt oder indirekt war.

Im krassen Gegensatz dazu drang der inkaische Einfluß mit den Armeen vor und scheint jeweils dort zum Stillstand gekommen zu sein, wo die Truppen anhielten. Um es kraß auszudrücken, die Macht der Inka war eine Art

Amerikanische Grenzen

»Schwarzes Loch«, während die mesoamerikanischen Stadtstaaten explodierende Novas waren.

Der kulturelle Einfluß Mexikos strahlte in alle Richtungen aus. Auf seinem Höhepunkt umfaßte er die nördliche Küste des Golfs von Mexiko, die Täler des Mississippi und des Ohio und den ganzen Südosten der heutigen Vereinigten Staaten. Glücklicherweise blieb ausnahmsweise einmal eine mündliche Überlieferung erhalten, welche die Belege der Archäologie unterstützt. Der »Hüter« des Tempels der Natchez in Louisiana erzählte sie Antoine Le Page du Pratz, einem Begleiter Bienvilles, des Gründers von New Orleans. Le Page du Pratz ließ sich die Geschichte »von der Großen Sonne bestätigen«, dem damaligen Herrscher der Natchez, und zeichnete sie im Jahre 1758 auf. Sie stimmt mit dem überein, was wir aus anderen Quellen wissen, und ist ein glaubhafter Abriß eines gewaltigen historischen Prozesses:

»Bevor wir in dieses Land kamen, lebten wir dort, unter der Sonne (dabei deutete er mit dem Finger nach Südwesten, woraus ich schloß, daß er Mexiko meinte); wir lebten in einem schönen Land, wo die Erde immer angenehm ist; dort hatten unsere Sonnen [die Herrscher der Mexica wurden ›Sonne‹ genannt] ihre Heimstatt, und unsere Nation behauptete sich lange Zeit gegen die Alten des Landes, die mehrere unserer Dörfer auf den Ebenen eroberten, uns aber nicht aus den Bergen vertreiben konnten. Unsere Nation breitete sich am großen Wasser aus [Golf von Mexiko], wo dieser große Fluß [der Mississippi] sich verliert; aber da unsere Feinde sehr zahlreich geworden waren und sehr böse, entsandten unsere Sonnen einige ihrer Untertanen, die in der Nähe dieses Flusses lebten, um zu erkunden, ob wir in das Land zurückkehren könnten, durch das er floß. Da das Land auf der Ostseite des Flusses als sehr angenehm empfunden wurde, befahl die Große Sonne nach der Rückkehr derer, die es erkundet hatten, all ihren Untertanen, die auf der Ebene lebten und sich noch immer gegen die Alten des Landes verteidigten, sich in dieses Land zu begeben, um hier einen Tempel zu errichten und das ewige Feuer zu hüten.

»Folglich ließ sich ein großer Teil unserer Nation hier nieder, wo sie mehrere Generationen lang in Frieden und Überfluß lebten. Die Große Sonne und alle, die bei ihr geblieben waren, dachten niemals daran, zu uns zu kommen, wurden sie doch durch die Erfreulichkeit des Landes, das sehr warm war, dazu verlockt, zu bleiben, wo sie waren, und auch durch die Schwäche ihrer Feinde, die durch den Ehrgeiz eines ihrer Häuptlinge, der sich über die Gleichheit mit den anderen Häuptlingen der Dörfer erheben und alle Menschen seiner Nation als Sklaven behandeln wollte, uneins geworden waren. Während dieser Zwietracht unter unseren Feinden gingen einige sogar ein Bündnis mit der Großen Sonne ein, die sich immer noch in unserem alten Land aufhielt, auf daß sie leichter unseren anderen Brüdern behilflich sein könnte, die sich an den Ufern des Großen Wassers im Osten des großen Flusses niedergelassen und sich an der Küste und auf den Inseln so weit ausgebreitet hatten, daß die Große Sonne manchmal fünf oder sechs Jahre hintereinander nichts von ihnen hörte.

»Erst nach vielen Generationen kamen die Großen Sonnen zu uns in dieses Land, wo wir uns dank des guten Klimas und des Friedens, den wir genossen hatten, wie die Blätter eines Baumes vermehrt hatten. Krieger des Feuers, die die Erde erzittern ließen, waren in unser altes Land gekommen und hatten, nachdem sie ein Bündnis mit unseren Brüdern eingegangen waren, unsere alten Feinde besiegt; als sie dann jedoch versuchten, unsere Sonnen zu Sklaven zu machen, verließen diese, statt sich zu unterwerfen, unsere Brüder, die sich weigerten, ihnen zu folgen, und kamen an diesen Ort, nur begleitet von ihren Sklaven.«

Diese einzigartige Quelle verdient aus mehreren Gründen eine respektvolle Betrachtung. Sie stimmt mit dem überein, was wir über die vorkolumbische Geschichte Mexikos wissen (und sie kann kein Schwindel sein, denn Le Page du Pratz konnte das alles höchstens von seinem Natchez-Informanten wissen). Wir erfahren, daß die städtische Bevölkerung irgendeines Teils von Mexiko von den »Alten des Landes« – die von den Azteken Chichimeken genannt wurden – aus einigen ihrer Städte vertrieben worden waren und daß Mexiko »nach vielen Generationen« von »Kriegern des Feuers« erobert wurde, die sich leicht als die mit Gewehren bewaffneten Spanier identifizieren lassen. Interessanterweise verbündeten diese Spanier sich zeitweise mit den Großen Sonnen der Überlieferung der Natchez, was bedeutet, daß diese Sonnen *keine* Azteken waren. Wir dürfen vermuten, daß es sich vielleicht um Tlaxcalaner handelte, da sie es waren, die sich zunächst mit Cortes verbündeten, um anschließend gegen ihn zu rebellieren. Aber eine derart spezifische Identifizierung müßte erst noch bestätigt werden.

Auf der nordamerikanischen Seite der Natchez-Überlieferung kann der mexikanische Einfluß auf den ersten Blick durch Kultur und Bräuche der Natchez selbst belegt werden, angefangen bei der Existenz der allmächtigen Großen Sonne ganz oben an der Spitze (die sich so stark von den Regierungsformen der meisten anderen nordamerikanischen politischen Einheiten unterscheidet) über die ganze hochgradig geschichtete Gesellschaftsordnung bis hinunter an die Basis.

Die Invasionstruppen von Hernando de Soto begegneten auf ihrem Marsch von Florida nach Arkansas oder Texas (1539–1543) einer Vielzahl von Indianern mit deutlichen mesoamerikanischen Merkmalen (aber auch anderen, die »wild« waren). Der anonyme Herr aus Elvas, der de Sotos Feldzug aufzeichnete, erwähnte wiederholt kazikische Herren, die von ihren Hauptleuten in Sesseln oder Sänften getragen wurden. Diese Kaziken

Amerikanische Grenzen

Ein Rundtanz. In dieser aus dem achtzehnten Jahrhundert stammenden Illustration von Antoine Simon Le Page du Pratz umkreisen zwei Reihen von Tänzern einen sitzenden Trommler. Die Frauen, von denen einige Trommeln halten, bilden den inneren Kreis, Männer mit Rasseln bilden den äußeren.

besaßen eine so große Autorität, daß ihre Männer ohne das geringste Zögern Befehle befolgten, die sie in den sicheren Tod führen oder ihnen Folterungen durch die Spanier eintragen würden. Viele Dörfer waren großen Oberherren Tribut und Gehorsam schuldig. Überall wurde Mais angebaut; ohne den Mais der Indianer hätten de Sotos Männer »sich nicht ernähren können«.

Westlich des Mississippi fanden sie zum erstenmal Baumwollstoffe und Türkise und eine Stadt mit dem toltekischen Namen Tula. Sie stießen sogar auf eine Abwandlung der Quetzalcoatl-Prophezeiung, die besagte, daß die Indianer »von ihren Vorfahren gelernt hatten, daß eine weiße Rasse sie unweigerlich unterwerfen würde«.

Die Archäologen haben den Maisanbau das Tal des Mississippi hinauf bis nach Ontario und im ganzen Süden der Vereinigten Staaten nachgewiesen. Eine weitere Bestätigung für den Einfluß Mesoamerikas sind die vielen abgeflachten Pyramiden, bei denen Anzeichen darauf schließen lassen, daß sie ursprünglich Tempel und Verwaltungsgebäude trugen. Aber diese »Mounds« sind teils so voneinander verschieden, daß man nicht annehmen darf, sie seien alle vom selben Volk und zum selben Zweck errichtet worden.

Auf der Grundlage der derzeit vorliegenden Erkenntnisse, können wir nichts Genaueres über das Ausmaß der mexikanischen Einwanderung sagen. Es gibt eindeutige Beweise für eine Vermischung von Völkern, von denen einige den Mississippi *hinunter* gekommen waren, und zwar lange bevor die Mexikaner *hinauf*wanderten. Vielleicht besaßen diese sich begegnenden Völker weit entfernte gemeinsame Vorfahren, deren Pfade sich vor Tausenden von Jahren getrennt hatten, bevor sie sich jetzt wieder begegneten. Diese Möglichkeit ließe sich aus den riesigen Erdarbeiten von Poverty Point am Ufer des Mississippi bei Floyd, Indiana, schließen, die anscheinend um das Jahr 1000 v. Chr. datieren. Der Architekturhistoriker William N. Morgan schrieb den Poverty-Point-Menschen ein Handelsnetz zu, das sich bis »nach Florida, in die Appalachen und zu den Großen Seen erstreckte«.

Bis etwa um das Jahr 800 n. Chr. waren die Erdarbeiten in Nordamerika vorwiegend runde oder eliptische Begräbnishügel, deren Beigaben von großer kunsthandwerklicher Geschicklichkeit und von einem ausgedehnten Handel zeugen, der von den Rocky Mountains bis an den Atlantik und im Süden an den Golf von Mexiko reichte. Natürlich gehörten zu den in diesen Mounds gefundenen Artefakten auch Dinge, mit denen den Toten Ehre erwiesen werden sollte. Morgan listete Gegenstände »aus Stein, Obsidian, Feuerstein, Süßwasserperlen, Knochen, Geweih, Bärenzähnen, Glimmer,

Amerikanische Grenzen

439

Meeresmuscheln, Textilien und Kupfer, manchmal überzogen mit Eisen, Silber oder Gold« auf. Das Vorhandensein von Textilien auf dieser Liste ist besonders interessant, da die nordamerikanischen Stämme jenseits des mexikanischen Einflusses keine echten Webstühle kannten; direkt oder indirekt stammten diese Textilien entweder aus Mexiko selbst oder von Völkern an der mexikanischen Peripherie. Insgesamt handelte es sich bei den Grabbeigaben um Luxusgüter, und als solche stellten sie etwas dar, was oft als »primitive Werte« bezeichnet wird, um sie von Dingen zu unterscheiden, die man im europäischen Handel erwartet hätte. Manche der Gegenstände waren tatsächlich speziell als Grabbeigaben angefertigt worden, wir sollten uns jedoch vor der Herablassung hüten, die in dem Wort »primitiv« enthalten ist, denn schließlich ist es auch heutzutage durchaus üblich, einen Toten in seiner besten Kleidung in einem teuren, eleganten, mit Seide ausgeschlagenen Sarg zu bestatten, und nicht selten mit einem geliebten Schmuckstück. Was wir mit Sicherheit über die Artefakte sagen können, die in den Gräbern gefunden wurden, ist, daß diese mit Begräbniszeremonien verbundenen Gegenstände nicht repräsentativ für das alltägliche Leben der betreffenden Bevölkerung sind.

Durch das »Rückrechnen« von Bräuchen, die nach der Ankunft der Europäer beobachtet wurden, können wir schließen, daß der Handel zwischen den Stämmen sich nicht auf Luxusgüter oder zeremonielle Gegenstände beschränkte, auch wenn alltägliche Dinge vielleicht nicht über so große Entfernungen hinweg gehandelt wurden. So wissen wir z. B. aus dokumentierter Zeit von einer Abmachung zwischen den Huronen und Nipissing Ontarios, bei der es um den Tausch von Nahrungsmitteln ging. Die Huronen erzielten etwa am nördlichsten dafür geeigneten Breitengrad Überschüsse an Mais und tauschten diese gegen Fische und Fleisch von den Nipissing, die jenseits der klimatischen Grenze für den Bodenbau lebten. Und in besonders strengen Wintern fanden die Nipissing Schutz in den Langhäusern der Huronen. Für diese Art von intertribalem Handel und intertribaler Zusammenarbeit waren zwei Voraussetzungen erforderlich: Die Stämme mußten in Frieden miteinander leben, und sie mußten etwas produzieren, was der jeweils andere brauchte oder wünschte. Es scheint vertretbar, diese Regel vorsichtig in die Vergangenheit zu extrapolieren, um zu erklären, was den Langstreckenhandel in der Zeit der Hügelbauer und bis in die Zeit des Kontakts mit den Europäern möglich machte, in der sich viele Praktiken änderten. Die Vorsicht verlangt, daß wir darauf hinweisen, daß das Beispiel der Huronen und Nipissing jenseits der Grenze einer möglichen mexikanischen Kolonisierung angesiedelt war und folglich nicht nur in zeitlicher, sondern auch in räumlicher Ferne lag.

440   *Amerika 1492*

In seiner Geschichte Kanadas, die 1664 veröffentlicht wurde, zeigte François du Creux einen Huronen, der eine Pfeife raucht. Obwohl die Muskulatur europäisch ist, spiegeln der Umhang, die Mokassins und die Tätowierungen tatsächliche Bräuche wider. Die Huronen waren Mittelsmänner im Handel im östlichen Waldland.

Amerikanische Grenzen 441

In Anbetracht der Tatsache, daß keine schriftlichen Unterlagen über die Zeit der Hügelbauer vorliegen, können wir nur rätseln, ob es in den mexikanischen Kolonien so hochentwickelte, regulierte Märkte gab, wie Cortes' Männer sie in Tenochtitlan fanden, wo Staatsbeamte feste Bereiche für die verschiedenen Waren festlegten und ständig patrouillierten, um einen fairen Handel zu gewährleisten. Wir wissen nicht, *wie* der Handel bei den Hügelbauern aussah und ob er durch Unternehmer oder Händlergilden abgewikkelt wurde wie in Mexiko, sind aber ziemlich sicher, daß es eine Art Tauschhandel war, mit allen damit verbundenen Implikationen, und wir können einige der Artefakte zu Ursprungsorten zurückverfolgen, die weit von ihrer letztendlichen Fundstätte entfernt lagen. Dingliche Gegenstände bezeugen die Existenz von Handelsbeziehungen; die Schlußfolgerungen, die sich aus ihnen ziehen lassen, sind jedoch sehr begrenzt.

Ähnlich ist die Veränderung in der Anlage der Mounds, die etwa um das Jahr 800 n. Chr. erfolgte, zwar Hinweis auf eine wahrscheinliche nördliche Ausdehnung der mexikanischen Kolonisierung oder Einflußnahme, sagt aber nichts über die Prozesse aus, die dazu führten, obwohl wir ziemlich sicher sein können, daß eine mexikanische Migration nach Louisiana entweder direkt oder indirekt für die Einführung und Verbreitung der oben abgeflachten Pyramidenhügel verantwortlich war, die an die Stelle der älteren konischen Begräbnishügel traten. Anscheinend brachte die Veränderung der Form auch eine Veränderung der Funktion mit sich. Cahokia, das größte nordamerikanische Zentrum der Hügelbauer, dem heutigen St. Louis gegenüber auf der anderen Seite des Mississippi in Illinois gelegen, wurde als Stadt von mehr als 10 000 Einwohnern beschrieben. Sie war ein »Zentrum der Religion, des Handels, der Wirtschaft, der Regierung und der gesellschaftlichen Aktivitäten für ein gewaltiges Gebiet. Zahlreiche massive Hügel trugen Tempel und die Behausungen der herrschenden Klasse«, schrieb der Archäologe William Iseminger. »Tausende von strohgedeckten Holzhäusern für die Stadtbewohner erstreckten sich meilenweit durch das umliegende Tiefland. In der Nähe lagen mehrere Satellitenstädte, Vororten ähnlich, die zum Unterhalt der eigentlichen Stadt beitrugen.«

Daß es in Cahokia hochentwickelte gesellschaftliche, wirtschaftliche und politische Strukturen geben mußte, um die äußeren Strukturen zu schaffen und zu erhalten, scheint außer Frage zu stehen, aber in bezug auf die konkreten Abläufe und Arrangements gibt es viele verschiedene Möglichkeiten. Cahokia war das herausragendste Beispiel eines Kulturtypus, der von den Archäologen als Mississippi-Kultur bezeichnet wird und dessen Spuren bis hoch im Norden in Aztlan (am Lake Mills, Wisconsin) und an den Mississippi-Zuflüssen Ohio und Tennessee zu finden sind. Die abgeflachten Pyra-

Bilder des langnasigen Gottes wurden mit dem Handel, wahrscheinlich mit Mexiko, assoziiert. Archäologen fanden Gegenstände wie diesen im ganzen Osten der Vereinigten Staaten. Eine weitere Assoziation zwischen diesen Artefakten und Kontakten mit Mexiko liegt in der Tatsache, daß sie in den Mississippi-Gemeinschaften häufig im Zusammenhang hochentwickelter religiöser und politischer Symbolismen verwendet wurden.

miden, für diese Kultur typisch, sind nach Osten bis an die Atlantikküste Floridas und nach Westen bis nach Spiro im gegenwärtigen Oklahoma verbreitet.

James Warren Porter entdeckte in Aztlan Kieselschiefer, die aus Cahokia stammen, und schlußfolgerte daraus, daß Aztlan »direkte Verbindungen mit Cahokia hatte«. Melvin L. Fowler schreibt in aller Deutlichkeit: »In gewisser Weise ist die ganze amerikanische Talsohle [des Mississippi-Tales] eine einzige große Fundstätte der Mississippi-Kultur.«

Die von Plattformhügeln dominierten Fundstätten der Mississippi-Kultur lassen auf mehr als nur die schlichte Verwaltung einer homogenen Bevölkerung schließen. Die größeren Städte waren von Palisaden umgeben, woraus sich schließen läßt, daß sie kolonialistische Zentren inmitten »einheimischer« Stammesvölker waren. Die weiter entfernten dieser Zentren schei-

Amerikanische Grenzen

nen um das 13. Jahrhundert n. Chr. ein relativ abruptes Ende gefunden zu haben. James W. Porter meint, dies »kann als Zerfall des Marktsystems und als Rückkehr zu einem einfacheren und individualistischeren Verteilungssystem gewertet werden – einem System, das bei den Waldlandbewohnern nie völlig fehlte«. Aber dies sagt nichts darüber aus, *wieso* das Marktsystem endete.

In seiner Magisterarbeit über *The Southeastern Indians* schreibt Charles Hudson, daß »die Träger einiger Elemente der mesoamerikanischen Kultur möglicherweise Pochtecas waren, reisende aztektische Händler, deren Anwesenheit in Nordamerika sich vielleicht durch die Tatsache stützen läßt, daß in vielen Stätten der Mississippi-Kultur seltsame Muschel- und Kupfermasken eines ›langnasigen Gottes‹ gefunden wurden. Nun ist es aber so, daß die Pochtecas einen Gott, Yacatecuhtli, verehrten, der oft mit einer langen Nase dargestellt wurde.« Es wäre denkbar, daß die Pochtecas vor der eigentlichen Migration, von der die Überlieferung der Natchez berichtet, sozusagen das Gelände erkundeten, wobei man in Anbetracht der Natur des Geländes davon ausgehen kann, daß sie über das Meer an die Mündung des Mississippi gelangten.

Wir dürfen jedoch nicht als erwiesen annehmen, daß alle Variationen der Mississippi-Kultur von den Einflüssen Mexikos bestimmt waren. Obwohl die Überlieferung der Natchez von einer Auswanderung aus Mexiko zu einer Zeit dortiger Schwierigkeiten spricht, obwohl die Plattformhügel der Mississippi-Kultur zu einer Zeit in Erscheinung traten, in der es in Mexiko am turbulentesten zuging, und obwohl allgemeine Übereinstimmung darüber herrscht, daß die Einführung des Maisanbaus für die Mississippi-Kultur von zentraler Bedeutung war, spricht die Wahrscheinlichkeit dafür, daß die weite Ausbreitung der Mississippi-Kultur das Phänomen einer riesigen, aus sich vermischenden Bevölkerungen bestehenden Grenzregion war. Es gibt überzeugende Beweise dafür, unter anderem in der unterschiedlichen Form und Anlage der Plattformhügel, daß lokale Innovationen und regionale Interaktionen den mexikanischen Einfluß modifizierten, ganz gleich wie er übermittelt wurde. Die Tempelhügelbauer benutzten Pfeil und Bogen, wie die »Barbaren«, und nicht den Atlatl der imperialen Völker. Und wir dürfen die Bemerkung des Erzählers der Überlieferung nicht vergessen, daß »erst nach vielen Generationen die Große Sonne in diesem Land zu uns kam ... wo wir uns wie die Blätter der Bäume vermehrt hatten«. In der menschlichen Geschichte bedeuten Zeit und Vermehrung immer auch Trennung. Je weiter diese Mexikaner sich von ihrer Heimat entfernten, desto weniger fühlten und handelten ihre Nachkommen wie ihre Vorfahren.

444   *Amerika 1492*

So kam es, daß die Mississippi-Kultur sich in Varianten manifestierte, die von den Archäologen als die zentrale Mittlere-Mississippi-Kultur und an ihrer Peripherie (im Uhrzeigersinn ausgehend von »6 Uhr« an der Flußmündung) als Plaquemine-, Caddo-, Oneota-, Fort-Ancient- und Süd-Appalachen-Mississippi-Kultur bezeichnet werden. Allem Anschein nach waren die Vertreter der Mississippi-Kultur zu Anfang aggressiv und stießen von ihrem Kerngebiet nach außen vor, zogen sich jedoch Jahrhunderte später wieder von ihren weitesten Außenpunkten zurück. Diese Bewegungen waren von Region zu Region unterschiedlich, und es muß an dieser Stelle noch einmal betont werden, daß das, was wir kennen, kulturelle Vektoren sind, die von Wanderungen von Personen unabhängig sein können. Der Grund dafür, daß die Mississippi-Kultur etwa um das Jahr 1300 n. Chr. aus Wisconsin verschwand, könnte darin gelegen haben, daß die zunehmende Trockenheit die Bewohner dazu zwang, den Bodenbau aufzugeben und zur Jagd und zum Fischfang zurückzukehren, einer Lebensweise, für die kleine, verstreute Niederlassungen geeigneter waren als große Städte. Es könnte aber auch sein, daß die Bevölkerung in den Süden abwanderte. Wir können im Augenblick nur die äußeren Zeichen eines kulturellen Wandels erkennen.

Im Südosten dagegen stand die Mississippi-Kultur immer noch in voller Blüte, als Hernado de Soto und seine Truppen die Region zwischen 1539 und 1543 verwüsteten. Es ist nicht weiter schwer, den Schluß zu ziehen, daß seine katastrophale *entrada* der Grund für die dortigen kulturellen Veränderungen war.

Obwohl vieles mutmaßlich bleiben muß, steht doch fest, daß die Migrationen in Nordamerika keine Einbahnstraße waren, ebensowenig wie die Akkulturationen. Migrationen aus dem Norden und Nordwesten in den Süden waren über viele Generationen hinweg eine Konstante, und dabei kam es unausweichlich zu Begegnungen mit den nach Norden ziehenden Nachfahren der Einwanderer aus dem Süden. Die Wanderer paßten sich auf ihrem Weg an die unterschiedlichsten Bedingungen an, und zu diesen Bedingungen gehörten auch die vorstoßenden Vertreter der Mittleren-Mississippi-Kultur. Daraus entstand ein »lokales Wachstum«, wie der Archäologe James B. Griffin es bezeichnete, oder vielmehr eine Vielzahl lokaler Wachstümer mit mehr als nur »einem Zentrum«.

Wir müssen uns noch mit den direkteren Grenzen im Norden der urbanen Ausbreitung Mexikos befassen, also den trockenen Sonora-Gebieten Mexikos und des Südostens der Vereinigten Staaten, die ungeachtet politischer Grenzen eine zusammengehörige klimatische Einheit bilden. Die vielleicht wichtigste Beobachtung bezüglich dieser großen Region ist die, daß

Amerikanische Grenzen

Eine Ansammlung von Mounds im heutigen Georgia. Diese aus Erde aufgeschütteten Überreste von Tempel- und Häuserplattformen wurden von den Vorfahren der südöstlichen Stämme angelegt, denen die Europäer im sechzehnten Jahrhundert begegneten. Diese zeremoniellen Zentren basierten auf verschiedenen Formen des Austauschs und des Tributs. Manche von ihnen wurden noch im Jahre 1492 benutzt.

die städtischen Mexikaner kein großes Interesse an ihr hatten, abgesehen davon, daß sie mit ihr Handel trieben. In dieser Region lebten die »barbarischen« Chichimeken. Anders als im Fall der Kolonisierung des fruchtbaren Mississippi-Tales waren die Mexikaner hier ständig auf der Hut vor Einfällen der Chichimeken aus dem Wüstengebiet. Den Legenden zufolge stammten die Azteken selbst aus diesem unwirtlichen Land und wanderten von dort ins fruchtbare Tal von Mexiko ab. Die Linguistik zeigt eine Verwandtschaft zwischen ihnen und den anderen Mitgliedern der Uto-Aztekischen Sprachfamilie, den Sonorisch und Shoshone oder Nördliches Uto-Aztekisch sprechenden Völkern, die zurückblieben, als die Azteken in den Süden wanderten.

Schon vor den Azteken reichte der mesoamerikanische Handel bis zu den Türkisminen im Chaco Canyon im heutigen nordwestlichen New Mexico. Zwischen den Minen und den Märkten von Teotihuacan und Tula nahmen die Kunsthandwerker von Alta Vista in Zacatecas und Casas Grandes in Chihuahua die Türkise in Empfang, verarbeiteten sie zu Schmuckstücken und schickten sie weiter in die großen Städte. Wie Richard A. Diehl es beschreibt, besaßen diese Zwischenstationen »kolonialistische« Kulturen, in denen die Masse der Bevölkerung unter der harten Herrschaft einer Elite ausgebeutet und unterdrückt wurde, wobei es sich durchaus um lokal unabhängige Herrscher gehandelt haben könnte. »Obwohl die nordmexikanischen Zentren des Bergbaus und des Handels im ständigen Kontakt mit den zentralmexikanischen Städten standen, ist nicht bekannt, welches Maß an Kontrolle letztere über sie ausübten... Jedenfalls hätten die Außenposten ohne die südlichen Absatzmärkte für ihre Produkte nicht überleben können«, schrieb Diehl. Das System zerbrach irgendwann im 13. oder 14. Jahrhundert (verführerisch nahe an der Zeit, in der die nordamerikanischen Mississippi-Kulturen einen traumatischen Niedergang erlebten).

Man muß zwischen dem regionalen und dem Fernhandel über weite Strecken unterscheiden, obwohl einige Zentren wahrscheinlich beide Formen kannten. Die spektakulären Ruinen von Chaco Canyon beweisen, daß seine kommerziellen Aktivitäten einer politischen Kontrolle unterstanden, wahrscheinlich dem, was die Anthropologen ein Häuptlingstum nennen. Zwischen 900 und 1130 oder 1140 n. Chr. erbaute die Canyon-Gemeinschaft gerade Straßen, welche die Siedlungen des Canyon selbst miteinander verbanden und radial zu Außenposten ausstrahlten, die bis zu 100 Kilometer oder mehr außerhalb lagen. Innerhalb dieses Systems wurden 125 Städte oder regionale Zentren identifiziert, die nicht nur miteinander und mit Mesoamerika Handel trieben, sondern auch mit den Plains-Indianern im Osten und mit der Pazifikküste im Westen (wobei es um den Erwerb von Muschelschalen ging). Einige kulturelle Merkmale das Südwestens, so z. B. die gekerbte Axt, könnten ursprünglich im Osten beheimatet gewesen sein.

Leider reicht der Platz nicht aus für eine ausführliche Diskussion über den Aufstieg und Fall und Wiederaufstieg der komplexen Handelssysteme der Region Sonora/Südwesten, und leider würde ein großer Teil dieser Diskussion auf Spekulationen beruhen. Aber wie es aussieht, erlebte der Handel im nordwestlichen Mexiko um das Jahr 1500 n. Chr. herum einen neuen Aufschwung und verband die Außenposten Culiacan, Gusave und Casas Grandes mit Zentralmexiko.

Unter den Archäologen, die sich auf den Südwesten spezialisiert haben, gibt es hitzige Diskussionen darüber, ein wie großer Teil der allgemeinen Kultur dieser Region auf Diffusion bzw. auf Kolonisierung durch Mesoamerika zurückzuführen ist oder wieviel davon die unabhängige Innovation der einheimischen Völker war. Solange keine genaueren Daten vorlie-

Amerikanische Grenzen

gen, muß man den gesunden Menschenverstand zu Hilfe nehmen. Der mexikanische Einfluß zeigt sich deutlich an den zeremoniellen Gegenständen, an der Architektur, an den Bewässerungssystemen, an den Handelswaren und, wie immer, an der Maiskultivierung. Ebenso deutlich ist, daß die südwestlichen Kulturen kein Abklatsch des Beckens von Mexiko waren. Die hier ansässigen Völker schufen ihre Kulturen aus dem, was sie zur Verfügung und in ihren Köpfen hatten, statt nur Muster zu imitieren, die vage aus der fernen Metropole zu ihnen drangen. Wenn es auch wahr ist, daß der Einfluß Mexikos über sehr weite Entfernungen reichte, so ist es doch gleichermaßen wahr, wie Diehl bemerkt, »daß Zivilisationen nicht verstanden werden können ohne die Kenntnis dessen, was sich an ihren Peripherien abspielte«. Kurz gesagt, Grenzregionen besitzen ein eigenes Leben, das in seinem eigenen Kontext erforscht werden muß. In dieser Hinsicht muß vor allem vermerkt werden, daß der blutrünstige Gott Zentralmexikos *nicht* bis in den Südwesten vordrang, ebensowenig wie die Rituale der Menschenopferung, obwohl gütigere Götter in der Form der Kachinas durchaus in den Norden gelangten und zu einem integralen Bestandteil der Rituale der Pueblos wurden.

Zu den ältesten und ausgeprägtesten Kulturen des Südwestens der Vereinigten Staaten gehört die in der Wüste Südarizonas angesiedelte Hohokam-Kultur, die Schätzungen zufolge um das Jahr 300 v. Chr. entstand und bis etwa 1450 n. Chr. ununterbrochen durch Artefakte nachgewiesen werden kann. (Man nimmt an, daß die Pima und die Papago Nachfahren der Hohokam-Kultur sind.) Anscheinend herrscht eine relativ hohe Übereinstimmung darüber, daß die Vertreter der Hohokam-Kultur in voraztekischer Zeit »eine mesoamerikanische Gesellschaft der nördlichen Peripherie« waren. Eine komplexere Interpretation der Ursprünge der Hohokam-Kultur hat neben dem Handel und anderen Formen der Interaktion mit den Mexikanern und anderen Völkern ihrer eigenen Region auch eine lokale Evolution zum Inhalt. Der mexikanische Einfluß, in welcher Form auch immer er ausgeübt wurde, breitete sich über große Teile des Südwestens aus und strahlte weit über das Gebiet der Hohokam-Kultur aus bis zu den Mogollon, den Anasazi, den »Alten« des »Vierländerecks« von Utah, Colorado, New Mexico und Arizona und zu einer Reihe lokaler und regionaler Gruppen anderer Lesart. Die ehemaligen Jäger und Sammler der uralten Wüstenkultur des Great Basin übernahmen die Landwirtschaft, und was immer sonst sie an den mexikanischen Importen faszinierte, und entwickelten eine allgemeine Südwestliche Kultur mit regional angepaßten Subkulturen. Sie war, wahrscheinlich aufgrund der Umweltbedingungen, für diese Region spezifisch.

Wieder verursachte irgend etwas um das 13. Jahrhundert n. Chr. herum
einen Niedergang, so daß der Südwesten heute eine Reihe von Geisterstäd-
ten jener allgemeinen Kultur der »Alten« aufweist, so z. B. Mesa Verde. Die
im 16. Jahrhundert eintreffenden Spanier fanden drei größere Pueblo-Zen-
tren vor, die noch heute existieren: Zuni-Acoma, die Gemeinwesen am
nördlichen Rio Grande und die Hopi des Mesa-Gebietes.

Aber vor den spanischen Invasoren kamen die Apache und Navajo, die
etwa 1400 n. Chr. im Südwesten eintrafen, nachdem sie aus dem »großen
Bienenkorb« der athapaskisch sprechenden Völker im kanadischen
Mackenzie-Becken ausgewandert waren. Nun wiederholte sich ein überall
auf der ganzen Welt bekanntes Phänomen, als nämlich die nomadisieren-
den, athapaskisch sprechenden Jägervölker anfingen, die fest ansässigen,
Bodenbau treibenden Pueblos zu überfallen. Im Laufe der Zeit, aber erst,
als die Spanier in schon »historischer« Zeit aus dem Süden eintrafen, gingen auch die athapaskischen Apache-Navajo zu einer seßhafteren Lebensweise über und übernahmen von den Pueblos die Weidewirtschaft und von
den Spaniern das Pferd. Die damit verbundenen Prozesse waren turbulent
und veränderten sich auch weiterhin durch die Invasion der »Amerikaner«
im 19. Jahrhundert. In dieser ganzen Zeit blieb die ursprünglich an der
Grenze, an der Peripherie der mexikanischen Stadtstaaten begründete kulturelle Tradition diejenige, die am längsten andauerte und sich am langsam-
sten veränderte. Selbst heute noch ist vieles auch für das ungeübte Auge erkennbar, angefangen bei der Kunstfertigkeit der Zuni im Bereich der
Schmuckherstellung, über den Zeremonialismus der Hopi bis hin zu den
Adobe-Bauten der Tao.

Der trockene Südwesten steht unverkennbar in einem krassen Gegensatz
zum fruchtbaren, wasserreichen Tal des Mississippi, so daß man Unterscheidungen treffen muß, wenn beide als Grenzregionen angeführt werden.
Vielleicht wäre es besser, den geographisch belegten Begriff »Region« aufzugeben, um die beiden riesigen Gebiete abstrakter als »Zonen« miteinander vergleichen zu können. Was sie vergleichbar machte, waren die menschlichen Aktivitäten und nicht die Geographie. Beides waren Gebiete, in
denen nach außen strebende Träger dynamischer mexikanischer Kulturen
einströmenden Trägern völlig anders gearteter Kulturen begegneten und
die einzelnen Völker sich auf die unterschiedlichste Weise anpaßten. Die
Akkulturation war unverkennbar eine dieser Weisen. Ebenso unverkennbar waren Kriege eine andere.

Es ist nicht ganz einfach, sich das alles als Zone vorzustellen, da das betreffende Gebiet so viel größer war als das zentrale Mexiko, von wo der
dominierende Impuls ausging, aber andererseits war dieses Muster in der

Amerikanische Grenzen

449

menschlichen Geschichte auch nichts Einmaliges. Man könnte sogar sagen, daß es durchaus üblich war. Die Stämme Attikas breiteten sich durch Handel und Eroberung über riesige Gebiete aus und begründeten das hellenistische Zeitalter, das rund um das östliche Mittelmeer Tausende von Jahren andauerte. Die Römer folgten ihrem Beispiel im westlichen Teil des Mittelmeeres und in Nordeuropa. Das allgemeine Muster ist also relativ klar. Zum weiteren Verständnis nötig ist die Anerkennung der grundlegenden Annahme, daß die Stadtstaaten Mexikos die gleiche expansive Dynamik besaßen wie Griechenland und Rom (und Persien und China). Diese allem anderen zugrunde liegende kulturelle Macht Mexikos wird durch seinen Mangel an politischer Macht überlagert; seine Herrscher konnte nicht über ihre Kernbevölkerung hinaus regieren.

Kehren wir in die nördliche Grenzzone zurück und fügen wir dem Bereich des mexikanischen Einflusses ein weiteres Segment hinzu. Dazu müssen wir anderen Migrationsmustern folgen. Die große linguistische Familie der Algonkin-Sprecher wanderte, von Alaska kommend, in erster Linie nach Osten, nicht nach Süden, bis einige von ihnen den Atlantik erreichten. Die Ojibwa besitzen eine Überlieferung, derzufolge sie, am Atlantik angekommen, wieder die entgegengesetzte Richtung einschlugen, bis sie und die mit ihnen verwandten Ottawa sich an den nördlichen Ufern der Großen Seen niederließen. Die nördlichen Algonkin-Sprecher, die in Gebieten lebten, in denen der Bodenbau entweder völlig unmöglich oder bestenfalls riskant war, hielten auch weiterhin an ihrer von der Jagd, der Fischerei und dem Sammeln geprägten Lebensweise fest, aber andere setzten sich sozusagen von dem allgemeinen Trend nach Osten ab und zogen nach Süden, wo sie schließlich mit den nach Norden vorstoßenden Vertretern der Mississippi-Kultur in Berührung kamen.

Die Algonkin sprechenden Delaware wanderten bis an den Atlantik und erzählten im späten 18. Jahrhundert dem moravianischen [angelsächsischer Zweig der Brüdergemeinde] Missionar John Heckewelder die Geschichte ihrer Wanderung. Er gab sie an die *American Philosophical Society* weiter. Laut dieser Überlieferung gelangten die Vertreter der algonkischen und irokesischen Sprachfamilie aus möglicherweise verschiedenen Richtungen in den Nordosten; die Delaware kamen aus dem Westen, und die Fünf Nationen der Irokesen »stießen zu ihnen«.

Eine Prozession von Natchez-Indianern, angeführt von einem Mann, der ein Kalumet, eine zeremonielle Pfeife trägt, geht zu einer Hütte, in der Europäer warten. Als Zeichen der Ernsthaftigkeit und als Instrument der Diplomatie breitete sich das Kalumet in den Jahrzehnten vor 1492 von den Caddo-Stämmen am unteren Mississippi immer weiter nach Osten aus.

Amerikanische Grenzen

Zu einer nicht näher definierten Zeit (die Stärke von Überlieferungen liegt nun einmal nicht unbedingt in ihrer chronologischen Genauigkeit) führten die beiden Völker Krieg gegen ein östlich des Mississippi ansässiges »Allegewi«-Volk, bei dem es sich offensichtlich um Vertreter der Mississippi-Kultur handelte. Heckewelder fügte hinzu, er persönlich habe viele Allegewi-Festungen gesehen, von denen eine »etwa 30 Kilometer nordöstlich von Detroit« lag, mit »großen abgeflachten Hügeln« in der Nähe. Nach dem Sieg der Verbündeten überließen die besiegten Allegewi »das Land den Eroberern und flohen den Mississippi hinunter, von wo sie niemals zurückkehrten«. Die Chronologie der Überlieferung ist auf zu komplexe Weise verworren, als daß sie an dieser Stelle analysiert werden könnte, enthält jedoch genügend belegbare Daten, um daraus schließen zu dürfen, daß die Allegewi den mexikanischen Einfluß bis nach Ontario getragen hatten, wo sie schließlich zu einem überstürzten Rückzug gezwungen wurden. Archäologen konnten belegen, daß das Monongahela-Tal – von dem man annehmen darf, daß es sich um Allegewi-Territorium handelte – irgendwann nach 1300 n. Chr. verlassen wurde.

Aus archäologischen Untersuchungen wissen wir, daß die östlichen Algonkin und Irokesen etwa um das Jahr 1000 n. Chr. anfingen, Bodenbau zu betreiben. Cadwallader Colden zeichnete eine irokesische Überlieferung auf, derzufolge »die Fünf Nationen den Maisanbau ganz zu ihrer Angelegenheit machten« und mit den nördlichen, jagenden Algonkin (Kanadas, die jenseits der Grenze für den Maisanbau lebten) »Mais gegen Fleisch« tauschten, ähnlich wie im Fall des historisch belegten Handels zwischen den Huronen und den Nipissing.

In Fachkreisen herrscht keine Einigkeit über die Frage, woher diese Irokesen ursprünglich kamen, aber offensichtlich waren sie zu einem relativ frühen Zeitpunkt unter den mexikanisch-mississippianischen Einfluß geraten. Linguistische Studien lassen darauf schließen, daß sie möglicherweise aus dem Süden gekommen waren und unterwegs einen Teil ihrer Leute »verloren« hatten. Die irokesischen Cherokee, deren Sprache dem Proto-Irokesisch am nächsten ist, ließen sich in den Bergen Nord-Carolinas und Tennessees nieder, und die »Genealogie« der irokesischen Sprachen, die von Professor Marianne Mithun aufgestellt wurde, vertritt mit Nachdruck eine Nordwanderung anderer Stämme, die sich dann am Ontario-See und am oberen St. Lorenz ausbreiteten. Professor Mithun nennt keinen Ausgangspunkt für die Wanderungen und meint warnend, daß Tausende von Jahren zwischen den Migrationen der einzelnen Zweige der irokesischen Familie gelegen haben könnten. Es wird sicherlich nötig sein, ihre Feststellungen mit den Chronologien von Hypothesen über *in-situ*-Entwicklungen materieller Kulturen abzugleichen, aber niemand wird bestreiten wollen, daß auch Sprache ein Teil von Kultur ist.

Wie immer das Ergebnis aussehen mag, die mexikanische Grenzzone im Nordosten fand an der Linie, die durch den Kanadischen Schild gebildet wird, ein abruptes Ende. Jenseits dieser Linie war der Bodenbau unmöglich. Wie im Südwesten entwickelte sich unterhalb dieser Linie eine allgemeine nordöstliche Kultur. Die Kommunikation war konstant und relativ leicht zu bewerkstelligen. Als die europäischen Händler kamen, brauchten sie nichts weiter zu tun, als am St. Lorenz, am Connecticut, am Hudson, am Delaware und an der Chesapeake Bay Handelsstationen zu gründen und sich in das bereits existierende einheimische Netz einzuklinken. Die indianischen Händler kamen über seit langem bestehende Wege zu Land und über das Netz von Flüssen zu ihnen. Obwohl der Nordosten durch ein hohes Maß an Verkehr und Vermischung charakterisiert war, entstand daraus nie eine homogenisierte Bevölkerung. Die Irokesen und die Algonkin behielten ihre unterschiedlichen Kulturen bei, auch wenn sie gegenseitige Anleihen machten, und die »Fünf Nationen« der Irokesen standen ihren umliegenden Nachbarn feindlich gegenüber. Als Samuel de Champlain im Jahre 1609 am St. Lorenz eintraf, schloß er sich kriegerischen Gruppen an, die gegen die Nationen der Irokesen aufmarschierten. Sowohl die Überlieferungen der Delaware wie auch die der Irokesen betonen die Feindschaft zwischen den beiden Völkern, die erst mit der Gründung der *Covenant Chain Bicultural Confederation* im Jahr 1677 ein Ende nahm.

Auf der nordwestlichen Seite des Kerngebiets der Mississippi-Kultur wurde der mexikanische Einfluß von den Mandan weitergetragen, deren Überlieferungen von einer Wanderung vom Oberlauf des Mississippi nach Westen an den Missouri berichten. Sie hatten, als sie noch am oberen Mississippi lebten, den Maisanbau entweder direkt oder indirekt übernommen und gaben ihn an die Hidatsa weiter, als diese am Missouri zu ihren Nachbarn wurden. Die Cheyenne, die einem ähnlichen Muster folgten, betrieben anscheinend ebenfalls die Landwirtschaft, als sie in Minnesota am obersten Teil des Mississippi lebten, wurden jedoch von feindlichen Stämmen gezwungen, nach Westen und nach Nord-Dakota abzuwandern.

Der Maisanbau markiert die äußerste Ausdehnung des indirekten mexikanischen Einflusses. Jenseits der Mandan und der Cheyenne lebten Völker, die aufgrund seiner symbolischen Bedeutung in ihren religiösen Ritualen Tabak anbauten, ansonsten aber Jäger waren, für die der Mais in erster Linie der Subsistenzsicherung diente. Wie nicht anders zu erwarten, entstanden bei den Maisbauern des Missouri Handelszentren, an denen ein Austausch zwischen Völkern mit gegensätzlichen Kulturen stattfand. Der Eth-

Amerikanische Grenzen

Dieses komplexe aztekische Mosaik zeigt ein Ballspiel. Es ist Beweis für den hohen Stellenwert von steinernen Arbeiten, für die Materialien aus fernen Quellen benutzt wurden. Der Türkis in diesem Stück wurde wahrscheinlich aus dem Südwesten der heutigen Vereinigten Staaten importiert (National Museum of the American Indian).

nohistoriker William R. Swagerty bemerkt: »Ein günstiger geographischer Standort und eine Spezialisierung von Ressourcen und handwerklichen Fertigkeiten versetzten die Stämme des Mittleren Missouri in die Lage, die Position von ›Mittelsleuten‹ in einem die Kulturen und Stämme übergreifenden Handel einzunehmen, der die an den Flüssen ansässigen Bodenbauern mit den Jägern des Hochlandes verband.«

Wenn man die Ausdehnung des mexikanischen Einflusses in seiner Gänze betrachtet, sieht man, daß Topographie und Klima nicht die einzigen Faktoren waren, die ihm Grenzen setzten. An der ganzen Peripherie gab es einen ständigen Einwärtsschub seitens neuer, aus dem Nordwesten kommender Einwanderer. Obwohl diese Jägervölker keinen Mais anbauten, trieben sie eifrig Handel miteinander. In The Dalles, an der Stelle, an der Columbia die Kaskadenkette Oregons und Washingtons durchschneidet, fand ein jährliches »Treffen« statt, das mit den europäischen Jahrmärkten vergleichbar war. Hier, wo die Fische den Fluß hinaufzogen, um zu laichen, spielte der Lachs und nicht der Mais die zentrale Rolle. Millionen von Lachsen wurden jeden Sommer gefangen, getrocknet, geräuchert und mit indianischen Händlern aus der ganzen Region getauscht.

Selbst die nomadischen Jäger Alaskas besaßen ein fest etabliertes vorkolumbianisches Handelssystem, bei dem es um den Tausch von Pelzen und Holzschnitzereien gegen sibirische Metallgegenstände und Rentierhäute ging. Am Kotzebue Sound, am Norton Sound und am Yukon-Delta wurden jährliche Sommermärkte abgehalten, zu denen die Binnenlandstämme Jadeit, Eisenocker und Kleider aus Häuten brachten, um sie gegen Robbenfelle und Robbenöl zu tauschen. Edward H. Hosley schreibt: »Vor der Intervention der Europäer in Alaska gab es Handelsnetze rein einheimischer Machart, die von Nordostasien bis ins innere Alaska reichten.«

Offensichtlich lagen diese Handelssysteme jenseits eines selbst indirekten Einflusses Mexikos. Ebenso offensichtlich dienten die regelmäßig stattfindenden Handelszusammenkünfte nicht nur dem Austausch von Waren, sondern einer Vielzahl anderer Funktionen. Sie boten die Möglichkeit zu friedlichen Kontakten zwischen den verschiedenen Gruppen, bei denen es zu geselligen Zusammenkünften kam, wie sie draußen in der Wildnis nicht möglich waren. Solche Gelegenheiten förderten den allgemeinen Zusammenhalt: Religiöse Zeremonien wurden abgehalten, Ehen geschlossen und Bündnisse geschmiedet. Abgesehen davon, daß sie mit materiellen Gütern handelten, tauschten die Teilnehmer auch Ideen, Kenntnisse und Fertigkeiten aus. Die Märkte waren Kanäle für die Diffusion von Kultur über weite Gebiete. Die jagenden Völker, die im Jahre 1492 das nördliche Drittel Nordamerikas bewohnten, unterschieden sich zwar in Einzelheiten voneinander, besaßen aber eine gemeinsame alte Kultur, in der die sommerlichen Zusammenkünfte von herausragender Bedeutung waren. Ein aufmerksamer französischer Beobachter im östlichen Kanada, Pater Joseph François Laufitau, schrieb im Jahre 1724: »Die indianischen Stämme treiben seit undenkbaren Zeiten Handel miteinander... Die Feste und Tänze, die sie abhalten, wenn sie mit anderen Stämmen handeln, machen diesen Handel zu einer erfreulichen Abwechslung... Ihre Art, Handel zu treiben, besteht in einem Austausch von Geschenken.«

Amerikanische Grenzen

Über die Völker des Polarkreises stehen uns nicht so viele Informationen zur Verfügung. Jüngste Untersuchungen haben jedoch ergeben, daß selbst an den nördlichsten Breitengraden »intensive Handelsbeziehungen« zwischen Eskimo und Indianern »Seite an Seite mit kämpferischen Auseinandersetzungen« existierten. Die Eskimo legten zweifelsfrei sehr weite Strecken zurück. Um das Jahr 1000 n. Chr. breiteten sich die Vertreter der Thule-Kultur vom westlichen Alaska über das nördliche Kanada bis nach Grönland aus.

Als Kolumbus im Jahre 1492 seine schicksalhafte Landung tätigte, waren die beiden Amerikas die Heimat zweier großer Stadtstaaten, welche die Erben vieler Generationen komplexer Hochkulturen waren. In Südamerika war das Reich der Inka anscheinend implosiv in sich geschlossen, aber die ältere und dichter bevölkerte Gesellschaft Zentralmexikos hatte Kolonien ausgesandt und riesige Handelsnetze geschaffen, die wahrscheinlich bis nach Südamerika und erwiesenermaßen bis nach Nordamerika reichten. Falls die Vorstellung von einem »Transfer von Zivilisationen« überhaupt einen Wert besitzt, so muß man in den beiden Amerikas Mexiko als Ausgangspunkt nennen. Durch welche Methoden auch immer der mexikanische Einfluß entstanden war, wir konnten ihn (der auf die Zeit vor den Azteken zurückgeht) in einem gigantischen Bogen aufspüren, der den Südwesten der Vereinigten Staaten, das ganze Mississippi-Tal und den ganzen Osten, in dem der Maisanbau möglich ist, umspannt. Jenseits dieses riesigen Bogens lebten Völker, welche die alte Lebensweise der Jagd, des Fischens und des Sammelns beibehalten hatten.

Vor allem bemerkenswert sind die akkulturativen Prozesse der Grenzzonen, in denen die Völker Bekanntschaft miteinander schlossen und voneinander lernten, während sie gleichzeitig ihre individuelle Identität wahrten. Die Grenzzonen waren sozusagen historische Laboratorien eines kulturellen Pluralismus, aus dem wir heute noch lernen können.

Manche Vergleiche scheinen in Ordnung zu sein. Im Jahre 1492 lebten die amerikanischen Indianer unter Regierungen, die fast ebenso unterschiedlich waren wie die in Europa. Der beliebte Mythos, die Indianer seien Anarchisten gewesen, die in »wilder Freizügigkeit« lebten, ist das Produkt ideologischer Mutmaßungen. Obwohl es ihnen in technologischer Hinsicht an einigem mangelte – so z. B. fehlten ihnen beräderte Fuhrwerke, Zugtiere und große Segelschiffe –, unterhielten die indianischen Völker überall Handels- und Verkehrsnetze, die manchmal Tausende von Kilometern überspannten.

Es gab jedoch auch beträchtliche kulturelle Unterschiede, die nicht so auffällig waren wie die technologischen – nicht zwischen den wilden Indianern und den zivilisierten Europäern, sondern zwischen speziellen Institutionen in ihrer Politik und ihrem Handel. Ein großer Vorteil der Europäer war das einfache, auf einem Alphabet basierende Schriftsystem, das unpersönliche, bürokratische Nationen-Staaten ermöglichte, die dazu in der Lage waren, Macht zur Eroberung und Beherrschung unterworfener Völker zu sichern und zu konzentrieren. Die Azteken und Inka waren, obwohl sie große Territorien eroberten, nie dazu in der Lage, ihren Herrschaftsbereich zu stabilisieren; ihre Armeen waren ständig damit beschäftigt, Aufstände niederzuschlagen.

Ein weiterer Vorteil, den die Europäer besaßen, war das Geld, das allgemein verbreitet war und eine genaue Buchführung ermöglichte. Dank des Geldes und der Alphabetisierung (und mit Hilfe der indo-arabischen Zahlen) besaßen die Europäer im Jahre 1492 eine Reihe von Dingen, die für den Handel wichtig waren: Kredite, Banken, Versicherungen, Buchhaltung und – nicht zuletzt – Klassen und Zusammenschlüsse von Händlern, die mächtig genug waren, ihren individuellen Besitz und ihre individuellen Interessen gegen die Forderungen von Adel und Geistlichkeit zu verteidigen. Wesentlich für eine solche Macht der Händler war die kulturelle Institution des privaten Kapitals – etwas, was allen Indianern völlig fremd war. Bei allen Indianern – in Nord- und Südamerika, bei Imperialisten und Tribalisten – gelangte »Reichtum« (wie von den Europäern der Nach-Renaissance definiert) nie über das Stadium eines laufenden Betriebskapitals hinaus. Überschüsse, die über die unmittelbaren Bedürfnisse hinausgingen, wurden auf die unterschiedlichste Weise umverteilt. Die mexikanischen Händler kauften Opfergaben für die Götter und veranstalteten kostspielige Feste, um Rang und Prestige zu gewinnen. In den Anden steckten die Inka allen überschüssigen Reichtum in die Paläste ihrer Mumien. Bei den Stämmen verschenkten wohlhabende Männer einen großen Teil ihres Besitzes, um dadurch einen Führungsstatus zu erreichen, und vernichteten ihren Besitz manchmal sogar in aller Öffentlichkeit, um Ansehen zu erlangen. (Die Kwakiutl der Nordwestküste waren die bekanntesten Verfechter der vornehmen Geringschätzung, aber eine ähnliche Haltung war auch bei den Häuptlingen der Mohawk zu finden, die mit ihrer Armut sozusagen hausieren gingen.) Daraus folgt, daß das notwendige Kapital für ein tragbares individuelles Unternehmertum einfach nicht zur Verfügung stand. Selbst die Huronen, die sich auf den Handel spezialisiert hatten, blieben immer nur ein Stamm von Händlern und entwickelten sich nie zu Geschäftsleuten.

Als der erste Ansturm der bewaffneten europäischen Eroberung dem Handel zwischen den Gesellschaften Platz machte, besaßen die Europäer folglich nicht nur große Vorteile, was die Quantität und Qualität ihrer ma-

Amerikanische Grenzen   457

teriellen Güter anging (ausgenommen sind gewisse handwerkliche Spezialisierungen), sondern auch in bezug auf die Methoden, nach denen der Handel betrieben wurde. Der Austausch zwischen den Gesellschaften stellte sicher, daß die vorausgegangene gewaltsame Eroberung fortgesetzt wurde,
auch wenn es keine gezogenen Schwerter mehr gab, fortgesetzt allein dadurch, daß die besseren Chancen auf seiten der geschickteren Europäer
standen.

Die Wissenschaft hatte die ausgedehnten vorkolumbischen Handelsnetze
zwischen den Stämmen lange aus dem Blick verloren, da dieser Handel nun
einmal schwer gestört wurde, als der anders gehandhabte und auf den ersten Blick auffälligere Handel zwischen den Gesellschaften begann. Inzwischen wissen wir, daß die Stämme aus ihren vorkolumbischen Systemen in
den von den Europäern beherrschten Weltmarkt hineingezogen wurden.
Was dann geschah, könnte ein interessantes Studienobjekt für die Staatsmänner von heute sein, einer Zeit, in der Computer und Kartelle den Handel in eine neue Art von Weltmarkt hineinziehen, der seinen eigenen Regeln
und Gesetzen folgt und eher die Nationen kontrolliert, als daß er sich von
ihnen kontrollieren läßt.

13. Kapitel

Systeme des Wissens

Von Clara Sue Kidwell

An einem klaren, kalten Morgen, kurz vor Sonnenaufgang, verläßt ein Hopi sein Haus und geht zu einer Anhöhe in der Nähe seines Dorfes. Oben setzt er sich hin, um im zunehmenden Licht des Tages darauf zu warten, daß die Sonne am östlichen Horizont aufgeht. Der Sonnenbeobachter der Hopi erfüllt an diesem Morgen eine Pflicht, der seine Vorfahren bereits zu jener Zeit nachkamen, als Kolumbus im Jahre 1492 an Deck der *Santa Maria* Land sichtete und Francisco Coronado im Jahre 1540 Einzug in das Gebiet der Pueblo-Völker hielt. In den Monaten vor der Wintersonnenwende verfolgt der Sonnenbeobachter den Weg der Sonne am Horizont und merkt sich ihren Aufgangspunkt an natürlichen Markierungen wie Hügeln und Tälern und heute, in der Gegenwart, auch am Dach des *Hopi Cultural Center* auf der Second Mesa.

Seine Beobachtungen der Bewegungen der Sonne versetzen den Sonnenbeobachter in die Lage, den Führern seines Dorfes sagen zu können, wann die Sonne auf ihrer Wanderung über den Himmel einen bestimmten Punkt erreichen wird. An diesem Punkt, dem südlichsten Punkt ihrer Reise angelangt, wird sie sich einen Augenblick ausruhen, bevor sie den Rückweg zu ihrem nördlichen Haus antritt. Die Wintersonnenwende ist der Schlüssel für die Festsetzung der Soyal-Zeremonie, mit der das erste Erscheinen der Kachinas im Dorf gefeiert wird. Diese Geister, die Regen und Fruchtbarkeit bringen, sind ein wichtiger Bestandteil des Lebens der Hopi. Die Sonnenwende kündigt auch den Wechsel der Jahreszeiten an, der für Menschen, deren Lebensunterhalt von der Landwirtschaft abhängt, von höchster Bedeutung ist. Es ist wichtig, die Zeit der letzten, harten Fröste zu kennen, damit man dann mit der Aussaat beginnen kann.

Systeme des Wissens

In den Pueblo-Dörfern hatte der höchste Priester unter anderem die Aufgabe, die Bewegung der Himmelskörper, und hier vor allem die Sonne, zu beobachten. Dieses idealisierte Bild eines Klippenhauses, angefertigt von einem im neunzehnten Jahrhundert lebenden amerikanischen Anthropologen, zeigt auch eine Turmkiva, von der aus derartige Beobachtungen angestellt wurden (National Museum of the American Indian).

Durch seine Beobachtungen kann der Sonnenbeobachter vorhersagen, wie seine Umwelt sich verhalten wird. Er kann vorhersagen, daß Kälte und Frost ein Ende haben und dem Wachstum der Pflanzen nichts mehr im Wege steht. Der Sonnenbeobachter kann nicht nur sagen, wann die Sonne die äußersten Punkte ihres Weges über den Himmel erreichen, sondern auch wo der Mond im Laufe des Jahres im Verhältnis zur Sonne stehen wird. Er kann sagen, zu welcher Zeit des Monats der Mond am Himmel in Erscheinung treten und zu welcher Stunde der Nacht er aufgehen wird. Indem die Hopi nicht nur die Sonnenwenden vermerken, sondern auch das Verhältnis des Mondes zur Sonne im jährlichen Zyklus der Jahreszeiten, zeigen sie, wie schon seit Jahrhunderten, ein hochentwickeltes Verständnis für die astronomischen Verhältnisse, die ein integraler Bestandteil ihrer Subsistenzsicherung sind, da sie Saat- und Erntezeiten ankündigen.

Im Jahre 1492 war die Vorhersage auch in der Wissenschaft der Europäer, die zu diesem Zeitpunkt in der Neuen Welt eintrafen, ein wichtiges Element. Dieselben astronomischen Beobachtungen, welche die Landwirtschaft der Hopi bestimmten, versetzten Kolumbus in die Lage, seinen Weg über die unbekannten Gewässer des Atlantik zu finden. Nur wußte er nichts von der Landmasse, die ihm den Weg nach Indien versperrte. Aber sein navigatorisches Können beruhte auf der Tradition der systematischen Beobachtung der Natur, die den Hopi und den europäischen Forschungsreisenden des Jahres 1492 gemeinsam war. Die Wissenschaft, die Kolumbus in die Neue Welt brachte, war aus dem intellektuellen Erbe entstanden, erkunden zu wollen, wie die natürliche Welt funktioniert. In dieser Hinsicht besaßen Kolumbus und der Sonnenbeobachter der Hopi einen gemeinsamen Glauben – den Glauben nämlich, daß es in der Natur Muster gibt, die von Bedeutung sind. Diese Muster ermöglichten es den Menschen, in ihren unterschiedlichen Welten zukünftige Ereignisse vorherzusagen.

Obwohl in der Tradition der Beobachtung natürlicher Phänomene, die es dem Sonnenbeobachter der Hopi ermöglichten, die Sonnenwende vorherzubestimmen, und Kolumbus, Amerika zu erreichen, Ähnlichkeiten zu finden sind, gab es signifikante Unterschiede in der Art und Weise, wie sich jeder der beiden die Bewegungen der Sonne erklärte. Für die Hopi war die Sonne ein Wesen, das sich aus eigenem Willen bewegte, wenn auch auf vorhersehbare Weise. Für Kolumbus und die intellektuelle Tradition, die 1492 in Europa vorherrschte, war die Sonne ein physikalischer Körper, der sich nach einem vorhersehbaren Schema bewegte, das sich niemals änderte. Aber für beide, für Kolumbus und für die Hopi, drehte sich die Sonne um die Erde. Außerdem war die Vorstellung, daß physikalische Körper einen eigenen Willen hatten, auch in der europäischen Wissenschaft durchaus

Systeme des Wissens

Gerät zum Geradeziehen hölzerner Pfeilschäfte. Solche Geräte waren überall in Amerika vertreten. Dieses hier (aus Elfenbein) wurde von Archäologen im westlichen Alaska gefunden (Field Museum of Natural History).

vertreten. Die Intellektuellen der damaligen Zeit erklärten sich fallende Körper mit dem Begriff des naturgemäßen Platzes, der von Aristoteles begründeten Vorstellung, daß Gegenstände fielen, weil sie ein inhärentes Bedürfnis hatten, ihren naturgemäßen Platz (den Mittelpunkt der Welt) zu erreichen. Der naturgemäße Platz war die Erklärung für die Schwerkraft.

In der modernen Welt von heute sind die Begriffe Wissenschaft und Technologie erweitert um das Wissen der letzten fünfhundert Jahre an Erkenntnis und Erfahrung. Sie bedeuten etwas völlig anderes als im Jahre 1492, und die Bräuche der einheimischen Amerikaner der damaligen Zeit können nicht nach dem heutigen Verständnis dieser Begriffe beurteilt werden. Wissenschaft und Technologie der Neuen Welt des Jahres 1492 müssen im Rahmen dessen betrachtet werden, was die Europäer damals über die Welt wußten, in der sie lebten. Und diese Welt war voller unfaßbarer Kräfte, die auf die Dinge einwirkten. Der Stein der Weisen konnte unedle Metalle in Gold verwandeln. Unsichtbare Flüssigkeiten konnten sich zwischen Gegenständen bewegen und ihr Verhalten beeinflussen. Für den gewöhnlichen, ungebildeten Europäer der damaligen Zeit war die Welt erfüllt von Geistern, die in den Wäldern lebten, und Hexen und andere Wesen besaßen die Macht, die Kräfte der Welt zu manipulieren und Krankheiten oder Unglück zu verursachen.

Die wirkliche Abweichung zwischen den einheimisch-amerikanischen und europäischen Vorstellungen vom Wesen der Welt geschah erst nach 1492. In Europa wurden die rationalen Grundsätze der alten Griechen immer mehr zu Naturgesetzen. Sie verschmolzen mit dem christlichen Glauben an einen allwissenden, allmächtigen und allgegenwärtigen Gott. Die Natur war nicht mehr spirituell, sondern zunehmend materiell und vom Willen dieses Gottes beherrscht.

Im Jahre 1492 besaßen die Europäer und die einheimischen Amerikaner, obwohl ihr Verständnis von ihrer natürlichen Umgebung vielleicht voneinander abwich, ähnliche Ziele – sie wollten den Ausgang von Ereignissen kontrollieren können. Die Kenntnis ihrer Umwelt entstammte der systematischen Beobachtung einer Gesamtheit physikalischer Phänomene, die unabhängig vom Menschen existierten (was in sich selbst eine Glaubensbehauptung ist), und diese Kenntnis befähigte die Menschen dazu, ein gewisses Maß an Kontrolle über die Kräfte der Natur auszuüben und den Ausgang von Situationen, aber auch den Ausgang ihrer eigenen Handlungen vorherzusagen.

Eine Möglichkeit, die Welt zu kontrollieren, besteht darin, menschliche Energie durch den Einsatz von Maschinen effektiver zu nutzen, also das, was man im allgemeinen als Technologie bezeichnet. Die einheimischen Völker des Jahres 1492 benutzten die gleichen einfachen Maschinen wie die Europäer, obwohl sie nicht darüber theoretisierten, weshalb sie funktionierten. Die europäischen Maschinen waren vielfach komplexer, beruhten aber ebenfalls auf den fünf einfachen Maschinen der klassischen griechischen Mechanik: Keil, schiefe Ebene, Hebel, Flaschenzug und Schraube. Sinn und Zweck einer Maschine besteht darin, die Kraft, die auf sie ausgeübt wird, zu vergrößern. An der Nordwestküste Nordamerikas gab es Beispiele für mechanische Gerätschaften. Gigantische Zedern wurden gefällt, indem man mit der Breitaxt einen Spalt hineinschlug (eine Anwendung des Keils) und in diesem Spalt ein langsam brennendes Feuer entzündete. Der Stamm brannte langsam durch, bis der Baum umstürzte. Zedernholz hat eine gerade Maserung und läßt sich leicht spalten. Um aus Zedernstämmen Bretter zu machen, ritzten die Indianer einen schmalen Spalt in die Längsseite des Stamms und trieben eine Reihe hölzerner Keile hinein, um den Spalt so lange zu weiten, bis das Brett sich ablösen ließ. Im medizinischen Bereich benutzten die Plains-Indianer einen einfachen Flaschenzug. Um ein ausgekugeltes Gelenk einzurenken, band man eine Lederschnur um das betreffende Glied, warf sie über den Ast eines Baumes und zog – eine im allgemeinen effektive Methode, genügend Kraft auszuüben, um das Gelenk an seinen Platz zurückschnappen zu lassen.

Ein Teil der Herstellungstechniken war schlicht und einfach genial. Wenn die Haida ein Kanu bauen wollten, brachten sie die Außenseite eines riesigen Baumstammes in die ungefähre Form, zündeten langsam brennende Feuer an, die sich in ihn hineinfraßen, und kratzten das verkohlte Holz immer wieder heraus. Im entscheidenden Stadium, in dem es darum ging, die Außenwand gleichmäßig dick zu gestalten, wurden sehr dünne Pflöcke von der gewünschten Länge durch die Außenwand getrieben. Wenn der Kanu-

Systeme des Wissens

463

bauer die Innenseite glättete, wußte er, daß die gewünschte Dicke erreicht war, sobald die Spitzen der Pflöcke zum Vorschein kamen.

Abgesehen von diesem Einsatz von Technologie, war den Europäern und Indianern des Jahres 1492 auch die systematische Beobachtung natürlicher Phänomene gemeinsam. Sie konnten den Ausgang von Ereignissen vorhersagen, die auf diesen Phänomenen beruhten. Aber während die europäischen Intellektuellen des 15. Jahrhunderts nach ultimativen Ursachen suchten, deren Folgen sich immer besser vorhersagen ließen, übten die einheimischen Völker ihre Kontrolle über die Kräfte der Natur dadurch aus, daß sie durch zeremonielle Handlungen, visionäre Erfahrungen oder Träume eine persönliche Beziehung zu Geisterwesen eingingen. Diese persönlichen Beziehungen versetzten die Menschen in die Lage, die Geister anzurufen und sie darum zu bitten, die gewünschten Ergebnisse herbeizuführen. Für die Europäer war die natürliche Welt von Gesetzen geregelt; für die einheimischen Völker besaß sie einen eigenen Willen. Für beide war sie Gegenstand sorgfältiger Beobachtungen, die zu der Fähigkeit führten, den Ausgang von Ereignissen vorhersehen zu können. Die einheimisch-amerikanische Wissenschaft des Jahres 1492 bestand folglich aus den Bemühungen der einheimischen Völker der Neuen Welt, physikalische Phänomene zu beobachten, und aus ihrem Versuch, sie zu erklären und zu kontrollieren.

Der wichtigste Punkt, an dem die europäische und die einheimische Wissenschaft voneinander abwichen, war der des Experiments. Es wäre den Hopi niemals eingefallen, auf ihre Zeremonien zu verzichten, nur um zu sehen, ob die Sonne ihren Weg nach Norden daraufhin fortsetzen würde, statt auf der Stelle umzukehren. Die europäischen Wissenschaftler des späten 17. Jahrhunderts glaubten, den Ausgang von Ereignissen testen zu können, indem sie die Umstände kontrollierten und die Ergebnisse beobachteten. Die moderne Wissenschaft beschäftigt sich mit Beweisen für wissenschaftliche Hypothesen, d. h. mit der Macht, den Ausgang von Umständen vorherzusagen, die vom Leiter des Versuchs kontrolliert werden. Die einheimischen Völker glaubten, ihre persönlichen oder formalen Beziehungen zu spirituellen Kräften würden die gewünschten Ergebnisse erbringen. Von daher veranlaßte die Zeremonie, welche die Hopi nach den Beobachtungen der Sonnenwende durch den Sonnenbeobachter durchführten, die Sonne dazu, in ihrer Wanderung über den Himmel einzuhalten und den Rückweg einzuschlagen.

Ein weiteres Grundprinzip der Wissenschaft des 20. Jahrhunderts liegt in der Bedeutung, die der Gleichartigkeit in der Natur beigemessen wird. Im 18. Jahrhundert beschäftigte sich die europäische Wissenschaft mit den Ähnlichkeiten von Dingen und Ereignissen, die auf eine natürliche Ord-

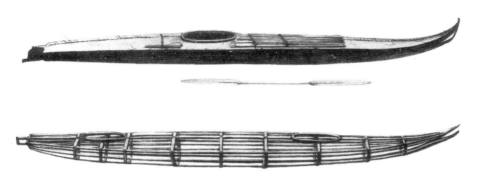

Louis Choris, ein französischer Künstler, der im späten achtzehnten Jahrhundert an einer russischen Expedition an die Pazifikküste teilnahm, war fasziniert von der Vielfalt der Wasserfahrzeuge, denen sie auf dieser Reise begegneten. Hier zeigt er die innere und äußere Form von aleutischen Kajaks und von Booten von der in der Beringstraße gelegenen St. Lorenz Insel.

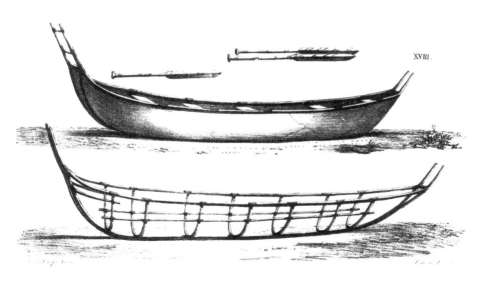

Systeme des Wissens

nung schließen ließen. Im Gegensatz dazu lag für die einheimischen Völker die Bedeutung im Ungewöhnlichen, Veränderlichen oder Wechselhaften.

A. Irving Hallowell, ein Anthropologe, der in den 30er Jahren dieses Jahrhunderts in Kanada arbeitete, fragte einen Saulteaux (Ojibwa): »Sind alle Steine, die wir sehen, lebendig?« Nachdem der Mann eine Weile über die Frage nachgedacht hatte, antwortete er: »Nein, aber ein paar sind es.« Für Hallowell, den Wissenschaftler, war das »alle« wichtig. Er suchte nach einem verallgemeinerbaren Prinzip. Für den Saulteaux waren es die »paar«, die bedeutsam waren, die Steine eben, die sich durch ungewöhnliches Verhalten auszeichneten, indem sie sich entweder von selbst bewegten oder mit den Menschen sprachen. Diese Eigenschaften waren Ausdruck einer besonderen spirituellen Kraft, und das entsprechende Verhalten bestätigte die Vorstellung von der Realität spiritueller Wesen, die in der Natur handelten.

Damit soll nicht gesagt werden, die einheimischen Amerikaner wären nicht an der Ähnlichkeit von Dingen interessiert gewesen oder hätten die Dinge nicht in Kategorien eingeordnet. Es war nur so, daß Dinge, die ungewöhnlich waren, für sie von größerem Interesse waren als Dinge, die ähnlich waren.

Die Art und Weise, wie Menschen Dinge klassifizieren, ist ein Hinweis darauf, welche Qualitäten oder Eigenschaften für sie die größte Bedeutung haben. Die aristotelischen Kategorien Erde, Luft, Feuer und Wasser reduzieren die Vielfalt der Phänomene auf ein paar wenige elementare Formen und Qualitäten. Das moderne System der wissenschaftlichen Klassifizierung von Pflanzen, das 1735 von Carl von Linné eingeführt wurde, gilt in der westlichen Wissenschaft als bedeutende Errungenschaft. Es teilt die Pflanzen nach ihren geschlechtlichen und morphologischen Eigenschaften in verschiedene Kategorien ein.

Auch die Indianer interessierten sich für Ähnlichkeiten in Form und Funktion, und in den Benennungssystemen der Neuen Welt gibt es viele Beispiele für die Klassifizierung von Dingen oder für die Feststellung von Ähnlichkeiten. Die Kategorien der einheimischen Völker beruhten genau wie die der Europäer auf systematischer Beobachtung. Der Unterschied lag in den Elementen, die als ähnlich angesehen wurden.

Pflanzen wurden genau beobachtet und viel verwendet, und es finden sich viele Beispiele für eine klassifikatorische Namensgebung. Die Navajo charakterisierten Pflanzen als männlich und weiblich, und zwar je nachdem, ob ihre Stiele und Blätter groß und hart oder klein und weich waren. Das System beruhte auf einer Analogie zu den Persönlichkeitsmerkmalen, die Männer und Frauen unterschieden, und nicht auf den tatsächlichen geschlechtlichen Eigenschaften der Pflanzen.

Die Azteken kannten drei große Pflanzenkategorien: Bäume (quauhtli), Büsche (quaquauhzin) und Kräuter (xihuitl). Die einzelnen Pflanzennamen enthielten für gewöhnlich ein Wort oder ein Suffix, das darauf hinwies, ob es sich um eßbare (quilitl), schmückende (yochitl), medizinische (patli) oder wirtschaftlich nutzbare Pflanzen handelte, also Pflanzen, die zum Hausbau oder zur Herstellung von Bekleidung oder anderen materiellen Gegenständen verwendet wurden, für die es eine Vielzahl von Suffixen gab. Die Thompson-Indianer in British Columbia benannten einige Pflanzen nach ihrer Verwendung, wie z. B. in ilie'litu'nEl, »Hustenmedizin«, oder cuxcucuza, »Grizzlybärenbeere«, eine Beere, die Grizzlybären gern fraßen. Sie sahen Kategorien auch in der Tatsache, daß bestimmten Pflanzen im allgemeinen in enger Nachbarschaft miteinander wuchsen, und sie konnten dieses gemeinsame Wachstum vorhersagen. So z. B. bezeichneten sie die Waldbetonie als »Begleiter von Weidenstrauch«, weil sie sie oft in der Nähe von Weiden vorfanden.

Die indianischen Klassifizierungen beruhten nicht immer auf physikalischen Eigenschaften. Für die Navajo gehörten Fledermäuse in dieselbe Kategorie wie Insekten, weil die beiden einem Ursprungsmythos zufolge gemeinsam eine vorherige Welt bewohnt hatten. Der Dachs befand sich in einer Kategorie mit dem Wolf, dem Berglöwen und dem Luchs (die als Raubtiere gruppiert waren), weil er ihr Freund war.

Klassifizierungssysteme waren für die einheimischen Völker wichtig, und sie waren das Ergebnis sorgfältiger Beobachtungen und sorgfältigen Nachdenkens über das Wesen der Welt. Die Kategorien in diesen Systemen beruhten jedoch eher auf ihrer Nützlichkeit für den Menschen oder auf ihrer Beziehung zu anderen Wesen der physikalischen Welt als auf ihrer physischen Form. Die zeitgenössische Wissenschaft beurteilt den Wert einheimisch-amerikanischer Klassifizierungssysteme danach, wie gut die indianischen Namen zwischen Tieren und Pflanzen verschiedener Genera und Spezies unterschieden, d. h. wie genau die einheimischen Völker die gleichen Merkmale erkannten wie die Wissenschaftler. Aber die Tzeltal-Maya in Chiapas, Mexiko, unterschieden bei den Pflanzen ihrer Umgebung nur relativ wenige der modernen botanischen Kategorien. Dafür aber unterschieden sie eine Reihe verschiedener Bohnenarten innerhalb einer einzigen derzeit bekannten Spezies. Und sie faßten mehrere Spezies einfach unter einem einzigen Namen zusammen. Anders ausgedrückt, fanden sie viele Unterschiede bei Pflanzen, die für sie wichtig waren, und nur wenige bei denen, die es nicht waren.

Die Beobachtung von Pflanzen lenkte die Aufmerksamkeit der einheimischen Amerikaner auf ihre unmittelbare Umgebung und auf den Zyklus

Systeme des Wissens

Ein aus Mexiko stammender, aus Knochen gefertigter Griff mit Tageszeichen, die spezielle Daten, wahrscheinlich Geburtstage oder andere wichtige Familienereignisse, angeben. Im Jahre 1492 waren Kalender in ganz Mesoamerika wichtige Regulatoren des täglichen Lebens (Milwaukee Public Museum).

von Leben und Tod aller lebenden Dinge. Sie kannten den Zusammenhang zwischen diesen Zyklen und den Geschehnissen am Himmel über ihnen, und sie richteten ihr eigenes Leben nach den Bewegungen von Sonne, Mond und Sternen aus. Die systematische Beobachtung der Bewegungen der Himmelskörper war eine der dramatischsten Facetten der wissenschaftlichen Aktivitäten der einheimischen Amerikaner.

Im Jahre 1492 war die Astronomie in Europa in erster Linie die Grundlage für die Astrologie, also die Vorhersage von Ereignissen, die den Menschen betrafen. Die Erde war das Zentrum des Universums. Die kopernikanische Doktrin eines um die Sonne geordneten Universums stand noch aus. Die Bewegungen von Erde und Planeten wurden vor dem Hintergrund der Fixsterne mit ihren deutlich erkennbaren Mustern beobachtet, welche die Tierkreiszeichen darstellten. Die Beobachtungen richteten sich auf Ereignisse, die hoch oben am Himmel stattfanden, und man war der Ansicht, diese Ereignisse hätten signifikante Auswirkungen auf das Leben der Menschen auf der Erde.

Zur gleichen Zeit war in den beiden Amerikas der Horizont der wichtigste Bezugspunkt für die Beobachtung himmlischer Geschehnisse. Obwohl auch Geschehnisse am Zenith – also dem Punkt genau über dem Beobachter – beobachtet wurden, blieb der Horizont der wichtigste Anhaltspunkt. Diese Tatsache geht aus der Ausrichtung zahlreicher Gebäude oder Gebäudeteile auf Ereignisse am Horizont hervor, und sie unterschied die einheimisch-amerikanische von der europäischen Astronomie.

Das am Horizont ausgerichtete Beobachtungssystem führte zu Praktiken wie denen des Sonnenbeobachters der Hopi. In ganz Nord- und Südamerika errichteten die Menschen Bauten, die auf bestimmte Punkte des Horizonts, an denen wichtige himmlische Ereignisse stattfanden, ausgerichtet waren. Diese Bauten ermöglichten das Erkennen regelmäßig wiederkehrender Phänomene. In den Pueblo-Ruinen im Südwesten der Vereinigten Staaten, die mindestens in das Jahr 1100 n. Chr. zurückdatieren, findet man Beweise dafür, daß die Indianer der damaligen Zeit wußten, daß die Sonne sich im Verhältnis zur Erde in regelmäßigen Zyklen bewegte. In der Casa Rinconada, einer großen, kreisförmigen Kiva in der Chaco Canyon Region im nordwestlichen New Mexico, gibt es 28 Nischen, die in regelmäßigen Abständen in die steinernen Innenwände eingelassen sind. Etwas tiefer liegen in unregelmäßigen Abständen sechs weitere, etwas größere Nischen. Zur Zeit der Sommersonnenwende gibt es vier oder fünf Tage, an denen das Licht durch ein Fenster hoch oben in der Nordostseite der Kiva genau auf eine der sechs Nischen fällt.

Einige der merkwürdig plazierten Eckfenster in den Ruinen des Pueblo

Systeme des Wissens

Bonito im Chaco Canyon wurden ebenfalls auf eine mögliche Funktion als Beobachtungspunkte für Sonnenwenden oder andere himmlische Phänomene untersucht. Obwohl der Zustand der Ruinen eine Bestimmung exakter Verlängerungslinien erschwert, weckt die ungewöhnliche Lage der Fenster die Aufmerksamkeit. Anscheinend waren die Fenster aus einem ganz bestimmten Grund dort angebracht worden, und wenn die aufgehende Sonne der Sommersonnenwende durch eines der Fenster direkt in den dahinterliegenden Raum fällt, wird dieser Grund deutlich. Das Fenster befand sich dort, um die Bewohner des Gebäudes darauf aufmerksam zu machen, daß ein entscheidender Punkt des Jahres erreicht war.

Auf dem Fajada-Butte in der Nähe der großen Pueblo-Ruinen des Canyons befindet sich eine weitere mutmaßliche vorkolumbische Beobachtungsstation. Drei große Felsplatten auf einem kleinen Vorsprung lehnen sich an die Flanke des Hügels. Im Jahre 1989 verrutschte eine der Platten, aber bis dahin fiel am Tag der Sommersonnenwende ein dünner Lichtstrahl genau durch das Zentrum eines Spiralmusters, das hinter den Felsen in die Flanke des Hügels geschnitzt war. Zur Wintersonnenwende streiften zwei Lichtstrahlen die Seiten der Spirale. Ungeachtet dessen, ob die Plazierung der Steinplatten absichtlich oder zufällig erfolgt war, die in den Fels gehauene Spirale ist definitiv menschlichen Ursprungs, und das Zusammentreffen von Licht und Schatten auf der Spirale machte die Sonnenstrahlen zu einem Merkzeichen der Sonnenwenden.

Auf einer Steilklippe in den Big Horn Mountains in Wyoming gibt es eine andere Stätte, die ebenfalls unverkennbar das Ergebnis menschlichen Wirkens ist. Das sogenannte Medizinrad besteht aus einem Ring aus aufgehäuften Steinen oder Steinhügeln, der einen Durchmesser von etwa vier Metern hat. Von ihm strahlen 28 steinerne Speichen zu einem äußeren Kreis aus, an dem sechs weitere Steinhügel aufgehäuft sind. Am Tag der Sommersonnenwende liegt der Punkt des Sonnenaufgangs, von einem der äußeren Steinhügel aus gesehen, auf einer Linie mit dem mittleren Hügel. Andere Linien längs der Speichen des Rades markieren den Aufgangspunkt der beiden hellen Sterne Rigel und Aldebaran, die der Sonnenwende um mehrere Wochen vorausgehen.

Anlagen wie das Medizinrad sind der Beweis dafür, daß die systematische Beobachtung der Sterne und die Kenntnis himmlischer Geschehnisse die Menschen in die Lage versetzte, wichtige Ereignisse vorauszusagen. Die Indianer Nordamerikas besaßen zwar keine geschriebene Sprache, dafür aber zeichneten sie ihre Beobachtungen auf andere Weise auf. Das Medizinrad kündigte die Sommersonnenwende an und markierte sie.

In Nordamerika gibt es zahlreiche Medizinräder, oder was davon übrig

470   Amerika 1492

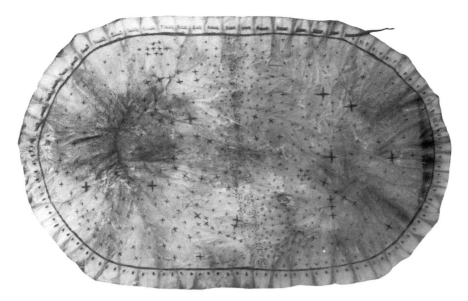

Dieses auf Hirschleder gezeichnete Diagramm, das einem Medizinbündel der Skidi-Pawnee entstammt, stellt Konstellationen und Sterne von unterschiedlicher Wichtigkeit dar. Die Stämme der Great Plains besaßen ein ausgeprägtes Bewußtsein für den Himmel und große astronomische Kenntnisse, die in viele Mythologien Eingang fanden und ihnen halfen, ihren Weg durch das Meer aus Gras zu finden, das ihre Heimat war.

ist. Im Gebiet der Blackfoot im heutigen Sasketchewan gibt es zwei Orte, an denen Steine in ähnlicher Weise wie beim Medizinrad in Wyoming angeordnet wurden. Die Orientierungslinien aus Felsen und Steinhügeln auf dem Moose Mountain sind auf die Sommersonnenwende ausgerichtet. Andere Linien beziehen sich auf die Aufgangspunkte von Sirius und Aldebaran. Die Blackfeet hatten traditionellerweise Kalendermänner, die mit Hilfe von Bündeln von Stöcken die Zeiten für bestimmte Zeremonien festlegten, und obwohl die Stammesältesten der heutigen Zeit jede Kenntnis eines Zusammenhangs zwischen den Steinen und der Sonnenwende verneinen, könnten die Steine dort plaziert worden sein, um den Kalendermännern zu helfen, ihre Stockzählungen mit dem Sonnenjahr abzugleichen. Das Zusammentreffen von Orientierungslinien und dem Wissen der Kalendermänner, die eine zeitliche Festlegung von Zeremonien vornahmen, könnte ein Hinweis auf die beobachterischen Fähigkeiten der Blackfeet sein.

Die Sonne ist der größte und auffälligste Himmelskörper, und die Sonnenwenden sind für alle bodenbauenden Völker von großer Bedeutung, da sie den Wechsel der Jahreszeiten ankünden. Es wurden aber auch andere

Systeme des Wissens

Himmelskörper als Orientierung benutzt, so z. B. die Plejaden, die ebenfalls ein wichtiger Bezugspunkt für astronomische Beobachtungen waren. Die Plejaden treten im Herbst in Erscheinung und sind bis zum Frühjahr am Nachthimmel der nördlichen Hemisphäre zu sehen. Dann verschwinden sie wieder unter dem Horizont. Der Zeitpunkt ihres ersten und letzten Erscheinens am Himmel hängt zwar vom Breitengrad des Beobachters ab, fällt aber in der Regel mit den Anbauzeiten der Bodenbauern zusammen. Die Plejaden erscheinen etwa zur Zeit der ersten starken Fröste am Himmel und sind bis ungefähr zum letzten Frost zu sehen. Von daher markieren auch sie die Jahreszeiten.

Auf dem ungefähr 42. Grad nördlicher Breite beobachteten die Seneca im heutigen Staat New York das Aufgehen der Plejaden um die Oktobermitte. Sie hielten ihre traditionelle Mittwinter-Zeremonie ab, wenn die Plejaden genau über den zentralen Langhäusern ihrer Dörfer standen. Das war etwa Anfang Februar der Fall, und dieses Datum kündete den Beginn ihrer Anbauperiode an. Etwa Mitte Mai verschwanden die Plejaden wieder vom Nachthimmel. Die Maissorte, die von den Seneca angebaut wurde, brauchte zum Reifen etwa 120 frostfreie Tage. Die Zenitstellung der Plejaden im Februar war ein Zeichen dafür, daß die Kälteperiode zur Hälfte vorbei war. Zwischen dem Verschwinden der Plejaden vom Himmel zwischen dem 5. und 19. Mai und ihrem Wiedererscheinen zwischen dem 10. und 15. Oktober lagen 153 bis 163 frostfreie Tage, ein ausreichender Spielraum für den Maisanbau.

Die Plejaden wurden in ganz Nordamerika von den bodenbauenden Völkern beobachtet, und es gab die unterschiedlichsten Erklärungen für ihre Herkunft. Eine bezaubernde Geschichte, die von den Sac und Fox im Herzen des Kontinents erzählt wurde, handelt von sechs Brüdern und dem kleinen Hund des jüngsten Bruders, die eines Tages auf die Jagd gingen und einen besonders großen und starken Büffel verfolgten. Plötzlich merkten sie, daß sie die Erde verlassen hatten und in den Himmel hinaufliefen. Aber es war zu spät, um umzukehren, und so mußten sie die Jagd in alle Ewigkeiten fortsetzen. Die sechs hellen Sterne der Plejaden sind die sechs Brüder, und der schwächere, siebte Stern der kleine Hund des jüngsten Bruders. Die Geschichte ist natürlich mehr ein Mythos als eine wissenschaftliche Erklärung. Aber sie ist wichtig, weil sie aufzeigt, wie die einheimischen Amerikaner die Phänomene ihrer Welt in einem persönlichen Zusammenhang sahen. Und sie beinhaltet ein Verständnis für die Bedeutung des Erscheinens der Plejaden, das ein wichtiges, vorhersehbares Naturereignis war.

Die Azteken beobachteten die Plejaden aus einem anderen, aber gleichermaßen wichtigen Grund. Ihr Zenitstand bedeutete das Ende eines der

Ein Maisfeld der Zuni, überspannt von Schnüren, die mit Lappen behängt waren, um die Vögel fernzuhalten. Das Feld ist mit Vogelscheuchen in der Form von Kachinas durchsetzt. Die beiden Hütten, die im Hintergrund am Hang zu sehen sind, dienen als Unterschlupf für die Familien, die mit dem Reifen der Früchte auf die Felder ziehen (National Museum of the American Indian).

wichtigsten Zyklen des aztekischen Kalendersystems. Wenn die Plejaden im letzten Jahr des 52-Jahre-Zyklus, der sogenannten Kalenderrunde, genau um Mitternacht genau über die Himmelsmitte zogen, fand eine Zeremonie statt, die Toxiuhmolpilia genannt wurde, das Binden des Jahres. Zur Feier des Ereignisses wurde alles gereinigt und gesäubert, Abfälle wurden weggeschafft, und alle alten Feuer gelöscht. Dann fand eine zeremonielle Prozession zu einem Tempel in Tenochtitlan statt, wo ein Mensch geopfert und in seiner Brust ein neues Feuer entzündet wurde. Dann flammten im ganzen Reich neue Feuer auf, und die Azteken konnten gewiß sein, daß ihre Welt fortbestehen würde. Der 52-Jahre-Zyklus, der durch diese Zeremonie begangen wurde, stellte ein Zusammentreffen zweier verschiedener aztekischer Kalendersysteme dar – von denen das eine keinen Bezug zu den Jahreszeiten hatte –, die für das Leben der Azteken von immenser Bedeutung waren.

Obwohl die Erklärungen der Herkunft der Himmelskörper bei den ver-

Systeme des Wissens

schiedenen Völkern der beiden Amerikas stark voneinander abwichen, war die Realität der himmlischen Phänomene für sie alle existent. Die erkennbaren Zyklen am Himmel entsprachen den Zyklen im Leben der Menschen und waren, wie bereits erwähnt, vor allem für die Bodenbauern unter ihnen von essentieller Bedeutung. Aber für manche Gesellschaften war auch das Vergehen der Zeit an sich von großer Bedeutung, und die Beobachtungen komplexer Zyklen himmlischer Ereignisse wurden aufgezeichnet.

Chichen Itza ist eine Maya-Stätte in Yucatán, die etwa auf das Jahr 800 n. Chr. datiert. Dort gibt es einen seltsam geformten, teilweise zerfallenen Turm, den Caracol, der große Ähnlichkeiten mit einem modernen astronomischen Observatorium aufweist. Er hat einen kreisförmigen Grundriß und ragt zwei Stockwerke hoch über einer abgeflachten Grundfläche auf. Sir Eric Thompson, der berühmte Maya-Kenner, beschrieb ihn als »zweistöckigen Hochzeitskuchen auf dem viereckigen Karton, in dem er geliefert wurde«. Der Turm hat vier Außentüren, die den vier Himmelsrichtungen entsprechen. In seinem Inneren befindet sich ein kreisförmiger Korridor, von dem vier weitere Türen auf einen weiteren kreisförmigen Korridor abgehen. Dieser innere Korridor umschließt einen zentralen Kernbereich, in dem eine spiralförmige Wendeltreppe zur Spitze des Turmes führt. Kurz vor dem höchsten Punkt des Turmes sind in den dicken Mauern drei (ursprünglich sechs) Öffnungen. Diese Öffnungen dienten als Beobachtungsposten. Sie waren auf die Tag- und Nachtgleichen im Frühjahr und im Herbst ausgerichtet, an denen die Sonne genau in der Mitte einer von zwei Öffnungen aufging. Auch das Erscheinen der Plejaden im Herbst und ihr Verschwinden am Tag der Tag- und Nachtgleiche im Frühjahr konnte von diesem Turm aus beobachtet werden. Außerdem ermöglichte die Ausrichtung der Öffnungen auf die nördlichsten und südlichsten Erscheinungspunkte der Venus am westlichen Horizont die Vorhersage des heliakalischen Aufgangs am östlichen Horizont. (Der Begriff »heliakalisch« bezieht sich auf das erste Erscheinen des Sterns kurz vor Sonnenaufgang.) Die Wichtigkeit dieser Beobachtungen zeigt, welche Bedeutung der Planet im Leben der Maya hatte.

Das Erscheinen der Venus als Morgenstern bei Sonnenaufgang oder als Abendstern bei Sonnenuntergang ist beeindruckend. Nach Sonne und Mond ist die Venus der hellste Himmelskörper. Ihre Bewegungen hängen eng mit denen der Sonne zusammen, sie ist jedoch insofern schwer zu fassen, als sie zeitweise ganz vom Himmel verschwindet. Die Maya nannten die Venus noh ek (großer Stern) und chac ek (roter Stern), und sie verfolgten ihre Bewegungen über den Himmel mit großer Aufmerksamkeit. Sie wußten, daß die Venus ihre Umlaufbahn um die Sonne in 584 Tagen vollendet, obwohl ihnen die Vorstellung physikalischer Körper, die sich im endlosen Raum drehen, völlig fremd war. Für sie war die Venus eine Gottheit, die man nicht nur beobachten, sondern auch anbeten und mit Opfergaben günstig stimmen mußte. Sie wußten, daß die Venus 236 Tage als Morgenstern am Himmel zu sehen war, dann für einen Zeitraum von 90 Tagen unsichtbar blieb, anschließend 250 Tage als Abendstern in Erscheinung trat, um wieder für acht Tage unsichtbar zu bleiben. Daß die Maya diese Dinge über die Venus kannten, wissen wir aus einer der wenigen noch existierenden Aufzeichnungen in der piktographischen Sprache der Maya, einem Codex, der sich heute in Dresden befindet.

Aus einer Handvoll derartiger Codices haben Wissenschaftler versucht, das Kalendersystem der Maya zu rekonstruieren, das später von den Azteken übernommen wurde. Dieses System stellte eine bemerkenswerte intellektuelle und wissenschaftliche Leistung dar. Gleichzeitig aber war es auch Ausdruck einer Denkweise, die sich sehr von der der Europäer unterschied, die im Jahre 1492 in der Neuen Welt eintrafen und in der Folge die meisten der Codices vernichteten, in denen das Wissen der Maya aufgezeichnet war.

Die Bruchstücke ihres Wissens, die uns erhalten blieben, zeigen numerische Systeme, welche die zeitgenössischen Wissenschaftler deshalb erkennen, weil sie denen der Wissenschaft des 20. Jahrhunderts ähnlich sind. Sie sagen jedoch nicht das geringste über die Prämissen, von denen die Erfinder der Kalender ausgingen. Ähnlich ist es mit Zeremonien wie dem Binden des Jahres. Sie sagen uns zwar etwas über die Bedeutung, welche die entsprechenden Zyklen für die Azteken hatten, die Prozesse der Schlußfolgerungen, die aus den beobachteten Ereignissen gezogen wurden, können jedoch nicht rekonstruiert werden. Wir müssen uns von den numerisch aufgezeichneten Ergebnissen dieser Wissenssysteme zurücktasten, um die Systeme zu rekonstruieren, auf denen sie beruhten. Während die moderne Mathematik von Prämisse zu Resultat vorgeht, müssen wir uns von Resultat zu Prämisse vorarbeiten.

Das Kalendersystem der Maya zählte die Zeit nach zwei verschiedenen Systemen. Einmal gab es den heiligen Kalender der 260 Tage (den Tzolkin), der sich aus Gruppen von 20 benannten Tagen (so wie wir die Tage der Woche benennen) und Gruppen von 13 Zahlen (so wie wir 29, 30 oder 31 Tage im Monat zählen) zusammensetzte. Da die 20 benannten Tage 13mal ablaufen mußten, um an den Anfang des Zyklus zurückzukehren, gab es in diesem heiligen Jahr 260 Tage.

Der Ursprung des 260-Tage-Jahres, das unter allen Kalendersystemen einzigartig ist, ist unbekannt. Einer Theorie zufolge beruhte es auf dem längsten Intervall zwischen zwei Zenitstellungen der Sonne – 260 Tagen. Dieses 260-Tage-Intervall kann in der Nähe der Maya-Stadt Copán im ge-

Systeme des Wissens

Maya-Kalender

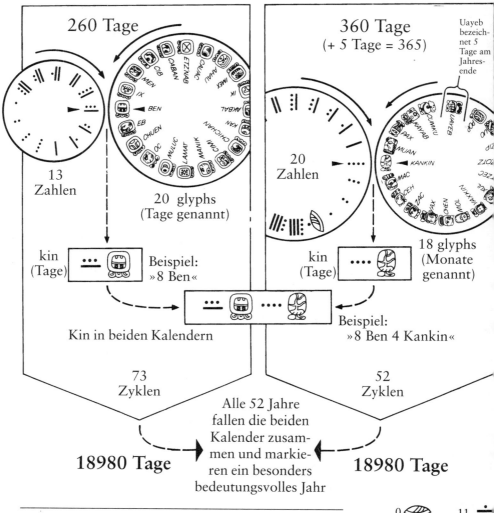

genwärtigen Honduras, die ungefähr auf dem 15. Grad nördlicher Breite liegt, beobachtet werden. Hier zieht die Sonne in Intervallen von 260 und 105 Tagen über die Himmelsmitte. Man darf jedoch nicht vergessen, daß auch das 365-Tage-Jahr eine willkürliche Festsetzung ist, da die Erde ihren Weg um die Sonne in Wirklichkeit in etwas über 365 ¼ Tagen zurücklegt. Die Einführung eines Schalttages alle vier Jahre ist notwendig, damit die Übereinstimmung des Kalenders mit den Jahreszeiten gewährleistet bleibt, aber dennoch mußten im Laufe der Geschichte Angleichungen von mehreren Tagen vorgenommen werden. Der Kalender der Maya kannte keine derart willkürlichen Angleichungen, so daß die Kalendermonate mit der Zeit alle Jahreszeiten durchliefen. Das heißt, daß der Monat Mai nach einem modernen Kalendersystem irgendwann mitten in den Winter fallen konnte. Für die Maya in der Nähe von Copán war das Vorbeiziehen der Sonne genau über ihnen in Intervallen von 260 und 105 Tagen ein absolut vorhersehbares Ereignis. Sie wußten auch, um wie viele Tage ihr Kalender den Jahreszeiten voraus war oder hinter ihnen herhinkte, und sie wußten, daß es 1508 Kalenderjahre dauern würde, bis ihr Kalender wieder mit den Jahreszeiten übereinstimmte.

Die beiden Zenithpassagen der Sonne teilen das Sonnenjahr in Perioden von 260 und annähernd 105 Tagen auf, wobei die zweite Periode typischerweise die Anbauperiode war. Aus diesem Grund könnte der Tzolkin tatsächlich einen Bezug zur äußeren Umwelt gehabt haben, obwohl sein wichtigster Zweck im Leben der Maya darin bestand und besteht, Ereignisse im Leben der Menschen vorherzusagen, d. h., er hatte eine astrologische Be-

Die Maya verfolgten den Lauf der Zeit anhand zweier wichtiger Kalender, die simultan abliefen. Bei ihren alltäglichen Aktivitäten folgten sie dem 260-Tage-Kalender, der links dargestellt ist. Jedes Tageszeichen bestand aus einer Zahl von 1 bis 13 und einem Tagesglyph, von denen es 20 gab. (In diesem Beispiel wird »8 ben« von »9 ix« gefolgt.) Unten links sind die Namen für Gruppen von Tagen angegeben (kin, uinal, tun, etc.). Rechts ist ein 360-Tage-Kalender zu sehen, der anscheinend für zeremonielle und politische Zwecke verwendet wurde und in dem die Tageszeichen aus einer von 18 Zahlen und einem von 20 Glyphen zusammengesetzt waren. Auch hier änderten sich beide Komponenten des Tageszeichens jeden Tag. In diesem zweiten Kalender gab es am Ende eines jeden 360-Tage-Zyklus eine 5tägige Zwischenperiode, die »uayeb« genannt wurde. Für die Maya hatten die Tageszeichen die Bedeutung eines Horoskops. Außerdem galten die Punkte, an denen die beiden Kalender zusammentrafen, als kosmische Übereinstimmungen, die eine rituelle Erneuerung erforderlich machten. Die wichtigste Übereinstimmung ereignete sich am Ende von 52 Jahren, dem Zeitpunkt, an dem die beiden Kalender wieder zusammentrafen. Es gab auch den »großen Zyklus«, bestehend aus 100 52-Jahre-Zyklen. Der erste große Zyklus der Maya ist noch nicht abgelaufen.

Systeme des Wissens

Tongefäß in Form eines Kürbis, das wahrscheinlich von den Mochica stammt. Der Kürbis, eine der ersten kultivierten Pflanzen der Neuen Welt, hatte zahlreiche Abarten und diente vielen Funktionen, z. B. als Nahrungsmittel, als Behälter und als Verzierung (Field Museum of Natural History).

deutung. Andere Theorien setzen das 260-Tage-Jahr in einen Bezug zum Zyklus des Planeten Venus, zur 260 Tage dauernden Schwangerschaft der Frau, und zum auf der Zahl 20 basierenden numerischen System der Maya. Aber gleich welchen Ursprung es hatte, es hatte für das Kalendersystem der Maya eine große Bedeutung.

Außerdem kannten die Maya ein Jahr, das in etwa einem Sonnenjahr entsprach – den 365 ¼ Tagen, welche die Erde braucht, um im Vergleich zur Sonne an denselben Punkt zurückzukehren. Dieses Jahr war in 18 namentlich bezeichnete Monate aufgeteilt, die aus je 20 numerierten Tagen bestanden. Am Ende des Zyklus wurde eine Periode von fünf Tagen hinzugefügt. Diese fünf Tage hatten eine religiöse Bedeutung, da sie ein Anhängsel an den regulären Zyklus waren, und sie bedeuteten eine Periode der Ungewißheit, bevor der nächste Zyklus aus Monaten und Tagen begann. Aber auch hier dürfen wir nicht vergessen, daß die Maya nicht versuchten, diesen Kalender mit den Jahreszeiten abzugleichen, indem sie alle vier Jahre einen Schalttag einführten. Ohne diese Korrektur gewann ihr Kalender einen immer größeren Vorsprung vor den Jahreszeiten. Dieser Kalender, der im allgemeinen als das »Vage Jahr« übersetzt wird, hatte nicht die Aufgabe, die Zeiten für die landwirtschaftlichen Aktivitäten zu messen, sondern folgte vielmehr einer Progression von Tagen durch Zyklen. Wahrscheinlich bestand der wichtigste Zweck des »Vagen Jahres« darin, zeremonielle oder politische Ereignisse festzuhalten. Da er keine strikte Übereinstimmung mit den Jahreszeiten wahrte, könnte er Aufgaben gehabt haben, die über die der reinen Subsistenz hinausgingen.

Ein weiterer wichtiger Zyklus bestand aus den jeweiligen Abläufen des heiligen und des Kalenderjahres. Wie zwei ineinandergreifende Zahnräder begannen der 260tägige Tzolkin und das 365tägige Sonnenjahr an einem gemeinsamen Punkt und drehten sich dann gegenläufig, bis dieser Punkt aufs neue erreicht wurde. Dies dauerte genau 18 980 Tage (oder 52 Jahre), die als Kalenderrunde bezeichnet wurden. Die Runde gab jedem Tag innerhalb des Zyklus eine einzigartige Identität und ermöglichte die einzigartige Aufzeichnung historischer Ereignisse.

Schließlich besaßen die Maya noch eine Tageszählung, nach der sie die absolute Zahl der Tage in ihrer Geschichte zählten. So wie die Europäer ihre Zeit von Christi Geburt an rechnen, rechneten die Maya die ihre ab einem weit in der Vergangenheit zurückliegenden Ereignis. Ungewißheiten in der Interpretation des hieroglyphischen Systems der Maya machen es schwer, genau zu bestimmen, welches dieses Ereignis war, oder es mit Gewißheit mit dem europäischen Kalender abzugleichen. Schätzungen zufolge, die auf den besten Interpolationen des Kalenders der Maya beruhen, ging die Tageszählung etwa auf das vierte Jahrtausend v. Chr. zurück. Ein genaues Datum, das für den Beginn der sogenannten »Langen Rechnung« vorgechlagen wurde, ist der 11. August 3114 v. Chr., ein Datum, das bedeutend weiter zurückliegt als das allgemein anerkannte Anfangsdatum der Vorläufer der Maya, bei denen die intellektuelle Tradition des Kalendersystems ihren Anfang nahm. Die Zahl der Tage in der »Langen Rechnung« steht jedoch nach rein mathematischen Manipulationen fest. Mit der »Langen Rechnung« könnte uns also sehr wohl ein einheimisches Dokument dessen vorliegen, was man als mythische Zeit bezeichnen könnte, d. h. eine Zählung, die auf einen Punkt zurückgeht, der sprichwörtlich jenseits all dessen liegt, was im menschlichen Gedächtnis oder in schriftlicher Form verzeichnet ist.

Zu den interessantesten Aspekten des astronomischen Systems der Maya zählt die Bedeutung der Venus. Ihre synodische Periode von 584 Tagen konnte von der Erde aus in zwei Zyklen beobachtet werden. Die Umlaufbahn der Venus ist der Sonne näher als die Umlaufbahn der Erde, so daß, wenn die drei Himmelskörper von einem gemeinsamen Punkt ausgehen, die Venus von der Erde aus für einen bestimmten Zeitraum sichtbar ist, dann, je mehr Vorsprung sie vor der Erde gewinnt, hinter der Sonne verschwindet und schließlich wieder für eine gewisse Zeit in Erscheinung tritt, bevor sie, die Erde und die Sonne aufs neue denselben Punkt am Himmel erreichen. Die Venustabelle im Dresdner Codex verzeichnete Zeiträume, die der Zahl der Tage entsprachen, in denen die Venus von der Erde aus als der sehr helle Morgenstern sichtbar war. Aber obwohl die numerischen Werte in der Tabelle den 584-Tage-Zyklus der Venus konsequent verzeichneten, besaßen sie keinen engen Zusammenhang mit den Intervallen des Verschwindens

Systeme des Wissens 479

des Planeten vom Himmel. Mehrere Übereinkünfte wurden getroffen, um die Zahlen und die tatsächlichen Daten der Sichtungen in Übereinklang zu bringen. Es ist klar, daß die Venustabelle in einem Zusammenhang mit einer Realität stand, die über rein physikalische Beobachtungen hinausging. Es ist auch wahrscheinlich, daß sie als Markierung für zeremonielle oder politische Ereignisse diente.

Die Maya beobachteten auch die Zyklen des Mondes. Diese Zyklen stellten eines der sichtbarsten himmlischen Phänomene dar, standen jedoch offensichtlich nicht in Wechselwirkung mit dem Zyklus der Sonne, der das solare und saisonale Jahr ausmachte. Der Sonnenbeobachter der Hopi wußte um diese Tatsache. Verschiedene Kalendersysteme benutzen Mondzyklen, um wichtige Ereignisse festzuhalten. Das christliche Osterfest fällt z. B. auf den ersten Sonntag nach dem ersten Vollmond, der auf die Tag- und Nachtgleiche im Frühjahr folgt. Die Maya beobachteten nicht nur die Zyklen des Mondes, sondern verzeichneten auch ihr dramatischstes Merkmal, die periodischen Finsternisse.

Nach modernen wissenschaftlichen Begriffen sind Beobachtungen des Mondes kompliziert, da der Mond verschiedene Phasen durchläuft und in diesen verschiedenen Phasen an unterschiedlichen Punkten des Himmels in Erscheinung tritt. An bestimmten Punkten im Zusammenspiel des Mondumlaufs um die Erde und der Bahn der Erde um die Sonne kann es zu Mondfinsternissen kommen. Die Ebene des Mondumlaufs um die Erde differiert um etwa fünf Grad von der Ebene des Erdumlaufs um die Sonne. Wenn man sich einen Jongleur vorstellt, der Ringe um einen zentralen Punkt kreisen läßt, wobei die Sonne und der Mond Punkte auf diesen Ringen sind, werden diese sich überschneidenden Bahnen deutlich. Das Zusammentreffen der Ebenen an bestimmten Punkten, Knotenpunkte genannt, führt dazu, daß der Schatten der Erde die Strahlen der Sonne blokkiert, die den Mond beleuchten, und eine Mondfinsternis zustande kommt.

Der Dresdner Codex enthält eine Tabelle, in der zwei Zahlen, die 6585 und die 177, vorherrschend sind. Gelegentlich taucht auch die 148 auf. Die erste Zahl entspricht der Zahl der Tage im Saroszyklus – einem ähnlichen Ablauf von Finsternissen, die sich wiederholen und etwa alle 6585 Tage neu beginnen. 177 Tage entsprechen sechs Mondzyklen, an deren Ende es vorkommen kann, daß die Bahnen von Erde und Mond sich auf eine Weise überschneiden, daß eine Mondfinsternis entstehen könnte. Wenn man den Nachthimmel regelmäßig beobachtet, würde man nach mehreren Folgen von 177 Tagen oder innerhalb einer Periode von Tagen, die sich in Folgen von 177 und 148 Tagen aufteilen ließe, eine vollständige oder teilweise Mondfinsternis sehen.

480   *Amerika 1492*

Ungeachtet der Tatsache, daß die Gründe, welche die Maya für die Beobachtung der himmlischen Phänomene hatten, eher religiöser und politischer und nicht wissenschaftlicher Art waren, bewiesen sie ihr Interesse an diesen Phänomenen und den hohen Stand ihrer Beobachtungen. Dadurch, daß sie nicht bei der Beschäftigung mit den rein physikalen Phänomenen der Jahreszeiten stehenblieben, wurden sie zu Wissenschaftlern im europäischen Sinne. Ihre Interessen und ihre Kenntnisse wurden allmählich abstrakter, lösten sich jedoch nie vollständig von religiösen Vorstellungen. Ihre Aufzeichnungen, vor allem die »Lange Rechnung«, beweisen ihr Interesse an langen Zeiträumen. Denn erst über lange Zeiträume hinweg führt die Beobachtung des Himmels dazu, daß Männer (und in Anbetracht dessen, was wir über die Kultur der Maya wissen, müssen wir davon ausgehen, daß es sich bei den Beobachtern um Männer handelte) die größeren Zyklen von Sonne, Mond und Planeten aufzeichnen können. Wie viele Wiederholungen eines bestimmten Ablaufs waren nötig, um zu der Schlußfolgerung zu gelangen, daß es in diesen Abläufen ein regelmäßiges Muster gab? Durch die Zahlentabellen, die mit den durchschnittlichen Intervallen himmlischer Konjunktionen übereinstimmen, zeigen die Codices der Maya, daß ihre Verfasser sich der Muster im Zusammentreffen himmlischer Ereignisse sehr wohl bewußt waren. Sie zeichneten sie auf, und sie richteten ihr Leben nach einigen von ihnen aus. Und wenn ihre Motive nicht wissenschaftlich waren, die Aufzeichnungen, die sie hinterließen, sind es.

Die astronomischen Aufzeichnungen der Maya wurden in numerischer Form abgefaßt. Unsere Kenntnis ihres mathematischen Systems leitet sich von ihrem Kalendersystem ab. Die schriftlichen Aufzeichnungen der Maya, hieroglyphische Inschriften auf steinernen Stelen oder in Codices, zeigen die Verwendung von Mathematik nur im Zusammenhang der Kalendersysteme. Es gibt keine Aufzeichnungen über andere Formen mathematischer Berechnungen. Die Mathematik des Systems basierte auf der Zahl 20. Die Zahlen stiegen als Einzeleinheiten bis zur 20 an und anschließend als Potenzen von 20, so wie wir in Zehnern, Hundertern, Tausendern etc. rechnen. Nur daß die dritte Zahl, da die Zahlen das Kalendersystem erklären, für 18 statt für 20 Einheiten stand – die Zahl der Monate in einem Kalenderjahr und nicht die Zahl der Tage in einem Monat.

Anstelle von Ziffern von 1 bis 9 benutzten die Maya Punkte und Striche. Ein Punkt stand für die 1, fünf Punkte ergaben einen Strich. Für die Zahlen 2 bis 19 wurden Punkte oder Punkte und Striche kombiniert. Zahlen über 19 wurden durch die Stellung von Gruppen von Punkten und Strichen angegeben, wobei höhere Ordnungszahlen durch Gruppen von Punkten und Strichen angegeben wurden, die übereinander standen. Zahlen, die nach

Systeme des Wissens 481

diesem System niedergeschrieben wurden, wurden zum Zählen und Addieren benutzt.

Manche Wissenschaftler vertreten die Ansicht, daß die Maya das Konzept der Null kannten – daß es in ihren Zahlenfolgen eine Stelle gab, die leer blieb. Die Zahl 101 bedeutet, daß man kein Vielfaches von 10 zählen kann. Obwohl die Maya tatsächlich ein Symbol hatten, mit dem angezeigt wurde, daß eine 20er-Folge abgeschlossen war und eine neue anfing, sind die Gelehrten sich nicht darüber einig, daß dies eine echte mathematische Null darstellt. Die Null ist mathematisch für die Manipulation von Zahlen, also für Multiplikationen und Divisionen, wichtig. Die Maya beschäftigten sich hauptsächlich mit der Zählung langer Folgen, obwohl sie zweifelsfrei auch die multiplikatorischen Fähigkeiten der Zahl 20 kannten. Es gibt jedoch keinen Beweis dafür, daß sie ihre Zahlen für mathematische Manipulationen wie z. B. die Multiplikation oder die Division verschiedener Zahlen benutzten oder daß sie sie für Aufzeichnungen benutzten, die nichts mit dem Kalender zu tun hatten.

Große Teile des Kalendersystems und seiner mathematischen Komponenten, das die Maya größtenteils von den Olmeken und anderen früheren mesoamerikanischen Völkern entlehnt hatten, wurden wiederum zum intellektuellen Erbe der Azteken des Jahres 1492. Die Azteken könnten ihr übernommenes numerisches System auch zu anderen als kalendarischen Zwecken benutzt haben. Die aztekischen Codices weisen darauf hin, daß sie Aufzeichnungen über die Tributmengen machten, die ihnen von unterworfenen Völkern gezahlt wurden, und daß sie die Größe von Ländereien verzeichneten. Auch hier gibt es nur Belege für Zählungen, obwohl bei der Berechnung von Landflächen auch Algorithmen denkbar wären.

Für die amerikanischen Völker des Jahres 1492 waren abstrakte Zahlen nicht so wichtig wie das Vergehen der Zeit, das Eintreiben von Tributen oder die Verzeichnung von Ländereien. Im Reich der Inka wurde mathematisches Wissen in der Form von Quipus festgehalten, einem System der Informationsspeicherung anhand von Schnüren, die nach einem bestimmten Muster geknotet wurden. Im allgemeinen gab es eine Hauptschnur, an der mehrere andere Schnüre hingen, von denen wiederum andere Schnüre abzweigen konnten. Die Schnüre hatten oft unterschiedliche Farben, die sich in einer bestimmten Reihenfolge wiederholten. An jeder der Schnüre befanden sich Knoten, die in Gruppen angeordnet waren. Wenn man sich die Quipus als eine Art hochentwickeltes Chiffriersystem vorstellt, vielleicht ähnlich dem chinesischen Rechenbrett, wird deutlich, daß durch die Variabeln Farbfolge, Knotenzahl, Zahl der abhängigen Schnüre und Anordnung der Knoten gewaltige Informationsmengen übermittelt werden

Der Hauptrechnungsprüfer und Schatzmeister der Inka hält einen »Quipu« in den Händen. Diese Zeichnung stammt von Felipe Guaman Poma de Ayala, dem einheimischen peruanischen Chronisten des Lebens der Inka. Die »Quipus«, die aus einer Schleppe geknoteter Schnüre in unterschiedlichen Farben bestanden, wurden zur Buchhaltung und Kalkulation benutzt und waren wesentlich für die Verwaltung des Andenimperiums

konnten. Aber wenn die Quipus ein hochentwickelter Code waren, so liegt das Problem darin, daß es bisher noch niemandem gelungen ist, ihn zu knacken. Es gibt keinen Stein von Rosetta, der die Quipus in eine Sprache übersetzen könnte, die für die europäische Wissenschaft verständlich wäre.

Die Knotenschnüre der Quipus könnten innerhalb der inkaischen Kultur in einem System geographischer Standorte, die mit der Beobachtung himmlischer Phänomene zu tun hatten, eine Analogie gehabt haben. Frühe spanische Chronisten des Inka-Reiches, die in erster Linie seine Zerstörung aufzeichneten, berichteten von der Existenz eines einzigartigen Kalendersystems. In der Umgebung von Cuzco gab es 328 Huacas oder Heiligtümer, die in 41 Richtungen an sogenannten Ceques lagen, Linien, die vom Tempel der Sonne ausstrahlten und bis an den Horizont reichten. Obwohl die Zahlen leicht schwankten, gab es an jedem der Ceques schätzungsweise acht Heiligtümer. Dieses System könnte wie ein gigantischer Quipu funktioniert haben, der über die ganze Stadt gebreitet war. Man könnte sich die Ceques als Schnüre vorstellen, die von einem zentralen Knoten ausstrahlen, und die Huacas als Knoten an jeder der Schnüre. Dieser imaginäre Quipu teilte die Zeit in Einheiten ein, denn die Sonne überspannte den am Horizont befindlichen Entfernungsbogen zwischen je zwei Linien in einem jeweils bestimm-

Systeme des Wissens

ten Zeitraum. Das System könnte einerseits eine Art Kalender gewesen sein und außerdem den Bereich der Stadt in politische Einheiten aufgeteilt haben. Zu bestimmten Zeiten kamen Gruppen aus diesen politischen Einheiten zu einer zentralen Plaza, um in Hörner zu stoßen und die Ankunft eines »Monats« zu verkünden, in dem sie besondere Verantwortlichkeiten zu erfüllen hatten.

Das System der Ceques und Huacas mit seinen Werten von 41 und 328 entsprach offensichtlich nicht dem 365 ¼tägigen Sonnenjahr der modernen Astronomie. Die Zahlen stimmten jedoch mit gewissen Aspekten des Mondjahres überein und zeigten auf, daß der zu- und abnehmende Mond für viele Kulturen ein ebenso wichtiger Faktor für die Zeitberechnung war wie die Sonne. In Cuzco, einer tropischen Stadt, gab es keine so großen alltäglichen Veränderungen in Aspekt und Bewegung der Sonne, wie dies in extremeren Breitengraden der Fall ist. Die Sonne wanderte hier den größten Teil des Jahres genau über die Mitte des Himmels. Der Mond war folglich der veränderlichere der beiden Himmelskörper, und von daher könnte der Mondzyklus für die Bestimmung zeitlicher Einheiten eine größere Rolle gespielt haben.

Der Beweis für die Bedeutung bestimmter Zahlen im inkaischen System der Ceques und Huacas wurde aus zwei Webarbeiten gefolgert, von denen das eine ein sehr komplexes Muster aus Kreisen und Quadraten und das andere aus Rechtecken hat. Die Kompliziertheit und Symmetrie des Musters der Webarbeit weckte die Aufmerksamkeit zeitgenössischer Gelehrter, die mit den mathematischen und astronomischen Systemen, die in historischen Berichten über das Inka-Reich beschrieben wurden, vertraut sind.

Das erste Stück Stoff besteht eigentlich aus zwei Teilen, die getrennt gewebt und dann zusammengenäht wurden. Beide Teile bestehen aus zehn Reihen mit je 36 Kreisen, wobei die diagonalen Reihen, die quer über den Stoff verlaufen, eine andere Farbe haben. Die diagonale Anordnung der Elemente des Stoffs unterteilt die Kreise in Gruppen, die zusammengenommen die Zahl 365 ergeben, also in etwa die Zahl der Tage eines Sonnenjahrs. Das zweite Stoffstück besteht aus Rechtecken, die einem Muster unterliegen, das zusammengezählt die Zahl 28 ergibt, annähernd die durchschnittliche Zahl der Tage (29,5) in einem Mondmonat. Das Kalendersystem, das sich aus den Ceques und Huacas schließen läßt, beruhte anscheinend auf siderischen Mondmonaten – dem Zeitraum, an dessen Anfang und Ende der Mond im Verhältnis zu den Sternen dieselbe Position einnahm. Die Phasen des Mondes mochten zwar unterschiedlich sein, seine Position im Verhältnis zu den Sternen war jedoch dieselbe. Das System scheint auch Hinweise auf synodische Zeiträume enthalten zu haben – Zeiträume, in denen der Mond im Verhältnis zur Sonne an dieselbe Position zurückkehrte, nachdem er eine Phase vollendet hatte.

Gleichzeitig erstreckten sich die Ceques als imaginäre Linien zu einem sehr realen Horizont. Die Beobachtung des Verlaufs der Sonne an diesem Horizont könnte wichtige Ereignisse wie Sonnenwenden gekennzeichnet haben. Die Rekonstruktion dieses Systems astronomischer Beobachtungen wird jedoch nie mit Sicherheit erfolgen können, da viele der Huacas im Laufe der Zeit zerstört wurden. Die Interpretationsmöglichkeiten sind jedoch faszinierend.

Die einheimisch-amerikanischen Systeme des Wissens sind oft in Quellen enthalten, die nicht mit den westlichen Vorstellungen von einer geschriebenen Sprache übereinstimmen. Von daher schienen sie den Europäern oft unentzifferbar. Astronomische Kenntnisse lassen sich z. B. aus den Überresten von Gebäuden wie dem Caracol-Turm in Chichen Itza ablesen. Die Technologie des Bauens wird so zu einem Ausdruck indianischen Wissens, das in Stein bewahrt wurde.

In Uxmal, einem anderen Maya-Zentrum in Yucatán, gibt es Gebäude, deren Wände nicht im rechten Winkel aufeinander treffen und deren Türen in seltsamen Abständen in die Wände eingelassen sind. Die Konstruktionsweise ist eindrucksvoll – mit überkragten Bögen, gemeißelten Friesen und sorgfältig ineinander eingepaßten Steinen. Das als »Haus der Nonnen« bezeichnete Gebäude hat zwar einen rechteckigen Grundriß, die Seiten sind jedoch alle unterschiedlich lang und stoßen in unterschiedlichen Winkeln aufeinander. Wissenschaftler, deren Hauptaugenmerk der Perfektion der euklidischen Geometrie galt, führten die ungewöhnlichen Winkel des Gebäudes auf schlampige Arbeit zurück, andere jedoch, die mit einer anderen Perspektive an die Sache herangingen, schrieben sie der Ausrichtung auf die Auf- und Untergangspunkte von Himmelskörpern zu. Die Maya, die den Komplex in Uxmal errichteten, waren durchaus in der Lage, parallele Wände mit einer Exaktheit zu ziehen, die der moderner Gebäude entspricht. Aber im »Haus der Nonnen« sind die Türen und Wände nicht nach rechten Winkeln, sondern nach Sichtlinien ausgerichtet, die anscheinend den Auf- und Untergangspunkten der Venus entsprachen.

Uxmal ist der Beweis für die Fähigkeit der Bauhandwerker der Maya, Gebäude nach ihren eigenen Vermessungen zu planen und in der Ausführung unterschiedliche Winkel zu berücksichtigen. Die Gebäude sind also auch Ausdruck für eine hochentwickelte architektonische Technologie. Es gibt Gebäude mit überkragten Gewölben, die dem gleichen Zweck dienten wie der geschwungene Bogen mit Schlußstein, einer typisch europäischen Bautechnik. Außerdem gibt es an den monumentalen Gebäuden in Uxmal

Systeme des Wissens

und anderen Stätten Mesoamerikas aufwendig gemeißelte Fassaden, Pfeiler und Gurtsimse.

Nördlich des Rio Grande war die Bautechnologie nicht so hoch entwickelt, aber auch hier entstanden riesige Komplexe, darunter die Tempelhügelzentren der Mississippi-Kultur und die Pueblo-Städte in den derzeitigen Vereinigten Staaten. Die eindrucksvollsten Bauten in Nordamerika nördlich des Rio Grande waren die im Chaco Canyon in New Mexico. Der Pueblo Bonito war ein Wohnkomplex mit etwa 800 Räumen, der teilweise vier oder fünf Stockwerke hoch aufragte. Die angewandte Bautechnik war einfach. Felsenplatten wurden übereinander geschichtet und bildeten die Wände, die oft mit Balken verstrebt waren, die entweder in die Wände eingelassen waren oder sie stützten. Die Eckfenster einiger Räume könnten dazu gedient haben, das Aufgehen der Sonnenwendsonne anzuzeigen. Wenn die Bauweise der Anlage auch nicht sonderlich innovativ war, so leistete sie ihren zahlreichen Bewohnern dennoch gute Dienste, solange sie dort lebten, und überdauerte sie um ein Beträchtliches.

Hoch auf dem Kamm einer großen Bergkette in Peru lag eine andere Stadt, Machu Picchu, errichtet von einer Zivilisation, die dem Inka-Reich wahrscheinlich vorausging und als sein Vorläufer gelten könnte. Etwa 80 Kilometer von Cuzco entfernt in über 3000 Meter Höhe zwischen zwei Andengipfeln gelegen, war Machu Picchu eine bemerkenswerte Leistung indianischer Planung und Ausführung. Die Stadt war eine ummauerte Zitadelle, umgeben von terrassierten, bebauten Feldern, deren Wasserversorgung durch Bergquellen gewährleistet wurde, die durch eine steinerne Leitung kanalisiert wurden, die teilweise über einen Aquädukt führte, der einen Stadtgraben überquerte und dann unter einer Mauer hindurchgeleitet wurde, um in der ganzen Stadt Brunnen und Wasserbecken zu speisen. Die Berge waren aus Granit, und in gewisser Weise war Machu Picchu aus dem gewachsenen Fels gehauen, da seine Gebäude durchweg aus Granitblöcken bestanden. Als Werkzeuge benutzten die Bauhandwerker steinerne Hämmer und bronzene Brecheisen. Die meisten Häuser bestanden aus grob behauenen Steinen, die in Schichten übereinandergelegt und mit Tonmörtel verfugt waren. Die schönsten Gebäude waren jedoch aus sorgfältig geglätteten Granitblöcken gefertigt, die zum Teil mehrere Tonnen wogen, und hatten Wände, die mit Quadersteinen (glatten Granitplatten) verkleidet waren. Stützmauern stabilisierten die fast vertikalen Berghänge. Ein Gebäude, das möglicherweise ein Tempel gewesen ist, stand auf einem Fundament aus natürlichem Fels, der in einem Winkel von fast 40 Grad anstieg. Die Mauern aus Felsgestein, die sich über diesem Fundament erhoben, waren ohne Mörtel zusammengefügt. Die große Leistung der Bewohner von Machu Pic-

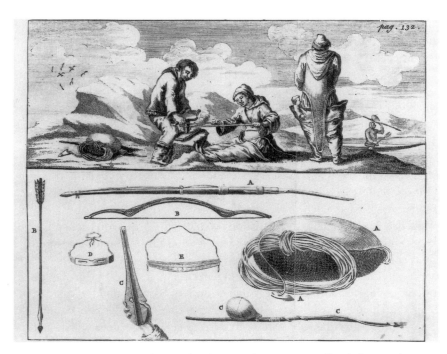

Die Darstellung eskimoischer Technologien, die 1748 veröffentlicht wurde, zeigt zwei Männer, die Feuer anzünden, indem sie mit Hilfe einer Lederschnur einen Stab zum Rotieren bringen, der von einem hölzernen Brett an Ort und Stelle gehalten wird. Neben ihnen trägt eine Frau ein Baby in ihrem Hüftstiefel, und dahinter harpuniert ein Kajakfahrer einen Seehund. Darunter sind eskimoische Gerätschaften und Schmuck zu sehen: eine Walharpune (A), Pfeil und Bogen (B), eine Seehundharpune mit Werfer (C), eine Schneebrille (D), und ein Schmuckgehänge aus Knochen (E).

chu bestand in der Entwicklung eines Systems, ihre granitenen Baublöcke und -platten mit ineinander greifenden Furchen und Rillen zu versehen, die sie zusammenhielten. Sie folgten oft dem natürlichen Gelände und errichteten ihre Mauern in ungleichmäßigen, nicht geradlinigen, aber sorgfältig miteinander verbundenen Teilen, die dann, fast wie bei einem Puzzlespiel, zu festen Einheiten zusammenwuchsen. In einem bergigen Gebiet, in dem Erdbeben relativ häufig waren, auch wenn sie nicht so heftig waren wie in niedrigeren Lagen, waren diese Wände extrem stabil.

Die Bergfestung Machu Picchu ist Beweis für eine hoch organisierte Gesellschaft, in der Zeit und Material im Überfluß vorhanden waren. Diese Gesellschaft war eine Vorläuferin des großen Inka-Reiches, das die zentralen Anden im Jahre 1492 beherrschte, ein Reich, das seine einzelnen Teile

Systeme des Wissens

durch ein hochentwickeltes System gepflasterter Straßen und durch religiöse Heiligtümer miteinander verband, die sich linear bis an die Horizonte erstreckten.

Quipus, Huacas und Ceques bieten uns einen Einblick in ein hochentwickeltes System der Informationsspeicherung. Geknotete Schnüre und gewebte Stoffe können eine Form der Schrift darstellen. Der hohe Stand der Textilkunst in Mesoamerika könnte ein ebenso komplexes System des Wissens repräsentieren wie die Metallurgie in Europa. Geknotete Schnüre enthielten Informationen. Stoffe wurden als Tribut verlangt, ein Zeichen für ihren Wert in einem auf Tausch basierenden System. Rüstungen und Schlingen aus Baumwolle waren Instrumente des Krieges. Die Textiltechnologie war für die Inka so wichtig wie die Metalltechnologie für die Europäer.

Bei den Inka erreichte die Kunst des Webens vor der europäischen Eroberung ihren Höhepunkt. Die Inka besaßen Lamas und Alpakas, die ihnen als Lasttiere und Wollieferanten dienten. Sie jagten das Vikunja, das wilde Lama, seines Fells wegen. Das domestizierte Lama lieferte eine grobe Wolle, die zu gewöhnlichen Kleidungsstücken und zu Säcken für die Vorratshaltung verarbeitet wurde. Das Alpaka lieferte eine schon feinere Wolle, und das Vikunja hatte das weichste und zarteste Fell. Außerdem wurde Baumwolle angebaut oder von benachbarten Gruppen eingehandelt. Für die Inka waren Stoffe für die Lagerhaltung wahrscheinlich wichtiger als Keramik. Außerdem wurden Textilien schon bald mit dem Status der herrschenden Klasse assoziiert, die überaus feine Kleidung trug. In Anbetracht der vielen Meter feiner Fäden, die für die schönsten Kleidungsstücke benötigt wurden (der durchschnittliche Durchmesser betrug $1/125$ Zoll), kann man ermessen, wieviel Zeit im Inka-Reich für die Vorbereitung der Materialien und das Spinnen der Fäden aufgewendet wurde. In inkaischen Textilien konnten rund 125 verschiedene Farbschattierungen und -tönungen identifiziert werden, Beweis für den hohen Stand der Färbetechniken und der Beizen, die zum Fixieren der Farben benötigt wurden. Alle wichtigen Webtechniken, die im Jahre 1492 in Europa bekannt waren, waren auch bei den Inka bekannt – Tapisserie, Brokat, Gaze und Doppelgewebe. Die peruanischen Weber besaßen auch eine ganz besondere Technik, Kettenfäden zu verweben.

Die Verwendung von Spindeln, Webstühlen, Wollfasern und Farben tauchte etwa um das Jahr 500 v. Chr. bei den an der Küste Südamerikas ansässigen Kulturen auf, die den Inka vorausgingen. Im Jahre 1492 hatte die Textiltechnologie also eine lange Entwicklung hinter sich.

Eines der Merkmale der technologischen Entwicklung in Europa war die Verwendung von Metallen. Der Kurs der westlichen Zivilisation hatte sich verändert, weil die aus dem Norden kommenden hethitischen Invasoren die

Indianer beim Goldwaschen, dargestellt von Gonzalo Fernández de Oviedo y Valdés im Jahre 1547. Dieser einheimische Brauch fand offensichtlich breite Aufmerksamkeit und weckte die Gier der Europäer. Der Mann rechts hackt den Sand auf, während die Gestalt in der Mitte eine Schale mit Sand an den Fluß trägt. Links wäscht ein Mann die schwereren Goldpartikel aus, die sich am Boden der Schale absetzen.

mit Bronze bewaffneten Mesopotamier mit eisernen Waffen besiegten. Obwohl diese historische Formulierung natürlich vereinfacht ist, dramatisiert sie die Bedeutung der Metallverarbeitung in der Geschichte der Menschheit. Auch in der Neuen Welt kannte man die Metallverarbeitung, die Anwendungsbereiche unterschieden sich jedoch beträchtlich von den europäischen (wo es im Jahre 1492 eine bedeutende Waffenkunde gab). In Nordamerika wurde unbearbeitetes Kupfererz von den einheimischen Völkern an den Großen Seen, wo man das Erz auf der Erde finden konnte, zu Schmuck gehämmert. Aber diese Verwendung war im Vergleich zu den Techniken der Metallverarbeitung in Südamerika sehr primitiv.

Wenn die Inka ausgezeichnete Weber waren, so waren sie erst recht großartige Goldschmiede. Das gleiche galt für ihre Vorläufer, die Moche, und für verschiedene andere Völker, die weiter im Norden, im heutigen Kolumbien und Panama lebten. Zur wichtigsten Technik zur Herstellung von Artefakten mit goldenen Oberflächen gehörte das Schmelzen einer Legierung aus Gold, Silber und Kupfer, die Tumbaga genannt wurde. Anschließend wurde der Barren geschlagen und getempert. Bei diesem Prozeß entstand Kupferoxid, das mit einer Säure herausgelöst wurde. Durch die schrittweise Herauslösung des Kupfers trat das Gold allmählich an die Oberfläche der zunehmend dünner werdenden Metallplatte. Dann wurde auch das Silber mit einer Paste aus Eisensulfat und Salz herausgelöst, während das Gold in granulierter Form auf der Oberfläche der Metallplatte verblieb, die dann erhitzt und brüniert wurde, um die glänzend goldene Oberfläche zu erreichen, die für die Metallarbeiten der Anden so typisch ist.

Systeme des Wissens

Diese aus dem 18. Jahrhundert stammende Illustration von Antonio de Herrara zeigt mittelamerikanische, mit Lanzen bewaffnete Jäger, die wilde Javelinas (eine Art Wildschwein) in ein Netz treiben.

Durch die oben beschriebene Technik wurde ein großer Teil des in der ursprünglichen Legierung enthaltenen Kupfer- und Silbersubstrats vernichtet – kein unbedingt sparsamer Umgang mit Materialien. Außerdem war sie nicht so effektiv wie das einfache Überziehen mit Blattgold. Aber das Ziel, das es zu erreichen galt, war nicht Schönheit um der Schönheit willen. Es ging vielmehr darum, den jeweiligen Gegenstand mit einer inneren Bedeutung zu füllen, die über die reine Form hinausging. Die Gegenstände verkörperten die religiöse und soziale Macht derer, denen sie gehörten.

In der Welt von heute ist Gold ein Emblem des materiellen Wohlstands. In den vorkolumbischen südamerikanischen Gesellschaften war es ein Symbol für spirituelle und politische Macht. In religiösen Texten in der Quechua-Sprache, die aus dem 16. und 17. Jahrhundert stammen, findet man häufig den Begriff »camay«, womit der Akt gemeint ist, durch den ein unbelebter Gegenstand mit Lebensgeist erfüllt wird. Es war nicht die Herstellung des Gegenstandes, die wichtig war, sondern der Akt, mit dem der Gegenstand in seiner Gänze mit Gold als einer wesentlichen Qualität erfüllt wurde. Das Gold war nicht wichtig für die Form des Gegenstandes, sondern für seine Substanz und seine Bedeutung. Für den Kunsthandwerker der Anden war die Metallurgie nicht einfach eine Technologie, die Fähigkeit, Energie einzusetzen, um Metalle zu schmelzen und zu formen. Sie war die Macht, das eigentliche Wesen des Materials zu verändern und es mit religiöser Bedeutung zu füllen, ihm eine innere Form zu geben, die wichtiger war als die äußere.

Diese Beschäftigung mit den inneren Kräften, die äußere Formen mit Sinn und Leben erfüllten, machte das Wesen der einheimisch-amerikanischen Wissenschaften aus. Die Entwicklung der Landwirtschaft war sowohl in Europa wie auch in der Neuen Welt des Jahres 1492 wissenschaftlich, da sie auf der Fähigkeit beruhte, Ereignisse wie das Wachstum der Pflanzen vorherzusagen. Und sie war technologisch, da sie den Menschen dazu befähigte, Formen von Energie zu kontrollieren.

Die wichtigsten Energiequellen, die den einheimischen Völkern der Neuen Welt des Jahres 1492 zur Verfügung standen, waren die Sonne und ihre eigenen Körperkräfte. Wenn die Sonne die Hauptantriebskraft für alle menschlichen Aktivitäten war, so nutzte ein Teil dieser Aktivitäten menschliche Energie, um der Umwelt den größtmöglichen Nutzen in Form von Nahrung abzugewinnen. Die Indianer benutzten viele Techniken, um diese Kontrolle über ihre Umwelt zu erreichen. Mit am weitesten verbreitet war der Einsatz von Feuer, um neues Wachstum zu fördern und größere Weidegebiete für die wilden Tiere zu schaffen, welche die Menschen für ihre Ernährung brauchten. In Kalifornien brannten Indianer systematisch den Chaparall ab, den typischen Bewuchs der Ausläufer der Sierras, bestehend aus Pinion-, Wacholder- und Zwergeichengestrüpp. Durch diese absichtlich gelegten Feuer, aber auch durch zufällige, durch Blitzschläge verursachte Brände wurde das gestrüppartige Unterholz so niedrig gehalten, daß die Feuer nie zu heiß wurden. Sie brannten den alten Bewuchs zwar zurück, töteten die Pflanzen aber nicht ab, und das beschleunigte das Wachstum neuer, zarter Schößlinge, welche die Hirsche besonders gern fraßen. Zeitgenössische Tierbiologen haben bewiesen, daß Hirsche, die auf abgebranntem Gelände weiden, zahlreichere und gesündere Nachkommen produzieren als Hirsche in anderen Gebieten.

Auf den nordamerikanischen Plains wurden bei der Büffeljagd gelegentlich Feuer eingesetzt, und auch diese Feuer förderten das Wachstum neuer Gräser. Das periodische Abbrennen machte die Weidegebiete für die Büffel nicht nur üppiger, es verhinderte gleichzeitig auch das Vordringen des Waldes und sorgte dadurch für die Erhaltung des Graslandes.

An der Ostküste der derzeitigen Vereinigten Staaten bewunderten frühe

Systeme des Wissens

europäische Reisende und Forscher das parkähnliche Aussehen der Wälder. Bäume überschatteten grasige Lichtungen, deren Erhalt die Indianer durch periodisches Abbrennen sicherten. Das buschige Unterholz, das für die Wälder im heutigen New England so typisch ist, wurde in regelmäßigen Abständen immer wieder abgebrannt, um zu verhindern, daß Zündstoff für sehr große und heiße Feuer entstand. Folglich richtete das Abbrennen keinen weiteren Schaden an den großen Bäumen an, und das Gras wuchs schnell wieder nach und lieferte Nahrung für die Hirsche, die hier gejagt wurden. Das parkähnliche Gelände sorgte dafür, daß die Jäger sich ungehindert bewegen und ihre Bögen ungehindert einsetzen konnten.

Die Kontrolle der Weidegebiete durch das Legen von Feuern war für die Jäger wichtig, da das Wild den Hauptanteil ihrer Ernährung lieferte. Die Domestizierung von Pflanzen und Tieren war jedoch etwas völlig anderes. Domestizierung bedeutet, etwas Lebendes unter die Kontrolle des Menschen zu zwingen. Im einheimisch-amerikanischen Verständnis der Welt besaßen alle Lebewesen ein eigenes Leben und einen eigenen Willen, und sie handelten unabhängig vom Menschen. Dieses Verständnis war vielleicht der Grund für den relativen Mangel an Haustieren in der Neuen Welt. Die Andenbewohner Südamerikas hielten zwar Lamas und Meerschweinchen, aber nicht in erster Linie als Nahrungslieferanten. In Nordamerika wurden Hunde gezähmt und als Lasttiere benutzt, und gelegentlich wurden sie bei zeremoniellen Mahlzeiten auch verspeist, aber auch hier dienten sie keineswegs primär als Nahrungslieferanten.

Die Domestizierung von Pflanzen und Tieren beinhaltet bestimmte wissenschaftliche Prinzipien. In allen Kulturen, in denen es eine Domestizierung gab, beruhte sie auf der Beobachtung der Verhaltensweisen von Pflanzen und Tieren, auf der menschlichen Fähigkeit, dieses Verhalten vorherzusagen, und auf dem kontrollierenden Eingreifen des Menschen. In Europa bedeutete die Domestizierung von Pflanzen und Tieren, daß ihnen jeder Geist und jedes unabhängige Handeln abgesprochen wurde. In der Neuen Welt beschränkte sich die Domestizierung von Tieren auf ein Minimum, und die Domestizierung von Pflanzen erfolgte durch das Zusammenwirken des Menschen mit dem Geist der Pflanze.

Der Begriff »camay«, der das innere Wesen der inkaischen Goldarbeiten beschreibt, hat eine Parallele in der Vorstellung der Navajo von innerer Form. Jede äußere Form und jedes aktive physikalische Phänomen hatte eine innere Form, die es motivierte. Von daher besaßen alle lebenden und sich bewegenden Dinge eine spirituelle Bindung. Im europäischen Wissenschaftssinn ist Landwirtschaft die konzentrierteste Anwendung menschlicher Energie zur Kontrolle der Umwelt und zur Produktion von Nahrungs-

Girolamo Benzoni veranschaulicht die Herstellung und die Verwendung von Brot auf den Westindischen Inseln. Links mahlt eine Frau Maismehl auf einem Metate, einem Mahlstein; in der Mitte formt und bäckt eine andere Frau Tortillas; und rechts serviert eine Frau die Tortillas zu einer Schüssel mit Eintopf.

mitteln. Sie fällt in unsere zeitgenössische Definition von Wissenschaft, da sie eine systematische Beobachtung der Pflanzen, die Vorhersage ihres zukünftigen Verhaltens und ein bewußtes Eingreifen in die Prozesse der Natur zur Selektion und Förderung bestimmter Merkmale beinhaltet. Sie beruht auf einem Verständnis des Ausgangs von Ereignissen – z. B., daß ein Samenkorn seine eigene Art reproduzieren wird. Die Menschen beobachteten, daß die Pflanzen an den Stellen, an denen sie Wurzeln ausgerissen oder ausgegraben und den Boden dadurch umgebrochen hatten, besser wuchsen. Sie wußten, daß das Säubern von Gebieten durch Sammeltätigkeiten oder kontrolliertes Abbrennen neues Wachstum förderte. Sie brachten wilden Pflanzen Wasser oder gruben sie aus und pflanzten sie an anderer Stelle wieder ein. Wenn sie Pflanzen sammelten, wählten sie sie nach spezifischen Cha-

Maisröster der an der Nordküste Perus ansässigen Mochica. Die Mochica traten im ersten Jahrtausend in Erscheinung und wurden um das Jahr 600 n. Chr. von den Chimú abgelöst (Field Museum of Natural History).

rakteristiken aus. Indem sie gewisse Pflanzen auswählten und ihre Umgebung durch Feuer und Wasser kontrollierten, veränderten sie sie und machten sie im Hinblick auf ihre Reproduktion vom menschlichen Eingreifen abhängig. Die Tatsache, daß die einheimischen Amerikaner u. a. Sonnenblumen und Chenopodium domestizierten, läßt sich am Größenunterschied zwischen den Samen der wilden und der domestizierten Spezies ersehen.

Im Jahre 1492 hatten die Indianer in vielen Teilen der beiden amerikanischen Kontinente eine gewaltige Zahl von Pflanzen domestiziert und bauten sie an. Zu diesen Pflanzen, die den Europäern der damaligen Zeit unbekannt waren, zählten viele, die seitdem auf der ganzen Welt verbreitet sind: Mais, weiße und süße Kartoffeln, Maniok, Flaschenkürbisse, Bohnen (Kidney-, weiße und Lima-Bohne), Kakao, Kürbisse, Erdnüsse, Avokados, Tomaten, Ananas, Tabak und Chili. In den Anden wurden rund 3000 verschiedene Kartoffelsorten angebaut. Andere Nutzpflanzen der Neuen Welt sind Chenopodium, Quinoa, Amarant, jicama, pacay, yacon, Moosbeere und Guajaven, lucuma, pepino, Flaschenbaum, Säulenkaktus, canistel, Sapote und Papaya. In Ausgrabungsstätten wurden sowohl fossilisierte wie auch noch lebensfähige Samen gefunden. Keramikreproduktionen vieler

Anbauprodukte, vom Maniok und Mais bis hin zu Bohnen und Pfefferschoten, wurden in vorkolumbischen Gräbern an der peruanischen Küste gefunden.

Zu den Pflanzen, die im nordöstlichen Teil Nordamerikas domestiziert wurden, gehörten Sonnenblumen, weißer Gänsefuß und die Ambrosiapflanze. Sie alle wurden als Nahrungspflanzen angebaut, auch wenn sie heute als Unkraut gelten, weil sie sich auf den Feldern breitmachen und gegen viele Umweltbedingungen unempfindlich sind. Eine weitere nordamerikanische Nutzpflanze war die Erdbirne. Kürbis, Tepary-Bohnen, Flaschenkürbis und Teufelsabbiß wurden im Südwesten der heutigen Vereinigten Staaten domestiziert. Flaschenkürbisse wurden als Behälter benutzt, während die Fasern des Teufelsabbiß zur Herstellung von Körben verwendet wurden.

Der Mais war lange vor 1492 zum Hauptnahrungsmittel vieler amerikanischer Völker geworden. Er stammte vom Teosinte ab, einem wilden Gras, das vor mindestens 7000 Jahren in Mesoamerika durch menschliche Selektion modifiziert wurde. Bei Pflanzen sind die Samen die wichtigsten Nahrungslieferanten. Wilde Pflanzen vermehren sich, indem sie ihre Samen frei ausstreuen. Die Menschen, die diese Samen sammeln, möchten jedoch, daß sie an Ort und Stelle bleiben. Von daher war eines der Kriterien bei der Domestizierung von Pflanzen zu Nahrungszwecken die Auswahl von Samen, die an der Pflanze haftenblieben und von daher leichter geerntet werden konnten. Da die Menschen die Samen von da an jedoch von der Pflanze lösen mußten, wurden die Pflanzen davon abhängig, daß der Mensch ihre Samen ausstreute, damit sie sich vermehren konnten. Genau das geschah mit dem Teosinte, dessen Samenhülsen im Laufe der Zeit zu den festen Behältern wurden, die für den Mais so typisch sind. Obwohl der Prozeß der menschlichen Selektion zu Beginn sicher nicht systematisch war, wurde er irgendwann doch zu einem bewußten Vorgehen und führte dazu, daß die Struktur der Maispflanze sich veränderte.

Der Mais wurde vom menschlichen Eingreifen abhängig, und die Menschen wurden abhängig vom Mais. Die Maisdomestizierung war eine wissenschaftliche Aktivität. Sie war das Ergebnis der systematischen Beobachtung der Pflanzen und der bewußten Auswahl einiger gegenüber vieler. Jetzt waren es die Menschen, die entscheiden konnten, welche Arten sich vermehren würden. Die Hopi züchteten eine Maispflanze, deren Samen hervorragend an die Trockenheit ihrer Mesas angepaßt waren. Die Pfahlwurzel dieser Maissorte war so lang, daß sie selbst den tiefliegenden Grundwasserspiegel erreichen konnte. Der Sämling gewöhnte sich daran, relativ lange zu wachsen und erst den Boden zu durchbrechen, bevor er die

Systeme des Wissens

Girolamo Benzonis Darstellung der Art und Weise, wie die Indianer der Karibik ihre Einbaumkanus handhabten. Während vier Ruderer an den Seiten sitzen, benutzt der Mann im Heck sein Paddel als Steuerruder, um das Gefährt auf Kurs zu halten.

ersten Blätter ansetzte. Die Farben, die der Mais der Hopi hatte – rot, weiß, blau und gelb –, waren das Ergebnis einer sorgfältigen Selektion und Aufbewahrung der Samen.

Die Beziehung zwischen Mensch und Mais war eine symbiotische, eine Tatsache, die in der religiösen Bedeutung, die der Mais in den Zeremonien des amerikanischen Südwestens hatte, deutlich zum Ausdruck kam. Die Pueblo-Völker verwendeten bei ihren Zeremonien Maismütter (perfekt gewachsene Maiskolben) und beschenkten neugeborene Kinder mit solchen perfekten Kolben, die Maismütter darstellen sollten. Der Lebenszyklus des Mais spiegelte den menschlichen Lebenszyklus wider. Der Fortbestand des Lebens hing für die Hopi ebensosehr von ihrer Beziehung zu den Maisgeistern wie von ihrer Fähigkeit ab, Arten zu domestizieren und auszuwählen, die in ihrer unwirtlichen Region wachsen und gedeihen konnten. So wie der

Grabstock dafür sorgte, daß jedes Samenkorn tief genug in die Erde gelegt wurde, so daß die lange Pfahlwurzel das Grundwasser erreichen konnte, so war auch der Schlangentanz der Hopi für das Wachstum der Pflanzen unerläßlich. Die Schlangen, welche die Tänzer dabei benutzten, wurden im Anschluß freigelassen, damit sie den Geistern, die tief in der Erde wohnten, die Hochachtung und die Wünsche der Menschen überbringen konnten.

Während die Landwirte der Hopi ihre Feuchtigkeitsprobleme lösten, indem sie den Mais modifizierten, ließen andere Pueblovölker sich Bewässerungsmethoden einfallen, um das ihnen zur Verfügung stehende Wasser zu kontrollieren. Im Chaco Canyon, in dem um das Jahr 920 n. Chr. zahlreiche Gemeinschaften aufblühten, wurde eine dramatische Ausbreitung der Kultur erst durch ein hochentwickeltes Bewässerungssystem ermöglicht. Der Chaco River, der nur saisonal Wasser führte, hatte den Canyon gebildet, und wahrscheinlich war er seit Hunderten von Jahren von Menschen bewohnt gewesen. Jetzt aber entwickelte er sich zu einem wichtigen Bevölkerungszentrum. Vor 900 hatte es am Chaco River saisonale Überschwemmungen gegeben, und die Menschen hatten ihre Felder in der Überschwemmungsebene angelegt. Zudem hatte sich in den natürlichen Becken am Rand des Canyons Regenwasser gesammelt und war bei schweren Regenfällen über- und an den Seiten des Canyons hinuntergelaufen. Um das Jahr 900 herum hatte der Fluß sich jedoch so tief in den Grund des Canyon eingeschnitten, daß er seine Ufer nicht mehr übersteigen konnte und es keine Überschwemmungen mehr gab. Wenn die Bewohner des Canyons weiterhin Bodenbau betreiben wollten, mußten sie auf Bewässerungsmethoden zurückgreifen. Dazu gehörten Dämme, die das Wasser des Flusses stauten, Umleitungsmauern und Kanäle, die das Wasser auf die Felder leiteten, und Schleusen, die den Wasserfluß kontrollierten. Zusätzliche Umleitungsmauern wurden an den Hängen des Haupt- und der Seitencanyons errichtet, um auch das an den Wänden abfließende Wasser in Kanäle einzuleiten. Umzäunte und mit Kies abgedeckte Gärten sorgten dafür, daß die Bodenfeuchtigkeit weitmöglichst erhalten blieb.

An der etwa 14 Kilometer langen Strecke des unteren Chaco Wash liegen die Überreste von neun größeren Pueblo-Städten. In der näheren Umgebung gab es vier weitere Pueblos, die je 30 bis 100 Räume hatten, und mindestens 50 kleine Dörfer mit zehn bis 20 Räumen. Auf ihrem Höhepunkt könnte die Bevölkerung etwa 10 000 Menschen gezählt haben. Während der großen Bauphase im Chaco Canyon, die in etwa von 1020 bis 1120 n. Chr. dauerte, wurden wahrscheinlich 100 000 Kiefern als Bau- und Feuerholz gefällt. Nach 1120 aber wurde sprichwörtlich überhaupt nicht mehr gebaut, und etwa um das Jahr 1220 herum war die Bevölkerung des Canyon

Systeme des Wissens

497

Der in Mailand geborene Girolamo Benzoni bereiste im sechzehnten Jahrhundert die spanischen Kolonien in Amerika und veröffentlichte 1565 einen Bericht, in dem die Art und Weise, wie die Krone sowohl die Indianer wie auch die afrikanischen Sklaven behandelte, scharf kritisiert wurde. Hier seine verständnisvolle Darstellung eines einheimischen Heilers, der einen Patienten versorgt, der in einer Hängematte liegt.

abgewandert, und die Städte und Dörfer waren verlassen. Die wahrscheinlichste Erklärung für diesen Exodus könnte die große Dürre im Becken des San Juan River sein, die von 1130 bis 1190 andauerte. Obwohl die Bewässerungssysteme des Canyon hochentwickelt waren, konnten sie gegen eine derart strenge und lang anhaltende Dürre nichts ausrichten. Die Technologie hatte ihre Grenzen, und die Reaktion der Bevölkerung auf das Versagen ihrer Technologie bestand darin, sich neue Standorte zu suchen.

In Teilen Mesoamerikas hatte die Landwirtschaft nicht mit zuwenig, sondern mit zuviel Wasser zu kämpfen. Zu den Techniken zur Wasserkontrolle, die in niedriggelegenen Sumpfgebieten angewendet wurden, gehörten erhöhte Plattformen aus aufgeschütteter Erde und die verschiedensten Entwässerungsmethoden. Außerdem wurde Land künstlich terrassiert, um erhöhte Anbaubereiche zu schaffen.

Am und im Tezcoco-See schufen die aztekischen Bauern Chinampas, künstliche Inseln. Dazu wurden aus Baumstämmen oder geflochtenem Rohrgras Flöße angefertigt, auf denen der fruchtbare Grundschlamm des Sees und der nahegelegenen Sümpfe aufgehäuft wurde. Da der Druck der feindlichen Völker auf dem benachbarten Festland verhinderte, daß die Azteken ihre Felder dort anlegen konnten, stellten die Chinampas eine geniale Lösung ihres Problems dar. Die Chinampas waren zudem außerordentlich ertragreich, da der Boden sehr fruchtbar war und jederzeit erneuert werden konnte.

Die Indianer der Neuen Welt kontrollierten ihre Umwelt durch Technologien wie Feuer, Landwirtschaft und Bewässerung. Aber sie besaßen auch ein hochentwickeltes Verständnis für die wilden Pflanzen, die um sie herum wuchsen. Sie brauchten diese Pflanzen nicht nur, weil sie ihnen Nahrung und Material für Häuser, Körbe und Bekleidungen lieferten, sondern auch, weil sie Krankheiten heilten. Da die Pflanzen als Lebewesen galten, die genau wie der Mensch die Fähigkeit besaßen, zu wachsen, sich zu verändern und sich zu vermehren, zu leben und zu sterben, konnten sie auf den Menschen einwirken. Durch Nutzung und systematische Beobachtung wußten die einheimischen Völker sehr genau, welche Wirkung die Pflanzen auf den menschlichen Körper hatten.

Wahrscheinlich lieferte das Verhalten von Tieren ihnen erste Hinweise auf die Wirkung von Pflanzen. In Afrika konnten Wissenschaftler beobachten, daß Schimpansen die Blätter der Aspilia-Pflanze unzerkaut schluckten. Sie vermuteten, daß es sich dabei um medizinische Gründe handelte, da die Schimpansen andere Pflanzen, von denen sie sich nährten, erst kauten. Eine Analyse der Aspilia-Blätter ergab, daß sie eine chemische Substanz enthielten, »Thiarubrin A«, das eine antibiotische Wirkung hat. Ähnlich wirkende Inhaltsstoffe wurden in der südamerikanischen Abart der Aspilia gefunden, woraus sich die Möglichkeit ergibt, daß vielleicht auch die Affen der Neuen Welt dabei beobachtet wurden, wie sie diese Blätter auf ähnliche Weise verwendeten.

Die größte Ähnlichkeit zwischen modernen Praktiken und denen der einheimischen Völker der Neuen Welt des Jahres 1492 liegt im medizinischen Bereich. Ungeachtet einer hochentwickelten Technologie und einer genauen Kenntnis der im menschlichen Körper ablaufenden Prozesse arbeiten die Ärzte noch heute teilweise im Bereich der Wissenschaft, teilweise aber auch im Bereich des Glaubens. Hochwirksame Arzneien haben beträchtliche Auswirkungen auf den menschlichen Körper. Die einheimisch-amerikani-

Systeme des Wissens

499

Dieser Stich des flämischen Verlegers Théodore de Bry, der nach einer Zeichnung von Jacques Lemoyne de Morgues angefertigt und 1591 veröffentlicht wurde, zeigt verschiedene Heilpraktiken der Timucua. Dem auf dem Rücken liegenden Mann wird Blut aus der Stirn abgezapft, während der auf dem Bauch liegende Mann den Rauch brennender Samenkörner einatmet. Der Mann hinten in der Mitte benutzt Tabakrauch, um eine Infektion zu heilen.

schen Heiler wußten aus Beobachtung, daß Pflanzen beträchtliche Veränderungen im menschlichen Körper hervorrufen konnten. Und ein Großteil der medizinischen Praktiken im Europa des 15. Jahrhunderts beruhte auf der Verwendung reiner oder pflanzlicher Medizinen.

Pflanzenmedizinen aus der Neuen Welt haben sich auch nach modernem medizinischen Standard als wirksam gegen Krankheiten erwiesen. Ein Hormon, das aus dem Steinsamen gewonnen wird, einer Pflanze, die von Paiute-Frauen als Verhütungsmittel verwendet wurde, verhindert bei Labormäusen die Bildung von Gonatropinen und wirkt folglich auf den Ovulationszyklus ein. Das Tlepatli, das in der aztekischen Medizin als urintreibendes Mittel und als Behandlung gegen den Wundbrand verwendet wurde, enthält Plumbagin, das antibakteriell und besonders gut gegen Staphylokokken wirkt.

Es geht uns weder darum, die pflanzliche Medizin am Standard der modernen Medizin zu messen, noch um die Wirksamkeit chemischer Eigenschaften, sondern um die Anerkennung der Tatsache, daß die einheimischen Völker die Wirkung von Pflanzen konsequent beobachteten und beurteilten. Bestimmte Pflanzen bewirkten immer das gleiche Ergebnis. Die Gründe dafür waren für die Indianer nicht chemischer Art, sondern lagen in der inhärenten spirituellen Kraft, welche die Pflanze als lebendes Wesen besaß.

Die Medizin ist eine Mischung aus Wissenschaft und Glauben. Auch die Wissenschaft ist eine Glaubenssache. Im Jahre 1492 glaubten europäische Wissenschaftler, daß Gegenstände ihren naturgegebenen Platz suchten, daß der Stein der Weisen unedle Metalle in Gold verwandeln würde und daß Pflanzen die Macht besaßen, Krankheiten zu heilen. Die einheimisch-amerikanischen Wissenschaftler glaubten, daß Pflanzen heilen konnten, daß goldene Gegenstände mit Macht gefüllt werden konnten und daß alle Dinge in der großen Ordnung der Welt den ihnen gebührenden Platz hatten.

Es liegt im Wesen der Wissenschaft, zu einem Verständnis der Welt gelangen zu wollen, aber die Prämissen der modernen Wissenschaft haben sich seit dem Jahre 1492 beträchtlich verändert. Vom naturgegebenen Platz zu schwarzen Löchern hat das Unternehmen Wissenschaft stets eine immerflüchtige Wahrheit gesucht. Für die einheimischen Amerikaner des Jahres 1492 war die Welt erfüllt von Kräften, die man auf bestimmte Weise verstehen konnte. Sie beobachteten die Welt, in der sie lebten, und sie kannten ihre Abläufe und die Auswirkungen, die diese auf ihr eigenes Leben hatten. Die systematische Beobachtung ihrer Umwelt und die Vorhersage der Wirkungen der Kräfte dieser Umwelt befähigte die einheimischen Völker der Neuen Welt dazu, sich an ein breites Spektrum von Bedingungen anzupassen und eine Beziehung zu dieser natürlichen Welt aufzubauen.

Am Vorabend der Landung von Christoph Kolumbus in der Neuen Welt des Jahres 1492 lebten die einheimischen Völker der beiden Amerikas im ausgewogenen Gleichgewicht zu den Ressourcen ihrer Welt. Dieses Gleichgewicht – zusammengesetzt aus Kontrolle und Vertrauen – sollte bald gestört werden. Konfrontiert mit den Invasoren aus der Alten Welt, sollte es nicht nur den europäischen Krankheiten, Pflanzen und Tieren, die in die Neue Welt eingeführt wurden, zum Opfer fallen, sondern auch einer inneren Einstellung, welche die Wissenssysteme, auf denen die Wissenschaft der Indianer beruhte, als heidnischen Aberglauben abtat.

Systeme des Wissens

Im späten fünfzehnten Jahrhundert hergestelltes Keramikgefäß, das später in Awatovi auf der Antelope Mesa in Arizona ausgegraben wurde (Museum für Völkerkunde, Berlin).

14. Kapitel
Die Welt der Kunst

Von Christian F. Feest

Vielleicht war es das Jahr 13-Feuerstein, das sechste Jahr der Herrschaft König Ahuitzotls, in dem die Steinhauer des Palastes mit ihren Werkzeugen nach Chapultepec zogen. Ihr Herr hatte angeordnet, daß sein Bildnis neben den Porträts seiner Vorgänger, seines Vaters Moctezuma I. und seines Bruders Axayacatl, in die Felsen des Grashüpferhügels eingemeißelt wurde. Es sollte spätere Generationen an jene erinnern, welche die Mexica zu den Herrschern über die Reichtümer des Universums gemacht hatten, und ihnen dabei helfen, sich von ihren Taten als Eroberern, Tempelbauern und weisen Regenten inspirieren zu lassen.

Ahuitzotl fand sich mit all seinen königlichen Insignien und Amtszeichen am Felsen ein, damit die Künstler alle Einzelheiten berücksichtigen konnten, während sie sein lebensgroßes Frontalporträt auf die geglättete Oberfläche skizzierten. Es würde ein perfektes Bildnis werden, das die seiner Vorgänger in jeder Hinsicht übertreffen sollte. Die Steinhauer, die besten des Landes, die ansonsten damit beschäftigt waren, in den Tempeln von Tenochtitlan Götterbilder anzufertigen, hatten in den letzten Jahren bemerkenswerte künstlerische Fortschritte gemacht. Sie würden für ihre Arbeit reich belohnt werden, mit Nahrung, Kleidung, Salz, Kakao und Sklaven aus dem heißen Land...

Ungefähr zur gleichen Zeit saß ein Jäger auf den windgepeitschten, kargen Ebenen der Tierra del Fuego vor seinem Windschutz und schälte die Rinde von mehreren sorgfältig ausgesuchten Zweigen, die er einige Tage in seiner Hütte getrocknet hatte. Unter ständigem Drehen ließ er die Stöcke zur Mitte hin etwas anschwellen, indem er sie mit einer Muschelschale, die er gelegentlich an einem Sandstein wetzte, vorsichtig abschabte. Nachdem er die Stöcke über den glühenden Kohlen seines Feuers erwärmt hatte, zog

Die Welt der Kunst

503

er sie einen nach dem anderen durch den Mund, um sie mit Hilfe seines Speichels und der Kraft seiner Zähne gerade zu ziehen. Dies war ein wichtiger Teil der Arbeit, da er die Stöcke als Schäfte für seine Pfeile benutzen wollte, deren ruhiger Flug davon abhing, daß sie die perfekte Form besaßen.

Als nächstes wurden die Schäfte geglättet. Der Jäger ergriff sie mit einem Stück Guanacohaut und zog sie über einen ausgekehlten Sandstein, wobei er den abgeschabten Staub in einem Stück Fuchsfell auffing. Das Fuchsfell mit dem Staub wurde zum Schluß dazu benutzt, die Stöcke zu polieren. Der Jäger war zufrieden. Sobald die Stöcke völlig durchgetrocknet, gekerbt, mit Federn und einer dreieckigen Spitze aus Schiefer versehen waren, würden sie gute Pfeile abgeben. Seine Freunde würden ihn darum beneiden, und er würde viel Fleisch nach Hause bringen . . .

In einem anderen Teil der Hemisphäre, im Südwesten der heutigen Vereinigten Staaten, war eine andere Künstlerin am Werk. Nachdem sie den feinen, grauen Ton aus der Grube geholt hatte, die gleich neben dem Pfad lag, der von ihrem auf der Spitze der Antilopen-Mesa gelegenen Dorf hinunter zu den Feldern führte, streute die Töpferin vom Stamme der Awatovi heiliges Maismehl über die Stelle, so wie man unter Freunden Geschenke austauscht. Sie war dankbar für die schwere Qualität des Tons, der beim Brennen so wenig schrumpfte, daß man nichts hinzufügen mußte, um zu verhindern, daß die Töpfe Risse bekamen. Die Oberfläche würde glatt und leicht zu bemalen sein.

Nachdem sie in einer alten Schüssel den Boden des Gefäßes geformt hatte, baute sie es auf, indem sie Tonrolle auf Tonrolle fügte und festdrückte. Dann glättete sie die sanftgeschwungene Form, indem sie die Außenseite des Gefäßes mit einem flachen Stein abklopfte, während sie mit der linken Hand von innen gegen die dünne Wand drückte. Als der Topf trocken genug war, polierte sie ihn mit einem anderen Stein, bestrich ihn mit einer dünnen Schicht aus flüssigem Ton, um ihn zu versiegeln, und polierte ihn noch einmal. Jetzt konnte er bemalt werden, und es gab nur wenige Frauen, die mit dem Pinsel aus Yuccafasern schönere Vögel, Federn oder komplizierte geometrische Muster zuwege brachten. In ein paar Tagen würden sie und ihre Töchter, die bei ihr lebten, so viele Töpfe hergestellt haben, daß sie mit dem Brennen anfangen konnten. Sie stapelten die Töpfe mit dem Boden nach oben übereinander, häuften Kohle darum und deckten das Ganze mit Holz ab. Das schwelende Feuer würde einen ganzen Tag brauchen, um den grauen Ton in ein hübsches Rehbraun zu verwandeln. Dann waren die Töpfe fertig . . .

An der Küste Brasiliens bereitete sich eine Tupinamba-Frau unterdessen auf die Opferung eines Gefangenen vor, den die Männer bei einem Überfall auf ein fernes Dorf gefangengenommen hatten. Mit Urucu und Genipa bemalte sie sich halb rot, halb schwarz und beklebte ihren nur mit der öligen Farbe überzogenen Körper anschließend mit Federn. Als sie fertig war, griff sie nach dem fast zwei Meter langen Knüppel, den einer der Männer aus Palmenholz geschnitzt hatte. Der lange Stab, der auf der einen Seite in eine flache, fast kreisförmige Scheibe auslief, glänzte wie ihr eigener Körper. Sie überzog ihn mit klebrigem Harz und bestreute ihn dann mit zerstoßenen grauen und grünen Muschelschalen.

Jetzt kratzte sie Linien in den klebrigen Überzug – Quadrate, Spiralen und Wellen –, genau wie die Muster, die sie für gewöhnlich in den weichen Ton ihrer noch ungebrannten Kochgefäße ritzte. Umgeben von den anderen Frauen, die Spott- und Rachelieder sangen und sich darüber unterhielten, wer von ihnen Anspruch auf welches Stück vom Fleisch des Gefangenen hatte, würde sie sich bald dem Gefangenen selbst zuwenden und seinen Körper schwarz anmalen und sein Gesicht auf ähnliche Weise schmücken wie den Knüppel, der ihm den Schädel zertrümmern würde. Das würde ein Festschmaus werden...

Auf der Insel Haiti verlieh ein Taino-Schamane zur gleichen Zeit einem graugrünen Stein, der eine kegelförmige Spitze und eine ovale Grundfläche hatte, den letzten Schliff. Der obere Teil stellte unverkennbar den Kopf eines Spechts dar, des Vogels, der in mythischer Zeit seinen Schnabel dazu benutzt hatte, um aus bis dahin geschlechtslosen Wesen Frauen zu machen. Ein anderer Mann war vor kurzem oben in den Bergen gewesen und hatte aus dem Augenwinkel heraus gesehen, daß der Stein sich bewegte und ihm zuwinkte. Nur der Schamane konnte herausfinden, welches Wesen sich in diesem Stein verbarg, und so hatte er das hochwirksame Pulver geschnupft, um mit dem Wesen zu sprechen und seine wahre Natur festzustellen.

Der Specht hatte dem Schamanen befohlen, dem Stein seine Gestalt zu geben und ihn auf diese Weise zu einem *Zemí* zu machen, in dem er wohnen konnte, um Fruchtbarkeit für die Felder des Mannes zu bringen, der gesehen hatte, wie der Stein sich bewegte. Alle zogen den Schamanen zu Rate, wenn sie den Kräften der Natur begegneten oder in Träumen die Geister zu ihnen kamen. Der Schamane mußte dann die Absichten der Geister herausfinden und ihre Abbilder aus Stein, Muscheln, Holz oder Baumwolle herstellen. Die Menschen hatten viele solcher Zemís, und sie achteten und schätzten sie wegen der Macht ihrer übernatürlichen Bewohner, welche die Nahrungsmittel verzehrten, die man ihnen hinstellte. Manchmal sprachen sie sogar, wenn man sie bat, die Zukunft vorherzusagen. Die Welt war voller Geister, und es war oft schwer, sie in ihren Verkleidungen zu erkennen.

Die Welt der Kunst

Vor kurzem hatten die Inselbewohner draußen auf dem Meer welche gesehen. Sie sahen aus wie riesige Einbaumkanus unter einer weißen Wolke...

Und wenn wir noch so oft innehalten würden, um einen Blick auf das amerikanische Leben des Jahres 1492 zu werfen, wir könnten die unendliche Vielfalt der Formen, Funktionen und Bedeutungen der Künste, die zu dieser Zeit in voller Blüte standen, nicht adäquat beschreiben. Das Universum der Formen, Farben, Klänge und Bewegungen, das zwischen der Beringstraße und der Tierra del Fuego von Männern und Frauen geschaffen wurde, widersetzt sich jeder Verallgemeinerung. Aber es war ein getreues Spiegelbild der Individualität der verschiedenen einheimischen Kulturen, ihrer Bedürfnisse und des ihnen allen gemeinsamen Wunsches, sich auszudrücken.

Es wäre ungerecht, die riesige Steinskulptur des professionellen aztekischen Künstlers am königlichen Hof von Tenochtitlan mit dem grob gemeißelten Götterbild eines ländlichen Tempels zu vergleichen, das der örtliche Steinhauer geschnitzt hatte, oder mit der Pfeilspitze eines Jägers in den subarktischen Wäldern Kanadas. Aber dennoch können alle drei in ihrer jeweiligen Kultur die höchste Leistung im Bereich der Steinbearbeitung darstellen.

Gesellschaftliche, wirtschaftliche und religiöse Komplexitäten bestimmten die Nachfrage nach Kunst, aber die Verfügbarkeit von Ressourcen und Technologien legte den Ausdrucksformen Grenzen auf. Die baumlose Öde der arktischen Tundra bot wenig Möglichkeiten für die Anfertigung hölzerner Skulpturen, so wie das Fehlen metallurgischer Kenntnisse der Grund dafür war, daß die Bewohner Kaliforniens, einer Region, in der es reichlich Gold gab, nicht zu Goldschmieden wurden. Die nomadischen Jäger und Sammler dachten nicht im Traum daran, schwere und zerbrechliche Töpferwaren herzustellen, die sie nur in ihrer Bewegungsfreiheit behindert hätten. Überlegungen dieser Art waren ein nicht unbeträchtliches Hindernis für die bildende Kunst, aber auch die Literatur und die Musik waren ganz spezifischen Zwängen unterworfen. Die musikalische Vielseitigkeit hing zu einem hohen Maß von der Fähigkeit ab, adäquate Instrumente herzustellen, und während alle Sprachen für die Schaffung einer verbalen Kunst geeignet waren, hatten ihre grammatikalischen Strukturen und sogar ihre Lautsysteme einen nicht unerheblichen Einfluß auf das Resultat solcher Bemühungen.

Die Formen des Ausdrucks müssen auch als Ergebnis komplexer historischer Entwicklungen gesehen werden. Im Jahre 1492 bewohnten die einheimischen Völker die beiden amerikanischen Kontinente seit vielleicht Zehntausenden von Jahren. Nach so vielen Jahrtausenden hatte sich das gemeinsame Erbe, das sie aus Asien mitgebracht hatten, durch Einflüsse, die alles andere als einheitlich gewesen waren, bis zur Unkenntlichkeit verändert. Die Vorfahren der Feuerlandbewohner an der Südspitze Südamerikas hatten im Laufe der Zeit die gesamte Länge der beiden Kontinente durchwandert und ihre Lebensweise und ihre Kunst immer wieder an die sich verändernden Umgebungen angepaßt, durch die sie auf ihrem Weg nach Süden kamen. Selbst Gruppen, deren Weg bedeutend kürzer war, hatten dramatische Veränderungen des Klimas und der Tier- und Pflanzenwelt erlebt. An der Beringstraße hatten die Eskimo den Kontakt zwischen der Alten und der Neuen Welt aufrecht erhalten, die Innovationen, die Nordost-Asien erreichten, aber nur selektiv aufgenommen und weitergegeben.

Die wandernden Völker waren zahlreichen anderen Gruppen mit anderen Traditionen begegnet, was oftmals dazu führte, daß sie neue Techniken, Lieder und Ideen übernahmen, die sie dann ihren eigenen Bedürfnissen und Wünschen entsprechend umformten. Manche waren gezwungen gewesen, unter fremder Herrschaft zu leben, so z. B. die vielen Andenvölker zur Zeit der Expansion des Inka-Reiches. Andere hatten nie auch nur gerüchteweise von den dramatischen Veränderungen gehört, die jenseits der Grenzen ihrer eigenen Welt stattfanden. Und manchmal stießen die einheimischen Völker auf die sichtbaren Hinterlassenschaften ihrer eigenen Vorfahren, wie z. B. die Begräbnishügel im Tal des Ohio oder die Ruinen der klassischen Zivilisationen in Mesoamerika.

Die Kulturen und ihre Künste hatten sich verändert, jede in ihrem jeweils eigenen Tempo, manchmal fast unmerklich, manchmal in großen Sprüngen. Keine der Künste keines der Völker war im Jahre 1492 noch so, wie sie es 500 Jahre zuvor gewesen waren. Die, die noch existierten, waren nach fünf Jahrhunderten zwar verändert, aber immer noch zu erkennen. Das interamerikanische Netz der Begegnungen und des Austauschs in der Zeit vor Kolumbus bewirkte gewisse regionale Gemeinsamkeiten im Bereich der Kunst, führte aber nie zu einer Vereinheitlichung der Ausdrucksformen. Das einzige universale Merkmal war das Vorhandensein der Kunst an sich.

Diese »Kunst« war jedoch keine »Kunst« im heutigen Sinne. Obwohl wir uns möglicherweise nicht völlig einig sind, was Kunst ist, glauben wir alle, daß sie als unabhängiger Bestandteil unserer Erfahrung existiert. Die Tatsache, daß es in keiner der einheimischen Sprachen Amerikas ein Wort für »Kunst« gab (oder, was das angeht, für »Religion«), bedeutet einfach nur, daß die Sprecher dieser Sprachen die Ästhetik nicht von ihren anderen Aktivitäten trennten. »Wenn man möchte, daß sie ein Kunstwerk bewundern oder wertschätzen«, erklärte ein Beobachter aus späterer Zeit »die große und fast allgemeine Gleichgültigkeit der Indianer [des Nordostens Nordamerikas] gegenüber Werken der Kunst [im engen europäischen Sinn], muß es einen Bezug zur Jagd, zur Fischerei oder zum Kampf haben.«

Die Welt der Kunst

Es gab also keine Kunst um der Kunst willen. Jeder Gegenstand, jeder Satz, jede Melodie und jeder Tanz diente einem ganz bestimmten, fest definierten Zweck. Es gab jedoch auch den »Luxus der Form« im Rahmen der Notwendigkeiten der Nützlichkeit und darüber hinaus. Der Feuerlandbewohner war stolz auf seinen Pfeil, weil er nützlich war, und er war nützlich, weil seine Form vollkommen war. Es gab aztekische Skulpturen, die auf der Unterseite, die niemand je zu Gesicht bekam, reich verziert waren, da die symbolische Bedeutung, die dadurch ausgedrückt wurde, den rein visuellen Aspekt bei weitem übertraf. So wie die Beschäftigung mit den nicht-menschlichen Kräften der Welt das Leben der Menschen durchdrang, so war auch die Beschäftigung mit der Form unbegrenzt, auch wenn sie von Gelegenheit zu Gelegenheit und von Kultur zu Kultur eine unterschiedliche Intensität aufweisen mochte.

Diese größere Ganzheit der Erfahrung ist einer der Gründe dafür, daß es irreführend sein kann, im Hinblick auf die einheimischen Künste Amerikas des Jahres 1492 von »Schönheit« zu sprechen. Die Wertschätzung geschaffener Formen beruhte nicht allein auf ästhetischen Überlegungen, sondern auch auf ihrer Nützlichkeit und ihrer Bedeutung. Obwohl es in jeder einheimischen Kultur Maßstäbe zur Beurteilung von Form gab, waren sie kaum jemals identisch. Der wohlformulierte Satz übermittelte seine Aussage, der wohlgeformte Topf hielt das Wasser, und das wohlgeschnitzte Bild wurde als der Gott erkannt, den es darstellen sollte. Aber in einer anderen Kultur klang die gleiche Aussage anders, hielt ein anderer Topf das Wasser ebensogut, und selbst derselbe Gott wurde in einem unterschiedlichen lokalen Stil dargestellt. Der Stil war nur das Medium, durch das Botschaften übermittelt wurden, aber er formte die Botschaften und wurde Teil von ihnen.

Ein weiterer Aspekt dieser allumfassenden Weltsicht betrifft die Frage, was denn nun eigentlich im vorkolumbischen Amerika »Kunst« ausmachte. Unsere ordentlichen Kategorien »Malerei«, »Bildhauerei«, »Literatur«, »Musik«, »Tanz« und »Schauspiel« beruhen ihrerseits auf kategorischen Vorstellungen von klarer Unterscheidung und auf der Bedeutung, die einer professionellen Spezialisierung beigemessen wird. Die Mehrheit der einheimisch-amerikanischen Kulturen kannte keine dieser beiden Prämissen.

Reine Instrumentalmusik kam auf dem ganzen Kontinent eher selten vor, denn für gewöhnlich wurden Melodien zusammen mit Worten zu Liedern geformt, und Rhythmen mit Bewegungen zu Tänzen, so z.B., wenn ein Tänzer Rasseln oder Glöckchen trug, die seine Schritte in Klang umsetzten. Masken wurden nicht geschnitzt, um für sich allein in einem Schaukasten ausgestellt, sondern um in der dramatischen Darstellung mythischer Ereignisse getragen zu werden, in Geschichten, die zur Bewegung der Musik wieder lebendig wurden.

Wenn man »Kunst« als etwas sehen will, was alle sinnlichen Erfahrungen des menschlichen Ausdrucks umfaßt, und nicht nur als das Werk von Menschen, die als »Künstler« bezeichnet werden, dann werden auch Geruch und Geschmack zu einem Teil dieses künstlerischen Universums. Die Azteken, so heißt es, fanden »Glück und Freude daran, den ganzen Tag an einer kleinen Blume zu riechen oder an einem Strauß aus verschiedenen Blumen«. Die Wirkung der Kunst der aztekischen Floristen beruhte also ebensosehr auf dem Duft wie auf Farbe und Form. Der metaphorische Ausdruck für Dichtung lautete: »die Blume, das Lied«, und Dichten wurde mit dem Schneiden von »Blumen von erfreulichem Duft« verglichen.

Anderswo war der Duft von Weihrauch, gleich, ob es sich um Kopal, Tabak oder Süßgras handelte, ein integraler Bestandteil zeremonieller Darbietungen, und nur die wenigsten Feste mit ihren Gesängen und Tänzen waren vollständig ohne den Geschmack von Nahrungsmitteln, die nach besonderen Rezepten zubereitet wurden. Beim Fest Xochiquetzals, der göttlichen Schutzpatronin der aztekischen Maler, Weber, Silberschmiede und Bildhauer, wurden kleine Bildnisbrote in der Form von Göttern, Blumen oder Vögeln gebacken und gegessen, und das Können der Hersteller der verzierten Brote war ebenso hoch angesehen wie das anderer Künstler. Essen und Düfte hatten im urtümlichen Amerika dieselbe symbolische Bedeutung wie andere Formen des Ausdrucks und waren ein wichtiger Teil der Erfahrung der von Menschen gestalteten Welt.

Von daher können wir die Künste, die es im Amerika des Jahres 1492 gab, nur dann richtig verstehen und beurteilen, wenn wir wissen, wie sie im Gefüge ihrer jeweiligen Kulturen eingebettet waren. Das Trauma des Jahres 1492 und seine Folgen haben ein volles Verständnis dieser Künste für immer unmöglich gemacht, und jeder noch so behutsame Annäherungsversuch kann uns nur einen Teil des Weges zurückführen.

Die Künstler waren nicht alle gleich, und ihre Fähigkeiten von Person zu Person unterschiedlich. Eine schlechte Koordination von Hand und Auge beeinträchtigte die Ausführung des wundervollsten Bildes, das je ein Mensch ersann, und ein ungenügendes Gefühl für Rhythmus machte die Bemühungen der klarsten Stimme und des behendesten Fußes zunichte. Wahrscheinlich sahen alle einheimischen Völker Amerikas diese Unterschiede in der künstlerischen Darbietung, sie maßen ihnen jedoch nicht dieselbe Bedeutung bei.

Die Jäger der Tierra del Fuego kannten die individuellen Fähigkeiten jedes einzelnen Mitglieds ihrer Gruppe, und sie bewunderten sicherlich jeden,

Die Welt der Kunst   509

der sein Handwerk meisterlich beherrschte. Trotzdem wurde von allen ohne Ausnahme erwartet, daß sie für ihren eigenen Gebrauch dieselben Dinge herstellten, wann immer es nötig war. Nie wurde etwas auf Vorrat angefertigt, da es zu mühselig war, die Sachen von Lager zu Lager mitzuschleppen. Gelegentlich mußten sogar Dinge getauscht werden, die bereits in Gebrauch waren, und diese mußten dann auf der Stelle ersetzt werden.

Die eskimoischen Sänger versuchten natürlich, sich bei den Gesangsfesten hervorzutun, die in der dunklen Zeit des Jahres regelmäßig abgehalten wurden. Dies galt vor allem für die Gesangswettkämpfe zum Beilegen von Streitigkeiten, bei denen der Gegner gnadenlos lächerlich und mundtot gemacht wurde – aber nicht für immer. Ein Sieg in einem solchen Wettstreit machte vergangenes Unrecht wieder gut und setzte zukünftigen Feindseligkeiten ein Ende. Die Gesangsfeste waren aber keineswegs nur den besten Sängern vorbehalten; jeder, einschließlich der Kinder, ob talentiert oder nicht, trat irgendwann in den von den Teilnehmern gebildeten Kreis.

Auch die Azteken kannten den Unterschied zwischen einem guten und einem schlechten Steinhauer. Der gute Steinhauer, besagte ein alter Text der Mexica, besaß »geschickte Hände, fähige Hände ... Er bricht den Stein, bricht den Felsen; behaut, glättet ihn ... teilt ihn mit einem Keil, kennzeichnet ihn mit schwarz; formt geschwungenen Stein, schneidet ihn ... meißelt in Stein, schafft Werke der Kunstfertigkeit, der Geschicklichkeit ...« Der schlechte Steinhauer dagegen hatte »lahme, schwache Arme; ein schiefer Schneider, ein schiefer Erbauer; ein Verhöhner ... als sei er der Erbauer krummer, schräger Wände. Er verhöhnt die Menschen, baut schief, baut mit Schlamm.« Aber anders als der weniger gut artikulierte eskimoische Sänger war der liederliche aztekische Steinhauer ein professioneller Handwerker, der für andere arbeitete, in Anbetracht seines Rufs aber kaum damit rechnen konnte, wichtige oder einträgliche Aufträge zu erhalten.

Nur die wenigsten einheimisch-amerikanischen Gesellschaften kannten auf dem Gebiet der Kunst und des Kunsthandwerks eine Professionalisierung. Die meisten praktizierten die bedeutend einfachere Arbeitsteilung nach Geschlechtern, welche die Familien im Idealfall zu in sich geschlossenen Einheiten der wirtschaftlichen und künstlerischen Produktion machten. Frauen und Töchter sorgten für den Bedarf an Kleidung, Körben, Stoffen und (wo Keramik hergestellt wurde) Töpfen; Ehemänner und Söhne bearbeiteten Steine, Holz und Metalle. Die Grenze zwischen männlicher und weiblicher Kunst wurde nicht immer auf die genau gleiche Weise gezogen, und manche Kunstformen, z. B. die Gesichtsbemalung, wurden von beiden Geschlechtern gleichermaßen ausgeübt. In den Bereichen verbale Kunst, Musik und Tanz gab es ähnliche, geschlechtsspezifische Unterscheidungen.

Die Benutzung von Blasinstrumenten war anscheinend den Männern vorbehalten, die Tatsache jedoch, daß auch die Trommeln überwiegend in den Bereich der Männer fielen, ist möglicherweise eher auf eine rituelle Spezialisierung als auf eine geschlechtsspezifische Aufteilung im Bereich der Musik zurückzuführen. Aber jeder war dazu fähig und mußte dazu fähig sein, alle Formen zu schaffen, die im täglichen Leben benötigt wurden. Herausragende Leistungen wurden zwar sicherlich gelobt, aber nicht notwendigerweise so, daß die Betreffenden von den anderen abgesetzt oder über sie hinausgehoben wurden. Selbst der begabteste eskimoische Dichter und Tänzer hielt sich nicht für etwas Besonderes, denn Dichtung war keine persönliche Leistung, sondern eine Gabe, die jeder zu einem gewissen Maß besaß.

In dieser gemeinsamen Kunsttradition, in der jeder ein Schöpfer von Formen war und die Ganzheit der Erfahrung gewahrt wurde, trat der Unterschied zwischen Künstler und Publikum in den Hintergrund. Die Kunst wurde nicht von passiven Zuschauern beurteilt, sondern von einer Gemeinschaft anderer Künstler, die gemeinsame Kompetenzmaßstäbe besaßen. Die geschlechtsspezifische Aufteilung schöpferischer Arbeiten stellte nicht nur eine gegenseitige Ergänzung dar, sie führte auch zu ausgeprägten männlichen und weiblichen Stilrichtungen. Manche dieser Unterschiede beruhten auf der Technik (das Weben von Körben legte der Form andere Beschränkungen auf als das Schnitzen von Holz); andere ergaben sich aus der getrennten Übermittlung männlicher und weiblicher Kunstformen vom Vater auf den Sohn und von der Mutter auf die Tochter.

Der Zugang zu lokalen Ressourcen führte oft zu einem Handel mit Rohstoffen oder Fertigprodukten. In den 1620er Jahren, und wahrscheinlich auch schon im Jahre 1492, waren geschnitzte Ahornschalen bei den Küstenstämmen New Englands »von hohem Preis, und diese werden verbreitet, indem sie miteinander feilschen, und werden in nur bestimmten Teilen des Landes hergestellt, wo die verschiedenen Handwerke einzig den Bewohnern dieser Gebiete vorbehalten sind«. Solche lokalen Spezialisierungen waren für Mexiko noch charakteristischer, wo der Austausch zwischen den Dörfern über reguläre Märkte ablief. Die Herstellung von Erzeugnissen für den Handel führte unverkennbar zu einem höheren durchschnittlichen Qualitätsniveau, aber wieder einmal nicht notwendigerweise zu individueller Vortrefflichkeit.

Manchmal waren Spezialisierungen im Bereich der Kunst eine Folge der Kontrolle über nicht-menschliche Kräfte. Viele Formen der Kunst hatten religiöse Aspekte, Bedeutungen oder Funktionen, und die am deutlichsten definierte Form religiöser Kunst war die, die von den religiösen Spezialisten betrieben wurde. Heilformeln, Beschwörungen und heilige Worte beruhten

Die Welt der Kunst

auf dem esoterischen Wissen in den Köpfen einiger weniger Schamanen oder Priester, die am besten dazu geeignet waren, mit solchen mächtigen und potentiell gefährlichen Dingen umzugehen. Rituelle Gegenstände, z. B. Amulette und heilige Bilder, waren ebenfalls das Werk religiöser Spezialisten, die im allgemeinen nicht wegen ihres Sinns für Ästhetik für ihre Aufgaben ausgewählt wurden.

Die Herstellung und Handhabung derartiger religiöser Gegenstände lag häufig in den Händen von Geheimgesellschaften. Bei den Feuerland- oder Pueblobewohnern kannten nur die eingeweihten Männer das Geheimnis der Masken, und nur sie konnten sie anfertigen und zur Personifizierung von Göttern und Geistern tragen. Nur die Mitglieder der Tanzgesellschaften der Nordwestküste kannten die Geheimnisse der Bühne, mit denen sie bei den winterlichen Zeremonien ihr ahnungsloses Publikum verblüfften. Diese Gesellschaften waren zwar nicht professionalisiert, agierten aber wie Theatergruppen. Spezialisierungen dieser Art führten zu Ungleichgewichten. Da sie auf der Kontrolle über esoterische Bedeutungen beruhten, die nicht länger von der ganzen Gemeinschaft geteilt wurden, und auf der besonderen Macht einiger weniger Auserwählter, sich mit dem Heiligen zu befassen, führten sie letztendlich zu einer Kontrolle über die Form.

Eine echte Professionalisierung im Bereich der bildenden Kunst gab es nur in den Klassengesellschaften, in denen die Eliten die Dienste von Menschen in Anspruch nahmen, die speziell für sie und ihre Bedürfnisse Dinge anfertigten. Dies war in den Zivilisationen Mesoamerikas und des andinen Hochlands der Fall, in den Häuptlingstümern der zwischen diesen beiden Zentren liegenden Region und wahrscheinlich auch im südöstlichen Nordamerika. Zur Zeit des europäischen Kontakts im 18. Jahrhundert unterstützten auch die wohlhabenden Klanoberhäupter der Nordwestküste Nordamerikas die Arbeiten professioneller Künstler. Eine Reihe spektakulärer, hochgradig formalisierter Schnitzereien, die bei archäologischen Ausgrabungen in der Region neben anderen, weit weniger hochwertigen Gegenständen gefunden wurden, läßt darauf schließen, daß diese Spezialisierung schon um das Jahr 1492 herum existierte.

Die Massenproduktion für den Markt erhöhte die technische Qualität der Produkte, Arbeiten jedoch, die auftragsgemäß von professionellen Künstlern für die Eliten hergestellt wurden, führten zu einer größeren Verfeinerung. Das Ergebnis war eine immer größere Kluft zwischen Hersteller und Benutzer, zwischen hoher und Volkskunst und zwischen Zentren und Peripherie. Was in erster Linie von der früheren Ganzheit des kreativen Prozesses übrigblieb, war die auch weiter bestehende Einheit von Form und Funktion.

Unter diesen Bedingungen genossen einige Künstler ein höheres Prestige, das mit ihrem speziellen Status einherging. Im Reich der Inka waren die Silberschmiede, die Teppichweber, die Hersteller der prachtvoll lackierten hölzernen Becher und andere Spezialisten nicht nur von Geburt an Diener der Regierung, sondern auch von allen Steuerzahlungen befreit. Ihre Erzeugnisse gehörten dem Inka persönlich, der etwaige Überschüsse an den Adel weiterverteilte. Dagegen mußten die einfachen Steuerzahler selbst für ihre Bedürfnisse sorgen und wurden von den Behörden nur mit Rohmaterialien versorgt. Das gewöhnliche Volk durfte nur einfache Kleidung mit einfachen Mustern tragen, während die prachtvollen, tapisserie-gewebten Stoffe mit den komplexen Mustern in vielen Farben der Oberschicht vorbehalten blieben.

Die professionellen Künstler wurden nicht notwendigerweise auf der Basis ihrer erwiesenen Kompetenz ausgewählt, obwohl individuelle Meisterschaft innerhalb ihrer Reihen sicherlich eine bedeutende Rolle spielte. Die Azteken, die den Tageszeichen eine so große Bedeutung beimaßen, waren der Ansicht, daß Menschen, die unter dem Zeichen Xochitl, Blume, geboren wurden, dazu vorbestimmt seien, Künstler, Musiker oder Darsteller zu werden. Sie erhielten gleich bei ihrer Geburt die Symbole ihrer vorbestimmten Berufung, Pinsel für den Maler oder Beile für den Zimmermann. Auf diese Weise waren manche Azteken geborene Künstler.

Auch in der verbalen Kunst und der Musik gab es Spezialisierungen. Viele der großen Dichter und Sänger des aztekischen Mexiko waren Angehörige des Adels, so z. B. der berühmte Dichterkönig Nezahualcoyotl von Texcoco. Andere lebten im Palast oder in den Tempelvierteln und wurden dafür bezahlt, göttliche Lieder zu komponieren oder die Taten der Könige und ihrer Vorfahren in epischen Versen zu verherrlichen. Ihre Ausbildung in den Tempelschulen hatte ihnen die historischen und religiösen Kenntnisse vermittelt, die sie für ihre schöpferische Arbeit brauchten. Es gab aber auch noch andere Schulen, »die Häuser des Gesangs«, die dem Tempel jeder aztekischen Stadt angeschlossen waren und in denen 12- bis 14jährige Jungen und Mädchen die Kunst des Gesangs, des Tanzes und der instrumentellen Musik erlernten, damit sie an den öffentlichen Ritualen teilnehmen konnten.

Die Schaffung ausdrucksvoller Formen durch die Künstler stand in einem engen Zusammenhang mit den Vorstellungen der Menschen von ihrer eigenen Erschaffung und der Erschaffung der Welt. Die Völker Amerikas besaßen verschiedene Erklärungen für die Entstehung der Welt, aber viele ihrer Erzählungen berichteten von der Vernichtung früherer Welten vor der Erschaffung der hiesigen oder von der Verwandlung vormals existierender Le-

Die Welt der Kunst

Panflöte aus Knochen in einem Futteral aus Kupfer. Ähnliche Instrumente waren vielerorts vertreten; diese Flöte wurde von Archäologen im gegenwärtigen Ohio gefunden (Field Museum of Natural History).

bensformen in ihre derzeitige Gestalt. Statt von einem einzigartigen und vollkommenen Schöpfungswerk eines einzigen Schöpfer-Gottes zu sprechen, betrachteten sie die Schöpfung als oftmals unvollkommen und offen für Verbesserungen und Neuerungen.

Bei den Eskimo waren die ersten Menschen der gegenwärtigen Zeit zwei Brüder, die aus zwei Erdhügeln hervorgekommen waren. Durch einen magischen Gesang wurde der eine von ihnen in eine Frau verwandelt und gebar das erste Kind. Gleichzeitig glaubten die Eskimo, alle Lieder und Gesänge seien den Menschen von den Seelen im Land der Toten geschenkt worden und die Macht des heiligen Wortes könne einen Menschen heilen oder töten. Die Schöpfung wurde nicht nur als etwas Generisches statt als etwas Individuelles aufgefaßt, sie war zudem ein Prozeß, in dem der Unterschied zwischen mythischer und gegenwärtiger Zeit aufgehoben war. Die Macht, Dinge zu erschaffen oder zu verwandeln, lebte in der Gestaltung von Formen weiter.

Im Reich der Inka mit seinen professionellen Kunsthandwerkern war die Schöpfung kein anonymes Ereignis. Als erstes hatte Wiraqoca, »der Herr«, riesige Menschen aus Stein geformt. Die Inka glaubten, die monumentalen Steinskulpturen aus vor-inkaischer Zeit seien die Überreste dieses ersten Schöpfungswerkes, das Wiraqoca – unzufrieden mit seiner eigenen Arbeit – wieder in Stein zurückverwandelt hatte, um eine neue Generation tönerner Wesen in seiner eigenen Größe zu formen. Er bekleidete sie, indem er ihnen Kleidungsstücke auf den Leib malte, und erweckte sie dann zum Leben. Auf diese Weise gab er seinen Geschöpfen ihre Gebräuche, ihre Nahrung, ihre Sprache und ihre Gesänge.

So wie die Erschaffung der Welt auf übernatürliche Wesen zurückgeführt wurde, so wurde die menschliche Kreativität oft als das Ergebnis einer Begegnung mit nicht-menschlichen Kräften angesehen. Die schützenden Muster, die viele Krieger auf ihre Schilde oder Kleidung malten, aber auch die Gesichtsbemalungen vieler Schamanen, stammten oft aus einer Vision oder einem Traum, in dem die Seele den Körper verlassen hatte. Obwohl die Zeichen im Rahmen gewisser Schemata, die für die jeweilige Kultur spezifisch waren, konventionalisiert waren, leiteten sie ihre Legitimierung und Wirksamkeit von ihrer nicht-menschlichen Herkunft ab. Im Gegensatz dazu wurde der Erwerb von Macht in vielen einheimisch-amerikanischen Kulturen mit dem visionären Erwerb eines Gesanges identifiziert. Der feuerländische Schamane wußte, daß er seine Berufung erhalten hatte, wenn sein Schutzgeist ihm in einem Traum ein Lied enthüllte.

Diese Mächte kamen auch deshalb ins Spiel, weil alle Materialien, die in der bildenden Kunst verwendet wurden, einer Welt entnommen waren, die von Geistern belebt war. Da alle künstlerischen Tätigkeiten folglich eine Manipulation dieser Kräfte darstellten, waren sie oft von Tabus, Gebeten und Selbstkasteiungen begleitet. Die Eskimo-Frauen achteten sorgfältig darauf, bei der Herstellung von Kleidungsstücken aus Robbenhäuten keine Karibusehnen zu verwenden, da es dem allgemeinen Glauben nach ungehörig war, die Produkte (und Geister) von Land und See zu mischen. Die aztekischen Sticker mußten ebenso wie die anderen professionellen Kunsthandwerker ihrer Kultur erst mehrere Wochen Buße tun und fasten, damit aus »ihrer Stickerei oder ihrem Entwurf ein Kunstwerk werde, das schön gemacht und schön gemalt sei«.

Die Herstellung ritueller Gegenstände war mit einer noch größeren zeremoniellen Wachsamkeit verbunden. In Yucatán waren die Holzschnitzer

Die Welt der Kunst

Papago-Flöten. Solche Flöten wurden manchmal bei Zeremonien verwendet, vor allem aber auch von jungen Männern bei der Brautwerbung benutzt (Field Museum of Natural History).

der Maya sehr zögerlich, wenn es darum ging, Götter aus Zedernholz zu »machen«. Sie kannten die Gefahren, die mit einer achtlosen Übertretung der damit verbundenen Tabus einhergingen, und machten alle möglichen Ausflüchte, bevor sie einen entsprechenden Auftrag und die damit verbundene Bezahlung in Form von Lebensmitteln, Kakaobohnen und Perlen aus Steinen oder Muscheln annahmen. Die beste Zeit für ihre Arbeit (gewöhnlich der Monat Mol) wurde von den Priestern festgesetzt. Während speziell ausgesuchte zeremonielle Gehilfen fasteten und die Schnitzer selbst sexuelle Enthaltsamkeit übten, sammelten die Auftraggeber das Zedernholz und brachten es in eine speziell für diesen Zweck errichtete Strohhütte. Niemand durfte sich dieser Werkstatt nähern, mit Ausnahme der Priester, der Gehilfen und der Schnitzer, die ihre Ohren mit dem Stachel eines Rochens anritzten und die zukünftige Skulptur mit ihrem Blut bestrichen. Es ist nicht weiter überraschend, daß die hölzernen Bilder von ihren Besitzern hoch geschätzt wurden, aber man schätzte sie nicht, weil man sie für göttlich hielt, sondern weil sie zeremoniell angefertigt worden waren.

Musikinstrumente waren nicht nur ein Mittel, eine Form von Kunst zu schaffen. Da sie eine eigene Stimme besaßen, wurden sie oft selbst für belebt oder gar heilig gehalten. Bei den Maya beteten die Instrumentenhersteller bei der Arbeit und gaben den Instrumenten alkoholische Getränke zu trinken, um sie bei Laune und Wohlklang zu halten. Die Tupinamba gaben ihren Rasseln Speisen, und bei vielen Stämmen des südamerikanischen Tieflandes waren heilige Trompeten, Flöten und Schwirrhölzer tabu für die Frauen, die sogar von ihnen getötet werden konnten, wenn ihr Blick auf sie fiel.

Die Hochachtung, welche die einheimisch-amerikanischen Gesellschaften manchen Formen der Kunst entgegenbrachten, zeigte sich deutlich bei den späteren Begegnungen mit europäischen Gütern und europäischer Kunst. Die Potawatomi in Wisconsin hielten einen französischen Händler, der ihnen im 17. Jahrhundert eiserne Gerätschaften brachte, »für einen der großen Geister, da du Eisen verwendest«, und beweihräucherten seine Messer und Äxte mit Tabakrauch. Maler wie George Catlin, Rudolph Friedrich Kurz und Paul Kane besaßen für die Plains-Indianer des 19. Jahrhunderts die Macht von Medizinmännern – eine Macht, die sowohl bewundernswert wie auch potentiell gefährlich war. Die Herstellung eines Porträts gab dem Maler eine gewisse Macht über sein Modell, sei es nun ein Geist, der im Zemí der Tainos dargestellt wurde, oder eine geschnitzte Holzpuppe, mit deren Hilfe der in ihr verkörperte Feind verhext werden sollte.

Aber nicht alle menschlichen Werke waren so offensichtlich von übernatürlichen Kräften inspiriert oder göttlichen Taten nachempfunden, und

Die Welt der Kunst

Kreativität war keineswegs immer ein hoch bewertetes Ziel. Bei vielen Traditionen der Korbherstellung scheint es kaum ein Bedürfnis nach Innovation gegeben zu haben, vor allem dann nicht, wenn befriedigende Lösungen für das Problem der Unterbringung von Mustern auf der Fläche des Korbes gefunden worden waren. Die Kenntnis der althergebrachten Muster und die Qualität ihrer Ausführung waren von überragender Bedeutung.

In Anbetracht der großen Vielfalt der einheimisch-amerikanischen Vorstellungen von Kreativität läßt sich kaum erwarten, daß unsere zeitgenössisch-westlichen Vorstellungen von »Kunst« als einem individuellen Ausdruck von den einheimischen Amerikanern des Jahres 1492 geteilt wurden – einer Zeit, in der selbst die europäischen Kulturen eine weniger individualistische Vorstellung von Kunst besaßen. Statt dessen finden wir in dieser Hinsicht ein breites Spektrum an Variationen, obwohl das Endergebnis im allgemeinen als wichtiger galt als der Hersteller.

Die aztekischen Steinschnitzereien wurden z. B. kollektiv von Mitgliedern einer Zunft angefertigt, gar nicht so unähnlich der Situation, die in einer mittelalterlichen Werkstatt herrschte. Ähnliches könnte auch für die anderen professionellen Künste gegolten haben, die 1492 in voller Blüte standen, z. B. die Holzschnitzereien der Nordwestküste. Noch typischer waren gemeinschaftliche Bemühungen im Bereich der darstellenden Kunst, in dem die organisierte Gruppe notwendigerweise eine bedeutend größere Rolle spielte.

Spätere Belege für das Vorhandensein weiblicher Handwerksgesellschaften bei den Dorfbauern der nordamerikanischen Plains lassen darauf schließen, daß solche Zünfte auch dort existierten, wo die Arbeit individuell verrichtet wurde, und daß zu ihren Hauptzielen die Bewahrung und Pflege spezialisierter technischer und spiritueller Kenntnisse gehörte. Das Recht, das »heilige Wissen« zu benutzen, um Körbe, Töpfe oder Tipis herzustellen, mußte von einem Mitglied der Zunft erkauft werden, während andere handwerkliche Bereiche, z. B. das Weben von Matten, als »frei« betrachtet wurden. Obwohl diese Bereiche manchmal durchaus mühselig waren, waren sie weniger hoch angesehen und wertvoll als die Künste, die Einschränkungen unterworfen waren.

Auch außerhalb organisierter Gruppen gab es gemeinschaftliches Arbeiten, vor allem in den Familien, in denen die Männer beispielsweise Häute bemalten, die ihre Frauen gegerbt und vorbereitet hatten, oder in denen Mütter und Töchter gemeinsam Töpferwaren fertigten und bemalten. In Anbetracht der traditionellen Einschränkungen, denen Form und Funktion unterworfen waren, war die Individualität der Hersteller im allgemeinen nicht so wichtig, auch wenn die Arbeit – wie in der Mehrzahl der Fälle – individuell ausgeführt wurde.

In der westlichen Kunst übernimmt der individuelle Künstler durch seine Signatur die Verantwortung für sein Werk. In der vorkolumbischen amerikanischen Kunst fehlen solche Signaturen völlig, selbst dort, wo es eine Schrift gab. Aber vor allem in den üblichen künstlerischen Traditionen brauchte man keine Signaturen, da die einzelnen Arbeiten sich in Feinheiten unterschieden und an ihnen erkennbar waren. Aber für beide, für den Künstler, der in erster Linie für den eigenen Bedarf produzierte, und für den, der Luxusgüter für eine kleine Elite herstellte, hatte Individualität kaum eine Bedeutung.

Selbst wenn professionelle Künstler am Werke waren, wie im aztekischen Mexiko, erinnerte man sich kaum jemals an individuelle Leistungen. Die wichtigste Ausnahme bildete vielleicht der Bereich der Dichtung, in dem die Werke von Angehörigen des Adels, z. B. die Nezahualcoyotls, bis lange nach ihrem Tod in Erinnerung blieben. Es ist jedoch denkbar, daß dieser Ruhm ebenso auf ihrer gesellschaftlichen Stellung wie auf ihren unbestrittenen dichterischen Fähigkeiten beruhte.

In den meisten einheimisch-amerikanischen Gesellschaften gab es keinen individuellen Anspruch auf spezifische Formen. Die kalifornische Korbmacherin hätte über die Vorstellung gelacht, jemand könne eine Art Copyright für ein bestimmtes Muster haben, obwohl natürlich nicht alle Weberinnen alle bekannten Muster herstellen konnten. Nur ein paar wenige erfahrene »Mustermacherinnen« konnten sich an die notwendigen Abzählungen aller Muster erinnern und wurden bei Bedarf um Hilfe gebeten.

Eine nicht ungewöhnliche Ausnahme zu dieser Regel waren die heraldischen Symbole. Aber auch hier gehörten die einzelnen Formen einer Verwandtschaftsgruppe und nicht dem individuellen Künstler. Im späten 18. Jahrhundert, und wahrscheinlich auch im Jahre 1492, waren viele der an der Nordwestküste gebräuchlichen Motive das Eigentum von Klanen oder Lineages, da sie sich auf die Geschichte oder die mythische Herkunft der betreffenden Gruppe bezogen. Die abstrakten Muster auf den Tuniken der Männer und den Umhängen der Frauen im Inka-Reich scheinen ebenfalls heraldischer Natur gewesen zu sein, wie auch ein großer Teil der Gesichts- und Körperbemalungen, die es überall in den beiden amerikanischen Kontinenten gab. Verwandtschaftsgruppen oder ritualistische Gesellschaften konnten auch das Recht auf bestimmte Lieder oder Darbietungen besitzen.

Man muß jedoch auch wissen, daß der Besitz eines Themas oder eines Motivs keineswegs bedeutete, daß es auf alle Zeiten starr und unveränder-

Die Welt der Kunst   519

lich blieb. Solche Themen wurden ganz im Gegenteil häufig modifiziert. So z. B. war ein Kriegsgesang, der im Jahre 13-Schilf für den aztekischen König Axayacatl aufgeführt wurde, das Eigentum der Bewohner von Chalca; die damals aufgeführte Version war ursprünglich das Werk eines adligen Komponisten gewesen, im Laufe der Zeit aber von anderen verbessert worden.

Die Individualität jeder künstlerischen Leistung macht sie zu einem Ausdruck der Persönlichkeit des Künstlers und zu einem Symbol seiner oder ihrer Identität. Die kalifornischen Frauen kannten ihre eigenen Körbe und die Pueblo-Frauen ihre eigenen Töpfe und fanden sie sofort heraus, wenn es darum ging, die verschiedenen Behältnisse am Ende eines gemeinsamen Festes, zu dem jeder etwas beigesteuert hatte, wieder auseinanderzusortieren. Die heraldischen Zeichnungen dienten der Identifizierung korporativer Verwandtschaftsgruppen, so wie die gemeinsamen Traditionen und Stilrichtungen von Städten, Stämmen und Nationen ihre gemeinsame Identität signalisierten. Letzteres war natürlich vor allem bei Begegnungen mit anderen Gruppen von Bedeutung, z. B. auf Märkten, wo man anhand der lokalen Trachten sofort erkennen konnte, woher jemand stammte.

Kunstrichtungen spiegelten oft den Charakter ihrer Herkunftskulturen wider. Die technische Überlegenheit, welche die Kunst der peruanischen Inka auszeichnete und zu der u. a. die Wiederholung einer begrenzten Zahl einfacher Formen und eine Vorliebe für geometrische und abstrakte Muster und für schlichte aber funktionale Oberflächen gehörte, verrät eine hochgradig durchorganisierte, technokratische, nüchterne Gesellschaft. Ein Blick auf die aztekische Kunst zeigt, daß die Erbauer vergangener Imperien nicht identisch sein mußten. Während auch die Azteken eine Vorliebe für Klarheit und die strikte Organisierung von Formen hatten und auch sie nicht viel Wert auf individuelle Ausdrucksformen legten, ermutigten sie aber doch Kunstsinn und einen an Metaphern reichen Realismus.

Die westliche Zivilisation stellt unter den Kulturen der Welt insofern eine seltene Ausnahme dar, als sie ihre eigenen Kunstwerke (und später auch die anderer Kulturen) bewußt und manchmal künstlich erhielt. Werke der bildenden Kunst werden in Museen gehortet und ausgestellt oder als Denkmäler konserviert. Wortkunst und Musik werden niedergeschrieben, gedruckt, aufgezeichnet und in Archiven und Bibliotheken aufbewahrt. Selbst die darstellenden Künste werden auf Filmen oder Videos dokumentiert. Diese Konservierung hat beträchtliche Auswirkungen auf die Kunst selbst, da sie ein geschärftes Bewußtsein für ihre Geschichtlichkeit und ihre Entwicklung hervorruft und sie gleichzeitig greifbar macht für spätere Neubewertungen, Neuinterpretationen und sogar Neubelebungen. Daher ist es hochinteres-

Amerika 1492

sant, die Kunstformen des einheimischen Amerika unter dem Blickwinkel ihrer Lebensspanne und ihrer Erhaltung zu betrachten.

Die flüchtigen Bewegungen des Tanzes waren zweifellos die Form der Kunst, die sich am schwersten einfrieren ließ. Obwohl der Tanz die reinste Form der Kunst des Augenblicks ist, waren die Schritte der Tänzer nicht nur fest vorgeschrieben, sie wurden auch streng beobachtet und manchmal sogar erzwungen. Wie bei allem rituellen Verhalten galt auch hier, daß die strikte Einhaltung der jeweiligen Vorschriften für die Erreichung des beabsichtigten Ziels der Zeremonie wichtig war. Vor allem in Gebieten mit gut organisierten Autoritätsstrukturen, z. B. an der Nordwestküste und im süd-östlichen Teil Nordamerikas, wurden Tänzer, die von der Regel abwichen, auf der Stelle für ihre Fehler bestraft. Die erzwungene Durchsetzung der Tanzregeln sollte die rituelle Korrektheit und Kontinuität wahren und trug wohl zu der Vorstellung von der immerwährenden Dauer dieser Kunst bei, statt Spekulationen über vergangene und zukünftige Veränderungen zu fördern.

In der Musik herrschte eine ähnliche Situation. Die Musik war jedoch im allgemeinen enger an Worte gebunden (auch wenn sie rein instrumental war, bezog sie sich oft auf Lieder), so daß die musikalischen Elemente relativ leicht in Sprache umgesetzt werden konnten. (Daß auch das Gegenteil vorkam, läßt sich aus der Existenz von Trommel- oder Pfeifensprachen und anderen akustischen Signalmethoden ersehen, die in verschiedenen Regionen des vorkolumbischen Amerika gebräuchlich waren.) Wann immer im Rahmen einer Sprache eine Schrift entwickelt wurde, bestand auch die Chance einer musikalischen Notation. Die Rhythmen aztekischer Lieder wurden durch nicht-lexikalische oder bedeutungslose Silben ausgedrückt. Diese wurden in der frühen spanischen Kolonialzeit notiert; es steht jedoch zu bezweifeln, daß dies schon im Jahre 1492 der Fall war.

Das menschliche Gedächtnis war der wichtigste Hüter der verbalen Kunst. Wie in allen Gedächtniskulturen schufen die mündlichen Überlieferungen die Illusion einer zeitlosen Kontinuität und Dauer. Ironischerweise war es erst das Aufkommen der Schrift mit der ihr innewohnenden Absicht, ein dauerhaftes Dokument des gesprochenen Wortes anzulegen, das die ansonsten unerkannten Veränderungen aufdeckte. Echte Schriftsysteme, in denen die Worte, so wie sie geschrieben standen, auch ohne die Kenntnis des Inhalts gelesen werden konnten, gab es nur in der Form der hieroglyphischen Schrift der Maya. Und selbst dieses System bröckelte im Jahre 1492, und es ist zweifelhaft, ob viele der Inschriften der klassischen Periode des ersten Jahrtausends damals noch gelesen werden konnten. Ihr Vorhandensein und die Erkenntnis der Veränderungen muß der schriftkundigen Elite

Die Welt der Kunst

der Maya jedoch Anlaß zum Nachdenken über die Vergangenheit gegeben haben.

Die aztekischen und mixtekischen Schriften enthielten einige phonetische Elemente, waren aber größtenteils piktographisch und ideographisch. Die aztekischen Schreiber mußten von daher nicht nur die technische Seite des Schreibens beherrschen, sondern vor allem auch die mündlichen Kommentare auswendig lernen, die mit den Manuskripten einhergingen. Die Codices, die teils ritualistischen und teils mytho-historischen Inhalts waren, trugen dazu bei, wenigstens einen Teil der riesigen Menge der traditionellen verbalen Genres zu systematisieren. In Anbetracht der kleinen Zahl lese- und schreibkundiger Azteken blieb jedoch die mündliche Übermittlung die wichtigste Form des Ausdrucks. Das gleiche galt für die anderen piktographischen und nicht-piktographischen Gedächtnishilfen, wie die inkaischen Quipus oder die kalendarischen Piktogramme des östlichen Nordamerika. Sie waren nicht so sehr Wortdokumente als vielmehr Speicher für Daten und Ideen.

Von allen Formen des menschlichen Ausdrucks hatten die Werke der bildenden Kunst potentiell die längste Lebensdauer, da die meisten von ihnen direkt, statt über den Umweg Gedächtnis oder Schrift erhalten werden konnten. In Wahrheit aber waren einige der Arbeiten extrem kurzlebig, während andere allem Anschein nach »ewig« hielten.

Die Gesichts- oder Körperbemalung war eine Kunst, die allein aufgrund ihrer Funktion und Technik nur wenige Stunden halten konnte und sollte. Die Anfertigung der komplizierteren Muster dauerte manchmal länger, als die Malereien später zu sehen waren. Die zweite wichtige Gruppe von Arbeiten, die von vornherein dazu gedacht waren, nur für kurze Zeit bewundert zu werden, war für die Verwendung in religiösen Zeremonien bestimmt. Wie alle kulinarischen Kunstwerke wurden auch die monumentalen Götterbilder aus einem Teig von Amarantsamen im aztekischen Mexiko am Schluß des Rituals verzehrt, für das sie hergestellt worden waren. Andere Beispiele sind für die Pueblo-Kulturen des nordamerikanischen Südwestens entweder dokumentiert oder können zumindest geschlußfolgert werden: Die Trockenbilder aus farbigem Sand, Pollen und/oder Maismehl, die einen Teil des Altarschmucks ausmachten, wurden unmittelbar nach der Zeremonie vernichtet; die bemalten Ledermasken, von den Darstellern der Kachinas getragen, wurden nicht aufbewahrt, sondern jedesmal neu entworfen; und sogar die komplexen, polychromen Malereien an den Wänden zeremonieller Räume, die aller Wahrscheinlichkeit nach als Hintergrund für die Altäre dienten, wurden für jede neue Zeremonie übertüncht und neu gemalt. Abgesehen von der inhärent kurzlebigen Natur der Trockengemälde, könnte die Furcht vor einem potentiellen Mißbrauch der mächtigen Kunst der Grund für ihre baldige Zerstörung gewesen sein, obwohl ihre Herstellung mit soviel Mühe und Aufwand verbunden war. In all diesen Fällen stand den Künstlern als Vorlage nur die Erinnerung zur Verfügung.

Dinge, die für den normalen Gebrauch hergestellt wurden, also verzierte Kleidungsstücke, Schmuckgegenstände, Töpfe, Körbe, Waffen und Werkzeuge – die überwältigende Mehrheit aller bildnerischen Werke –, wurden entsprechend ihrer Funktion so lange benutzt, bis sie nicht mehr zu gebrauchen waren. Je nach Material und Intensität der Abnutzung konnte das ein paar Tage oder auch viele Jahre bedeuten. Mit Ausnahme gelegentlicher kleinerer Reparaturen wurde kaum etwas unternommen, um die Lebensdauer dieser Gegenstände zu verlängern. Wenn sie nicht mehr verwendet werden konnten, wurden sie entweder weggeworfen oder, was ebenfalls häufig vorkam, zu etwas anderem verarbeitet.

Die meisten dieser Kunstwerke überlebten ihre Hersteller nicht (dies gilt ganz offensichtlich für die Kunst der Körpertätowierung), und manche wurden ihnen als Grabbeigaben mitgegeben. Aber es gab immer genügend intakte Beispiele aus jüngerer Zeit, die man betrachten, kopieren und möglicherweise verbessern konnte.

Die Vernichtung zeremonieller Gegenstände war jedoch kein universales Merkmal des ursprünglichen Amerika. Kein Taino hätte sein Zemí je zerstört, den Sitz seines Schutzgeistes, das sogar gestohlen werden konnte, ohne seine Macht zu verlieren. Bei den Maya auf der Halbinsel Yucatán wurden die hoch geschätzten hölzernen Götterbilder von Generation zu Generation weitergegeben, und die meisten steinernen Götterbilder waren ebenfalls für die Dauer bestimmt.

In den meisten dieser Fälle hatte es wahrscheinlich keine bewußte Bemühung gegeben, Arbeiten herzustellen, die ewig währen würden. Bei den Azteken jedoch, einem Volk mit einem ausgeprägten Geschichtsbewußtsein, finden wir Beispiele von Kunstwerken, die bewußt für spätere Generationen angefertigt wurden. So wie die Azteken selbst auf die Monumente alter Städte wie Teotihuacan zurückblickten, müssen sie erkannt haben, daß einige ihrer eigenen Arbeiten bleiben und von der Nachwelt bewundert werden würden. Die Reliefporträts von Chapultepec, die von den aztekischen Königen in Auftrag gegeben wurden, sind nur ein Beispiel für dieses Geschichtsbewußtsein. Moctezuma I., der den Brauch im Jahre 1460 ins Leben rief, in der Hoffnung, »verherrlicht und bewundert zu werden wie Quetzalcoatl«, sinnierte, daß dieses dauerhafte Zeugnis »eine Belohnung [sein würde] für unsere Bemühungen, und unsere Söhne und Enkelsöhne

Die Welt der Kunst

werden unsere Bilder dort sehen, sich an uns und unsere großen Taten erinnern und sich mühen, uns nachzueifern.«

Die Azteken waren eines der wenigen vorkolumbischen Völker, die bewußt fremde und alte Kunst sammelten. In Opfernischen im großen Tempel von Tenochtitlan wurden Gegenstände deponiert, die aus den Regionen, die erst kürzlich ins Reich integriert worden waren, an den Ort gebracht worden waren, aber auch Arbeiten aus der Zeit der Olmeken und Teotihuacaner. Erstere waren sichtlich Symbole ihrer Hegemonie, letztere lassen auf den Versuch schließen, sich selbst in eine Tradition herausragender Kulturen einzureihen. Dies war ein ernsthaftes Unterfangen für ein Volk, das erst seit kurzem zu den großen mesoamerikanischen Zivilisationen zählte und sich, ungeachtet seines Gefühls der Überlegenheit, durchaus bewußt war, daß es ihm an kultureller Verfeinerung mangelte. Es ist bezeichnend, daß das aztekische Wort für Künstler oder Kunsthandwerker Toltecatl lautete, »wie ein Tolteke«, was zeigt, daß sie eine sehr hohe Meinung von den Leistungen ihrer unmittelbaren Vorgänger hatten: »Die Überreste dessen, was sie herstellten und zurückließen, all ihre Werke waren gut, alle waren genau, alle wohl gemacht und bewundernswert.« Aztekische Kopien vor-aztekischer Skulpturen und Keramiken beweisen, daß ihre Sammlungen auch dem praktischen Zweck dienten, die Kunst älterer Traditionen zu imitieren.

Die Bewohner des alten Häuptlingstums der Ika in Peru hatten einen anderen Grund dafür, alte Kunst zu sammeln und zu kopieren. Nach der Eroberung durch die Inka begannen die Angehörigen der unteren Schichten der Ika-Gesellschaft, eine Vergangenheit frei von fremder Herrschaft zu verherrlichen. Gegenstände aus der Zeit der Unabhängigkeit wurden zum Symbol einer ungebrochenen Identität, und als der Brauch sich immer weiter ausbreitete, wurden auch Kopien der alten Vorbilder hergestellt.

Das Sammeln von Antiquitäten drückt Hochachtung vor ihrem Bezug zur Vergangenheit aus, aber auch vor ihrer Seltenheit. Eine ähnliche Intensivierung durch Seltenheit wurde für den Betrachter auch auf andere Weise erzielt, z. B. durch die Anfertigung exquisiter Gegenstände für die Eliten stratifizierter Gesellschaften, die oft nur ein einziges Mal benutzt wurden, bevor sie fortgeworfen wurden. In der verbalen Kunst hatte dies seine Parallele in der Verwendung einer klassenspezifischen Sprache, die sich durch Akzent, Vokabular und Redewendungen abhob. Noch häufiger war die Rarifizierung im Bereich der Religion, wo abgesehen von der Vernichtung zeremonieller Arbeiten Kunstgegenstände, allen Blicken verborgen, in Heiligtümern und Tempeln aufbewahrt und den gewöhnlichen Sterblichen nur selten, falls überhaupt, gezeigt wurden. Die Wirkung der einfachen, aber auffällig bemalten Rindenmasken, welche die Männer der Tierra del Fuego trugen, auf die Frauen wurde erhöht durch die kurze Dauer der öffentlichen Zurschaustellung anläßlich des Auftauchens der Männer aus der Zeremonialkammer. Die Worte, die der subarktische Schamane in einer esoterischen Sprache von sich gab, wenn er mit seinen Schutzgeistern kommunizierte, steigerten das Bewußtsein für die Bedeutung seiner Handlungen.

Zurschaustellungen des Seltenen und des Ungewöhnlichen waren immer auch eine Demonstration religiöser oder politischer Macht. Öffentlich zugängliche Kunstwerke, die das gleiche Ziel hatten, mußten den Mangel an Seltenheit durch Monumentalität wettmachen. Die Höhe der geschnitzten hölzernen Hocker, auf denen die inkaischen Adligen saßen, variierte je nach Rang. Tempel standen häufig auf künstlich angelegten Hügeln oder Pyramiden. Und an der Nordwestküste verherrlichten ehrgeizige Häuptlinge ihre Vorfahren und ihre Privilegien, indem sie monumentale Schnitzereien in Auftrag gaben, die dann öffentlich zur Schau gestellt wurden.

Alle Künste waren Ausdruck für die Ausdehnung des menschlichen Geistes in die Realität der sinnlichen Erfahrung. Da diese Transformation durch körperliche Aktivitäten erreicht wurde, und zwar oft mit Hilfe von Werkzeugen, waren es die Werkzeuge, die zu einem nicht geringen Maß die Ausdrucksformen gestalteten. Einige typische Merkmale der amerikanischen Kunst des Jahres 1492 könnten also auf das Vorhanden- oder Nichtvorhandensein bestimmter Produktionsmittel zurückgeführt werden.

Da Sprache die Technologie des Wortes ist, standen die verbalen Künste tief in der Schuld linguistischer Strukturen, stellten sie doch das organisatorische Prinzip für Gedanken und Ausdrucksformen dar. Die Polysynthese, ein durchaus übliches, aber beileibe nicht universales Merkmal der amerikanischen Sprachen, ermöglichte eine unendliche Vielfalt von Konstruktionen und drückte feinste Bedeutungsnuancen durch die Hinzufügung von Affixen aus. Die Zahl der Konjugationen eines so einfachen Verbs wie »gehen« konnte in die Hunderte oder Tausende gehen, wohingegen abstrakte Substantive, die Kategorien bezeichneten, eventuell nie ohne spezifische Qualifizierungen auftraten. Spätere europäische Beobachter verstanden solche Ausdrücke oft als Metaphern oder versuchten zumindest – da es ihnen in ihrer eigenen Sprache an analogen Möglichkeiten fehlte –, sie als solche zu übersetzen. Aber Metaphern und andere Methoden der Intensivierung von Bedeutungen kamen neben und zusätzlich zu den Schattierungen des wörtlich gemeinten Ausdrucks ebenfalls vor. In Anbetracht der Tatsache, daß das geschriebene Wort (im Unterschied zur Darstellung von Daten) im Jahre 1492 fast völlig fehlte, ist es schwer, die spezifischen Leistungen der amerikanischen Wortkunst der damaligen Zeit korrekt einzuschätzen. Die enorme Vielfalt und der gewaltige Reichtum der Sprachen, die auf

Die Welt der Kunst

den beiden Kontinenten gesprochen wurden, waren jedoch definitiv verantwortlich für die Komplexität der verbalen Ästhetik.

Die Stimmen des einheimischen Amerika produzierten nicht nur Sätze, sondern auch Melodien (einige der Sprachen waren übrigens Tonsprachen, in denen das Heben und Senken der Stimme bei der Aussprache der Vokale die Bedeutung des Wortes veränderte). Während Gesänge universal waren, waren andere Formen der Musik dies nicht. Manche Völker, z. B. die Feuerlandbewohner, besaßen überhaupt keine Musikinstrumente, andere, wie die Eskimo, kannten nur Trommeln. Saiteninstrumente waren extrem selten, wenn überhaupt vorhanden.

Wie auch in anderen Teilen der Welt gab es auf den beiden Kontinenten die größte Vielfalt bei den Idiophonen, die Geräusche dadurch entstehen lassen, daß ein starres Stück Material zum Vibrieren gebracht wurde. Das Spektrum reichte von zwei hölzernen Stöcken, die aneinander geschlagen wurden, über Brettertrommeln oder Körbe, die man mit Schlegeln bearbeitete, Schlitztrommeln aus ausgehöhlten Baumstämmen und gekerbten Reiben bis hin zu Rasseln aus Holz, Kürbissen, Eierschalen, Afterklauen, Kokons, Metallglocken, Schildkrötenpanzern und einer Unmenge anderer Materialien. Wie die echten Trommeln aus Häuten, die straff über einen Rahmen gespannt waren, hatten die meisten dieser Idiophone die Aufgabe, den Rhythmus von Liedern und Tänzen anzugeben, einige jedoch, wie die aztekischen Teponaztli, konnten auch Töne von unterschiedlicher Höhe hervorbringen.

Mit der seltenen Ausnahme einiger weniger einfacher Rohrblasinstrumente, wie sie an der Nordwestküste benutzt wurden, handelte es sich bei der Mehrzahl der Blasinstrumente um Flöten und Trompeten. Die Trompeten hatten jedoch keine Fingerlöcher, so daß man nur durch Überblasen eine Reihe von Obertönen hervorrufen konnte. Zu den Flöten dagegen gehörten Okarinas und andere Instrumente, auf denen man selbst komplexe Melodien spielen konnte, entweder mit Hilfe von Fingerlöchern oder durch eine serienmäßige Anordnung mehrerer Instrumente (Panflöten). Im Jahre 1492 waren diese Panflöten auf die zwischen dem andinen Hochland und Panama gelegene Region beschränkt, waren aber vorher auch im östlichen Nordamerika und in Mexiko vertreten gewesen, wo sie zur Entwicklung mehrfacher Flöten mit Fingerlöchern geführt hatten, mit denen die Spieler polyphone Melodien hervorbringen konnten.

Im weiten Feld der bildenden Kunst waren die einheimisch-amerikanischen Künstler offensichtlich dadurch benachteiligt, daß ihnen mehrere technologische Entwicklungen fehlten, die sich in der Alten Welt vollzogen hatten. Insbesondere waren alle Anwendungen des Prinzips der technischen

Drehbewegung in Amerika unbekannt: Töpferscheiben, Drehbänke, Spinnräder und natürlich das beräderte Fahrzeug, das beim Transport von Rohmaterialien von ihrem Fundort zur Stätte der Weiterverarbeitung eine große Hilfe gewesen wäre. Mit geringen Ausnahmen gab es auch keine Werkzeuge aus Eisen. Zu diesen Ausnahmen gehörten die geringen Mengen an meteorischem Eisen, das größtenteils für Verzierungen verwendet wurde, und ein paar Gerätschaften, die auf dem Handelsweg von Asien bis an die Nordwestküste gelangten.

In den Anden war eine echt einheimische Metallurgie entstanden und hatte sich in nördlicher Richtung bis nach Mexiko ausgebreitet (wobei Erzeugnisse bis in den nordamerikanischen Südwesten gehandelt wurden). Sie beschränkte sich jedoch auf Kupfer, Silber und Gold und Legierungen aus diesen Metallen. Im östlichen Nordamerika hatte es eine bedeutend ältere Tradition der Kupferverarbeitung gegeben, die jedoch nicht über das Stadium des Kalthämmerns und Temperns hinausgelangte und nie zu einer vollentwickelten Metallurgie wurde. Die gleiche geringe Kenntnis im Bereich Hitzekontrolle, die dem Schmelzen von Erzen Grenzen auferlegte, beeinträchtigte auch das Brennen von Töpferwaren. Da es keine Brennöfen gab und die offene Befeuerung die Regel war, konnten keine echten Glasuren erreicht werden.

In Anbetracht dieser Nachteile übertrafen die Ergebnisse die Erwartungen. So wie das Fehlen einer Schrift in den rein oralen Kulturen durch größere Gedächtnisleistungen ausgeglichen wurde, so wurde das Fehlen gewisser technologischer Hilfsmittel im Bereich der bildenden Kunst durch außergewöhnliche manuelle Geschicklichkeit wettgemacht.

In Anbetracht der Vielfalt der amerikanischen Künste des Jahres 1492 ist jeder Versuch, das Universum der Formen in einigen wenigen Absätzen zusammenzufassen, von vornherein zum Scheitern verurteilt. Die folgende Übersicht kann nur ein paar der Leistungen ausleuchten und das Ausmaß der Unterschiede andeuten.

Die bildenden Künste des einheimischen Amerika durchliefen das ganze Spektrum von abstrakt über ornamental bis hin zu figürlich, von geradlinig zu krummlinig und von symbolisch zu realistisch, ohne Rücksicht auf soziale Komplexität oder technologischen Fortschritt, und dazu noch manchmal in derselben Kultur Seite an Seite. Im großen und ganzen waren Korbflechterei und Weberei am ehesten für abstrakte Verzierungen geeignet (mit weiter unten aufgeführten Ausnahmen), während die Schnitzereien in der Mehrheit eher figürlich waren. Blumenmotive waren im Vergleich zu anthropomorphen und zoomorphen Formen eher selten. Was die Verwendung von Farben anging, so gewann die Polychromie – vor allem von rot und

Die Welt der Kunst   527

schwarz auf einem weißen oder neutralen Hintergrund – einen steten Vorsprung vor der reinen Graphik.

Das am vielleicht weitesten verbreitete Genre der Malerei war die Felsenkunst in der Form eingepickter und eingeritzter Petroglyphen und in der Form von Zeichnungen. Obwohl sie offensichtlich sehr alt war und oft bis in die Zeit nach 1492 praktiziert wurde, ist das Problem ihrer Datierung das größte Hindernis für die Erstellung eines synchronen Überblicks. Ein Teil der Arbeiten könnte einen Bezug zu schamanistischen Praktiken gehabt haben, andere zu Jagdritualen oder individuellen Leistungen. In den städtischen Zentren Mesoamerikas wurde die Felsenkunst größtenteils durch architektonische Reliefskulpturen oder Wandmalereien ersetzt, wobei die in den gewachsenen Fels von Chapultepec gehauenen Bildnisse der aztekischen Herrscher vielleicht eine Erinnerung an die noch nicht allzu weit zurückliegende, bescheidene Herkunft der Azteken waren.

Im Hinblick auf die Wandmalereien, die in Mesoamerika und im nordamerikanischen Südwesten verbreitet waren, bewegen wir uns auf etwas sichererem Grund und Boden. Hier bildeten verputzte Wände den idealen Hintergrund für Freskotechniken. (Im Gegensatz dazu wurden die aus Stein gemauerten Wände des Inka-Reiches mit Erzeugnissen der Webkunst geschmückt.)

Körperbemalungen und Tätowierungen müssen eine ebenso weite Verbreitung gehabt haben wie die Felsenkunst, obwohl die Belege dafür größtenteils indirekter Art sind. Die Qualität mancher Beispiele läßt sich nur aus europäischen Berichten des 16. Jahrhunderts schließen, z. B. dem eines französischen Beobachters in Florida, der fand, die blauen, roten und schwarzen Tätowierungen der Timucua seien »so gut und sauber gemalt, daß die besten Maler Europas sie nicht hätten verbessern können«.

Frühen historischen Belegen nach zu urteilen, war die Malerei auf Tierhäuten außerhalb der Zentren der textilen Tradition in Nord- und in Südamerika weit verbreitet. In diesen Zentren wurde auf Bastgewebe der gewebten Stoffe gemalt (was schließlich durch Applikation, Stickerei oder eingewebte Muster ersetzt wurde). Abgesehen von bemalten Häuten, die zu Kleidungsstücken verarbeitet wurden, gehörten insbesondere die bemalten Schilde und Trommeln in dieses Genre.

Die besten Zeugnisse für Malerei, Gravur und Reliefschnitzerei auf Holz stammen aus Mexiko, Florida und der Nordwestküste, während man inzwischen annimmt, daß die aufwendig lackierten hölzernen Tassen und Pfeifen aus Peru mehrheitlich aus der frühen Kolonialzeit, definitiv jedoch aus der Zeit nach 1492 datieren. Man muß jedoch von einer bedeutend weiteren Verbreitung, darunter auch der Bemalung und Schnitzerei von

Rinde, ausgehen. Das Verzieren von Holz, Muscheln oder Steinen mit eingelegten Mosaiken war in Mexiko und Peru hochentwickelt, wurde aber auch im Zuni Pueblo von Hawikuh und, in einfacherer Form, auch anderswo praktiziert.

Dank der weniger vergänglichen Natur von Tonscherben liegen uns vollständigere Informationen über die Verbreitung von Verzierungen auf Töpferwaren vor. Wie bei der Felsenkunst wurden zwei grundlegende Techniken – die Pigmentierung und die mechanische Oberflächenbehandlung durch Kratzen oder Stempeln – angewendet, wobei die Malerei immer mehr Boden gewann. Im Hinblick auf Verfeinerung und Komplexität war der Trend jedoch nicht so uniform. Während die Töpferkunst der Pueblos um das Jahr 1492 herum ihren höchsten Entwicklungsstand erreichte, waren die zeitgenössischen Erzeugnisse der Anden eher schlichter und einfacher geworden als die der früheren klassischen Periode.

Im Bereich der textilen Kunst scheinen Korbwaren fast universal verbreitet gewesen zu sein. Sie reichten von unverzierten, rein zweckmäßigen Arbeiten bis hin zu kunstvollen Entwürfen. Die in technischer Hinsicht kunstvollsten Erzeugnisse hatten ihren Ausgangspunkt wahrscheinlich bei seßhaften, aber keine Töpferware herstellenden Gruppen wie den Völkern Kaliforniens oder der Nordwestküste (für die direkte Belege selten sind). Bei einigen der schönsten amerikanischen Körbe wurde die inhärente Tendenz, geradlinige, abstrakte Muster herzustellen, überwunden. Aus der frühen historischen Periode des südöstlichen Nordamerika sind kühne, geschwungene Muster bekannt; darstellende Motive sind im Nordosten und an der mittleren Nordwestküste zu finden. In besser dokumentierten Regionen, z. B. im Pueblo-Gebiet, führte die Entwicklung der Töpferei zu einem Rückgang der Bedeutung und der Kunstfertigkeit in der Korbweberei.

Die Weberei auf dem Webstuhl beschränkte sich auf die städtischen Zivilisationen und ihren Einflußbereich. Während es für Mesoamerika nur wenig direkte Belege gibt, haben archäologische Funde in Peru überwältigende Beweise für die hohe Qualität der inkaischen Textilien erbracht, wie man es von einem Gebiet mit professionellen Textilkünstlern und einer in etwa zweitausend Jahren hochentwickelten Webereitradition erwarten durfte. Lebensformen waren seit langem Teil des Repertoires der andinen Weber gewesen. Obwohl die Inka textile Spezialisten aus den Reihen der von ihnen unterworfenen Völker in ihren Dienst nahmen, machte sich ein gewisser Qualitätsverlust (ähnlich wie bei der Töpferei) bemerkbar. Das einheimische Südamerika erbrachte auch die höchsten Leistungen in den verschiedenen Techniken des Flechtens, während im Nordamerika außerhalb der Webereiregion des Südwestens schöne, zwirngebundene Textilien hergestellt wurden.

Die Welt der Kunst

Unter den vielen dekorativen Techniken im Bereich der textilen Kunst muß den Federarbeiten eine ganz besondere Beachtung beigemessen werden, schon allein deshalb, weil sie später so stereotyp mit dem einheimischen Amerika assoziiert wurden. Die unglaubliche Vielfalt der Vögel und ihre leuchtendbunten Federn, vor allem im tropischen Tiefland, hatten zu ihrer Verwendung zu dekorativen Zwecken geführt. Zusammen mit den Leistungen der textilen Kunst in den städtischen Zivilisationen führte dies schließlich zur Herstellung der spektakulären Federumhänge und -mäntel in Mexiko und Peru, von deren Pracht die wenigen noch erhaltenen Exemplare uns nur eine schwache Vorstellung geben können. Unter den frühen brasilianischen Federarbeiten könnten ein paar Tupinamba-Stücke aus dem 16. Jahrhundert den Standard von 1492 verkörpern, während von den Umhängen aus Truthahnfedern, welche die europäischen Besucher des östlichen Nordamerika so sehr beeindruckten, nichts als der Ruf geblieben ist.

Mit Ausnahme der Holzschnitzereien sind die Steinskulpturen des vorkolumbischen Amerika bedeutend besser bekannt als alle anderen Zweige des kreativen Bereichs. Die Steinarbeiten reichten von den einfachen, abgeschlagenen Gerätschaften der Jägervölker bis hin zu den realistischen Bildern, welche die aztekischen Künstler anfertigten. Abgesehen von ihrer Vorliebe für Monumentalität, stellten die mesoamerikanischen Steinhauer sich auch der Herausforderung, den glasartigen Obsidian und den extrem harten Jadeit zu bearbeiten, der in der Folge höher geschätzt wurde als kostbare Metalle. Monumentale Steinskulpturen (wenn auch im kleineren Maßstab und von einfacherem Stil) waren auch in Mittelamerika und in den Anden zu finden; kleine Steinskulpturen, vor allem aus leicht zu bearbeitenden Steinen, waren in ganz Amerika weit verbreitet.

Die Keramikskulpturen umfaßten nicht nur gegossene oder handgefertigte Figuren, die meistens religiöser Natur waren, sie setzten auch die alte amerikanische Tradition der Bildnisgefäße fort — Behältnisse in der Form von Göttern, Menschen oder Tieren. Die Elfenbeinschnitzerei war vor allem in Alaska vorherrschend, obwohl die schönsten Exemplare aus Perioden vor 1492 stammen. Aus den Zentren Mesoamerikas und der Anden sind ein paar seltene aber exquisite Holzschnitzereien erhalten geblieben. Das gleiche gilt für die Nordwestküste und für eine einzige Fundstätte, die sich auf die Vorfahren der historischen, an der Golfküste Floridas ansässigen Calusa zurückführen läßt.

Das unbestrittene Zentrum der Metallverarbeitung waren die nördlichen Anden und das untere Mittelamerika. Dort wurden in einer Vielfalt lokaler Stilrichtungen und Techniken, darunter auch im Wachsausschmelzverfahren und in Filigranarbeit, Gold und eine Gold-Kupfer-Legierung zu

Schmuck, Gebrauchsgegenständen, zeremoniellen Utensilien und kleinen Figuren verarbeitet. In Peru, wo auch das Silber eine große Rolle spielte, waren die Inka die ersten, die im größeren Maßstab Bronze für Gebrauchsgegenstände und rituelle Zwecke verwendeten.

Von der amerikanischen Baukunst des Jahres 1492 sind nur wenige Beispiele erhalten geblieben, und die meisten von ihnen befinden sich in einem eher fragmentarischen Zustand. Die monumentalen, gemauerten Steinwände der Inka-Periode sind eine nur blasse Erinnerung an die technischen Fähigkeiten ihrer Architekten; ein Blick auf die Überreste Tenochtitlans ist eine Qual für die Phantasie, welche die wundervolle Stadt gern in ihrem ursprünglichen Zustand sehen würde, und nur die Pueblo-Ruinen im südwestlichen Nordamerika lassen sich mit Hilfe lebender Nachfahren ihrer Kulturen mit größerer Verläßlichkeit rekonstruieren. Die meisten anderen traditionellen Bauweisen, vom aus Schneeblöcken errichteten Kuppelhaus der zentralen Arktis bis hin zum gigantischen Langhaus im tropischen Brasilien, die beide auf ihre Weise bedeutsam waren, können nur auf der Grundlage jüngerer Erkenntnisse erschlossen werden.

Unsere Vorstellungen von der verbalen Kunst, der Musik, dem Tanz und dem Drama sind sogar noch verschwommener. Die Azteken klassifizierten ihre Genres des formalen Ausdrucks in metrische Verse und Prosa. In die erste Kategorie gehörten die Arbeiten der »Liedermacher«, die hymnischen Götterlieder, die epischen Kriegsgesänge, die nachdenklichen Lieder der Freude und des Kummers und die erotischen Lieder des Vergnügens. Erzählende heilige Worte der Mythologie, historische Worte der alten Zeiten und einfallsreiche Erzählungen stellen einen Teil der Prosa-Hinterlassenschaft dar. Über die verbale Kunst der Inka ist vergleichsweise wenig bekannt, da zur Zeit der Eroberung fast nichts davon aufgezeichnet wurde. Wir können nur spekulieren, daß es hier und auch anderswo ebenfalls Genres gab, die denen der Azteken entfernt ähnlich waren, und daß die formalen Strukturen und die Theorie der Formen des verbalen Ausdrucks vielleicht nicht ganz so hoch entwickelt waren.

Das Vorhandensein von Schulen, in denen nicht nur Gesang, sondern auch instrumentale Musik gelehrt wurde, spiegelt den Grad der Formalisierung wider, der in der aztekischen Musik vorherrschte. Aber auch ohne solche Schulen gab es in der ganzen Hemisphäre musikalische Kulturen. Die von Menschen produzierten Klänge, die manchmal rein gesellschaftliche, öfter aber religiöse Funktionen hatten, verliehen dem Leben wichtige Akzente und Symbole. Kokopelli, der bucklige, lüsterne, flötenspielende Kachina der Hopi, den man in den vorkolumbischen Darstellungen der Pueblos erkennen kann, läßt auf die häufige Assoziation von Flötenmusik,

Die Welt der Kunst

Sexualität und Fruchtbarkeit schließen. Die Klänge der Instrumente wurden oft als die Stimmen übernatürlicher Wesen betrachtet, und manchmal, wie das eskimoische Wort für »Trommel« nahelegt, als »das, mit dessen Hilfe die Geister herbeigerufen werden«.

Viele der ritualen Dramen des ursprünglichen Amerika, darunter auch die Menschenopfer der Azteken oder das periodische Erscheinen der Pueblo-Kachinas, waren nicht nur eine Wiederaufführung alter Mythen. Sie machten diese Mythen zu einem Teil der erfahrenen Realität. Die menschlichen Teilnehmer waren keine losgelösten Schauspieler, sondern echte Personifikationen der nicht-menschlichen *dramatis personae*. Andere Aufführungen dagegen waren rein weltlicher Art, so z. B. die aztekischen Bühnenstücke, in denen die Huasteken und andere Fremde und »Wilde« lächerlich gemacht wurden, oder die einfachsten aller Maskeraden, die tierischen Verkleidungen, welche die Jäger zum Teil anlegten, um sich an ihre Beute anzuschleichen.

Was wissen wir wirklich über die amerikanischen Künste von 1492, was werden wir je wissen? Die materiellen Belege, über die wir verfügen, stammen allesamt aus archäologischen Untersuchungen, die uns auch weiterhin immer neues Datenmaterial liefern. Aber die Archäologie kann uns nur greifbare Dinge zur Verfügung stellen, und auch das nur mit Einschränkungen. Die verbale Kunst schriftloser Kulturen ist für Spaten und Kelle unzugänglich. Die Musik taucht in den Unterlagen nur dann auf, wenn nicht vergängliche Instrumente, z. B. Tonflöten, vorliegen. Was es an Tänzen und Schauspielen gab, läßt sich am besten anhand der Darstellungen auf Wandgemälden, Töpferwaren oder anderen graphischen Erzeugnissen ermessen. Selbst die bildende Kunst ist beileibe nicht vollständig bekannt. In den Küstenregionen Perus und des amerikanischen Südwestens trug das trockene Klima dazu bei, organische Substanzen zu konservieren. Ähnliche Einblicke sind an Fundstätten möglich, die durch einen Erdrutsch zugedeckt wurden (wie an der Nordwestküste) oder durch gefrorene Funde in der Arktis. Aber für andere Regionen erfahren wir vielleicht nie etwas von Federarbeiten, Korbflechterei oder Holzschnitzerei.

Was erhalten blieb, ist nicht immer das Beste aus der Werkstatt der Künstler. Teilweise handelt es sich auch um Ausschuß oder um Erzeugnisse der verschiedenen Kunstzweige, die schon damals abgenutzt waren. Vor allem aber fehlt für alle von ihnen der direkte Beweis des kulturellen Kontexts, in dem sie einst hergestellt und geschätzt wurden. Dieser Kontext konnte nur für die noch bestehenden Kulturen des Jahres 1492 beobachtet werden. Aber als die ersten sachlichen Beschreibungen der verschiedenen einheimischen Lebensweisen angefertigt wurden, waren Jahre, Jahrzehnte oder sogar Jahrhunderte vergangen. Die Veränderungen, die in der Zwischenzeit, sowohl vor wie auch nach dem europäischen Kontakt, stattgefunden hatten, waren in den städtischen Zentren ausgeprägter als in einigen der abgelegeneren Regionen. Die Federarbeiten, die in den Jahren unmittelbar nach der spanischen Eroberung in Mexiko gesammelt wurden, waren in technischer und stilistischer Hinsicht bedeutend fortgeschrittener als alles, was im Jahre 1492 hergestellt worden war. Die aztekische Literatur, die im 16. Jahrhundert in der einheimischen Sprache aufgezeichnet wurde, war zumindest in Teilen durch die koloniale Erfahrung beeinflußt – vielleicht mehr als die Kunst der Zentral-Eskimo im Kanada des frühen 20. Jahrhunderts.

Wenn man sich ihnen vorsichtig annähert, sind die überlebenden Traditionen der einheimischen Amerikaner der Gegenwart eine wertvolle Quelle, die den einen oder anderen Rückschluß auf die kulturellen Prinzipien und Hintergründe der Künste ihrer Vorfahren zuläßt. Aber sie sind die Nachfahren eines nur kleinen Teils der Traditionen, die es im Jahre 1492 gab. Was die Zivilisationen angeht, so waren die großartigen Errungenschaften der Eliten durch den Prozeß der Eroberung dem Untergang geweiht, und vielen Stammeskulturen stand ein ähnliches Schicksal bevor. Für die Volkskulturen Mesoamerikas und des andinen Hochlandes, wie auch für die Völker anderer Regionen, hingen die Überlebenschancen von ihrer Fähigkeit ab, sich an äußere Veränderungen anzupassen. Nur tote Kulturen sind für Veränderungen unzugänglich. Und so ist die Vitalität der lebenden Traditionen letztendlich vielleicht ein Ausgleich für die Dunkelheit des Jahres 1492.

Die Welt der Kunst

Nachwort

Von Vine Deloria, jun.

In den vorhergegangenen Kapiteln wurden die Menschen der westlichen Hemisphäre und ihre Lebensweisen zum Zeitpunkt der »Entdeckung« durch Christoph Kolumbus so genau wie irgend möglich dargestellt. Aber wir gewinnen immer neue Kenntnisse hinzu, und es wäre denkbar, daß schon in einer Generation viele der Wahrheiten von heute nicht mehr gelten und neue Untersuchungen neues Licht auf einen Teil der verwirrenden Aspekte geworfen haben, über die wir heute nur mutmaßen können. Dennoch glauben wir, daß die vorliegende Synthese noch viele Jahre selbst kritischen Überprüfungen standhalten wird.

Wir alle würden gern glauben, daß die Geschichte der westlichen Hemisphäre seit der Entdeckung der Neuen Welt durch die Europäer eine geradlinige Chronologie von Ereignissen ist, die uns bis in die Gegenwart führen, und tatsächlich schreiben wir Geschichte mit ebendiesem Ziel im Auge. Geschichte, so sagen die Weisen, wird von den Siegern geschrieben, und wenn sie damit fertig sind, die Geschehnisse so umzumodeln, daß sie selbst in einem günstigen Licht dastehen, bleibt kaum mehr übrig als eine Entschuldigung für ihre Unzulänglichkeiten. Es ist nicht schwierig, eine Chronologie aufeinanderfolgender Ereignisse zu erstellen und die Invasion und Eroberung dieses Teils des Planeten durch Menschen europäischer Herkunft zu beschreiben. Aber im Hinblick auf die Auswahl der interpretativen Themen, durch die wir versuchen, diese einzigartige Migration von Völkern und die sozialen, politischen und wirtschaftlichen Experimente zu verstehen, die ihre Zeit auf den beiden amerikanischen Kontinenten charakterisierten, gibt es große Differenzen.

Die amerikanischen Indianer betrachten die Invasion der Europäer zunehmend als Fehlschlag. Das heißt, daß die Indianer ungeachtet der Unter-

Nachwort

535

drückung, der fast völligen Entwurzelung und der beträchtlichen Verluste in den Bereichen Religion und Kultur nicht vollständig besiegt wurden. Ein Merkmal der Psyche der Indianer von heute ist die Erkenntnis, daß das Schlimmste vorbei ist und daß heute der weiße Mann mit seiner achtlosen Behandlung von Leben und Umwelt vom Aussterben bedroht ist. Die alten indianischen Prophezeiungen sagen, daß der Aufenthalt des weißen Mannes auf den beiden westlichen Kontinenten der kürzeste von allen sein wird, die hierher kamen. Aus indianischer Sicht müßte man die Geschichte der Hemisphäre daran messen, wie weit die Weißen sich an die Rhythmen des Landes angepaßt haben – wie weit sie zu Einheimischen geworden sind. Und aus dieser Sicht gesehen, fällt das Urteil über die Europäer streng aus.

Die amerikanische Geschichte wird für gewöhnlich im Licht des Fortschritts dargestellt – es wird beschrieben, wie ein zähes Volk, das eine Gesellschaft schuf, in der die Segnungen der Erde dem größtmöglichen Prozentsatz von Menschen zugänglich gemacht wurden, eine Wildnis zähmte und urbar machte. Kurzfristig gesehen, gibt es vieles, was für diese Interpretation spricht. Die Vereinigten Staaten schwimmen im wahrsten Sinne des Wortes im Luxus, und selbst die ärmsten Mitglieder dieser Gesellschaft sind bedeutend besser gestellt als die Mehrheit der Menschen in den meisten anderen menschlichen Gesellschaften. Dies gilt natürlich nicht für alle amerikanischen Nationen, aber für die englischstämmigen Völker ist es eine unbestrittene Tatsache. Die Bewohner der Vereinigten Staaten führen ihre Erfolge gern darauf zurück, daß sie sich dem Fortschritt verschrieben haben, obwohl auch die Gottheit hin und wieder einmal ein Kompliment einheimsen darf, und Fortschritt wird fast immer als Zuwachs an materiellem Wohlstand definiert. Aber in den letzten Jahren, in denen die Vereinigten Staaten immer mehr einem von unüberwindlichen Schulden niedergedrückten Dritte-Welt-Land ähneln, klingt der Spruch von der Überlegenheit der Vereinigten Staaten zunehmend dürftiger. Wir leben von zukünftigen Reichtümern, nicht von dem, was wir selbst produzieren können.

Es ist höchste Zeit, daß wir versuchen, die Bedingungen zu verstehen, die einst auf dieser Hemisphäre herrschten, da die derzeitige Generation es ganz besonders schwer hat, die Bedeutung der amerikanischen Erfahrung zu erkennen. Manche Leute meinen, daß die Geschichte sich ihrem Ende nähert – oder zumindest die Vorstellung von Geschichte, die uns den größten Teil unseres Lebens genährt, inspiriert und geleitet hat. Der Kampf der Titanen, der auch als Kalter Krieg bekannt ist, scheint vorüber zu sein, und niemand weiß, in welche Richtung die Weltgeschichte sich bewegen wird, falls es überhaupt noch eine Bewegung geben sollte.

In einer seltenen und fast unheimlichen prophetischen Analyse des Potentials der Weltsituation von 1830 schrieb Alexis de Tocqueville:

»Der Amerikaner kämpft gegen natürliche Hindernisse; der Russe liegt mit den Menschen im Streit. Ersterer bekämpft die Wildnis und die Barbarei; letzterer die Zivilisation mit allen Waffen. Amerikas Eroberungen werden mit der Pflugschar gemacht, Rußlands mit dem Schwert.

Um an Waffen zu gelangen, baut der erstere auf persönliche Interessen und läßt der ungelenkten Kraft und dem gesunden Menschenverstand des einzelnen freie Hand. Der letztere konzentriert in einem gewissen Sinne die ganze Macht der Gesellschaft in einem einzigen Mann. Der eine hat die Freiheit als grundlegendes Handlungsprinzip; der andere Unterwürfigkeit. Ihr Ausgangspunkt ist unterschiedlich, und ihre Pfade weichen voneinander ab; nichtsdestoweniger scheinen beide durch einen geheimen Plan der Vorsehung dazu bestimmt, eines Tages das Schicksal der halben Welt in ihren Händen zu halten.«

Wieweit hat diese Vorhersage sich erfüllt? Rußland kämpft nicht länger gegen Menschen und hat allem Anschein nach das Prinzip der Alleinherrschaft eines einzigen Mannes aufgegeben, aber sind die Vereinigten Staaten über ihren Kampf mit der Natur hinausgewachsen, so daß sie sozusagen die Initiatoren einer neuen globalen Geschichte sind, die von allen geteilt wird?

Wenn wir den Schrei nach Demokratie wirklich verstanden haben, der kürzlich über die Erde fegte, fest etablierte Diktaturen stürzte und sogar an den Grundfesten des monolithischen chinesischen Kommunismus rüttelte, müssen wir einsehen, daß selbst die amerikanische Demokratie, die älteste und wohlhabendste der Erde, vor der gigantischen Aufgabe einer Neudefinierung steht. Es könnte sehr gut sein, daß die Vereinigten Staaten aus den demokratischen Formen, die einst so bequem und tröstlich schienen, herausgewachsen sind. Sie müssen entweder einen gewaltigen Sprung nach vorn machen, hin zu einer neuen, globalen Gesellschaft des Friedens und der Gerechtigkeit, oder zu einem Relikt althergebrachter Privilegien werden, das zusammen mit den alten politischen Strukturen der Alten Welt einfach beiseite gefegt werden wird.

Der russische Kommunismus und das amerikanische Experiment der Demokratie verkörperten die beiden Wege, welche die europäische Überwindung des Feudalismus hätte einschlagen können. Daß diese beiden Möglichkeiten in Gebieten außerhalb Europas verwirklicht wurden, ist insofern bezeichnend, als die Alte Welt die Belastungen, welche die Flucht aus dem Feudalismus mit sich brachte, nicht hätte überleben können. Der Nationalsozialismus kann als die wirkliche Antwort Europas auf seine schwindende Rolle in der Welt betrachtet werden: Der Lebensraum der Nationalsozialisten war nichts weiter als ein im engen Raum Mitteleuropas geschriebener russischer und amerikanischer Imperialismus. Wenn der Kampf um Lebensraum vorbei ist – und er war immer eine Suche nach einer gesicherten nationalen Identität –, dann haben wir die gegenwärtige und zukünftige Aufgabe, ein für allemal eine adäquate Geschichte der menschlichen Rasse zu schaffen, eine Geschichte, in der selbst das kleinste und unbedeutendste Volk im Licht seiner eigenen Erfahrungen gesehen wird. Für die Amerikaner bedeutet das eine Auseinandersetzung mit der wirklichen Bedeutung der letzten fünf Jahrhunderte und den Versuch zu verstehen, was sich in Wahrheit zwischen den ursprünglichen Bewohnern der Hemisphäre und den Menschen abspielte, die versuchten, sie auszulöschen und ihren Platz einzunehmen.

Ein guter Einstieg in die Evaluierung der amerikanischen Erfahrung wäre der, die Erfahrungen der Amerikaner, ob rot oder weiß, wirklich ehrlich zu betrachten und aus ihren kollektiven und gemeinsamen Erfahrungen einige Themen und Einstellungen auszuwählen, die in diesen fünf Jahrhunderten des Kontakts einigermaßen konstant geblieben sind. Die Entdeckung, ob sie nun am 12. Oktober 1492 auf einer abgelegenen karibischen Insel stattfand oder im Jahre 1911 in der Wildnis Kaliforniens, als die Ishi sich der Zivilisation unterwarfen, war ein gewaltiger kultureller und historischer Schock. Dieses Trauma ist immer noch ein gewichtiger Faktor für das Verständnis der Beziehungen zwischen Indianern und Weißen, und in dem Maße, in dem die Fremdheit des jeweils anderen nicht überwunden oder assimiliert wurde, bleibt es ein Filter für alle anderen Beziehungen.

Zur Zeit der Entdeckung konnten die Indianer das Ausmaß der Gefahr, die dieses neue Volk verkörperte, nicht abschätzen. In Anbetracht der Tatsache, daß die Europäer einzeln oder in kleinen Gruppen auftraten, die kaum größer waren als das durchschnittliche einheimische Dorf, war es für die Indianer unmöglich, hinter diesen wenigen Fremden die gewaltigen Bevölkerungen zu erkennen, die sie repräsentierten. Riesige Bevölkerungen und große Siedlungen waren für die meisten Indianer einfach unvorstellbar. Selbst in den letzten Jahrzehnten der Indianerkriege des amerikanischen Westens, in den 1870er und 1880er Jahren, mußten die indianischen Häuptlinge auf einer großen Rundreise durch die Städte des Ostens geführt werden, bevor sie verstehen konnten, wie groß die Kräfte waren, mit denen sie es zu tun hatten. Selbst heute kann man den meisten Indianern kaum verständlich machen, daß ihre Probleme und deren Lösung keine lokale Angelegenheit sind, sondern daß sie in einer unglaublich großen und komplexen Gesellschaft leben.

Nach der Entdeckung mühten die Europäer sich verzweifelt, den Sinn der

Neuen Welt zu verstehen. Ihre Kenntnis der Welt leitete sich in erster Linie von ihrer theologischen Sicht ab, welche die sprichwörtliche Erschaffung der menschlichen Spezies in einem fernen Garten irgendwo im Mittleren Osten vertrat und für welche die Möglichkeit, daß es auch außerhalb des historischen Rahmens der Bibel menschliche Gesellschaften geben konnte, einfach nicht existierte. Es war nicht weiter schwer, die Existenz zweier riesiger Kontinente zu akzeptieren, die den Europäern bislang unbekannt gewesen waren. Alte Karten und Legenden hatten schon immer von der Existenz solcher phantastischer Länder gesprochen, und die Entdeckung der westlichen Hemisphäre sorgte einfach nur dafür, daß einige Aspekte der alten Mythologien glaubwürdiger schienen, und führte, als die Forscher an Land gingen, zu Expeditionen auf der Suche nach der Nordwestpassage und dem Jungbrunnen. Dagegen war es unglaublich schwer zu verstehen, wer die Menschen waren, die diese Kontinente bewohnten.

Der Versuch, die Völker der Neuen Welt zu identifizieren, konzentrierte sich im Prinzip auf zwei Gedankenstränge, die beide extrem nachteilig für die spätere Behandlung der Einheimischen waren. Der eine Strang versuchte, in den Indianern die verlorengegangenen Völker des Alten Testaments zu sehen, und so wurden sie einmal als die Nachfahren der Überlebenden der Sintflut bezeichnet, einmal als die »Zehn Verlorenen Stämme« Israels, die während der babylonischen Gefangenschaft verschwunden waren, und einmal als Flüchtlinge vor einer der periodischen Ketzerverfolgungen, die in den Jahrhunderten, nachdem das Christentum zur vorherrschenden Religion Europas geworden war, über die Christenheit hinwegfegten. Das Buch Mormon ist einer dieser traditionellen Versuche, die Herkunft der Indianer zu verstehen. Aber die Toleranz der Mormonen für die Indianer war nicht größer als die der eifernden spanischen Missionare zu Beginn der Eroberung, und ihre Doktrin, die dunkle Haut der Indianer und später auch der afrikanischen Schwarzen sei ein Zeichen göttlichen Mißfallens, verhinderte in den Jahrzehnten seit ihrem Aufkommen jede Harmonie und Zusammenarbeit zwischen den Rassen. Es gab keine Möglichkeit, die Indianer so mit den Völkern des Alten Testaments zu identifizieren, daß sie daraus Respekt oder Status gewonnen hätten.

Der technologische Stand der Indianer, denen die ersten Europäer begegneten, ließ nicht vermuten, daß diese Menschen dazu in der Lage gewesen wären, die riesigen Ozeane zu überqueren, welche die beiden Welten voneinander trennten. Folglich kam man auf die Idee, die Kontinente des Planeten seien irgendwann durch Landbrücken miteinander verbunden und der Boden der Beringstraße zeitweise nicht von Wasser bedeckt gewesen. Statt dessen hätte sich eine weite Ebene gebildet, über welche die alten Indianer in die Neue Welt einwanderten. Die Beweise für eine solche Landbrücke sind jedoch extrem dünn gesät und beruhen mehr auf der jeweiligen Schule, welche die Wissenschaftler durchlaufen haben, als auf tatsächlichen Beweisen. Die Anthropologen sind sich nicht darüber einig, wann diese Landbrücke existiert haben soll, und um eine solche Landbrücke überhaupt haben zu können, müssen sie eine Eiszeit heraufbeschwören, die soviel Wasser der Ozeane der Welt band, daß das Land unter der Beringstraße trockenlief. Dann müssen sie einen mythischen Korridor zwischen massiven Eisschichten entstehen lassen, um die Indianer nach Nordamerika, durch das Eis, ins Landesinnere und vor allem in die südlichen Regionen zu schaffen, in denen sie überleben konnten.

Die Beringstraßen-Theorie wird von weißen Wissenschaftlern hartnäckig gegen die unterschiedlichen Migrationstraditionen der einheimischen Amerikaner verteidigt und ist ein Beispiel für den Triumph von Doktrin über Faktum. Das Ausgraben alter Feuerstellen und Lagerplätze mag ja aufregend sein, aber es gibt nun einmal keine ausgetretenen Pfade, welche die Migrationen von Asien nach Nordamerika aufzeigen, und selbst wenn es sie gäbe, könnte man ihnen nicht entnehmen, in welcher Richtung sie benutzt wurden. Wir wissen nur eines mit Sicherheit: Die Beringstraßen-Theorie wird von den Weißen *bevorzugt* und folglich als wissenschaftliche Tatsache akzeptiert. Wenn die Indianer an den Universitäten das Sagen hätten, hätten wir eine völlig andere Erklärung für die Besiedlung der Neuen Welt, und das wissenschaftliche Establishment würde sie ganz genauso unterstützen. Die Beringstraßen-Theorie wirft jedoch Licht auf ein konstantes Thema, auf das wir später noch einmal zurückkommen werden: Eine Menge wissenschaftlicher und/oder gelehrter Vorstellungen über die Indianer entstanden ursprünglich als religiöse Doktrinen. Als der meinungsbildende Einfluß der Religion immer mehr zurückging, wurde die Idee von weltlichen Gelehrten aufgegriffen, in wissenschaftliche Theorie umgemünzt und als orthodoxe Wissenschaft publik gemacht.

Die von den Wissenschaftlern vertretene Beringstraßen-Fiktion hat eine bizarre Auswirkung, die zu gefährlichen Entwicklungen führte. In Anbetracht des massiven ökologischen Zusammenbruchs im Nordamerika von heute argumentieren konservative Gelehrte, daß unser Planet schließlich schon viele frühere Vergewaltigungen der Umwelt durch den Menschen überstanden habe, wodurch wohl die Auswirkungen unserer eigenen Irrtümer null und nichtig gemacht oder zumindest die moralische Frage nach dem, was die modernen Amerikaner angerichtet haben, auf ein Minimum reduziert werden soll. Der Paläobiologe Paul Martin läßt die alten Indianer nicht nur über die Beringstraße stapfen, sondern auch sofort nach ihrer Ankunft in der Neuen Welt einen Vernichtungsfeldzug beginnen, dem alle Großtiere des Pleistozäns zum Opfer fielen. Natürlich vertreten nicht alle Wissenschaftler diese Idee, zumindest teilweise deshalb, weil sie einfach lächerlich ist, aber in der Öffentlichkeit, und vor allem von begeisterten Jägern, wird diese Theorie in Diskussionen über indianische Fischerei- und Jagdrechte immer wieder als Beweis dafür angeführt, daß die Verantwortung für die schwindenden Wildbestände bei den Indianern und nicht etwa bei ihnen selbst liege.

Wie die Beringstraßen-Theorie kann sich auch die Theorie vom indianischen Overkill zu Zeiten des Pleistozäns kaum auf harte Beweise stützen. Zwar gibt es Fundstätten, aus denen hervorgeht, daß eine Gruppe von Indianern irgendwann einmal eine Büffelherde über eine Klippe hetzte, was schon ein wenig extravagant wirkt. Da wir jedoch nicht wissen, wie viele Gäste an diesem Tag zum Essen geladen waren, ist selbst diese Tatsache kein unbedingter Beweis für Verschwendungssucht. Die Overkill-Theorie krankt ebenso wie die der wandernden Eiskorridore, die sich je nach Bedarf der Gelehrten auf dem nördlichen Teil des Kontinents hin und her verschieben, an ihren eigenen Unzulänglichkeiten, sobald man sie genauer untersucht. Man will uns glauben machen, daß die indianischen Jäger durch riesige Herden von Büffeln, Hirschen, Elchen, Antilopen und anderen schmackhaften Wildtieren wateten, um finstere Wölfe, säbelzähnige Tiger, gigantische Faultiere, riesige Gürteltiere und andere Kreaturen von ähnlicher Größe auszurotten. Wenn dieses Gemetzel der Nahrungsversorgung galt, müssen wir den Indianern das Lob aussprechen, die besten Köche der Welt zu sein, denn anders wäre es ihnen wohl kaum gelungen, diese Kost genießbar zu machen. Wenn sie die Jagd aus Spaß betrieben, dann spielten sie wirklich ein sehr gefährliches Spiel und sollten zumindest für ihren außergewöhnlichen Mut bewundert werden, denn diese Tiere hätten die Jäger mit Leichtigkeit vernichten können.

Der andere europäische Gedankenstrang in Hinblick auf die Identifizierung der Herkunft der einheimischen Bewohner der westlichen Hemisphäre vertrat die Ansicht, daß es sich möglicherweise gar nicht um richtige Menschen handelte. Unmittelbar nach der Meldung von der Entdeckung der Neuen Welt fanden hinter den europäischen Kulissen gewaltige politische Machtkämpfe statt. Das Papsttum, immer bereit, auf die Wünsche des Königs von Spanien und Aragonien einzugehen, ließ es sich gefallen, der spanischen Krone die Länder der Neuen Welt unter der Bedingung zu schenken, daß die Spanier den Eingeborenen den »Wahren Glauben« beibringen würden. Bewaffnet mit einem absolut unzulässigen Rechtstitel, ausgestellt vom Stellvertreter Gottes auf Erden, begannen die Spanier mit der brutalen Un-

Nachwort

terwerfung Mittel- und Südamerikas, die binnen einer Generation zur völligen Ausrottung der einheimischen Bevölkerungen der Karibik führte. Solche Taten blieben bei der humaner eingestellten spanischen Geistlichkeit nicht unbemerkt, und ihre Reaktionen auf die Grausamkeiten fingen an, den König zu beunruhigen.

Um die Unterwerfung der Einheimischen zu rechtfertigen, ließen die Conquistadores sich einen theologischen Dreh einfallen. Wenn sie sich einem indianischen Dorf näherten, verlasen sie ein als die »Erfordernis« bezeichnetes Dokument, das die Geschichte der Welt zum Inhalt hatte, so wie sie sie sahen, vom Garten Eden bis hin zur jüngsten Entdeckung der beiden neuen Kontinente, und verlangten von den Einheimischen, sie sollten diese Fabel als Wahrheit anerkennen und sich der spanischen Krone und dem katholischen Glauben unterwerfen. Wenn sie sich weigerten, war dies der Beweis dafür, daß sie die ihnen offenbarte Wahrheit Gottes zurückgewiesen hatten und folglich samt und sonders niedergemacht werden konnten. Die Tatsache, daß die Einheimischen weder Spanisch noch Latein verstanden oder vielleicht eine eigene Version der Weltgeschichte besaßen, spielte dabei nicht die geringste Rolle. Sie wurden angegriffen, unterworfen und getauft, in eben dieser Reihenfolge. Aber selbst diese Praxis und die spätere Versklavung der Einheimischen auf den *encomiendas* irritierte liberale Kirchenführer und vergrößerte die Unsicherheit des Königs.

In den Jahren 1550/1551 rief König Karl von Spanien die führenden spanischen Theologen und Philosophen in Valladolid zusammen, um mit ihnen über Kriterien zu debattieren, unter denen man einen gerechten Krieg gegen die Einheimischen der Neuen Welt führen konnte. Die Debatte drehte sich um die Frage, ob die Indianer echte menschliche Wesen mit Gesetzen, Kultur, Religion und Familiensinn waren oder ob sie entsprechend den Definitionen von Aristoteles nicht eher Tiere waren und von daher zu Recht zu Dienern der zivilisierten Menschheit gemacht werden konnten. Die Sache der Indianer wurde von Bartolome de Las Casas vertreten, der über beträchtliche Erfahrungen in der Neuen Welt verfügte und der Meinung war, das Christentum solle durch Güte und Beispiel und nicht durch das Schwert verbreitet werden. Sein Gegenspieler, Juan Gies de Sepulveda, der überhaupt keine Neue-Welt-Erfahrung besaß, vertrat die Doktrin Aristoteles' mit großem Eifer.

Nach ausgedehnten Debatten wurden fünfzehn führende Gelehrte aufgefordert, ihre Meinung schriftlich niederzulegen. Ein Gewinner wurde jedoch nicht bekanntgegeben. Ein umfangreiches Dokument, die »Apologetica« von Las Casas, in der er die Menschlichkeit der Einheimischen verteidigt, wurde von den spanischen Behörden unterdrückt, während modifizierte Versionen der Argumentation Sepulvedas in aller Eile in der Neuen Welt verbreitet wurden, wo sie als beliebte Rechtfertigung für die Versklavung der Einheimischen benutzt wurden. Sie waren durchaus mit greifbaren Vorteilen für die Indianer verbunden, denn wenn indianische Dörfer dem Schwert unterworfen wurden und es an der Zeit war, schwangeren Frauen den Leib aufzuschlitzen, war immer ein Priester zugegen, für den Fall, daß es dem ungeborenen Kind gelingen sollte, einen Augenblick am Leben zu bleiben, nachdem es aus dem Mutterleib herausgerissen war. In diesen wenigen Sekunden wurde das Baby schnell getauft, bevor es dann ohen weitere Umschweife an einen Stein oder eine Wand geschmettert wurde. Auf diese Weise sicherte die Religion sich ihren Platz in der Eroberung der beiden Amerikas.

Mit einigen, der Zeit und den Umständen entsprechenden Modifikationen wurden Sepulvedas Argumente zustimmend angeführt, wann immer es sich als notwendig erwies, die nicht-weißen Rassen in Amerika zu unterdrücken: Sie waren eben nicht so ganz menschlich und konnten von daher von den Weißen ausgebeutet werden. Die schwarze Sklaverei wurde einst wohlwollend als gutgemeinte Internierung bezeichnet, in deren Rahmen man den Afrikanern die Anfangsgründe des Christentums und der Zivilisation beibringen konnte, während sie für ihre natürlichen Herren auf den Feldern schufteten. Chinesische Arbeiter bekamen beim Bau der Eisenbahnen die gefährlichsten Arbeiten zugewiesen, da sie ja nicht so ganz menschlich waren und körperliche Strapazen weit besser ertragen konnten als die zivilisierten Weißen. Und noch in den 20er Jahren dieses Jahrhunderts vertraten manche Sozialwissenschaftler die Ansicht, die Mexikaner seien von der Natur dazu vorherbestimmt, Arbeiten in gebückter Stellung zu verrichten, da sie so dicht am Boden gebaut seien. Es erübrigt sich zu sagen, daß diese wissenschaftlichen Klassifikationen nicht länger zählten, als die Depression in den Vereinigten Staaten immer größere Ausmaße annahm und die Arbeitsplätze auf den Feldern Südkaliforniens für die einströmenden »Arkies« und »Oakies« benötigt wurden. Zusammenfassend kann also gesagt werden, daß der Plan der Entmenschlichung, der erstmals in Valladolid ausgesprochen und auf die amerikanischen Indianer angewandt wurde, zur Rechtfertigung für den Rassismus wurde, der ein Charakteristikum der amerikanischen Erfahrung war.

In Amerika übernahm die Wissenschaft die Glaubensvorstellungen der Theologie, wandelte sie in respektable weltliche Theorien um und hielt dann ungeachtet aller gegenteiler Beweise zäh an ihnen fest. Eindrucksvoll beginnend mit Thomas Jefferson und bis hinein in die Gegenwart haben amerikanische Wissenschaftler und Freizeitforscher es sich zur Ge-

Nachwort

wohnheit gemacht, die Ursprünge des amerikanischen Indianers zu erforschen, indem sie indianische Gräber und Begräbnisstätten öffneten und für gewöhnlich die Grabbeigaben, die ihnen ins Auge stachen, für sich behielten. Gegen Ende des 19. Jahrhunderts, in den Jahren, in denen Anthropologie und Archäologie sich als formale Wissenschaften etablierten, stieg die Nachfrage nach indianischen Skeletten ins Unermeßliche. Indianer, die auf den Schlachtfeldern des Westens den Tod fanden, wurden in den Osten verfrachtet, um dort von den Wissenschaftlern inspiziert und examiniert zu werden. Aus zahlreichen Briefwechseln geht hervor, daß Grabräubereien unter den Bundesbeamten, die mit indianischen Angelegenheiten befaßt waren, gang und gäbe waren. Noch widerlicher war der Brauch, indianische Skelette zu enthaupten – dies so geschehen in einer kurzen Periode, in der manche Anthropologen glaubten, die durch die Schädelabmessungen vorgegebene Größe des Gehirns hätte einen Einfluß auf Intelligenz und kulturelles Verhalten. Es ist unmöglich, die Zahl der indianischen Skelette zu schätzen, die in amerikanischen Museen lagern, in erster Linie weil die meisten Museen fürchten, die Indianer, wenn sie von der Existenz dieser Skelette wüßten, würden Rückgabe der Gebeine ihrer Vorfahren verlangen, um sie beerdigen zu können.

Museen, historische Gesellschaften und der *United States National Park Service* beharren darauf, diese menschlichen Überreste als »Exemplare« oder »Ressourcen« zu bezeichnen oder sie mit sonstigen wissenschaftlich eindrucksvollen Namen zu belegen, um die Tatsache zu vertuschen, daß es sich dabei um die Gebeine von Menschen handelt. Sie argumentieren lautstark, die Wissenschaft benötige diese Gebeine, um eine Vielzahl bedeutender Fragen erforschen zu können, und wenn die Skelette zurückgegeben würden, würde ein nicht wieder gutzumachender Schaden entstehen. Um dabei bleiben zu können, daß indianische Gebeine in den Bereich der Wissenschaft gehören, muß man argumentieren, daß die Indianer keine Gefühle für ihre lebenden oder toten Verwandten empfinden und daß es folglich nicht nötig ist, ihre religiösen Beweggründe anzuerkennen. Es gibt nur sehr wenige Gesellschaften, die ihren Toten keine Ehrerbietung entgegenbringen. Selbst Gräber aus sehr alter Zeit sind ein deutlicher Beweis dafür, daß es ein hochentwickeltes Verständnis für das Leben – und für den Tod – gab.

Die Gesetze in dieser Situation sind komplex und einseitig gefärbt. Wann immer die Stämme aus religiösen Gründen rechtlichen Schutz vor wissenschaftlichen Übergriffen verlangten, wurde ihnen gesagt, ein solcher Schutz könne nicht gewährt werden, da die Stammesreligionen dadurch vor den anderen Religionen »etabliert« würden. In dieser Analyse wird ganz bewußt darüber hinweggesehen, daß es unter Amerikanern durchaus üblich

544   *Amerika 1492*

ist, die Gräber von Verstorbenen *nicht* auszugraben, und daß Grabräubereien nur im Falle der amerikanischen Indianer aufgrund ihrer angeblichen Untermenschlichkeit straflos stattfinden können.

Die Einstellung, die Indianer seien untermenschlich, war von Anfang an ein integraler Bestandteil der staatlichen Landpolitik. Ursprünglich wurden die Great Plains als die »Große Amerikanische Wüste« bezeichnet, da man der Meinung war, kein zivilisierter Mensch könne hier leben, und die ganze Region sei höchstens für Tiere und Indianer geeignet. Häufig konfiszierten Verträge das fruchtbarste Land und siedelten die Stämme in Einöden um, in denen es weder Wasser noch Wildtiere gab. Während der Depression der 30er Jahre gab es im Landwirtschaftsministerium ein Programm zum Aufkauf der Ländereien bankrotter Farmer, die den Boden durch destruktive Anbaumethoden ruiniert hatten. Sobald dieses Land in den Händen bundesstaatlicher Einrichtungen und als »submarginal« klassifiziert war, was bedeutete, daß man ihm keinen angemessenen Lebensunterhalt abringen konnte, wurde es dem *Bureau of Indian Affairs* zur Ansiedlung indianischer Familien überlassen. Die Indianer, die ja nicht so ganz menschlich waren, würden den erschöpften Boden schon dazu bringen, soviel herzugeben, daß sie nicht verhungern müßten.

Die grundlegende Frage von Valladolid ist immer noch unbeantwortet. Nur unter großen Schwierigkeiten fangen wir allmählich an, uns die Bedingungen vorzustellen, unter denen sie beantwortet werden könnte. Obwohl die Menschheit insgesamt in den letzten fünfhundert Jahren bedeutende Fortschritte in ihrem Selbstverständnis gemacht hat, haben die Bewohner der westlichen Hemisphäre ihre Vorstellung von den grundlegenden Elementen der Menschlichkeit nicht geändert, oder sie haben die Möglichkeit, daß diese Eigenschaften auch bei den amerikanischen Indianern zu finden sind, ganz bewußt zurückgewiesen.

Die Wahrnehmung der Menschen, welche die beiden amerikanischen Kontinente bewohnten, und die Wahrnehmung des Landes an sich scheinen in den Köpfen der Einwanderer und ihrer Nachfahren eng miteinander verknüpft zu sein. Wenn die Menschen als Wilde klassifiziert wurden, so mußte auch das Land eine Wildnis sein, gefährlich und gnadenlos. Die Vorstellung, in einem fremden Land zu leben, war so beängstigend, daß die frühen Einwanderer alles nur denkbar Mögliche unternahmen, um ihre physische und psychische Stabilität zu sichern. Die ersten schwedischen Siedler am Delaware-River waren so verängstigt und so voller Zweifel, ob es ihnen gelingen würde, ihren Lebensunterhalt zu erwirtschaften, daß sie ihre Nahrungsmittel fast eine ganze Generation lang importierten, bevor sie sich zutrauten, den Boden zu bebauen.

Nachwort

In Nick Carraways Schlußüberlegungen am Ende des »Großen Gatsby« beschreibt F. Scott Fitzgerald die unvergeßlichen Gefühle, welche die erste Erfahrung mit der Neuen Welt hervorgerufen haben muß: »Für einen flüchtigen Augenblick muß der Mensch angesichts dieses Kontinents den Atem angehalten haben, gezwungen zu einer ästhetischen Betrachtung, die er weder verstand noch wünschte, zum letzten Mal in der Geschichte von Angesicht zu Angesicht mit etwas, was seiner eigenen Fähigkeit zum Staunen entsprach.«

Wo immer die Vertreter der westlichen Welt die Hemisphäre betraten, wurden die gleichen Gefühle geäußert – Staunen über ein Land, das im wahrsten Sinne des Wortes unverdorben war. Aber leider hatte die Geschichte der Menschheit bereits einen Punkt erreicht, an dem es den Neuankömmlingen unmöglich war, sich an das Land anzupassen und die Symbiose mit der Natur einzugehen, die es verlangte. Nach dem ersten Augenblick des Staunens sahen die Europäer das Land als Rohmaterial für die Reproduktion der europäischen Lebensweise zu ihren eigenen Bedingungen. Das Paradies war entdeckt worden, und durch die Entdeckung ging das Paradies wieder verloren.

Die europäischen Siedlungen in beiden Teilen Amerikas spiegelten den Versuch wider, die europäische Kultur hierher zu verpflanzen und in Amerika das aufzubauen, was den Menschen in Europa versagt geblieben war. So gab es frühe Siedlungen mit Namen wie New Spain, New England, New Haven, New Bedford und später, nach der Etablierung der weißen Hegemonie, im Osten der Vereinigten Staaten Syrakus, Troja, Athens, Sparta und Cairo. In Gebieten unter spanischer und portugiesischer Vorherrschaft fand man die intensiven ekklesiastischen Interessen der Krone widergespiegelt: Santa Fe, Los Angeles, Las Cruces, Trinidad, Santiago und so weiter. Erst relativ spät in den Jahrhunderten der Kolonisierung und der Besiedlung wurden Städte und Dörfer nach berühmten Politikern wie Washington, Jefferson, Jackson, Monroe, Lincoln, Juarez und Bolivar benannt.

Namen verraten uns, daß das halbe Jahrtausend der Besatzung in erster Linie davon geprägt war, neue Siedlungen in einem Land zu gründen, das störrisch an seiner eigenen Identität festhielt. Anders als der Hudson und der Columbia tragen die meisten Flüsse, Berge und Seen noch heute ihre ursprünglichen indianischen Namen, und noch heute gibt es in diesem Land vieles, das ganz und gar indianisch ist. Überhaupt blieb die heilige Geographie der Indianer in den fünf Jahrhunderten des Konflikts im Prinzip unberührt. Die amerikanische Geschichte war in Wirklichkeit ein hart erkämpfter Kompromiß zwischen den Versuchen, an diesen Küsten die europäische Lebensweise nachzuahmen, und den beharrlichen Forderungen des Landes selbst, frei zu bleiben und seine eigene Identität zu wahren.

Das unglaubliche Gefühl des Staunens, von dem Fitzgerald schreibt, muß ein Schock erster Größenordnung gewesen sein. Jedenfalls vermittelte es den Menschen, die sich in Amerika niederließen, ein verzerrtes Bild ihrer eigenen Bedeutung. Von Anfang an glaubten die europäischen Einwanderer, sie seien die »ersten« bei allem. Balboa soll der erste gewesen sein, der den Pazifischen Ozean sah: Die Indianer und die Orientalen hatten anscheinend jahrtausendelang an seinen Küsten gelebt, ohne auch nur einen Blick darauf zu werfen. Die Liste ist erstaunlich, und es ist noch nicht lange her, daß die Schulbücher so taten, als hätte nie zuvor irgend jemand die Wunder vollbracht, welche die ersten Erforscher leisteten, als sie die Wildnis kartographierten. Obwohl die unverschämte Behauptung der Erstmaligkeit inzwischen wenigstens so weit zurückgenommen wurde, daß man jetzt »der erste *weiße* Mensch« lesen kann, glauben die Bewohner der Vereinigten Staaten bis heute, daß ihre Lebensweise einzigartig, bewundernswert und beispielhaft für die ganze Menschheit ist, daß sie in allem die »ersten« sind. So werden nationale Sportveranstaltungen *Welt*wettkämpfe und *Welt*meisterschaften genannt, obwohl der Rest der Welt nicht an ihnen teilnehmen darf, und unsere Politiker sorgen sich unablässig darum, daß sie in irgendeinem Bereich mit schlechtem Beispiel vorangehen könnten. So hielt Richard Nixon so störrisch an Vietnam fest, weil er nicht der erste amerikanische Präsident sein wollte, der einen Krieg »verlor«. Wir werden wissen, daß der Schock der Entdeckung überwunden ist, wenn die Amerikaner die Tatsache akzeptieren, daß sie nichts weiter sind als eine vorübergehende Episode in der größeren menschlichen Geschichte des Lebens auf diesem Planeten.

Die andere Einstellung, die aus der Entdeckung der beiden westlichen Kontinente herrührt und sich seitdem hartnäckig hält, ist der Glaube an die Unerschöpflichkeit der natürlichen Ressourcen dieser Neuen Welt. Die Europäer waren auf einem Kontinent aufgewachsen, der jahrtausendelang systematisch ausgebeutet worden war. Abgesehen von ein paar Wäldern, die allein dem König vorbehalten waren, gab es in Europa keine unbesiedelten Gebiete mehr, und angefangen mit den frühen römischen Eroberungszügen hatten Kriege zwischen Reichen und Dynastien das Gesicht Europas verändert und seine einheimischen Vögel, Pflanzen und Tiere ausgerottet. Der unglaubliche Reichtum der Flora und Fauna muß die Einwanderer fassungslos gemacht und davon überzeugt haben, daß es unmöglich war, diese Ressourcen jemals aufzubrauchen. Thomas Jefferson soll einmal gesagt haben, in Anbetracht der Tatsache, daß ihm alle Reichtümer der Neuen Welt

Nachwort

zur Verfügung stünden, müßte jeder Mann in Amerika nach drei Generationen Arbeit wie ein König leben können.

Im Hinblick auf die natürlichen Ressourcen der beiden amerikanischen Kontinente war vor allem die Tatsache wichtig, daß es keine strikten Regeln gab, die den Menschen vorschrieben, wie sie diese Reichtümer nutzen durften. Die europäischen Regierungen unterstützten die schnelle Ausbeutung des Landes und der Tiere, da dies den Mutterländern schnelles Geld einbrachte. Das Wegfallen der politischen Unterdrückung, welche die Menschen in Europa gekannt hatten, wurde schnell in die Freiheit umgemünzt, die natürlichen Ressourcen der Hemisphäre ausbeuten zu dürfen. Tatsächlich entstand eine enge Verbindung zwischen wirtschaftlichen und politischen Rechten, und die beiden blieben seitdem immer partnerschaftlich verbunden. Die Weißen taten ihr Bestes, das Land zu verändern. Wälder wurden abgeholzt und abgebrannt, um Ackerland zu schaffen; Berge wurden abgetragen, um einfacher an die unter ihnen liegende Kohle heranzukommen; Sümpfe und Feuchtgebiete wurden entwässert oder aufgeschüttet, um Platz für Siedlungen und später für Einkaufszentren und Luxushotels zu machen. Die Geschichte der letzten fünf Jahrhunderte könnte sehr gut als die Geschichte der Zerstörung und der radikalen Veränderung der natürlichen Umwelt beschrieben werden.

Gleich, wo die Einwanderer Fuß faßten, sie verwüsteten das Land, töteten die Pflanzen und Tiere und ersetzten sie durch künstliche Gebilde zu ihrem eigenen Nutzen. Durch das Auswaschen von Erzen und die bewässerte Landwirtschaft wurden die meisten Flußsysteme zu Kanälen degradiert, mit deren Hilfe Wasser dorthin geleitet wurde, wo es genutzt werden konnte. Siedlungen, die völlig von der Technologie abhängig sind und sich nicht mehr selbst erhalten können, bestimmen heutzutage die amerikanische Landschaft. Aber es sieht so aus, als hätten wir die Grenzen der möglichen Ausbeutung erreicht. Große Teile Nordamerikas sind nicht mehr dazu in der Lage, Leben zu erhalten, und je mehr die Umweltbedingungen sich verschlechtern, desto größer wird die Gefahr, daß das ganze Gebilde der Siedlungen über unseren Köpfen zusammenbrechen wird. Das Paradies könnte sich bald als bedrohliche Hölle herausstellen.

Nordamerika steht in dieser Hinsicht nicht allein. Neueste Untersuchungen haben ergeben, daß der südamerikanische Regenwald im Tempo eines Fußballplatzes pro Minute vernichtet wird. Ein ständiger Rauchschleier bestimmt die südamerikanische Atmosphäre. Dazu kommt, daß der Rauch der brennenden Wälder anscheinend in einer Art Mulde festhängt, so daß der Wind ihn nicht auseinandertreiben und er sich auch nicht selbst unter dem Einfluß von Regen oder Temperaturschwankungen auflösen kann. Mit der endgültigen Vernichtung des Regenwaldes wird auch die letzte Chance der Menschheit schwinden, den Treibhauseffekt zu verhindern, der die Lebensbedingungen auf unserem Planeten drastisch verändern wird.

Obwohl die Einstellung der weißen Amerikaner die schnelle Ausbeutung der natürlichen Ressourcen förderte, waren es seltsamerweise die Vereinigten Staaten, von denen das Konzept der Nationalparks ausging. Im Jahre 1872, vier Jahre vor der Custer-Schlacht, wurde der Yellowstone National Park zum nationalen Erbe erklärt, und in den Jahrzehnten seit diesem ersten Schritt wurden unzählige Parks, Wälder und Naturschutzgebiete der gegenwärtigen Nutzung und der zukünftigen Freude der Amerikaner gewidmet. Wir haben sogar versucht, ein System von wilden Flüssen und wildbelassenen Gebieten zu schaffen, in denen die Spuren des Menschen auf ein Minimum beschränkt bleiben sollen. Private Gruppen gewinnen allmählich Einfluß auf nationale Entscheidungsprozesse in Hinblick auf die Nutzung und Ausbeutung des Landes. Und das Wissen um das, was getan werden muß, um Land zu erhalten oder sogar zu sanieren, wird allmählich zu Allgemeinwissen. Die Vereinigten Staaten scheinen im Hinblick darauf, mit welchen Augen sie ihr Land sehen, auf eine radikale Veränderung zuzugehen.

Veränderte Einstellungen zur Landnutzung kennzeichnen den Anfang des Übergangs von der europäischen Tradition zur einheimisch-amerikanischen Haltung des tatsächlichen Lebens auf dem Land. Theologisch gesehen, bedeutet das: Wir akzeptieren, daß wir nur ein Teil der Natur sind, keine über ihr stehende Einheit. Aus indianischer Sicht heißt Landnutzung, daß man das Land mit anderen Lebensformen teilt. Eines der wichtigsten Ziele der indianischen Zeremonien war es, eine gebührende Beziehung zu den Pflanzen, Vögeln und Tieren herzustellen, die den Menschen Nahrung, Kleidung und Material für den Bau ihrer Häuser lieferten. Von daher ist es zugleich tröstlich und verwirrend, daß Aufkommen der *Animal Rights Movement* zu beobachten. Obwohl die neue Beschäftigung mit den Interessen der Tiere den Bezug zur Ökologie und zu Fragen der Landerhaltung noch nicht hergestellt hat, läßt sie darauf schließen, daß die wichtigsten Elemente des traditionellen, indianischen Verständnisses des Universums auf neue Weise zusammenkommen.

Es gibt inzwischen eine ganze Reihe effektiver nationaler Organisationen, die sich mit der Frage beschäftigen, wie wir mit den Tieren umgehen. Das Thema ist relativ neu für die meisten Amerikaner, die an eine schwere Kost aus Rind- und Schweinefleisch gewöhnt sind, und wie nicht anders zu erwarten, besteht die erste Reaktion darin, das Ganze ins Lächerliche zu ziehen. In Anbetracht der vielen menschlichen Probleme, die zu lösen wir

Nachwort   549

bislang unfähig oder unwillens sind, mag es seltsam scheinen, daß es Menschen gibt, die sich mit ganzer Kraft dafür einsetzen, daß bestimmte Tierarten nicht ausgerottet werden und daß unsere Nutzung der Tiere einen anerkannt ethischen Aspekt erhält. Während viele Wissenschaftler die Bemühungen um den Erhalt des Landes unterstützen, scheut die Mehrheit der wissenschaftlichen Gemeinschaft davor zurück, den Tieren einen gewissen rechtlichen Schutz zuzugestehen, da sie angeblich für wissenschaftliche Versuche gebraucht werden, die dem Menschen zugute kommen. Die Argumente beruhen jedoch zum größten Teil auf einer mechanistischen und materialistischen Wissenschaft, die in vielen Fällen nicht mehr haltbar oder intellektuell kohärent ist. In Wahrheit dienen viele Tierversuche nur rein kosmetischen Zwecken, und manche Wissenschaftler führen Versuche in erster Linie deshalb durch, um die staatlichen Fördermittel, auf die ihre Institute finanziell angewiesen sind, nicht zu verlieren.

Wenn die *Animal Rights Movement* weiterhin so großen Zulauf erhält, könnten wir einer Zukunft entgegengehen, in der die Grundsätze der indianischen Lebenssicht zum zentralen Thema unserer Gesellschaft werden. In diesem Fall würden die fünfhundert Jahre der Aubeutung und der Entwicklung wie ein tragischer Fehler von unvermuteten Ausmaßen scheinen. Wir müßten dann eine Neueinschätzung der amerikanischen Geschichte vornehmen, die ganz anders aussehen würde als das, was in diesem Band dargelegt wurde. Die Existenz und die Beharrlichkeit der amerikanischen Indianer, ihre Lebensweise, ihre Bräuche und ihre religiösen Vorstellungen würden dann das zentrale Thema der historischen Interpretation sein, und die Vorstellungen von Zivilisation, Fortschritt und wirtschaftlichem Darwinismus würden verschwinden, so wie abergläubische Vorstellungen, denen unsere Rasse zu früheren Zeiten anhing, es noch immer getan haben.

Wenn man auf die fünf Jahrhunderte seit der europäischen Entdeckung der westlichen Hemisphäre zurückblickt und die Themen auswählt, die näher ausgeleuchtet werden sollen, springt einem die Tatsache ins Auge, daß die wichtigsten Punkte, die Indianer und Nicht-Indianer trennen, nicht gelöst sind, daß aber in einigen kritischen Bereichen die Nicht-Indianer anfangen, die Sichtweise der Indianer zu übernehmen. Carl Gustav Jung stellte bei seinen amerikanischen Patienten ein großes Interesse an den Indianern fest, fast schon eine Besessenheit. Er bemerkte, die amerikanischen Sportarten seien im Grunde genommen die gleichen harten, rauhen Spiele, welche die Indianer so liebten, und außerdem scheine die amerikanische Erde den Körperbau der Einwanderer zu verändern, so daß sie allmählich aussähen, als hätten sie indianisches Blut in den Adern.

Diese Spekulationen sind deshalb interessant, weil wir die ganze Geschichte der amerikanischen Erde noch nicht kennen. Außerhalb des akademischen Rahmens, in dem eine orthodoxe Denkweise vorherrscht, gibt es Unmengen von Studien über die verschiedensten Felsenmalereien und Inschriften, die den Beweis dafür erbringen wollen, daß es eine Vielzahl alter Expeditionen seitens der Kelten, Phönizier, Hebräer, Griechen, Römer und christlicher Flüchtlingsgruppen in die Hemisphäre gab. Die meisten dieser Studien konzentrieren sich auf spezifische Fundstätten und Entdeckungen, bei denen es sich um Abweichungen zu handeln scheint, welche die orthodoxe Anthropologie und Archäologie entweder ignoriert oder fehlinterpretiert.

Der berühmte Bat-Creek-Stein in Tennessee trägt eine Inschrift, von der man lange Zeit annahm, es handele sich um eine Cherokee-Schrift aus dem frühen 19. Jahrhundert, die aber kürzlich als Hebräisch entziffert wurde. In Las Lunas, New Mexico, wurde in einer abgelegenen Schlucht eine Inschrift der »Zehn Gebote« gefunden, und auf einer Mesa drüber die Ruinen dessen, was eine alte Festung gewesen sein könnte. Die Inschriften wurden als Schwindel bezeichnet, da einige Formen der hebräischen Buchstaben beträchtlich von allen bekannten alphabetischen Formen abzuweichen schienen. Jüngste Entdeckungen in der Alten Welt zeigen jedoch einige derselben Buchstabenformen und liefern damit ein Maß an Authentizität, das schwer zu erklären ist. Seit Generationen finden Farmer im Mittleren Westen und im Osten der Vereinigten Staaten goldene Münzen aus der Alten Welt, wenn sie im Frühjahr ihre Felder bestellen. Die orthodoxe Reaktion auf diese Münzen bestand darin, einen frühen amerikanischen Münzsammler heraufzubeschwören, der Teile seines Schatzes wahllos über die verlassenen Maisfelder von Illinois, Indiana und Tennessee verstreut habe. Wenn diese Entdeckungen sich als authentisch herausstellen würden, würden wir unsere Sichtweise der Geschichte dieser Hemisphäre – und der der ganzen Welt – ändern müssen.

Als ob diese beunruhigenden Entwicklungen noch nicht genug wären, ist noch ein weiteres Geheimnis in amerikanischen Landen zu lösen. Im Oktober 1924 verließ die wissenschaftliche Expedition Doheny Los Angeles, um im Grand Canyon die Stelle zu untersuchen, an der der Supai und der Lee Canyon zusammentreffen. Dort fanden sie unter einer dicken Schicht »Wüstenpatina«, einem schwarzen Belag, der sich auf der Oberfläche von Sandstein bildet, wenn das in ihm enthaltene Eisen verwittert, mehrere Piktogramme in den Sandstein eingemeißelt, die unsere Sicht der Weltgeschichte völlig über den Haufen werfen. Z. B. findet sich dort ein Dinosaurier, wahrscheinlich ein Diplodocus, in hoch aufgerichteter Haltung und mit deutlich geschwungenem Schwanz. Außerdem gibt es einen Elefanten, der einen

Nachwort

551

Menschen mit dem Rüssel niederschlägt, und eine Steinbockherde, die von Menschen gejagt wird. Auf dem Plateau über dem Grand Canyon fand die Expedition eine alte Festung, deren Mauern aus gigantischen Steinblöcken bestanden, die allem Anschein nach irgendwie auf die kleine Mesa mit dem Namen »The Thumb« hinaufgeschleppt wurden. Samuel Hubbard, der wissenschaftliche Leiter der Expedition, verfaßte und veröffentlichte einen Bericht, der im Peabody Museum einzusehen ist, von Anthropologen und Archäologen aber nie erwähnt wird.

Wir scheinen viel über die Bedingungen zu wissen, die zur Zeit der Entdeckung in der westlichen Hemisphäre existierten. Aber wir wissen ganz und gar nicht viel über die tatsächliche Geschichte der beiden Kontinente. Falls es alte Expeditionen gab, kamen sie entweder ums Leben oder wurden vom amerikanischen Land so radikal verändert, daß es unmöglich ist, mehr als eine rätselhafte Spur von ihnen zu finden. Und wenn die Piktogramme, welche die Doheny Expedition fand, irgendeine Relevanz haben, müssen wir bedeutend mehr über uns selbst nachdenken, bevor wir mit Sicherheit sagen können, wer wir sind und wohin wir gehen – oder wo wir waren. Und so befanden sich die beiden Amerikas an jenem Oktobertag, an dem Kolumbus an Land ging, sozusagen in der Schwebe, erfüllt von Geheimnissen, die zu begreifen wir nicht einmal angefangen haben.

Wir stehen jetzt an einer ähnlichen Schwelle der menschlichen Geschichte. Wir wissen noch nicht, wie die einzelnen Teile des Puzzles zusammenpassen werden, aber wir wissen, daß die Welt ein für allemal eins ist. Die beiden Amerikas sind ein entscheidendes Element in der neuen Ordnung. Die zukünftige Niederschrift der amerikanischen Geschichte muß versuchen, die amerikanische Erfahrung in den bedeutend größeren Rahmen aller menschlichen Bemühungen einzubetten. Sie kann nicht als das Endprodukt eines evolutionären Marsches zur Größe angesehen werden oder als einzigartiges Experiment, das zeigt, wie die Menschen sich gesellschaftlich organisieren sollten. Amerika und Kanada, Australien und Neuseeland bleiben die Länder, in denen die Geschichte der Einheimischen und der Einwanderer noch nicht miteinander ausgesöhnt ist. Diese Länder enthalten immer noch Geheimnisse der menschlichen Vergangenheit, die wir uns nicht vorstellen können. Wir müssen sie lösen, damit sie Teil des ganzen menschlichen Erbes werden können.

Zu Beginn dieses Buches schrieb Scott Momaday, Kolumbus habe nicht nur eine Reise durch den Raum, sondern auch durch die Zeit angetreten und die Welt aus dem Mittelalter in die Renaissance bewegt. Seit damals haben wir die Renaissance, die Reformation und die Industrielle Revolution hinter uns gelassen und eine Reihe von Weltkriegen erlebt und stehen jetzt vor einer Zeit des relativen globalen Friedens. Die Einheimischen der amerikanischen Kontinente wurden überrannt, verloren einen beträchtlichen Teil ihrer Bevölkerung und mußten beim Übergang in die moderne Welt einen großen Teil der natürlichen Lebensweisen aufgeben, die ihnen Trost und Würde verliehen. Aber sie überlebten. Heute, in einer Zeit, in der die Werte, die sie verkörperten und immer noch verkörpern, dringend von einer Biosphäre benötigt werden, die um ihr Überleben kämpft, müssen sie endlich die Mitbeteiligung erhalten, die sie seit langem hätten haben können, wenn die vergangenen fünf Jahrhunderte anders verlaufen wären. Die Einstellungen und Denkweisen, die dafür gesorgt haben, daß die Einheimischen der westlichen Hemisphäre versteckt und vernachlässigt wurden, müssen verändert werden, damit die Weltgeschichte zur Geschichte der Menschheit auf diesem Planeten wird, statt die selektive Geschichte einiger weniger Völker zu sein, und ihre Entschuldigung für das, was mit unserer Spezies geschah.

Alte indianische Prophezeiungen sagen das Kommen des Weißen Mannes voraus, und manche von ihnen sprechen vom Verschwinden der Stämme aufgrund der Taten der Invasoren. Andere Prophezeiungen sagen, der weiße Mann werde unter allen Völkern, die je versuchten, in diesem Land zu leben, der kurzlebigste sein. Wir müssen das letzte Kapitel der menschlichen Geschichte noch schreiben, und wir müssen jetzt versuchen, das letzte Kapitel der amerikanischen Geschichte zu leben. Wie sehr es in weiteren fünfhundert Jahren dem Inhalt dieses Buches ähneln wird, das zu entscheiden liegt in den Händen dieser und aller zukünftigen Generationen.

Nachwort

Anhang

ZUNI

Es wurde vorgeschlagen, daß Yokuts, Maidu, Wintun, Miwok-Costano, Klamath-Modoc, Sahaptin, Cayuse, Molalo, Coos, Yakona, Takelma, Kalapuya, Chinook, Tshimshian und vielleicht Zuni innerhalb eines Phylums namens Penuti miteinander verwandt sind. Innerhalb dieses vorgeschlagenen Phylums herrscht fast allgemeine Übereinstimmung, daß das kalifornische Penuti (Yokuts, Maidu, Wintun und Miwok-Costano) eine gültige genetische Gruppierung darstellt.

KIOWA

TANO: Tiwa, Tewa, Towa
Es herrscht allgemeine Übereinstimmung, daß Kiowa und Tano miteinander verwandt sind, und zwar innerhalb einer größeren Gruppierung namens Tano-Kiowa.

UTO-AZTEKISCH: Mono, Nördliches Paiute, Shoshone, Comanche, Südliches Paiute, Hopi, Tubatulabal, Luiseno, Cahuilla, Cupeno, Serrano, Pima-Papago
Es gibt auch in Mesoamerika, insbesondere in Mexiko, Uto-Aztekische Sprachen. Es herrscht allgemeine Übereinstimmung, daß Tano-Kiowa und Uto-Aztekisch innerhalb eines Phylums namens Aztek-Tano miteinander verwandt sind.

KERES: Keres, Laguna, Acoma, Cochiti

YUKI: Yuki, Wappo
Es wurde vorgeschlagen, daß Keres und Yuki innerhalb des Phylums Hoka-Sioux mit dem Hoka verwandt sind.

BEOTHUK

Viele Wissenschaftler vermuten eine genetische Verbindung zwischen dem Beothuk und dem Algonkin, obwohl die vorliegenden Daten über das Beothuk zu spärlich sind, um als Beweis gelten zu können.

KUTENAI

KARANKAWA

CHIMAKUM: Quileute, Chemakum

SALISH: Lilloet, Shuswap, Thompson, Okanago, Pend d'Oreille, Cœur d'Alene, Tillamook, Twana, Oberes Chehalis, Südliches Puget Sound Salish, Halkomelem, Squamish, Comox, Bella Coola

WAKASH: Nootka, Nitinat, Makah, Kwakiutl, Bella Bella, Kitamat
Es wurde vorgeschlagen, daß Kutenai, Salish und Wakash innerhalb eines einzigen Phylums miteinander verwandt sind.

TIMUCUA

Mesoamerika

UTO-AZTEKISCH: Tepehua, Tarahumara, Yaqui, Mayo, Cora, Huichol, Nahuatl, Pipil
Wie bereits oben angemerkt, gibt es auch in Nordamerika Uto-Aztekische Sprachen. Diese Sprachfamilie überschneidet also zwei der großen Regionen Amerikas und ist folglich eine der amerikanisch-indianischen Sprachfamilien mit der größten Ausdehnung.

CUITLATEC

SERI

TEQUISTLATEC (CHONTAL VON OAXACA):   Huamelultec, Tequistlatec

JICAQUE: Östliches Jicaque, Westliches Jicaque

Anhang

Es wurde vorgeschlagen, daß Seri, Tequistlatec und Jicaque entweder zum nordamerikanischen Hoka-Phylum gehören oder entfernt damit verwandt sind.

TLAPANEC: Tlapanec, Subtiaba

OTOPAMEA: Chichimec, Pame, Matlatzinca, Otomi, Mazahua

POPOLOC: Ixcatec, Popoloc, Chocho, Mazateco

MIXTEKISCH: Amuzgo, Mixtec, Trique

ZAPOTEKISCH: Zapotec, Papabuxo, Chatino

CHINANTECO: Chinantec

MANGUE: Chiapanec, Mangue
Es herrscht Übereinstimmung, daß Tlapanec, Otopamea, Popoloc, Mixtekisch, Zapotekisch, Chinantec und Mangue miteinander verwandt sind, und zwar innerhalb einer größeren Familie, die Oto-Mangue genannt wurde.

HUAVE

MAYA: Huastec, Yukatec, Lacandón, Itzá, Mopán, Chontal, Chol, Chorti, Tzotzil, Tzeital, Tojolobal, Chuj, Kanjobal, Acatec, Jacaltec, Moto-

cintlec, Teco, Mam, Aguacatec, Lxil, Uspantec, Quiché, Sacapultec, Sipacapa, Cakchiquel, Tzutujil, Pocomam, Pocomchí, Kekchí

MIXE-ZOQUE: Mixe, Tapachultec, Sayula Popoluca, Sierra Popoluca, Zoque

TOTONAKISCH: Totonac, Tepehua
Es wurde vorgeschlagen, daß Mixe-Zoque und Totonakisch mit dem Maya verwandt sind, und zwar innerhalb eines Phylums namens Makro-Maya.

TARASCAN

XINCA: Guazacapa, Chiquimulilla, Jumaytepec, Yupiltepeque

LENCA: Lenca, Chilanga

CHIBCHA: Paya

MISUMALPA: Misquito, Matagalpa-Cacaopera, Sumo
Es wurde vorgeschlagen, daß Misumalpa genetisch mit dem Chibcha verwandt ist, einer Sprachfamilie, zu der das Paya wie auch Sprachen Südamerikas gehören, und von daher eine linguistische Brücke zwischen Mesoamerika und Südamerika ist.

Südamerika

CHIBCHA: Talamanca (Bribi, Terraba), Rama, Guaymi, Kuna, Paez, Chibcha, Kogi, Kamsa
Während allgemeine Übereinstimmung herrscht, daß die Chibcha-Sprachen genetisch miteinander verwandt sind, stellen die hier aufgelisteten Sprachen eine sehr breite Gruppierung dar (die kleinere Familie umfaßt), die eine bedeutend größere Differenzierung und eine größere Zeittiefe besitzt als die meisten bisher aufgelisteten Sprachfamilien.

CHOCOA: Waunana, Emberá

YANOMAMA

ANDAKI

PAEZ

BARBACOA: Cayapa, Colorado, Cuaiquer
Es herrscht allgemeine Übereinstimmung, daß Andaki, Paez und Barbacoa genetisch miteinander verwandt sind.

WARAO

MURA-MATANAWI

YUNCA

ATACAMENO

ITONAMA

Es wurde vorgeschlagen, daß die oben aufgelisteten Sprachen, vom Chocoa bis zum Itonama, innerhalb eines Phylums namens Makro-Chibcha genetisch mit dem Chibcha verwandt sind.

ALACALUF

ARAUK (MAPUCHE)

CHON: Ona, Tehuelche

QUECHUA: Quechua-Sprachen und -Dialekte

AYMARA: Aymara, Jaqaru
Das Quechua und das Aymara besitzen dank einer langen Periode des gegenseitigen Kontakts viele linguistische Gemeinsamkeiten. Wenn sie zusätzlich, wie oft vorgeschlagen und diskutiert wurde, genetisch miteinander verwandt sind, ist diese genetische Verwandtschaft eine sehr alte mit einer sehr großen Zeittiefe.

ZAPARO

OMURANO

SABELA

LECO

SEC

CULLE

CHOLONA

CATACAO

JIVARO: Aguaruna, Jivaro (Shuar)

ESMERALDA

YARURO
Es gibt gute Belege dafür, daß Esmeralda und Yaruro genetisch miteinander verwandt sind.

COFÁ

TUCANO: Siona, Bara, Desana, Cubeo, Tukano, Tuyuca

CATUKINA

TIKUNA

MUNICHE

MAKÚ

CANICHANA

MOVIMA

PUINAVEA
Es wurde vorgeschlagen, daß alle oben aufgelisteten Sprachen, von Tucano bis Puinavea, innerhalb eines Phylums namens Makro-Tukano genetisch miteinander verwandt sind.

ARAWAK: Amuesha, Apolista, Arauá, Chamicuro, Maipurea, Goajiro, Insel-Karibisch, Campa, Taino

TUPIA: Tupi-Guaraní, Guaraní, Cocama, Guayakí, Sirionó, Mundurukú

TIMOTE

ZAMUCO: Ayoreo, Chamakoko

GUAHIBO

SÁLIVA

OTOMACO

TUYONERI

YURACARE

TRUMAI

CAYUVAVA

BORORO: Bororo

BOTOCUDO

FULNIO

GÉ: Shavante, Apinayé-Kayapó, Östliches Timbira, Suyá, Kaingang, Shokleng

KARAJÁ

PURI

CHIQUITO

GUATÓ
Es wurde vorgeschlagen, daß alle oben aufgelisteten Sprachen, von Botocudo bis Guató, einem einzigen Phylum angehören, das Makro-Gé genannt wurde. Einige Wissenschaftler würden auch das Bororo dazuzählen.

PANO: Amahuaca, Cashinawa, Conibo-Shipibo, Pano, Culino, Arazaire, Caripuna

TACANA: Arasa, Chama, Maropa, Tacana
Es herrscht allgemeine Übereinstimmung, daß Pano und Tacana genetisch miteinander verwandt sind und ein Phylum bilden, das Pano-Tacana genannt wurde.

Anhang

MATACO/MATAGUAYO: Choroti,
Mataco
LULEA: Lule, Vilela
MASCOI
GUAYCURUA: Toba, Mocovi, Pilagá,
Abipon, Mbayá-Guaykurú
NNMBICUARA
HUARPE
KARIBISCH: Akawaio, Apalai, Carare,
Motilon, Panare, Waiwai, Trio,
Wayana, Xingu-Becken-Karibisch

Es wurde vorgeschlagen, daß Tupi,
das vorgeschlagene Makro-Gé und
die karibischen Sprachen alle gene-
tisch miteinander verwandt sind.
PEBA-YAGUA: Yagua, Peba, Yameo
BORA
WITÓTO
Es wurde vorgeschlagen, daß Bora
und Witóto genetisch miteinander
verwandt sind.
CUCURA
TARUMA

Weiterführende Literatur

2. Kapitel: Die Jäger des Nordens / Von Robin Ridington

Einen guten Überblick über die Arktis und die Subarktis bieten *Athapaskan Adaptations: Hunters and Fishermen of the Subarctic Forests* von James Van Stone (AHM Publishing, 1974), *The Netsilik Eskimo* von Asen Balikci (New York: Natural History Press, 1970) und das klassische *Naskapi: The Savage Hunters of the Labrador Peninsula* von Frank G. Speck (Norman: University of Oklahoma, 1935).

Lesbare frühe Studien über die Inuit-Eskimo sind Franz Boas' *The Central Eskimo* (Bureau of American Ethnology, 6. Jahresbericht, 1888), *The Life of the Copper Eskimos* (Ottawa 1922) von Diamond Jenness, *Across Arctic America: Narrative of the Fifth Tule Expedition* von Knud Rasmussen (Putnam's Sons, 1927) und Vilhjalmur Stefanssons Klassiker der kanadischen Arktis: *My Life With The Eskimo* (Macmillan, 1913), *The Friendly Arctic: The Story of Five Years in Polar Regions* (Macmillan, 1921) und *Hunters of the Great North* (Harcourt Brace, 1922).

Die Geschichte der Region wird hervorragend abgehandelt in *Part of the Land, Part of the Water: A History of the Yukon Indians* von Catherine McClellan (Douglas and McIntyre, 1987), *Athapaskan Women: Lives and Legends* von Julie Cruikshank (Canadian National Museum of Man, 1979) und *Mom, We've Been Discovered* von Decho (Yellowknife Dene Cultural Center, 1989).

Wichtige neuere Studien sind *Living the Arctic: Hunters of the Canadian North* (Douglas and McIntyre, 1987) und *Maps and Dreams* (Douglas and McIntyre, 1981), beide von Hugh Brody; *Make Prayers to Raven: A Koyukan View of the Northern Forest* (University of Chicago, 1983) und andere Werke von Richard K. Nelson; und die beiden zusammengehörigen Bücher von Robin Ridington, *Trail To Heaven: Knowledge and Narrative in a Dunne-Za Community* (University of Iowa, 1988) und *Little Bit Know Something: Stories in a Language of Anthropology* (University of Iowa, 1990).

Maßgebliche Nachschlagewerke sind das *Handbook of North American Indians: Arctic* (Bd. 5, hg. v. David Dumas, 1984), und *Subarctic* (Bd. 6, hg. v. June Helm,

Anhang

1981) der Smithsonian Institution. Ebenfalls zu empfehlen und reich illustriert sind *The Way of the Animal Powers* von Joseph Campbell (Times Books, 1983) und *Crossroads of Continents: Cultures of Siberia and Alaska* (Washington: Smithsonian Institution Press, 1988) von William W. Fitzhugh und Aron Crowell.

3. Kapitel: Die Lachsfischer / Von Richard D. Daugherty

Einen allgemeinen Überblick über die frühe Vorgeschichte des pazifischen Nordwestens bietet Luther S. Cressmans *Prehistory of the Far West: Homes of Vanished Peoples* (Salt Lake City, 1977). Jesse D. Jennings' *Prehistory of North America* (Mayfield Publishing, 1979) stellt ebenfalls einen Überblick dar, befaßt sich aber ausführlicher mit späteren vorhistorischen Kulturen. Das mit vielen Schwarz-weiß- und Farbtafeln ausgestattete *Exploring Washington State Archaeology* von Richard D. Daugherty und Ruth Kirk (University of Washington Press, 1978) stellt dem allgemeinen Leser die Funde dieses Staates vor. In dem für junge Leser gedachten *Hunters of the Whale* (1974) besprechen die beiden o. g. Autoren die Fundstätte Ozette.

Die Kulturen der Nordwestküste werden in Philip Druckers *Cultures of the North Pacific Coast* (San Francisco: Chandler and Sharp, 1965) allgemein und umfassend abgehandelt. *Indians of the North Pacific Coast* (Seattle: University of Washington Press, 1966), hg. v. Tom McFeat, beinhaltet eine Reihe klassischer, von Fachleuten auf dem entsprechenden Gebiet verfaßte Abhandlungen über die Region. In *Coast Salish Essays* (Seattle: University of Washington Press, 1987) sammelt Wayne Suttles Artikel aus einem ganzen, der Forschung gewidmeten Leben.

Eine gut illustrierte Einführung in die hochentwickelte Kunst der Region bietet *Looking at Indian Art of the Northwest Coast* von Hilary Stewart.

Die allgemein anerkannte Synthese des Lebens in der Plateau-Region ist Verne Rays *Cultural Relations in the Plateau of Northwestern North America* (Los Angeles: The Southwest Museum, 1939) und seine klassische Ethnographie *Sanpoil and Nespelem: Salishan People of Northwestern Washington* (University of Washington Press, 1932). Andere detaillierte Studien sind James A. Teits *The Salishan Tribes of the Western Plateau* (Bureau of American Ethnology, 1930) und Leslie Spiers *Klamath Ethnography* (University of California Press, 1930).

4. Kapitel: Die Hüter der Erde und des Himmels / Von Peter Iversen

Das *Handbook of North American Indians*, veröffentlicht von der Smithsonian Institution, umfaßt Bände, die eine definitive Analyse der verschiedenen indianischen Gemeinschaften des amerikanischen Westens bieten. Dazu gehören *California* (Bd. 8, 1978), *Southwest* (Bde. 9 u. 10, 1979 u. 1983) und *Great Basin* (1986).

Unter den inzwischen verfügbaren allgemeinen Abhandlungen ist *The Native Americans* von Robert F. Spencer, Jesse D. Jennings u. a. besonders zu empfehlen. Für den Südwesten zeichnen die letzten Kapitel von Linda S. Cordells *Prehistory of the Southwest* (Orlando: Academic Press, 1984) ein umfassendes Bild. W. Raymond Woods und Margot Libertys *Anthropology of the Great Plains* (Lincoln: University of Nebraska, 1980) enthält viele großartige Kapitel. Für Kalifornien leistete Robert Heizer wichtige Arbeit, so z.B. in *The Natural World of the Californian Indians* (Berkeley 1980), das er gemeinsam mit Albert B. Elsasser verfaßte. Der Band liefert eine schöne Einführung in die verschiedenen Umwelten, die von den einheimischen Gesellschaften bewohnt wurden.

R. Douglas Hurts *Indian Agriculture in America: Prehistory to the Present* (Lawrence, 1987) konzentriert sich in Teilen auf die vorkolumbische Landwirtschaft. Gilbert Livingstone Wilsons *Agriculture of the Hidatsa Indians: An Indian Interpretation* (Minneapolis 1971) ist eine Pionierarbeit, die viele tiefe Einsichten liefert.

Zum Thema Glauben und Weltbild gibt es viele Studien, obwohl sich die meisten davon mit neueren Zeiten befassen. Gene Weltfishs *The Lost Universe: The Way of Life of the Pawnee* (New York 1965) zeichnet ein besonders lebhaftes Porträt. John C. Ewers ist Herausgeber des klassischen, von George Catlin geschriebenen und illustrierten *O-kee-pa: A Religious Ceremony and Other Customs of the Mandans* (New Haven 1967), zu dem er auch die Einleitung schrieb.

Kenner des Lebens im trockenen Westen bedienten sich der Prosa, um uns ein Gefühl für das wirkliche Leben vergangener Zeiten zu vermitteln. Der Schweizer Ethnologe Adolf Bandelier schrieb *The Delight Makers* (New York 1971; Originalausgabe 1890), in dem es um die Welt der Pueblo-Indianer in New Mexico geht. D'Arcy McNickle, ein indianischer Gelehrter und Schriftsteller, schrieb *Runner in the Sun* (Albuquerque 1987), um Rivalität, Heldentum und das Leben in der Gemeinschaft in einer gewaltigen Region des Südwestens vor der Ankunft der Europäer zu schildern.

5. Kapitel: Die Waldlandbauern / Von Peter Nabokov und Dean Snow

Die Eckpfeiler für diese Region sind das *Handbook of North American Indian, Northeast,* hg. v. Bruce Trigger (Smithsonian, 1978) und *The Atlas of Great Lakes Indian History,* hg. v. Helen Hornbeck Tanner (University of Oklahoma, 1987).

Bücher über die Irokesen reichen von der klassischen Studie von Lewis Henry Morgan, *Leage of the Ho-de-no-sau-nee of Iroquois* (Rochester, 1851) bis zu den Werken von William N. Fenton, insbesondere *The False Faces of the Iroquois* (University of Oklahoma, 1987), und zu Bruce Trigger, *The Children of Aataensic: A History of the Huron People to 1660* (McGill-Queen's Printer, 1976). Die beste allgemeine Abhandlung bietet Anthony F.C. Wallaces *The Death and Rebirth of the Seneca* (Random House, 1969). Über die benachbarten Delaware schrieb Clinton A. Weslager eine nützliche Studie: *The Delaware Indians: A History* (Rutgers, 1972).

Lesbare Arbeiten über repräsentative Gemeinschaften der Großen Seen sind *Ojibwe Religion and the Midewiwin* und *The Prairie Potowatomi,* beide von Ruth Landes (University of Wisconsin, 1968 und 1970), und *The Winnebago Tribe* von Paul Radin (University of Nebraska, 1970).

Anhang

Für die Plains in der Zeit vor dem Pferd und dem Hollywood-Image läßt Gene Weltfish das Leben der Pawnee in *The Lost Universe* (Basic Books, 1965) wiederauferstehen.

Helen Roundtrees *The Powhatan Indians of Virginia. Their Traditional Culture* (University of Oklahoma, 1989) liefert ein gutes Porträt des Südostens, während John R. Swantons *The Indians of the Southeastern United States* (Smithsonian, 1979) nach wie vor der Klassiker bleibt.

Wichtig für New England sind William S. Simmons' *Spirit of New England Tribes. Indian History and Folklore, 1620–1984* (University of New England, 1986) und, wenn auch schon etwas älter, Frank Specks *Penobscot Man: The Life History of a Forest Tribe of Maine* (Octagon Books, 1970).

Dean Snows *The Archaeology of North America* (New York, 1976) und *The Archaeology of New England* (Orlando, 1980) liefern eine Synthese der Vergangenheit der Region.

6. Kapitel: Die Maisvölker / Von Miguel Leon-Portilla

Der archäologische Hintergrund Mesoamerikas wird erforscht in Michael D. Coe, *America's First Civilization* (American Heritage, 1968), Ingancio Bernal, *The Olmec World* (University of California, 1969), und Sven Loven, *Origins of Tainan Culture, West Indes* (Göteburg 1935).

Details über Kolumbus' Reisen finden sich in *The Four Voyages of Columbus,* übers. v. J. M. Cohen (Baltimore, 1969); *The Life of the Admiral Christopher Columbus by his Son Ferdinand,* übers. v. Benjamin Keen (Rutgers University, 1959), Carl Sauer, *The Early Spanish Main* (University of California, Berkeley 1966); und Pater Ramon Pane, *Relacion acerca de las Antiguedades de los Indios,* mexikanische Ausgabe von Juan Jose Arrom (Siglo Veintiuno, 1987).

Klassische Quellen über die Begegnungen und Konflikte sind Bartolome de las Casas, *Apologetica Historia Sumaria,* 2 Bde. (Mexican National University Press, 1967), Peter Martyr d'Anghera, *De Orbe Novo, The Eight Decades of...,* übers. v. Francis Augustus MacNutt (1912), Hernan Cortes, *Letters From Mexico,* übers. v. A. R. Padgen (1971); Bernal Diaz del Castillo, *The Discovery and Conquest of Mexico* (Farrar, Strauss and Cudahy, 1956), und Miguel Leon-Portilla, *The Broken Spears: Aztec Account of the Conquest of Mexico* (1963). Einen Überblick bietet Fredi Chiapellis *First Images of America,* 2 Bde. (University of California, Barkeley 1976).

Zu den einheimischen Epen gehören das *Popol Vuh,* Das Buch des Rates der Quiche-Maya in Guatemala, übers. v. Munro S. Edmonson (Tulane, 1971) und *Book of Chilam of Chumayel,* übers. aus dem Yucatec-Maya v. Ralph Roys (University of Oklahoma Press, 1967). Andere Quellen sind der *Codex Florentinus,* 12 Bde. (School of American Research, Santa Fe, 1950–1969), übers. v. J. Arthur Anderson und Charles E. Dibble; *Mesoamerican Writing Systems,* hg. v. Elizabeth Benson (Dumbarton Oaks, 1973); Pater Diego Duran, *Book of the Gods and Rites and the Ancient Calendar,* übers. v. Doris Heyden und Fernando Hurcasitas (University of Oklahoma Press, 1971); Miguel Leon-Portilla, *Pre-Columbian Literatures of Me-*

xico (University of Oklahoma Press, 1968, überarb. Aufl. 1987), *Native Mesoamerican Spirituality: Ancient Myths, Discourses, Stories, Doctrines, Hymns, Poems from the Aztec, Yucatec, Quiche Maya, and other Sacred Traditions* (Paulist Press, 1980).

Andere wichtige Nachschlagewerke sind Nigel Davies, *The Aztecs* (University of Oklahoma Press, 1980); Miguel Leon-Portilla, *Aztec Thought and Culture: A Study of the Ancient Nahuatl Mind* (University of Oklahoma Press, 1963); J. Eric Thompson, *Maya History and Religion* (University of Oklahoma Press, 1970).

Wichtige Werke für die Karibik und Umgebung sind Gonzalo Fernandez de Oviedo y Valdez, *Natural History of the West Indes*, eine Übersetzung von *Sumario de la Natural Historia de las Indias* von Sterling A. Stoudemire (Chapel Hill: University of North Carolina, 1959), und Mary W. Helms, *Ancient Panama – Chiefs in Search of Power* (University of Texas Press, 1979).

7. Kapitel: Ein Kontinent in Bewegung / Von Louis C. Faron

Den klassischen, umfassenden Überblick über die südamerikanischen Völker in voreuropäischer Zeit bietet das siebenbändige *Handbook of South American Indians* (Washington: Smithsonian Institution, 1946–1959). Sein Herausgeber, Julian H. Steward, verarbeitete Artikel von über 90 internationalen Mitarbeitern zu Kapiteln, die sich mit Archäologie, Ethnographie, Linguistik und Anthropologie befassen. In Bd. 5 schrieb Steward selbst eine lange interpretative Zusammenfassung der Varianten der südamerikanischen kulturellen Leistungen. Einige Jahre später schrieben Steward und Faron *Native Peoples of South America* (New York: McGraw-Hill, 1959), das eine leichter handhabbare aber dennoch ethnographisch detailliertere Zusammenfassung des *Handbook* darstellte und die ökologischen Grundlagen der vielen gesellschaftlichen Entwicklungen der einheimischen Völker schärfer auf den Punkt brachte. Beide Studien sind in Bibliotheken verfügbar.

Die anthropologische Literatur über Südamerika ist seit den 60er Jahren in Tausende von Artikeln und eine Vielzahl von Monographien ausgeufert. Nur die wenigsten befassen sich jedoch mit der historischen Periode, die in diesem Kapitel abgehandelt wird, und werden, mit Ausnahme der folgenden minimalen Auflistung, nicht angegeben.

Napoleon Chagnon schreibt in seinem *Yanomamo: The Fierce People* (New York 1968) über die Indianer im venezuelanischen und angrenzenden brasilianischen tropischen Tiefland, die bis vor kurzem relativ abgeschnitten von jedem Kontakt mit westlichen Gesellschaften eine karge Existenz fristeten und sich eine historische Kontinuität bewahrten, die bis in die vorkolumbische Zeit zurückgeht. Michael Harners Buch *The Jivaro: People of the Sacred Waterfalls* (Garden City 1973) befaßt sich zum Teil mit den uralten Traditionen im Hochdschungel Ecuadors. Andere Bücher, die versuchen, eine historische Rekonstruktion traditioneller Kulturen bis in die Kontaktzeit zu erstellen, sind Jules Henry, *Jungle People: A Kaingang Tribe of the Highlands of Brazil* (New York 1964); Allan Homberg, *Nomads of the Long Bow: the Siriono of Eastern Bolivia* (Garden City 1969); Betty Meggers, *Amazonia:*

Man and Culture in a Counterfeit Paradise (Chicago 1971) und Johannes Wilbert, *Survivors of El Dorado: Four Indian Cultures of South America* (New York 1971).

Es gibt eine Reihe interessanter Abhandlungen über speziellere Themen, so z. B. Janet Siskind, *To Hunt in the Morning* (New York 1975); Yolanda und Robert Murphy, *Women of the Forest* (New York 1974); und Louis C. Faron, *The Mapuche Indians of Chile* (Prospect Heights, Ill., 1986). Schließlich bietet die englische Übersetzung von *Tristes Tropiques* (New York 1964) von Claude Levi-Strauss eine fesselnde Evaluierung der zeitlosen Aspekte mehrerer südamerikanischer Indianerkulturen.

8. Kapitel: Im Reich der Vier Weltgegenden / Von Alan Kolata

Eine regionale Zusammenfassung der allgemeinen andinen Prähistorie bietet *Ancient South Americans* von J. D. Jennings, Hg. (San Francisco: W. H. Freeman, 1983); zum Thema Archäologie der Anden und gesellschaftliche Auswirkungen der unterschiedlichen Umwelten auf die Region s. *Andean Ecology and Civilization* von S. Masuda, I. Shimada und C. Morris, Hg. (University of Tokyo Press, 1985).

Eine klassische allgemeine Beschreibung der gesellschaftlichen und politischen Organisation, der Technologie und des rituellen Lebens der Inka findet sich in John Rowe, »Inca Culture at the Time of the Spanish Conquest« im *Handbook of South American Indians,* Bd. 2, Julian Steward, Hg. (Smithsonian Institution: Washington, D. C., 1946). *The Economic Organization of the Inca State* (Greenwich, Connecticut, 1980) von John Murra ist eine durchdringende, umfassende Analyse der Wirtschaftspolitik, der Institutionen und der Muster der wirtschaftlichen Produktion des Inkastaates. Burr Cartwright Brundage, *Empire of the Inca* (1963) und *Lords of Cuzco* (1967), beide erschienen bei University of Oklahoma Press, bieten zugängliche und fesselnde Beschreibungen des Lebens am Hof des Inka und der Prozesse und Ereignisse, die zur Expansion des Inkareiches führten.

Die komplexen Beziehungen zwischen lokalen Kulturen und Inkastaat im hohen Norden des Reiches werden ausführlich in Frank Salomon, *Native Lords of Quito in the Age of the Incas* (Cambridge University Press, 1986) abgehandelt. Craig Morris und Donald Thompson legten mit *Huanaco Pampa. An Inca City and its Hinterland* die beste archäologische Abhandlung über eine inkaische Provinzhauptstadt und ihre Umgebung vor, während Graciano Gasparini und Luise Margolies mit *Inca Architecture* (Indiana University Press, 1980) eine schön illustrierte, detaillierte Beschreibung der bemerkenswerten Leistungen der Inka in der privaten und zeremoniellen Architektur zusammenstellten. Eine weitere spezialisierte Studie von großem Interesse für Leser, die sich für die geniale Lösung interessieren, die die Inka für die logistischen und Transportprobleme ihres riesigen Reichs fanden, ist John Hyslop, *The Inca Road System* (The Academic Press: New York, 1984).

Leser, die sich für frühe Augenzeugenberichte über die Inka interessieren, so wie sie von den Spaniern aufgezeichnet wurden, finden zwei ausgezeichnete englische Versionen von Chroniken in *The Incas of Pedro Cieza de Leon,* hg. v. Victor von Hagen, übers. v. Harriet de Onis (University of Oklahoma Press, 1959), und

History of the Inca Empire von Bernabé Cobo, übers. v. Roland Hamilton (University of Texas Press, 1979).

9. Kapitel: Der Reichtum der Stimmen / Von Joel Sherzer

Einen allgemeinen Überblick über die einheimischen Sprachen Amerikas mit besonderer Berücksichtigung ihrer genetischen Klassifizierung bieten William Bright, »North American Indian Languages« (*Encyclopedia Britannica,* 15. Ausg., 1974); Terence Kaufman, »Meso-American Indian Languages« (*Encyclopedia Britannica,* 15. Ausg., 1974); und Jorge A. Suarez, »South American Indian Languages« (*Encyclopedia Britannica,* 15. Ausg., 1974).

Language in the Americas (Stanford 1987) von Joseph H. Greenberg ist zwar kontrovers, liefert aber breite Schemata für die Klassifizierung aller einheimischen Sprachen Amerikas. Zwei Artikelsammlungen befassen sich mit Themen der Klassifizierung und der Geschichte der amerikanisch-indianischen Sprachen, und zwar für Nord- und Mesoamerika: Lyle Campbell und Marianne Mithung, Hg., *The Languages of Native America: Historical and Comparative Assessment* (Austin 1979), und für Südamerika: Harriet E. Manelis Klein und Louisa R. Stark, Hg., *South American Indian Languages: Retrospect and Prospect* (Austin 1985).

An Areal-typological Study of American Indian Languages North of Mexico von Joel Sherzer, North-Holland Linguistics Series 20 (Amsterdam 1976), befaßt sich vom Standpunkt der Region und der Typologie mit den nordamerikanischen Indianersprachen. *The Mesoamerican Indian Languages* (Cambridge, England, 1983) von Jorge A. Suarez liefert aus deskriptiver, typologischer und historischer Sicht Informationen über die mesoamerikanischen Indianersprachen. *Indians of North America* (Chicago 1961) von Harold E. Driver enthält ein Kapitel über Sprache, das deskriptive, typologische und historische Informationen über die Sprachen des einheimischen Nordamerika liefert. Edward Sapir, *Language* (New York 1921), eine klassische allgemeine Einführung in die Linguistik, bezieht viele seiner Beispiele aus nordamerikanischen Indianersprachen. *Linguistic Structures of Native America* von Harry Hoijer, Hg., Viking Fund Publications in Anthropology, Nr. 6 (New York 1946), ist eine Sammlung kurzer beschreibender Studien ausgewählter Indianersprachen Amerikas.

Die Frage der Beziehung zwischen Sprache und Kultur und Sprache und Gedanken wird in einer Sammlung von Papieren von Benjamin Lee Whorf gründlich abgehandelt: *Language, Thought and Reality. Selected Writings of Benjamin Lee Whorf,* hg. v. John B. Carroll (Cambridge, Mass., 1956), das seine Beispiele hauptsächlich aus der Hopi-Sprache bezieht. Harry Hoijer, »Cultural Implications of Some Navajo Linguistic Categories« in Dell Hymes, Hg., *Language in Culture and Society: A Reader in Linguistics and Anthropology,* S. 142–153 (New York 1964); Clyde Kluckholn und Dorothea Leighton, *The Navaho* (Garden City, New York, 1962), und Gary Witherspoon, *Language and Art in the Navajo Universe* (Ann Arbor, Michigan, 1977) untersuchen die Navajo-Sprache in ihrem Verhältnis zu Mustern der Navajo-Kultur.

Anhang

Die Art, wie Sprache in Rituale und Zeremonien, aber auch Politik und Religion eingeht, ist das Thema von Joel Sherzers *Kuna Ways of Speaking: An Ethnographic Perspective* (Austin, Texas, 1983). Gary H. Gossen, *Chamulas in the World of the Sun: Time and Space in a Maya Oral Tradition* (Cambridge, Mass., 1974) beschreibt das ganze Spektrum der Sprachformen der Chamula, die zu den modernen Nachfahren der alten Maya gehören. Diego Duran, *The Aztecs: The History of The Indies of New Spain* (New York 1964) beschreibt den Sprachgebrauch bei den Azteken. Garcilaso de la Vega, *Royal Commentaries of the Incas,* übers. v. Harold V. Livermore (Austin, Texas, 1966), tut das gleiche für die Inka. Bernardino de Sahagun, *Florentine Codex: General History of the Things of New Spain,* hg. v. Arthur J. O. Anderson und Charles E. Dibble (Santa Fe, New Mexico, 1950–1979), beschreibt auf faszinierende Weise, wie bei den Azteken Sprache verwendet wurde.

Joel Sherzer und Greg Urban, Hg., *Native South American Discourse* (Berlin 1986), und Joel Sherzer und Anthony C. Woodbury, Hg., *Native American Discourse: Poetics and Rhetoric* (Cambridge, England, 1987), sind Sammlungen, die sich mit der mündlichen Literatur des einheimischen Amerika beschäftigen. Munro S. Edmonson, der Übersetzer von *The Book of Counsel: The Popol Vuh of the Quiche Maya of Guatemala,* Middle American Research Institute Publication 35 (New Orleans 1971), und Dennis Tedlock, der Übersetzer von *Popol Vuh: the Mayan Book of the Dawn of Life and the Glories of Gods and Kings* (New York 1985), sind zwei Übersetzer eines klassischen Werks, des *Popol Vuh* der Maya. Angel Maria Garibay K., *Historia de la Literatura Nahuatl* (Mexico City 1953), beschäftigt sich mit der Nahuatl-Literatur. Miguel Leon-Portilla schrieb eine Reihe von Büchern über Gedanken, Kultur und Literatur der Azteken und Maya: *Aztec Thought and Culture: A Study of the Ancient Nahuatl Mind* (Norman, Oklahoma, 1963), *Literatures of Mexico* (Norman, Oklahoma, 1969) und *Time and Reality in the Thought of the Maya* (Boston 1973).

10. Kapitel: Religiöse Formen und Themen / Von Sam Gill

Die Literatur über die Religionen der einheimischen Amerikaner ist gewaltig. Zu den allgemeinen Werken, die ihren Schwerpunkt auf die westliche Hemisphäre legen, gehören Ake Hultkrantz, *The Religions of the American Indians* (Berkeley u. Los Angeles 1967), und Walter Krickeberg, Hermann Trimborn, Werner Muller, Otto Zerries, *Pre-Columbian American Religions* (New York 1968). Andere allgemeine Studien haben einen kontinentalen Wirkungsbereich. Lawrence Sullivans *Icanchu's Drum* (New York 1988) liefert allgemeine Muster, die einen Einstieg in die fast überwältigende Komplexität der Religionen der südamerikanischen Völker bieten. In Peggy V. Beck und A. L. Walters, *The Sacred: Ways of Knowledge, Sources of Life* (Tsaile, AZ, 1977), sind nicht nur viele Sichtweisen der einheimischen nordamerikanischen Stämme zu finden, sondern auch eine Vielzahl klassischer Berichte. Walter Capps, Hg., *Seeing With A Native Eye* (New York 1976), bietet eine anregende Auswahl von Essays über die nordamerikanischen Religionen. Sam Gill, *Native American Religions: An Introduction* (Belmont, Ca., 1982) ist eine Einführung in das Verständnis und die Wertschätzung der einheimisch-amerikanischen Religionen. Dazu gehört eine Auswahl von Quellen und Texten, die sich mit den nordamerikanischen Völkern befassen, nämlich *Native American Traditions: Sources and Interpretations* (Belmont, Ca., 1983).

Die Liste der Erzählungen und Mythologien, die für die einheimisch-amerikanischen Religionen so wichtig sind, würde Bände füllen. Ein paar Sammlungen bieten einen guten Einstieg in diese reichen Traditionen: Harold Osborne, *South American Mythology* (New York 1986), Stith Thompson, *Tales of North American Indians* (Bloomington, IN., 1929), und Alfonso Ortiz und Richard Erdoes, *American Indian Myths and Legends* (New York 1984). Ebenfalls hilfreich ist Susan A. Niles, *South American Indian Narrative: Theoretical and Analytical Approaches. An Annotated Bibliography* (New York u. London 1981).

Schließlich ist Ake Hultkrantzs Zusammenfassung *The Study of American Indians Religions* (New York 1983) eine ausgezeichnete bibliographische Quelle und liefert Einsichten in die Interessen und Vorurteile, welche die gesammelten Informationen und die daraus gezogenen Interpretationen prägten.

11. Kapitel: Die Verwandtschaft des Geistes / Von Jay Miller

Es gibt zwar viele detaillierte Abhandlungen über die Gesellschaften einzelner Stämme, aber nur wenige synthetische Studien über Amerika insgesamt. Ein Standardwerk, das die genaue Verbreitung im einheimischen Nordamerika zusammenfaßt, ist Harold Driver, *Indians of North America* (University of Chicago, 1961). Wichtig für Elemente der politischen Organisation, gesehen aus einem älteren Blickwinkel, ist Robert Lowies Artikel »Some Aspects of Political Organization Among The American Aborigines«, in *Lowie's Selected Papers in Anthropology* (Hg. Cora Du Bois. University of California Press, 1960). Ein großer Teil der frühen amerikanischen Forschung ließ die Geschichte fast völlig außer acht und lieferte nur Beschreibungen einer vagen, »ethnographischen Gegenwart«. Eine rühmliche Ausnahme ist *North American Indians in Historical Perspective*, hg. v. Eleanor Burke Leacock und Nancy Oestreich Lurie, das vor kurzem nachgedruckt wurde (Waveland Press, 1988).

Das im Untertitel der Essaysammlung von Patricia Lyon, *Native South Americans. Ethnology of the Least Known Continent* (Little, Brown, and Co., 1974) beschriebene Südamerika zog in den letzten Jahrzehnten die Aufmerksamkeit vieler Gelehrter auf sich. Der klassische Überblick ist jedoch nach wie vor Julian Steward und Louis Faron, *Native Peoples of South America* (McGraw-Hill Book Company, 1959).

Moderne Studien sind zwar oft technisch, sie werden aber geschrieben, um das Gefühl der Einheimischen für ihre eigenen Gesellschaften und bedeutsame Kategorien zu vermitteln. Zu den wichtigsten Büchern für Zentralbrasilien gehören David Maybury-Lewis, *Akwe-Shavante Society* (Oxford University, 1974), und der von Maybury-lewis herausgegebene Band *Dialectical Societies*. Die Bororo Zentralbrasiliens sind das Thema von Jon Christopher Crockers *Vital Souls. Bororo Cos-*

Anhang   571

mology, Natural Symbolism, And Shamanism (Tucson: University of Arizona, 1985).

Eine wichtige Studie über das persönliche Leben der Einheimischen, das ansonsten in dieser Liste nicht vorkommt, ist Thomas Gregors *Anxious Pleasures. The Sexual Lives of An Amazonian People* (University of Chicago Press, 1985). Wie er ausführt, machen die existierenden Praktiken deutlich, daß die romantischen Vorstellungen von »freier Liebe« nur in die europäische Phantasie, nicht aber in die bestehenden Gesellschaften gehören.

Die faszinierenden Komplexitäten der Vaupes-Region an der Grenze Kolumbien/ Brasilien waren das Thema mehrerer eindringlicher Bücher. Eine besonders wichtige Arbeit ist Irving Goldman, *The Cubeo Indians of The Northwest Amazon* (Illinois Studies In Anthropology, 2, 1963). Eine Arbeit, die von großer Einsicht in das Elite-Wissen zeugt, ist Geraldo Reichel-Dolmatoffs *Amazonian Cosmos. The Sexual and Religous Symbolism of The Tukano Indians* (University of Chicago, 1971). Einen Überblick über die Region bietet Jean Jackson in *Fish People. Linguistic Exogamy and Tukanoan Identity in Northwest Amazonia* (Cambridge University Press, 1983).

Nützliche Werke zu einzelnen Regionen sind John Swanton, *Indian Tribes of the Lower Mississippi Valley and Adjacent Coast of the Gulf of Mexico* (Bureau of American Ethnology, Bulletin 1911), und Vi Hilbert, *HABOO. Native American Stories From Puget Sound* (University of Washington Press, 1985).

Im Hinblick auf eine regionale Perspektive in bezug auf die Integration der Stämme und Nationen liefert John Dunn tiefe Einsichten in »International Moieties: The Northern Maritime Province of the North Pacific Coast«, *The Tsimshian. Images of The Past: Views For The Future* (Hg. Margaret Seguin. University of British Columbia, 1984). Zusätzliche Diskussionen gibt es in Jay Miller und Carol Eastman, *The Tsimshian and Their Neighbors Of The North Pacific Coast* (University of Washington, 1984).

Weitere Verfestigungen im Hinblick auf Gesellschaft finden sich in Jay Miller, *Shamanic Odyssey. A Comparative Study of The Lushootseed (Puget Salish) Ritualized Journey To The Land of The Dead In Terms of Death, Potency, And Cooperating Shamans In North America* (Ballena Press Anthropological Papers, 32, 1988). Einen faszinierenden Einblick in die Suche nach Wissen, die die Eliten über die Horizonte ihrer eigenen Gemeinschaften hinausführten, liefert Mary Helms *Ulysses' Sail. An Ethnographic Odyssey of Power, Knowledge, And Geographical Distance* (Princeton University Press, 1988).

12. Kapitel: Amerikanische Grenzen / Von Francis Jennings

Einen guten Überblick über die vorkolumbischen Gesellschaften Nord- und Südamerikas, der auch die die Kontinente überspannenden Kontakte beleuchtet, liefern Michael Coe, Dean Snow und Elizabeth Benson, *Altlas of Ancient America,* hg. v. Graham Speake (New York: Facts on File Publications, 1986). Siehe auch *Archaeological Frontiers and External Connections,* hg. v. Gordon F. Ekholm; und Gordon

R. Willey, *Handbook of Middle American Indians*, Bd. 4 (Austin: University of Texas, 1966). Sowohl in textlicher wie in bildlicher Hinsicht lohnt sich *Ancient Art of the American Woodland Indians* (New York: Harry N. Abrams, 1985) von David S. Brose, James A. Brown und David W. Penney. Die Unterschiedlichkeiten in der Anlage der Mounds sind deutlich dargestellt in William N. Morgan, *Prehistoric Architecture in the Eastern United States* (Cambridge, Mass.: MIT Press, 1980). Die Natchez-Überlieferung über die Migration aus Mexiko ist verzeichnet in Antoine Simon Le Page du Pratz, *The History of Louisiana* (1774), hg. v. Joseph G. Tregle, jr., Faksimilenachdruck (Baton Rouge: Louisiana State University Press, 1975). Da das Thema zu selten diskutiert wird: *The Sea in the Pre-Columbian World*, hg. v. Elizabeth P. Benson (Washington, D. C.: Dumbarton Oaks Research Library and Collections, 1977).

13. Kapitel: Systeme des Wissens / Von Clara Sue Kidwell

Die Archäoastronomie gehört zu den komplexesten und interessantesten Gebieten des einheimischen Wissens. In *Skywatchers of Ancient Mexico* (Austin: University of Texas, 1980) erklärt Anthony Aveni die Terminologie der modernen Astronomie, um die Archäoastronomie besser zugänglich zu machen und komplexe Phänomene wie den Venuszyklus und die Finsterniszyklen, so wie sie von den Maya und Azteken erklärt wurden, vorzustellen. Ray Williamson bietet in *Living the Sky* (Boston 1984) einen Überblick über Fundstätten und Praktiken in Nord- und Südamerika, die Hinweise auf archäoastronomische Aktivitäten liefern. Die gesammelten Essays in *Archaeoastronomy in Precolumbian America* (Austin: University of Texas, 1975) und *Archaeoastronomy in the New World* (Cambridge 1982), beide hg. v. Anthony Aveni, liefern reichliche Beweise für die Bedeutung der systematischen Beobachtung himmlischer Phänomene in der Neuen Welt.

Ausrichtungen von Gebäuden lassen sowohl auf hochentwickelte Beobachtungen wie auch auf die Bedeutung der architektonischen Technologie schließen. Die eindrucksvollsten Anlagen befinden sich in Süd- und Mesoamerika, und Doris Heyden und Paul Gendrop stellen sie in *Pre-Columbian Architecture of Mesoamerica* (New York 1975) vor. In Nordamerika hat die Chaco Canyon Region in New Mexico die größte Konzentration prähistorischer Pueblo-Bauten. Stephen Lekson edierte *The Architecture and Dendrochronology of Chetro Ketl, Chaco Canyon, New Mexico* (Albuquerque 1983). Der vielleicht etwas technische Band enthält eine ausführliche und interessante Diskussion über einen der großen Pueblos des Canyons. Einen allgemeineren Überblick mit vielen Illustrationen findet man in *Native American Architecture* von Peter Nabokov und Robert Easton (New York 1989).

Die mathematischen Systeme mehrerer indianischer Stämme in Nord- und Südamerika werden in den Essays in *Native American Mathematics*, hg. v. Michael P. Closs (Austin 1986) beschrieben. Von besonderem Interesse sind die aus den Kalendersystemen gezogenen Rückschlüsse auf die Mathematik der Maya und Azteken. Noch mehr geschlußfolgert, aber gleichermaßen faszinierend ist *Code of the Quipu: A Study in Media, Mathematics and Culture* von Marcia und Robert Ascher (Ann

Anhang   573

Arbor 1980). Obwohl ihre Rekonstruktion eines mathematischen Systems sehr komplex ist, ist ihre Diskussion der inkaischen Kultur und der Quipus ein Ausdruck dafür, daß sie herausragend waren.

Die exquisiten Metallarbeiten der Inka und anderer südamerikanischer Völker sind das Thema der Essays in *Pre-Columbia Metallurgy of South America*, hg. v. Elizabeth P. Benson (Washington, D. C., 1979). Heather Lechtman und Robert S. Merrill diskutieren einheimische Technologien in *Material Culture: Style, Organization, and Dynamics of Technology* (St. Paul, CA., 1977).

Die Entwicklung der Landwirtschaft in der Neuen Welt läßt sich in den Essays nachvollziehen, die in *Prehistoric Food Production in North America*, hg. v. Richard Ford (Ann Arbor 1985) gesammelt wurden. Der Mais ist der große Triumph der einheimischen Landwirtschaft, und Paul Manglesdorfs klassische Studie *Corn: Its Origin, Evolution and Improvement* (Harvard 1974) ist elegant geschrieben und aufgebaut, wenn auch eher als Beispiel für genetische Wissenschaft als für menschliche Intervention. Die Erwähnung der Indianer als diejenigen, die den Mais domestizierten, ist enttäuschend kurz. Gary Nabhun stellt in *The Desert Smells Like Rain: A Naturalist in Papago Indian Country* (San Francisco 1982) die menschlichen Dimensionen der einheimischen Landwirtschaft und die Nutzung wilder Pflanzen in einer zeitgenössischen indianischen Gesellschaft vor. Man erkennt darin das Fortbestehen von Werten, die wahrscheinlich schon bei den Vorfahren der O'Odam Tohono (Papago) im Jahre 1492 vorhanden waren.

Eine wichtige Nutzung von Pflanzen lag in der Heilung von Krankheiten. Den ausführlichsten Überblick über die medizinischen Praktiken der indianischen Völker bietet Virgil Vogels *American Indian Medicine* (Norman 1970), ein enzyklopädisches Werk, dessen ausführliche Bibliographie für weitere Studien nützlich ist. Die Diskussion des kulturellen Kontexts der einheimischen Heilpraktiken ist zwar oberflächlich, der Reichtum an faktischen Informationen macht das Buch jedoch dennoch zu einer wertvollen Einführung in das Thema.

14. Kapitel: Die Welt der Kunst / Von Christian F. Feest

Arbeiten über die Künste in Amerika untergliedern sich häufig nach Materialien, Techniken und Regionen. Einen nützlichen Überblick bieten Edwin L. Wade, *The Arts of the North American Indian. Native Traditions in Evolution* (Tulsa: Philbrook Art Center, 1986); Frederick Dockstader, *Indian Art in America* (New York Graphic Society, 1961); Ralph T. Coe, *Sacred Circles: Two Thousand Years of North American Indian Art* (Arts Council of Great Britain, 1976); George Kubler, *Art and Architecture of Ancient America* (Penguin Books, 1962); William N. Morgan, *Prehistoric Architecture in the Eastern United States* (MIT Press, 1980); Christian Feest, *Native Arts of North America* (Thames and Hudson, 1980); und Samuel Marti, *Music before Columbus* (Ediciones Euroamericanas, 1978).

Einen wichtigen regionalen Überblick bieten Raoul d'Harcourt, *Textiles of Ancient Peru and Their Techniques* (Seattle: University of Washington Press, 1962); Kate Peck Kent, *Textiles of the Prehistoric Southwest* (University of New Mexico

Press, 1983); Doris Heyden und Paul Gendrop, *Pre-Columbian Architecture of Mesoamerica* (Harry N. Abrams, 1975); John Hemming, *Monuments of the Incas* (Little and Brown, 1982); Frank C. Hibben, *Kiva Art of the Anasazi at Pottery Mound* (KC Publishers, 1975); Ruth Bunzel, *The Pueblo Potter* (Dover, 1972); S. Abel-Vidor, *Between Continents – Between Seas: Precolumbian Art in Costa Rica* (Harry N. Abrams, 1981); und George Warton James, *Indian Basketry* (Dover, 1972).

Wichtige Werke über die aztekischen Künste sind Miguel Leon-Portilla, *Aztec Thought and Culture* (University of Oklahoma, 1963), und *Pre-columbian Literatures of Mexico* (University of Oklahoma, 1968, überarb. Aufl. 1987); Esther Pasztory, *Aztec Art* (Harry N. Abrams, 1983); Samuel Marti, *Dances of Anahuac, The Choreography and Music of Precortesian Dances* (Viking Fund Publications in Anthropology, 38, 1964); und H. B. Nicholson zusammen mit Eloise Quinones Keber, *Art of Aztec Mexico: Treasures of Tenochtitlan* (National Gallery of Art, 1983).

Anhang

Die Autoren

Richard D. Daugherty ist emeritierter Professor für Anthropologie an der Washington State University. Er war Vorsitzender der Northwest Anthropological Conference und der Great Basin Archaeological Conference und Direktor der Washington State Archaeological Society. 1968 wurde er in den Beraterstab des Präsidenten zur Bewahrung der Geschichte berufen. Unter anderem veröffentlichte er *The Yakima People* und *Exploring Washington Archaeology* (zusammen mit Ruth Kirk).

Vine Deloria, jun., ein Standing Rock Sioux, ist derzeit Professor für Politologie an der University of Arizona und am besten durch seine vielen Bücher und Artikel über die Geschichte der Beziehungen zwischen Indianern und Weißen bekannt. Dazu gehören *Custer Died for Your Sins, Behind the Trail of Broken Treaties, God is Red* und *We Talk, You Listen*. Außerdem ist er Herausgeber von *American Indian Policy In The Twentieth Century* und Mitherausgeber von *The Nations Within: The Past and Future of American Indian Sovereignty*.

Louis C. Faron, emeritierter Professor für Anthropologie an der State University of New York in Stony Brook, ist ein langjähriger Veteran der ethnographischen Forschung in Mittel- und Südamerika. Zu seinen zahlreichen Publikationen gehören *Native Peoples of South America* (zusammen mit Julian Steward); *History of Agriculture in the Chancey Valley, Peru;* und *From Conquest to Agrarian Reform: Ethnicity, Ecology and Economy in the Chancey Valley, Peru: 1533 bis 1965*.

Christian F. Feest ist Kurator der Sammlung nord- und mittelamerikanischer Indianer im Museum für Völkerkunde, Wien, und lehrt an der Universität Wien Anthropologie. Zu seinen Veröffentlichungen gehören *Native Arts of North America* und *Indians in Europe*. Er ist Herausgeber der *European Review of Native American Studies*.

Sam D. Gill ist Professor für Religion an der University of Colorado in Boulder. Zu seinen Büchern gehören *Songs of Life: An Introduction to Navajo Religious Culture; Sacred Words: A Study of Navajo Religion and Prayer;* und *Native American Religious Action*.

Frederick E. Hoxie ist Direktor des D'Arcy McNickle Center for the History of the American Indian an der Newberry Library in Chicago. Er schrieb mehrere Bücher, darunter *A Final Promise: The Campaign to Assimilate the Indians, 1880–1920,* und ist Herausgeber von *Indians in American History: An Introduction.* Früher war er außerordentlicher Professor für Geschichte am Antioch College.

Peter Iverson ist Professor für Geschichte an der Arizona State University, der Verfasser von *The Navajo Nation* (1981), *Carlos Montezuma and The Changing World of American Indians* (1982) und *The Navajos* (1990) und Herausgeber von *The Plains Indians of the Twentieth Century* (1985). Er erhielt den Chief Manuelito Appreciation Award der Navajo-Nation für seine Beiträge zum Bildungs- und Ausbildungssystem der Navajo und Fellowships der Newberry Library, der National Endowment for the Humanities und der W. K. Kellogg Foundation.

Francis Jennings ist emeritierter Direktor des D'Arcy McNickle Center for the History of the American Indian und ehemaliger Präsident der American Society for Ethnohistory. Außerdem war er im Vorstand der Organization of American Historians und der Pennsylvania Historical Society. Dr. Jennings ist der Verfasser von *Invasion of America* und *Covenant Chain Trilogy,* deren neuester Band den Titel *Empire of Fortune: Crowns, Colonies and Tribes in the Seven Years War in America* trägt.

Alvin M. Josephy, jun., Historiker und preisgekrönter Autor von Büchern und Artikeln über die amerikanischen Indianer, war früher Chefredakteur von American Heritage Magazine und stellvertretender Vorsitzender des Indian Arts and Crafts Board. Als Empfänger eines Guggenheim-Stipendiums ist er zur Zeit Vorsitzender des Kuratoriums des National Museum of the American Indian und Vorstandsmitglied der Society of American Historians und des Institute of the North American West. Zu seinen Büchern gehören *The Patriot Chiefs; The Nez Percé Indians and the Opening of the Northwest; The Indian Heritage of America; Red Power* und *Now that the Buffalo's Gone.*

Clara Sue Kidwell, Mitglied der Stämme der Choctaw und Chippewa, ist außerordentliche Professorin für einheimisch-amerikanische Studien an der University of California in Berkeley. Seit 1970 sind die amerikanischen Indianer der Schwerpunkt ihrer Lehr- und Forschungstätigkeit. Sie steht kurz vor der Vollendung eines Buches über die Choctaw in Mississippi.

Alan Kolata ist außerordentlicher Professor an der anthropologischen Fakultät der University of Chicago. Schwerpunkte seiner akademischen Forschungsarbeit sind der vorindustrielle Urbanismus, die vor-spanische Architektur und die Geschichte der landwirtschaftlichen Technologie in Meso- und Südamerika. Dr. Kolata ist der Verfasser vieler Artikel und Essays und der Autor eines demnächst erscheinenden Buchs, *An Architectural and Social History of Chan Chan, Peru.*

Anhang

Miguel Leon-Portilla war Professor für Anthropologie und Geschichte an der National University of Mexico und mexikanischer Gesandter bei der UNESCO und hatte viele Gastprofessuren an Universitäten in den Vereinigten Staaten, Japan, Israel und Europa inne. Zu seinen zahlreichen Publikationen, die sich hauptsächlich mit der Literatur der alten und zeitgenössischen Nahua (Azteken) und Maya befassen, gehören *The Broken Spears* und *The Pre-Columbian Literature of Mexico*.

Jay Miller ist Herausgeber am und stellvertretender Direktor des D'Arcy McNickle Center for the History of the American Indian. Sein Fachgebiet sind die Kulturen des einheimischen Nordamerika. Er leistete Feldarbeit bei den Pueblo, Delaware, Tsimshian, Salish, Numic, Creek und Caddo. Sein neuestes Werk trägt den Titel *Shamanic Odyssey: the Lushootseed Salish Journey to the Land of the Dead*.

N. Scott Momaday, mit dem Pulitzer-Preis ausgezeichneter Kiowa-Autor, ist Professor und Senatsmitglied an der anglistischen Fakultät der University of Arizona. Er hatte Gastprofessuren an zahlreichen US-amerikanischen und ausländischen Universitäten inne, darunter der Universität Regensburg und der Staatsuniversität Moskau. Die bekanntesten Werke des Schriftstellers, Dichters, Historikers und Künstlers sind *The House Made of Dawn; The Way to Rainy Mountain; Angle of Geese and Other Poems* und *The Names*.

Peter Nabokov ist Dozent an der University of California in Santa Cruz. Seine zahlreichen Essays über einheimisch-amerikanische Geschichte, Kunst und Kultur erschienen in vielen Fach- und populären Zeitschriften, darunter *The Nation* und *The New York Times Magazine*. Zu seinen Büchern gehören *Native American Architecture* (zusammen mit Robert Easton); *Indian Running; Two Leggins: The Making of a Crow Warrior* und *Native American Testimony: An Anthology of Indian and White Relations*, Bd. I und II.

Robin Ridington ist Außerordentlicher Professor für Anthropologie an der University of British Columbia in Vancouver. In seinen jüngsten Artikeln befaßt er sich mit der Weltsicht und der Technologie der subarktischen Indianer und mit den zeremoniellen Traditionen der Omaha. Er ist Verfasser von *Trail to Heaven: Knowledge and Narrative in a Northern Native Community* und des demnächst erscheinenden *Little Bit Know Something: Stories in a Language of Anthropology*.

Joel Sherzer ist Professor für Anthropologie und Linguistik an der University of Texas in Austin. Er befaßt sich mit den Sprachen und Kulturen der einheimischen Völker von Nord-, Mittel- und Südamerika. Er ist Autor von *An Areal-Typological Study of American Indian Languages North of Mexico* und *Kuna Ways of Speaking: An Ethnographic Perspective*. Außerdem ist er Mitherausgeber von *Native American Discourse: Poetics and Rhetoric* und *Native South American Discourse*.

Dean Snow ist Professor für Anthropologie an der State University of New York in Albany. Er ist Verfasser von *The American Indian: Their Archaeology and Prehistory, Native American Prehistory: A Critical Bibliography* und Mitherausgeber des *Weltatlas der Alten Kulturen. Amerika vor Kolumbus*.

Anmerkung zur Bildauswahl

Ein Buch über die amerikanischen Kontinente, wie sie sich gegen Ende des 15. Jahrhunderts darboten, ist schwierig zu bebildern, denn von den Lebensdarstellungen der einheimischen Amerikaner vor 1492 haben nur wenige überlebt, und die Europäer haben die Menschen, denen sie begegneten, so häufig mißverstanden. Die Bilder für diesen Band entstammen weitgehend der Newberry Library und ihren unvergleichlichen Beständen an alten Büchern, Manuskripten und künstlerischen Darstellungen der eingeborenen Völker aus der Neuen Welt. Aus dieser Kollektion haben wir Zeichnungen und Stiche ausgewählt, die das Leben der Einheimischen um das Jahr 1492 am besten repräsentieren. Die bildlichen Darstellungen sind ergänzt worden durch Fotografien von Artefakten aus Museen in den Vereinigten Staaten und Europa und durch vier Originalzeichnungen, die Gegenstände von speziellem Interesse wiedergeben sollen. Hugh Claycombe hat die Zeichnungen entworfen, unter der Leitung von Jay Miller und Frederick Hoxie, die sich auf die Mithilfe von Robert Hall, Anthony Mattina, Barry Carlson, Tony Incashola und Barbara Tedlock stützen konnten. Wenn nicht anders angegeben, wurden alle Abbildungen mit freundlicher Genehmigung der Newberry Library reproduziert.

Danksagungen

Auch wenn das Inhaltsverzeichnis dieses Buches siebzehn Namen schmücken, so verdienen hier doch viele andere Personen und Institutionen besonderen Dank.

1972 hat die Newberry Library in Chicago das D'Arcy McNickle Center for the History of the American Indian ins Leben gerufen, um die Qualität von Forschung und Lehre in Indianischer Geschichte durch den Einsatz der hervorragenden Sammlungen an Büchern, Manuskripten und Kunstgegenständen des Instituts zu fördern. 1983 hat der Direktor des Center, Frederick E. Hoxie, dessen National Advisory Council die Idee dieses Buches vorgeschlagen, in der Annahme, die bevorstehende 500-Jahr-Feier der Reisen des Kolumbus biete dem Center Gelegenheit, zu einem besseren Verständnis dieser Entdeckungsreisen beizutragen. Der Council bemühte sich um eine Präzisierung des Vorschlags, ehe er ihn gegen Ende 1985 zur Realisierung empfahl. Besonders hilfreich zu diesem Zeitpunkt waren als Berater Raymond J. DeMallie, Charlotte Wilson Heth, R. David Edmunds und der Vorsitzende dieser Gruppe, Alfonso Ortiz. Drei weitere Berater waren so angetan von diesem Vorschlag, daß sie sich unmittelbarer für das Projekt einsetzten. Raymond D. Fogelson war behilflich dabei, Autoren zu suchen und zu kontaktieren, Francis Jennings stimmte zu, ein Kapitel zu verfassen, und Alvin Josephy erklärte sich bereit, den Band herauszugeben, wofür ihm besonders zu danken ist. Dank der enthusiastischen Unterstützung durch Julian Bach, Ann Close vom Verlag Alfred A. Knopf, Inc., und den akademischen Vizepräsidenten von Newberry, Richard H. Brown, war es möglich, mit dem Unternehmen im Januar 1986 formal zu beginnen.

Anhang

Während der ganzen Vorbereitungsarbeit an dem Buch haben eine Anzahl von Mitarbeitern des McNickle Center und Freiwillige anderer Institutionen wertvolle editorische Mithilfe geleistet. Dazu gehören Colin G. Galloway, William R. Swagerty, Jonathan Haas, Jane Levin, Violet Brown und Margaret Curtis. Außerdem hat eine Anzahl von weiteren Mitarbeitern der Newberry Library bei einer Vielzahl von Forschungs- und Herstellungsaufgaben geholfen. Dazu gehören Bibliothekar John Aubrey, Robert Karrow und sein hervorragendes Department of Special Collections, Ruth Hamilton, Ken Cain und Claudette Aho. Jay Miller hat neben seiner Arbeit als Autor eine Reihe von Herausgeberaufgaben übernommen und zur Herstellung von Bildlegenden erheblich beigetragen. Harvey Markowitz verbrachte auf der Suche nach Abbildungen mehrere Monate mit der Durchsicht der Sammlungen von Newberry, des Field Museum of Natural History und anderer Institutionen. Hugh Claycomb hat sowohl die Karten und spezielle Zeichnungen für mehrere Kapitel vorbereitet.

Zum Schluß ein Dank für *künftige* Beitrage. Der Hauptteil der Erlöse aus diesem Buch geht an das McNickle Center, um Fellowship-Programme für eingeborene Amerikaner zu fördern. Fellowships sollen Forschern zugute kommen, damit sie nach Chicago reisen können, um die Sammlungen von Newberry einsehen und benutzen zu können. Wir begrüßen im voraus die Beiträge dieser künftigen Gelehrten zum besseren Verständnis der indianischen Vergangenheit, indes wir gemeinsam ein neues Kapitel der indianischen Zukunft aufschlagen.

Namen-, Orts-, Sachregister

Aas, Pierre van der 304
Abipon-Indianer 247f, 250, 252f
Acawai-Indianer 404
Achomawis-Indianer 346
Aclla 289, 291f, 307, 363
Acoma-Pueblos 135, 346
Ahuitzotl (König) 208, 503
Alabama 169, 171
Alacaluf-Indianer 257, 262
Alaska 24, 38, 41, 55ff, 65, 67, 69,
  134, 322, 356, 451, 455f, 530
Alegria, Ricardo E. 434
Aleuten 57
Alexander, William 80
Algonkin(-)
  Indianer 154f, 165, 167, 310, 452f
  Kulturen 149
  Sprache 36, 42, 57f, 147, 156, 160,
    166, 315, 320, 322, 417, 451
Allegewi-Volk 452
Alta Vista 447
Altiplano 269, 273, 425
Alumette-Island 310
Amassalik-Inuit 347
Amazonas 221f, 232, 235, 241, 260,
  327, 357, 360, 370, 383, 410, 415,
  428f, 431
Amazonien 426, 429, 431
Anasazi-Indianer 132, 134, 448
Anden 217, 221, 245, 247, 254, 263,
  265, 267, 269, 271f, 275–278, 280,
  423, 425f, 429, 487, 527, 529f

Angakoq 44
Angel 171
Antillen 429, 431, 434
  Große 181, 183, 185, 187, 191, 432
  Kleine 181, 190, 192
Antisuyu 295
Apachen 134, 138, 320, 322, 329, 333,
  348, 372, 449
Appalachen 152, 160, 176, 439
Arawak(-)
  Indianer 10, 183, 186, 192, 229f,
    434
  Sprache 181, 183, 185, 246, 320,
    431f
Archäologie/Archäologen 63, 69, 154,
  169, 176f, 193, 208, 217, 219, 352,
  422, 424f, 431–434, 436, 439, 442,
  445, 447, 452, 532, 544, 552, 559
Argentinien 267, 350
Arikara-Indianer 167
Arizona 125, 128, 135, 138, 141f,
  144, 202, 355, 369, 372, 448
Arkansas(-) 169, 437
  River 24
Arktis 12, 16, 33, 35–43, 52–55, 58,
  341, 531f
  Ant- 256
  Sub- 33, 35f, 39f, 42f, 45ff, 49,
    51f, 58ff, 322
Ashluslay-Indianer 248
Astronomie 24, 27, 243, 469–475,
  477, 479ff, 484f

Atahualpa 428
Athapask(-)
  Indianer 322
  Sprachen 36, 46 f, 49, 57, 134, 316,
    320, 322
Atlantik 219, 256, 451
Awatowi-Indianer 504
Awa Tsireh (Alfonso Roybal) 368
Axayacatl 209, 503, 520
Ayala, Don Felipe Guamande 269
Ayllu(s) 279, 300 f, 304
Aymaras 277
Ayotla 208
Aztlan 169, 172, 203 f, 442 f
Azteken (s. auch Mexica) 180, 195,
  208 f, 215, 271, 322, 326 f, 330 f,
  336, 354, 363, 365, 415, 418, 423,
  426, 431, 437, 446, 457, 467, 472,
  482, 499, 509 f, 513, 520, 522 ff,
  528, 531 f

Bacairi-Indianer 358
Bahamas 22, 181, 185
Balikci, Asen 40
Ballspiele 183, 433 f, 454
Barrères, René 186
Barrier Canyon 25
Bat-Creek-Stein 559
Beagle Channel 262
Beechey, F. W. 36
Bella Coola-Indianer 314
Belize 9, 198
Benzoni, Girolamo 286, 301
Beothuk 59
Berbice 264
Berdachen 382, 409
Bering-Straße 23, 33, 38, 41, 56, 228,
  506 f, 539 ff
Bernam, H. J. 264
Betatakin 132
Bevölkerung(s-)
  dichte 140, 172
  explosion 423
Bewässerungssysteme 263, 271, 497 ff
Biber-Indianer 49, 51

Bienville 436
Big Bend Country 93
Big Horn-Mountains 470
Bill Williams-River 142
Blackfoot-Indianer 320, 471
Black Hills 119
Blanca Peak 135
Blessingway-Zeremonie 107
Blue-Ridge-Mountains 152
Bodenbau/-bauern s. auch
  Landwirtschaft 110, 116 f, 135,
    138 ff, 147, 162, 166, 176, 186,
    221 f, 227, 230, 247, 262, 275, 369,
    432, 445, 452 f, 474
Bolas 217, 247
Bolivien 267, 287, 295
Bonampak 198
Bonari-Indianer 235
Borinquen 181
Brasilien 12, 218, 235, 241, 245, 339,
  358, 367, 431, 504, 531
Bressani, Francisco Giuseppe 161, 381
Brinkley, Alan 13
British Columbia 65, 67, 69, 80, 91,
  93, 467
Bry, Théodore de 175, 192, 361, 416

Caddo(-)
  Indianer 438
  Kultur 445
  Sprache 167, 175
Caduveo-Indianer 247, 252
Cahokia 169, 171, 415, 442 f
Cajamarca 296
Cakchiquel 201
Calmecac 209 f
Calpulli 210 f
Calusa-Indianer 176, 179, 403, 431,
  530
Camaca-Indianer 251
Camayo 289–292, 294, 300, 307
Canyon de Chelly 132
Canyon del Muerto 132
Caracol-Turm 485
Carolina 160, 452

Casa Rinconada 469
Casas Grandes 447
Castlenau, Francis Compte de 151
Catawba-Indianer 160
Catherwood, Frederick 200
Catlin, George 517
Caua 357, 370
Cayapo-Indianer 245
Cayuga-Indianer 165
Cayuse-Indianer 94
Cemanahuac 212
Ceque(s) 303 ff, 483 ff, 488
Chaco(-) 250
    Canyon 132, 446, 469 f, 486, 497
    Indianer 249
    River 248, 497
    Wash 497
Chalca 520
Chalchiuhtlicue 197
Champlain, Samuel de 453
Chamula-Indianer 319
Chan-Chan 272
Chane-Indianer 247
Changing Woman 135
Chapultepec 209, 503, 523, 528
Charrua-Indianer 254
Cherokee(-)
    Indianer 160, 320, 369, 452
    Schrift 559
Chesapeake Bay 453
Cheyenne 118, 168, 453
Chiapas 196, 198, 208, 211, 319,
    467
Chichimeken 202, 437, 446
Chichén Itzá 198, 200, 215, 474, 485
Chicomecoatl-Tlazolteotl 180
Chicomoztoc 203
Chihuahua 141, 447
Chilam-Balam-Bücher 200, 337
Chile 217, 267, 294 f
Chiloe 262
Chimalphahin 215
Chimu 269, 271 f
Chinampas 499
Chinca 269

Chinchaysuyu 295
Chinook(-)
    Indianer 90, 92, 94
    Sprache 67, 313
Chipewya-Indianer 165, 320
Chiquito-Indianer 246
Chiricahua-Indianer 138
Chiricoa-Indianer 245
Chiriguano-Indianer 247
Ch'ol-Sprache 199
Chono-Indianer 62
Choris, Louis 139
Chukchi 57
Chumash 145
Ciboney-Indianer 183, 432
Cieza de Leon, Pedro de 284 f, 293 f,
    297
Cihuacoatl 205
Coatepantli 209
Coba 198
Cobo, Bernabé 278 f, 293, 302 ff
Cochabamba 287 f
Coconino-Plateau 142
Cocopa-Indianer 141, 143
Codex Barbonicus 180
Codex Borgia 420
Codex Florentinus 212
Codex Mendoza 195 f, 319
Colden, Cadwaller 452
Colla 269
Collasuyu 295
Colorado(-) 127, 448
    River 106, 109, 125, 141, 144
Columbia(-)
    Indianer 93
    River 67, 81, 91, 94, 455
Comanchen 320
Cong, Stephen 376
Connecticut-River 155, 453
Contisuyu 295
Cook, Captain James 82
Copán 198, 201, 434, 475, 477
Cordillera
    Blanca 295
    Negra 294

Namen-, Orts-, Sachregister   583

Coronado, Francisco 459
Cortés, Hernando 209, 437, 442
Costa Rica 196, 201
Cœur d'Alene-Indianer 93
Couvade 233 f, 241, 407
Coyoacan 209
Cree-Indianer 165 f, 320
Creux, François du 441
Cronon, William 151
Crow-Indianer 27, 119 f
Cruikshank, Julie 46
Cruxent, Jose M. 432
Cubeo-Indianer 229, 243, 260, 357,
370
Culiacan 447
Cumberland-Berge 152
Current, Richard N. 13
Curucas 279 ff, 284, 288, 291,
297 ff
Cuzco 269, 271–274, 282, 287, 290 f,
294 ff, 299, 303–306, 425, 428,
483 f, 486

Dakota 111, 116, 119, 168, 453
Dati, Guiliano 20, 23
Davis-Straße 30
Delaware(-)
Indianer 320, 387, 451
River 389, 417, 453
Devils Lake 116, 119
Devils Tower 26, 119
Díaz del Castillo, Bernal 209
Diehl, Richard A. 447 f
Dogrib-Indianer 320
Doheny-Expedition 559 f
Dominica 9, 11
Drebet, Jean Baptiste 251
Dresdner Codex 479 f
Dzibilchaltun 198

Eastman, Seth 390
Ecuador 267, 294, 366, 370, 425,
428 f, 431
Edmonson, Munro S. 328
Egede, Hans 30, 34

El Castillo 200
El Dorado 428
Eliot, John 12
El Salvador 196, 201
Ernährung s. auch Nahrungsmittel 69,
71, 79, 125, 139, 142, 158
Eskimo s. auch Inuit 34, 36 f, 40, 44,
47, 54, 57, 316, 398 ff, 424, 456,
507, 510, 514 f, 533
Dorset- 55
Inugsuk- 56
Kupfer- 40, 44
Polar- 56
Yupik- 316
Estero Bay 177
Eyak-Sprache 322

Fajada-Butte 470
Ferdinand (König) 20
Feuerlandbewohner 507 f, 512, 526
Fischfang/Fischerei 41 f, 65 f, 69, 91,
95, 127, 129, 145, 149, 155, 166,
223, 230 f, 237 f, 248, 263, 365,
367, 385, 445, 456
Lachs- 63–105
Flathead-Indianer 94
Florida 152, 176, 179, 181, 189, 403,
416, 429, 431 ff, 437, 439, 443, 528,
530
Fort-Ancient-Kultur 445
Fowler, Melvin L. 443
Fox(-)
Indianer 167, 320
Sprache 315
Fraser-River 69, 91

Gabrielino 145
Galibi-Indianer 236
Garcilaso de la Vega 331
Gartenbau/Gärten 150, 152, 154 f,
158, 162, 166, 242 f
Geburt 86, 233, 406 f
Georgia 169, 171 f, 446
Georgia Strait 67

Gesang/Gesänge s. auch Lieder/
  Musik 31, 36, 46, 101, 526
Geschichten 27f, 46, 49, 132, 135
Gila 139, 142
Gilg, Adamo 111
Governador Knob 135
Gran Chaco 247, 254, 339
Grand Canyon 132, 142, 559f
Grants 135
Great Basin 110, 123, 127f, 132, 143,
  314, 448
Great Plains s. auch Plains 24, 26f,
  130, 166, 545
Griffin, James B. 445
Grönland 30, 33, 55f, 58, 347, 456
Guahibo-Indianer 245
Guaitaca-Indianer 245
Guanahatabey (Giboney) 181
Guarahibo-Indianer 245
Guarani-Indianer 245, 247f, 250,
  252
Guatemala 12, 192, 196, 198, 201,
  208, 211, 323, 339
Guayaki-Indianer 245
Guaycuru(-)
  Indianer 248, 254, 256
  Sprache 246
Guerrero 196
Gusave 447
Guyana 191, 233

Haayana Capac 222, 267, 287
Haida(-)
  Indianer 71, 81, 84, 90, 417f, 463
  Sprache 67
Haiti 181, 183, 187, 189, 432, 505
Hallowell, A. Irving 466
Halluzinogene 360f, 370, 384
Hanan 306
Handel(s-) 16, 56, 95, 106, 119, 123,
  183, 195, 208, 211f, 219, 230,
  275, 421, 424, 429, 432, 434f,
  439f, 442, 446ff, 452f, 455–458,
  511
  netze 119, 123, 219, 230, 456

Hassayampa 142
Haus/Häuser 184, 222, 229, 236, 241,
  261, 264f, 283
Havasupai-Indianer 141f
Hawikuh 529
Heckewelder, John 451f
Heirat 47, 84, 86, 256
Heraldik 519f
Hidatsa-Indianer 110, 116–120, 122,
  453
Hisatsinom 372
Hohokam(-)
  Indianer 138
  Kultur 448
Hokan-Sprache 145, 323
Holzverarbeitung 79, 81, 98
Honduras 196, 198, 201, 434, 477
Hopi(-)
  Indianer 135, 143, 320, 324, 359,
    369, 372ff, 449, 459, 461, 464,
    495ff, 531
  Sonnenbeobachter 459f, 464, 469,
    480
  Sprache 324f, 327
Hopi-Cultural-Center 459
Hosley, Edward H. 455
Hoz, Pedro Sancho de la 300
Huaca(s) 304f, 483ff, 488
Huanuco Pampa 294, 296
Huascar Inka 428
Huasteken 323, 532
Huatanay 300
Huayan Capac 428
Hubbard, Samuel 552
Hudson Bay 56
Hudson, Charles 444
Hudson-River 417, 453
Huichol-Indianer 320
Huitzilopochtli 203, 206f, 214
Hupa-Sprache 316
Hurin 306
Huronen 159, 161, 165, 381, 440f,
  452, 457
Huron-See 152, 165

Namen-, Orts-, Sachregister   585

Idaho 91, 313
Ika 524
Illinois(-) 166, 169, 171
  Indianer 167
Indiana 166, 171
Indian-Island 151
Ingenio-Tal 354
Inuktitut-Sprache 42
Initiationsriten 358 ff, 364, 387
Inka-Reich(es) 221 f, 265, 267–307,
    323, 331, 363, 403, 415, 418,
    425–428, 431, 435, 456 f, 483,
    487 ff, 507, 513, 515, 519 f, 531
  Verwaltung d. 281 ff, 289 f, 294,
    296, 299
  Landwirtschaft d. 275, 278 ff, 288
  Militär d. 269, 285, 287 f
  Mitimae 284–290, 292, 296, 307
  Regierung d. 271, 278, 283, 289 f,
    292 f, 296 f
  Steuern d. 280 ff, 284, 287
  Straßensysteme 294 f, 297
  Wirtschaft d. 272, 276, 278, 285,
    288, 292 f, 306, 426
Inti (Inka-Gott) 303
Inugsuk-Kultur 56
Inuit(-) s. auch Eskimo 36, 54, 341,
    356
  Sprache 57
Iowa-Indianer 167
Ipiutak 60
Irokesen(-) 154 f, 162, 165, 348 f, 360,
    451 ff
  Bund 329
  Sprache 160 f, 320, 417, 451
Iseminger, William 442
Ishi-Indianer 538
Iztaccihuatl 215
Iztapalpa 209

Jagd(-)/Jäger 16, 29, 31, 33, 35 f, 38,
    41 f, 45, 53–57, 65, 67, 69, 71, 78,
    94, 103, 112, 118, 120 f, 123,
    125 ff, 129, 131, 138 f, 147, 149 f,
    153, 155, 168, 227, 233, 235, 237,

    247 ff, 259, 263, 365, 367 ff, 445,
    456
  gruppen 42, 54, 113, 127, 147, 257
  Kopf- 237–240, 243
Jamaica 181, 183, 189
Jauja 296
Jefferson, Thomas 543
Jeness, Diamond 40, 44
Jicarilla-Indianer 138
Jivaro-Indianer 227 ff, 233, 241, 366,
    370

Kachinas 359, 372–375, 397, 448,
    459, 522, 531
Kalender 24, 196, 207 f, 215, 305, 354,
    362, 369, 471, 473, 480, 482, 484
Kalifornien 65, 67, 91, 107, 123 f, 128,
    141, 316, 322, 327, 410, 423, 491,
    506
Kalispel-Indianer 93
Kanada 12, 33, 40, 49, 56, 107, 134,
    152, 322, 329, 348, 456
Kane, Paul 517
Kannibalismus/Kannibalen 9, 11, 165,
    191 f, 238, 242 f, 245, 505
Kansa-Indianer 376
Kap Alava 63
Kariben 9 ff, 181 f, 189, 191 f, 229,
    231, 243, 431 ff
Karibik 9, 267, 432
Karib-Sprache 235
Kaskaden-Kette 65, 67, 91, 93 f, 455
Kaziken 183, 211, 437
Keet Seel 132
Kentucky 154
Keres 396 f
Key Marco 177
Kickapoo-Indianer 167
Kindreds 393, 401 f, 412
Kiowa-Indianer 24–27, 119
Kittita-Indianer 94
Kivas 114, 135, 137, 143, 355, 397,
    414, 469
Klamath-River 94, 102, 410
Klan(e) 84, 161, 165, 176, 240, 362 f,

384 ff, 388, 390, 396, 409 f, 414,
417, 519
Kleidung 29, 33, 52–55, 59, 89, 91,
98, 103 f, 112, 126, 128, 185
Klickitat-Indianer 94
Kolumbien 346, 431, 489
Kotzebue Sound 36, 60, 455
Krankheiten 9, 15, 66, 88, 97, 101,
131, 179, 362, 499 f
Heilung v. 46, 227
Kriege 119, 142, 168, 243, 365
Kuba 181, 183, 189, 432
Kuna(-)
Indianer 199, 315 ff, 319, 331, 333,
336
Sprache 332
Kunst(-) 28, 67, 88, 90 f, 145, 195,
197, 212, 503–533
Bau- 531
Felsen- 28, 95, 528 f, 559
handwerk 211, 491
Textil- 79, 488, 529 f
Töpfer- 504, 529
verbale 506, 513, 524 f, 531 f
Web- 79, 488 f, 529
Kurz, Rudolph Friedrich 117, 517
Kutenai-Indianer 94
Kwakiutl-Indianer 67, 84, 90, 357,
367, 457
Kwanamis 143

Labrador 58, 365
Lacandón-Sprache 326
Labna 198
Lafitau, Joseph Francois 146, 330, 455
Lahontan, Baron 48, 53
Lake Mills 442
Landa (Bischof) 12
Landwirtschaft s. auch Bodenbau 35,
66, 110, 117, 123, 136, 138, 162,
195, 221, 263, 365, 428, 448, 453,
459, 491 ff, 498 f
Las Casas, Bartolomé de 189, 192, 542
Las Lunas 559
La Plata Mountains 135

La Venta 193
Lee Canyon 559
Lenape-Indianer 156, 387 f, 393, 417
Lengua-Indianer 250, 253
Le Page du Pratz, Antoine Simon 163,
436 f, 451
Léry, Jean de 224 f, 435
Lieder s. auch Gesang/Musik 49, 60 f,
75, 78, 83, 86, 118, 132, 187 ff, 341
Lillooet-Indianer 93
Lima 296
Lineage(s) 84 ff, 243, 246, 252 f, 257,
265, 388, 414, 519
Linné, Carl von 466
Lipan-Indianer 138
Livermore, Harold V. 331
Louisana 436, 442
Lucayo-Indianer 185, 189
Lulu-Indianer 247
Lupaca 269

Macehualtin 205, 210
Machu Pichu 486 f
Mackenzie-River 56
Macu-Indianer 245
Macusi-Indianer 235
Magellan-Straße 219, 228, 254, 257
Mahican-Indianer 155, 417
Maine 151, 156
Maisanbau 113, 116, 118, 123, 135 f,
139 f, 142, 147, 154 ff, 168 f, 176,
190, 263, 275, 287 f, 369 f, 423 ff,
428, 431 f, 434, 439, 444, 448, 452 f,
456, 472, 494 f, 496
Makah-Indianer 67, 71, 84, 87
Malespina, Alessandro 68
Malotki, Ekkehart 372
Mapuche-Indianer 217, 219, 221,
262–266
Mandan-Indianer 145, 343, 453
Man-Kah-Ih 26
Marajo 241, 431
Maricopa 143
Martin, Paul 540
Mascoi-Indianer 247

Namen-, Orts-, Sachregister 587

Masken 60, 73, 87, 91, 340, 356f,
359, 367, 409, 508, 512, 522, 524
Massachusett-Indianer 156
Mataco-Indianer 248, 250, 253
Mato Grosso 235, 332
Maya(-) 12, 185, 190ff, 196–201, 203,
205, 208, 211, 215, 317, 319, 323,
326f, 331, 336f, 354, 363, 418,
423, 433f, 474f, 477ff, 481f,
517, 522f
Astronomie 198, 474f, 479ff
Kalender 193, 198f, 215, 475,
477–482
Schrift 193, 197ff, 354, 521
Sprache 193, 317, 320, 323–327
Mayequeh 211
Mayo-Indianer 140
Mazatlan 208
Mbaya-Indianer 247, 252
Mbia-Indianer 246
McKusik, B. 432
Medizin 24, 499ff
»Medizinrad« 470f
Meherrin-Indianer 160
Menominee-Indianer 165
Menschenopfer 121, 175, 215, 355,
363, 365, 370, 448, 473, 505, 532
Mesa Verde 132, 449
Mescalero-Indianer 138
Mesoamerika 12, 181, 183, 193,
195ff, 200f, 203, 208, 210, 212,
215f, 280, 317, 322, 324, 336f, 423,
425, 431–435, 439, 447, 495, 498,
507, 512, 528ff, 533
Metallverarbeitung 489ff, 527, 530f
Mexica 203, 206ff, 210–215, 434,
503
Mexiko 107, 132, 138, 140, 181, 183,
193, 196f, 202, 311, 322, 423f,
436f, 440, 442, 444f, 447, 451,
456, 511, 519, 522, 526–530, 533
Golf von 193, 208, 432, 436
Miami-Indianer 167
Michigan(-) 152
See 165

Midewiwin-Indianer 364
Minnesota 152, 166ff, 453
Mississippi(-) 152, 154f, 166–170,
174, 315, 415f, 436, 438, 442,
444, 446, 449, 452f, 456
Kulturen 169, 171f, 174, 176,
443ff, 451ff, 486
Missouri(-) 109, 111, 116f, 136, 152,
166, 453
Indianer 167
Mita 282ff, 289, 292, 296, 307
Mitamae 284–290, 292, 296, 307
Mithun, Marianne 452
Miwok-Indianer 129
Mixe-Zoque-Sprache 324
Mixteken 201, 203, 215
Moche-Indianer 425, 489
Mocovi-Indianer 247f, 250, 252f
Moctezuma I. 503, 523
Mogolon-Indianer 448
Mohave(-)
Indianer 106, 141, 143, 145
Wüste 141
Mohawk-Indianer 165, 320, 417,
457
Moietie(s) 306, 396, 414, 417f
Mojo-Indianer 246
Molala-Indianer 94
Momatuway'ma, Michael 372
Monks Mound 171
Monongahela-Tal 452
Montana 119, 313, 408, 426
Monte Albán 196, 201
Monte Verde 219
Montezuma 209
Montigny, Dumont de 167
Moose Mountain 471
Morgan, William N. 439
Morgues, Jacques Lemoyne de 178,
416
Morison, Samuel Eliot 11
Moro-Indianer 245
Mounds 424, 439, 442, 446
Mound Key 177
Moundville 171

588   *Amerika 1492*

Mount Katahdin 149
Mount Taylor 135
mudheads 137
Mundurucu-Indianer 235, 237 ff, 241
Musik(-) s. auch Gesang/Lieder 506,
    508–511, 513, 521, 526, 531 f
    instrumente 37, 517, 526
Muskogee-Sprache 174 f
Mythen/Mythologien 25, 40, 43, 237,
    346

Naboria 185
Nahrungsmittel s. auch Ernährung 35,
    39, 41 ff, 66, 79, 97 f, 101, 103 f,
    111 f, 124, 128, 140, 142, 144, 155 f,
    162, 166, 228, 237 f, 252, 257 f, 263
Nahuatl(-)
    Indianer 208, 215, 320
    Sprache 201 f, 214, 315, 319, 324,
        327, 338
Nakum 198
Nambicuara 235 f
Nanticoke-Indianer 156
Narvaez, Panfilo de 179
Naskapi-Indianer 365
Nass-River 67, 70
Natchez-Indianer 163, 174 f, 416,
    436 ff, 444
Navajo(-)
    Indianer 107, 134 f, 138, 145, 316,
        320, 322, 334 f, 346, 348, 449,
        466 f
    Sprache 322, 324–327
Nazca-Linien 354
Nevada 123 f, 128, 144
New England 150–153, 156, 160, 162,
    492, 511
New Hampshire 155
New Jersey 387
New Mexico 114, 135, 138, 202, 353,
    415, 418, 446, 448, 469
New York 160, 162, 165, 329
Nezahualcoyotl 513, 519
Nez Percé-Indianer 94
Nicaragua 196, 201

Nicolas, Louis 157, 310, 351, 371
Nipissing-Indianer 440, 452
Nootka(-)
    Indianer 67, 71, 73, 77, 81 f, 84, 314
    Sprache 87
Norton Sound 45, 58
Nottoway-Indianer 160

Oaxaca 196, 201, 203, 208, 211
Ocmulgee 171 f
Ohio-River 436, 442, 507
Ojibwa-Indianer 165, 168, 320, 334,
    359, 451
Okanoga-Indianer 93
Okipa 113 ff, 343
Oklahoma 24, 116, 119, 166, 443
Olmeken 193, 195 f, 198, 324, 482,
    524
Olsen, Fred 431, 434
Olympia 63, 69, 367
Omaha-Indianer 136, 167
Ometeotl 205 f
Ona-Indianer 257 ff, 261 f, 359
Oneida-Indianer 165, 320, 351, 417
Oneota-Kultur 445
Onondaga-Indianer 165, 417
Ontario 152, 162, 439, 452
Oraibi 369
Oregon 65, 67, 69, 81, 83, 91, 93 f,
    128, 313
Orellana, Francisco de 428 f, 431
Orinoco 228, 230 f, 349, 404, 429, 431
Osage-Indianer 167
Ottawa(-)
    Indianer 157, 165, 451
    River 310
Oviedo y Valdes, Gonzales
    Fernandez 23, 26, 188 ff, 427
Owens-River 131
Owens-Valley-Paiute 128, 131
Oxbow Lakes 170
Ozette 62 f, 65, 69, 71 f, 79–82, 86

Pachacamac 296
Pai-Indianer 125

Namen-, Orts-, Sachregister

589

Paiute-Indianer 123, 128f, 131f, 320
Paläo-Indianer 23
Palenque 198, 201
Palouse-Indianer 94
Pampa 254
Panama 192, 199, 489, 526
Panaqas 300–303
Pané, Ramón 187f
Papago-Indianer 320, 448
Paria 189
Pariagoto 235
Parintintin 235f
Patagonien 254, 257
Pawnee-Indianer 110, 120–123, 145, 167, 370
Peace-River 49
Penobscot(-)
  Indianer 147, 150, 153ff
  River 149
Penuti-Sprache 323
Peru 263, 267, 269, 271f, 294, 346, 425, 428, 486, 524, 528–532
Petroglyphen 95, 354, 528
Picunche-Indianer 265
Piedmont 152
Piedras Negras 198
Piktogramme 422
Piktographen 95, 354
Pilaga-Indianer 247f, 250
Pilago 250
Pima-Indianer 138, 140, 358, 448
Pipil 201
Pipiltin 210ff
Pizarro, Francisco 428
Pizarro, Pedro 300, 302
Plains(-) s. auch Great Plains 16, 107, 110, 118ff, 316, 372, 376, 491, 518
  Indianer 16, 24, 110, 114, 118f, 123, 166, 447, 463, 517
  Kulturen 24, 28
Plaquemine-Kultur 445
Plateau-Stämme 94
Platte-River 109
Pochtecas 211, 420, 444

Pocumtuck-Indianer 155
Point Barrow 56
Point Hope 60
Poma, Guaman 295
Ponce de Léon, Juan 179
Popocatepetl 215
Popul Vuh 190, 200, 326, 328, 336, 338
Portilla, Miguel Leon 337
Porter, James Warren 443f
Potawatomi-Indianer 165, 517
Potlatching 83, 85ff
Poverty Point 439
Powers, Stephen 129
Powhatan-Indianer 156
Prärien 107, 110, 167
Priestley, J. B. 22
Prince-of-Wales-Island 67
Proto-Sprache 320, 322, 452
Puebla-Veracruz 201
Pueblo Bonito 469f, 486
Pueblos 134–138, 202, 355, 357, 369, 380, 396, 402, 414, 418, 449, 459, 486, 496f, 512, 522, 529, 531f
  Acoma- 135, 346
  Tewa- 418
Puerto Rico 183, 434
Puget-Sound 67, 81
Puri-Coroado-Indianer 245
Pyramid Lake 129

Qhapaq Nan 294ff, 299
Queen-Charlotte-Inseln 67, 71
Quechua(-)
  Indianer 141
  Sprache 293, 320, 323, 490
Querandi-Indianer 254
Quetzalcoatl 197, 202f, 205, 210f, 215, 439, 523
Quiché(-)
  Maya 190, 201, 215
  Sprache 317
Quileute-Hoh 67, 71, 84, 87, 367
Quinault 71
Quipucamayoc 294

590   Amerika 1492

Quipus 294, 298, 482 f, 488, 522
Quirigua 198
Quorikancha 304

Ramon (Pater) 190
Rasmussen, Knud 37
Red River 116
Religion 16, 28, 87 f, 189, 341–375,
   408, 411
Ressourcen 38, 41, 43, 47, 52, 56, 69,
   85, 109, 112, 123, 128, 132, 144,
   150, 176, 275 f, 279, 296, 300
Rio Grande 109, 353, 362, 449, 486
Rio Paraguay 245, 247 f, 250
Rio Putumayo 346
Rio Tapajos 235, 239
Rio Tonalá 193
Rio Vaupés 383
Rio Yaqui 140
Rituale 138, 144, 172, 248, 333, 358,
   360
Rocky Mountains 65, 91, 93 f, 322,
   376
Roosevelt, Anna 431
Rosier, James 151 f
Rouse, Irving 432

Sacsahuaman 282
Sahagun, Bernadine de 330 f
Sahoptin-Sprache 94, 96
Saladero 431
Salish(-)
   Indianer 90 f, 313, 362
   Sprache 67, 71, 81, 93 f, 313, 393
Samana Cay 22
Sammler/sammeln 35, 123, 128 f, 131,
   138 f, 227, 237, 247
Sandy Place Lake 353
San Francisco
   Bay 139
   Peaks 135
San Ildefonso Pueblos 368
San Joaquin-Tal 133
San Juan 189, 353
   River 498

San Lorenzo 193
Sanpoil-Indianer 93
Santa Cruz River 138
Santa Maria (Fluß) 142
Santee Sioux 167 f
Sasketchewan 471
Sauk-Indianer 167
Saulteaux 466
Sayil 198
Schamanen 40, 44, 46, 88, 101, 129,
   131, 234 ff, 243, 248, 253, 344,
   360 ff, 364 ff, 368, 380, 383–386,
   406, 409, 411, 512, 515, 525
Schöpfungsgeschichten 25, 59, 84,
   120, 346–349, 356 f, 384, 515
Schoolcraft, Henry 334
Schrift 196, 422, 521 f
Schrumpfköpfe 222, 238, 240
Schutzgeister 88, 99 ff, 153, 227,
   411
Second Mesa 459
Seele 37, 88, 342
Seneca-Indianer 165, 320, 472
Sepulveda, Juan Gies de 542 f
Seri-Indianer 111, 140 f
Seward-Insel 57
Seymour, Samuel 376
Shipibo 408
Shiriana-Indianer 245
Shoshone(-)
   Indianer 123–128, 132, 322
   Sprache 144, 446
Shuara-Indianer 221 f
Shuswap-Indianer 93
Sierras 426, 491
Sierra Nevada 128
Sila 44
Siriono-Indianer 245 ff
Sioux(-)
   Indianer 16, 118
   Sprache 160, 167, 171, 320
Skagit(-)
   Indianer 393, 396
   River 393
Skeena-River 67, 417

Namen-, Orts-, Sachregister

Sklaven/Sklaverei 9f, 83, 85, 87, 185, 211, 242, 394, 542f
Smyth, William 36
Snake River 91
Sonnentanz 27f
Sonora(-)
 Region 447
 Sinaloa 140
 Sprache 446
 Wüste 138ff, 445
Soto, Hernando de 179, 437, 439, 444
Soustelle, Jacques 12
Sprache(n) 23f, 27f, 67, 69, 87, 152, 221, 311–339, 524ff
 Geheim- 332
 Grammatik 313f, 316, 321, 324–327, 337, 339, 506
 Klassifizierung d. 320f, 323
 Metaphern 317, 319, 327, 332, 336–339
 u. Rhetorik 328, 332, 336
 Proto- 320, 322, 452
 Ursprung d. 311
 u. verbale Kunst 506, 513,524f, 531f
 Vielfalt d. 311, 323
 Wortschatz 316, 326
Spinden, H. J. 431
Spiro 443
Spokane-Indianer 93
Staden, Johann von 218, 244, 385 413
St. Augustine 179
St. Lorenz-Strom 152, 161, 452f
St. Louis 169, 415, 442
Sturtevant, William C. 433
»Südöstlicher Zeremonial-Komplex« 172
Sunset Crater 372f
Supai 559
Suyá-Indianer 332f, 336
Swagerty, William R. 454
Swan, James 62
Syracuse 417

Tätowierung(en) 91f, 176ff, 250, 256, 441, 523, 528
Tabakanbau 113, 120, 199
Tabasco 193
Tagish-Indianer 46
Taiga 33, 39f, 43, 52, 57, 65
Tai-Me 27
Tainos 181, 183, 185–192, 211, 431ff, 505, 517, 523
Tanz/Tänze 36f, 61, 75, 83, 86, 101, 125, 341, 508ff, 521, 531f
Tao-Indianer 449
Tapajo-Becken 235
Tarahumara-Indianer 140f
Tatoosh-Island 74
Tawantinsuyu 267, 271, 273
Tehnaca-Tal 423
Tehuelche-Indianer 254, 257, 259
Tennessee 160, 442, 452
Tenino-Indianer 94
Tenochtitlan 195, 203f, 207–210, 212, 214, 352, 354f, 365, 424, 442, 473, 503, 506, 524, 531
Tenochtli 195
Teosinte 495
Teotihuacan 197f, 201–204, 446, 523f
Tepeyacac 209
Tessouat 310
Teton Sioux 168
Tewa-Indianer 348, 353f
Texcoco-See 204, 208, 424, 499, 513
Tezcatlipoca 203, 207, 214
Thevet, André 195, 226
Thompson, Eric 474
Thompson-Indianer 93, 467
Thule-Kultur 55, 57, 456
Tiamunyi 397, 400
Tiburon-Insel 141
Tierra del Fuego 12, 219, 257f, 359, 368, 503, 506, 509, 524
Tikal 198, 201
Timucua(-)
 Indianer 175, 178, 361, 431, 528
 Kultur 176
 Sprache 176

Titicaca(-)
Becken 269
See 277, 425
Tiwanaku 271
Tlacopan 209
Tlaloc 197, 207
Tlatelolco 424
Tlatlacotin 211
Tlaxcalan 437
Tlinglit(-)
Indianer 67f, 71, 81, 84, 90, 417
Sprache 322
Toba-Indianer 247f, 250, 254,
350
Tocobaga 176
Toqueville, Alexis de 537
Tohono O'Odham 138ff
Toldo-Indianer 254f
Tollan 202
Toltecayotl 203
Tolteken 202ff, 210, 524
Tonantzin 209
Topa-Inka 426
Totonaken 201
Toxiuhmolpilia 473
Traum/Träume 45, 49, 59f, 129, 132,
143f, 360
Tres Zapotes 193
Trinity-Fluß 102
Tsimshian-Indianer 67, 70f, 81, 84f,
87, 90, 340, 417f
Tucuna 357
Tukano 383, 386f
Tula 439, 446
Tullumayo 300
Tundra 33, 39f, 43, 52, 57, 506
Tupi-Sprache 235, 241, 247
Tupinamba-Indianer 218, 224ff,
241–246, 367, 385, 413, 429, 431,
435, 504, 517, 530
Tuscarora-Indianer 160
Tutelo-Indianer 160
Tuxtepec 211
Tzeltal-Maya 467
Tzotzil-Maya-Sprache 319

Uaxactun 198, 201
Umfreville, Edward 130
Urubamba-Tal 274
Utah 124, 127f, 448
Ute-Indianer 123, 127f, 132, 145
Uto-Azteken-Sprache 144f, 320ff,
446
Uxmal 198, 485

Valdivia, Pedro de 265
Vancouver, George 80
Vancouver-Island 67, 81, 87, 314
Vaupés-Region 357, 370, 410
Venezuela 21, 189, 228, 233, 431
Veracruz 193
Verde-Fluß 142
Vermont 155
Virginia 160
Visionssuche 37, 45f, 49ff, 99ff, 227,
360f, 408

Wabanaki(-)
Indianer 147, 155
Folklore 150
Wafer, Lionel 199, 333
Waffen 25, 103f, 154
Waica-Indianer 245
Waiwai-Indianer 235
Walapai-Indianer 141f
Waldlandbauern 147–179
Walfang s. auch Fischfang 29, 34, 41,
56, 65, 67, 71f, 75–78, 83, 367
Walker Lake 129
Walla Walla-Indianer 94
Wampanoag-Indianer 14, 156, 158
Wari-Indianer 271
Warrau-Indianer 228–233, 235, 241,
349
Washington (Staat) 65, 93, 313
Washo-Indianer 314
Webber, John 82
Webkunst 79, 488f, 529
Werkzeuge 25, 52, 55ff, 62, 71, 80f,
88f, 93, 98, 103f, 126, 140, 191,
525, 527

Namen-, Orts-, Sachregister

Wichita(-)
  Indianer 116f, 167
  Mountains 25
Wilkes, Charles 255
Williams, T. Harry 13
Winnebago-Indianer 167
Wiraqoca 515
Wissenschaft 459–501
Wisconsin 152, 169, 172,
  445
Witoto-Indianer 229, 346f
Wiyot-Sprache 322
Woodbury, Anthony 57
Wyoming 119, 123, 470f

Xicalanco 211
Xiuhtecuhtli 197
Xochimilco 209
Xochipilli 197
Xochiquetzal 509

Yacatecuhtli 444
Yakima-Indianer 94
Yakutat Bay 65

Yanaconas 289f, 292, 300, 307
Yankton-Indianer 167
Yanktonai-Sioux 167f
Yaqui-Indianer 140ff
Yaruro-Indianer 246
Yavapai-Indianer 141f
Yaxchilan 198, 201
Yellowstone River 24f
Yucatán 12, 183, 192, 196, 198, 200,
  211, 432, 474, 485, 515, 523
Yuchi-Indianer 160
Yukon (-Delta) 46, 455
Yuman-Sprache 141f
Yupik(-)
  Eskimo 316
  Sprache 57
Yurak-Sprache 322

Zacatecas 447
Zapoteken 197, 203, 215
Zeremonien 35, 99, 101, 113–116,
  120f, 137, 233, 245, 257, 262
Zuni-Indianer 138, 362f, 449, 529
Zuyna-Sprache 331